Bibliothek des Widerstandes

Ernst Schmidt

Lichter in der Finsternis

Widerstand und Verfolgung in Essen 1933–1945

Erlebnisse – Berichte – Forschungen – Gespräche

Röderberg-Verlag Frankfurt am Main

Autor, Herausgeber und Verlag danken für die erhebliche finanzielle Hilfe durch zahlreiche Essener Bürger, durch Vereine und Kreise der evangelischen Kirche, durch gewerkschaftliche Organisationen und Angehörige der demokratischen Parteien. Der niedrige Verkaufspreis und damit die möglichst weite Verbreitung dieses Buches vor allem in der Jugend wurden dadurch ermöglicht. Ein besonderer Dank gilt dem Rat und dem Kulturamt der Stadt Essen.

Herausgegeben im Auftrag
der VVN-Bund der Antifaschisten
Kreisvereinigung Essen

Schumannstraße 56 – 6000 Frankfurt/M. 1
Umschlagentwurf und Grafik Wolfgang Tonak
Gesamtherstellung: Plambeck & Co
Druck und Verlag GmbH, 4040 Neuss
ISBN 3-87682-032-4

Inhalt

Zum Geleit

Die hier vorgestellten Schicksale aus dem Essener Widerstandskampf geben einen guten Einblick in die Wirklichkeit des Dritten Reiches, in die Möglichkeiten des Kampfes gegen den Nationalsozialismus wie auch in die bis dahin für unvorstellbar gehaltenen Methoden der Verfolgung und Vernichtung des politischen Gegners und des vermeintlichen Rassenfeindes.

Es spricht für unsere Stadt, daß Breite und Kontinuität des Widerstandes ihrer Bürger im Vergleich zu anderen Städten durchaus hervorragen, daß die „Finsternis" nationalsozialistischer Barbarei nie eine totale war. Mehr als dreißig Jahre nach dem Ende der nationalsozialistischen Diktatur ist ein Buch wie das von Ernst Schmidt schon lange überfällig. Es zeigt, wie sich immer wieder Menschen gefunden haben, die ihr Leben wagten für eine Gesellschaftsordnung, die uns heute selbstverständlich erscheint.

Vielleicht führt die Lektüre des Buches von Ernst Schmidt dahin, daß wir uns doch wieder darauf besinnen, daß Demokratie immer gefährdet ist und daß es die kleinen Anfänge sind, aus denen die großen Gefahren erwachsen. Es ist gerade vierzig Jahre her, daß in einer gezielten Aktion, bei der auch die Synagogen in Essen und Essen-Steele brannten, die Ausrottung unserer jüdichen Mitbürger begann. Anlaß genug, uns der Zeit des Nationalsozialismus zu erinnern und daran, daß man, wie die Historiker zeigen, das wiederholen muß, was man nicht bewältigt. Deshalb wünsche ich dem Buch von Ernst Schmidt gerade unter der jungen Generaion eine weite Verbreitung.

Essen, im November 1978

Katzor

– Katzor –
Oberbürgermeister

Vorwort

Ernst Schmidt sagt in dem einleitenden Kapitel seines Buches „Lichter in der Finsternis", daß er es ein „antifaschistisches Lesebuch" nennen möchte. Ich will da noch weiter gehen: Dieses Buch müßte in den Schulen zur Pflichtlektüre gemacht werden, damit all das, was es beschreibt, in Essen und darüber hinaus in ganz Deutschland nicht noch einmal Wirklichkeit werden kann. Es ist ein wichtiges Buch. Es ist deswegen wichtig, weil jemand, der nicht zu jenen zählt, die sich von Berufs wegen mit deutscher Geschichte befassen, mit großem Engagement ein Buch geschrieben hat, das nicht mit gestelzter Wissenschaftlichkeit paradiert, sondern im besten Sinne des Wortes populärwissenschaftlich ist. Das heißt, alles, was Ernst Schmidt in seinen Biographien aus dem Essener Widerstand berichtet, beruht auf breitangelegtem Studium der Quellen, der Gerichts- und Gestapo-Akten, der Zeitungen, vor allem aber auf den Aussagen der Überlebenden selbst. Mich, der selber über den antifaschistischen Widerstand in Essen gearbeitet hat, beeindruckt die Akribie, mit der Ernst Schmidt dabei zu Werk gegangen ist, während des Urlaubs, an Wochenenden, nach der Arbeit. Da ist vieles auch völlig neu und enthält weiterführende Erkenntnisse in bezug auf wichtige Vorgänge im lokalen und überregionalen Widerstand. Ich denke hier vor allem an das Kapitel über den Grenzinstrukteur Alfred Richter, in dem frühere Interpretationen korrigiert werden.

So unbestritten also ist, daß die hier vorliegenden Lebensbilder aus dem Essener antifaschistischen Widerstand auf dem sicheren Fundament umfangreicher Recherchen geschrieben sind, so beachtlich ist andererseits, daß der Verfasser all dies so darbietet, daß es jedem zugänglich ist. Wenn das, was er aus dieser Zeit an Mut, Überzeugungstreue und Opferbereitschaft auf der einen, an Brutalität, Feigheit, Denunziantentum auf der anderen Seite berichtet, nicht gar so erschütternd wäre, könnte man sagen, es sei ein richtig spannendes Buch. Und das sage ich dann auch gerade für die jungen Menschen, die es hoffentlich lesen werden. Warum müssen eigentlich nur die platten, fern dem wirklichen Leben der Menschen spielenden Western und Kriminalklamotten spannend sein? Ist es nicht aufregend zu lesen, wie Menschen aus den unterschiedlichsten Motiven ihr Leben eingesetzt haben, um das nationalsozialistische System des Terrors, der Unterdrückung und der massenhaften Vernichtung menschlichen Lebens zu stürzen oder wenigstens zu schwächen?

Es ist Ergebnis der pädagogischen Absicht dieses Buches, daß die Aktiven des Widerstandes als Vorbilder begriffen werden können, als Menschen, mit denen man sich identifizieren kann. Und das deswegen, weil Ernst Schmidt ohne Pathos beschreibt, was gewesen ist, oder aber das, was er in seinen vielen

Gesprächen darüber erfahren hat. Ich möchte den sehen, der etwa nach der Lektüre des Schicksals der Käthe Larsch, die durch die Gestapo-Folter in den Wahnsinn getrieben wurde, noch anfällig ist für neonazistische Ideen. In den Erlebnissen von Robert Weinand im spanischen Bürgerkrieg wird deutlich, auf welcher Basis sich das Franco-Regime etabliert hat, und die Pfiffigkeit der Anna Fichter zeigt, daß auch der perfektionierte Verfolgungsapparat des NS-Regimes von Menschen mit Phantasie und Geschick zu übertölpeln war. Die Haltung des Ernst Lörcher, der sich vor einen fahrenden Lastkraftwagen warf und dabei schwer verletzt wurde, um das von der Gestapo überwachte Treffen mit einem anderen Widerständler platzen zu lassen, macht deutlich, daß auch in der tiefen „Finsternis" nationalsozialistischer Herrschaft die „Lichter", um den Titel des Buches aufzugreifen, oft hell erstrahlten.

Eines lehrt die Arbeit von Ernst Schmidt in besonderer Weise: Es waren die einfachen Menschen, in der Regel die aus der Arbeiterschaft, die Widerstand geleistet haben, die Kommunisten, die Sozialdemokraten und Gewerkschaftler, die Bibelforscher, aber auch Christen beider Konfessionen, Laien oder Priester, die ungedeckt oder oft gar desavouiert von der Amtskirche gegen das System kämpften.

Ernst Schmidt schreibt engagiert und benennt seinen politischen Standort, von dem aus er urteilt. Auch diejenigen, die seine Position nicht teilen, werden anerkennen müssen, daß er die Widerstandskämpfer jeder Herkunft angemessen würdigt und sich bei der Auswahl der Personen, deren Schicksal er beschreibt, jeder Einseitigkeit enthalten hat. Mit dem Verfasser bleibt zu hoffen, daß dieses Buch dazu beitragen wird, ein Bewußtsein zu wecken oder zu erhalten, das wachsam auf die Bedrohungen unserer demokratischen Ordnung reagiert. In der Bundesrepublik gibt es schon wieder gute Gründe, wachsam zu sein.

Bremen, im November 1978

Hans-Josef Steinberg

Einleitung

Ich selbst gehörte nicht zum deutschen Widerstand. 1933 war ich gerade acht Jahre alt und somit schon im Kindesalter allen ideologischen Beeinflussungen durch die nazistische Propaganda ausgesetzt; ich zählte mit zunehmendem Alter zu den Mitläufern des Regimes. Den Ausbruch des Zweiten Weltkrieges erlebte ich, wie viele andere meines Jahrgangs, in dem Gefühl eines Zuspätgeborenen. Beeindruckt von anfänglichen Blitzkriegserfolgen und gefesselt von begeisternden Filmberichten, hätte ich damals viel darum gegeben, am ,,heiligen Krieg" für ,,Führer, Volk und Vaterland" teilnehmen zu können.

Erst als der Krieg für mich selbst bittere Wahrheit wurde, anfänglich im Luftschutzkeller zu Hause, später an der Front, lernte ich ihn fürchten. Der Haß auf ihn begann, als nach dem Marsch in die Kriegsgefangenschaft antifaschistische Ideen mein Bewußtsein veränderten.

Mehr und mehr gewannen jene Menschen meine Sympathien, die auch in Essen aus den ,,Hütten des armen Mannes" kamen, trotz demagogischer Massenbeeinflussung keine Mitläufer wurden, sondern sich vielmehr selbstlos zum Widerstand bereit fanden. Mit der Zeit ihre Erlebnisse und Schicksale kennenlernend, empfand ich Achtung und Zorn zugleich. Achtung vor dem, was sie in schwerer Zeit gewagt hatten; Zorn angesichts der Anonymität, in die man sie danach entließ.

,,Lichter in der Finsternis" ist mein Versuch, sie aus der Vergessenheit herauszuheben. Ohne die Unterstützung der Vereinigung der Verfolgten des Naziregimes – Bund der Antifaschisten in Essen wäre mir das nicht gelungen. Erst die uneingeschränkte Hilfe der in ihr organisierten Mehrheit der Essener Widerstandskämpfer, die den Faschismus überlebt haben, gab mir die notwendigen Voraussetzungen dazu. Der Vereinigung und allen ihren Mitgliedern gilt mein ganz besonderer Dank.

Dieses Buch verzichtet auf eine Bewertung des Geschehenen. Es läßt die Menschen sprechen, um die es geht, nimmt ihre Erlebnisse und Schilderungen auf, gewissermaßen als aufmerksamer Zuhörer. Es maßt sich nicht an, ein wissenschaftliches Buch zu sein, doch sein ganzer Inhalt hält einer Wahrheitsprüfung jederzeit stand.

Aus der Fülle des Geschehenen zwischen 1933 und 1945 habe ich einiges herausgegriffen und bin ihm nachgegangen. Nachgegangen bei den lebenden Zeugen, den Akten, deren Namen sie tragen, ihren Briefen, Bildern und Dokumenten, manchmal bis in die Gegenwart. Und die von mir aufgeführten Personen stehen für alle, die ähnliches und schlimmeres durchmachen mußten.

Gewiß, es sind Mosaiksteine einer noch immer nicht bewältigten Vergangenheit, mehr nicht; aber diese Steine machen die Vergangenheit erkennbarer. Das ist die Absicht dieses Buches.

Natürlich ist die Zahl jener Essener Bürger, denen der Ehrentitel „Antifaschistischer Widerstandskämpfer" zusteht, wesentlich größer. Und noch viel mehr gab es, die unter den Verfolgungen bitteres Leid ertragen mußten.

Ernst Wiechert hat über sie alle in seiner „Botschaft an die Lebenden" 1946 geschrieben: „Lauschen wir zurück in das grauenhafte Schweigen jener Jahre, um die Stimmen zu vernehmen, die am Wege aufstanden, um anzuklagen, so erkennen wir, daß viele von ihnen verstummt sind, für alle Zeiten, erwürgte Stimmen, zu deren Nachhall wir die schuldigen Hände aufheben. Die Helden und Märtyrer jener Jahre, sie sind nicht diejenigen, die mit dem Kriegslorbeer aus den eroberten Ländern zurückkehrten. Sie sind diejenigen, die hinter Gittern und Stacheldraht zur Ehre des deutschen Namens starben und verdarben. Zu seiner alleinigen Ehre, denn eine andere gab es nicht mehr landauf und landab... Unter ihnen gab es wenige vom Adel, und nicht sehr viele aus den Reihen des reinen Geistes. Unter ihnen gab es viele aus den Bezirken der Kirche, aber sie alle traten zurück hinter den langen Zügen, die aus den Hütten des armen Mannes bei Tag und bei Nacht ihren Todesweg antraten. Vieler Jahrzehnte Lasten, Hunger und Qual hat der deutsche Arbeiter getragen, Kriegs- und Friedenslasten, aber niemals hat er eine schwerere Last getragen als in diesen zwölf Jahren. Niemals auch eine ehrenvollere, und keine Hand einer dunklen oder hellen Zukunft soll diesen unvergänglichen Glanz von seiner Stirne wischen."

So verschieden die Inhalte und Formen des Widerstandes und der ablehnenden Einstellung gegen die faschistische Diktatur gewesen waren, so unterschiedlich waren auch die Motive, aus denen sie herrührten. Bei den Angehörigen der Arbeiterbewegung bestimmten vornehmlich politische und soziale Motive Einsatzbereitschaft und Wagemut.

Für sie war der Faschismus die Herrschaftsform einiger mächtiger Industrieller, Wirtschaftsführer, Bankiers, Großgrundbesitzer und Militärs, die schon immer ein gespaltenes Verhältnis zur Republik hatten.

Zwar erfüllte die Republik von Weimar bei weitem nicht die Erwartungen der Revolutionäre vom November 1918, und die Diskussionen darüber vertieften die Spaltung der Arbeiterbewegung. Allerdings ging es dabei nicht um die Beseitigung der Republik, sondern um ihren sozialen Inhalt, zumal auf ihrem Fundament die sozialistische Arbeiterbewegung ständig stärker wurde. Für die Feinde der Republik war das der entscheidende Grund, die Arbeiterbewegung mit Hilfe des Faschismus zu zerschlagen. Dadurch erklärt sich auch der sofort einsetzende Arbeiterwiderstand, der erneut beweist, daß die Arbeiter von Anfang an Demokratie, Freiheit und Frieden verteidigten.

Viele der handelnden Personen in „Lichter in der Finsternis" gehörten der kommunistischen Bewegung an. Das hat seinen Grund: Will man den Widerstand im Dritten Reich unter dem Gesichtspunkt der historischen Wahrheit darstellen, dann muß man zur Kenntnis nehmen, daß die Kommunisten die zahlenmäßig größte Gruppe des Widerstandes bildeten und dementsprechend große Blutopfer brachten. An dieser Wahrheit wollte ich nicht vorbeigehen.

Der Widerstand aus religiösen Motiven begann eigentlich erst, als die Hitlerfaschisten versuchten, ihre Gleichschaltungspraktiken auf die Kirchen und religiösen Gemeinschaften zu übertragen. Pfarrer, Pastoren, Hilfsprediger, Priester, Kapläne und viele Laien widersetzten sich diesen Praktiken, fanden den Mut zum Protest trotz Verfolgung und Inhaftierung. Das gleiche Schicksal teilten die Zeugen Jehovas, von denen viele in Essen ihr Leben verloren haben.

In diesem Buch habe ich einige bisher noch nicht bekannte Erlebnisse Essener Christen aufgeschrieben. Sie waren, wie ich, im Stadtteil Borbeck zu Hause und spielten in meinem eigenen Leben eine Rolle. Ein Grund mehr, über sie zu schreiben.

Zwischen 1933 und 1945 gab es in Essen aber auch Frauen und Männer, denen die zunehmende Uniformierung des gesamten gesellschaftlichen Lebens, denen Führersystem und staatlicher Zwang zuwider waren. Sie alle zähle ich zu jener Gruppe, die man wohl am besten mit der Bezeichnung „Volksopposition" erklärt.

Der in ihnen aufgespeicherte Unmut verleitete sie zu Handlungen, auf die das Regime mit gnadenlosem Terror antwortete. Es waren Mitglieder ehemaliger bürgerlicher Parteien, überzeugte Demokraten, Humanisten, aber auch solche, die nie einer politischen Partei angehört hatten.

Hinter vorgehaltener Hand agitierten sie gegen das Naziregime, führten nicht genehme Redensarten, verbreiteten abfällige politische Witze, verstießen gegen die menschenunwürdigen Rassengesetze, hörten „Feindsender" oder pflegten verbotswidrigen Umgang mit Kriegsgefangenen. Ihre Handlungsweisen wertete man als „Hochverrat", „staatsfeindlich", „zersetzend" oder „heimtückisch". Die Schicksale all dieser Menschen beweisen: Wer Terror praktiziert, wer Mord als nationale Heldentat verherrlicht, der muß auch demokratisch-humanistisches Gedankengut bekämpfen und jeden als seinen Feind betrachten, der es in irgendeiner Form verbreitet oder danach handelt.

Ich habe mich bemüht, jeden einzelnen, über den ich schrieb, ausreichend vorzustellen. Gefühle und Meinungen zu dem, was war und heute ist, habe ich bei meinen noch lebenden Gesprächspartnern nicht verschwiegen. Immer war ich bemüht, jeden niedergeschriebenen Satz auf seinen Wahrheitsgehalt zu überprüfen. Erhalten gebliebene Akten der Gestapo und des Volksgerichtshofes kamen mir dabei sehr gelegen.

Es ist möglich, daß mir jemand Voreingenommenheit vorwirft. Zugegeben, ich schildere in erster Linie Erlebnisse und Schicksale solcher Menschen, die man zum „einfachen Volk" zählt. Aber das ist beabsichtigt, denn ich möchte, daß diesen Frauen und Männern endlich jene Ehre zuteil wird, die mancher ihnen vorenthielt oder streitig machen wollte.

Als ich im Jahre 1965 den Auftrag übernahm, die Geschichtskommission der Essener Vereinigung der Verfolgten des Naziregimes zu leiten und den antifaschistischen Widerstand im Essener Raum zu erforschen, da ahnte ich noch nicht, welche Arbeit dazu notwendig war. Inzwischen ist ein großes Archiv entstanden, das zahlreichen Schülern, Studenten und Redakteuren als Quelle für ihre Prüfungsarbeiten, für Artikel und private Forschungen wertvolle Hilfe leisten konnte und sicher weiterhin leisten wird.

Eine eigene umfangreiche Vortragstätigkeit und Hilfe bei der Anfertigung verschiedener historischer Ausstellungen ergab sich fast zwangsläufig. So war es nur logisch, daß die Idee, daraus ein Buch zu entwickeln, sich immer mehr aufdrängte, zumal die verbreitete Unkenntnis über die Zeit des Faschismus und des Krieges angesichts der offen auftretenden neonazistischen Kräfte mehr als bedenklich ist.

Die konkrete Arbeit an diesem Buch begann vor mehr als zehn Jahren. Ungezählte persönliche Gespräche und vor allem das Studium in den verschiedenen Archiven wurden notwendig. Eine solche lange Zeit war unvermeidbar, weil ich als kaufmännischer Angestellter eines Essener Betriebes alle Arbeiten in der beruflichen Freizeit vornehmen mußte. Archivstudien konnten darum auch nur während des Urlaubs vorgenommen werden. Ich hatte in all diesen Jahren in meiner Frau eine sehr große Hilfe, für die ich ihr sehr dankbar bin. Ohne diese Hilfe hätte ich die Arbeit nicht leisten können.

Einsicht in die Gestapo-Personalakten im Düsseldorfer Hauptstaatsarchiv genehmigte mir der Kultusminister des Landes Nordrhein-Westfalen. Ihm, aber auch Dr. Ziegahn vom Düsseldorfer Hauptstaatsarchiv, möchte ich danken.

Außerordentlich wichtig waren für mich drei Archivstudien im Institut für Marxismus-Leninismus in Berlin. Die Einsicht in die dort lagernden Akten des Reichssicherheits-Hauptamtes und des Volksgerichtshofes ermöglichte es mir, eine Fülle neuer Kenntnisse zu erwerben sowie Ereignisse und Daten zu überprüfen. Hilfe und Unterstützung fand ich hier bei Professor Dr. Heinz Voßke und seinen Mitarbeitern, für die ich ihnen vielmals danke.

Dank auch der Friedrich-Ebert-Stiftung und hier besonders Werner Krause. Über ihn erhielt ich die im Archiv der Sozialen Demokratie lagernden Arbeitsunterlagen von Professor Dr. H. J. Steinberg, die dieser im Zusammenhang mit seinem Buch „Widerstand und Verfolgung in Essen 1933–1945" benutzt oder angefertigt hatte. Daß Professor Steinberg dazu sein Einverständnis gab, sei dankbar erwähnt.

Neben der VVN–Bund der Antifaschisten, die im Rahmen ihrer Möglichkeiten notwendige Arbeitsmaterialien und Auslagen finanzierte, hat auch der Kulturausschuß des Rates der Stadt Essen meine Arbeit gefördert. Ich nahm diese Förderung ebenso dankbar entgegen wie die unterstützenden Bemühungen des Amtes für Wiedergutmachung, des Friedhofsamtes und des Internationalen Suchdienstes in Arolsen.

Bei vielen Arbeiten standen mir meine VVN-Kameraden Theo Gaudig und Hans Lomberg mit Rat und Tat zur Seite. Bei den Forschungen und allen Problemen der technischen Herstellung des Buches übernahmen sie bereitwillig wichtige Arbeiten. Wenn 34 Jahre nach dem Ende des Naziterrors eine erste Liste der Toten des Essener Widerstandes vorgelegt werden kann, dann hat Theo Gaudig daran maßgebenden Anteil.

Jedoch diese ständige, über viele Jahre gewährte Hilfe und Förderung konnte die Herausgabe des vorliegenden Buches allein nicht ermöglichen. Wenn es jetzt zu einem weit unter Marktbedingungen liegenden Preis verkauft werden kann, dann geschieht das dank einer breiten öffentlichen Unterstützung. Viele Essener Bürger, Vereine und Kirchengemeinden, vor allem aber die Angehörigen und Freunde der antifaschistischen Widerstandskämpfer und Naziverfolgten legten mit ihren Spenden den finanziellen Grundstock dazu.

Vollends aber wurde das möglich durch die finanzielle Hilfe der Stadt Essen, womit Rat und Verwaltung eine positive Einstellung zum Buch gezeigt haben.

Ich möchte das Buch „Lichter in der Finsternis" ein antifaschistisches Lesebuch nennen. Es will Vorgänge zwischen 1933 und 1945 darstellen, und zwar durch Berichte, Erlebnisse und Forschungen; durch Gespräche mit Bürgern und über Bürger in unserer Stadt. Angesichts nichtendenwollender Versuche neonazistischer Kreise, eine unheilvolle Geschichtsperiode nachträglich zu verherrlichen, ist dieses Buch in der Gewißheit geschrieben: Wer den Faschismus wirklich kennt, der wird den Weg finden zur Verteidigung der Demokratie und zum Kampf für Frieden und Freundschaft zwischen den Völkern.

Noch immer gilt der Ruf: „Menschen seid wachsam!"

Essen, im November 1978

Ernst Schmidt

Verzeichnis der Abkürzungen

ADGB	Allgemeiner Deutscher Gewerkschaftsbund
BDM	Bund Deutscher Mädel
DAF	Deutsche Arbeitsfront
DGB	Deutscher Gewerkschaftsbund
DKP	Deutsche Kommunistische Partei
EVBD	Einheitsverband der Bergarbeiter Deutschlands
FES	Friedrich-Ebert-Stiftung Archiv der sozialen Demokratie
Gestapo	Geheime Staatspolizei
HD	Hauptstaatsarchiv Düsseldorf
HJ	Hitlerjugend
IAH	Internationale Arbeiter-Hilfe
IML	Institut für Marxismus-Leninismus beim ZK der SED, Zentrales Parteiarchiv
KJVD	Kommunistischer Jugendverband Deutschlands
KPD	Kommunistische Partei Deutschlands
KZ	Konzentrationslager
NRZ	Neue Ruhr-Zeitung
NSBO	Nationalsozialistische Betriebszellenorganisation
NSDAP	Nationalsozialistische Deutsche Arbeiterpartei
NSV	Nationalsozialistische Volkswohlfahrt
RGO	Revolutionäre Gewerkschaftsopposition
RSHA	Reichssicherheitshauptamt der SS
SA	Sturmabteilungen der NSDAP
SPD	Sozialdemokratische Partei Deutschlands
SS	Schutzstaffeln der NSDAP
USPD	Unabhängige Sozialdemokratische Partei Deutschlands
VGH	Volksgerichtshof
VVN	Vereinigung der Verfolgten des Naziregimes – Bund der Antifaschisten
VVN-A	VVN-Archiv – Archivsammlung Ernst Schmidt, Essen
WHW	Winterhilfswerk
WVE	Westdeutsches Volks-Echo

Aus dem Tagebuch des Stadtrechtsrates Hugo Verspohl vom 12. März bis 12. Mai 1933

„Aufgrund des § 4 des Gesetzes zur Wiederherstellung des Berufsbeamtentums vom 7. April 1933 (RGBl. I S. 175) entlasse ich Sie aus dem Dienst der Stadt Essen."

Diese kurze Mitteilung sandte am 11. Oktober 1933 der Preußische Minister des Inneren dem Essener Stadtrechtsrat Hugo Verspohl. Im Paragraph 4 des Gesetzes hieß es u. a.: „Beamte, die nach ihrer bisherigen politischen Betätigung nicht die Gewähr dafür bieten, daß sie jederzeit rückhaltlos für den nationalen Staat eintreten, können aus dem Dienst entlassen werden..." In Form und Inhalt ist der Ministerbrief das klassische Beispiel eines Berufsverbotes gegen politisch unbequeme Zeitgenossen. Der Betroffene war seit 1918 Sozialdemokrat aus Überzeugung.

Am 20. Oktober 1885 in Xanten am Niederrhein geboren, hatte der Sohn einer Apothekerfamilie nach bestandener Reifeprüfung die Rechtswissenschaften studiert und war danach vorübergehend als Hilfsrichter in Düsseldorf und Duisburg tätig gewesen. Im Jahre 1920 trat er dann als Stadtassessor in die Dienste der Stadt Essen. Drei Jahre später ernannte man ihn hier zum Stadtrechtsrat. Ende 1932 als besoldeter Beigeordneter vom Essener Stadtparlament gewählt, durfte er nach dem Machtwechsel im Januar 1933 in dieser Funktion nicht mehr tätig werden.

„Ich gebe Ihnen davon Kenntnis, daß der Herr Regierungspräsident zu Düsseldorf durch Verfügung vom 13. Juli 1933... Ihrer Wahl zum besoldeten Beigeordneten der Stadt Essen... die Einweisung versagt hat."

Das stand in einem Brief, den der Oberbürgermeister der Stadt am 1. August 1933 an den Essener Stadtrechtsrat schrieb. Mit einem gekürzten Ruhegehalt wurde er danach in Pension geschickt.

Schon lange vorher aber war er den Nadelstichen der neuen Würdenträger ausgesetzt gewesen. Eine erste unliebsame Konfrontation hatte es am 5. März 1933 gegeben: Als er an diesem Wahlsonntag seine Mietwohnung auf der Margarethenhöhe mit der schwarzrotgoldenen Fahne schmückte, erboste sich darüber NSDAP-Kreisleiter Freytag und entfernte das Wahrzeichen der Weimarer Republik. Sieben Tage später, am Sonntag, dem 12. März 1933, wurden in Essen 91 Stadtverordnete gewählt. Hugo Verspohl konnte sein Wahlrecht nicht ausüben, denn in den frühen Morgenstunden dieses Tages war er von der Gestapo festgenommen und in das Polizeigefängnis eingeliefert worden. Bis zum 12. Mai 1933 blieb er Gefangener der Gestapo.

Aufruf!

Mitbürger!

Für uns hat der Krieg praktisch sein Ende gefunden, wenn auch in einzelnen Teilen Deutschlands noch gekämpft wird, weil eine Handvoll elender Feiglinge ihre Macht noch mißbrauchen kann, um durch Hinopferung vieler Männer, Frauen und Kinder und weitere Verwüstung von Städten und Dörfern ihr Dasein noch einige Tage zu fristen. Ich glaube, auch der fanatischste P.g. kann sich der Einsicht nicht mehr verschließen, in welches Elend wir von minderwertigen Menschen geführt worden sind, nachdem er das jämmerliche Verhalten vieler Parteiführer aus nächster Nähe hat mitansehen können, jämmerlich gerade dann, wenn sie sich einmal in schwieriger Lage hätten als Männer bewähren können. Vor allem hat auch der Umstand viele erschüttert, daß man unsere Soldaten in eine solch üble Lage gebracht hat, sich führerlos auf der Landstraße einem ungewissen Schicksal überantwortet zu sehen. Als Teilnehmer des Weltkrieges, der mit seinen Kameraden 1918 besiegt, aber ehrenvoll nach Hause zurückkehren konnte, kann ich mich sehr gut in die Seele manches versetzen, für den eine Welt zusammengebrochen ist, an die er auf Grund raffinierter Propaganda lange Jahre geglaubt hat. Ich weiß das auch aus dem Munde der Soldaten selbst.

Wir warten nun auf das Eintreffen der Besatzungsbehörde, die unser Schicksal auf lange Jahre, vielleicht auf Jahrzehnte zu bestimmen haben wird. Wir sind auf das Wohlwollen dieser Behörde dringend angewiesen und alle anständigen Mitbürger haben keine Lust, wegen der Dummheit oder Bosheit von Leuten, die in der Vergangenheit den Gang über Leichen bereitwillig mitgemacht haben, weil sie ihren Vorteil dabei fanden, sich dieses Wohlwollen zu verscherzen. Millionen von Deutschen, die ihre Häuser, ihre Wohnungen, ihre Möbel, Wäsche und Kleider verloren haben, werden ihre Ansprüche geltendmachen und verlangen, daß sie in erster Linie von denen schadlos gehalten werden, die sich als Kriegstreiber in Partei- und Staatsstellen vergangen haben, der eine mehr, der andere weniger. Die Frauen und Kinder manches P.g. können sich dann bei den Männern bedanken, die uns zwölf lange Jahre hindurch mit ihren Terrormaßnahmen gepeinigt haben.

Wir haben die weiße Fahne gezeigt, um unsere Häuser vor der Beschießung zu schützen. Wir wollen damit auch sagen, daß wir keine Anhänger des verruchten Hitlersystems sind. Die weiße Fahne ist parteilos und steht jedem zur Verfügung Sorgen wir dafür, daß jedes Haus und jede Wohnung in Überruhr durch das Hissen dieser Fahne zeigt, daß darin Menschen wohnen, die genug haben von dem entsetzlichen Blutvergießen und die bereit sind, aus den Trümmern etwas Neues wiederaufzubauen, für uns, für unsere Kinder, für Heimat und Vaterland, und auch im Dienste für die übrige Welt.

Morgen ist der 20. April. Überruhr muß gerade an diesem Tage ein Meer von weißen Fahnen sein. Beginnen wir, so auch äußerlich etwas von der Schande auszulöschen, mit der man uns und die Welt zwölf Jahre hindurch beladen hat. Mir liegen nicht die Terrormaßnahmen, mit denen die verflossene Partei ihre Fahne allen Mitbürgern aufgezwungen hat, selbst wenn ich die Macht dazu hätte. Ich gebe Euch nur einen <u>Rat</u>, Mitbürger. Ob Ihr ihn befolgt ist Eure Sache. Ich als ortsansässiger städt. Beamter habe nur den Wunsch, das Leid und Elend, das uns bestimmt noch bevorsteht, weil die im Namen des deutschen Volkes begangenen Verbrechen so ungeheuerlich sind, möglichst beschränkt zu sehen. Überruhr ist meine Wahlheimat und ich werde mich nach meinen Kräften für sie einsetzen. Wir haben im allgemeinen das Glück gehabt, unseren Besitz erhalten zu sehen, aber es werden ihn nach dem, was ich erfahren habe, bestimmt nicht alle behalten. Sorgen wir dafür, daß der Kreis der Verlierenden nicht durch unkluges Verhalten sich unnötig vergrößert.

Essen, d. 19. April 1945

Verspohl
Stadtrechtsrat

Diesen Aufruf heftete Hugo Verspohl am 19. April 1945 an die Häuserwände in Überruhr.

Als er dann wieder frei war, wurde ihm die Ausübung seiner Tätigkeit bei der Stadt Essen nicht mehr gestattet. Reismann-Grone, Essens neuer Oberbürgermeister, sandte ihm statt dessen in Durchführung des „Gesetzes zur Wiederherstellung des Berufsbeamtentums" einen vierseitigen Fragebogen. Neben der Aufforderung, die arische Abstammung bis zu den Großeltern nachzuweisen, wurde er u. a. gefragt: „Welchen politischen Parteien haben Sie bisher angehört. Von wann bis wann? Waren Sie Mitglied des Reichsbanners Schwarz-Rot-Gold, des republikanischen Richter- oder Beamtenbundes oder der Liga für Menschenrechte oder der Eisernen Front und, falls ja, von wann bis wann?"

Hugo Verspohl, der wenige Tage später den Fragebogen ausgefüllt zurücksandte, beklagte sich in einem Begleitschreiben bitter darüber, daß man es ihm seit mehr als einem Monat immer noch nicht gestatte, seinen Dienst bei der Stadt Essen wieder aufzunehmen. Auch werde er zur Beigeordnetenkonferenz und zur Ausschußsitzung nicht mehr eingeladen. „Ich bitte, durch derartige Maßnahmen nicht schon eine Entscheidung vorwegzunehmen...", argumentierte er. Dieser Protest fand dann mit der bereits erwähnten Entlassung aus städtischen Diensten seine Erledigung.

Am 11. November 1933 beantragte der Stadtrechtsrat a. D. seine Zulassung als Rechtsanwalt beim Preußischen Innenminister. Er mußte mehr als drei Monate auf die Entscheidung warten. Sie wurde am 23. Februar 1934 an ihn geschickt und lautete: „Ihrem Antrage vom 11. November 1933 auf Zulassung zur Rechtsanwaltschaft bei dem Amts- und Landgericht Essen vermag ich im Hinblick auf § 6 Ziffer 5 der RAO in der Fassung des Gesetzes vom 20. Juli 1933 – RGBl. I, S. 522 – nicht zu entsprechen."

Zwei Jahre später folgten neue Schikanen der Nationalsozialisten. Wegen Nichtbeteiligung am Winterhilfswerk (WHW) wurde ihm von der Margarethe-Krupp-Stiftung die Wohnung gekündigt. Wieder steckte NSDAP-Kreisleiter Freytag dahinter, der bei der Stiftung interveniert hatte. Aus Sorge um ein Obdach für seine sechsköpfige Familie wandte Hugo Verspohl sich mit Eingaben an die verschiedensten Instanzen.

„Zum 1. April 1936 ist mir meine Wohnung, Einfamilienhaus auf der Margarethenhöhe, das ich mit meiner Frau und vier Kindern im Alter von 10 Monaten bis 11 Jahre bewohne, gekündigt worden. Als Grund hat mir Herr Direktor Rigol angegeben: Nichtbeteiligung an dem offiziellen Winterhilfswerk. Ich habe in einer Eingabe an den Wohnungsausschuß der ‚Margerethe-Krupp-Stifung' vom 12. Dezember 1935 eingehend dargelegt, aus welchen persönlichen Gründen mir eine Teilnahme an dem WHW verschlossen ist, und gebeten, die Kündigung zurückzunehmen."

So begann ein Brief, den er am 8. Januar 1936 an Gustav Krupp von Bohlen und Halbach sandte. Da er bis zu diesem Zeitpunkt vergeblich auf eine Antwort des Wohnungsausschusses gewartet hatte, wandte er sich hilfesuchend an den Mann, der zur Familie der Frau gehörte, deren Name die Stiftung trug. Mit den „persönlichen Gründen", die ihn veranlaßten, sich nicht am WHW zu beteiligen, hielt er in dem Brief nicht hinter dem Berg. Die gewählten Formulierungen ließen den Juristen erkennen und lauteten:

„Die Teilnahme am WHW ist eine völlig freiwillige Angelegenheit, wie von höchster Stelle immer wieder erklärt worden ist. Es handelt sich um Wohlfahrt, und in der Bezeichnung als ‚Opfer' ist auch der Begriff Freiwilligkeit enthalten. Wer in dieser Richtung einen Druck oder gar einen Zwang ausübt, handelt gegen den Willen der Regierung und setzt das WHW herab. Wenn die Absicht bestanden hätte, eine ausdrückliche Verpflichtung für die Teilnahme am WHW festzulegen, so hätte dies durch Gesetz geschehen müssen. Wenn somit ganz allgemein niemand benachteiligt werden darf, so nehme ich für mich aus den dargelegten besonderen Gründen in Anspruch, erst recht jeden Versuch, einen Druck auf mich auszuüben, entschieden zurückzuweisen. Der Begriff der ‚Freiheit' und der persönlichen Ehre steht mir zu hoch, als daß ich ihn durch irgend jemanden antasten lasse. Jeder Mann mit Ehre im Leibe wird mir zugestehen müssen, daß ich, dem man so mitgespielt hat, es mit Recht ablehne, mich an gemeinsamen Veranstaltungen unter Führung der NSDAP zu beteiligen." Der Brief endete mit den Worten:

„Ich bitte Sie, sehr geehrter Herr Krupp von Bohlen und Halbach, mir Ihren Schutz angedeihen zu lassen."

Aber nicht Gustav von Krupp von Bohlen und Halbach antwortete, sondern das Direktorium der Firma. Die Antwort lautete kurz und bündig:

„Wir bedauern, Ihnen mitteilen zu müssen, daß wir nicht berechtigt sind, in die inneren Angelegenheiten der Verwaltung der Margarethe-Krupp-Stiftung für Wohnungsfürsorge einzugreifen."

Hugo Verspohl gab sich mit dieser Antwort nicht zufrieden. Ihm sei bekannt, daß die Firma Krupp nicht das Recht habe, in die inneren Angelegenheiten der Margarethe-Krupp-Stiftung einzugreifen, schrieb er zurück und fügte hinzu: „Daher habe ich auch mein Schreiben vom 8. dieses Monats an Herrn Dr. Krupp von Bohlen und Halbach persönlich gerichtet, weil es sich bei der Stiftung um eine Angelegenheit der Familie Krupp handelt." Aber auch diesen Brief ließ der Hausherr auf Hügel durch sein Firmendirektorium beantworten. Die Herren bestätigten, man habe Herrn Krupp von Bohlen und Halbach die Bitte vorgetragen, aber auch er halte sich für nicht berechtigt, in die inneren Angelegenheiten der Stiftung einzugreifen.

Aufgrund einer Eingabe, die Hugo Verspohl zur gleichen Zeit an Rudolf Heß, den „Stellvertreter des Führers", mit denselben Argumenten richtete, wurde er von Kreisleiter Freytag für den 4. Februar 1936 zu einer Aussprache mit dem zuständigen Inspekteur beim Stab des Stellvertreters des Führers geladen.

Man könne es keinem Hausbesitzer zumuten, einen solchen Mieter wie ihn zu behalten, belehrte ihn der NS-Inspekteur und fügte hinzu, daß die Partei sich sogar das Recht nehme, Hausbesitzer zu beeinflussen, Mieter seiner Sorte zu entfernen. Als der Vorgeladene die Einmischung des NSDAP-Kreisleiters in sein Mietverhältnis mit der Stiftung ansprach, bekam er zu hören, Reichsrecht gehe vor Privatrecht. Folglich habe der Kreisleiter jederzeit das Recht, sich in Privatverhältnisse einzumischen.

Die Aussprache und ihren Verlauf nahm Hugo Verspohl zum Anlaß einer Beschwerde an Rudolf Heß. Vom Stab des Führerstellvertreters schrieb man ihm am 7. März 1936 zurück: „Die Ursache der Haltung aller Parteidienststellen Ihnen gegenüber haben Sie in Ihrem eigenen Verhalten zu suchen. In Zukunft werden etwaige Eingaben von Ihnen nicht mehr bearbeitet werden."

So blieb Hugo Verspohl nichts anderes übrig, als seine Wohnung auf der Margarethenhöhe, Im stillen Winkel 4, zu räumen. In Essen-Überruhr, Im Deilmannsweg 12, fand er ein neues Zuhause. Aber auch hier ging der Kleinkrieg gegen ihn weiter. Sein größter Widersacher, NSDAP-Kreisleiter Freytag, war zwar inzwischen Oberbürgermeister in Duisburg geworden, hatte aber offensichtlich seinen Nachfolger Peter Hütgens angehalten, die Schikanen fortzusetzen. Um die Jahreswende 1937/1938 leitete dieser dann ein Dienststrafverfahren gegen den vorzeitig pensionierten Stadtrechtsrat mit dem Ziel ein, dessen reduziertes Ruhegehalt erneut zu kürzen.

Des andauernden Kreuzfeuers überdrüssig und mit Rücksicht auf seine Familie war Hugo Verspohl Anfang 1938 der NSV beigetreten, hatte bei einigen Straßensammlungen etwas gespendet und einmal auch eine Hakenkreuzfahne ins Fenster gehängt. Diese Zugeständnisse konnten allerdings die feindselige Einstellung der Essener NS-Prominenz gegen ihn nicht mildern.

Die jetzt eingenommene Haltung sei „lediglich seiner wohlüberlegten Berechnung entsprungen und somit aus Zweckmäßigkeitsgründen erfolgt", schlußfolgerte Kreisleiter Hütgens in einem streng vertraulichen Brief an den Oberbürgermeister. Für ihn sei es gänzlich ausgeschlossen, daß ein Mann, der jahrelang ein Feind des Nationalsozialismus gewesen sei, sich auf einmal innerlich dazu bekenne.

„Es wäre geradezu lächerlich, wenn er mit seinem Theaterspiel Erfolg haben sollte", schrieb Hütgens abschließend und machte damit deutlich, daß es für seinen Widersacher auch in Zukunft kein Pardon geben würde. Am 8. Juni 1938 trat die Dienststrafkammer in Düsseldorf zu einer nichtöffentlichen Sitzung zusammen. Regierungsdirektor Charisius, Oberregierungsrat Dr. Böhmke, Landgerichtsrat Julius Seeger, Stadtassessor Dr. Rehse und Regs.-Büro-Diätar a. Pr. Kloschies erkannten für Recht: „Der Beschuldigte wird mit einer Kürzung des Ruhegehaltes in Höhe von 20 v. H. für die Dauer von fünf Jahren bestraft und hat die gesamten Kosten des Verfahrens zu tragen."

Ohne Berücksichtigung der äußeren Zugeständnisse, die Hugo Verspohl inzwischen gemacht hatte, begründeten die nationalsozialistischen Saubermänner des Berufsbeamtentums ihren Urteilsspruch so:
„Der Beschuldigte ist geständig,
1. es abgelehnt zu haben, Mitglied der NSV zu werden;
2. den Bestrebungen des Winterhilfswerks Widerstand entgegengesetzt und seinen Kindern den Eintritt in die Hitler-Jugend bzw. den Bund Deutscher Mädel verwehrt zu haben;
3. sich geweigert zu haben, für seine Kinder den Jugendherbergspfennig zu zahlen;
4. die Reichsfahne nicht gehißt zu haben;
5. nicht den Gruß: ‚Heil Hitler' gebraucht zu haben;
6. an der Reichstagswahl am 29. März 1936, anläßlich der Wiederherstellung der Wehrhoheit, nicht teilgenommen zu haben."

Diese Vorwürfe zusammengenommen, reichten der Kammer zu der Feststellung, der Beschuldigte habe sich durch sein Verhalten außerhalb der nationalsozialistischen Volksgemeinschaft gestellt.

Auch in den folgenden Jahren blieben Hugo Verspohl und seine Familie von weiteren Schikanen nicht verschont. Einmal war er die Zielscheibe, ein anderes Mal seine Frau oder eines seiner Kinder.

Im vierten Kriegsjahr verweigerte man seinen Töchtern Erika und Ilse die zustehende Bewilligung der Ausbildungsbeihilfe. Auf seine Beschwerde gegen diese Entscheidung schrieb ihm am 24. April 1944 das Finanzamt Essen-Süd: „Der Gauleiter hat den Widerspruch des Kreisleiters gegen die Weitergewährung der Ausbildungsbeihilfe für Ihre Kinder Ilse und Erika bestätigt. Ein weiteres Rechtsmittel ist gegen diesen Bescheid nicht gegeben."

Erst als mit der Zerschlagung des Faschismus 1945 auch die Hierarchie des NS-Kreisleiters in Essen zerbrach, begann für Hugo Verspohl wieder das normale Leben.

Rückblickend betrachtet waren alle Maßnahmen, die man gegen ihn ergriffen hatte, relativ glimpflich verlaufen. Der Terror des Regimes traf andere, die viel zurückhaltender reagiert hatten als er, weitaus brutaler und folgenschwerer. Ein offenbar glückliches Geschick bewahrte ihn vor dem Konzentrationslager, das vielen seiner Gesinnungsfreunde nicht erspart blieb.

Im Jahre 1945 zurückgekehrt in den Dienst der Stadt Essen, wurde der Sozialdemokrat Bürgermeister und Beigeordneter. Sechs Jahre später trat er in den Ruhestand und starb am 5. Februar 1978 im Alter von 92 Jahren.

★

Als ich mich mit seinen Erlebnissen während der faschistischen Diktatur vertraut machte, erfuhr ich, daß er in seiner Schutzhaft vom 12. März bis zum 12.

Mai 1933 ein Tagebuch geführt hatte und es noch besaß. Insgesamt 36 Seiten füllen die Erlebnisse und Eindrücke einer 62tägigen Haft im Essener Polizeigefängnis. Daraus einige Eintragungen:

„12. 3. 1933:

4 Uhr werde ich von Krim.R. Vaupel und 3 Schupowachtmeistern aus dem Bett geholt und im Auto zum Polizeipräsidium gebracht. Im Polizeigefängnis wird mir eine kleine Haftzelle angewiesen, etwa 1,5 m breit. Das Feldbett ist an der Wand befestigt und muß zum Liegen heruntergeklappt werden. Ich lege mich mit Anzug und Mantel aufs Bett, weil es ja schon Morgen ist, und versuche, mir die Zeit mit Lesen in Werfels ‚Barbara', das ich mitgenommen habe, zu vertreiben.

Hugo Verspohl und die erste Seite seines Tagebuches.

6 Uhr. Wecken. Kaffeeholen, einige Schnitten trockenes Brot. Waschen.

8.30 Uhr Transport im Gefangenenauto zum Gerichtsgefängnis, zusammen mit Berthold Levy, Kuper, Romberg und einem jungen Menschen namens Jägersmann. K. u. R. sind von SA abgeholt und mit Rizinus behandelt, R. auch geschlagen worden. Zuerst bin ich mit L. u. J. zusammen, dann werden wir nach vielem Schlüsselrasseln und Türenschlagen und Feststellen der Personalien getrennt. Meine Zelle riecht übel nach dem alten Fäkalieneimer, dem ich mich auch bald als ‚schwebender Adler' anvertraue, was den Duft nicht vermindert. Das Fenster lasse ich auf, was die Kälte noch vermehrt. Bei dauerndem Aufenthalt in dem dumpfen, kalten, finsteren Loch muß man krank werden. Das Schlimmste ist mir das so kleine, fast an der Decke befindliche Fenster, das ein richtiges Lüften nicht zuläßt und keinen Blick nach draußen gestattet. Nebenan höre ich, wie J. vom Wachtmeister angefahren wird: ‚Nehmen Sie die Mütze ab, Hand aus der Tasche!' Sein Einwand: ‚Wir sind auch Menschen' scheint ihm wenig zu nützen. Ich als alter Militärsoldat bin so klug, schon vorher aufzustehen, wenn ich die Schlüssel an meiner Türe rasseln höre, so daß ich den Wachtmeister stehend erwarte. Er fragt mich nach meiner Parteizugehörigkeit und meint tröstend, die SPD-Leute kämen alle in den Kahn. Es heißt, sich auf alles gefaßt machen. Ein junger Gefängnisbeamter in Zivil mit einer Liste stellt meine Personalien fest und macht große erschreckte Augen. Um 12 Uhr erhalte ich den Bescheid, daß ich zum Präsidium zurück soll, und werde auch bald in der ‚grünen Karoline' wieder abgeholt. Im Polizeigefängnis werde ich ganz nach oben geführt, eine große Zelle wird geöffnet, und ich sehe, fast geblendet, in strahlendes Licht. Durch ein großes Fenster flutet in breitem Strom die Sonne herein. Am Tisch sitzt Krolik (Beigeordneter der Stadt Essen, d. V.), der am Morgen gegen 9 Uhr festgenommen worden ist. Krolik ist ziemlich gedrückt, denkt an Frau und Kind. Um 13.30 Uhr besucht uns Oberbürgermeister Schäfer, d. h., wir werden zu ihm ins Präsidium geführt.

Wir wohnen sehr hoch, rund 80 Stufen sind es. Schon früh hauen wir uns auf unsere Feldbetten. Nachts werde ich öfters dadurch gestört, daß vom Hof her ein Scheinwerfer angeknipst wird, der die Hinterfront des Gefängnisses hell beleuchtet und damit auch das Innere der Zelle erhellt. Der Zweck ist, dem Posten die Überwachung zu erleichtern.

13. 3.: Ich habe nicht gut geschlafen. Gegen 12 Uhr verkündet uns der Polizeimajor Hüttemann, daß wir frei sind. Lotte, die schon davon gehört hatte, erwartet mich freudestrahlend vor dem Präsidium. Wir spazieren, froh meiner wiedergewonnenen Freiheit, nach Hause zu den Kindern, die ganz erstaunt sind, daß ich ‚verreist' war. Wir ahnten nicht, daß ich mich meiner Freiheit nicht lange würde erfreuen können. Nachmittags gehen wir zu Bekannten. Abends gegen 7 Uhr spazieren wir wieder heimwärts. Ich habe Sehnsucht nach dem Bett, kann aber ein ungewisses Gefühl nicht unterdrücken. Gegen 21.30 Uhr schellt es heftig. Mir ahnt gleich nichts Gutes. Dem Mädchen, das am Flurfenster herausfragt, wird gesagt, ich müsse herunterkommen, sie hätten ein Wörtchen mit mir zu sprechen. Es sind einige Leute in SA-Uniform. Meine Nerven sind ziemlich mitgenommen. Als ich aus dem warmen Bett aufstehe, komme ich aus dem Zähneklappern nicht heraus. Unter keinen Umständen will ich mich in die Hände der SA begeben nach allem, was vorgekommen war. Ich veranlasse Lotte und das Mädchen, aus dem Fenster laut um Hilfe zu rufen, um die Nachbarschaft aufmerksam zu machen. Es sammeln sich denn auch Leute auf der Straße, und Nachbarn sehen aus dem Fenster. Von den SA-Leuten wird das Hilferufen mit Lachen quittiert und mit dem Zuruf, herunterkommen müsse ich doch. Lotte ruft das Polizeirevier und das Präsidium an. In dem Augenblick knattert neben ihr die Rollade hoch, so daß sie im ersten Augenblick glaubt, es sei geschossen worden. Ein SA-Mann war in die Veranda eingedrungen, vielleicht durch das Fenster, das nicht ganz geschlossen war. Jedenfalls fanden wir es nachher offen, ebenso wie die Verandatür, deren von innen stecker der Schlüssel entwendet war. Schließlich rufe ich noch den Polizeipräsidenten persönlich an und schildere ihm den Vorfall, worauf er meint, es sei wohl am besten, mich wieder zu sich zu nehmen, d. h. in Schutzhaft. Nach einiger Zeit kommt denn auch das Polizeiauto mit Kr. K. Piduhn und 3 Wachtmeistern und bringt mich wieder ins P.-Gefängnis. In welcher Verfassung die arme Lotte zurückblieb, läßt sich denken. Die Kinder hatten zum Glück nichts gemerkt, sondern ihren festen Schlaf ruhig fortgesetzt.

Im Gefängnis komme ich wieder in Zelle 32, die ich verlassen hatte, und bald stellt sich auch Krolik wieder ein und kurz darauf Steinbüchel. (SPD-Fraktionsvorsitzender im Essener Stadtparlament und Redakteur der ‚Volkswacht', d. V.)

14. 3.: Spaziergang auf dem mit Pflastersteinen befestigten Gefängnishof zusammen mit den Strafgefangenen. Dort treffe ich auch Hamacher (Essener Reichsbannerführer, d. V.) und einen gewissen Nettesheim, der nach seinen Angaben Vorsitzender des Rathenaubundes ist. Die beiden sind in Zelle 34.

15. 3.: Mit unserer Freilassung rechnen wir so bald nicht, nachdem uns gestern eine schriftliche Schutzhaftverfügung zugestellt worden ist mit einer bitterbösen Begründung.

16. 3.: Uns fällt ein Lied ein: ‚Bis hierher hat uns Gott gebracht durch seine große Güte', das früher angeblich von den Strafgefangenen jeden Morgen gemeinschaftlich gesungen werden mußte. Lotte darf mich fast jeden Tag einige Minuten besuchen. Ich werde dann zu ihr ins Sprechzimmer gelassen. Wie schwer wäre mir die Haft ohne diesen Besuch geworden.

20. 3.: Beim Spaziergang sind auch drei vom Freikorps Ruhrgebiet (Schwarze Front) vertreten, einer nennt sich Stabschef und die beiden anderen 1. und 2. Korpsführer. Alle drei sind in Uniform. Ich vermute, daß das ganze Korps aus nicht viel mehr bestand. Immerhin hatten sie unter der ‚Volkswacht' ihr Büro und dauernd eine große schwarzweißrote Fahne heraushängen.

21. 3.: Nationalfeiertag in Potsdam. Nettesheim, der solange mit Hamacher auf Zelle 34 lag, wird nach ‚drüben' (Gerichtsgefängnis) verlegt. Er ist darüber nicht erfreut. Wir werden von Zelle 32 nach 34 verlegt zu Hamacher, der nach dem Fortgang von N. allein in der geräumigen Zelle mit 5 Betten ist.

22. 3.: Besuch von Bürgermeister Hahn in unserer Zelle.

26. 3.: Der dritte Sonntag im Kasten. Wann sind wir frei? Ich werde zur Pol.-Abt. vorgeladen und von Maslak (Krim.-Rat) in Gegenwart der Kriminalkommissare Piduhn und Vaupel aufgefordert, auf mein Amt zu verzichten. Wenn ich mich außerdem, und zwar auf möglichst lange Zeit, aus Essen entfernen würde, könne ich aus der Schutzhaft entlassen werden. Papier für die Verzichterklärung hatte man mir zurechtgelegt. Meine Einwendungen und mein Hinweis, daß ich ohne Vermögen sei und für Frau und drei Kinder auf mein Gehalt angewiesen sei, begegnete nur einem Achselzucken und Hinweis auf das vor mir liegende Papier und den Federhalter. Ich gebe natürlich keine Erklärung ab und werde zurückgebracht. Vor der Tür des Maslak muß ich erst mal tief Luft holen. Als ich den anderen berichte, lassen alle die Nase hängen. Wir machen uns auf längere Haft gefaßt.

28. 3.: 9.15 Uhr Unterredung mit Oberbürgermeister Schäfer.

29. 3.: Im Gefängnis ist dauernd starker Betrieb, ein Kommen und Gehen von Häftlingen. Ist es am Tage geleert worden, d. h. sind die Insassen nach auswärts oder ins Gerichtsgefängnis gebracht worden, so füllt es sich wieder in der Nacht von all den Leuten, die von der SA aufgebracht werden.

30. 3.: Der Rechtsanwalt Herzfeld III wird eingeliefert und erhält das fünfte noch freie Bett in unserer Zelle.

31. 3.: R. A. Kassel wird eingeliefert, kommt in Zelle 32, die inzwischen frei geworden ist. Beide jüdische Rechtsanwälte sind ganz verschiedene Naturen.

3. 4.: Es laufen die beiden Kommunisten Frank und Worgul bei Kassel ein und bleiben in Zelle 32. In der Folgezeit habe ich manche Unterhaltung mit den beiden, besonders mit dem intelligenten Frank. Er ist Reichstagsabgeordneter oder war es vielmehr. Er war lange als Kriegsgefangener in Rußland, spielt auch gut Schach. Ich spiele manche Partie mit ihm und mit Kassel.

4. 4.: Die jüdischen Rechtsanwälte Struck und Gottschalk werden früh morgens zu uns gebracht. Struck, der sehr gedrückt ist, wird bald freigelassen. G., der sich in einer gewissen aufgeräumten Stimmung befindet, hofft auch auf baldige Freilassung. Er sieht mit seinem etwas weingerötetem Gesicht aus wie ein pommerscher Junker, spricht auch einen etwas schnarrenden Offizierston. Er muß aber die Nacht bleiben, kommt, da bei uns kein Bett mehr frei ist, auf Zelle 32 zu Kassel und den beiden Kommunisten, von denen einer, da die Zelle nur drei Betten hat, auf dem Boden schläft. Erst am nächsten Tage, dem 5. 4., wird G. entlassen.

6. 4.: Da sich bei mir eine Plombe gelöst hat, darf ich nach Stellen eines Antrags beim Polizeiarzt Dr. Tappe zu meinem Zahnarzt. Ich werde von zwei SA-Leuten in Zivil als Schutzengel hingebracht. Nach über drei Wochen atme ich zum ersten Mal freie Luft. In der Zeitung steht an diesem Tage, daß Oberbürgermeister Schäfer beurlaubt ist. Herzfeld wird an demselben Abend entlassen.

7. 4.: Die sozialdemokratischen Stadtverordneten werden verhaftet. Schenker und Schmitt sind bei uns. Schenker kommt mit Frühling, Peters und Eschen, die wir auf dem Hof sehen, bald ins Gerichtsgefängnis. Schmitt wird am nächsten Tag entlassen.

10. 4.: Ich verzichte wieder einmal auf den ‚Spaziergang'. Es ist keine Erholung, eine Stunde lang wie ein Tier im Kreise auf dem Pflaster herumzulaufen, zumal jetzt jede Unterhaltung ausgeschlossen ist. Die Aufsicht hat meist ein junger Mann von der Bereitschaft, der uns nicht kennt. Früher, als einer der Gefängnisbeamten die Aufsicht hatte, konnten wir ‚Politischen' schon mal ein paar Worte miteinander plaudern. Angeblich haben Polizeioffiziere, die dies vom Fenster aus beobachtet haben, sich darüber beschwert.

Das durch die Entlassung von H. freigewordene Bett wird wieder belegt. Zu unserer größten Überraschung stellt sich Herr Lagermann, Leiter des ‚Nationalsozialistischen Kampfbundes für deutsche Kultur, Gau Nordwacht' vor und wird auf einige Zeit Zellengenosse. Rot und Braun friedlich vereint. Auf alles waren wir gefaßt, darauf aber nicht. L. ist freilich im Schnellverfahren aus der Partei ausgeschlossen worden, hat seinen Posten als Leiter des Kampfbundes verloren und befindet sich wie wir in Schutzhaft. Die Mutter fängt an, ihre eigenen Kinder zu verschlingen. Unter uns liegt einige Tage hindurch Hauptmann a. D. Bretschneider, bisher Leiter des Nazi-Arbeitsdienstes in Werden. Er ist ebenfalls in Schutzhaft, da ihm zur Last gelegt wird, Geld unterschlagen zu haben. Eines Tages ist er fort. Lagermann in seiner jugendlichen Länge von 1,96 m ist jedenfalls froh, bei uns besser aufgehoben zu sein. Er betreibt lebhaft seine Freilassung und Rehabilitierung, muß sich aber einige Zeit bei uns gedulden.

13. 4.: Lagermann ist noch bei uns, in Zelle 32 Kassel mit Frank und Worgul.

15. 4.: Szaikowski, der Vorsitzende der Friedensgesellschaft, Ortsgruppe Essen, wird eingeliefert, nachdem er die Nacht in der Kaserne Herkulesstraße verbracht hat. Unsere Hoffnung auf eine Osteramnestie, von der man allgemein gemunkelt hat, sinkt auf Null.

19. 4.: Abends wird auf Zelle 32 der ältere Sohn von Blum eingeliefert. Nachts 12 Uhr werden wir wach vom Läuten der Glocken zu Ehren von Hitler, der am 20. Geburtstag hat. Weiter redet man von ‚Amnestie'.

20. 4.: Nachts wird Kaufmann Blum nebst seinem jüngeren Sohn, die man in Köln festgenommen hat, eingeliefert. Wir hören einen entsetzten Aufschrei des älteren Sohnes.

21. 4.: Vormittags wird der Erbauer des Baldeney-Sees, Direktor Spetzler, eingeliefert. Er ist offenbar im Zusammenhang mit der Angelegenheit von Lagermann, der beim Ruhrverband sein Angestellter ist, in Schutzhaft. Abends muß er in eine Einzelzelle, weil Zelle 32 schon mit 6 Mann überbelegt ist, bei uns ist auch nur noch auf dem Boden Platz. Unten befindet sich auch Kaplan Klinkhammer, an dessen Predigt Nationalsozialisten Anstoß genommen haben.

22. 4.: Spetzler kommt auf Zelle 32 zu den 3 ‚Blumen' und zu Kassel. Frank und Worgul kommen zum Gerichtsgefängnis. Von Klinkhammer hören wir, daß er entlassen ist.

23. 4.: Um 12 Uhr wird der strahlende Spetzler entlassen.

24. 4.: Abends wird Beigeordneter Dr. Meurer eingeliefert. Man legt ihm zur Last, er habe sich von den Krankenanstalten unentgeltlich Lebensmittel liefern lassen.

25. 4.: Lagermann, der sehr ungeduldig geworden war, wird entlassen. Abends um 11 Uhr wird sein freigewordenes Bett mit Kaplan Klinkhammer belegt, den man in Köln, als er seine postlagernden Sachen abholen wollte, wieder festgenommen hat. Er ist sehr gefaßt, ganz sanftmütig. Übrigens trinkt er keinen Alkohol, raucht nicht und ist Vegetarier. Der Wachtmeister nimmt seine Hosenträger weg, damit er sich nicht ‚aufhängt'. Er macht ganz und gar nicht den Eindruck nach ‚sich aufhängen'.

In mancher Nacht und an manchem Tag werden wir durch das hysterische Weinen von einigen aufgebrachten Frauen gestört. Man liegt dann wach und grübelt und denkt an das Elend, das nur die Menschen selbst über die Welt gebracht, nach. Wer wird unser armes Vaterland von Gewalt, Brutalität und Barbarei erlösen?

26. 4.: Frühmorgens kommen Klinkhammer und Meurer ins Gerichtsgefängnis. Kl. steckt sich seine Hose mit Sicherheitsnadeln fest, da er noch nicht wieder im Besitz seiner Hosenträger ist.

27. 4.: Mittags wird der jüngere Sohn von Dr. Levy, Robert, den man auf der Straße aufgegriffen hat, eingeliefert und erhält unser fünftes Bett. Am 28. 4. wird er zum Gerichtsgefängnis gebracht und kommt nach einiger Zeit ins Konzentrationslager Brauweiler, während sein Bruder Berthold im Gerichtsgefängnis bleibt.

29. 4.: Hamacher, Steinbüchel und Kassel kommen ins Gerichtsgefängnis.

30. 4.: (Sonntag) Es ist einsam oben bei uns geworden. In Zelle 33, Vernehmungszimmer, sind wohl öfter durch einen Gerichtsassessor Verhöre. Die drei Blums kommen zu Krolik und mir auf Zelle 34, und Zelle 32 ist wieder für interessantere Fälle frei. Der alte Herr Blum ist ein Mann, der sehr interessant von seinem Geschäft und von allgemeinen wirtschaftlichen Dingen zu plaudern versteht. Leider ist sein Gesundheitszustand nicht der beste. Er erträgt die Haft nur sehr schwer. Die Blums verpflegen sich selbst aus dem Restaurant Jansen, während wir, Krolik und ich, unser Gefängnissüppchen essen, was bei dem

Mangel an Bewegung sicher gesünder ist. Die freundlichen Blums nötigen uns immer zuzulangen, was wir nicht wollen.

1. 5.: Maifeiertag. Blum bezahlt rund 500 000 Mark Steuern im Jahr. Im Inventurverkauf hat er schon mal 208 000 Mark an einem Tage umgesetzt.

2. 5.: Man spricht wieder von Entlassung? Wir warten jetzt schon 7 Wochen. Wer eine feste Zeit hat, der weiß wenigstens, wie lange er noch vor sich hat.

4. 5.: Die drei Blums werden entlassen.

5. 5.: Wir kommen wieder nach Zelle 32, in der wir am 12. März unsere ‚Sitzung' begonnen hatten. Etwa Mitte April kam eine Untersuchungskommission aus Düsseldorf von der Regierung, um das Gefängnis zu besichtigen. Ein junger Herr, vielleicht Assessor bei der Regierung, fragt mich, warum ich sitze. Ich antworte: ‚In Schutzhaft'. Seine weitere Frage, aus welchem Grunde, beantworte ich mit den Worten: ‚Das weiß ich nicht.'

Kassel ist, wie ich höre, entlassen worden.

6. 5.: Unten sitzt eine katholische Lehrerin in Schutzhaft, die nicht ‚richtig funktioniert' hatte.

7. 5.: Sonntag. Man spricht wieder von Entlassung. Am schlimmsten sind solche Tage, an denen man bestimmt mit Entlassung rechnet und dann Stunde um Stunde vergeblich harrt. Acht Wochen schruppe ich jetzt zusammen mit Krolik ‚die Kugel und klirre mit der Kette'. Jedenfalls gibt es wohl kaum solche Stunden der Selbstbesinnung wie die im Gefängnis. Untätig bin ich nie gewesen.

8. 5.: Lotte steht Stunden um Stunden im Präsidium und wartet vergeblich auf meine Entlassung. Steinbüchel im Gerichtsgefängnis darf von seiner Frau nur alle 14 Tage etwa 2 Minuten lang besucht werden.

10. 5.: Mit Krolik allein ist es sehr einsam, waren wir in Zelle 32 und 34 doch zeitweise zu elf Personen.

12. 5.: Ganz überraschend werde ich entlassen. Ich muß einen Revers unterschreiben, nachdem ich mich ‚in Zukunft jeder staatsfeindlichen Betätigung enthalte und keine Ansprüche aus der Haft herleite'. Ich telefoniere nicht nach Hause, sondern überrasche Lotte und die Kinder. Erika, die lang in Köln gewesen war, war auch zurück, so daß ich nach zwei langen Monaten wieder meine Lieben zusammen hatte.

Solche zwei Monate ohne Freiheit kann man nicht vergessen."

Willi Agatz und sein „Zellenbesucher" Hermann Göring

„‚Vor einigen Tagen wurde das Büro der Reichsleitung der RGO in Berlin, Am Zirkus 7, ermittelt. Drei Mitglieder der Reichsleitung konnten festgenommen werden ...'" Mit diesen Worten begann ein Bericht in der Tagesmeldung der Gestapo vom 31. Januar 1934. Die Aufnahme der Ermittlung des RGO-Büros und der dabei erfolgten Festnahmen in eine Tagesmeldung der Gestapo zeigt, wie außerordentlich wichtig die Gestapo beide Fakten bewertete, da die Tagesmeldungen nur einem kleinen Kreis von Staats- und Parteifunktionären zugänglich waren.

Viel eher noch als diese war aber Hermann Göring benachrichtigt worden, Mitglied der Reichsregierung und preußischer Ministerpräsident.

Die von ihm nach der „Machtübernahme" eingeleiteten Gewaltakte gegen Antifaschisten, die von ihm befohlenen Massenverhaftungen nach der Reichstagsbrandstiftung, die von ihm geschaffene Geheime Staatspolitzei (Gestapo) und seine Aktivität bei der Errichtung von Konzentrationslagern stempelten ihn als wegweisenden Einpeitscher des faschistischen Terrors.

Man kann annehmen, daß er die Gestapo-Tagesmeldung zum Anlaß nahm, einen der Festgenommenen, den Essener Willi Agatz, am Sonnabend, dem 20. Januar 1934, im Berliner Columbiahaus aufzusuchen.

Ein Gedächtnisprotokoll über den außergewöhnlichen „Besuch" fand ich Jahrzehnte später in einem Schreibheft des inzwischen verstorbenen Willi Agatz, der noch am Tage des Göring-Besuches das Protokoll angefertigt hatte. Durch glückliche Umstände erhalten geblieben, legt es Zeugnis darüber ab, was sich am 20. Januar 1934 in der engen Berliner Gefängniszelle abspielte.

Beteiligt waren daran Hermann Göring, der Gefängnisdirektor und Willi Agatz. Das Gedächtnisprotokoll, in dem für Göring der Buchstabe „G", für den Direktor der Buchstabe „D" und für Agatz der Buchstabe „I" (= Ich) steht, lautet:

„20. 1. 1934:

D: ‚Hier dies ist der frühere Abgeordnete Agatz, den wir in einem geheimen Büro haben festnehmen können. Dies gesamte Material wurde ebenfalls dort gefunden.'

G: ‚Ist er zum zweiten Mal verhaftet, war er schon mal fest?'

D: ‚Nein, wir haben ihn zum ersten Mal. Er hat die ganze Zeit gegen den neuen Staat gearbeitet.'

G: ‚Was hat er gemacht?'

D: ‚Er war Reichsleiter der RGO, der Nachfolger von Chwalleck, den wir schon im September gefangen haben. Wir sind ihm durch Beobachtung der

Frau Chwalleck auf die Spur gekommen.‘

G: ‚Was bedeutet die RGO?‘

D: ‚Das ist die kommunistische Gewerkschaftsorganisation, eine der gefährlichsten kommunistischen Organisationen überhaupt. Ihre spezielle Aufgabe ist die Verhetzung des Betriebsarbeiters. Das soll besonders durch die Bildung von sogenannten Klassenkampfgewerkschaften bewerkstelligt werden. Auch die Zersetzung der Arbeitsfront hat sie sich zur besonderen Aufgabe gemacht. Sehen Sie, diese Materialien und Zeitungen sind erst neuerdings ausgeteilt worden.‘

G: ‚Hm. – Was haben Sie sich da eigentlich bei gedacht. Haben Sie denn gar nicht einsehen können, daß es Wahnsinn ist, gegen den Nationalsozialismus anzurennen?‘

I: ‚Auch der Nationalsozialismus wurde als Wahnsinn verschrien, aber Sie haben auch weitergekämpft.‘

G: ‚Was wollen Sie durch Ihren Kampf bezwecken?‘

I: ‚Die Interessen meiner Klasse wahren.‘

G: ‚Und Sie haben nicht erst abwarten wollen, ob es uns nicht gelingt, die Lage der deutschen Arbeiterschaft zu verbessern?‘

I: ‚Wir wissen, daß Ihnen das nicht gelingen kann, da ja auch Sie die kapitalistische Wirtschaftsweise beibehalten.‘

G: ‚Und unsere Erfolge in der Arbeitsschlacht bedeuten für Sie gar nichts? Auch kümmert es Sie scheinbar nicht, daß 98 Prozent des deutschen Volkes zu uns stehen.‘

I: ‚Wir beurteilen die Dinge nicht nach dem, was an der Oberfläche vor sich geht.‘

G: ‚Auch ich weiß, daß die Unruhe unten wächst. Sie wissen doch, daß ich es bin, der den Vernichtungskampf gegen den verbrecherischen Kommunismus in Deutschland führt. Sie wissen doch, was Krieg ist.‘

I: ‚Jawohl! Wir erwarten keine Gnade.‘

G: ‚Ich komme mir manchmal lächerlich vor, daß ich meine Leute vom schärferen Vorgehen gegen Sie abhalten muß. Was hätten Sie mit uns gemacht, wenn Sie Sieger geblieben wären?‘

I: ‚Darauf kann ich Ihnen keine Antwort geben.‘

G: ‚So, das können Sie nicht! Sie brauchen's auch nicht, wir wissen's ja so. Rußland hat es uns ja gelehrt. Aber wir haben gesiegt. Und wenn jemand verschwinden muß von dieser Welt, dann sind Sie es und nicht wir. Merken Sie sich das!‘ (ab.)“

Was war das für ein Mann, der sich als Gefangener mit Hermann Göring anlegte und ihn zu Äußerungen zwang, die wie so viele andere bald durch die Geschichte selbst widerlegt wurden?

Am 10. Juni 1904 als Sohn einer Bergarbeiterfamilie in Heisingen geboren, arbeitete Willi Agatz nach seiner Schulentlassung zunächst in der Holzfabrik Döllken in Werden. Der überaus niedrige Lohn ließ ihn aber im Frühjahr 1919 zur Zeche Karl Funke in Heisingen überwechseln. Er wurde Bergarbeiter.

Vier Jahre später wegen seiner aktiven Teilnahme an einem Streik gemaßregelt, fand er erst nach einjähriger Arbeitslosigkeit auf der Zeche Thyssen III/VII eine neue Erwerbsmöglichkeit. Im Alter von 21 Jahren kam er wieder zurück in seine Heimat und arbeitete fortan auf der Zeche Ludwig in Essen-Bergerhausen.

Von sozialdemokratischen Eltern erzogen, war Willi Agatz bereits nach seiner Kindheit eng mit der Arbeiterbewegung verbunden. Im Alter von zehn Jahren half er beim Austragen sozialdemokratischer Zeitungen und kassierte Beiträge für den freien Bergarbeiterverband.

Als Sechzehnjähriger gründete er in Heisingen eine Ortsgruppe der Sozialistischen Arbeiterjugend (SAJ), die mit ihm 1920 zum Kommunistischen Jugendverband Deutschlands (KJVD) übertrat. Vier Jahre später wurde er Mitglied der Kommunistischen Partei Deutschlands (KPD) und bald darauf aktiver Funktionär. Die Arbeit im Bergbau brachte es mit sich, daß sein gewerkschaftlicher Einsatz in den Vordergrund rückte. Nachdem Willi Agatz 1927 geheiratet hatte, fand er in Essen-Rellinghausen eine Wohnung.

Kurz darauf wählten die Mitglieder des alten Bergarbeiterverbandes ihn hier zu ihrem Zahlstellenleiter und die Kumpel der Zeche Ludwig im benachbarten Essen-Bergerhausen zu einem ihrer Betriebsräte. Im Jahre 1929 übernahm er dann im gleichen Betrieb die Funktion des Betriebsobmannes. Dieser Vertrauensbeweis der Gewerkschafts- und Arbeitskollegen für seinen persönlichen Einsatz bei der Durchsetzung ihrer Interessen veranlaßte allerdings die Zechengesellschaft, ihn ein Jahr später zu maßregeln. Der Maßregelung folgte der Ausschluß aus dem alten Bergarbeiterverband.

Seit dieser Zeit arbeitete Willi Agatz aktiv in der Revolutionären Gewerkschaftsopposition (RGO) und übernahm im Mai 1932 die Führung des neugegründeten Einheitsverbandes der Bergarbeiter Deutschland (EVBD).

Zuvor war er bei der Reichstagwahl am 14. September 1930 im Wahlkreis Westfalen-Süd als jüngster Abgeordneter in den Deutschen Reichstag gewählt worden.

1933 ging er in die Illegalität, um seine verantwortliche Arbeit innerhalb der RGO fortzusetzen. Vorübergehend in Dortmund und Düsseldorf tätig, kam er später nach Berlin. Am 18. Januar 1934 erfolgte dann seine Festnahme in dem von der Gestapo ermittelten illegalen Büro der RGO-Reichsleitung.

Mehr als ein Jahr später trat am 11. Februar 1935 im Sitzungssaal 4 des Preußenhauses in der Berliner Prinz-Albrecht-Straße 5 der 2. Senat des Volksgerichtshofes zusammen, um Willi Agatz und seine politischen Freunde abzuurteilen. Der damals dreißigjährige ehemalige Reichstagsabgeordnete erhielt eine Zuchthausstrafe von drei Jahren, auf die man die einjährige Untersuchungshaft anrechnete. Im Zuchthaus Luckau (Lausitz) mußte er die restlichen zwei Jahre der Strafe verbüßen.

Seine Frau, Käthe Agatz, erzählte mir Jahrzehnte später, wie sie diese schweren Jahre durchstand. Als viertes Kind der Eheleute Friedrich und Maria Bergmann am 17. August 1907 in Essen geboren, war auch sie bereits im Elternhaus zum politischen Denken und Handeln erzogen worden. Ihr Vater, bei dem Name und Beruf gleichlauteten, war Mitglied der SPD gewesen. Enttäuscht von der Haltung der Führung seiner Partei zum Kriege, hatte er sich zunächst dem Spartakusbund, dann der Unabhängigen Sozialdemokratischen Partei (USPD) und später der neugegründeten KPD angeschlossen. Das alles blieb nicht ohne Einfluß auf seine Tochter, die nach ihrer Schulentlassung Mitglied des KJVD wurde.

Sie wollte Kunstgewerblerin werden. Darum hatte sie die städtische Mädchengewerbeschule besucht und Abendkurse an der Kunstgewerbeschule belegt. Ihr Wunsch ging nicht in Erfüllung. Um ihren Lebensunterhalt zu bestreiten, verdingte sie sich zunächst im Haushalt und arbeitete später in der Kettwiger Textilfabrik Scheidt.

Die politische Arbeit im KJVD brachte sie dann mit Willi Agatz zusammen. 1927 heirateten sie. Kurze Zeit später wurde Sohn Fritz geboren. Ihm stand eine bewegte Kindheit bevor.

Als Willi Agatz 1933 in die Illegalität ging, blieb seine Frau nicht untätig. „Obgleich mit unserem kleinen Sohn daheimgeblieben, nahm ich an Willis illegaler Arbeit teil", berichtete sie. „Ich besorgte Quartiere für illegale Genossen und wurde als Kurier eingesetzt. Bis zu seiner Festnahme bestand auf diese Weise ein ständiger Kontakt zwischen mir und Willi. Mein Zuhause war die Silberbankstraße in Rellinghausen. Hier wohnte ich mit den Eltern Tür an Tür. Sie haben mir in der schweren Zeit immer wieder geholfen. Die Straße gehörte zu einer Zechenkolonie, deren Bewohner, allesamt Bergleute, mich ebenfalls nicht im Stich ließen.

Als man hinter Willi her war, wurden mehrfach Haussuchungen durchgeführt. Solange Polizeibeamte dafür verantwortlich zeichneten, war das noch in etwa erträglich. Kamen aber uniformierte SA-Leute, dann war es schrecklich. Sie durchwühlten alles, vom Boden bis in den Keller. Dabei machten sie auch nicht halt vor der Wohnung meiner Eltern. Unter gemeinsten Beschimpfungen und Drohungen jagten sie uns durch das ganze Haus, öffneten Schränke, rissen Schubladen heraus und warfen den Inhalt auf den Boden. Bücher und selbst harmlose Fotos wurden beschlagnahmt.

Ganz besonders fürchtete ich mich vor solchen nächtlichen Überfällen, die der ganzen Kolonie galten. Dabei kam es immer wieder zu willkürlichen Festnahmen. Einmal gehörte auch mein Vater zu den Festgenommenen. Trotzdem riß aber die Verbindung zu Willi nie ab. Dank der Hilfe vieler Freunde konnte ich ihm immer wieder neue Unterkünfte besorgen. Das ging natürlich nicht ohne Vorsicht.

Um vor der Verfolgung sicher zu sein und auch aus finanziellen Gründen, mußte ich in Begleitung meines Sohnes oft weite Wege zu Fuß oder mit dem Fahrrad zurücklegen. Die Angst war in jener Zeit mein ständiger Begleiter. Nachdem man Willi festgenommen hatte, warteten neue Schikanen auf mich. Für unseren Sohn Fritz und mich erhielt ich jetzt zwar eine Wohlfahrtsunterstützung, mußte aber dafür alle möglichen Arbeiten verrichten.

Besonders erniedrigend war es, als man mich zwang, im Haushalt eines NS-Funktionärs zu arbeiten. Zugegeben, diese Familie benahm sich mir gegenüber menschlich und bemühte sich, meine Lage erträglich zu machen. Aber die ständige Konfrontation mit uniformierten SA-Leuten, sie zu bedienen, ja sogar ihre Stiefel putzen zu müssen, war eine nahezu unerträgliche Zumutung.“

„Feste Mutti, feste, dann schaffst du es!“
Fritz Agatz erzählt

Fritz Agatz, der „kleine Sohn“ in ihren Erzählungen, lebt seit 1948 in Halle. Vorher hatten wir beide einige Begegnungen und Erlebnisse in Essen. 1977 schrieb er mir, wie sich ihm heute die Zeit darstellt, in der seine Eltern zum antifaschistischen Widerstand gehörten:

„Ich erlebte meine Kindheit nicht nur im Kreis meiner Eltern und Großeltern. Wir in der Bergarbeiterkolonie fühlten uns eigentlich immer wie eine große Familie. Über Spielgefährten konnte ich nie klagen. War der eine auch katholisch, der andere evangelisch oder Freidenker, uns Kinder störte das nicht. Alle freuten sich, wenn der Vater oder die Brüder vom Pütt heimkehrten und ein Stückchen Brot mitbrachten, das sie nicht gegessen hatten.

Bekamen nicht alle etwas, dann wurde das Hasenbrot geteilt. Wir führten ein fröhliches unbeschwertes Leben in Kolonie, Schellenberger Wald und Hexentaufe an der Ruhr. Große Ansprüche stellte keiner von uns, woher sollten wir sie auch kennen.

Meinen Vater sah ich selten, denn er war viel unterwegs. Fuhren Mutter und ich einmal mit der Straßenbahn in die Stadt, so sahen wir an der Haltestelle ‚Zeche Ludwig‘ Vater oftmals im Betriebsratszimmer der Zeche sitzen.

Vor den Nazis, die uns durch Schilderungen unserer Angehörigen weitgehend bekannt waren, brauchten wir uns bis 1933 nicht zu fürchten, denn in der Kolonie hatten sie keine Basis.

Das Leben in unserer Familie änderte sich auch nicht, als Vater 1930 Reichstagsabgeordneter wurde. Allerdings bekamen wir jetzt noch mehr Besuch. Mutter leitete eine Jugendgruppe, an deren Zusammenkünften ich teilnehmen durfte. O ja, mein Freundeskreis war groß, wenn auch einige viel älter waren als ich.

Die großen Aufregungen nach dem Reichstagsbrand Ende Februar 1933 veränderten unser Leben einschneidend. Plötzlich waren sie da, die Faschisten. Mitten in der Nacht umstellten sie die Straßenzüge und machten überall Haussuchungen. Bei uns trieben sie es besonders schlimm. Sie suchten Vater, Flugblätter und anderes. Alles wurde rücksichtslos durcheinandergeworfen. Selbst mein Spielzeug war danach oft nur zum Teil noch brauchbar. Als Sechsjähriger verstand ich zunehmend, warum alle froh waren, daß mein Vater nicht da war. Immerhin brauchte ich mir nur vorzustellen, daß die johlenden und randalierenden Braunhemden meinen Vater mitnehmen würden.

Was war eigentlich los? So viele bekannte und unbekannte Menschen liebten doch meinen Vater und grüßten uns immer herzlich. In meinen Erinnerungen ist die Familie Vittinghoff mit ihrer Tochter Lotte lebendig geblieben, die sich oft liebevoll um uns kümmerte. Aber auch Tante Emmi, bei der ich besonders immer dann ein zweites Zuhause hatte, wenn meine Mutter unterwegs war.

Jetzt kamen wildfremde Uniformierte, nannten uns ‚Verbrecher', ‚Rotes Pack' und trieben meine Lieben durch die Wohnung. Unliebsamen Besuch erhielten wir jetzt öfter auch am Tage. Und nicht nur wir. Das Wort ‚verhaftet' wurde ein fester Begriff selbst bei den Kindern in der Kolonie.

In meinen Erinnerungen haben sich meine Mutter und ihr Fahrrad fest eingeprägt. Ständig ‚auf der Flucht' oder ‚zum Besuch', wie sie es nannte, fuhren wir bei Tag und Nacht, bei Wind und Wetter durchs Land.

Ich war dann immer nur das ‚Fritzchen'. Wir fuhren zu vielen Familien in und außerhalb der Stadt. Erstaunt war ich über die zahlreichen Onkel und Tanten, die ich kennenlernte.

Bald gewöhnte ich mich daran, daß auch ich nur ihre Vornamen kannte. Manchmal war ich bei der Fahrt auf meinem Sitz eingeschlafen. Ein andermal feuerte ich Mutter an, wenn wir steile Strecken zurückzulegen hatten oder einen anderen Radfahrer überholten. ‚Feste Mutti, feste, dann schaffst du es', rief ich ihr zu und trat im Geiste mit in die Pedalen. Nicht selten sangen Mutter und ich ‚Wilde Gesellen vom Sturmwind umweht', unser Lied, wie wir es nannten.

Nachdem man dann Vater verhaftet hatte, kehrte vorübergehend relative Ruhe zu Hause ein. Dann aber traten neue Ereignisse in mein Leben. Die Spielgefährten wurden Schulgefährten. Dadurch änderte sich allerdings in unserem Verhältnis nichts, wir blieben auch in der Schule eine große Familie.

Ich war nicht das einzige Kind in der Kolonie, dessen Eltern zu den Ausgestoßenen zählten. Immer aber gab es hier viele Menschen, die sich sorgend um die politischen Proletenkinder kümmerten.

Dazu gehörte auch der Pfarrer.

Als Vater im Gefängnis saß, bekam Mutter Wohlfahrtsunterstützung. Die Auszahlungsstelle war nahe der Rüttenscheider Brücke. Ich freute mich immer, wenn Mutter mich mitnahm. Für das geduldige Warten in der Schlange durfte ich mir gewöhnlich für 10 Pfennige ein Eis kaufen. Hin und wieder gingen wir auch zur Stadt, und ich bekam bei Althoff am Limbecker Platz eine Portion Russische Eier. Ein solcher ,Luxus' war gelegentlich möglich, weil Bekannte uns heimlich etwas Geld zusteckten. Es waren Arbeitergroschen, gegeben von Menschen, die keineswegs im Überfluß lebten.

Groß war bei uns immer die Freude, wenn Vater schrieb. Oft legte er dem Brief liebevolle Zeichnungen bei, die er für uns gemalt hatte. Ich schickte ihm als Dank dafür selbstgekritzelte Buchstaben ins Zuchthaus. Da meine Mutter arbeiten mußte, konnte ich nicht mehr so oft mit ihr zusammensein. Höhepunkt der Gemeinsamkeit waren jetzt die Ferien. Wir fuhren nach Düsseldorf zu Tante Lieschen und Onkel Peter oder wurden von Wolf und Hilde nach Berlin eingeladen. Alle hatten sie einmal mit Vater gearbeitet.

Nicht jeder, der sich so liebevoll um uns kümmerte, gehörte zur KPD wie Mutter und Vater. Tante Lieschen und Onkel Peter, unsere Düsseldorfer Freunde, waren Parteilose, einfache, warmherzige Menschen, aber mutige, opferbereite Hitlergegner.

Einmal durfte ich mit Mutter meinen Vater im Zuchthaus Luckau besuchen. Nach vielen Bemühungen hatte sie endlich die Besuchserlaubnis für uns bekommen. Noch heute erinnere ich mich an den nicht enden wollenden Weg entlang der hohen Ziegelmauer mit dem Stacheldraht obenauf, an die vielen verschlossenen Türen und die zahlreichen Beamten in Uniform.

Dann sah ich Vater nach langer Zeit wieder: kurzhaarig, im Kittel, mit ernstem Gesicht, aber strahlenden Augen. So erlebte ich als Kind die kalte Welt des Zuchthauses. Der große Tisch zwischen uns und Vater, die eisernen Gitter und dunkle Gänge, das alles weckte in mir Gefühle der Einsamkeit und eines himmelschreienden Unrechts."

Am 11. Februar 1937 hatte Willi Agatz die gegen ihn verhängte Zuchthausstrafe verbüßt und sollte, wie es im Entlassungsschein der Strafanstalt Lukkau/NL auch im ersten Satz zu lesen ist, „nach Essen-Rellinghausen, Silberbankstraße 6", entlassen werden. Aber wo es einen ersten Satz gibt, ist auch ein letzter Satz zu finden. In diesem Falle wurde durch ihn der erste Satz aufgehoben, denn er lautete: „A. wird vorerst dem geheimen Staatspolizeiamt Berlin zugeführt."

Käthe Agatz erhielt von der Strafanstalt auf ihre briefliche Anfrage, wann sie ihren Mann in Essen erwarten könne, am 6. Januar 1937 folgende Antwort: „Auf Ihr Schreiben vom 3. Januar 1937 muß ich Ihnen zu meinem Bedauern mitteilen, daß Ihr Mann, Wilhelm Agatz, nach seiner Strafverbüßung am 11. Februar 1937 nicht entlassen, sondern dem Geheimen Staatspolizeiamt in Berlin zwecks Prüfung der Schutzhaft zugeführt werden muß."

Wenige Minuten, nachdem am 11. Februar 1937 die Zuchthausverwaltung dem Entlassenen 1,21 Reichsmark eigenes Geld und eine „Arbeitsbelohnung"

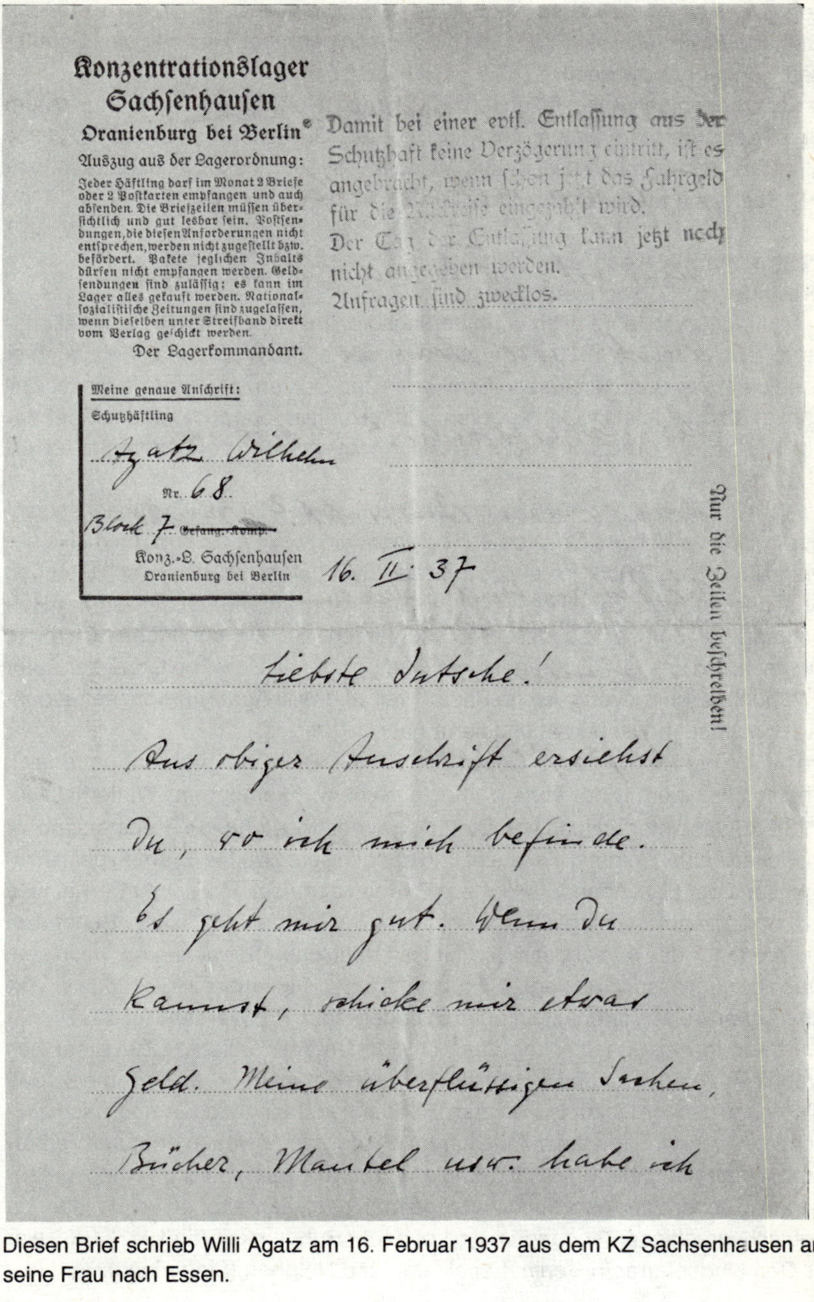

Konzentrationslager Sachsenhausen
Oranienburg bei Berlin

Auszug aus der Lagerordnung:

Jeder Häftling darf im Monat 2 Briefe oder 2 Postkarten empfangen und auch absenden. Die Briefzeilen müssen übersichtlich und gut lesbar sein. Postsendungen, die diesen Anforderungen nicht entsprechen, werden nicht zugestellt bzw. befördert. Pakete jeglichen Inhalts dürfen nicht empfangen werden. Geldsendungen sind zulässig; es kann im Lager alles gekauft werden. Nationalsozialistische Zeitungen sind zugelassen, wenn dieselben unter Streifband direkt vom Verlag geschickt werden.

Der Lagerkommandant.

Damit bei einer evtl. Entlassung aus der Schutzhaft keine Verzögerung eintritt, ist es angebracht, wenn schon jetzt das Fahrgeld für die Rückreise eingezahlt wird.
Der Tag der Entlassung kann jetzt noch nicht angegeben werden.
Anfragen sind zwecklos.

Meine genaue Anschrift:
Schutzhäftling
Agatz Wilhelm
Nr. 68
Block 7 ~~Gefang.-Komp.~~
Konz.-L. Sachsenhausen
Oranienburg bei Berlin

16. II. 37

Nur die Zeilen beschreiben!

Liebste Jutsche!

Aus obiger Anschrift ersiehst Du, wo ich mich befinde. Es geht mir gut. Wenn Du kannst, schicke mir etwas Geld. Meine überflüssigen Sachen, Bücher, Mantel usw. habe ich

Diesen Brief schrieb Willi Agatz am 16. Februar 1937 aus dem KZ Sachsenhausen an seine Frau nach Essen.

von 3,52 Reichsmark ausgezahlt hatte, wurde dieser den bereits wartenden Gestapo-Beamten übergeben und nach Berlin gebracht. Hier war die „Schutzhaft" längst beschlossen.

„Aus der obigen Anschrift ersiehst Du, wo ich mich befinde", heißt es in einem Brief, der unter dem Datum vom 16. Februar 1937 nach Essen auf die Reise ging. Die Anschrift lautete: „Agatz, Wilhelm, Nr. 68, Block 7, Konzentrationslager Sachsenhausen, Oranienburg bei Berlin."

Pastor Werner Koch und Willi Agatz
Freunde im KZ Sachsenhausen

Mehr als zwei Jahre blieb er im berüchtigten faschistischen Konzentrationslager, ehe er im Juni 1939 nach Hause zurückkehrte. Bis dahin erlebte auch er alles das, was Unmenschen an Schikanen und Qualen ersannen. In dieser Zeit kam er aber auch mit vielen anderen „Schutzhäftlingen" zusammen. Einer davon war der evangelische Pastor Werner Koch, ein Mann der Bekennenden Kirche.

Als mir Käthe Agatz 1976 seinen Namen nannte, dachte ich zunächst nicht daran, daß es sich um Dr. Werner Koch handeln könnte, dessen Buch „Heinemann im Dritten Reich" ich einige Monate zuvor gelesen hatte. Es schildert den Abschnitt aus dem Leben des späteren Bundespräsidenten Dr. Dr. Gustav Heinemann, in dem er zu den Repräsentanten der Bekennenden Kirche in Deutschland zählte. Rückfragen verschafften schnell Gewißheit, daß der Autor des Buches jener evangelische Pastor war, den Willi Agatz im Konzentrationslager Sachsenhausen kennengelernt hatte.

Dr. Werner Koch, am 26. Dezember 1910 in Bielefeld geboren, hatte nach Theologiestudium und erstem theologischem Examen im Winterhalbjahr 1935/36 das unter Leitung von Dietrich Bonhoeffer stehende Predigerseminar in Finkenwalde/Pommern besucht und danach sein zweites Examen beim Prüfungsamt der Bekennenden Kirche in Barmen abgelegt. Vor seiner Einweisung in das Konzentrationslager Sachsenhausen im Februar 1937 war er Sonderberichterstatter der Auslandspresse für den deutschen Kirchenkampf gewesen. Nach der Entlassung aus der „Schutzhaft" am 4. Dezember 1938 wirkte er vorübergehend als Hilfsredakteur beim Evangelischen Preßverband für das Rheinland und in der Schriftleitung des „Deutschen Pfarrerblatts". Zu dieser Zeit wohnte er vorübergehend auch in der Essener Kruppstraße. Im November 1939 als französischer Dolmetscher zum Heeresdienst eingezogen und nach zwischenzeitlichem Einsatz an der Ostfront desertierte er wegen erneuter Verhaftungsgefahr im März 1945 nach England, wurde Lagerpfarrer im Kriegsgefangenen-Sonderlager Ascot und war regelmäßiger Mitarbeiter an verschiedenen deutschsprachigen Sendungen des Londoner Rundfunks. Von 1947–1969 war er Gemeindepfarrer in Berlin, Espelkamp und Netphen (Siegerland), ab 1969 arbeitete er als Religionslehrer an höheren Schulen und betätigte er sich als freier Publizist. 1972 verlieh ihm die Freie Fakultät für Protestantische Theologie Paris die Doktorwürde.

Unter der Überschrift „Ein Pastor der Bekennenden Kirche erinnert sich an seinen kommunistischen Freund Willi Agatz" schrieb Werner Koch mir im Juli 1976:

„Nach dreimonatiger Gestapohaft wurde ich am 13. Februar 1937 in das KZ Sachsenhausen ‚überstellt'. (So stand es damals in den Transportlisten der SS.) Für die ersten sechs Wochen wurde ich – ohne Angabe von Gründen der sog. ‚Strafkompanie' – auch ‚Sonderkommando' (SK) genannt – zugeteilt. In der Häftlingssprache hatte man dafür außerdem den Ausdruck ‚Himmelfahrtskommando' erfunden. Denn für manchen Häftling führte der Weg vom SK direkt in den ‚Himmel' hinein.

Als ich die harten Anfangswochen hinter mir hatte, wurde ich in die Baracke 16 verlegt, in der sich solche Häftlinge befanden, die in ‚normaler' Arbeit standen. Die Baracken wurden von der SS ‚Blocks' genannt. Jeder Block war (damals noch) mit 180 Mann belegt. Es gab einen gemeinsamen Tagesraum und rechts und links davon je einen Schlafsaal, in dem die zweistöckigen Eisengestelle mit den aufgelegten Strohsäcken standen.

Auf einem Flügel nun befand sich der jüngste Abgeordnete des Deutschen Reichstages des Jahres 1932. Er hieß Willi Agatz, war Abgeordneter der KPD und kam aus der Bergarbeiterbewegung. Er war verheiratet und wohnte mit seiner Frau in Essen/Ruhr. Er hatte eine hochaufgeschossene hagere Gestalt mit einem etwas knochigen, aber durchaus gutgeschnittenen Gesicht. Der Blick seiner Augen war ruhig und dunkel, so auch seine Stimme. Er hatte eine eher bedächtige Art zu sprechen, im ganzen eine selten sympathische Erscheinung. Solche Menschen wurden in bürgerlichen Kreisen ‚Edelkommunisten' genannt.

Damals war ich in meinem 27. Lebensjahr. Willi war mir – meiner Erinnerung nach – um einige Jahre voraus. Er wurde mein Freund. Kurz nachdem ich in den Block 16 gekommen war, sagte Willi eines Abends nach dem sogenannten Einschluß in den Schlafsälen, in denen eigentlich strengste Ruhe herrschen sollte: ‚Kamerad Koch, du kommst doch als Pastor und Akademiker eigentlich aus der Bourgeoisie. Was hast du bloß angestellt, um hier in unsere Gesellschaft zu kommen? Wir sind doch fast alle Arbeiter und kommen auch aus der Arbeiterbewegung. Du mußt ganz schön was ausgefressen haben, daß du so tief gesunken bist. Eigentlich gehört so einer wie du gar nicht hierher. Willst du uns das nicht einmal ein bißchen erklären?'

Ich wollte. Und so habe ich Abend für Abend eine kleine 15-Minuten-‚Vorlesung' aus dem Stegreif gehalten über die Entstehung, die Geschichte und das mutmaßliche weitere Verhalten einer sogenannten ‚Bekennenden Kirche' (BK) gegenüber dem totalen Staat. Selten dürfte ein Pastor ein so interessiertes Ohr unter Kommunisten (und einigen wenigen Sozialdemokraten) gefunden haben wie damals in dem Schlafsaal einer KZ-Baracke! Das Unternehmen war gefährlich genug. Denn es war auf das strengste untersagt, nach Einschluß noch miteinander zu sprechen, schon gar nicht über Politik! Und eine Darstellung des Streites, in den die BK mit dem Hitler-Staat geraten war, mußte seiner Natur nach ein politisches Thema ersten Ranges sein. Daher das Interesse meiner antifaschistischen Zuhörer. Die fürchterliche Bestrafung aber, die wir alle, besonders aber der Anstifter zu dieser einmaligen Art von ‚Volksaufklärung und Propaganda' und der Berichterstatter selber zu erwarten hatten, stand uns deutlich vor Augen.

Dennoch: Das Verlangen von einem bislang kaum bekannten, ja für unmöglich gehaltenen Widerstandsfaktor im Dritten Reich zu hören und zu berichten, war unwiderstehlich! An beiden Fensterfronten der Baracke waren Wächter postiert. Sie sagten augenblicklich das Stichwort ‚achtzehn', wenn ein SS-Mann mit seiner Taschenlampe auf einem der zahlreichen Kontrollgänge in unsere Nähe kam. (Die Zahl 18 diente im KZ als Tarnwort für ‚Achtung!'.)

Mein Unterricht über das Wesen und die bisherige Geschichte der BK dauerte 14 Tage. Von da ab wurde ich von den Kommunisten als Kamerad voll akzeptiert. Die Gruppe, aus der ich kam – die konsequenten Vertreter der BK –, war nun als eine wichtige Kraft des Widerstandes erkannt. Ihr besonderer Vorteil gegenüber der revolutionären Arbeiterbewegung:

1. Sie hatte Anhänger in praktisch a l l e n Schichten der Bevölkerung bis hinein in die Reihen der höchsten Funktionäre dieses Staates, und
2. sie, die BK, hatte als einzige Organisation noch die Möglichkeit, ihren Protest sozusagen auf offenem Marktplatz anzubringen.

So wurde ich von den Kommunisten als ein unvermuteter Bundesgenosse angesehen, auf dessen Erhaltung man um so mehr bedacht sein mußte, als oftmals in den Parteizeitungen, die wir lesen durften, Nachrichten über die ‚politisierenden Pfaffen' standen. Solche Pressemitteilungen in ihrer wahren Bedeutung zu interpretieren war offenbar im ganzen Lager niemand so kompetent (und willig!) wie der junge Pastor, der seinen Platz unter den politischen Häftlingen des Lagers eingenommen hatte.

Nach Abschluß dieses ungewöhnlichen ‚Bildungsseminars' hatte ich einen deutlich veränderten Stand im Lager. In den ersten Wochen war ich der ‚Pfaffe' sowohl für die SS als auch für die meisten Kommunisten gewesen. Nun aber war ich als antifaschistischer Kämpfer ausgewiesen. Ja, mehr noch, viele Kommunisten, die sahen, daß ich damals als der einzige vollausgebildete evangelische Pastor im Lager besonders gefährdet war, versuchten mich bei der Arbeit zu schonen und warnten mich vor den ständigen Schikanen und Nachstellungen der SS. Diese veränderte Haltung war durch die Initiative meines Freundes Willi Agatz bewirkt worden. Und er tat viel dazu, daß das so blieb.

Einmal wurden wir beide Zeugen einer schweren Mißhandlung eines Kameraden durch einen SS-Sadisten. Noch heute höre ich, wie Willi sich empörte: ‚Diese Menschenschinder! Diese Schweine! Aber die Zeit wird kommen, wo wir euch das Handwerk legen werden!' Er bebte vor Zorn, obschon der Mißhandelte nicht von seiner Partei war. Ich dachte im stillen: Weiß der Willi wirklich nichts von Stalins schrecklichen ‚Säuberungsaktionen'? Weiß er wirklich nichts von den Folterungen der GPU? Wenn er je davon gehört hat, wird er das für reine antikommunistische Greuelpropaganda gehalten haben. Jedenfalls: Seine Empörung über die Unmenschlichkeit, die sich vor uns austobte und der wir ohnmächtig zusehen mußten, war so spontan, so echt, daß ich mich mit meinem kommunistischen Freund in diesem Augenblick in tiefster Seele eins wußte. In ihm lebte der Geist eines marxistischen Humanismus, der durch keine falschverstandene ‚Systemtreue' verdorben war.

Eine dritte und letzte Erinnerung sei genannt. In der Zeit, als Willi und ich ‚auf dem gleichen Block lagen', litt er unter einem wahren Heißhunger auf Zucker. Da er nur selten von zu Hause Geld bekommen konnte, um sich Zucker in der Kantine zu besorgen, ich aber im Rahmen des im Lager Erlaubten finanziell verhältnismäßig gut versorgt war, legte ich ihm jeden Abend stillschweigend ein paar Stückchen Würfelzucker unter seinen Strohkeil. Er hat sich – ganz gegen meinen Willen – immer rührend dafür bedankt. Nach seiner Freilassung hat er einmal zu seiner Frau gesagt, er glaube fast, daß er in einer bestimmten Phase im Lager nur deshalb habe durchhalten können, weil der Werner ihn mit der nötigen Zuckermenge gefüttert habe. Ich weiß nicht, wie hoch der Nährwert von einem Stück Würfelzucker ist. Ich vermute nur, daß ihm diese Kohlehydrate damals besonders gefehlt haben müssen.

Am 2. Dezember 1938 kam ich frei und habe alsbald Willis Frau in Essen besucht, wie ich es meinem Freund versprochen hatte. Auch nahm ich meine Frau mit nach dort, obschon das Risiko beträchtlich war. Die Gestapo beobachtete argwöhnisch alle etwaigen Querverbindungen der BK zu Kommunisten. Die Gestapo-Akten, die wir nach 1945 gefunden haben, beweisen es.

Bei den ungeheuer vielen Begebenheiten, die während des Krieges und nach 1945 ins Gedächtnis aufzunehmen und zu verarbeiten waren, kann ich mich nur noch an einen Nachmittag erinnern, den meine Frau und ich bei dem Ehepaar Agatz verbracht haben, nachdem Willi im Zuge der sogenannten Führeraktion – zu Hitlers 50. Geburtstag am 20. April 1939 – freigelassen war. Wir gingen zusammen auf die Ruhrwiesen zum Baden an einem herrlichen Sommertag, den wir um so mehr genossen, als wir keinen Zweifel daran hatten, daß Hitler in allernächster Zeit seinen Krieg beginnen würde. Als wir abends in der kleinen, aber gemütlichen Wohnung von Agatz noch ein paar Schallplatten hörten, legte Willi eine Platte mit klassischer Musik – war es Mozart? – auf und sagte zu unserem Erstaunen: ‚Diese Musik möchte ich einmal hören, wenn ich sterben muß!'

Die Freundschaft hat auf alle Fälle weiterbestanden, solange er lebte. Vor mir liegt ein Brief von Willi vom 22. Juli 1946, in dem es heißt: ‚Es wird gut und gewiß für uns beide nützlich sein, wenn wir uns e i n m a l m e h r aussprechen können.'

Seine Kräfte waren früh verbraucht. Mir aber bleibt unvergeßlich das Andenken an den Menschen, der auf seine Weise ein ‚Mensch für andere' hat sein wollen. Und die das sein wollten und wollen, fanden und finden sich aus allen Lagern und an jedem Ort."

Vom KZ über das Strafbataillon in den 1. Deutschen Bundestag

Ende April 1939 erhielt Käthe Agatz einen Brief ihres Mannes, der nicht aus Sachsenhausen kam. Nachdem sie ihn geöffnet hatte, las sie:

„Aus meiner jetzigen Anschrift ersiehst Du, wo ich mich zur Zeit befinde. Nun dürfen wir wohl Hoffnung haben. Wie ist es denn nun, hast Du Dich schon mal um einen Arbeitsplatz für mich bemüht? Es wäre gut, wenn sich das regeln ließe. Ich sende Euch viele liebe Grüße. Mit einem ganzen Herzen voll Hoffnung
Dein Willi."

Als Absender war das Geheime Staatspolizeiamt, Berlin, Prinz-Albrecht-Straße 8, angegeben. Hierher hatte man den „Schutzhäftling" nach seiner Entlassung aus dem Konzentrationslager Sachsenhausen gebracht. Die Herren der Gestapozentrale wollten prüfen, ob man den ehemaligen kommunistischen Abgeordneten nach Hause entlassen könne. Sie ließen sich sehr viel Zeit dabei.

Wie schon im Oktober 1937 verlangte man von ihm eine „Generalbeichte" als Preis für die Freiheit. Damals war er nach Düsseldorf gebracht und aufgefordert worden, sich öffentlich von seinen ehemals vertretenen politischen Auffassungen zu distanzieren. Er hatte ein solches Ansinnen zurückgewiesen. Als er auch 1939 nicht dazu bereit war, drohte man mit der Rückführung ins Konzentrationslager. Käthe Agatz berichtete aus dieser Zeit:

„Es waren furchtbare Wochen der Ungewißheit, die dem Brief folgten, in dem Willi mir mitgeteilt hatte, daß er sich in Berlin befand. Beide hatten wir gehofft, daß nun die Zeit unserer Trennung bald vorbei sein würde. Von Tag zu Tag aber schwand diese Hoffnung. Am Rande der Verzweiflung nahm ich meine ganze Kraft zusammen und fuhr nach Berlin.

Mit einer Todesangst im Herzen ging ich in das gefürchtete Gestapo-Haus. Es gelang mir, bis zum Vorzimmer des zuständigen Regierungsrates Heller vorzudringen. Ich mußte lange warten, bis man mich in das Zimmer des Nazifunktionärs ließ. Der hatte sich inzwischen meinen Mann vorführen lassen. Zur Sache kommend teilte uns Heller mit, man wolle Willi trotz schwerer Bedenken freilassen. Allerdings müßten wir einen Revers mit der Verpflichtung unterschreiben, über die Haftzeit mit niemandem zu sprechen, nicht ins Ausland zu gehen und jeden Versuch, uns für eine staatsfeindliche Tätigkeit zu gewinnen, sofort der Gestapo mitzuteilen.

Sollte jemals einer von uns gegen die im Revers schriftlich festgehaltenen Bedingungen einer Haftentlassung verstoßen, hätten wir beide mit strengster Bestrafung zu rechnen. ‚Sie haften nicht nur mit Ihrem eigenen Kopf, sondern auch mit dem Ihrer Frau für die Einhaltung der Bedingungen', sagte drohend NS-Regierungsrat Heller zu meinem Mann, bevor wir sein Dienstzimmer verlassen konnten. Ich durfte Willi mit nach Hause nehmen. Die ausgesprochene Drohung gegen uns aber klang mir immer wieder in den Ohren, ich fürchtete mich."

Zu Hause angekommen, wurde Willi Agatz von der Gestapo-Außendienststelle Essen aufgefordert, sich ab 24. Juni 1939 jeden dritten Wochentag auf der Wache des 18. Polizeireviers zu melden. Die wiedergewonnene Freiheit währte allerdings nur kurze Zeit. In jenen Tagen standen bereits die politischen Weichen auf Krieg. Als dann am 1. September 1939 mit dem Überfall auf Polen der deutsche Faschismus den Zweiten Weltkrieg auslöste, da bewahrheitete sich alles das, was Willi Agatz und seine politischen Freunde vorausgesagt hatten.

Während in Europa Blut floß, stiegen die Gewinne der Rüstungsindustrie unermeßlich.

Der ehemalige Abgeordnete des Deutschen Reichstages gehörte zu den äußerst gefährlichen Staatsfeinden, wurde bei der Gestapo in der A-Kartei geführt und zählte darum zu jenen Antifaschisten, die man am ersten Kriegstag festnahm.

Zunächst brachte man ihn nach Duisburg. Aus dem Duisburger Gefängnis schrieb er am 2. September 1939 an seine Frau: „Du darfst nicht traurig sein, Liebe. Wenn solche dummen Gedanken Dein Herz bedrängen, dann fluche lieber einmal recht kräftig und jage sie hinweg. Denke an unsere gemeinsamen Tage. Sie waren zwar nur kurz, aber doch schön. Die Erinnerung an sie möge Dir eine Quelle des Trostes sein."

Schon bald danach ging es von Duisburg aus auf „Transport", der im KZ Sachsenhausen endete. Er blieb diesmal aber nicht lange dort. Am 7. Oktober 1939 entlassen, konnte Willi Agatz noch am gleichen Tag nach Essen zurückkehren. Hier unter Gestapo-Aufsicht gestellt, arbeitete er in den folgenden Jahren als Maurer bei der Baufirma Hoch-Tief.

Ein auf seinen Namen ausgestellter „Ausschließungsschein", unterzeichnet von der Kreispolizeibehörde und dem Wehrbezirkskommando, bestätigte dem ehemaligen Zuchthäusler seinen Ausschluß „vom Dienst in der Wehrmacht". Als sich aber, nach anfänglichen Siegen, im dritten Kriegsjahr eine Wende abzeichnete, da mobilisierte das faschistische Regime selbst jene Reserven, auf die man eigentlich nie zurückgreifen wollte.

„Sie werden hierdurch zum aktiven Wehrdienst einberufen und haben sich am 29. Januar 1943 bis 11.30 Uhr auf dem Bahnhofsvorplatz in Essen-Altenessen zu melden." So lautete der „Einberufungsbefehl", den Willi Agatz Anfang 1943 erhielt. Der vom Wehrdienst Ausgeschlossene sollte jetzt mithelfen, die Kastanien aus dem Feuer zu holen. Um von vornherein jeden Gedanken an eine mögliche irrtümliche Einberufung auszuschließen, hatte man mit der Schreibmaschine auf der Rückseite hinzugefügt: „Sie sind auf Grund eines besonderen Führerbefehls während der Dauer Ihres Dienstes in der Wehrmacht wehrwürdig."

Das Schützenregiment 962, zu dem er eingezogen wurde, war eine Bewährungseinheit und erhielt später die Bezeichnung 999. Bis zur Zerschlagung des Faschismus im Mai 1945 gehörte er fortan ständig solchen Bewährungseinheiten an.

Zur gleichen Einheit hatte man auch den Antifaschisten Albert Stasch eingezogen. Am 1. September 1903 in Ostpreußen geboren, war dieser in jungen Jahren nach Essen gekommen. Mit seiner Familie wohnte er 1943 im Arbeiterstadtteil Katernberg und war Bergmann wie Willi Agatz. Im März 1977 erzählte mir der inzwischen 72jährige einiges über die gemeinsame Zeit der beiden Antifaschisten in der faschistischen Bewährungseinheit:

„Ende Mai 1943 fuhren wir mit einem Transportzug nach Athen. Auf einem leeren offenen Wagen saß ich allein mit Willi Agatz. Beide kannten wir uns aus gemeinsamer politischer Arbeit seit Anfang der dreißiger Jahre. Vor Lauschoperationen sicher, sprachen wir offen über Gegenwart und Zukunft. Die 6. Armee war bei Stalingrad vernichtend geschlagen worden, und auch in anderen Gegenden der Sowjetunion gingen die faschistischen Truppen zurück.

Die Einheit 999, zu der wir gehörten, bestand je zur Hälfte aus politischen und kriminellen ‚Wehrunwürdigen'. Ganz offensichtlich sah man in den Kriminellen einen Sicherheitsfaktor gegenüber den Politischen. Das Ganze entsprach der bereits in den Konzentrationslagern geübten Praxis. Im April 1935 zu einem Jahr Gefängnis verurteilt, hatte man 1937 auch mich in das KZ Sachsenhausen verschleppt.

Schon hier war mir Willi bereits begegnet. Als wir 1943 auf dem offenen Wagen in Richtung Athen fuhren, waren wir uns darüber einig, daß die Aufstellung von Sträflingsregimentern ein Zeichen der Schwäche des deutschen Militarismus sei. Zuerst wollte man uns in Marokko einsetzen, aber die Amis durchkreuzten diese Absicht.

Nun ging es nach Griechenland. Hier angekommen, brachte man uns auf den Peloponnes zur Abschirmung eines Feldflugplatzes gegen britische Kommandoeinheiten.

Willi und ich gehörten zwar zur gleichen Kompanie, aber ich gehörte einem anderen Zug an. Unser letztes Zusammentreffen hatten wir auf dem Krankenrevier des Bataillons. Beide waren wir an Malaria erkankt. Hier trennten sich unsere Wege. Willi kam todkrank nach Graz. Er konnte sich zwar wieder aufrappeln, aber den Todeskeim trug er seit dieser Zeit in sich. Fortan räumlich getrennt, wechselten wir später Briefe.

Willis Briefe habe ich bis zum heutigen Tage aufgehoben. Wenn du sie sehen willst, kann ich sie dir gerne einmal zeigen." –

Selbstverständlich wollte ich.

„Sonst höre ich fleißig Radio, vor allem die Berichte des Oberkommandos der Wehrmacht, und dabei studiere ich die Europakarte, die mir Käthe bei ihrem Hiersein verschafft hat." So schrieb er am 29. September 1943. Die dann folgende Bemerkung: „Lediglich fehlt mir ein Partner zur Unterhaltung nach Herzenslust" unterstrich den sehnlichen Wunsch nach dem Gespräch mit dem politischen Freund.

In einem Brief vom 21. Oktober 1943 übermittelte Willi Agatz einige seiner Gedanken zur politischen Lage. Immer mit einer Postzensur rechnend, mußte er seine Ansichten entsprechend vorsichtig formulieren. „Was sagst Du zur Konferenz in M?" fragte er seinen Briefpartner im Hinblick auf die am Tage zuvor in Moskau begonnene Konferenz der Außenminister Großbritanniens, der UdSSR und den USA und meinte dann: „Die Russen haben sich nun doch nicht totgelaufen, wie die Berichte des Oberkommandos der Wehrmacht melden. Zur Dauer der Konferenz werden ihnen die Unseren wohl heftig standhalten im Kampf um Kiew und die Krim."

Den russischen „Gegner" charakterisierend, fügte er hinzu: „Sie sind doch mit allen Wassern gewaschen, diese Burschen." Auch für ihn war damals klar, daß der Kampf gegen den deutschen Faschismus in ein entscheidendes Stadium getreten war. Das kann man auch aus der im gleichen Brief niedergeschriebenen Bemerkung herauslesen: „Bin neugierig auf die weitere Entwicklung. Große politische Überraschungen sind wahrscheinlich."

Im April 1945 wurde Willi Agatz mit dem Strafbataillon 491 in Kurland eingesetzt. Hier wollte man ihn am letzten Kriegstag noch liquidieren. Oberleutnant Übler, ein Offizier dieser Einheit, hat die Ereignisse des Tages in einer schriftlichen Erklärung später geschildert. Es hieß darin: „In der Nacht vom 7. auf den 8. Mai 1945, morgens gegen 1 Uhr, wurde mir als Kompanieführer der V. Sonderkompanie des Bewährungsbataillons 491 z.b.V. vom Melder des Regiments ein Schreiben überbracht, in dem die sofortige Inmarschsetzung von drei kommunistischen Abgeordneten, die sich in meiner Kompanie befinden sollten, befohlen wurde. Die drei Leute sollten auf Anweisung des Generalgerichts des X.A.K. zur Feldstrafabteilung Tadeiki gebracht werden. Für genügende Bewachung sei Sorge zu tragen. Außerdem lief das Schreiben unter ‚Geheim' und ‚Eilt sehr'. Soviel ich wußte, befand sich in meiner Kompanie nur ein kommunistischer Abgeordneter, und zwar der obengenannte Agatz, von dem ich ein Geheimschreiben der Gestapo, das seinen Wehrpapieren beilag, eingesehen hatte. Der

Schütze Agatz war am 21. April 1945 mit 99 anderen Leuten als Ersatz zu unserem Bataillon gekommen und dann am 2. Mai 1945 mit 26 anderen politisch Vorbestraften als Sondergruppe mit zu meiner Kompanie kommandiert worden. Aus Gründen, die ich unten angebe, verzögerte ich die Inmarschsetzung des A., mußte jedoch gegen 5 Uhr morgens die Ausführung des Befehls anordnen. Agatz wurde unter dem Vorwand, zu einem anderen Bewährungsbataillon abgestellt zu werden, durch einen Oberfeldwebel und einen weiteren Mann zum Troß gebracht. Den Befehl dazu erhielt ich vom Regiment (Major Meier), wo ich bis morgens 6 Uhr die erfolgte Ausführung melden mußte. Über die inneren Gründe der Verhaftung des Agatz gebe ich folgendes zu Protokoll:

So ich richtig informiert bin, hat Hauptmann Plenkert, Troßführer vom Bataillon, auf einem Bataillonsführerlehrgang am 5. oder 6. Mai 1945 in Anwesenheit höherer Offiziere des Kurlandkorps von der Anwesenheit der 27 politisch vorbestraften Leute bei meiner Kompanie Mitteilung gemacht. Dabei muß er wohl auf drei ehemalige Abgeordnete und kommunistische Führer besonders aufmerksam gemacht haben. An dem Lehrgang hat neben anderen nationalsozialistischen Führungsoffizieren auch der Kommandeur des SS-Korps Kurland, SS-Obergruppenführer Krüger, teilgenommen. Dieser dürfte dann die Verhaftung und alles Weitere veranlaßt haben."

Der weitere Ablauf der Ereignisse am 8. Mai 1945 zeigt dann, wie Oberleutnant Übler die Überführung der politisch vorbestraften Soldaten seiner Kompanie zur Feldstrafabteilung nach Tadeiki verhinderte und ihnen damit das Leben rettete. Die Motive zu diesem Schritt stellte er in seiner Erklärung so dar: „Der Gerichtsoffizier unseres Bataillons, Leutnant Foppe, hat mir im Vertrauen gesagt, daß die drei Leute in Tadeiki oder auf dem Wege dorthin erschossen werden sollten. Aus diesem Grunde konnte ich mich nicht entschließen, dem Befehl meiner Vorgesetzten Folge zu leisten. Ich sah in der geplanten Erschießung ein Verbrechen, an dem ich nicht mitschuldig werden wollte."

Der ereignisreiche Tag brachte die bedingungslose Kapitulation der faschistischen Wehrmacht. Die Menschheit atmete auf; der Zweite Weltkrieg war zu Ende.

In sowjetischer Kriegsgefangenschaft wirkte Willi Agatz bis zum 7. Mai 1946 in der Antifa-Bewegung. Am 10. Dezember 1945, kurz vor der ersten Friedensweihnacht nach dem Kriege, schrieb er auf einer Karte des Roten Kreuzes an seine Frau:

„Ich schreibe diese Karte und weiß nicht, ob Du sie je erhalten wirst. Bist Du noch da? ... Ich weiß nichts! Aber nun wird ja wohl bald Klarheit sein. Ich jedenfalls gehöre zu den Übriggebliebenen und schicke viele liebe Grüße an alle! Es geht mir gut, und ich hoffe auf ein Wiedersehen."

Nach seiner Rückkehr in die Heimatstadt wählten ihn die Delegierten des Industrieverbandes Bergbau, Bezirk Essen-Oberhausen, einstimmig zu ihrem

Der Gewerkschafter Willi Agatz (vierter von rechts mit Aktentasche) im Jahre 1947 inmitten seiner Bergarbeiterkollegen.

Sekretär für Betriebsrätefragen. Von dem Tage an begann für den standhaften Kämpfer gegen Faschismus und Krieg ein ebenso opferreiches Engagement. Diesmal galt es dem friedlichen Wiederaufbau. Es führte ihn in die Spitzengremien der neuen deutschen Einheitsgewerkschaft, als Abgeordneten in den Landtag von Nordrhein-Westfalen und in den 1. Deutschen Bundestag.

Sein unermüdliches politisches Wirken wurde durch seinen frühen Tod am 28. August 1957 beendet.

Der Grenzinstrukteur Alfred Richter alias Rubertus van Dregt

Wegen seiner Mitarbeit in der illegalen KPD-Stadtteilleitung Essen-West von der Gestapo gesucht, ging der 26jährige ledige Modellschreiner Alfred Richter auf Anweisung seiner Partei im Dezember 1933 in die Emigration. Bis dahin hatte er bei seinen Eltern in der Burckhardtstraße 37 gewohnt.

Von einem Vater erzogen, der in der Roten Ruhrarmee bei der Niederschlagung des Kapp-Putsches gekämpft hatte, war sein Leben seit dem Kindesalter mit der politisch organisierten Arbeiterbewegung verbunden. Arbeitersport, Gewerkschaft, KJVD und KPD bildeten aufeinanderfolgende Stationen.

Nach seiner Emigration wurde er von der in Amsterdam stationierten Abschnittsleitung West der im Reich verbotenen KPD zur Grenzarbeit bei Nijmegen (Holland) eingesetzt. Seine Aufgabe bestand darin, von hier aus illegale antifaschistische Literatur in die Bezirke Ruhrgebiet, Mittelrhein, Niederrhein und später Nordwest (Bremen) zu transportieren sowie Verbindungen zu den in diesen Bezirken eingesetzten Verantwortlichen zu halten.

Bis Oktober 1937 reiste er etwa fünfundvierzigmal illegal nach Deutschland und wieder zurück. Die dabei transportierte Literatur wurde am Körper oder in den Eisenbahnzügen versteckt. Ausschlaggebend waren Art und Menge der zu tranportierenden Gegenstände. Geldscheine für die illegalen Parteiarbeiter in Deutschland wickelte ein Amstammer Zigarrenmacher fachmännisch in Zigarren, da die strengen Devisenbestimmungen keine Mitnahme von Papiergeld erlaubten.

Er reiste als „Vaarensgezel", als Schiffsjunge, den man an Bord eines holländischen Schiffes in einen deutschen Rheinhafen gerufen hatte, weil ein Besatzungsmitglied plötzlich krank geworden war, oder als holländischer „Koopmann". Einige gute Kenntnis der holländischen Sprache und der Verhältnisse beiderseits der Grenzen erlaubten ihm, abgesehen von einigen heiklen Situationen, immer einen relativ sicheren Grenzübertritt.

Im August 1935 kam Alfred Richter für acht Monate nach Bremen, bis im April des folgenden Jahres die illegale Arbeit dezentralisiert wurde. Einzelne Gruppen in Deutschland arbeiteten jetzt ohne Verbindungen zu anderen Gruppen und darum mit einem größeren Maß an Sicherheit. Verbindung zu ihnen hielten nur Instrukteure, die sie in Abständen von einigen Wochen besuchten.

Bis Oktober 1937 gehörte diese Tätigkeit zur Aufgabe Alfred Richters.

Als der spanische General Franco am 18. Juli 1936 gegen die rechtmäßig gewählte Volksfrontregierung mit Hilfe Hitlers und Mussolinis putschte, verließen viele deutsche Emigranten Holland, um dem spanischen Volk in seinem bewaffneten Kampf gegen den internationalen Faschismus zu helfen.

„In Spanien schlagen wir Hitler!" lautete eine ihrer Losungen. „Dein Spanien ist Deutschland", hatte Paul Bertz, Abschnittsleiter West der KPD in Amsterdam, zu Alfred Richter gesagt, als auch er nach Spanien wollte. Erst Ende 1937, nach Beendigung seiner illegalen Arbeit in Deutschland, konnte auch er nach Spanien gehen.

Gemeinsam mit Antifaschisten aus aller Welt kämpfte er jetzt mit der Waffe in der Hand für die spanische Republik, bis er im April 1938 in Franco-Kriegsgefangenschaft geriet. Zusammen mit 800 Soldaten der Internationalen Brigaden aus 38 verschiedenen Ländern teilte er dieses schwere Los über mehrere Jahre.

In dieser Zeit gelang es ihm, die Gestapo zu täuschen, indem er sich als Holländer ausgab. Dadurch erhielt er die Möglichkeit, Ende 1942 mit einer Gruppe holländischer Kameraden nach Curaçao, Niederländisch Westindien, auszureisen. Auf dieser Insel in der Karibischen See folgte eine Internierung von viereinhalb Jahren.

Erst Mitte 1947 kam er nach Essen zurück, wurde wieder Mitglied der KPD und arbeitete als Schreiner auf der Zeche Hagenbeck. Im Jahre 1956 verließ Alfred Richter seine Geburtsstadt Essen und ging in die DDR.

Als ich zwei Jahrzehnte später erstmals von ihm hörte, wohnte er in Karl-Marx-Stadt. Meine Bitte, er möge mir von seinen Erlebnissen in den dreißiger Jahren Einzelheiten erzählen, führte letztlich zum Erfolg.

„Du möchtest sie lebendig und ausführlich dargestellt haben, vielleicht wie es heute heißt, publikumswirksam", schrieb er in einem seiner Briefe und meinte: „Ob mir das gelingt, weiß ich allerdings nicht. Wir müssen uns in jedem Fall an die Wahrheit halten. Ich will gerne einräumen, daß ich einiges Interessantes sagen kann, und will versuchen, dies und das zu erzählen."

Alfred Richter hielt Wort. Aus mehreren Briefen stammen die folgenden Einzelheiten:

„... wird der Dreizehnte auch noch satt."

Oktober 1934 im Vondelpark von Amsterdam: Ein Vertreter der Leitung unserer Partei sagte zu mir: „Wir fahren morgen nach Nijmegen, du machst dort den Grenzmann!" Es war mein Genosse Hardy der mir diese Eröffnung gemacht hatte. Mit ihm fuhr ich am anderen Tag in die holländische Grenzstadt. Die Communistische Partei der Niederlande hatte zugesagt, die Quartierfrage zu lösen. Bei dem Orgleiter der CPN in Nijmegen sollten wir uns melden. Als wir dort ankamen, war es dem Genossen noch nicht gelungen, für mich ein Quartier ausfindig zu machen, denn seine Partei war zu dieser Zeit in Nijmegen sehr schwach und außerdem die „Partei der Arbeitslosen". Als ich ihm in seiner Wohnung gegenüberstand, zögerte er keinen Augenblick. „Du bleibst vorläufig bei mir", hörte ich ihn sagen. „An unserem Tisch sitzen die Eltern, der Großvater und neun Kinder, aber wo zwölf satt werden, da wird der Dreizehnte auch noch satt."

Diesem großartigen Geist internationaler Solidarität begegnete ich immer wieder bei holländischen Genossen, parteilosen Arbeitern und auch Intellektuellen. Ohne eine solche solidarische Unterstützung wäre die illegale Arbeit der KPD vom Ausland in das faschistische Deutschland hinein nicht möglich gewesen.

Eine von 45 Reisen

Joop Smit, Nijmegen, Brederostraat 31, ein parteiloser Kellner, dazu arbeitslos, und seine Frau Trus boten mir über längere Zeit Unterkunft. Sie hatten drei Kinder unter sechs Jahren und schöpften in keiner Weise aus dem Vollen.

Abweichend von der Gewohnheit unserer Genossen in Amsterdam, mir nur solche Mengen illegaler Literatur zu schicken, wie ich unauffällig unter dem Futter meines Mantels verstecken konnte und den ich dann als nicht mir gehörig in den Gang des D-Zuges Amsterdam–Basel hängte, erhielt ich in den Wintermonaten 1934/35 größere Mengen illegaler Literatur, die ich nicht in der üblichen Weise über die Grenze bringen konnte. Einen bewährten Grundsatz illegaler Arbeit, nach Möglichkeit vieles allein zu machen, mußte ich diesmal aufgeben. Ich vertraute mich Joop Smit an und bat ihn, mir zu helfen. Wie nicht anders erwartet, erklärte er sich auch sofort dazu bereit.

Die illegale Literatur wurde in einen Karton verpackt, der etwa die Größe 60 × 40 × 20 cm besaß. An meinem Reisetag brachte Joop diesen Karton in einem Koffer zum Bahnhof Nijmegen und erwartete den D-Zug Amsterdam–Basel. Einen anderen Weg gehend, begab ich mich ebenfalls zum Bahnhof. Der Zug wurde von deutschen Beamten in der Regel während der vierzig Minuten dauernden Fahrzeit auf der Strecke zwischen Nijmegen und Kleve kontrolliert. Auf dem Bahnsteig angekommen, sah ich, daß die deutsche Paß-, Zoll- und Devisenkontrolle gleichfalls zu den Wartenden des Zuges gehörte. An ihr lief ich mehrfach in der Absicht vorbei, mit meiner leichten Reisetasche gesehen zu werden, um im Ernstfall glaubhaft sagen zu können, mein Gepäck bestehe nur aus einer Reisetasche. Ein entdeckter Karton mit illegalen Flugblättern gehöre auf gar keinen Fall dazu.

Kurze Zeit später lief der Zug in den Bahnhof ein, und ich sah, daß Joop mit seinem Koffer einen der Wagen bestieg. Ich stieg in den gleichen Wagen, aber durch die Tür am anderen Wagenende. Der Zug hatte erst zwei Stationen vorher seine lange Reise nach Basel angetreten, und viele Abteile waren entweder gar nicht oder nur schwach besetzt. Joop ging in ein leeres Abteil, öffnete seinen Koffer, entnahm ihm den Karton, schob ihn unter die Bank und klemmte ihn fest zwischen dem Sitz und die darunter befindlichen Heizungsrohre. Dann schloß er die Abteiltür und verließ mit leerem Koffer Wagen und Bahnhof.

Alles hatte sich in wenigen Sekunden abgespielt. Ich hatte inzwischen im Nebenabteil Platz genommen, das ebenfalls noch nicht besetzt war. In einer Fensterecke sitzend, wartete ich auf die Paß-, Zoll- und Devisenkontrolle. Ich reiste als „Vaarensgezel", und es gab keine Beanstandungen. Das leere Nebenabteil mit dem Paket unter der Bank wurde gar nicht betreten, jedenfalls hatte ich nicht das Öffnen und Schließen einer Schiebetür gehört. Alles war bisher glatt verlaufen.

Der Zug hatte bald die deutsche Grenzstadt Kleve erreicht. Aus dem Wagenfenster schauend, beobachtete ich, wie die Beamten Zug und Bahnsteig verließen. Danach wollte ich im Abteil nebenan das Paket unter dem Sitz herausziehen, es auf die Gepäckablage legen und mich darunter setzen. Doch bevor ich meinen Plan ausführen konnte, hatte ein Reisender das betreffende Abteil betreten und setzte sich genau auf den Platz, unter dem sich mein Paket befand.

Damit hatte ich nun gar nicht gerechnet. Ohne lange zu überlegen, betrat ich das Abteil und setzte mich dem Reisenden gegenüber. Schon auf der nächsten Station, in Krefeld, mußte ich den Zug verlassen, denn in den Nachmittagsstunden sollte ich dort meine Genossen aus Essen, Düsseldorf und Köln treffen, um ihnen das mitgebrachte Material zu übergeben. Die Fahrzeit von Kleve nach Krefeld dauerte etwa vierzig Minuten, und ich wartete darauf, daß mein Gegenüber vielleicht für kurze Zeit das Abteil verlassen würde, damit ich das Paket hervorholen könnte. Doch der Mann tat mir nicht den Gefallen.

Vierzig Minuten sind eine lange Zeit. Sie reichten mir, um einen Plan zu schmieden.

Bald durchfuhr der Zug die Vororte Krefelds. Ich zog den Mantel an, setzte den Hut auf, nahm meine Tasche aus der Gepäckablage und wartete auf einen bestimmten Augenblick. Der kam, als der Zug mit leichtem Ruck anhielt. Jetzt handelte ich blitzschnell. „Gestatten Sie einen Augenblick", sagte ich meinem Gegenüber, schob seine Knie beiseite holte das Paket unter seinem Sitz hervor, dankte und verabschiedete mich freundlich und verließ schleunigst das Abteil. Dann lief ich die Bahnsteigtreppe hinunter, verließ den Bahnhof und ging mit schnellen Schritten zum Stadtbad. Um mögliche Verfolger zu erkennen, schlug ich dabei einige Haken.

Im Stadtbad angekommen, löste ich eine Karte für ein Wannenbad. Einen besseren Ort für das Aufteilen des mitgebrachten Materials gab es nicht. In Ruhe konnte ich hier das große Paket auspacken und drei kleine daraus machen. Die übergab ich kurze Zeit später an die Empfänger.

Meinen Auftrag, illegale Literatur an die Kuriere der Bezirke Ruhr, Niederrhein und Mittelrhein zu übergeben, hatte ich damit ausgeführt. Gemeinsam mit Joop Smit geplant und in die Tat umgesetzt, erfüllte uns beide ein Gefühl der Befriedigung. In solchen Tagen meiner Deutschlandreisen sorgten sich Joop und seine Frau Trus sehr um mich. Ihre Freude nach jeder Rückkehr war ihnen aus den Augen zu lesen. Gesprochen wurde nie darüber.

Eine von 45 Rückreisen

Sie begann in Krefeld und sollte in Amsterdam enden. Es war wieder während der Fahrt die übliche Paß-, Zoll- und Devisenkontrolle, diesmal auf der Strecke

Die Rote Fahne

Zentralorgan der Kommunistischen Partei Deutschlands (Sektion der Kommunistischen Internationale)

Genosse! Leser! Wirb in deinem Freundes- und Bekanntenkreis ständige Leser für die „Rote Fahne"! Mache keine Aussagen, von wem Du diese Zeitung erhalten hast.

Reichsausgabe
Begründet von
Karl Liebknecht u. Rosa Luxemburg

Genosse! Du sollst diese Zeitung nicht nur mit deinen Arbeitskollegen lesen, du sollst auch für sie schreiben. Gib deine Berichte an den dir bekannten Funktionär weiter!

Mitte Oktober 1935

Preis 15 Pfg.

WAS EINT DIE VOLKSFRONT?

Für welche Forderungen ist der gemeinsame Kampf aller Hitlergegner möglich?

In seiner Proklamation auf dem Nürnberger Parteitag, dieser provokatorischen Kriegsdemonstration der Nazis, hat Hitler vor aller Welt eingestehen müssen, dass sich die antifaschistischen Kräfte in Deutschland sammeln und organisieren. Er musste zugeben, dass es ihm **nicht** gelungen ist, den Marxismus zu überwinden, und dass dieser eine „latente Gefahr" bleibt.

Millionen Menschen in Deutschland wollen Hitlers Sturz und halten ihn für möglich. Sie diskutieren heute unter sich die Frage: **Was kommt nach Hitler?** Darum musste Hitler in seiner Nürnberger Proklamation auf diese Tatsache eingehen. Er versuchte seine Anhänger zu trösten mit der Phrase, dass die Gegner der Hitlerdiktatur „nur einig im Negativen" seien.

Wir geben darauf die Antwort: Wir beweisen, dass alle Gegner Hitlers, alle wahren Freunde des Volkes sich einigen können in der **Volksfront** für seinen Sturz, für die Beseitigung der faschistischen Barbarei in Deutschland. Wir machen allen Hitlergegnern Vorschläge zum gemeinsamen Kampf für Forderungen, in denen sich alle antihitlerischen Organisationen und Gruppen einig sein können. Unsere Vorschläge bekunden vor dem deutschen Volke, dass es **ein gemeinsames positives Kampfprogramm für alle Hitlergegner** gibt. Solange Hitlers Tyrannei das deutsche Volk knechtet, kann es für einen wahren Freund des Volkes keine höhere Aufgabe geben, als den Sturz Hitlers.

Für die Einheitsfront und die breiteste Volksfront

Wir Kommunisten kämpfen gegen das barbarische Unterdrückungssystem Hitlers von der ersten Stunde seiner Existenz an. Wir sind Todfeinde des Naziregimes. Wir werden — entsprechend den Beschlüssen des VII. Weltkongress der Kommunistischen Internationale — alles tun, was der Sammlung und Aktivierung aller Hitlergegnerischen Kräfte dient. Unsere illegalen Kämpfer zeigen in der Tat durch den Einsatz ihres Lebens in jeder Minute, dass wir ein Interesse über alles stellen: **die Befreiung des unterdrückten deutschen Volkes vom grausamen Joch Hitlers.**

Für diese Aufgabe wollen wir ehrlich die Schaffung der Einheitsfront mit allen Organisationen der sozialdemokratischen Partei im Lande und auch mit dem Parteivorstand in Prag. Für diese Aufgabe erstreben wir mit allen Organisationen der Hitlergegner die breiteste Volksfront. **Die Einheitsfront,** die im gemeinsamen Kampf in den Betrieben, Gebieten und im Reich zwischen den Funktionären und Organisationen der Kommunistischen Partei und der Sozialdemokratischen Partei geschaffen wird, bedeutet eine grosse Förderung des Zusammengehens aller antihitlerischen Volksschichten und ihrer Organisationen, einschliesslich der Katholiken und Demokraten, in der **Volksfront.**

Bei den Vertrauensratewahlen und in zahlreichen Widerstandsbewegungen der Arbeiter wurde in den Betrieben bereits **von unten her einheitlich gehandelt.** Es gibt schon viele Beweise dafür, dass das gemeinsame Vorgehen in der Solidarität für die politischen Gefangenen und ihre Familien, in der gemeinsamen Abwehr von Lohnabbau, im gemeinsamen Wiederaufbau der Betriebsgruppen, der freien Gewerkschaften, in der Mobilisierung der Bevölkerung gegen Verhaftungen und faschistische Morde **Erfolge** erringen kann. In einigen Betrieben und Orten kamen **Kampfvereinbarungen** zwischen kommunistischen und sozialdemokratischen Funktionären und Organisationen zustande. Kommunisten, Sozialdemokraten, Freigewerkschaftler und christliche Arbeiter unterstützten sich gegenseitig im Kampfe gegen Faschismus.

In München unterstützten die Kommunisten die katholischen Sammler bei der Karitas-Sammlung, als diese von SS-Leuten brutal überfallen, niedergeschlagen wurden, so wie Antifaschisten in vielen Teilen des Reiches ihren katholischen Kameraden gegen den Naziterror zu Hilfe geeilt waren. Die Hetzer des „Völkischen Beobachter" gegen das Münchener Katholiken Flugblatt der Kommunisten unterstreicht nur die Furcht der Faschisten vor dem **gemeinsamen Kampf von Kommunisten und Katholiken** gegen den gemeinsamen Feind, das Hitlerregime.

Es gibt nur **eine Voraussetzung** für die Einheitsfront und die Volksfront: **der Wille, gemeinsam gegen den gemeinsamen Feind Hitler zu kämpfen.**

Was eint die Volksfront?

In welchen Forderungen kann sie, ohne **Unterschied der politischen Richtung, der Religion und der Weltanschauung, weitgehend übereinstimmen?** Wir sind der Meinung, dass ein Zusammenschluss aller antihitlerischen Parteien und Gruppen Volksfront für folgende Forderungen möglich ist:

Für Meinungs- und Gewissensfreiheit, für Freiheit in Wort und Schrift, in Kunst und Wissenschaft;

für Koalitionsfreiheit, für Wiederherstellung des Rechtes der Wahl von Leitungen und Funktionären in den Vereinen;

für Amnestie für die politischen Gefangenen;

für die Freiheit der gewerkschaftlichen Interessenvertretung und Organisationen;

Schluss mit der unerträglichen Senkung der Löhne, Gehälter, Unterstützungen und sozialen Renten! Weg mit dem Sammelunwesen!

Das Volk will höhere Löhne und eine gesicherte Lebensexistenz!

Herabsetzung der Steuern für Mittelstand und Bauern;

Wiederherstellung des freien Marktrechtes für die Bauern;

Befreiung der Bodennot der Bauern!

Freie und geheime Wahl und freie Kandidatenaufstellung zu den Gemeindevertretungen und zu allen öffentlichen Körperschaften!

Der Kampf des deutschen Volkes für diese Forderungen ist der Weg zum Sturze Hitlers.

Die Volksfront wird sich im Kampfe für diese Forderungen die **gemeinsamen Organe** schaffen müssen, mit Hilfe legaler hitlergegnerischer Funktionäre und Leitungen von Organisationen, z. B. in Form von vorläufig illegalen Komitee oder dergleichen, wie sie je nach den betrieblichen und örtlichen Bedingungen zweckentsprechend sind und vor der Gestapo am besten gesichert werden können. Durch eine **gemeinsame antifaschistische Tätigkeit in den faschistischen Massenorganisationen** gilt es, alle legalen Möglichkeiten auszunutzen, die nationalsozialistische Demagogie über den „Kampf gegen die Reaktion", für den „gerechten Lohn", für die „Selbstverwaltung" und den Sozialismus, gegen den Faschismus selbst zu kehren und die Massen zur **Durchbrechung der faschistischen Totalität** zu führen. Das ist umso eher möglich, als jene Massen, die in die Organisationen gepresst wurden, immer mehr die Einlösung der nationalsozialistischen Versprechungen und die Vertretung ihrer Interessen in den Organisationen fordern und dabei in Widerspruch geraten zur Politik der faschistischen Führer. Insbesondere ist ein gemeinsames Vorgehen zur Eroberung der unteren Funktionen in der Deutschen Arbeitsfront notwendig. **Nicht in diesen Organisationen zu arbeiten, würde bedeuten, in Passivität zu verfallen und auf die Gewinnung der breitesten Massen zum Kampf gegen Hitler zu verzichten.**

(Fortsetzung siehe 2. Seite)

Die große Initiative für die Einheitsfront

Der 7. Weltkongreß der Kommunistischen Internationale

Der 7. Weltkongress der Kommunistischen Internationale beschloss auf Grund des wegweisenden Referates des Genossen Dimitroff, „die Einheitsfronttaktik unter den veränderten Bedingungen auf neue Art anzuwenden". Der Kongress erklärte sich für eine Taktik der breitesten Sammlung aller Kräfte gegen den Faschismus, für die Einheitsfront der Arbeiterklasse und für ihr Bündnis mit allen Werktätigen Schichten in der antifaschistischen Volksfront. Wir wollen nachfolgend nur einige Hauptfragen hervorheben, die vom Kongress beantwortet wurden.

Die Veränderungen in der Weltlage und die Erfahrungen der Klassenkämpfe, die Genosse Dimitroff in seiner grossen Rede zeichnete, bedingen die Veränderungen in der Taktik und Politik unserer Kommunistischen Parteien.

Der Sieg des Sozialismus in der Sowjetunion und die konsequente Friedenspolitik der Sowjetmacht unter Stalins Führung haben auch in Millionen sozialdemokratischer Arbeiter der **ganzen Welt** die Erkenntnis wachgerufen, dass sie in der Sowjetunion den Hort des Sozialismus und des Friedens verteidigen müssen. Dieser Umschwung in grossen Teilen der sozialdemokratischen Mitgliedermassen hat die Möglichkeiten der Einheitsfront in den Ländern und im Weltmasstabe ausserordentlich gestärkt.

Der Kongress stellte fest: **Hitler ist der Hauptfeind des Friedens und des Fortschrittes,** der Todfeind des Marxismus und aller freiheitlichen Kräfte. Darum **alle Kräfte** zusammengeschlossen gegen den Hauptfeind Hitler und seine blutige faschistische Diktatur!

Durch **die Machtergreifung Hitlers in Deutschland** sind die Organisationen der Sozialdemokratie ebenso verboten wie die Kommunistische Partei. Die Sozialdemokraten werden ebenso verfolgt, misshandelt und ermordet wie die Kommunisten. Durch die Veränderung der Situation in Deutschland ergab sich eine Veränderung der Rolle der Sozialdemokratischen Partei, deren Gruppen und Organisationen ebenfalls im illegalen Kampfe gegen Hitler stehen. Das Lebensinteresse der deutschen Arbeiter im Kampfe für Hitlers Sturz erfordert **die Einheitsfront.** Die Veränderung der Situation führt also auch zu einem **veränderten Verhältnis** zwischen unserer Kommunistischen Partei und der Sozialdemokratischen Partei.

Nach dem Bankrott der reformistischen Theorien über die „Wirtschaftsdemokratie" und das „friedliche Hineinwachsen in den Sozialismus" hat die deutsche Arbeiterklasse begonnen, die **Lehren aus ihrer Niederlage** zu ziehen. Auch in grossen Teilen der sozialdemokratischen Gruppen und Organisationen hat sich durch die bitteren Erfahrungen der Hitler-Diktatur die Erkenntnis entwickelt, dass die sozialdemokratische Politik der Spaltung der Arbeiterklasse und der Koalition mit der Bourgeoisie die Verantwortung vor der Geschichte dafür trägt, dass Hitler die Macht ergreifen konnte.

Alle diese Tatsachen zeigen **die Notwendigkeit und die grossen Möglichkeiten für die Anwendung der „Einheitsfronttaktik auf neue Art".** Die Schaffung der Einheitsfront von Organisation zu Organisation, der gemeinsame brüderliche Kampf mit allen Mitgliedern, Leitungen und Organisationen der Sozialdemokratie ist das Gebot der Stunde. Der Artikel an der Spitze

„Die Rote Fahne", Zentralorgan der KPD, im Herbst 1935 von Antifaschisten wie Alfred Richter illegal über die Grenze gebracht und in Essen verteilt.

Krefeld–Kleve. Bei früheren Rückreisen hatte ich die Erfahrung gemacht, daß die jungen deutschen Grenzbeamten, meist junge SS-Leute, mich immer dann besonders streng kontrollierten, wenn sich junge Damen im Abteil befanden. Offenbar wollten sie damit die Wichtigkeit ihrer Arbeit oder ihrer eigenen Person herausstellen.

Damals waren Tausende deutsche Mädchen als Dienstmädchen in Holland beschäftigt, und nicht wenige von ihnen kamen aus Gegenden in der Nähe der Grenze. Sie benutzten vorwiegend die Sonntagszüge zu einer Fahrt nach Hause und zurück. Bei meinen Reisen mied ich immer Abteile, in denen junge Mädchen saßen.

Die Rückreise, von der ich kurz erzählen will, erlebte ich an einem Sonntagnachmittag im Sommer 1937. In Krefeld hatte ich den Zug Mailand–Amsterdam bestiegen und ein Abteil gefunden, in dem eine Dame saß, die etwa fünfzig Jahre alt war. Bald erschien einer der Grenzbeamten. In deutscher Sprache bat er mich, ihm meinen Reisepaß zu zeigen. Auf einen Handelsreisenden aus Amsterdam ausgestellt, erhielt ich ihn ohne Beanstandung zurück. Durch meine sofortige Reaktion hatte ich zu erkennen gegeben, daß ich die deutsche Sprache verstand. Nachdem mir der Beamte meinen Paß zurückgegeben hatte, verlangte er auch von meiner Mitreisenden den Paß. Sie antwortete holländisch und erklärte, ihn leider nicht verstehen zu können. Der Beamte bat daraufhin mich, der Dame doch zu sagen, er wünsche ihren Paß zu sehen. ,,De mijnheer wenst ü pasboord te zien", übersetzte ich sofort und ohne zu stottern. Den Übersetzer mußte ich auch bei der dann folgenden Zoll- und Devisenkontrolle machen.

Als alles vorbei war, begann die Frau eine Unterhaltung mit mir. Sie komme aus Italien von einem Kuraufenthalt und reise zurück nach Amsterdam. Die Nazis seien nicht ihre Freunde. Obgleich sie jedes Wort des Beamten verstanden hätte, habe sie getan, als ob sie kein Deutsch verstünde. Dann sah sie mich spitzbübisch lächelnd an und meinte: ,,Maar U sprekt een merkwaardig nederlands." (Aber Sie sprechen ein merkwürdiges Holländisch.) Noch hatte der Zug nicht die deutsche Grenze überfahren. Vorsicht war durchaus geboten. Meine holländischen Eltern seien früh gestorben, erwiderte ich. Deutsche Verwandte hätten mich, den kleinen Waisen, aufgenommen und erzogen. Erst nach meiner Lehrzeit als Modellschreiner wäre ich nach Holland zurückgekommen.

In Nijmegen verließ ich dann aber doch das Abteil, um weiteren unangenehmen Fragen aus dem Wege zu gehen.

Jede Reise erforderte damals gewissenhafte Vorbereitung und volle Konzentration. Meine Freizeit verbrachte ich sehr oft in holländischen Bibliotheken, las dort Zeitungen und Zeitschriften und erlernte dadurch schneller die fremde Sprache. Das half mir, manch unvorhergesehene Situation besser zu meistern.

Rund 2000 Kanalschiffer berichten der KPD

Informationen aus dem faschistischen Deutschland zu sammeln gehörte zu den wichtigsten Aufgaben des reisenden Parteiinstrukteurs. Die „Rote Fahne", nach wie vor das Zentralorgan der KPD, der aus dem Madrid des republikanischen Spanien funkende „Deutsche Freiheitssender 29,8" sowie die deutschsprachigen Sendungen von Radio Moskau brauchten dringend diese Informationen.

Heinz Schramm, ehemaliger Bremer Hafenarbeiter, damals auch Instrukteur der KPD im Ruhrgebiet, führte mich in Bremen 1935 als Parteiinstrukteur ein. Über ihn bekam ich auch die Verbindung zu den beiden vortrefflichen Genossen Friedel Müller aus Bremen und Jan Benstein aus Minden an der Weser. Sie waren Betriebsräte bei der Bremer Schiffahrtsgesellschaft (BSG) gewesen, die etwa 2000 Arbeiter beschäftigte.

Im Jahre 1932 hatten beide einen erfolgreichen Streik geführt. Die Nazis sperrten sie 1933 vorübergehend in ein Konzentrationslager. Nach ihrer Entlassung fanden sie wieder Beschäftigung bei der BSG. Hier wußte man von ihrem großen Einfluß und beschäftigte sie fortan auf einem Lastkahn.

Die Direktion der BSG spekulierte darauf, sie auf diese Weise aus den Häfen Bremen und Minden zu verbannen und ihnen so jeglichen Einfluß in der Belegschaft zu nehmen. Als ich sie im August 1935 kennenlernte, hatten beide bereits die Absichten der Betriebsleitung durchkreuzt und – obwohl ständig auf Fahrt – ein System von Verbindungen geschaffen, über das sie die ganze Belegschaft erreichten. Unsere Literatur, die beide laufend erhielten, zirkulierte auf vielen Schiffen der Gesellschaft.

Bei Anbruch der Dunkelheit legt ein Kanalschleppzug dort an, wo er sich gerade befindet. Die Schiffer gehen ins nächste Dorf zum Einkauf oder suchen eine Gaststätte auf. Durch die weiten Reisen über Hunderte Kilometer Wasserstraßen, den ständigen Kontakt mit Menschen aus den verschiedensten Gegenden Deutschlands waren Friedel Müller und Jan Benstein über die Stimmung der Bevölkerung gut unterrichtet und konnten sie auch antifaschistisch beeinflussen. Das praktizierten beide mit großem Erfolg. Obwohl die Belegschaft der Kanalschiffer ununterbrochen in Bewegung war, bestand ein ständiger und relativ gefahrloser Kontakt zwischen den bei der BSG beschäftigten Genossen und über sie eine enge Verbindung zu anderen Arbeitskollegen.

Besonders bei Friedel Müller liefen eine Menge Informationen zusammen, und seine Arbeit trug viel dazu bei, daß unsere Publikationsorgane lebensnahe Berichte und Informationen verbreiten konnten. Die Kanalschiffer der BSG befuhren die Weser von Bremen bis Minden und das ganze Kanalsystem im nördlichen Deutschland, wie den Mittelland-, den Weser-Ems-Kanal, den Dortmund-Ems-Kanal und den Rhein-Herne-Kanal. Dadurch erhielten wir wertvolle Hinweise, die nicht nur betriebliche Verhältnisse betrafen, sondern auch die der

Häfen und Landgebiete an beiden Ufern. In jedem Hafen und an jeder Anlagestellte traf Friedel Müller Kanalschiffer, die ihn kannten. Er sprach mit ihnen und erfuhr dabei manche Neuigkeit.

Ich bewunderte immer seinen offenen und zugleich kritischen Blick für alle mit der illegalen Arbeit zusammenhängenden politischen und organisatorischen Probleme. Manchen seiner guten Gedanken konnte ich weiterleiten, und nicht wenige fanden ihre Nutzanwendung.

In den Häfen von Duisburg, Gelsenkirchen, Wanne, Herne, Hamm, Osnabrück, Oldenburg, Bremen und sonstwo habe ich Friedel Müller und seine Frau Maria oft besucht und in ihrer Kajüte bis zum nächsten Morgen geschlafen.

Die gefürchteten anonymen Briefe

Besondere Freude hatte ich immer, wenn mich ein Auftrag der Partei mit meiner Heimatstadt Essen in Verbindung brachte. Diese Verbindung begann für mich im Oktober 1934, als ich in Krefeld mit dem Essener Heinrich Wolf zusammengeführt wurde. Wir kannten uns bereits seit vielen Jahren aus dem Essener Arbeitersport und der Kampfgemeinschaft Rote Sporteinheit. Er wurde für die nächsten drei Jahre einer meiner zuverlässigsten Mitarbeiter. Von ihm stammte die Idee, uns gezielt an die Bevölkerung zu wenden. Statt der im Ausland gedruckten illegalen Flugblätter, schrieben wir persönlich gehaltene Briefe an solche Personen, von denen wir wußten, daß der Inhalt sie besonders berührte und deshalb von ihnen wohl auch so aufgenommen und verarbeitet werden würde, wie wir es wünschten. In Amsterdam waren sie auf hauchdünnes, knitterfreies japanisches Seidenpapier geschrieben worden. Fünfzig solcher Briefe – so viele schrieben wir in der Regel – waren aufeinandergelegt nur wenige Millimeter stark und konnten leicht am Körper versteckt werden.

Neben den lokalen und speziellen Besonderheiten, die mir Heinrich Wolf vorher mitgeteilt hatte, flochten wir einige Passagen unserer Volksfrontpolitik mit ein. Abschließend gaben wir diesen Rat: „Zur Vermeidung von Unannehmlichkeiten empfehlen wir Ihnen, diesen Brief bei der Polizei abzuliefern. Es ist nicht verboten, ihn vorher Freunden und Verwandten, Arbeitskollegen und Hausbewohnern zur Kenntnis zu bringen."

Unter normalen politischen Verhältnissen hätten solche Briefe kein Aufsehen erregt, aber in Hitler-Deutschland, einem Land, in dem die Nazipropaganda seit Jahren damit prahlte, den Kommunismus mit Stumpf und Stiel ausgerottet zu haben, zog jeder dieser Briefe seine Kreise wie ein großer Stein, der ins Wasser geworfen wird. Bei der damals weitverbreiteten „Flüsterpropaganda" wurden auf diese Weise viele Menschen erfaßt.

Um einmal die Wirkung zu prüfen, schickten wir einem Bekannten einen solchen Brief und erkundigten uns über andere nach seinem Verhalten. Nachdem er ihn herumgereicht hatte, war er zur Polizeiwache gegangen, um ihn dort abzugeben. Der anwesende Polizeibeamte las ihn aufmerksam, dankte für die Ablieferung und sagte dem Überbringer bedeutungsvoll: „Den Brief haben Kommunisten geschrieben, daran ist nicht zu zweifeln. Raffiniert, raffiniert, extra dünnes Papier haben sie verwendet, um Tausende solcher Briefe verschicken zu können. Sollten Sie weitere erhalten, dann bringen Sie diese wieder zu uns!"

Die ersten in Essen versandten Briefe haben wir an Krupp-Arbeiter gerichtet, die in werkseigenen Kolonien wohnten. Darin analysierten wir den Geschäftsbericht der Firma, stellten die Dividenden den Löhnen gegenüber und zeigten auf, daß die Großindustrie nicht umsonst die Macht der Faschisten in Deutschland ermöglicht hatte. Mit der Zeit haben wir auch in andere Städte der westlichen Bezirke ähnliche Briefe mit gewisser Regelmäßigkeit verschickt. Damit regten wir nicht wenige Antifaschisten zu größerer Aktivität an, verbreiteten unter ihnen die Gewißheit, im Kampf gegen das Regime nicht allein zu sein, und beunruhigten zugleich auch den Gegner. Zu meiner Reiselektüre auf der Rückfahrt nach Holland gehörte auch das „Schwarze Korps", die Zeitung der SS. In den ersten Monaten 1937 erschien darin ein in verhaltenem Unmut geschriebener Leitartikel, der sich über „anonyme Briefe" aufregte. Leute, die solche Briefe schrieben, so hieß es dort, seien zu feige, ihren Namen zu nennen, und versuchten, im trüben zu fischen. Der ganze Artikel war so gehalten, daß ich nicht daran zweifelte, welche Briefe gemeint waren.

Der aufmerksame Weber aus Mönchengladbach

Im Jahre 1936 bereiste ich einmal einige Städte des Rhein-Ruhr-Gebietes, um neue Verbindungen zu suchen. Im vierten Jahr der Naziherrschaft war es bereits sehr schwierig, neue Mitarbeiter zu finden. Auf Verbindungen mit dem Ausland – und solche Leute wie ich kamen ja aus dem Ausland – standen hohe Strafen. Man mußte also vorsichtig sein.

In Mönchengladbach hatte ich 1928 vorübergehend gewohnt und in dieser Zeit Freundschaft mit einem Arbeitersportler geschlossen. An ihn, ein Weber von Beruf, erinnerte ich mich acht Jahre später und suchte ihn auf.

Obgleich wir uns seitdem nicht mehr gesehen hatten, vertraute er mir sofort und erklärte sich zur illegalen Arbeit bereit. Darüber wunderte ich mich nach meinem ersten Besuch. Ohne einen überzeugenden Beweis vorlegen zu können, hast du ihm erklärt, die KPD-Auslandsleitung schicke dich zu ihm, überlegte ich. Wieso hat er dir blind vertraut?

Bei einem meiner späteren Besuche fragte ich ihn einmal danach. Er sah mich lächelnd an und sagte: „Ich habe sofort gesehen, daß du die Wahrheit sagst." Dann deutete er auf meinen Anzug und meinte: „Als Weber konnte ich an der Qualität des Anzugstoffes erkennen, daß er kein deutsches Erzeugnis ist." Zu jener Zeit verarbeiteten die deutschen Tuchfabriken ausschließlich Zellwolle, da man Devisen für den Kauf kriegswichtiger Rohstoffe verwandte.

Praxis der illegalen Arbeit

Ich fuhr damals fast regelmäßig alle vier Wochen im Auftrage meiner Partei nach Deutschland, hielt mich hier etwa zehn Tage auf und kehrte dann nach Holland zurück. In der ersten Zeit ging ich gewöhnlich heimlich und unbemerkt über die grüne Grenze, später fuhr ich dann, mit einem holländischen Paß getarnt, mit der Eisenbahn.

Mein Vater wohnte bei meiner Schwester, die in Duisburg-Hochfeld verheiratet war. In der Regel begann meine Reise an einem Wochenende. Sie führte mich gewöhnlich zuerst nach Duisburg, wo ich an einem vorher fest vereinbarten Ort und zu einer bestimmten Stunde meinen Schwager traf. Er besaß einen Pkw, den er nachts in einer verschlossenen Toreinfahrt parkte. Dieser Pkw bot mir oft für eine Nacht eine Unterkunft. Das große Tor vor der Einfahrt wurde verschlossen, der Schlüssel aber blieb im Schloß stecken. Im Morgengrauen verließ ich den Pkw, öffnete das Tor und trat hinaus auf die Straße. Nicht weit davon entfernt war der Sportplatz der Duisburger Kupferhütte. Sonntags morgens war dort immer etwas los. Die Handballer der Kupferhütte waren hier zu Hause und lockten viele Zuschauer zu ihren Spielen. Der Platz hatte eine Tribüne, die von den Zuschauern bevorzugt wurde. Auf der Gegengerade standen gewöhnlich nur wenige, zumal man bei schönem Wetter von hier aus immer in die Sonne sehen mußte.

Für die Begegnungen mit meinem Vater war der Platz wie geschaffen. Er stand immer unter den vielen Zuschauern auf der Tribüne, während ich zunächst zur Gegengerade ging. Hier konnte mich mein Vater sehr schnell ausmachen, und das Zusammentreffen wurde auf diese Weise für uns problemlos. Fast immer betrat ich kurz nach dem Spielbeginn den Platz, nur einmal nicht, und da geriet ich in arge Verdrückung. Entsprechend den damaligen Regeln stellten sich bei Spielbeginn beide Mannschaften mit dem Gesicht zur Tribüne auf, hoben auf ein Kommando des Schiedsrichters den rechten Arm und grüßten mit dem faschistischen Gruß die Zuschauer. Diese erwiderten den Gruß auf die gleiche Weise. Danach drehten sich beide Mannschaften um 180 Grad und wiederholten die gleiche Zeremonie mit Blickpunkt auf die Gegengerade. Hier standen außer mir nur wenige, und meinem Vater ist es – wie er mir Minuten später gestand – angst und bange geworden, als er sah, daß ich der einzigste war, dessen rechter Arm unten blieb.

Von Duisburg aus fuhr ich dann am gleichen Tag weiter und traf abends das Kanalschifferehepaar Friedel und Maria Müller in dem Hafen, in dem ihr Schiff gerade vor Anker lag. Den Namen des Hafens hatte mir mein Vater morgens auf dem Sportplatz mitgeteilt. Er bekam ihn von meiner Schwester, die ein oder zwei Tage vorher eine Karte von Friedel Müller erhalten hatte, auf der der Name dieses Hafens erwähnt worden war. Dort fand ich dann sehr schnell das Schiff, begab mich bei Dunkelheit in die Kajüte und übernachtete bei meinen Freunden.

Mit Heinrich Wolf aus Essen vereinbarte ich stets Ort und Uhrzeit unseres Zusammentreffens. Er war bei dem Bezirksschuldirektor Nattkemper, Krawehlstraße 37, als Sekretär und Fahrer beschäftigt, der den II. Bezirk der Bergmännischen Berufsschule leitete. Während der feine Herr seinen Dienst erst gegen 9 Uhr antrat, war Heinrich schon früher im Büro. In dieser Zeit rief ich dort an und verlangte Herrn Direktor Nattkemper zu sprechen. Heinrich erkannte mich sofort an der Stimme, sagte mir, sein Prinzipal sei nicht da, und bat darum, später noch einmal anzurufen. Nach einem solchen Telefongespräch trafen wir uns am gleichen Tag zur abgesprochenen Zeit am vereinbarten Ort.

Im Sommer übernachtete ich hin und wieder in den Zelten meiner Freunde aus der Arbeiter-Sportbewegung. Noch gut erinnere ich mich an jenen Sommer, da sie diese am Blauen See bei Ratingen aufgeschlagen hatten.

Schon vor meinem Reiseantritt liefen die ersten Sicherungsmaßnahmen an. Alle meine Freunde, die ich treffen wollte, sandten belanglose Post-, Ansichts- oder Glückwunschkarten an eine Deckadresse in Holland. Ich holte sie am Tage vor dem Antritt meiner Reise dort ab und wußte so, daß bis zu dem Augenblick, da man sie in Deutschland eingeworfen hatte, alles noch in Ordnung war. Eigentlich ging immer alles glatt. Nur einmal gab es ein Problem.

Mitte der dreißiger Jahre war es in Wuppertal zu Massenverhaftungen gekommen. Kurz darauf bekam ich den Auftrag, Kontakt zu dem Schwelmer Genossen Walter Klode aufzunehmen. Als guter Fußballspieler war er in der Stadt sehr bekannt und hatte großen Einfluß unter der Jugend. Bald schon war er ein zuverlässiger Mitstreiter.

Nachdem ich zunächst einige Male in einem Schwelmer Hotel als reisender Kaufmann übernachtet hatte, besorgte mir Walter ein Quartier in Asbeck. Die Familie, bei der ich ein Unterkommen fand, wohnte in einem kleinen Häuschen an der Bahnstrecke Witten–Schwelm.

Meine damalige Arbeit diente auch dem Zweck, über Schwelm neue Bindungen nach Wuppertal zu knüpfen. Walter Klode schrieb mir ebenfalls immer kurz vor dem Antritt meiner Reisen Karten mit belanglosen Grüßen.

Da ließ mich plötzlich eine Karte erschrecken, war doch darin zu lesen, die Familie sei ernsthaft erkrankt. Paul Bertz, Abschnittsleiter West meiner Partei, meinte zunächst, ich dürfe unter den gegebenen Umständen nicht mehr nach Schwelm. Wir diskutierten gründlich darüber, was zu tun sei. Beide waren wir uns nicht im klaren, wie man die Karte werten sollte. Warum schrieb Walter, die Familie sei ernsthaft erkrankt? Was wollte er uns damit sagen? Wäre er verhaftet worden, dann hätte er die Karte gar nicht schreiben können. Also war er noch in Freiheit. Rätsel über Rätsel.

Schließlich kamen wir überein, daß ich die Fahrt nach Schwelm doch nicht so ohne weiteres streichen könne. Ermahnt worden, äußerst vorsichtig zu sein, fuhr ich wie gewöhnlich mit dem gleichen Zug und zur gleichen Zeit nach Asbeck. Hier verließen nur wenige den Zug. Bahnhof und Umgebung waren gut zu übersehen, Verdächtiges zunächst nicht wahrzunehmen.

Dann aber bemerkte ich den kleinen Jungen, der mir im Hause meiner Quartiergeber schon oft begegnet war. Ohne Hemmungen trat er auf mich zu, reichte mir die Hand und sagte lächelnd: „Ich soll Ihnen ausrichten, Sie mögen ruhig kommen, es ist zu Hause alles in Ordnung."

Im Hause traf ich Walter Klode in Begleitung eines mir unbekannten jungen Mannes. Er stellte ihn mir als einen Genossen vor und teilte mit, in Schwelm hätten Massenverhaftungen stattgefunden. Auch sie habe man festnehmen wollen, doch sei ihnen im letzten Augenblick die Flucht gelungen. Seitdem hielten sie sich in Asbeck verborgen. Sofort organisierte ich ihre Emigration nach Holland. Bald waren beide in Sicherheit.

Feuertaufe und Gefangenschaft

Ende 1937 bewilligte die Partei meine Bitte, nach Spanien zu reisen, um in den Reihen der Internationalen Brigaden gegen die Faschisten mit der Waffe in der Hand zu kämpfen.

Am 4. Dezembertag des Jahres 1937 verließ ich Amsterdam. Einige Monate später erlebte ich meine Feuertaufe.

Es war im März 1938. Die 11. Internationale Brigade wurde aus den Schützengräben von Teruel zur Aragon-Front verlegt, an der die Faschisten mit regulären italienischen Infanterie- und Panzerdivisionen eine Großoffensive vorbereiteten. Ich gehörte dem Thälmann-Bataillon an, das in einer dunklen Märznacht seine Stellungen vor Quinte bezog. „Mach dein Schützenloch groß genug, damit ich auch hineinkann, wenn es losgeht!", sagte Kompanieführer Walter Kaiser aus Wuppertal zu mir. Im Morgengrauen ging es los. Das einzige Antitank-Geschütz unseres Bataillons stand nur wenige Meter von unserem Loch entfernt und schoß auf italienische Panzer, die sich am Horizont in Marschformation bewegten. Durch das Feuer der Kanonen gestört, drehten die Panzer auf uns zu und feuerten auf unser Geschütz. „Dann gehen wir eben hier kaputt", hörte ich Walter Kaiser neben mir sagen. Die Granaten schlugen vor und hinter uns ein.

Nach etwa 15 Minuten stellten die Panzer ihr Feuer ein und setzten ihren Weg fort zu einem großen Einkreisungsmanöver. Es war die erste Kesselschlacht, die an dem Morgen begann, der mir die Feuertaufe bescherte. Ohne Flugzeuge, ohne Panzer und Panzerabwehrgeschütze, nur mit leichten Infanteriewaffen ausgerüstet, war es uns nicht möglich, den faschistischen Durchbruch zu verhindern.

Tage später waren wir wieder mitten drin im antifaschistischen Abwehrkampf. Erneut eingekreist, von den rückwärtigen Verbindungen abgeschnitten und in kleine Gruppen zersprengt, versuchten wir uns durchzuschlagen. Nach einem

Marsch von fünf Tagen ohne Nahrung, wenig Wasser und kaum Schlaf erreichte die Gruppe von fünf Kameraden, zu der ich gehörte, am 2. April 1938 den Ebro, der die neue Hauptkampflinie bilden sollte. Es war bereits zu hell, um den Fluß zu durchschwimmen, und wir beschlossen, den Abend und die Dunkelheit abzuwarten. Immer wieder waren wir aus dem Hinterhalt beschossen worden und hatten mehr als einmal die Aufforderung rufen gehört: „Kommt rüber!"

Erschöpft von den Strapazen des Rückmarsches, legten wir uns am Flußufer in ein Gebüsch zum Schlafen nieder. Es mochte kurz vor Mittag gewesen sein, als wir aus unserem totenähnlichen Schlaf geweckt wurden: „Manos arriba!" (Hände hoch!) hörte ich noch im Halbschlaf rufen. Eine ganze Kompanie spanischer Faschisten hatte unser Lager mit angelegtem Gewehr umstellt, und jeder Widerstand war völlig aussichtslos. Der Kompanieführer ließ alle in einer Reihe antreten, fragte jeden nach seiner Nationalität und ließ uns dann eine Kehrtwendung machen. Die mit dem Gewehr im Anschlag stehenden Soldaten hatten wir nun im Rücken, und jeder glaubte, die letzte Stunde sei gekommen. Doch wir blieben verschont. Für uns begann das Los der faschistischen Gefangenschaft.

Nach einem kurzen Aufenthalt in Zaragoza wurden wir nach San Pedro de Cardena transportiert, vierzehn Kilometer von der Stadt Burgos entfernt, die damals Sitz der Franco-Regierung war. Rund 800 Gefangene aus den Internationalen Brigaden, unter ihnen Angehörige aus 38 verschiedenen Nationen aller Kontinente, hatte man hier in einem jahrhundertealten Kloster eingesperrt. Von den größeren Gruppen kamen etwa 150 aus England und Kanada, 80 aus den USA, 80 aus Frankreich, 50 aus Deutschland, 50 aus Polen, 50 aus den skandinavischen Ländern, 25 aus Holland, 20 aus Österreich, 20 aus der Tschechoslowakei, 20 aus der Schweiz, 15 aus Kuba und 15 aus Jugoslawien. Dazu kamen Gruppen aus Ungarn, Rumänien, Bulgarien, Belgien und aus den südamerikanischen Ländern. Sogar aus China und von den Philippinen befand sich je ein Gefangener unter uns. Sie hatten als Seeleute ihre Schiffe verlassen und sich in die spanische Volksarmee eingereiht.

Zu diesem Zeitpunkt hatte die Solidaritätsbewegung für das spanische Volk und gegen die offene Einmischung Hitlers und Mussolinis in allen Ländern der Welt einen großen Umfang angenommen. Immer stärker und nachdrücklicher forderten die Menschen von den westlichen Regierungen, die Politik der Nichteinmischung endlich fallenzulassen. Diese wachsende Solidaritätsbewegung in der ganzen Welt hatte auch uns das Leben gerettet, denn sie ließ die Faschisten von ihrer früheren Gewohnheit abgehen, Interbrigadisten nach ihrer Gefangennahme zu erschießen oder zu erschlagen.

Sofort nach unserer Ankunft in San Pedro de Cardena trat eine der Goebbelsschen Propaganda-Kompanien in Aktion. Der deutsche Botschafter in Spanien, Baron von Stohrer, erschien mit einer Karawane Mercedes-Wagen und einem großen Stab von Gestapo-Leuten, Filmoperateuren und Fotografen. An mehreren Filmkameras, die an verschiedenen Punkten aufgestellt waren, mußten wir einige Male in Formation vorbeimarschieren. Bestimmt hat man danach den Film so zusammengeschnitten, daß der Betrachter annehmen mußte, Tausende Interbrigadisten seien in spanische Gefangenschaft geraten. Auch das war eines der Mittel, um die Weltöffentlichkeit zu täuschen. Es fehlte auch nicht an Versuchen, Kameraden vor die Radiosender Francos zu zerren und sie für die faschistische Propaganda zu mißbrauchen.

Die Flucht

In der Gefangenschaft war es mir gelungen, mich als Holländer zu tarnen. Allerdings mußte ich immer damit rechnen, doch noch als Deutscher erkannt zu werden. Nicht zuletzt darum reifte in mir der Plan zur Flucht. Fünf meiner Kameraden dachten das gleiche. Gemeinsam begannen wir, unser Vorhaben in die Tat umzusetzen.

Einer von uns besaß noch ein Schmiermesser. Daraus machten wir eine Eisensäge. Der Messerrücken wurde an einem Ziegelstein in langer Arbeit immer dünner geschliffen und die Schneide danach auf den harten Stahl einer Uhrfeder geschlagen. So verwandelte sich das Messer schließlich in eine primitive Eisensäge. Dann begannen wir damit, einen der dicken Gitterstäbe an einem Fenster durchzusägen. Das bedeutete wochenlange Arbeit. Der sichtbare Sägeschnitt wurde immer wieder mit Dreck verkittet.

Im Lager hatte sich ein Gefangenenchor gebildet, dessen Dirigenten wir in unser Vorhaben einweihten. Wann immer er konnte, ließ er den Chor unter dem Fenster Aufstellung nehmen und singen. Das erleichterte unsere Sägearbeit.

Da wir noch die Uniformen der spanischen Volksarmee trugen, nähte sich jeder aus Decken Zivilkleider. Einige unverderbliche Lebensmittel wurden gesammelt und von den spärlichen Brotrationen ständig etwas zurückgelegt. Ein bis zwei Stunden marschierten wir täglich durch die langen Säle des Klosters, die gleichzeitig als Aufenthalts- und Schlafräume dienten, denn bis zur französischen Grenze in den Pyrenäen waren es rund 300 km. Um eine solche Strecke ohne Fußkrankheiten zu bewältigen, war ein Marschtraining durchaus notwendig.

Am Abend des 13. November 1938, nach einer Gefangenschaft von sieben Monaten, war es dann soweit. Der inzwischen durchgesägte Gitterstab wurde mit einem Balken hin und her gebogen, bis das untere Ende abbrach.

Ich kroch als erster durch die Öffnung und ließ mich an dem Strick herunter, den einer unserer Kameraden aus den Streifen eines zerrissenen Strohsacküberzuges geflochten hatte. Die Höhe vom Fenster bis zur Erde war vorher mit einem Zwirnsfaden gelotet worden. Sie betrug etwa sieben Meter. Unser Seil war aber noch nicht so lang, als unsere Flucht begann. Ich hing bereits mit beiden Händen am unteren Ende des Seiles, ohne mit den Füßen den Boden berühren zu können. Es war stockdunkel und darum nicht möglich, die Entfernung bis zum Erdboden auszumachen. Einen Augenblick zögerte ich, dann aber ließ ich mich los und stand nach einem Fall von etwa einem Meter sicher auf den Beinen. Jetzt konnte ich den mir folgenden Kameraden helfen, ohne Sprunggeräusche den Boden zu erreichen. Unsere nächste Aufgabe bestand darin, die Postenkette kriechend zu durchqueren. Einen alleinstehenden Baum auf einem naheliegenden Hügel hatten wir als Sammelpunkt für die ganze Gruppe bestimmt. Wir atmeten erleichtert auf, als wir uns alle dort wiederfanden.

Es war inzwischen 21.30 Uhr geworden. Unser Ausbruch würde frühestens beim Morgenappell entdeckt. Bis dahin galt es, möglichst weit weg vom Kloster zu kommen. Uns war klar, daß wir nur nachts marschieren konnten und dabei nicht einmal die Straßen benutzen durften. Von Kameraden, die vor uns geflüchtet, später aber wieder ergriffen worden waren, wußten wir, daß die Guardia Civil die Bergkuppen besetzt hielt und das Gelände nach allem absuchte, was sich bewegte.

Ohne Kompaß, nur nach dem Nordpolar-Stern und einer Bleistiftskizze nachts durch unbekanntes Gelände zu marschieren ist keine einfache Sache, aber es gab keine anderen Hilfsmittel der Orientierung. In der ersten Nacht marschierten wir bis zum Morgengrauen gemeinsam. Dann trennten wir uns und bildeten zwei Gruppen zu je drei Mann, da es nicht ratsam erschien, gemeinsam den Weg fortzusetzen. Nach der Trennung suchte sich jede Gruppe ein Versteck in den Bergen, um den Tag dort zu verschlafen und bei Dunkelheit die Flucht fortzusetzen.

Nach sechs bis sieben Nachtmärschen durch das weglose Gelände trafen wir auf die Kreuzung zweier Landstraßen. Erfreut darüber, uns jetzt an den vorhandenen Wegweisern orientieren zu können, gingen wir eilig darauf zu. Bald waren wir bitter enttäuscht, denn nur ganze 14 Kilometer entfernt lag das Kloster, Ausganspunkt unserer Flucht. Eine ganze Woche waren wir also im Kreise herumgelaufen.

Auf der Straße nach Miranda de Ebro, Vitoria und San Sebastian entschlossen wir uns, von nun an vorsichtig die Flucht fortzusetzen. Unser Proviant war schon fast verbraucht, Eile also dringend geboten.

In der ersten Nacht legten wir 45 Kilometer zurück. Noch befand sich das Land im Bürgerkrieg. Die Dörfer lagen meist abseits der Landstraße, und wir begegneten keinem Menschen. Den wenigen Autos, die sich schon in der Ferne durch ihren Lichtkegel bemerkbar machten, ging man aus dem Wege. Der Straßengraben oder der Baum an der Landstraße machte uns unsichtbar.

Den Ebro zu durchschwimmen blieb uns erspart, weil die Brücke unbewacht war. Die größeren Städte Vitoria und Pamplona durchquerten wir gegen Abend, als das Leben auf den Straßen auszusterben begann. Es regnete damals fast ununterbrochen. Zwar war jeder von uns bis auf die Haut durchnäßt, aber ein besseres Fluchtwetter gab es einfach nicht.

Hinter Pamplona begann der Aufstieg in die Pyrenäen, zum Teil in Serpentinen. Ein Wegweiser machte uns darauf aufmerksam, daß wir bis zur französischen Grenze nur noch 18 Kilometer zurückzulegen hatten. Weite Strecken des Fluchtweges führten durch Flußtäler, flankiert von hohen Bergen.

Es war der 27. November 1938, 14 Tage nach unserem Ausbruch aus dem Kloster. In den Pyrenäen hatte es zu schneien begonnen. Von überall her hörte man das melodische Geläut von Kuhglocken. Der einsetzende Schneefall hatte die Kühe veranlaßt, ihre Weideplätze zu verlassen und sich in die Nähe der Paßstraße zur Grenze zu begeben. Bis dahin hatten wir zahlreiche Dörfer und selbst einige Städte durchwandert, ohne auf Wachen oder Posten gestoßen zu sein. Das ließ uns mehr und mehr leichtsinniger werden.

Es war schon dunkel, als wir durch Roncesvalles, das letzte Dorf vor der Grenze, marschierten. Da passierte es: Am Ausgang des Dorfes tauchten plötzlich aus der Dunkelheit zwei spanische Grenzwachen auf. Mit Gewehren im Anschlag bauten sie sich vor uns auf und riefen: „Manos arriba!" (Hände hoch!) Uns blieb nichts anders übrig, als dieser Aufforderung zu folgen. Da standen wir nun, völlig durchnäßt, nur wenige Meter von der Grenze entfernt, die zu überschreiten alle unsere Anstrengungen gegolten hatten, und hielten die Hände hoch in die Luft gestreckt. Näher tretend sahen die beiden Grenzwachen in unsere enttäuschten Gesichter und fragten: „Wer seid ihr, wohin wollt ihr?"

„Wir sind französische Touristen und haben uns in den Bergen verlaufen", antwortete einer unserer Kameraden, der ein wenig spanisch sprechen konnte. „Ihr seid total durchnäßt, kommt mit uns, wir bieten euch für die Nacht ein trokkenes und warmes Quartier." „Wir danken sehr, aber wir haben keine Zeit, man wartet in Frankreich auf uns", lautete unsere Antwort auf das Angebot der spanischen Grenzwächter. Der Dialog ging noch eine Weile hin und her, bis uns dann energisch und unmißverständlich erklärt wurde, mitzukommen. Man brachte uns in ein Bauernhaus, das den Grenzwachen als Unterkunft diente und in dem sich noch andere Soldaten befanden.

Einer von ihnen sprach uns auf französisch an. Im Kloster von San Pedro hatten wir die Anfänge gelernt, aber für eine Konversation reichte es nicht. „Wir sprechen nicht französisch", antwortete unser Kamerad. „Wir sind aus Mühlhausen im Elsaß, und dort spricht man deutsch." Uns war klar, daß auch diese Ausrede nicht helfen würde. Reisepässe konnten wir nicht vorweisen und in den aus dicken Decken selbst genähten Anzügen sahen wir keineswegs wie französische „Touristen" aus. Kurze Zeit später forderte ein Offizier unseren spanisch sprechenden Kameraden auf, ihm nach draußen zu folgen. Wie wir später erfuhren, hat er ihn auf dem Hof an eine Mauer gestellt und einige Wachen antreten lassen, die ihre entsicherten Gewehre auf ihn richteten. Man sah in uns

Partisanen der spanischen Volksarmee, die im Hinterland Sabotageakte auszuführen hätten.

Die Ausweglosigkeit der Lage erkennend, hat unser Kamerad dem Offizier reinen Wein eingeschenkt. Von den Grenzsoldaten haben wir dann noch erfahren, warum sie sich auf der Straße befanden, als wir das Grenzdorf passierten. Eine an der Paßstraße stehende Herde Kühe hatten wir, ohne es zu wissen, vor uns hergetrieben. Das ungewöhnliche Geläut der Kuhglocken im Dorf war den Wachen aufgefallen und veranlaßte sie, nach dem Rechten zu sehen.

Zwei Tage nach der Gefangennahme brachte uns die Guardia Civil in das Gefängnis von Pamplona. Von dort ging es mit einem vergitterten Gefangenentransportwagen der Eisenbahn nach Burgos. Große Überraschung, als unterwegs die drei Kameraden zustiegen, mit denen wir gemeinsam geflüchtet waren. Der Hunger hatte sie in ein Dorf und hier in die Arme ihrer Häscher getrieben. Die Gemeinsamkeit während der Eisenbahnfahrt ermöglichte es uns, spätere Aussagen über Vorbereitung und Durchführung der Flucht miteinander abzusprechen. Im Lager hatte man unseren Empfang entsprechend vorbereitet.

Unser Ausbruch war am Morgen nach der Fluchtnacht beim Appell bemerkt worden. Schwere Repressalien gegen die Insassen des Klosters folgten. Dazu gehörte auch das Spießrutenlaufen. Die Betroffenen wurden durch eine schmale Tür getrieben, hinter der andere aufgehetzte Soldaten mit Knüppeln und Gewehrkolben wieder auf sie einhieben. Zu den Repressalien gehörten auch verminderte Verpflegungsrationen.

Aber auch die Offiziere und Soldaten der Bewachung gingen nicht leer aus. Außer einer Kürzung ihrer Verpflegung war der Ausgang begrenzt worden. Den Kommandanten des Wachbataillons hatte man degradiert und einige andere Offiziere bestraft. Die Betroffenen waren darum scharf auf uns, ihre Wut grenzenlos. Natürlich gab es auch welche, die ihren Respekt uns gegenüber nicht verbergen konnten.

Es war an einem Samstagnachmittag, als wir wieder im Kloster ankamen. Das Wachbataillon war in zwei Reihen angetreten und bildete so gesehen eine Gasse. Durch diese Gasse trieb man uns. Mit Gewehrkolben und Brennholzscheiten hieb man auf uns ein, bis wir in einem dunklen Kellerraum landeten. Hier folgten 100 Tage Dunkelarrest, verminderte Rationen und fast täglich Prügel. Danach ein halbes Jahr Arrest unter Sonderbewachung in einem anderen Kellerraum. Erst unsere Überstellung in ein Arbeitsbataillon nach Belchite im Aragon vereinte uns wieder mit den anderen Kameraden.

★

Soweit die Zusammenstellung nach den Briefen Alfred Richters.

Der Grenzinstrukteur Alfred Richter im Jahre 1976.

Sein Doppelgänger Rubertus van Dregt im Jahre 1976.

Alfred Richter und Rubertus van Dregt

Im September 1976 besuchte ich Alfred Richter in Karl-Marx-Stadt. Die Episoden und Begebenheiten aus seinen Briefen sollten gemeinsam überprüft werden.

Peinlich genau ging Alfred Richter dabei vor. Seine Kritik fand ganz besonders die Schilderung „Eine von 45 Rückreisen". Darin sagt die aus Italien zurückkehrende holländische Urlauberin zu ihm: „Sie sprechen ein merkwürdiges Holländisch." Um seine Reaktion auf diese Frage dem Leser noch deutlicher zu machen, hatte ich ihm den Satz in den Mund gelegt: „Ich log das Blaue vom Himmel herunter." Dieser Satz paßte ihm gar nicht. Seine eindringliche Bitte, ihn zu streichen, begründete er so:

„Bei der Hälfte meiner Reisen in das faschistische Deutschland trug ich einen Paß bei mir, der mich als Holländer legitimierte. Ich war nicht mehr Alfred Richter, sondern der Mann, auf dessen Name der Paß ausgestellt war. Mit dieser mir unbekannten Person identifizierte ich mich, versuchte sie zu kopieren, erlernte ihre Sprache und erfand für mich einen echt erscheinenden Lebenslauf. Ich hieß Rubertus van Dregt, war am 17. Oktober 1910 in Amsterdam geboren und reiste in Geschäften nach Deutschland. Was ich der Holländerin auf ihre Bemerkung: ‚Sie sprechen aber ein merkwürdiges Holländisch' antwortete, war keine Verlegenheitslüge, keine aus dem Augenblick geborene Geschichte, nein, das war einstudiert, denn mit einer solchen Frage mußte ich immer rechnen. Ich habe also nicht das Blaue vom Himmel herunter gelogen, sondern mich bemüht, die Rolle zu spielen, die ich einstudiert hatte. Wer das Blaue vom Himmel herunterlügt, der fällt sehr schnell auf, denn er verwickelt sich in Widersprüche.

Obgleich ich auf meinem Wege nach Spanien in Paris meinen Paß abgab, um damit anderen Illegalen die Arbeit zu erleichtern, blieb ich weiter der Rubertus van Dregt.

Als ich in Franco-Kriegsgefangenschaft geriet, habe ich wieder meine einstudierte Rolle gespielt. ‚Rubertus van Dregt, Holländer, geboren am 17. Oktober 1910 in Amsterdam', lautete meine Antwort auf die Frage nach Name, Nationalität und Geburtsdatum. Zweiundzwanzig echte Holländer, die mit mir in die Kriegsgefangenschaft geraten waren, nahmen mich in ihre Gruppe auf, umsorgten mich und halfen, daß mich die Gestapo nicht entdeckte.

Auf den Namen Rubertus van Dregt, geboren am 17. Oktober 1910 in Amsterdam, stellte mir die holländische Gesandschaft in Madrid im Herbst 1942 einen Paß aus, mit dessen Hilfe ich Spanien verlassen konnte. Ich rechnete damals nicht mit einer weiteren Inhaftierung, als ich den holländischen Behörden sagte, wer ich wirklich war.

Die folgenden Jahre auf der Karibikinsel Curaçao, interniert mit deutschen und holländischen Nazis, waren furchtbar, aber ich überlebte. Dazu hat wesentlich der Paß beigetragen, der Jahre vorher aus dem Alfred Richter einen Rubertus van Dregt gemacht hatte. Alles andere lag nun bei mir. Ich mußte den Holländer zu jeder Zeit echt spielen und eben nicht immer wieder das Blaue vom Himmel herunterlügen."

Nachdem ich die gewünschte Korrektur vorgenommen hatte, ging mir der Name Rubertus van Dregt nicht mehr aus dem Kopf. „Geboren am 17. Oktober 1910 in Amsterdam", hatte Alfred Richter mehrmals gesagt. Vom Alter her könnte also der echte Rubertus noch leben. So reifte in mir der Entschluß, in Amsterdam nach ihm zu forschen. Die Antwort kam schneller als erwartet. Ein Rubertus van Dregt, geboren am 17. Oktober 1910, sei kürzlich nach Wolfheze zur Abmeldung gekommen, schrieb man mir. Alles andere war jetzt eine Sache von Tagen.

Ende November 1976 erreichte mich der erste Brief des Mannes, dessen Personalien dem Essener Alfred Richter seine antifaschistische Arbeit erleichtern halfen und ihn den Faschismus überleben ließen. „Ich habe zwar gewußt, daß ich einen Doppelgänger hatte, aber ich kannte ihn nicht, er ist bis heute ein unbekannter Freund für mich", las ich darin.

Von nun an wechselten Briefe zwischen Essen, Wolfheze und Karl-Marx-Stadt. Der holländische Zimmermann und der deutsche Modellschreiner, einer wie der andere ein Arbeiter, einer der echte Rubertus van Dregt, der andere sein Doppelgänger, lernten sich erstmals persönlich kennen.

Im Juni 1977 fuhr ich dann selbst nach Wolfheze. Hier die Geschichte des Rubertus van Dregt:

„Als ich im Jahre 1936 gebeten wurde, meinen Reisepaß für einen deutschen Antifaschisten zur Verfügung zu stellen, habe ich keinen Augenblick gezögert", begann er. „Daß der Essener Alfred Richter sein neuer Besitzer wurde und sich in meine Rolle hineinlebte, wußte ich allerdings nicht. Erst jetzt habe ich erfahren, wem mein Paß durch die wohl schwierigste Zeit seines Lebens begleitet hat. Aber ich hoffe, daß er mit ihm auch Stunden der Freude erlebt hat. ‚Wer keine Schmerzen kennt, kennt auch keine Freuden', hat ein chinesischer Philosoph einmal gesagt. Alfred Richter hat mir geschrieben, wo er bei seinen Aufenthalten in Amsterdam gewohnt hat. Sein Quartier in der Kostverlorenkade war von meiner Wohnung in der Admiralsgracht, nahe der Brücke am Postjesweg, nur durch eine Wasserstraße getrennt.

Hätte er einmal an einem Montag in einer holländischen Zeitung den Sportteil aufgeschlagen, dann wäre es für ihn möglich gewesen, darin ein Foto des echten van Dregt zu finden. Ich spielte nämlich zu der Zeit Korbball, das ziemlich gut, und mein Konterfei erschien oft in den Zeitungen. Alfred Richter und ich wohnten also dicht beieinander, ohne zu wissen, daß wir Zwillingsbrüder waren.

Ich betätigte mich damals in der Gewerkschaft. In meiner Eigenschaft als Verantwortlicher für eine Gruppe von Bauarbeitern begegnete ich auch einigen anderen deutschen Antifaschisten. Erst nach dem Einmarsch deutscher Truppen in meine Heimat beantragte ich einen neuen Reisepaß, denn ich wollte im Ausland arbeiten. Durch einen Prozeß, den ich im Auftrage der Gewerkschaft gegen einen unserer faschistenfreundlichen Unternehmer geführt hatte, fühlte ich micht zu Hause nicht mehr sicher.

Im besetzten Frankreich habe ich später gearbeitet. Wie in Holland diente ich auch hier unserer gemeinsamen Sache.

Alfred und ich lebten trotz aller Gefahren auf einem guten Stern. Er auf seine, ich auf meine Weise.

Beide waren wir aktiv im Kampf gegen Faschismus und Krieg. Unter Umständen, wie wir sie vorfanden, politisch tätig zu sein, ist schwierig. Man ist sich dabei selbst oft der beste Schutz. Ein Fehler, den man macht, kann allerdings für sich und andere verhängnisvoll werden. Französische Freunde haben oft zu mir gesagt, ich liefe mit dem Tod in den Schuhen herum. Das traf erst recht auf meinen Doppelgänger zu, und so gesehen, liefen wir wieder nebeneinander. Unsere Wahlverwandtschaft besteht nicht allein darin, daß uns ein gemeinsames politisches Bekenntnis verbindet, sondern weil uns auch bis heute das stetige Bemühen eint, einen tatsächlichen Beitrag dafür zu leisten."

Wir sprachen an jenem Tag im Juni 1977 noch viel miteinander. So erfuhren wir auch, daß die Familie seiner Frau ebenfalls deutschen Emigranten ihre Hilfe spüren ließ.

Die Gestapo freute sich zu früh

In den Archivschränken des Hauptstaatsarchivs Düsseldorf lagern drei Gestapo-Personalakten, auf denen der Name Alfred Richter steht. Darin haben die Staatsschützer festgehalten, was sie über ihn in Erfahrung bringen konnten. Auch ein Polizeifunkspruch vom 14. Dezember 1933 gehört dazu. Er lautet: „Der hier wegen Vorbereitung zum Hochverrat gesuchte Modellschreiner Alfred Richter, geboren am 28. Mai 1907 zu Essen, ist seit dem 4. Dezember 1933 mit seinem Fahrrad flüchtig."

Von diesem Tag an zählte Alfred Richter zu den Illegalen. Darauf eingehend schrieb er mir einmal: „Weil wir nicht offen für unsere gerechte Sache arbeiten und kämpfen konnten, deshalb gingen wir in den Untergrund. Da wir unter unserem richtigen Namen von der Gestapo gesucht wurden, wählten wir einen anderen, lebten und reisten mit falschen Papieren. Illegalität? Das war für uns weder ungesetzlich noch gesetzlos, das war zwingende Notwendigkeit."

Tage bevor im Polizeipräsidium Essen der erwähnte Funkspruch abging, hatten Gestapo-Beamte vergeblich in der Burckhardtstraße 37 versucht, Alfred Richter festzunehmen. Einer der Beamten sagte dabei zu seinem Vater: „Wir kriegen ihn schon, es kann acht Wochen dauern, aber in einem viertel Jahr haben wir ihn ganz bestimmt."

Während der vielen Reisen nach Deutschland traf der illegale Sohn immer wieder seinen Vater. „Paß auf, Junge", hatte der einmal irgendwann im Jahre 1937 zu ihm gesagt und hinzugefügt: „Nach einem viertel Jahr wollten sie dich bestimmt haben, jetzt sind bald fünf Jahre verstrichen, du aber läufst immer noch frei herum."

In den ersten Tagen des Jahres 1939 glaubte die Gestapo allerdings, endlich den Mann gefunden zu haben, den sie spätestens ein viertel Jahr nach seinem Verschwinden haben wollte.

Mit Genugtuung war in Essen die Meldung registriert worden, daß die Stapo-Leitstelle Reichenberg am 3. Januar 1939 einen Alfred Richter festgenommen hatte. In mehreren Funksprüchen forderte man die sofortige Überstellung des Festgenommenen nach Essen. Der hieß nun wirklich Alfred Richter und war auch am 28. Mai geboren. Nur das Geburtsjahr stimmte nicht. Der Essener Alfred Richter war am 28. Mai 1907, der in Reichenbach festgenommene aber am 28. Mai 1905 geboren. Fehlanzeige also.

Die große Enttäuschung, mit der man die Mitteilung in Essen zur Kenntnis nahm, ist aus den Akten herauszulesen. Kurz und bündig ließ man nach Reichenberg durchgeben: ,,Der dort festgenommene Alfred Richter, geboren am 28. Mai 1905 zu Mittelgrund, ist nicht personengleich mit dem hier zur Festnahme aufgegebenen Alfred Richter, der am 28. Mai 1907 in Essen geboren ist. Hier besteht an dem Festhalten des dort Festgenommenen kein Interesse."

Als man aber erfuhr, daß man im deutschen Fahndungsbuch den Namen Alfred Richter zu löschen gedachte, schrieb Gestapo-Mann Vaupel am 4. Februar 1939 an seine Düsseldorfer Leitstelle, man möge das Reichskriminalpolizeiamt verständigen, ,,damit der hier aufgegebene Richter nicht zur Löschung kommt".

Zu dem Zeitpunkt, da Funksprüche und Fernschreiben zwischen Essen und Reichenberg wechselten, wußte man in beiden Städten nicht, daß der gesuchte Alfred Richter sich bereits schon Monate in faschistischer Kriegsgefangenschaft befand. Die holländischen Sprachkenntnisse und einen anderen Namen nutzend, blieb er hier unentdeckt.

Ernst Schmidt (links) im Gespräch mit Alfred Richter im Jahre 1976.

Menschen an seiner Seite und der Wert der illegalen Arbeit

Während meiner Gespräche mit Alfred Richter in Karl-Marx-Stadt fragte ich ihn auch danach, wie er den Wert seiner illegalen Arbeit in der Zeit der faschistischen Diktatur heute einschätzt. Ohne zu zögern, so, als habe er auf meine Frage gewartet, kam die Antwort:

,,In den Jahren meiner illegalen Deutschland-Reisen habe ich viele prächtige Menschen unter meinen Genossen kennengelernt. Zu ihnen gehörte ‚Kurt', ein Kraftfahrer aus Danzig. Als Instrukteur für das Ruhrgebiet verband er mich seinerzeit in Krefeld mit meinem alten Bekannten Heinrich Wolf. Ein Nachfolger von ‚Kurt' war Heinz Schramm, ehemaliger Betriebsrat und Streikführer der Bremer Hafenarbeiter, der bereits eine KZ-Haft hinter sich hatte, als ich ihn kennenlernte. Später nahm er am Kampf des spanischen Volkes gegen seine faschistischen Unterdrücker als Major und Kommandant des Bataillons ‚Hans Beimler' in der XI. Internationalen Brigade teil.

Ich denke an den Arbeiter Otto Kropp aus Wuppertal, der nach seinem Einsatz im Ruhrgebiet verantwortlicher Parteiarbeiter des Bezirks Mittelrhein war und in Köln verhaftet wurde. Am 15. Januar 1937 verurteilte ihn der berüchtigte Volksgerichtshof zum Tode. In der Urteilsbegründung hieß es, Otto Kropp habe sich ‚wohin immer ihn die leitenden Stellen in Amsterdam schickten, seiner Aufgabe mit äußerster Umsicht und umfassender Energie und, wie ohne weiteres auch festzustellen ist, mit erheblichem Erfolg gewidmet'. Schon in den Händen des Scharfrichters schleuderte er seinen Mördern die Worte ins Gesicht: ‚Ich sterbe als Kommunist!' Seine Beurteilung durch den faschistischen Klassenfeind möchte ich auch für viele andere illegale Parteiarbeiter gelten lassen.

Dabei denke ich an den Kommunisten und Edelsteinschleifer Paul Eisenschneider, der mich mit den Essener Genossen Peter Hoffmann und Otto Selbach verband und später im Konzentrationslager Mauthausen ermordet wurde.

Alle, die hier Genannten und andere, waren mir Genossen, Freunde, Kampfgefährten. Meine Verbundenheit mit solchen wertvollen Streitern, mit Menschen, die in den düsteren Jahren jener Zeit unserem Volke unschätzbare Dienste leisteten, werte ich auch heute noch als eine große Ehre für mich.

Hinzu kommt noch etwas: Als eine revolutionäre Organisation der Arbeiterklasse mußte unsere Partei unter den schwierigen Bedingungen der Illegalität weiterkämpfen, um vor der deutschen und internationalen Arbeiterklasse, um vor der Geschichte bestehen zu können. Die Ergebnisse unserer illegalen Arbeit mögen im einzelnen kaum greifbar oder meßbar sein, aber alle mündeten sie in den großen Strom kleiner und kleinster Widerstandsaktionen jeder Art, deren Summierung den Nazis so große Schwierigkeiten bereitete. Sie selbst bezeichneten uns als die ‚Innere Front', an der sie nicht unbedeutende Kräfte einsetzen mußten. Diese Kräfte gingen der Vorbereitung und späteren Führung des Angriffskrieges verloren.

Die deutsche Widerstandsbewegung ist ein Teil der weltweiten Antihitlerkoalition gewesen, die mit vereinten Kräften dem Faschismus in Deutschland das Rückgrat gebrochen hat.

Ich bin stolz darauf, daß ich ein kleines Rädchen der deutschen antifaschistischen Widerstandsbewegung gewesen bin."

Peter Burggraf von Hitlers „Werksoldaten" erschlagen

In ihrer Ausgabe vom 14. Mai 1933 veröffentlichte die „Essener Lokal-Post" unter der Überschrift „Eine Adolf-Hitler-Kaserne in Werden" die folgende Kurzmeldung:

„Der nationalsozialistische Arbeitsdienst ist inzwischen aus den ehemaligen Zuchthausgebäuden in die Schule an der Kölner Straße übergesiedelt. Am heutigen Sonntag wird die neue Unterkunft mit einem feierlichen Weiheakt ihrer Bestimmung übergeben und auf den Namen Adolf-Hitler-Kaserne getauft."

Die genannte Kölner Straße heißt heute Kellerstraße, während die damals in Adolf-Hitler-Kaserne umgetaufte Schule den Namen Ludgerus-Schule trägt.

Rund 200 Mann waren es, die an dem „Weihetag" in strammer soldatischer Haltung die Hakenkreuzfahne grüßten und ein Lied sangen, das mit dem Vers endete: „Die Arbeit klingt und ruft zu großen Taten, wir sind der Arbeit gläubige Soldaten."

Der Stammabteilung Adolf-Hitler-Kaserne in Essen-Werden unterstanden sechs Arbeitsdienstlager im Stadtbezirk von Groß-Essen unter der Gesamtleitung des Oberlagerführers Georg Fabry. Die in diesen Lagern kasernierten Arbeitsdienstler nannten sich „Werksoldaten" und glaubten, sie seien die Herren der Welt. „Der größte Teil kämpfte jahrelang in den Reihen der SA und SS...", bescheinigte ihnen ihr Schulungsleiter Dietrich Heckmann in einem Artikel der „Essener Lokal-Post" in ihrer Ausgabe vom 3. September 1933 unter der Überschrift „Im Ruhrrevier marschierten wir". Zu welchen Taten diese „Werksoldaten des Führers" fähig waren, zeigt ein Vorfall, der sich in der Nacht vom 15. auf den 16. Juli 1933 ereignete.

Die Brüder Peter und Johann Burggraf hatten gemeinsam ihren Bruder Heinrich am Sonnabend, dem 15. Juli, zu seinem Namenstag gratuliert. Im Kreise der Familie saß man danach guter Dinge zusammen. Anderntags war Sonntag, man mußte nicht so früh aufstehen. Darum war es schon spät, als die beiden Brüder schließlich den Heimweg antraten. Ihr Weg führte an der Adolf-Hitler-

Der Werdener Sozialdemokrat Peter Burggraf, am 17. Juli 1933 von Hitlers Werksoldaten erschlagen.

Kaserne vorbei. Hier lagen die „Werksoldaten" in den Fenstern, gröhlten und bewarfen vorübergehende Passanten mit Gegenständen.

Peter Burggraf, einer der heimkehrenden Brüder, empörte sich über das rüpelhafte Benehmen. Der überzeugte Sozialdemokrat sah sich angesichts der Konfrontation mit nationalsozialistischer „Jugenderziehung" in seiner Abneigung gegenüber dem Regime bestätigt. Als er den Übeltätern ihr verwerfliches Handeln vorwarf und sie ermahnte, sich anständiger zu benehmen, forderte man ihn lachend auf, hereinzukommen, um seine Beschwerde vorzutragen.

Den Entschluß, dieser Aufforderung zu folgen, bezahlte Peter Burggraf mit seinem Leben. Nachdem er die Kaserne betreten hatte, wurde er hier von Oberlagerführer Georg Fabry mit Faustschlägen empfangen und so lange geprügelt, bis er die Besinnung verlor. Fabry ordnete dann seine vorläufige Festnahme an und gab den Befehl, ihn in den Keller der Kaserne zu sperren. An den Füßen gepackt, zogen die Unmenschen den Besinnungslosen die Treppe herunter, wobei sein Kopf von einer Stufe auf die andere schlug.

Die Nacht über lag der Schwerverletzte ohne ärztliche Hilfe im Keller. Erst als Nachbarn, vom Wimmern und Stöhnen des Bedauernswerten aufgeschreckt, die Polizei alarmierten, wurde anderntags seine Überführung in ein Krankenhaus veranlaßt. Hier starb Peter Burggraf am 17. Juli 1933.

Seine Beisetzung auf dem alten Friedhof in Essen-Werden war eine Demonstration des Protestes gegen den hinterhältigen faschistischen Mord. Die Genossen des Ermordeten und viele andere Werdener geleiteten den toten Freund und Mitbürger zu seiner letzten Ruhestätte. Als die Spitze des Trauerzuges den Friedhof betrat, standen die letzten Teilnehmer noch am Trauerhaus nahe des Schlachthofes im oberen Klemensborn.

★

Diese Einzelheiten erfuhr ich 1976 von Heinrich Burggraf, einem Neffen des Ermordeten. Er hatte sie niedergeschrieben und – um jeden Zweifel an seiner Darstellung auszuschließen – hinzugefügt: „Dieses wurde angegeben vom Sohn Alfred Burggraf und von Robert Gottschalk, die mit dem Verletzten am letzten Tage vor seinem Tode noch sprachen." Später konnte ich diese Darstellung einem Kreis Werdener Bürger vortragen, um sie auf diese Weise auch noch zu überprüfen. Am 18. November 1977 hatte mich der Ortsverein Werden der Sozialdemokratischen Partei Deutschlands zu einem Vortrag über „Widerstand und Verfolgung in Essen" eingeladen, in dem ich u. a. ausführlich das Schicksal von Peter Burggraf schilderte. Zu den zahlreichen Teilnehmern der Veranstaltung gehörten auch Angehörige der Familie Burggraf, die mir die Richtigkeit der Darstellung der Ereignisse in der ehemaligen Adolf-Hitler-Kaserne bestätigten.

Die Witwe des Ermordeten, Maria Burggraf, erstattete 1933 bei der zuständigen Essener Staatsanwaltschaft eine Strafanzeige. Sie wurde vom Ersten Staatsanwalt, Wilhelm Boy, am 29. Dezember 1933 mit der Nachricht beantwortet: „Das Verfahren betr. den Tod Ihres Ehemannes Peter Burggraf habe ich eingestellt."

Diese Entscheidung zeigt, wie faschistisches Denken die Rechtssprechung beeinflußte. Sie brandmarkt zugleich den Essener Hüter des Rechtes als Rechtsbrecher und Sympathisanten des Terrors.

Auf die nächtlichen Ereignisse eingehend, in die Peter Burggraf an der Werdener Adolf-Hitler-Kaserne verwickelt war, schrieb Staatsanwalt Wilhem Boy an Frau Burggraf:

„Da er glaubte, von der Kaserne aus mit Glassplittern beworfen worden zu sein, drängte er sich an den Posten vorbei und ging in die Kaserne hinein. Dabei brauchte er etwa folgende Ausdrücke: ‚Verdammte Hitlerbande, hier kann man nicht mal ruhig vorbeigehen, hier wird man mit Glas beschmissen!' Wegen der Schimpfworte erhielt er von dem Oberlagerführer Fabry einen Schlag mit der Faust ins Gesicht. Es wurde dann in seiner Gegenwart die Straße nach Glassplittern abgesucht, jedoch nichts gefunden. Desgleichen wurde festgestellt, daß sämtliche Fenster in der Kaserne unverletzt waren. Da der Verstorbene sich auch jetzt noch nicht beruhigte, vielmehr weiter auf die Hitlerbewegung schimpfte, gab ihm Fabry auf dem Schulhof einige weitere Schläge und ordnete an, daß er einstweilen festgehalten werden sollte, um der Polizei übergeben zu werden. Vor dem Treppenaufgang zur Wache torkelte er und fiel mit dem Kopf auf die Steintreppe. Dabei zog er sich eine Stirnwunde zu. Einige Leute von der Wache richteten ihn auf und brachten ihn in den Keller. Während der Zeuge Rösler zuerst nach unten ging, um dort das Licht einzuschalten, machte sich der Verstorbene von dem Zeugen Peukert los und ging von allein die Treppe hinunter. Dabei rutschte er aus und fiel bis unten hin. Die Treppe, die aus 20 Stufen besteht, war wenig beleuchtet und durch das Essentragen, das von der Küche aus nach oben erfolgte, ziemlich glatt. Er wurde aufgerichtet in einen Nebenraum gebracht und auf einen Strohsack gebettet. In seinen Taschen fanden sich kommunistische Flugblätter. Am folgenden Morgen stellte sich dann heraus, daß er schwerere Verletzungen erlitten hatte, als in der Nacht bei der geringen Beleuchtung im Keller zu erkennen gewesen war, und es wurde eine Überführung ins Krankenhaus veranlaßt, wo er am nächsten Morgen starb.

Der Tod ist nach dem ärztlichen Obduktionsbefund im Anschluß an die Einwirkung grober äußerer stumpfer Gewalt, wobei mehrere Rippen gebrochen wurden, eingetreten. Dabei stellte sich heraus, daß der Verstorbene an einem schweren organischen Herzfehler gelitten hatte.

Die Ermittlungen haben keinen Beweis dafür erbracht, daß der Verstorbene im Keller mißhandelt worden ist. Die im Keller anwesenden Angehörigen des Arbeitsdienstes haben hiervon nichts gesehen. Ebensowenig hat der Zeuge Johann Burggraf etwas derartiges beobachtet.

Hiernach ist anzunehmen, daß der Tod auf den Fall auf der Treppe zurückzuführen ist. Insbesondere sind Rippenbrüche hierdurch zu erkären. Die Schläge, die der Verstorbene vor der Kaserne von dem Oberlagerführer Fabry erhalten hat, waren nicht derart, daß sie zum Tode führen konnten. Sie trafen im wesentlichen ins Gesicht.

Es war demnach nicht festzustellen, daß die Schuld eines Dritten an dem Tod Ihres Ehemannes vorliegt: ich habe daher das Verfahren insoweit eingestellt. Soweit eine Körperverletzung seitens des Oberlagerführers vorliegt, besteht an der Strafverfolgung kein öffentliches Interesse, da die Körperverletzung im Anschluß an die von dem Verstorbenen geäußerten Beschimpfungen der Hitlerbewegung erfolgten."

Als Essens Erster Staatsanwalt Boy mit diesem Brief seine NS-Gesinnung unter Beweis stellte, hatten Hitlers „Werksoldaten" die Werdener Kaserne wieder verlassen. Laut einer Berliner Verfügung waren im September 1933 alle Arbeitsdiensteinheiten aus dem Ruhrgebiet abgezogen worden. Für die Werdener bedeutete das die Abwanderung nach Xanten.

NS-Schulungsleiter Dietrich Heckmann beschrieb in dem erwähnten Artikel in der „Essener Lokal-Post" rückblickend auch den Tag der Kasernenweihe am 14. Mai 1933 und meinte u. a.: „Und nun wehten von der neuen Kaserne am Bergeshang – eine frühere moderne Schule mit Turnhalle usw. – neben der Arbeitsdienst- und Werkstudentenflagge die Fahne des Dritten Reiches und grüßten ins Tal, von tatkräftiger deutscher Jugend kündend, die freiwillig den Weg zur Arbeit, Ordnung, Sauberkeit und Disziplin gesucht und gefunden hat."

Wie man den gefundenen Weg zur Arbeit, Ordnung, Sauberkeit und Disziplin beschritt, bewies jene Nacht, die dem Werdener Sozialdemokraten Peter Burggraf zum Verhängnis wurde. Von brutalen Schlägern zusammengeschlagen, bezahlte er die ihm erteilte Lektion faschistischer Jugenderziehung mit dem Tode. Für seine Mörder fand Dietrich Heckmann im gleichen Artikel den der damaligen Zeit angepaßten Vers: „Wir sind die Zukunft über Fluch und Fron! Denn wir sind Deutschland, wir sind die Nation."

Der Mord an Peter Burggraf blieb ungesühnt.

Die Beerdigung Karl Hoffmanns, eine Demonstration gegen seine Mörder

Der Nachmittag des 18. März 1935 versetzte die Polizei in Essen-Altenessen in helle Aufregung. Hauptwachtmeister der Schutzpolizei Hardt befand sich auf einem Streifengang, als ihm mitgeteilt wurde, daß auf dem Nordfriedhof die Beisetzung des Kommunisten Karl Hoffmann aus der Heßlerstraße 242 stattfinden sollte. Am 14. März 1935 war er im Zuchthaus Münster ums Leben gekommen; als Todesursache hatte man seiner Frau ,,Selbstmord“ angegeben.

Ende Januar 1934 verhaftet, war Karl Hoffmann am 21. Dezember 1934 wegen ,,Vorbereitung zum Hochverrat“ zu acht Jahren Zuchthaus verurteilt worden.

Über seine Beisetzung auf dem Altenessener Nordfriedhof schrieb Hauptwachtmeister Hardt am 18. März 1935 in einem Bericht an seine vorgesetzte Dienststelle:

,,Hauptwachtmeister d. Sch.P. Goschnik und ich wurden zur Überwachung der Beerdigung zum Friedhof Altenessen entsandt. Auf dem Friedhof trafen wir gegen 14.45 Uhr ein. Um 16 Uhr fand eine Beerdigung mit einem Geistlichen

Karl Hoffmann (dritter von links) im Kreise seiner Genossen.

statt. Gegen 16.45 Uhr erfolgte eine weitere Beerdigung ohne Geistlichen, an der etwa 1000 Personen – Männer und Frauen – teilnahmen. Irgendwelche Abzeichen oder Merkmale waren bei den Teilnehmern nicht wahrzunehmen, so daß ein Grund zum Einschreiten nicht gegeben war. Wir stellten uns in unmittelbarer Nähe des Grabes auf, um den Vorgang der Beerdigung zu überwachen. Nach dem Herabsenken des Sarges versuchten einige Teilnehmer – vornehmlich Frauen – ein Lied zu singen, das nach unserem Dafürhalten die Melodie des Wolgaliedes hatte. Dieses Singen wurde sofort von uns unterbunden. Hierauf trat eine männliche Person an uns heran und bat uns, wenigstens einige Abschiedsworte sprechen zu dürfen. Auch dieses wurde von uns verboten, worauf sich die Teilnehmer nach Ablegen der Kränze allmählich in aufgelöster Ordnung vom Friedhof entfernten.

Gleichzeitig, etwa gegen 16.50 Uhr, bemerkte ich dort Obermeister d. Sch.P. Wegner, dem ich den ganzen Vorfall sofort meldete. Nachdem sich die Teilnehmer alle entfernt hatten, kehrten wir zur Wache zurück.

Nachstehende Personen – ehemalige Kommunistenführer – sind von uns als Teilnehmer an der Beerdigung erkannt worden:

1. Bernhard Teschner, geb. 1. 5. 1897, Essen, Bornstraße 33,
2. Ernst Vollmer, geb. 28. 3. 1898, Essen, Heßlerstraße 351,
3. Valentin Nowak, geb. 9. 4. 70, Karnap, Spanierwehr 1,
4. Willy Samsel, 21. 4. 02, Essen, Heßlerstraße 236,
5. Weichenwärter Wilhelm Kindgen, geb. 23. 8. 1892, Essen-Katernberg, Niermannstr. 8,
6. Hilfsbahnwärter Franz Hoffmann, geb. 30. 1. 92, Essen-Katernberg, Kaiserstr. 2, wohnhaft.

Offizier vom Kommandodienst und Staatspolizei haben Kenntnis."

Danach informierte sofort Polizeihauptmann Fladrich vom 10. Revier den Dauerdienst der Essener Polizeiinspektion. Hier fertigte der Krim.Ass. Sprankel einen neuen Bericht an, in der er alle wichtigen Fakten festhielt.

Einer der genannten sechs „Kommunistenführer", Ernst Vollmer, war schon 1933 verhaftet worden. Er war Leiter der KPD-Organisation „auf der Heide", wie die Bewohner die Gegend längst des Rhein-Herne-Kanals bis zur Grenze von Gelsenkirchen nennen. Seit dem Reichstagsbrand am 27. Februar 1933, jener faschistischen Provokation, die eine Welle des Terrors gegen die organisierte politische Arbeiterbewegung auslöste, war man hinter ihm her. Ernst Vollmer war flüchtig. Er kam am 17. März 1933 gegen Abend zu einem kurzen Besuch nach Hause.

„Kannst du nicht einmal einen Abend zu Hause bleiben?" hatte seine Frau ihn gefragt und sein anfängliches Zögern schließlich mit der Begründung entkräftet: „Ich glaube nicht, daß heute nacht etwas kommt." Ernst Vollmer lag kaum eine Stunde im Bett, als ihn ein Hämmern an der Tür aus dem Schlaf riß. „Aufmachen!", hörte er rufen und sah zugleich, daß Scheinwerfer seine Wohnungsfenster anstrahlten. Bevor sie ihn mitnahmen, stellte man die Wohnung auf den Kopf. „Wo hast du deine Pistole versteckt?", wurde er von einem der „Helden" gefragt, nachdem die Haussuchung ergebnislos verlaufen war. „Meine geistige Munition ist schärfer als die aus deiner Parabello", antwortete er und verblüffte dadurch sichtlich den Fragesteller.

Mehr als einen Monat saß er zunächst im Polizeipräsidium und später im „Haumannshof", wie die Essener das Gerichtsgefängnis nannten, bis er am 23. April 1933 wieder entlassen wurde.

Über die Beerdigung von Karl Hoffmann berichtete mir Ernst Vollmer:

„Als man Karl Hoffmann verhaftete, wohnte er mit seiner Frau in der Emscherstraße 32. Nach seiner Verhaftung forderte der Hausbesitzer Änne Hoffmann zur Räumung der Wohnung auf. Meine Frau und ich waren uns einig: Die Änne konnten wir nicht auf der Straße sitzen lassen. Wir nahmen sie darum vorübergehend in unserer Wohnug auf, bis sie später ein Zimmer in der Heßlerstraße 242 erhielt.

Am Morgen des 15. März 1935 kam sie zu uns und erzählte mit Tränen in den Augen, daß Karl nicht mehr lebte. Aus Münster sei mitgeteilt worden, er habe sich erhängt. Das Schreiben mit der furchtbaren Nachricht hielt sie in der Hand und zeigte es mir. Als ich es durchlas, stutzte ich. ‚Hast du gelesen', sagte ich zu Änne Hoffmann, ‚die haben die Leiche freigegeben. Wenn du darauf Anspruch erhebst, dann sollst du sie innerhalb von 24 Stunden abholen lassen. Hast du Geld dazu?' Als sie mir sagte: ‚Ja, ich bekomme sowieso etwas von der Beerdigungskasse unserer Nachbarschaftshilfe', da war für mich klar, daß man Karl Hoffmann würdig zu Grabe tragen mußte.

Unser Genosse Karl Holdack fuhr nach Münster und besorgte einen Leichenbestatter. Mit einigen anderen Genossen warteten wir in dem Zimmer von Änne Hoffmann das weitere ab. Vorsorglich hatten wir es ausgeräumt, um unseren toten Genossen hier aufzubahren. Wir brauchten gar nicht lange zu warten, dann kamen Karl Holdack und der Leichenbestatter mit der Leiche von Karl Hoffmann. Gemeinsam trugen wir den Sarg hinauf in das kleine Zimmer in der Heßlerstraße 242."

Auf meine Frage, ob sich Karl Hoffmann wirklich erhängt habe, antwortete Ernst Vollmer:

„Nach meiner Auffassung nicht. Ich will dir das auch begründen. Als wir damals Karl Hoffmann aufgebahrt hatten, der Leichenbestatter wollte gerade gehen, da kamen schon die ersten Nachbarn und wollten Karl sehen. Am Abend des Tages blieben wir mit einigen zuverlässigen Genossen in der Wohnung von Änne Hoffmann.

Wir haben uns dann den Karl angesehen. Er war über und über grün und blau am Körper. Damals haben wir uns gesagt: ‚Der hat sich nicht aufgehängt, den haben sie umgebracht.' Dann fragte einer der Genossen noch: ‚Und was nun, was machen wir jetzt?' Nach kurzem Überlegen waren wir uns einig: Auflagen hatte man nicht gemacht, also wollten wir ihn wie jeden anderen Toten beerdigen. ‚Für heute machen wir Schluß', sagte ich damals und fügte hinzu: ‚Morgen sprechen wir weiter.'

Am anderen Morgen wieder hin zum Trauerhaus. Die ersten Kränze waren schon da. Dann kamen die Bewohner der Heide und fragten: ‚Können wir Hoffmann sehen?‘ Unsere Antwort: ‚Ja!‘ Andere fragten: ‚Dürfen wir einen Kranz stiften?‘ Unsere Antwort: ‚Ja, aber schreibt keinen Namen auf die Schleife, schreibt drauf: von deinen Freunden oder so ähnlich, keine Namen.‘ Inzwischen war die Beisetzung für den Nachmittag des 18. März festgelegt worden.

Von nun an lief unsere Mundpropaganda: Weitersagen, weitersagen. Das war jetzt die Direktive an alle Nachbarn, Freunde und Genossen. Großen Dienst leistete uns die Stempelstelle in Altenessen. Aus Karnap, Katernberg, Stoppenberg, Schonnebeck und aus Altenessen selbst stempelten hier die Arbeitslosen. Unsere Frauen gingen zu allen Nachbarn in der näheren und weiteren Umgebung und kündigten die Beisetzung an.

Dann kam der 18. März 1935. Ich war mit meiner Frau schon kurz nach Mittag in die Hoffmannsche Wohnung gegangen, um hier das weitere abzuwarten. Insgesamt 25 Kränze waren inzwischen abgegeben worden. Auf keinem standen Namen.

Gegen drei Uhr nachmittags trat ich ans Fenster und schaute auf die Straße. Über das, was ich sah, war ich erfreut und erschrocken zugleich. Viele hundert Menschen hatten sich inzwischen vor dem Hause versammelt, um Karl Hoffmann die letzte Ehre zu erweisen.

Neben mir stand Willy Samsel. Er war vor 1933 Orgleiter der Partei in Altenessen gewesen. Zu ihm sagte ich unter dem Eindruck dessen, was ich wahrnehmen konnte: ‚Willy, das geht nicht gut, das lassen die sich nicht ungestraft gefallen!‘ Zeit, jetzt noch mehr darüber nachzudenken, war aber nicht mehr vorhanden. Nachdem August Meißner – seit Jahren Grabredner bei Beisetzungen unserer Genossen – einige Worte gesprochen hatte, trugen wir den Sarg hinunter auf die Straße. Willy Samsel und ich nahmen uns den größten Kranz und begaben uns an die Spitze des Leichenzuges. Hinter uns folgten die anderen 25 Kränze und danach Menschen über Menschen.

Am Friedhof angekommen, sah ich schon von weitem, was los war. Eine Reihe Autos stand am Eingang, und hinter den Büschen und Sträuchern auf dem Friedhof standen Polizeibeamte. Hier und da konnte ich auch Angehörige der SA und der SS wahrnehmen.

Als wir den Sarg hinuntersenkten, sangen unsere Genossinnen: ‚Nun hast Du süße Ruh gefunden und schließt die müden Augen zu‘. Die Melodie dazu lieferte das Wolgalied. Als die ersten Töne erklangen, griff die Polizei ein und verbot das Singen. Zugleich wurde auch jegliches Sprechen am Grab untersagt. Zu mir gewandt, sagte der Polizeibeamte, der dieses Verbot aussprach: ‚Vollmer, ich wäre Ihnen dankbar, wenn Sie helfen würden, daß die Masse in Ruhe den Friedhof verläßt.‘ ‚Dürfen wir dem Karl denn wenigstens die letzte Ehre erweisen?‘ fragte ich zurück, und als er dazu seine Zustimmung erteilt hatte, bat ich noch darum, das den Anwesenden kurz sagen zu können. Nach seiner Erlaubnis sagte ich zu den über tausend Menschen, die um das Grab standen: ‚Freunde von Hoffmann! Ich höre gerade, daß wir Karl die letzte Ehre erweisen dürfen. Wir werden Kränze zerschneiden, damit jeder ihm einen Tannenzweig ins Grab werfen kann, denn mit Erde und Schmutz ist er im Leben genug beworfen worden.' Bei meinen letzten Worten sah ich den Polizeibeamten schon wieder auf mich zutreten und fügte schnell noch hinzu: ‚Danach werden wir in Ruhe den Friedhof verlassen, denn wir Wilde sind bessere Menschen.'

Mehr konnte ich damals nicht sagen, aber ich bin sicher, jeder hat mich verstanden. Ja, das geschah am Nachmittag des 18. März 1935, als wir auf dem Altenessener Nordfriedhof einen der unseren Beerdigten."

Eine Genossin von Ernst Vollmer war am Tage nach der Beerdigung zum Friedhof gegangen. Sie sah dort einige Autos vorfahren und zweifelte keinen Augenblick daran, daß es Gestapo-Beamte waren, die diesen Autos entstiegen, an das frische Grab von Hoffmann gingen und hier alle Kranzschleifen auf Namen untersuchten. Die rechtzeitige Empfehlung, keine Namen darauf zu schreiben, war richtig gewesen.

Kurz danach haben dann die faschistischen Staatsorgane zugegriffen. Am Morgen des 20. März 1935 begannen kurz nach sechs Uhr die ersten Festnahmen. Unter den 18 Altenessenern, elf Männer und sieben Frauen, befanden sich auch Ernst Vollmer und seine Frau Maria, die allerdings am 22. März 1935 mit fünf anderen Frauen und zwei Männern wieder entlassen wurde.

Am gleichen Tag schrieb der Essener Gestapo-Beamte Vaupel in einem Bericht:

„Da aus ganz unerklärlichen Gründen die Strafanstalt in Münster es unterlassen hatte, der Polizei in Essen Kenntnis von der Überführung der Leiche zu geben, konnten die KPD-Anhänger ungestört ihre Propagandaarbeit für die Beerdigung entfalten. Die Polizei erhielt erst Kenntnis durch die Beerdigung selbst, woran etwa 1000 bis 1500 Personen beiderlei Geschlechts teilgenommen haben. Die rege Beteiligung an der Beerdigung hat in der breiten Öffentlichkeit ein erhebliches Aufsehen und in den Kreisen der KPD-Anhänger eine starke Befriedigung ausgelöst."

Über die festgenommenen Teilnehmer der Beerdigung wurde folgende Notiz angeführt:

„Eine Vorführung vor den Richter erfolgte nicht, da ihnen eine strafbare Handlung im Sinne des R.St.G.B. nicht nachgewiesen werden konnte."

Über alle zehn nicht am 22. März 1935 Entlassenen wurde „Schutzhaft" verhängt und die Einweisung in ein Konzentrationslager angeordnet.

Ernst Vollmer erhielt ins Essener Polizeigefängnis folgendes Schreiben der Staatspolizeistelle Essen vom 23. März 1935:

„Auf Grund des § 1 der Verordnung zum Schutze von Volk und Staat vom 28. 2. 1933 (R.G.Bl. I Seite 83) in Verbindung mit § 41 des P.V.G. habe ich über Sie

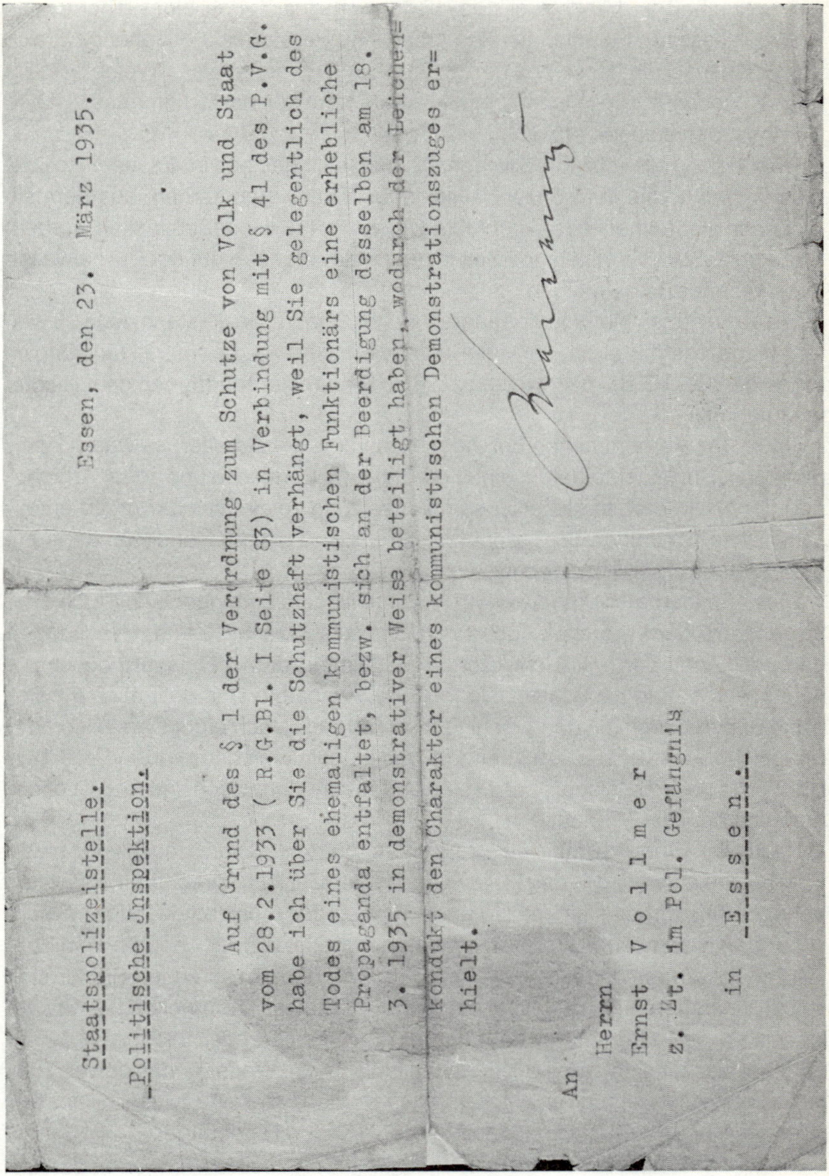

Staatspolizeistelle.

Politische Inspektion.

Essen, den 23. März 1935.

Auf Grund des § 1 der Verordnung zum Schutze von Volk und Staat vom 28.2.1933 (R.G.Bl. I Seite 83) in Verbindung mit § 41 des P.V.G. habe ich über Sie die Schutzhaft verhängt, weil Sie gelegentlich des Todes eines ehemaligen kommunistischen Funktionärs eine erhebliche Propaganda entfaltet, bezw. sich an der Beerdigung desselben am 18. 3. 1935 in demonstrativer Weise beteiligt haben, wodurch der Leichen= kondukt den Charakter eines kommunistischen Demonstrationszuges er= hielt.

An
Herrn
Ernst V o l l m e r
z. Zt. im Pol. Gefängnis
in E s s e n .

Schutzhaftbefehl der Essener Gestapo, ausgestellt am 23. März 1935 und lautend auf den Namen Ernst Vollmer.

die Schutzhaft verhängt, weil Sie glegentlich des Todes eines ehemaligen kommunistischen Funktionärs eine erhebliche Propaganda entfaltet bzw. sich an der Beerdigung desselben am 18. 3. 1935 in demonstrativer Weise beteiligt haben, wodurch der Leichenkondukt den Charakter eines kommunistischen Demonstrationszuges erhielt."

Über einen Monat blieben die zehn Schutzhäflinge noch im Essener Polizeigefängnis, ehe sie ins Konzentrationslager Esterwegen kamen, aus dem sie erst nach siebenmonatiger Haft Mitte Oktober 1935 wieder entlassen wurden. Danach mußten sie sich lange Zeit jeden dritten Werktag auf der Polizeiwache ihres Wohnbezirkes melden.

Bis in die ersten Maitage des Jahres 1935 vernahm die Gestapo noch 28 weitere Männer und Frauen, um vielleicht doch noch eine „strafbare Handlung im Sinne des R.St.G.B." nachweisen zu können und die Betroffenen dem Richter vorzuführen.

Unter den Vernommenen befanden sich vor allem Arbeiter; es waren Kommunisten, Sozialdemokraten, gläubige Christen, Parteilose und sogar Angehörige der Nazipartei. In dieser Zusammensetzung zeigte sich der breite antifaschistische Charakter der Teilnehmer an der Beisetzung Karl Hoffmanns auf dem Altenessener Nordfriedhof.

Diese Solidaritätsbekundung wurde durch illegale Zeitungen und Flugblätter im ganzen Reich verbreitet. Auch zahlreiche ausländische Zeitungen schrieben darüber. Eines der antifaschistischen Flugblätter, das in Duisburg beschlagnahmt wurde, trug die Schlagzeile: „Große Sympathie-Demonstration der Bevölkerung in Essen mit den erschlagenen Opfern!" Nach einer Darstellung der Ereignisse vom 18. März 1935 endete das Flugblatt mit den Worten: „Der blutige Terror des Faschismus zeigt seine ungeheure Schwäche und Angst vor der Einheitsfront aller Werktätigen."

Nachdem Ernst Vollmer längere Zeit im Polizeigefängnis gesessen hatte, verlangte er eines Tages den Polizeipräsidenten Zech zu sprechen. Tatsächlich auch bei ihm vorgelassen, stellte er die Frage: „Ich möchte von Ihnen wissen, warum wir hier sitzen." „Vollmer, sprechen Sie nicht von wir", hörte er den Polizeipräsidenten antworten, „gewöhnen Sie sich das ab, sprechen Sie für sich selbst, da stehen Sie sich besser bei. Warum Sie hier sitzen, wollen Sie wissen, ich will es Ihnen sagen: Ihr habt uns ein Schnippchen geschlagen. Auf dem Friedhof war alles da, nur die rote Fahne fehlte noch. Wenn wir das gewußt hätten, wäre der Trauerzug von uns verhindert worden." Das war zweifellos aus berufenem Munde das Eingeständnis einer erlittenen Niederlage.

Manchen Rat hat der Altenessener Kommunist in seinem langen Leben angenommen, aber den des faschistischen Polizeipräsidenten, sich das Wir beim Sprechen abzugewöhnen, hat er in den Wind geschlagen. Zeitlebens setzte er sich mit dem Wir für die ein, die wie er der Arbeiterklasse angehörten.

Die Wut der Staatshüter über die erlittene Niederlage kommt auch in einem weiteren Bericht des Gestapo-Mannes Vaupel vom 9. April 1935 zum Ausdruck, in dem er abschließend schrieb:

,,Um nun den Feinden des 3. Reiches zu beweisen, daß der Staat gewillt ist, ihre volksverhetzenden Bestrebungen mit eiserner Faust niederzuhalten, erscheint eine längere Inschutzhaftnahme mit Überweisung in ein Konzentrationslager erforderlich. Etwa weniger scharfe Maßnahmen würden von den Staatsfeinden nur als ein Anzeichen der Schwäche ausgelegt und als solche propagiert werden."

★

41 Jahre später, am 16. Juli 1976, wurde auch Ernst Vollmer auf dem Altenessener Nordfriedhof beigesetzt. Ich hielt die Trauerrede.

Als ich den Friedhof verließ, sprach mich der katholische Geistliche ,,von der Heide" an, der an der Beisetzung teilgenommen hatte. Er wollte ,,seinen Kollegen von der anderen Fakultät" sprechen. ,,Ernst Vollmer war fast mein Freund", sagte er zu mir in der kurzen Unterhaltung.

In der katholischen Wochenzeitung für das Bistum Essen, ,,Ruhrwort", erschien für den Kommunisten Ernst Vollmer in der Ausgabe vom 24. Juli 1976 ein Nachruf. Darin hieß es u.a.:

,,Vielen hat er in ihren persönlichen Nöten geholfen. Bekannt ist seine Tapferkeit in der Nazizeit gewesen, und bis zuletzt nahm er teil an den Sorgen unseres Wohnbezirkes."

Am Sarg von Ernst Vollmer in der Leichenhalle des Altenessener Nordfriedhofes zitierte ich aus einem Brief des Hamburger Kommunisten Fiete Schulze. Er hatte am 6. Juni 1935, kurz vor seiner Hinrichtung durch faschistische Henker, an seine Schwester geschrieben:

,,Es kann und darf nicht Eure Aufgabe sein, mein Sterben zu bejammern, denn nur dann – wenn Ihr es bejammert – ist es nutzlos und verfehlt. Voll erfüllt es seinen Zweck, wenn Ihr es ganz verstehen lernt.

Darin kann sich all Eure Liebe und Achtung zu mir zeigen: im Verstehen und Bemühen, gleich mir zu denken und zu handeln."

Ich bezeichnete diese Worte als das Vermächtnis des Kommunisten Ernst Vollmer an die ihn Überlebenden.

Erinnerungen an Pater Theodor Hartz

Von April 1931 bis zum März 1939 besuchte ich die evangelische Volksschule Bochold III, die am Anfang der Borbecker Straße, dem St.-Johannes-Stift der Salesianer direkt gegenüber lag. Im Verlaufe des Zweiten Weltkrieges völlig zerstört, wurde sie später an dieser Stelle nicht mehr aufgebaut.

Sehr gut ist mir heute noch ein Wintertag Mitte der dreißiger Jahre in Erinnerung:

Über Nacht war Schnee gefallen, und die seltene weiße Pracht gestaltete meinen Weg zur Schule zu einem ausgelassenen Vergnügen. Hier angekommen, stellte ich fest, daß einige Fenster des St.-Johannes-Stiftes weit geöffnet waren. Offenbar wollten die Bewohner der Räume für einige Augenblicke die frische frostige Luft des Wintertages hereinlassen. Der Neuschnee im Garten unserer Schule und die geöffneten Fenster bei den Salesianern – den „Salzindianern", wie wir Kinder sie, durchaus nicht bösartig gemeint, nannten – ließen mich den Entschluß zu einem Streich fassen und in die Tat umsetzen. Schon bei meinem ersten Wurf flog ein Schneeball in eines der geöffneten Fenster. Stolz über meine Treffsicherheit, drehte ich mich zu meinen Schulkameraden um und erschrak, denn wenige Meter von mir entfernt sah ich meinen Klassenlehrer stehen. Der war nun gar nicht von meiner Treffsicherheit begeistert, was aus seinem „komm doch einmal her" herauszuhören war. Nach einer entsprechenden Gardinenpredigt forderte er mich auf, sofort zum Johannes-Stift zu gehen, dort mein ungehöriges Verhalten mitzuteilen und um Entschuldigung zu bitten.

Mein Herz klopfte Minuten später heftig, als ich an der Tür des Stiftes stand und mich bei dem mir öffnenden Pater zu meiner Tat bekannte. „Deine Entschuldigung mußt du schon unserem Direktor selbst vortragen", meinte er ernst, aber nicht unfreundlich. Dann forderte er mich zum Eintreten auf. Stotternd und keineswegs so schneidig wie bei meinem gezielten Schneeballwurf, trug ich dem Direktor meine Entschuldigung vor. Ich war sichtlich erleichtert, als ich danach den Kopf hob und in sein lächelndes Gesicht sah.

Bevor ich ging, wandte er sich an den Pater, der mich zu ihm begleitet hatte, und bat ihn, mir aus der Küche einen Berliner Ballen zu geben. Im Hinausgehen hörte ich ihn noch sagen: „Der ist zwar nicht so weiß und auch nicht so naß wie der Schneeball, den du uns geschenkt hast, aber er wird dir sicherlich schmekken." Jetzt empfand ich Scham über das, was ich kurz zuvor noch mit Stolz vollbracht hatte.

An dieses Erlebnis erinnerte ich mich später immer dann, wenn mein Weg mich einmal am St.-Johannes-Stift vorbeiführte. Aber erst viel später erfuhr ich, daß es Theodor Hartz war, dem ich damals meine Entschuldigung vortrug.

Als im Jahre 1971 die Salesianer Don Boscos auf eine 50jährige Tätigkeit in Borbeck zurückblickten, erhielt ich eine zu diesem Anlaß herausgegebene

Jesus! Maria! Joseph!

†

Zum frommen Andenken

an den Hochw. Herrn

P. Theodor Hartz S. S.

Er war geboren am 2. 1. 1887 in Lutten, begann seine Gymnasialstudien in Vechta, vollendete sie bei den Salesianern in Italien, wurde zum Priester geweiht am 9. 8. 1914 in Foglizzo (Ital.). Er wirkte in Wien, Ensdorf, Benediktbeuern, etwa 15 Jahre als Direktor in Essen-Borbeck und von August 1941 bis April 42 in Helenenberg bei Trier. Nach einer viermonatigen Prüfungszeit erlosch sein Leben am 23. August 1942.

Sein Leben war hingebender Eifer an seinen hohen Beruf und das Werk des heiligen Don Bosco.

R. i. p.

Totenzettel zum frommen Andenken an Pater Theodor Hartz, umgekommen am 23. August 1942 im KZ Dachau.

Festschrift. Beim Durchblättern fand ich ein Foto von Theodor Hartz, aufgenommen 1942 im Konzentrationslager Dachau.

Um die Jahreswende 1975/76 fand ich im Düsseldorfer Hauptstaatsarchiv zwei Gestapo-Personalakten, die seinen Namen tragen, darunter einen Totenzettel:

„Zum frommen Andenken an den Hochw. Herrn P. Theodor Hartz, S.S. Er war geboren am 2. Januar 1887 in Lutten, begann seine Gymnasialstudien in Vechta, vollendete sie bei den Salesianern in Italien, wurde zum Priester geweiht am 9. August 1914 in Foglizzo (Ital.). Er wirkte in Wien, Ensdorf, Benediktbeuren, etwa 15 Jahre als Direktor in Essen-Borbeck und von August 1941 bis April 1942 in Helenenberg bei Trier. Nach einer viermonatigen Prüfungszeit erlosch sein Leben am 23. August 1942.

Sein Leben war hingebender Eifer an seinen hohen Beruf und das Werk des heiligen Don Bosco. R.i.p."

Am 5. August 1941 war das St.-Johannes-Stift von der Gestapo geschlossen worden. Die hier tätigen Salesianer mußten innerhalb weniger Stunden das Haus verlassen und erhielten ein Aufenthaltsgebot für das Salesianerhaus Helenenberg bei Trier.

Der Hauptgrund der Schließung war, wenn auch nicht genannt, die erfolgreiche Jugendarbeit der Patres. Immerhin erfreuten sich die „Padders" großer Beliebtheit bei der katholischen Jugend, die in stattlicher Zahl zu ihnen kam, um bei Spiel, Sport und Unterhaltung frohe Stunden zu verbringen.

Den faschistischen Jugendorganisationen war das von jeher ein Dorn im Auge, und man bewertete darum diese Tätigkeit der Salesianer als den Versuch, die Jugend „der Kirche zu erhalten".

Zu denen, die im August 1941 Borbeck verlassen mußten, gehörte auch Theodor Hartz. Acht Monate später, am 14. April 1942, telegraphierte ein Beamter der Gestapo Trier an die für Essen zuständige Gestapo-Leitstelle Düsseldorf:

„Betr.: Pater Theodor Hartz, ehemaliger Direktor des St.-Johannes-Stiftes der Salesianer in Essen-Borbeck...

Die bisherigen Ermittlungen in obiger Angelegenheit haben ergeben, daß Hartz seit seinem Zuzug in Helenenberg b/Trier in umfangreichem Maße Rundbriefe an die bisherigen Mitarbeiter und Gönner des St.-Johannes-Stiftes verschickt hat... Ich habe H. festgenommen und beabsichtige ihn einem Konzentrationslager zuzuführen..."

In den genannten Gestapo-Personalakten fand ich auch den Hinweis auf einen Erlaß des Reichssicherheitshauptamtes vom 5. Juni 1942, der gegen den ehemaligen Borbecker Salesianerpater „Schutzhaft und Überführung in das Konzentrationslager Dachau" anordnete. Als Grund gab man an, er habe das Essener Aufenthaltsverbot nicht beachtet „und unter Umgehung des Sammlungsgesetzes durch Verbreiten von Rundschreiben staatsabträglichen und volksverdummenden Inhalts an die Gebefreudigkeit seiner Glaubensgenossen" appelliert. Durch sein Verhalten habe er zu erkennen gegeben, „daß er nicht gewillt" sei, „behördliche Anordnungen zu befolgen".

Wenige Wochen nach seiner Einweisung in das berüchtigte bayrische Konzentrationslager schrieb jemand in das Totenbuch beim Standesamt Dachau II, daß Theodor Hartz, katholisch, wohnhaft in Helenenberg, am 23. August 1942 um 13 Uhr 45 Minuten in Dachau verstarb. Der Verstorbene sei geboren am 2. Januar 1887 in Lutten und nicht verheiratet gewesen, wurde hinzugefügt. Im Krematorium des Konzentrationslagers Dachau wurde seine Leiche verbrannt und die Asche nach langen Verhandlungen auf dem katholischen Friedhof zu Essen-Borbeck in der Gruft der Salesianer beigesetzt.

Das Stück der ehemaligen Borbecker Straße, an dem meine Schule und ihr gegenüber das St.-Johannes-Stift lag, trägt heute den Namen des Mannes, dem ich an einem Wintermorgen in der Mitte der dreißiger Jahre als Kind gegenüberstand.

Am 4. September 1971 wurde am Pfarrhaus der Kirche St. Johannes Bosco in derselben Straße, anläßlich des 50jährigen Wirkens der Salesianer in Borbeck, ein Gedenkstein für Theodor Hartz eingeweiht.

Schneidermeister Grotendorst protestiert gegen die Verfolgung katholischer Geistlicher

Hinter dem Totenzettel des Salesianerpaters Theodor Hartz, in der genannten Gestapo-Personalakte, ist eine Aktennotiz vom 6. April 1944 abgeheftet, in der es heißt:

,,Vorgehefteter Totenzettel wurde am 7. März 1944 von dem wegen Heimtükkevergehens verurteilten Schneidermeister Johann Grotendorst, geb. 17. November 1879, wohnhaft Essen-Frintrop, Himmelpforten 20, dem Sondergericht in Essen als Entlastungsmaterial vorgelegt. Demnach ist Hartz am 23. August 1942 im Konzentrationslager verstorben (siehe P. A. des Grotendorst).“

Aus den Personalakten ,,des Grotendorst“ läßt sich folgendes rekonstruieren:

Johann Grotendorst, der Sohn eines Bauern aus Marbeck, Kreis Borken, hatte am 7. März 1944 als Angeklagter vor dem Sondergericht Essen gestanden und war hier vom Amtsgerichtsrat Spechtel als Beauftragter der Staatsanwaltschaft des ,,Heimtückevergehens“ angeklagt worden.

Noch am gleichen Tage erkannten nach einer kurzen Verhandlung Landgerichtsdirektor Göbel als Vorsitzender und Landgerichtsrat Haunerland als beisitzender Richter ,,Im Namen des Deutschen Volkes“ für Recht

,,Der Angeklagte wird wegen gehässiger, staatsabträglicher Äußerungen zu 5 – fünf – Monaten kostenpflichtig verurteilt. Die Polizeihaft wird angerechnet.“

Welche ,,gehässigen“ und ,,staatsabträglichen Äußerungen“ veranlaßten das Essener Sondergericht, den Frintroper Schneidermeister zu verurteilen?

Johann Grotendorst, bis zu ihrer Selbstauflösung im Sommer 1933 Mitglied der katholischen Zentrumspartei, betrieb 1943 eine Schneiderwerkstatt und ein Geschäft für Manufaktur-, Kurz-, Weiß- und Wollwaren. Er selbst arbeitete jedoch vornehmlich in der Schneiderwerkstatt und mit ihm ein zwanzigjähriger Geselle, der auch bei der Familie Grotendorst wohnte.

Mit seinem Meister, dessen drei Söhne an der Front standen, unterhielt er sich häufig über die politische und militärische Lage. Nach der Niederlage von Stalingrad, die zugleich die Wende des Krieges einleitete, erschien auch dem Frintroper Schneidermeister ein Sieg der faschistischen Truppen zweifelhaft. Sein Geselle dagegen, seit 1934 Mitglied der Hitler-Jugend und Funktionär beim Standortstab der HJ in Essen, stand ganz unter dem Einfluß der Nazi-Propaganda.

Am 10. September 1943 unterhielten sich beide wieder einmal in der Werkstatt über die Ereignisse des Tages. Der Wehrmachtsbericht hatte gerade von planmäßiger Räumung im Osten gesprochen, und Meister Grotendorst hatte bissig dazu bemerkt, man sei offenbar wieder am Laufen. Als der Geselle ihm vorhielt, das sei kein Laufen, sondern ein planmäßiger Rückzug, gab er ihm den Rat, er solle nicht alles glauben, was im Radio gesagt werde. Immerhin sei es doch allgemein bekannt, daß man im Osten laufe. Das Donezgebiet habe man räumen müssen, und in der Ukraine fing man auch zu räumen an.

Nach den unterschiedlichen Bewertungen über den Rückzug in der Sowjetunion war man schließlich auf die Lage in Italien zu sprechen gekommen. Nach dem Sturz Mussolinis am 25. Juli 1943 war am 8. September 1943 die Kapitulation Italiens verkündet worden. Als der Geselle meinte, er hoffe, daß Mussolini noch am Leben sei, sagte ihm sein Meister: „Die Leute, die den gefangenhalten, morden keine Menschen, das passiert nur in Deutschland..."

Nach der provozierenden Frage des Gesellen, wie das zu verstehen sei, meinte der Meister, in Deutschland würden Tausende katholische Geistliche um ihres Glaubens willen gefangengehalten und gequält, bis viele schließlich zugrunde gingen.

Diese Äußerungen veranlaßten den Gesellen, seinen Meister anzuzeigen. Das war durchaus nicht außergewöhnlich in einer Zeit, da jeder als Staatsfeind eingestuft wurde, der so redete wie Meister Grotendorst. Von der Gestapo am 1. Oktober 1943 festgenommen und später des „Heimtückevergehens" angeklagt, verurteilte ihn das Essener Sondergericht zu einer Gefängnisstrafe von fünf Monaten.

Die Richter, die „Im Namen des Deutschen Volkes" das Urteil fällten, bewerteten in der Brgründung seine Zweifel an der Richtigkeit der „deutschen Kriegsberichterstattung" als unsachlich, gehässig, böswillig und geeignet, das „Vertrauen des Volkes zur politischen Führung zu untergraben, da sie die für die Stärkung der Kriegsmoral wichtige amtliche Propaganda- und Nachrichtenpolitik der Reichsregierung" angriffen.

Zu ähnlichen Schlußfolgerungen kamen sie auch bei der Beurteilung der anderen Äußerungen des Frintroper Schneidermeisters, die sie als eine unsachliche Kritik der Innenpolitik, insbesondere der Kirchen- und Kulturpolitik des nationalsozialistischen Staates bezeichneten. Sie griffen, wie in der Urteilsbe-

Geheime Staatspolizei – Staatspolizeileitstelle Düsseldorf

Aufgenommen Tag Monat Jahr Zeit	Raum für Eingangsstempel	Befördert Tag Monat Jahr Zeit
23. März 1944 1100	Staatspolizeileitstelle Düsseldorf 23. MÄRZ 1944	
von durch Schron		an durch
		Verzögerungsvermerk
Nr. 4324	Telegramm — Funkspruch — Fernschreiben — Fernspruch	

++ STAPO ESSEN FS. NR. 619 VOM 23.3.44 1100== GLF==
AN STL. DUESSELDORF.==
BETRIFFT: DURCH SCHNEIDERMEISTER GROTENDORST VORGELEGTE
TOTENZETTEL VON KATH. GEISTLICHEN. ==
VORGANG: DORT. FS. NR. 4145 V. 17.3.44 (S-B. HEINZELMANN.)=
= DIE TOTENZETTEL KAMEN ANGEBLICH WIE FOLGT IN DEN BESITZ
DES G.:
A) HARTZ: DURCH TEILNAHME AN DER BEERDIGUNG AUF DEM ALTEN
FRIEDHOF IN ESSEN-BORBECK,
B) HORTEN: WURDE G. DURCH SEINEN VETTER , DOMINIKANERPATER
HERIBERT GROTENDORST, WOHNHAFT IM DOMINIKANERKLOSTER IN
BERLIN-MOABIT, GELEGENTLICH EINES BESUCHES IN ESSEN UEBERGEBEN
, C) KOENIG: FRAU G. ERHIELT DEN TOTENZETTEL VON DER MUTTER
DES K., DIE IN GELSENKIRCHEN WOHNT UND MIT IHR BEFREUNDET IST
. D) UNTERBERG: DURCH TEILNAHME AN DER BEERDIGUNG , DIE AUF
DEM KATH. FRIEDHOF IN E.- DELLWIG STATTFAND. ==

Heftrand

Telegramm der Gestapo vom 23. März 1944 an die Gestapo-Leitstelle Düsseldorf, den Frintroper Schneidermeister Grotendorst betreffend.

gründung schriftlich festgehalten, „staatliche Maßnahmen gegen katholische Geistliche an, indem sie unter völliger Verdrehung oder ohne Rücksicht auf die tatsächliche Grundlage diese Maßnahmen als recht- und grundlos hinstellen". Darum seien auch sie gehässig, und es spräche aus ihnen „die kirchlich gebundene, durch planmäßige Beeinflussung von kirchlicher Seite her genährte, gegen den Nationalsozialismus gerichtete Grundhaltung des Angeklagten..."

Die Äußerungen des Johann Grotendorst in dem Gespräch mit seinem Gesellen brachten ihm fünf Monate Gefängnis ein. Das war eigentlich sogar ein mildes Urteil, denn fast immer wurde die Wahrheit mit weitaus höheren Strafen unterdrückt. Auch die Essener Sonderrichter bezeichneten es als „milde" und begründeten ausführlich ihre Großzügigkeit:

Der Angeklagte sei kein „zielbewußter Hetzer im Sinne eines reichsfeindlichen politischen Katholizismus" gewesen, meinten sie und ließen in die Urteilsbegründung schreiben:

„Durch seine ihm anerzogene streng kirchliche Haltung, die durch fortlaufende Beeinflussung von kirchlicher Seite offensichtlich genährt und verstärkt worden ist, wird er verleitet, von seinem engen Standpunkt aus Urteile über politische Dinge zu fällen, deren Tragweite er nicht voll und ganz überblicken kann. Kennzeichnend für seine innere Unselbständigkeit und seine ganze Haltung ist folgendes: In der Hauptverhandlung legte er auf die Frage, wie er denn zu seinen Behauptungen über die Verfolgung unschuldiger Priester gekommen sei, vier gedruckte, offenbar von klerikaler Seite stammende Flugblätter ‚zum Andenken' an verstorbene Geistliche vor, in denen gesagt oder angedeutet wird, daß diese Geistlichen als Märtyrer in der Gefangenschaft für ihren Glauben gestorben seien."

Einer der damals vorgelegten Totenzettel galt dem Gedenken an den im Konzentrationslager Dachau umgekommenen Salesianerpriester Theodor Hartz.

Zugegeben, das Gespräch am 10. September 1943 zwischen Meister und Geselle ist nicht außergewöhnlich gewesen, zumal man die Folgen als durchaus glimpflich bezeichnen muß. Es gab schlimmere Beispiele des Terrors gegen jene, die nicht gedankenlos mitliefen und aussprachen, was sie dachten. Das Verhalten des Frintroper Schneidermeisters entsprach auch kaum einer antifaschistischen Grundhaltung, sondern war wohl mehr auf seine Empfindlichkeit in religiösen Dingen zurückzuführen. So wurde in der Urteilsbegründung betont, daß er „nicht allem nationalen Denken schlechthin ablehnend" gegenüberstehe, denn bei „Siegesnachrichten" habe er „ehrlich Freude an den Tag gelegt".

Die fünfmonatige Gefängnisstrafe konnte Johann Grotendorst allerdings nicht davon abhalten, auch später noch so zu handeln, wie es ihm sein Gewissen vorschrieb.

Unweit seiner Wohnung befand sich in der Straße Im Neerfeld die Richthofenschule. (Heute trägt sie den Namen Walter Pleitgen und ist eine Gemeinschaftsgrundschule.) Ihrem eigentlichen Zweck entzogen, diente sie im Krieg als ein Lager für Kriegsgefangene, die man nach Essen verschleppt hatte. Als Arbeitssklaven eingesetzt und behandelt, führten sie ein jammervolles Dasein. Einer von ihnen war ein belgischer katholischer Geistlicher. Irgendwie hatte Johann Grotendorst ihn entdeckt. Als die alliierten Streitkräfte auf Essen vorrückten, nahm er ihn in sein Haus und verbarg ihn dort. Beide erlebten sie zwar noch das Ende der Naziherrschaft in Essen, aber Johann Grotendorst starb am 28. April 1945, wenige Tage bevor in Europa der Krieg zu Ende war. Als man ihn auf dem Frintroper Friedhof beisetzte, sprach an seinem Grab der belgische Geistliche, dem er sein Haus als Zufluchtstätte geöffnet hatte. Erst dann fuhr er als freier Mensch zurück in seine Heimat.

Die unfreiwillige Bauchlandung eines Meisters
Ernst van Asselt verteilt Flugblätter

Ein Beispiel von Wagemut erfuhr ich von dem inzwischen ergrauten Essener Antifaschisten Ernst van Asselt. Er verstand es großartig, die Einzelheiten spannend und temperamentvoll zu schildern. Wer ihn nicht kannte, wäre nie darauf gekommen, daß er sein 80. Lebensjahr längst überschritten hatte.

Die Essener Arbeitersportbewegung und der am 10. Mai 1895 in Bottrop geborene Ernst van Asselt sind nicht voneinander zu trennen. Als einstiger Herbergsvater der längst verschwundenen Jugendherberge in der Surmanns-Gasse und als Platzwart auf städtischen Sportstätten erfreute er sich dank seiner immer freundlichen, liebenswerten Art schon vor 1933 großer Beliebtheit. Den sportlichen Idealen und seiner politischen Gesinnung nach dem Machtwechsel im Januar 1933 treugeblieben, gehörte er zu einem Kreis ehemaliger Mitglieder der Sportlergruppe Stadtwald, die über viele Jahre mit der Abschnittsleitung West der illegalen KPD in Verbindung stand.

Bei seinen rund 45 Reisen von Holland ins Reich hatte der Instrukteur Alfred Richter einen ständigen, engen Kontakt zu den Mitgliedern des Kreises gesucht und gefunden. Mit ihnen besprach er Aktionen des Widerstands, besorgte Quartiere für Illegale, plante eine gezielte Flugblattverteilung oder organisierte den Versand von Briefen mit antifaschistischem Inhalt an einen extra für diesen Zweck ausgesuchten Personenkreis. In der Wohnung der Eheleute Martha und Ernst van Asselt fand auch der illegale Bezirksleiter der KPD im Ruhrgebiet vorübergehend ein Obdach.

„Auf die Verteilung von Flugblättern, die wir illegal erhielten, legten wir ganz besonderen Wert", sagte mir Ernst van Asselt. Als ich ihn nach den Methoden der Verteilung dieser Flugblätter befragte, erfuhr ich einiges, was in ähnlicher Form andernorts sicherlich auch vorgekommen ist:

„Die Flugblattverteilung war, gemessen an der Zahl der Menschen, die man damit erreichte, ein Tröpfchen auf den heißen Stein. Wenn die Gestapo darauf mit Nachforschungen großen Umfangs reagierte, dann bestätigte das die alte Lebensweisheit, nach der ein stetiger Tropfen den Stein höhlt.

Eine Flugblattverteilung in aller Öffentlichkeit konnte man keineswegs wagen. Das ging nur heimlich und im Schutze der Nacht. Die wenigen Blätter erfüllten zudem erst dann ihren eigentlichen Zweck, wenn man gewissenhaft überlegte, wann, wie und wo sie unter die Menschen gebracht werden sollten. Meine verteilte ich immer in den Stadtteilen Holsterhausen oder Frohnhausen. Als einmal an der Wickenburg Kirmes war, habe ich am Abend die Wohnwagen der Schausteller damit versorgt. Da fast alle auf dem Rummelplatz vollauf zu tun hatten, war die Gefahr einer Entdeckung gering. Hin und wieder verstreute ich auch einige Blätter bei Nacht nahe einiger Kruppscher Werkstore auf dem Gehweg. Die Gewißheit, daß zur Arbeit gehende Kruppianer sie aufhoben, lasen und eventuell weitergaben, hatte man allerdings nicht, zumal einem das Wetter alles verderben konnte. Als eine gute Methode bewährte sich auch die Verteilung auf ebenerdige Balkone in den Arbeitersiedlungen. Nahezu unauffällig konnte man im Vorbeigehen ein Blatt über die Mauerbrüstung befördern. Gegen Wind und manchmal auch gegen Regen geschützt, wurden sie beim Betreten des Balkons durch die Hausbewohner entdeckt, aufgehoben und gelesen.

Ganz gleich, welche Methode gewählt wurde, die Durchführung selbst war in der Regel das Werk von Einzelgängern oder von Mann und Frau, die besonders dann unauffällig erschienen, wenn sie langsam, untergehakt und Verliebtheit mimend, bei Dunkelheit durch die Straßen gingen.

An einem Winterabend, Ende der dreißiger Jahre, stach mich der Hafer. Zwar verlief das, was ich blitzartig plante und in die Tat umsetzte, glücklich, hätte aber auch ins Auge gehen können:

Es war schon dunkel, als ich mit einer Handvoll Flugblätter in der Tasche durch die Kruppstraße ging. Auf ihnen wurde die in Nazideutschland auf Hochtouren laufende Rüstungsproduktion als eine Gefahr für den Weltfrieden gebrandmarkt. Den Lesern empfahl das Blättchen, alles zu tun, um den Frieden zu verteidigen. Da sah ich an der Ecke Hartkortstraße das Fenster einer Werktstatt der Kruppschen Gießerei offenstehen. Ein Gedanke fuhr mir durch den Kopf, und die Flugblätter juckten mir in den Fingern. Nachdem ich überlegend stehengeblieben war, faßte ich bald darauf den Entschluß, sie in das offenstehende Fenster zu werfen. In Höhe der Werkstatt befand sich eine Straßenbahnhaltestelle. Hier blieb ich zunächst abwartend stehen. Es dauerte nicht lange, da sah ich eine sich nähernde Straßenbahn aus Richtung Stadtmitte. Als sie kurz vor der Haltestelle war, lief ich zu dem offenstehenden Fenster, warf die Flugblätter in die Werkstatt, spurtete zurück zur Haltestelle und stieg in die bereits anfahrende Bahn.

Schwer atmend stand ich auf der hinteren Plattform und schaute hinaus. Da sah ich, wie die Tür neben dem offenstehenden Fenster aufgerissen wurde und ein Mann herausgelaufen kam. Als er die vorbeifahrende Straßenbahn sah, blieb er sichtlich erbost stehen und fuchtelte wütend mit seinen Händen.

An der nächsten Haltestelle bin ich dann ausgestiegen, um mich schleunigst zu verdrücken.

Einige Tage später traf ich einen Bekannten. Nach den üblichen Fragen, die ein jeder dem anderen bei einer Begegnung stellt, sagte er zu mir: Mensch Ernst, bei Krupp ist ein tolles Ding passiert. Mein Schwager hat es mir erzählt, er arbeitet in der Gießerei. Dort hat kürzlich jemand durch ein offenstehendes Werkstattfenster einige Flugblätter geworfen. Sie fielen dem Meister genau vor die Füße. Er hob ein Blatt auf und stellte sofort fest, daß die Roten wohl die Dinger verfaßt hatten. Auf dem Absatz drehte er sich um und rannte zur Tür. In der Eile hat er einen am Boden liegenden Holzbalken übersehen, stolperte darüber und fabrizierte eine gekonnte Bauchlandung. Fluchend sprang er auf, erreichte schließlich die Tür und trat auf die Straße.

Zurückgekehrt sagte er wütend: ‚Wenn ich nicht über den gottverdammten Balken gestolpert wäre, hätte ich den roten Hund vielleicht noch erwischt. Gesehen habe ich ihn noch. Er ist auf die anfahrende Straßenbahn gesprungen, und weg war er.‘

Bei der Erzählung meines Bekannten habe ich interessiert zugehört und dabei unschuldig geschmunzelt. Daß ich der ‚rote Hund‘ war, der dem nazitreuen Meister zu einer ungewollten Bauchlandung verhalf, hat er damals nicht erfahren.“

Die illegalen Maifeiern der Essener Sozialdemokraten Aus dem Bericht von Otto Meister

„Die Märzwahlen im Jahre 1933 deuteten darauf hin, daß für die sozialistische Arbeiterschaft eine schwere Zeit anbrechen würde.“ Mit diesem Satz beginnt der Essener Sozialdemokrat Otto Meister seine „Erinnerungen an die illegale Zeit in Hitler-Deutschland“. Im August 1951 geschrieben, umfassen sie 22 engbeschriebene Seiten.

1933 stand Otto Meister in seinem 48. Lebensjahr, war Betriebsratsvorsitzender bei der Essener Straßenbahn und wurde, wie viele andere antifaschistische Arbeiter, bald darauf fristlos entlassen.

„Im engen Freundeskreis wurden wir uns darüber klar, daß wir die Hitlerdiktatur nicht freiwillig auf uns nehmen wollten“, schrieb er und schilderte dann die Bemühungen, der gefahrvollen Entwicklung entgegenzuwirken. Man traf sich zu Gesprächen in den Wohnungen, knüpfte Verbindungen zu anderen Gruppen und organisierte die Verteilung illegaler Informationsschriften.

„Die 1.-Mai-Feier 1933 wurde illegal an der Zeche Pauline durchgeführt. Der Volkschor war fast vollständig vertreten. Die Mairede hielt Franz Voutta. Am Bahnhof Essen-Werden gröhlten sich die Nazis die Kehlen heiser, während wir in Ruhe, doch nicht ohne Postenaufstellung, die illegale Maifeier abwickeln konnten. Sie verlief ohne jede Störung.“

Ermutigt durch den Erfolg des Bekenntnisses zu den Traditionen der sozialistischen Arbeiterbewegung, wurden bestehende Kontakte gefestigt und weiter ausgebaut. Als wichtiges Hilfsmittel erwiesen sich die fortan periodisch erschei-

Zwei Geschlechter machen
heute
Karriere in unserem Staat.
ehrenfeste, liebe Leute.
trinken Bier und spielen
Skat
und sie heißen kurz und
schlicht:
Duckedich und Denkenicht
Ernst Ziel

Neuer Vorwärts

Sozialdemokratisches Wochenblatt

Fatal ist mir das Lumpenpack,
Das, um die Herzen zu rühren,
Den Patriotismus trägt zur
zur Schau
Mit allen seinen Geschwüren.
Heinrich Heine.

27. August 1933
Nummer 11

Das Weltgewissen!

Gegen die braune Bestialität - Für die sozialistische Revolution. - Die Sozialisten aller Länder lehnen Erleichterungen für Deutschland ab!

Am Montag begann der Kongreß der Sozialistischen Arbeiter-Internationale in Paris. Wir geben hier die Aeußerungen einiger Redner gekürzt wieder. Nach der Eröffnungsrede sprach

Friedrich Adler

und führte unter anderem folgendes aus: Die Aussprache, die mit größter Offenheit geführt werden soll, muß ausgehen von den Ereignissen in Deutschland. Was wir brauchen ist ein Programm der Internationale. Was die Arbeiter in allen Ländern beunruhigt, ist die Frage, welche Wege zur Macht wir zu gehen haben. Nicht um einen einzigen Weg handelt es sich, sondern die Wege zur Macht gilt es aufzuzeigen. Die Behauptung, daß der Weg der Demokratie ungangbar ist, halten wir für eine Irrlehre, aber auch, sich überhaupt nur auf den Weg der Demokratie einzurichten, ist falsch.

In den Ländern der Demokratie besteht für uns die Pflicht, sie bis zum äußersten zu verteidigen. In den Ländern, wo die Demokratie unterlegen ist, müssen wir zu revolutionären Mitteln greifen.

Die Revolution gegen das Hitlertum in Deutschland kann nur eine sozialistische Revolution sein, nicht eine Wiederherstellung von Weimar.

Aber die Einsicht, daß in Deutschland nur die soziale Revolution möglich ist, läßt sich nicht auf andere Länder übertragen. Auch in Moskau sollte endlich diese Einsicht reifen.

Die heutige Lage des Proletariats ist entstanden durch den Kampf zweier alleinseligmachender Lehren: dem alleinseligmachenden Weg nach Moskauer Muster und dem alleinseligmachenden Weg der Demokratie. Die deutsche Arbeiterbewegung ist zermalmt worden zwischen den beiden alleinseligmachenden Lehren. Wir halten es nach wie vor für die entscheidende Frage für die Arbeiterklasse, daß die wahre Einheit der Aktion hergestellt wird.

Der Sprecher der englischen Arbeiterpartei

Der frühere Unterstaatssekretär im Außenamt, Dalton, führte aus:

Die Verachtung, die die Hitlerregierung in ganz England findet, ist unvorstellbar groß.

In dieser Frage gibt es in England nur eine Meinung. Gewerkschaften, Genossenschaften und politische Arbeiterbewegung haben ihre Ablehnung gegen Deutschland bekundet durch den Boykott deutscher Waren. Wir bewahren die tiefsten Sympathien für die Massen des deutschen Volkes, aber wenn die deutsche Regierung spricht, sind wir nicht bereit zu hören. Wir meinen, es wäre ein Verbrechen gegenüber etwaigen künftigen Untertanen des Deutschen Reiches, wenn wir einer Revision der Verträge zustimmten. Die englische Arbeiterpartei ist sehr erstaunt, daß die Angelegenheiten Deutschlands nicht schon längst vor den Völkerbundrat gebracht worden sind. Ich erinnere nur an die unablässigen Angriffe Deutschlands auf Oesterreich. Auch die Frage der geheimen Rüstungen Deutschlands müsse vor den Völkerbund kommen.

In der Nachmittagssitzung kam

Otto Wels

zu Worte. Er sagte u. a.:

„Wenn hier gesagt worden ist, warum wir nicht 1918 die soziale Revolution gemacht haben, so ist die Antwort: Weil wir 1918 gegen die Generalstäbe der Siegerstaaten nicht die Macht hatten. Hätte man vor fünfzehn Jahren die deutsche Republik als einen Träger des neuen Werdens in Europa behandelt dann wäre manches anders geworden. Wenn man also vom Versagen der deutschen Sozialdemokratie spricht, dann muß auch festgestellt werden, das Versagen der Internationale, das Versagen Europas gegenüber der Verantwortlichkeit, die aus den Millionen Toten des Weltkrieges für die Regierenden aller Länder entstand.

Trotz allem wird Deutschland das Land sein, in dem die soziale Revolution beginnen wird.

Wels schloß seine Rede mit einem ergreifenden Appell: Wir sind außerhalb Deutschlands, aber nichts kann uns von den Genossen jenseits der Grenze trennen. Wir wissen, die Herzen unserer gepeinigten Genossen schlagen mit unseren zusammen, sie schlagen mit allen in der Internationale. Es vergeht keine Stunde des Tages und der Nacht, in der nicht alte, grauhaarige Kämpfer und Tausende unserer todesmutigen Jungen sich zusammenfinden im Kampfe für den Sozialismus, in der Verbereitung der kommenden Abrechnung. Helft ihnen, sie hoffen auf Euch!"

Mehrere der nachfolgenden Redner sprachen sich scharf für den Boykott gegen Deutschland aus.

Verraten und verkauft

Schutzhaft — statt Sozialisierung

Hugenberg galt den Nationalsozialisten als Großkapitalist, der Hitler hindere, seine sozialistischen Ziele durchzuführen. Sein Nachfolger aber wurde der Generaldirektor Dr. Schmitt, dessen Glaubensbekenntnis zum Kapitalismus noch inniger und dessen Feindschaft gegenüber sozialistischen Tendenzen noch stärker ist als bei Hugenberg. Schmitt und die zu ihm gehörenden Männer Schacht, Thyssen, Vögler, Krupp, aber auch der Wirtschaftsberater Hitlers, Ingenieur Keppler und der Brecher der Zinsknechtschaft, Herr Feder, bilden jetzt den Kreis der „Normalisierer". Sie wollen die normalen Gesetze der kapitalistischen Wirtschaft wieder herstellen.

Dazu gehört vor allem, daß der Einfluß der Arbeiter gebrochen wird. Im Staatsleben ist das geschehen. Nirgends vermag sich der Wille der unteren Volksschichten zu äußern, überall sind sie ausgeschaltet. Das gilt auch von dem Wirtschaftsleben, wo die Gewerkschaften zerstört, die Konsumgenossenschaften gleichgeschaltet, Schlichtungswesen, Arbeiterversicherung und Sozialrecht der Staatsmacht ausgeliefert worden sind. Als einzige Stelle, durch die Arbeiter ihre Interessen geltend machen können, erschien deshalb vielen die nationalsozialistische Betriebszellenorganisation, die NSBO.

Aber auch dieser Frühlingsglaube ist durch einen eisigen Reif zerstört. Um „Störungen in der Wirtschaft", besonders in den Kali-Werken Nordthüringens vorzubeugen, wurde der Kreisleiter der NSBO. in Sonderhausen in Schutzhaft genommen. Dasselbe geschah den sämtlichen Vorsitzenden der NSBO. auf den Schiffswerften in Hamburg-Altona. Sie werden beschuldigt, „verbotene Eingriffe in das Wirtschaftsleben vorbereitet" zu haben. Dabei haben sie nichts anderes getan, als in einer Denkschrift die Sozialisierung der Werften zu fordern, die seit mehr als anderthalb Jahrzehnten nur noch existieren können, weil sie aus öffentlichen Mitteln subventioniert werden.

Die offene „Gleichschaltung" der NSBO., und der „Arbeitsfront" unter die kapitalistische Vormundschaft wird nicht mehr lange auf sich warten lassen. Die Naziführer haben jeden Sozialismus an Thyssen verraten und verkauft!

Das Brechmittel

Zum Schaden auch noch Spott

Die Forderung nach der Brechung der Zinsknechtschaft ist nach Goebbels nur ein Mittel zum Brechen. Man wußte längst, daß diese programmatische Forderung, auf die Landwirte und Mittelstand so große Hoffnung gesetzt haben, in den Orkus versenkt worden ist. Immerhin gab es zahlreiche Fälle, in denen Schuldner, im Vertrauen auf die von Hitler versprochene Brechung der Zinsknechtschaft die Rückzahlung von Krediten oder die Entrichtung von Zinsen ablehnten, weil sie mit einem allgemeinen Schulden- oder Zinsennachlaß rechneten. Zu solchen Auffassungen wird jetzt amtlich kategorisch bemerkt:

Eine solche Erwartung entbehrt jeglicher Grundlage. Die zum Gegenstand berechtigter Klagen gemachte Haltung einzelner Schuldner ist nur geeignet, die allgemeine Kreditsicherheit zu erschüttern und den von allen Seiten und mit Aufbietung aller Kräfte erstrebten Wiederaufbau der Wirtschaft ernstlich zu gefährden.

Ausgezeichnet ist diese Sprache. Man merkt förmlich den Hohn des Herrn Staatssekretärs im Reichswirtschaftsministeriums Gottfried Feder, daß es so viele Dumme gegeben hat, die auf seinen Schwindel hereingefallen sind.

Wie im Sommer 1914 . . .

Das wichtigste Ereignis in England vom nationalen und internationalen Standpunkt ist zweifellos die vollständige Umkehr der Meinung über Deutschland, seitdem dieses Land vor und nach den Wahlen vom 5. März seine Freiheiten „hat ohne Widerstand hinwürgen lassen. Die englische Meinung hat in diesem Sommer 1933 einen ähnlichen Stoß erlitten wie im Sommer 1914. (Bericht aus London in „Le Temps" vom 15. August.)

Der andere Weg

Demokratie und Diktatur

Wie auf dem Kongreß der II. Internationale, so steht nach der Zertrümmerung der deutschen Demokratie die Frage Diktatur oder Demokratie namentlich für die deutschen Genossen im Vordergrund der politischen Diskussion. Wir geben hier einen Beitrag zu diesem Thema.

Jenes Werk von Weimar, das die junge deutsche Republik in schwerster Zeit vor Zerfall bewahrte, wurde von Betrügern überrumpelt, die sich als Verteidiger der Demokratie zur Macht empor logen. Diese Demokratie hat dem Proletariat manche sozialpolitische Tat beschert, hat in zehnjährigem Wirken der deutschen Republik in der Welt ebensoviel Ehre und Ansehen erobert, wie sie jetzt durch die braune Barbarei bei allen zivilisierten Nationen Unehre, Abscheu, Boykott und Feindschaft erntet; aber diese Demokratie erwies sich als unfähig, über das Verfallsstadium des Kapitalismus hinweg zu neuen Wirtschaftsformen emporzuführen, weil sie mitten im schwersten Existenzkampfe von Bürgertum, Kleinbürgertum und Teilen des Proletariats verlassen wurde. Aus diesen alten Tatsachen gilt es neue Konsequenzen zu ziehen.

Ueber den Wert der Demokratie soll nicht gestritten werden. Es gibt kein zivilisiertes Land, in dem das sozialistische Proletariat nicht seinen Kampf für die Demokratie durchgefochten hätte, denn sie ist die in der kapitalistischen Gesellschaft denkbar menschlichste, freiheitlichste Staatsform. Alle Widersprüche der bürgerlichen Ordnung finden in der Demokratie nicht nur stärksten Ausdruck und klarsten Widerhall, sondern auch wachsenden und organisierten Widerstand. Richtig angewandte Demokratie ist nicht nur Appell an Menschlichkeit und soziale Gerechtigkeit, sondern auch Mobilisierung antikapitalistischer Schichten gegen kapitalistische Ausbeutung und Mißwirtschaft. Dies schließt leider nicht aus, daß in wirren Zeiten antikapitalistische Massen von demagogischen, scheinrevolutionären Bewegungen zu gegenrevolutionären Zwecken mißbraucht werden können, wie wir das in Italien und Deutschland erlebt haben. Im Hintergrund stand das Großverdienertum aller Art und rieb sich die Hände, weil ihm die Demokratie mit ihrer Mobilisierung der Mittellosen auf die Dauer wirklich gefährlich wurde.

Und hier berühren wir die Grenzen der Demokratie. Sie verlaufen dort, wo es die Entwicklung notwendig macht, alte Besitzverhaltnisse zugunsten der breiten Massen umzustoßen oder wo der Sozialimus eine wirkliche Macht und unmittelbare Gefahr für die Bourgeoisie zu werden beginnt.

Also ist es nicht möglich, die kapitalistische Wirtschaft mit demokratischen Mitteln umzugestalten? Möglich durchaus. Bei idealer, konsequenter Anwendung der Macht des Stimmzettels bleibt es für die breiten Massen denkbar, den Krisenbankrott des Großkapitalismus durch den Staatskapitalismus zu liquidieren. Ansätze dazu waren auch im demokratischen Deutschland vorhanden. Aber es hat sich gerade hier gezeigt, daß die Bourgeoisie in diesem Stadium der Entwicklung nicht nur auf alle liberalen Traditionen pfeift, sondern auch den brutalsten Ausweg wählt, nämlich die Rettung ihrer Herrschaft durch Faschismus.

In einem Lande aber, in dem die „freiste Verfassung der Welt" von den Wählern im Stich gelassen wurde, muß eine Rückkehr zur bürgerlichen Formaldemokratie sehr schwierig, wenn nicht

„Neuer Vorwärts" Sozialdemokratisches Wochenblatt vom August 1933. Kam illegal über die Grenze und wurde auch in Essen verteilt.

nenden illegalen Zeitschriften, von denen bis zu 150 Stück monatlich durch die Hände von Otto Meister gingen. Dazu gehörten auch einige Tarnschriften mit unverfänglichem Titel, die den wirklichen Inhalt auf den ersten Seiten verbargen. Eine davon nannte sich „Die Kunst des Selbstrasierens", in ihr war das „Prager Manifest" des SPD-Emigrationsvorstandes vom Januar 1934 abgedruckt. Darin hieß es u. a.:

„Der Kampf zum Sturz der Diktatur kann nicht anders als revolutionär geführt werden. Ob Sozialdemokrat, ob Kommunist, ob Anhänger der zahllosen Splittergruppen, der Feind der Diktatur wird im Kampf durch die Bedingungen des Kampfes selbst der gleiche sozialistische Revolutionär. Die Einigung der Arbeiterklasse wird zum Zwang, den die Geschichte selbst auferlegt."

Am 1. Mai 1934 traf man sich wieder in Werden. Allerdings nicht bei der alten Zeche Pauline, sondern in der Gaststätte Altenburg auf dem Pastoratsberg. Zwischenfälle oder Störungen gab es auch jetzt nicht.

Das ganze folgende Jahr über hielt man auch weiterhin den Kontakt untereinander. Illegale Zeitschriften gingen von Hand zu Hand, wurden gelesen, und man diskutierte später im kleinen Kreis Gleichgesinnter darüber.

Für den 1. Mai 1935 verabredete man sich erneut in der Gaststätte Altenburg, doch diesmal hatte die Gestapo einen Hinweis erhalten. Der Essener Gestapo-Mann Paul Webers schrieb in einem Bericht, der später in Gerichtsakten abgeheftet wurde:

„Am 1. Mai 1935, gegen 11 Uhr, vormittags, wurde von der Ortsgruppe der NSDAP in Essen-Werden fernmündlich mitgeteilt, daß in der Gaststätte ‚Altenburg', Essen-Werden, Pastoratsberg, vermutlich eine Zusammenkunft ehem. SPD-Angehöriger stattfände. In dem Lokal ‚Altenburg' hielten sich tatsächlich eine größere Anzahl Männer auf, die teilweise eine rote Blume im Knopfloch trugen. Kurz nach unserem Erscheinen entfernten sich die Personen. Wie festgestellt wurde, hatten sie sich mit anderen in der Wirtschaft Kimmeskamp, Werden, Ruhrstraße, verabredet... Danach wurde das Lokal Kimmeskamp mit Unterstützung von Beamten des 22. Polizeireviers überholt und die auf der vorgehefteten Einlieferungsanzeige aufgeführten Personen, die alle in einem Saal neben dem eigentlichen Wirtschaftsraum saßen, vorläufig festgenommen. Auch unter diesen befanden sich wieder eine größere Anzahl, die schon vorher im Lokal ‚Altenburg' gewesen waren."

Zu den Festgenommenen gehörte auch Otto Meister. Für ihn und einige andere sollte es Jahre dauern, bis sie die Freiheit zurückerhielten. Kurz nach dem 1. Mai 1935 war man auch noch der überörtlichen Organisation sozialdemokratischer Widerstandsgruppen auf die Spur gekommen und hatte in diesem Zusammenhang die Essener Verhafteten in die Ermittlungen einbezogen. Zuständig dafür war die Gestapo Duisburg.

Am 7. Juni 1935 wurde hier auch Otto Meister vernommen. Als er nicht das sagte, was man von ihm erwartete, übergab man ihn den bereitstehenden Folterknechten. Wie die mit ihm umgegangen sind, beschrieb er in seinen Erinnerungen:

„Schuhe und Strümpfe mußte ich ausziehen. Ein Eimer Wasser wurde ausgegossen. Auf diese Wasserstelle mußte ich mich dann stellen. Einen Fuß mußte ich heben und bekam dann einen Schlag mit dem Polizeiknüppel. Dreißig

Neuer Vorwärts

Sozialdemokratisches Wochenblatt

Nr. 166 SONNTAG, 16. August 1936

Aus dem Inhalt:
Die Intervention der NSDAP in Spanien
Friedensverträge zur Kriegsvorbereitung
Aus einer kleinen Despotie
Die faschistische Weltverschwörung

Verlag: Karlsbad, Haus „Graphia“ — Preise und Bezugsbedingungen siehe Beiblatt letzte Seite

Braune Justiz-Olympiade

Massenprozeß gegen illegale Sozialdemokraten in Rheinland-Westfalen. — 600 Angeklagte, 450 bereits abgeurteilt. — Viele hundert Jahre Zuchthaus. — Unmenschliche Folterungen in der Voruntersuchung

Gegenwärtig wickelt sich vor dem Oberlandesgericht in Hamm in Westfalen die Serie eines Riesenprozesses gegen früher sozialdemokratisch organisierte Männer und Frauen ab, den man im ganzen Westen den »Brotfabrik-Prozeß« nennt. Den Namen hat der Prozeß bekommen, weil er seinen Ausgang genommen hat von einer Brotfabrik »Germania« in Hamborn. Hier waren viele Sozialdemokraten und Freigewerkschaftler beschäftigt gewesen und hier hatte die Gestapo die ersten Verhaftungen vorgenommen. Ende April 1935, also bereits vor 1½ Jahren, erfolgten hier die ersten Verhaftungen.

Die Fabrik wurde von der Gestapo geschlossen, angeblich weil hier ein »marxistisches Nest« entdeckt worden war, in dem man sich nicht nur gegen den „nationalsozia-[illegible]

Hochverrats einen organisatorischen Zusammenhalt herzustellen und aufrecht zu erhalten, die Massen durch Verbreitung von Schriften zu beeinflussen. Die Schriften wurden zum Zwecke der Verbreitung im Inlande, aus dem Auslande eingeführt. Die Angeschuldigten haben an dem Aufbau einer illegalen sozialdemokratischen Organisation mitgearbeitet, die die Einfuhr und Verbreitung hochverräterischer Druckschriften, die Einziehung von Beiträgen zu deren Bezahlung und der Uebermittlung von Nachrichten über innerdeutsche Verhältnisse in das Ausland zum Gegenstand hatten. Alle Angeschuldigten haben im Rahmen dieser Tätigkeit auch an Besprechungen im Auslande teilgenommen.

Der Monsterprozeß wird seit Anfang Mai in mehreren Abteilungen durchgeführt. Be-[illegible]

liche Entscheidung dahingehend gefällt, daß die SPD »als hochverräterische Partei und Organisation« zu gelten habe. Sie sei nicht nur eine hochverräterische Bewegung, sondern auch eine hochverräterische Organisation, deren Unterstützung objektiv betrachtet, die Vorbereitung eines hochverräterischen Unternehmens darstelle. Es genüge dabei die Propaganda von Mund zu Mund und die Verbreitung der Gedanken der SPD, weiterhin Beitragszahlungen oder sonstige geldliche Zuwendungen. Das letztere bedeutet in der Praxis, daß alle diejenigen verurteilt werden können, die das Elend der Familien der Inhaftierten durch Hilfsmaßnahmen zu lindern suchten.

Von den 600 Angeschuldigten sind bis jetzt etwa 450 abgeurteilt [illegible]

Die Väter steckte man ins Gefängnis, die Familien überließ man ihrem Unglück. So kam es, daß die Kinder der Verhafteten hungern mußten und daß sich Mütter erhängten.

Der Riesenprozeß dauert bereits über zwei Monate. Man rechnet mit dem Schluß Ende August. Dann soll der Hauptschlag gegen die 17 »Rädelsführer« geführt werden. Es sind dies:

Hermann Runge-Mörs, Ludwig Lude-Stolberg, Eduard Dietz-Aachen, Ferdinand Sauerbier, Franz Bott, Willi Schirrmacher-Köln, Adam Kompy, Theodor Steigermann-München-Gladbach, Karl Mankamp, Gerhard Schaub, Wilhelm Kottwinkel-Lüdenscheid, Heinrich Hammacher, Wilhelm Weis, Dr. Jacob Schiefer-Köln, Ernst Gnoß-Solingen, Schepling Deut.

„Neuer Vorwärts“ vom 16. August 1936 mit einem Bericht über den Prozeß gegen Otto Meister und seine Genossen. Wurde auch illegal in Deutschland verteilt.

solcher Schläge bekam ich auf die Fußsohlen. Diese Prozedur war bei mir ohne Wirkung. Es war nichts herauszubekommen. Ich mußte den Rock ausziehen, ein Eimer Wasser wurde mir über den Rücken gegossen, man zog mich über den Schreibtisch und verprügelte mich mit dem meterlangen Ochsenziemer. Die Wirkung der Schläge mit Wasser war furchtbar. Dabei wurde das gewünschte Resultat auch nicht erzielt, und neue Grausamkeiten wurden angewandt.

Meine Hände wurden in die Acht geschlossen, durch die Beine gezogen und dahinter ein Spazierstock gestellt. Man gab mir einen Tritt in den Hintern, und ich lag am Boden. Darauf wurde ein Stuhl zertrümmert, von dem jeder Gestapo-Mann ein Stuhlbein nahm und damit auf mich einschlug. Nach dieser Prozedur, wie lange sie gedauert hat, weiß ich nicht, denn ich war dabei besinnungslos geworden, so hatten sie mich zugerichtet, kaum noch zu erkennen, konnte ich wieder gehen.

Die Schuhe konnte ich nicht anziehen, da die Füße stark geschwollen waren. Der Gestapo-Mann Horch sagte, daß ich für drei Jahre die Kartoffeln im Keller hätte. Dann saß ich vier Wochen in Einzelhaft."

Die Untersuchungshaft dauerte 14 Monate, erst dann fand unter dem Aktenzeichen 6 0 Js 596/35 ein Prozeß statt, der am 9. Juli 1935 mit dem Urteil des II. Strafsenats beim Oberlandesgericht Hamm endete.

Auf der langen Liste der Angeklagten standen hinter der laufenden Nr. 16 die Buchstaben „p. p.". Noch in der Anklageschrift des Generalstaatsanwaltes, die das Datum 16. Mai 1936 und den Hinweis „Hochverratssache! Vertraulich! Haft!" trägt, stand hier der Name Franz Voutta, geb. am 20. Januar 1874 in Mingstimme, wohnhaft in Essen-Werden, Schützenbahn 24 (später Dudenstraße). Er war Sprecher und Organisator jener Maifeiern gewesen, von denen Otto Meister berichtete.

Auch am 1. Mai 1935 festgenommen, wurde der 61jährige Schreiner bei den folgenden Vernehmungen derart mißhandelt, daß er sich gesundheitlich nicht mehr erholte. Verhandlungsunfähig, starb er wenige Tage nach dem Urteilsspruch gegen seine Genossen an den Folgen der Qualen, die ihm Unmenschen zugefügt hatten.

Die illegale sozialdemokratische Tätigkeit Otto Meisters wurde im Oberlandesgerichtsurteil mit zwei Jahren und zehn Monaten Zuchthaus geahndet. Wenige Tage später kam er dann „auf Transport". Nach kurzem Aufenthalt im Zuchthaus Lüttringhausen überführte man ihn im September 1936 in das Zuchthaus Herford.

Zu diesem Zeitpunkt war er bereits aus der faschistischen „Deutschen Arbeitsfront" ausgeschlossen worden, der anzugehören damals zu den befohlenen Pflichten eines jeden „Schaffenden" in Deutschland gehörte. Bereits wenige Monate nach seiner Festnahme am 1. Mai des Jahres 1935 hatte sich „Die

Deutsche Arbeitsfront", Essen-Borbeck, Stolbergstr. 53, in Sachen Otto Meister an die Gestapo gewandt. Man wollte von dem „Volksgenossen" wissen, „ob sich derselbe wegen staatsfeindlicher Umtriebe in Haft befindet". Als Begründung war in dem Brief zu lesen: „Wir benötigen diese Angaben, um diesen Volksgenossen, falls der Verdacht zu Recht bestehen sollte, aus der Deutschen Arbeitsfront ausschließen zu können." Das Antwortschreiben der Essener Gestapo vom 15. Oktober 1935 lautete: „Otto Meister befindet sich wegen Vorbereitung zum Hochverrat in Duisburg im Untersuchungsgefängnis. Er hat eine langjährige Gefängnis-, wenn nicht gar Zuchthausstrafe zu gegenwärtigen. Außerdem hat er am 1. Mai d. J. in Essen-Werden an einer verbotenen Maifeier teilgenommen. Sein Ausschluß aus der DAF ist daher gerechtfertigt."

Entsprechend dieser Empfehlung handelten die Deutschen Arbeitsfrontler. Die „Deutsche Arbeitsfront, Betriebsgemeinschaft Krupp", unterzeichnet von ihrem Betriebsgemeinschaftswalter Lipke, ließ am 12. Dezember 1935 in allen Werkstätten des Krupp-Betriebes einen Aushang anschlagen: „Nachstehende Mitglieder sind vom Gauwalter der DAF Pg. Johlitz M.d.R. aus der Deutschen Arbeitsfront ausgeschlossen", stand über der Namensliste, in der auch Otto Meister aufgeführt war. Vorsorglich hatte man noch für alle Genannten geltend hinzugefügt: „Vor deren Wiederaufnahme wird hierdurch gewarnt."

Zu diesem Zeitpunkt weilte Otto Meister bereits in Lüttringhausen. Später in das Zuchthaus Herford verlegt, arbeitete er lange Zeit im Tütensaal. Hier mußte er für ein weltbekanntes Hagener Unternehmen „Brandtüten" kleben. „Die Tagesleistung (Pensum) betrug 300 Stück. Sie wurde mit 4 Reichspfennigen bezahlt. Nicht etwa, daß diese Bettelpfennige nach Monatsschluß ausbezahlt wurden, nein, sie wurden beiseite gelegt, denn es galt zuerst eine Summe von 25 Reichsmark anzusammeln, damit man bei der späteren Entlassung auch das Fahrgeld selbst bezahlen konnte. Des weiteren mußten auch zu Bruch gegangene Krüge, Tassen und Kübel von diesem Geld bezahlt werden. War der obengenannte Betrag aufgebracht, so konnte man jeden Monat von der Hälfte seines ‚Verdienstes' einkaufen."

Die Zustände im Zuchthaus Herford charakterisierte Otto Meister mit den Worten: „Es war eine Ausplünderung der Strafgefangenen in der vollendetsten Form."

Eine Zeitlang war er hier mit Anton Deuter zusammen, einem bekannten und besonders bei der Jugend beliebten Kommunisten, der auch in Essen-Borbeck sein Zuhause hatte. „Anton Deuter war von Münster nach hier verlegt worden. Auf Zelle 32 lag ich, Anton auf Zelle 33, nebenan. Im Tütensaal saßen wir uns gegenüber. Alle politischen Probleme wurden während der Arbeitszeit durchgesprochen und auch manche hitzige Debatte geführt. Es ließ sich auch mit ihm debattieren, da er in der Arbeiterjugend groß geworden war und ein überdurchschnittliches Wissen besaß."

Auf der langen Liste der Essener Toten des antifaschistischen Widerstandes steht auch der Name von Anton Deuter. Später in das KZ Buchenwald verschleppt, verlor er hier noch vor Ausbruch des Zweiten Weltkrieges sein Leben.

Am 1. März 1938 hatte Otto Meister die im Urteil ausgesprochene Strafe verbüßt. Zwar wurde pünktlich um 12.00 Uhr seine Zelle aufgeschlossen, aber die Entlassung nahm nicht den üblichen Verlauf. Als sich das große Tor des Zuchthauses öffenete, standen davor zwei Polizisten, die ihn in Empfang nahmen und sofort zum Bahnhof brachten. Mit einem „Schubwagen" transportierte man ihn nach Duisburg. Ausgerechnet am Rosenmontag schloß sich hier dann hinter ihm eine Zellentür im Polizeigefängnis. Frau Meister hatte derweil vergeblich in Essen die Ankunft ihres Mannes erwartet. Wenige Tage später unterzeichnete Heydrich, später der berüchtigte Leiter des Reichssicherheitshauptamtes, diesen Schutzhaftbefehl:

„Auf Grund des § 1 der Verordnung des Reichspräsidenten zum Schutze von Volk und Staat vom 28. Februar 1933 wird in Schutzhaft genommen:

Vor- und Zuname:	Otto Meister
Geburtstag und Ort:	12. 3. 1885 zu Gleina/Querfort
Beruf:	Schlosser
Familienstand:	verheiratet
Staatsangehörigkeit:	Dt. Reich
Religion:	glaubenslos
Wohnort und Wohnung:	Essen-Borbeck, Am Brauhaus 25

Gründe:

Otto Meister wurde wegen Vorbereitung zum Hochverrat zu 2 Jahren 9 Monaten Zuchthaus verurteilt. Seine marxistische Einstellung gibt noch nicht die Gewahr dafür, daß er sich nicht wieder illegal betätigt. Seine Inschutzhaftnahme ist aus sicherheitspolizeilichen Gründen erforderlich.

Gez. Heydrich"

Der Schutzhaftbefehl bedeutete für den Betroffenen die sofortige Einweisung in ein Konzentrationslager. Otto Meister kam nach Sachsenhausen, wo er am 30. März 1938 eintraf. Erst vier Jahre später, im Februar 1942, wurde er entlassen.

In der heute zugänglichen Literatur, die sich mit den Massenfolterstätten unseres Jahrhunderts beschäftigt, findet man vieles über die menschenunwürdigen Verhältnisse des Konzentrationslagers Sachsenhausen bei Oranienburg.

Auch Otto Meister beschreibt in seinen Erinnerungen Bestialitäten, die teuflische SS-Hirne erdachten und mit wahrer Wollust praktizierten. Die ständige Redensart: „Ihr geht nur noch auf dem Rücken durch das Lagertor wieder nach draußen" war noch die harmloseste, es gab schlimmere. Er sah, wie viele seiner

Kameraden von den Arbeitsstellen ausgehungert, geschunden und völlig erschöpft abends zurückkehrten, und wußte, daß einige von ihnen am folgenden Morgen nicht mehr am Leben sein würden. Er war mehrmals Zeuge der Prügelstrafen, die, mit lederumnähten Haselnußstöcken praktiziert, gräßliche Wunden auf Rücken und Gesäß hinterließen. Wie schmerzhaft diese Erniedrigung für den Betroffenen war, hat er selbst auch erleben müssen. Mit Tausenden anderen Häftlingen stand er bei Wind, Regen und bitterer Kälte stundenlang auf dem Appellplatz und sah viele seiner Leidensgefährten „umfallen wie die Fliegen". Otto Meister war auch dabei, als man an einem Septembertag des Jahres 1939 einen Dinslakener Bibelforscher erschoß, weil er sich geweigert hatte, seinen Wehrpaß zu unterzeichnen. Otto Meister beschrieb die furchtbare Marter, Häftlinge bis zum Hals einzugraben, und schilderte den organisierten Massenmord an Tausenden sowjetischen Kriegsgefangenen.

In die Zeit seines Aufenthaltes in Sachsenhausen fielen auch seine Begegnungen mit Artur Hammer und Karl Wolf aus Essen. Im Jahre 1918 gehörte Artur Hammer dem Essener Arbeiter- und Soldatenrat an und nahm um die Jahreswende 1918/19 als Delegierter am Gründungsparteitag der KPD in Berlin teil. Karl Wolf, Sozialdemokrat, war bis zur Gleichschaltung der Gewerkschaften am 2. Mai 1933 Bezirksleiter des Deutschen Metallarbeiterverbandes. Beide wurden später von ihren Peinigern umgebracht und gehören zu den Essener Opfern des antifaschistischen Widerstandes.

Otto Meister hielt aber auch Beispiele der Solidarität innerhalb der Zwingburg des Unrechtes fest. Alle politischen Gegensätze vergessend, halfen Kommunisten und Sozialdemokraten sich gegenseitig und ließen auch anderen diese für sie selbstverständliche Solidarität spüren.

Das Urteil der Nazis über das „Benehmen" des Essener Sozialdemokraten in Sachsenhausen war entsprechend. Als am 6. Mai 1938 die Staatspolizeistelle Duisburg bei der Kommandantur des KZ-Lagers einen Führungsbericht anforderte, bekam sie mit Datum vom 12. Mai 1938 die Antwort: „Die Führung und Arbeitsleistung des M. im Lager sind nachlässig und träge. Meister ist ein großer Drückeberger, der sich nur schwer an Zucht und Ordnung gewöhnen kann. Seine politische Einstellung ist heute noch völlig staatsfeindlich. Bei M. kann nur eine längere Schutzhaft von Erfolg sein. Eine Entlassung lehne ich auf jeden Fall ab." Dieser Brief war vom Lagerkommandanten, SS-Standartenführer Baranowski, unterschrieben.

Fast vier Jahre später folgte eine „Anordnung des Reichsführers SS" über die probeweise Entlassung Otto Meisters aus der Schutzhaft. In ihr war festgelegt worden, daß er die Rückreisekosten selbst tragen müsse und „sich bis auf Widerruf jeden 3. Werktag bei der Ortspolizeibehörde seines Wohnortes zu melden" habe. Am Schluß der Anordnung war der Satz hinzugefügt: „M. ist unter Nachüberwachung zu stellen. Der Arbeitseinsatz ist zu überwachen."

Wie Otto Meister die Entlassung erlebte, schilderte er in seinen Erinnerungen: „Zum Abschied ging es zum Lagerführer, der mir nochmals eine Pauke hielt. Mit zwei Wachposten, einer vor mir, einer hinter mir, ging es zur Postenkette. An der Postenkette ging der Vordermann zur Seite, und der Hintermann gab mir mit den Worten: ‚Du Lumpenhund, laß dich hier nicht wieder sehen' einen Tritt in den Hintern. So wurde ich in ‚Freiheit' gesetzt."

Am Morgen des 4. Februar 1942 ging Otto Meister wieder durch die Straßen der Stadt, in der er fast sieben Jahre zuvor, am 1. Maitag des Jahres 1935, verhaftet worden war. Über die Fahrt nach Essen und das Wiedersehen mit seiner Familie schrieb er: „Am 3. Februar 1942, gegen 23 Uhr, fuhr ich vom Bahnhof Berlin-Friedrichstraße in Richtung Westen ab. Hinter Stendal kam eine Zugkontrolle. Nachdem einer von ihnen meinen Abkehrschein gelesen hatte, sagte er: ‚Sie sind aber lange im Lager gewesen.' Ich erklärte ihm, daß es mir dort ausgezeichnet gefallen hätte und ich daher so lange dort geblieben wäre. Er lachte und ging weiter. Gegen acht Uhr morgens war ich in Essen und fuhr sofort zu meiner Wohnung in Essen-Borbeck, Am Brauhaus 25. Erst nachdem ich meine Frau anredete, erkannte sie mich wieder. Meine Tochter war bei der Firma Müller u. Co. auf dem Büro beschäftigt. Bei ihrer Rückkehr um 19 Uhr fiel sie mir um den Hals und sagte: ‚Vater, versprich mir, dich nie mehr um Politik zu kümmern.' Meine Antwort war: ‚Ilse, das kann und werde ich nie versprechen, und wenn ich morgen wieder dahin zurückgehen muß, woher ich gekommen bin.' An dem selben Tag habe ich mich noch auf dem 21. Polizeirevier angemeldet."

Noch am Abend des Tages seiner Rückkehr nach Essen besuchten ihn zwei seiner Genossen und blieben bis in die frühen Morgenstunden des anderen Tages bei ihm. Die illegale antifaschistische Arbeit nahm er wieder auf, natürlich vorsichtiger, aber man kapitulierte nicht. Die Treffs fanden gewöhnlich samstags nachmittags in Wohnungen statt. Auf diese Art blieben die einmal geknüpften Fäden bestehen.

Im März 1945 wurde der Betrieb, in dem Otto Meister eine Arbeit gefunden hatte, nach Bischofsgrün in Bayern verlegt. Diese Gelegenheit benutzte er, um sich nach Gleina, in seinen Geburtsort, abzusetzen. Am 12. April 1945 trafen hier amerikanische Truppen ein. Zwei Monate später wurde dieses Gebiet Teil der sowjetischen Besatzungszone.

Jetzt war er öffentlich und nicht mehr illegal dabei, als das politische Neubeginnen die Menschen zum Engagement aufrief. Dazu sagte er selbst:

„Die Russen hoben nach vier Wochen die Nachtsperren auf und erlaubten politische Versammlungen. Fast jeden Tag war ich nach Arbeitsschluß und sonntags auf Tour, um auf die Bauern einzuwirken...

Ich habe in Mitteldeutschland die Bodenaufteilung miterlebt, die die Junker entmachtet hat. Im Oktober 1945 waren sie alle vertrieben. Sie hatten sich zum größten Teil alle nach dem Westen abgesetzt in der Hoffnung, in fünf Jahren wieder zurückzukehren. Ich war über die Bodenaufteilung anderer Ansicht, aber etwas Gutes hat sie dennoch geschaffen: die Junker endgültig entmachtet. Die Russen haben mit ihnen kurze Fünfzehn gemacht.“

Am 9. November 1945 kam Otto Meister wieder nach Essen und war hier bald darauf verantwortlicher Sekretär der Gewerkschaft Öffentliche Dienste, Transport und Verkehr.

An den Schluß seiner Erinnerungen setzte Otto Meister die Worte: „Niemals mehr Faschismus, denn Lehrgeld haben wir dabei genügend bezahlen müssen!“

Drei Essener und ihr Weg über die Grenze

Zu den Antifaschisten, die sich einer Festnahme durch die Gestapo entzogen, danach untertauchten und schließlich Deutschland verließen, gehörten auch die Essener Hans Degel, Gustav Haas und Peter Hoffmann. Während Hans Degel und Peter Hoffmann nach dem Ende des Dritten Reiches wieder in die Stadt zurückkehrten, die sie einmal bei Nacht und Nebel hatten verlassen müssen, gab es für Gustav Haas keine Rückkehr mehr. Alle drei wurden auf dem illegalen Weg über die deutsch-holländische Grenze von Alfred Richter geführt, dessen Erlebnisse an anderer Stelle dieses Buches ausführlich geschildert sind.

Hans Degel:

Der am 5. Mai 1907 in Magdeburg geborene Lagerarbeiter Hans Degel war vor dem Machtwechsel Betriebsrat bei Krupp und Abgeordneter des Preußischen Landtages. Am 2. März 1933 wurde er verhaftet und danach mit vielen anderen Mitgliedern der KPD am 20. März 1933 in das faschistische Konzentrationslager Sonnenburg im Bezirk Frankfurt an der Oder verschleppt. Danach in das KZ Esterwegen-Hümlich, Lager III, überführt, wurde er erst am 28. März 1934 wieder entlassen und kam nach Essen zurück.

Seine Arbeit in der Kruppschen Konsumanstalt konnte er nicht mehr aufnehmen, da die Firmenleitung ihm bereits im Februar 1933 aus politischen Gründen fristlos gekündigt hatte. Als Helfer eines ambulanten Händlers auf Wochenmärkten und anderen Standplätzen in der Stadt bestritt er fortan seinen Lebensunterhalt.

Eine solche Tätigkeit kam seiner illegalen politischen Arbeit entgegen, die er sofort nach seiner Entlassung aus dem Konzentrationslager wieder aufnahm. Als Anfang Mai 1935 ein ZbV-Kommando der Berliner Gestapo den Auftrag erhielt, in Essen „aufzuräumen“, drohte auch ihm die erneute Festnahme. Nachdem ihm ein Polizei-Hauptwachtmeister auf dem Kopstadtplatz vertraulich mitgeteilt hatte, daß die Gestapo ihn anderntags holen wolle, ging er nicht mehr nach Hause. Arbeitskollegen aus dem Krupp-Betrieb versteckten ihn vorübergehend in ihren Wohnungen, bis er von seiner Partei den Auftrag erhielt, Deutschland zu verlassen.

„Der ehemalige Schutzhäftling Hans Degel, geboren am 5. März 1907, ist am 15. Mai 1935 von Postallee 14 nach unbekannt verzogen", heißt es in seiner Gestapo-Personalakte. In die gleiche Akte wurde auch der Steckbrief abgeheftet, mit dessen Hilfe der Flüchtling wieder eingefangen werden sollte.

Die ersten Jahre der Emigration lebte Hans Degel illegal in Holland. Kurz vor dem Zweiten Weltkrieg entdeckte ihn hier die Polizei. Er wurde interniert und später in einem Lager auf der Insel Vlieland festgehalten. Hier ermittelte ihn die Gestapo nach dem Überfall auf Holland. In Aurich/Emsland lange von einem Beauftragten des Oberreichsanwaltes beim Volksgerichtshof verhört, kam er später als Gefangener nach Essen und wurde am 26. Februar 1941 vom Oberlandesgericht Hamm zu 2 Jahren und 3 Monaten Zuchthaus verurteilt. Obgleich am 12. September 1942 seine Strafzeit endete, hielt man ihn in verschiedenen Konzentrationslagern gefangen. Im April 1945 gehörte er zu den wenigen Überlebenden, die britische Truppen im Konzentrationslager Bergen-Belsen vorfanden.

Dem Tode nahe, nicht wissend, was um ihn geschah, wurde er in ein Lazarett eingeliefert und kam nur langsam wieder zu Kräften.

Gustav Haas:

In seiner Wohnung, Mevissenstraße 3, sollte am 18. Mai 1935 der 35jährige arbeitslose Buchdrucker Gustav Haas wegen seiner Zugehörigkeit zu einer Gruppe des antifaschistischen Widerstandes verhaftet werden. Als Gestapo-Beamte ihn dort nicht antrafen, nahmen sie seine Frau fest. Den anwesenden 12jährigen Sohn Herbert Haas wollte man aber nicht allein in der Wohnung zurücklassen. Darum fuhr man ihn mit einem Polizeiauto zu seiner Großmutter, die in der Segerothstraße 43 wohnte. Als das Fahrzeug sich dem Hause der Großmutter näherte, sah der Junge an einer Hausecke seinen Vater stehen, der sich hier mit einem anderen Mann unterhielt. Die Gefahr witternd, überlegte er, wie dem Vater wohl zu helfen sei. Bei seiner Großmutter angekommen, begannen die Gestapo-Beamten sofort damit, auch hier die Wohnung zu durchsuchen. „Geh nur, du stehst uns im Wege", rief einer der Schnüffler, als der Junge seine Großmutter fragte, ob er auf die Straße dürfe.

Sekunden später konnte er seinen Vater warnen. Der legte den Arm um seine Schulter, strich ihm übers Haar und sagte: „Junge, jetzt sehen wir uns lange Zeit nicht wieder."

„Diese Worte habe ich bis heute nicht vergessen", sagte Herbert Haas, als er mir dieses Erlebnis aus seiner Kindheit erzählte.

Nachdem es Gustav Haas gelungen war, sich einer Festnahme zu entziehen, erhielten alle Polizeidienststellen seinen Steckbrief. Darin hieß es: „Der unten Beschriebene wird eines Verbrechens der Vorbereitung zum Hochverrat beschuldigt. Er ist flüchtig und hält sich verborgen. Es ist daher die Untersuchungshaft gegen ihn verhängt worden. Es wird ersucht, ihn zu verhaften und in das nächste Gerichtsgefängnis abzuliefern, sowie zu den hiesigen Akten 9 J Nr. 489/35 sofort Mitteilung zu machen."

Zu diesem Zeitpunkt war aber der schwer herzkranke Flüchtling längst in Sicherheit. Holländische Freunde hielten ihn auch dann noch versteckt, als man Jahre später in dem von deutschen Truppen überfallenen und besetzten Land nach ihm fahndete. Die Befreiung vom Faschismus erlebte er nicht mehr; er starb im Februar 1944.

Am 12. Januar 1946 schrieb der deutsche Antifaschist August Bastrup aus Oldenburg i. O. an Frau Magda Haas: „Ich erfülle nur ungern die Pflicht, Ihnen die schmerzliche Mitteilung machen zu müssen, daß Ihr Mann, Gustav Haas, geb. am 7. August 1900 in Tübingen, am 16. Februar 1944 morgens um 10 $^{1}/_{2}$ Uhr etwa in Groningen gestorben ist... Infolge der damaligen Tage waren wir gezwungen, Ihren Mann aus Sicherheitsgründen vorläufig zu begraben. Am 16. Juni 1945 ist er ausgegraben und anschließend ordnungsgemäß beerdigt worden. Dieses Begräbnis hat in aller Stille stattgefunden unter Teilnahme der nächsten Freunde Ihres Mannes. Ihr Mann liegt auf dem ‚Zuider Begrafplaats' in Groningen begraben. Sein Grabstein trägt die Inschrift: ‚Hier ruht unser lieber Freund Gustav Haas!'"

Peter Hoffmann:

Der Transportunternehmer Peter Hoffmann, am 11. Dezember 1904 in Essen geboren, wohnte im August 1936 in der Rankestraße 19. Er gehörte zu dieser Zeit einer Widerstandsgruppe an, die in engem Kontakt zu dem verantwortlichen Funktionär der illegalen KPD im Ruhrgebiet, Paul Eisenschneider, stand.

Während die Gestapo bei einer Überraschungsaktion mehrere Mitglieder der Gruppe festnehmen konnte, entging Peter Hoffmann der Verhaftung. Alfred Richter brachte ihn kurze Zeit später über die deutsch-holländische Grenze in Sicherheit. Im Januar 1937 kam Peter Hoffmann nach Spanien, um als Angehöriger der Internationalen Brigaden dort die Republik mit zu verteidigen. Eine Typhuserkrankung zwang ihn, im Herbst 1938 Spanien zu verlassen. Bei Kriegsausbruch im September 1939 in Frankreich interniert, hielt man ihn bis zum 13. Mai 1941 im französischen Gewahrsam. Dann wurde er den deutschen Behörden übergeben.

„Der Angeklagte wird wegen Vorbereitung eines hochverräterischen Unternehmens zu einer Gefängnisstrafe von 1 – einem – Jahr und 6 – sechs – Monaten, auf die 3 – drei – Monate und 2 – zwei – Wochen als Untersuchungshaft angerechnet werden, verurteilt." Dieses Urteil verkündete Senatspräsident Bergmann als Vorsitzender des II. Strafsenates beim Oberlandesgericht in Hamm am 2. September 1941. Nach der Verbüßung der Strafe in das KZ Sachsenhausen verschleppt, preßte man ihn im Dezember 1944 in die berüchtigte Strafeinheit „Dirlewanger". Im Januar 1945 lief er mit 365 anderen Angehörigen der Strafeinheit zu den sowjetischen Truppen über. Drei Tage vor der Währungsreform, am 17. Juni 1948, kam Peter Hoffmann wieder nach Essen zurück.

★

Ich stellte diese drei Essener Antifaschisten so ausführlich vor, um zu zeigen, wer sie waren und was aus ihnen wurde, nachdem derselbe Mann, Alfred Richter, sie vorübergehend in Sicherheit gebracht hatte. Bereitwillige Auskünfte aller, die dabei waren, ermöglichen es, ihren Weg in die Emigration nachzuzeichnen.

Grenzübergang Degel / Haas

An einem Maitag des Jahres 1935 erhielt Alfred Richter von dem Ruhrgebietsinstrukteur die Mitteilung, der verantwortliche Leiter des Bezirkes sei mit nach Krefeld gekommen und müsse ihn unbedingt sprechen. Bald darauf stand er dem Wuppertaler Kommunisten Otto Kropp gegenüber. Der hatte folgendes dringendes Anliegen: Zwei seiner Essener Mitarbeiter seien in großer Gefahr und müßten unbedingt über die Grenze in Sicherheit gebracht werden. Da einer von ihnen schwer herzkrank sei und dringend ärztliche Behandlung benötige, bat er um sofortige Hilfe.

Den Einwand Richters, ihm sei es streng verboten, außer der ihm übertragenen Arbeit etwas anderes zu übernehmen, ließ Otto Kropp nicht gelten. „Der Herzkranke kann unter unseren Händen sterben. Wir können einfach nicht länger warten, es muß sofort etwas geschehen." Diese Worte und ein leidenschaftlicher Appell an sein Gewissen ließen Alfred Richter schließlich seine Bedenken vergessen.

Für den frühen Morgen des 23. Mai 1935 vereinbarte er einen Treff mit den beiden gefährdeten Essenern in der Nähe des Krefelder Hauptbahnhofes. Von hier aus wollte er mit ihnen dann den illegalen Weg über die Grenze nach Holland antreten.

Auf die Minute pünktlich erschien Hans Degel, den Alfred Richter von früher gut kannte. Von ihm erfuhr er dann, daß Gustav Haas der Herzkranke sei, von dem Otto Kropp gesprochen hatte. Jetzt wartete er in der Nähe auf weitere Anweisungen. Alfred Richter bat darum, ihn unverzüglich zum Bahnhof zu holen. Er selbst würde in der Zwischenzeit drei Fahrkarten nach Kleve kaufen.

Besorgt hielt er nach dem Fahrkartenkauf Ausschau. Der Zeitpunkt des Treffs war von ihm so gewählt worden, daß man ohne längeren Bahnhofsaufenthalt den Zug nach Kleve erreichen konnte. Aber erst als der aus Richtung Düsseldorf kommende Zug bereits in den Bahnhof einfuhr, sah er die beiden. Nur unter großen Anstrengungen und immer wieder stehenbleibend, näherte sich Gustav Haas, von Hans Degel geführt. Als sie endlich eintrafen, verließ der Zug in Richtung Kleve den Bahnhof.

Was nun? Der ursprüngliche Plan war nicht mehr durchführbar, da Gustav Haas zu einem längeren Marsch über die Grenze nicht fähig war.

In einer Gaststätte hielt man Rat. Nach kurzer Zeit verließ Alfred Richter die Gaststätte und rief seinen Schwager in Duisburg an. Der war selbständiger Böttchermeister und besaß einen Personenkraftwagen. Ihn bat Alfred Richter um eine dringende Fahrt nach Kleve. Man wartete um 12 Uhr an der vereinbarten Stelle, aber er kam nicht. In einem zweiten Telefongespräch erfuhr Alfred Richter, daß eine Reparatur am Auto die Ankunft um zwei Stunden verzögere.

Um 14 Uhr klappte dann alles wie vorgesehen. Hinter Krefeld hielt man kurz an, um über alles, was jetzt bevorstand, ausführlich zu sprechen. Es war bekannt, daß die Nazis ihre Grenzkontrollen tief ins Land hinein gestaffelt hatten. Bei einer solchen Kontrolle mußte man schon einen plausiblen Grund für die Fahrt mit dem Auto angeben können. Nach kurzer Beratung wurde folgendes vereinbart:

Werden wir vor Kleve angehalten, dann sind wir auf dem Weg zur Heilanstalt Bedburg-Hau, um dort eine mit uns verwandte Patientin zu besuchen. Um das glaubhafter erscheinen zu lassen, werden wir ein Tablett mit Kuchen und einen Blumenstrauß kaufen. Haben wir Kleve passiert, dann fahren wir in Richtung Kranenburg weiter, da diese Straße stellenweise die deutsch-holländische Grenze bildet. Hält man uns hier an, dann haben wir uns verirrt und fahren nach Kleve zurück.

Alfred Richters Plan sah so aus: An einer Stelle der Straße nach Kranenburg, genau dort, wo sie parallel zur Grenze verläuft, befand sich ein Gasthaus. Hier sollte sein Schwager anhalten und eine Panne vortäuschen. Während er sich mit der Reparatur des Wagens beschäftigte, wollte Alfred mit seinen zwei

Freunden in einem günstigen Augenblick die Straße überqueren. Dann galt es schnell hinter Hecken zu verschwinden und durch den nahen Wald in Richtung Nijmegen zu marschieren. In den Außenbezirken der Stadt konnte man die Straßenbahn erreichen und mit ihr den Weg fortsetzen. Dieser Weg über die Grenze war für Alfred Richter nicht neu, er hatte ihn schon mehrfach ohne Zwischenfälle benutzt.

Nachdem alles genau besprochen war, setzte man die Autofahrt in Richtung Kleve fort. Etwa zehn Kilometer vor der Stadt, kurz vor der Abzweigung nach Bedburg-Hau, wurde das Auto von zwei SA-Männern gestoppt. Alfred Richters Schwager stieg aus, grüßte freundlich mit „Heil Hitler", zeigte seine Ausweispapiere und gab den abgesprochenen Grund der Fahrt an. Sein Auftreten überzeugte, man konnte die Fahrt fortsetzen. Möglich, daß auch seine braunen Stiefel nicht ohne Bedeutung waren.

Ohne weitere Kontrollen wurde Kleve erreicht. Von hier aus fuhr man in Richtung Kranenburg weiter. Kurz vor dem Straßenstück, an dem Landstraße und Grenze zusammentreffen, standen plötzlich SA-Männer und Zollbeamte auf der Straße. Keiner zweifelte daran, daß man sie jetzt anhalten und kontrollieren würde. Langsam fuhr man an die Gruppe heran. Da traten plötzlich die SA-Männer und Zollbeamten zur Seite. Durch Handzeichen gaben sie dem Fahrer des Autos zu verstehen, er möge passieren. Allen fiel ein Stein vom Herzen. Bald darauf erreichten sie das Gasthaus. Der Wagen bog in einen Seitenweg ein, Alfred Richters Schwager öffnete die Motorhaube und begann mit der „Reparatur". Vereinbarungsgemäß sollte er sich zwei Stunden damit beschäftigen. Immerhin war es möglich, daß holländische Grenzer die drei anderen entdecken und zurückschicken könnten. Auch das war schon vorgekommen.

Schnell verließen Alfred Richter, Hans Degel und Gustav Haas den Wagen, überquerten in einem günstigen Augenblick die Straße und waren in Holland. Jetzt galt es, möglichst schnell das Grenzgebiet zu verlassen und hinter Hecken und Gärten im nahen Wald zu verschwinden.

Doch die Aufregungen während der Fahrt hatten Gustav Haas so stark beansprucht, daß er schon nach wenigen Schritten stehenbleiben mußte. Kurz entschlossen trugen Hans Degel und Alfred Richter ihn abwechselnd huckepack bis in den Wald. Hier begegneten sie einem Personenkraftwagen, in dem zwei Frauen saßen. Alfred Richter hielt den Wagen an, sagte den Frauen, indem er auf Gustav Haas wies, seinem Freund sei es übel geworden, und bat sie darum, ihn doch mit dem Auto zur Straßenbahnhaltestelle nach Nijmegen zu bringen. Dorthin würde er mit seinem anderen Freund nachkommen.

Da er holländisch gesprochen hatte, zeigten die Frauen keinen Argwohn und waren sofort bereit zu helfen. Sie würde gern alle drei mitnehmen, sagte noch die Fahrerin, allerdings sei der Wagen dafür zu klein. Recht froh über die glückliche Lösung, marschierten Alfred Richter und Hans Degel allein durch den Wald.

An der Haltestelle trafen sie den glückstrahlenden Gustav Haas und erreichten kurz darauf mit der Straßenbahn die naheliegende Stadt. Bei holländischen Freunden fanden sie ein Nachtlager. Am nächsten Morgen ging es mit der Eisenbahn weiter nach Amsterdam. Hier übergab Alfred Richter die beiden Essener den zuständigen Stellen seiner Partei.

Grenzübergang Peter Hoffmann

Der illegale Grenzübergang Alfred Richters mit dem Transportunternehmer Peter Hoffmann fand mehr als ein Jahr später statt. Beide waren alte Bekannte, und erst im März 1936 hatte Alfred Richter ein Zusammentreffen seines Freundes mit dem damaligen Ruhrgebietsinstrukteur Paul Eisenschneider vermittelt. Hinzu kam, daß Peter Hoffmanns Frau seit Jahren mit Alfred Richters Schwester, der Frau des Duisburger Böttchermeisters, befreundet war.

Als die Gestapo im August 1936 Mitglieder der Widerstandsgruppe um Paul Eisenschneider festnahm, war ihnen Peter Hoffmann im letzten Augenblick entkommen. Bei entfernt wohnenden Verwandten hielt er sich vorübergehend verborgen. Peter Hoffmanns Frau informierte Alfred Richters Schwester in Duisburg und die verständigte ihren Bruder. Der war sofort zur Hilfe bereit. Bei der Schwester hatte er für alle Fälle einen zweiten Paß deponiert. Dieser sollte jetzt seinen Zweck erfüllen.

Am vereinbarten Treff in Duisburg sahen sich die Freunde wieder. Von dort aus fuhren sie mit der Eisenbahn nach Krefeld. Die kurze Fahrt benutzte Alfred Richter, um Peter Hoffmann in die Besonderheiten der bevorstehenden Reise nach Amsterdam einzuweihen. Da dieser kein Gepäck bei sich trug, kaufte man in Krefeld einen kleinen Koffer und dazu notwendige Reiseutensilien. Was danach geschah, war keineswegs risikolos, aber es verlief alles nach Plan.

Während sich Alfred Richter eine Fahrkarte von Krefeld nach Amsterdam kaufte, besorgte er für Peter Hoffmann zwei Fahrkarten: eine von Krefeld nach Kleve, die andere von Krefeld nach Nijmegen. Gemeinsam bestieg man den Abendzug Basel–Amsterdam, nahm aber in verschiedenen Abteilen Platz. Paß-, Zoll- und Devisenkontrolle wurde, wie immer, während der Fahrt zwischen Krefeld und Kleve durchgeführt. Peter Hoffmann zeigte seinen Paß und sagte, er wolle nur bis Kleve. Mit seiner Fahrkarte Krefeld–Kleve konnte er sein Reiseziel auch glaubhaft nachweisen. Dadurch entging er den üblichen Grenzkontrollen.

In Kleve angekommen, verließ er zwar das Abteil, blieb aber im Zug, der nach kurzem Aufenthalt in Richtung Nijmegen weiterfuhr. Bei einer Kontrolle durch den Zugschaffner war es ihm jetzt möglich, die Fahrkarte Krefeld–Nijmegen vorzuzeigen.

In der holländischen Grenzstadt angekommen, verließen Alfred Richter und Peter Hoffmann gemeinsam den Zug und gingen zur Gepäck- und Paßkontrolle am Bahnhofsausgang. Peter Hoffmann gab an, einen holländischen Freund in der Stadt besuchen zu wollen. Name und Anschrift hatte ihm Alfred Richter vorsorglich mitgeteilt. Auch hier ging wieder alles glatt. Nach einem Rundgang um das Bahnhofsgebäude kaufte Alfred Richter jetzt für seinen Freund eine Fahrkarte von Nijmegen nach Amsterdam. Im selben Zug, mit dem sie gekommen waren, setzten sie die Fahrt fort. Ohne weitere Zwischenfälle erreichte man Amsterdam.

Heinrich Imbusch, ein christlicher Gewerkschafter und sein Schicksal

Am 6. Mai 1933 berichtete die in Essen erscheinende „National-Zeitung" unter der Überschrift „Bonzenställe" von einem Gang durch die am 2. Mai 1933 besetzten Gewerkschaftshäuser des Allgemeinen Deutschen Gewerkschaftsbundes (ADGB). Die Schlagzeile des Artikels begründete der Schreiber mit den Worten: „Ställe sage ich. Denn in Essen ist im allgemeinen nicht viel von Palästen und feudaler Innenausstattung zu bemerken." Neben dem Bericht stand die kurze Meldung: „Auf den Gewerkschaftshäusern der christlichen Gewerkschaften wurden durch SA-Abteilungen Hakenkreuzfahnen gehißt."

Das Büro des Gewerkvereins christlicher Bergarbeiter Deutschlands, dessen Vorsitzender der Essener Heinrich Imbusch war, befand sich zu jener Zeit in der Schützenbahn 74.

Imbusch, einer der bedeutenden christlichen Gewerkschaftsführer Deutschlands, war auch über die Reichsgrenzen hinaus kein Unbekannter. Das war zurückzuführen auf seine langjährige Tätigkeit als Vorsitzender des Deutschen Gewerkschaftsbundes, einem Zusammenschluß christlicher und deutschnationaler Gewerkschaften und als Präsident der christlichen Bergarbeiter-Internationale.

Am 1. September 1878 in Oberhausen geboren, war er in seiner Jugend auf der Zeche Oberhausen Bergmann geworden. Bald darauf verzog er in die noch nicht zu Essen zählende Landgemeinde Borbeck und wohnte in Frintrop, Höhenweg 30.

Im Frühjahr 1905 wurde er Redakteur der christlichen Gewerkschaftszeitung „Der Bergknappe". 1918 wählten ihn die christlichen Bergarbeiter Deutschlands zum Vorsitzenden ihres Gewerkvereins.

Nachdem der Gewerkschafter und aktive Zentrumspolitiker im Januar 1919 als Abgeordneter der Nationalversammlung gewählt worden war, wurde er bei allen folgenden Reichstagswahlen in den Jahren der Weimarer Republik immer wieder in das höchste deutsche Parlament gewählt. Sein Name stand auch nach der Reichstagswahl am 5. März 1933 auf der Liste der gewählten Abgeordneten.

Als 1933 die christlichen Gewerkschaftshäuser besetzt wurden, wohnte Heinrich Imbusch bereits nicht mehr in Essen. Er hatte Deutschland verlassen, war ins Saargebiet gegangen und ließ seine Familie später nachkommen.

Clemens Imbusch erinnert sich

Im Jahre 1969 besuchte ich seinen Sohn Clemens in der Essener Ruhrallee. Von ihm erfuhr ich das weitere Schicksal seines Vaters.

„Im Jahre 1933 begann für uns eine furchtbare Zeit", berichtete Clemens Imbusch. „Vater war seines Lebens nicht mehr sicher, denn wie so viele, war er den Nationalsozialisten ein Dorn im Auge. Um den Verfolgungen zu entgehen, emigrierte unsere ganze Familie 1933 ins Saargebiet. Über Nacht mußten wir die Heimatstadt Essen verlassen. Das war schwer für Vater, aber er gab nicht auf.

In Wort und Schrift verschaffte er sich vom Saargebiet aus Gehör im Kampf gegen die Nationalsozialisten. Als im Jahre 1935 die Saarbevölkerung darüber abstimmte, ob das Saargebiet zu Deutschland zurückkehren sollte, agitierte Vater in vielen öffentlichen Versammlungen und Kundgebungen gegen den Anschluß an das faschistische Deutschland. Bei einer Versammlung in Blieskastel, einem kleinen saarländischen Städtchen nahe Zweibrücken, versuchte ein ins Saargebiet eingeschleustes Rollkommando der SA, ihn nach Deutschland zu entführen. Dank der Umsicht seiner Gesinnungsfreunde konnte der Anschlag, bei dem Vater verletzt wurde, vereitelt werden.

Als trotz aller warnenden Worte sich die Mehrheit der Saarbevölkerung für den Anschluß an Deutschland erklärte, mußten wir wieder unsere Koffer pakken. Vater ging mit uns nach Luxemburg. Hier lebten wir fünf Jahre zusammen.

Dann kam der 10. Mai 1940, der Tag, an dem Hitlers Truppen in Luxemburg einfielen. Wieder wurde die Angst und die Sorge unser ständiger Begleiter. Wir waren inzwischen staatenlos geworden, denn die Nationalsozialisten hatten uns die deutsche Staatsangehörigkeit aberkannt. Meine Mutter war sehr krank. Sie konnte nicht hören und war gelähmt. An eine erneute Flucht war schon deshalb nicht zu denken.

In jenen Tagen war es schwer für uns, Vater zu überzeugen, wenigstens sich selbst in Sicherheit zu bringen. Er, der so an seiner Familie hing, wollte sie nicht im Stich lassen. Es bedurfte unserer ganzen Überredungskunst, bis es uns schließlich gelang. Vater ging nach Brüssel und tauchte dort unter.

Heinrich Imbusch 1944. Der lange Bart diente ihm als notwendige Tarnung.

Meine Mutter, meine Geschwister und ich wurden kurze Zeit später aus Luxemburg ausgewiesen und kehrten ohne den Vater nach Essen zurück. In unserer Wohnung war fortan die Gestapo ein ständiger Gast. Immer wieder kam sie und fragte nach Vater. Ich selbst mußte mich mehrmals bei der Polizei melden.

Vater hielt es nicht lange in der Fremde aus. Mit allen Fasern seines Herzens zog es ihn zurück zu seiner Familie. Im Jahre 1942 kam er illegal nach Essen zurück und lebte versteckt in unserer Wohnung.

Wissen Sie, was es heißt, ständig mit der Gefahr zu leben, den Vater zu verlieren, den Vater, der kein Verbrecher, sondern immer bemüht war, für seine Kollegen einzutreten? Er mußte sich vor jedem Besuch verstecken, und erst, als er sein Äußeres durch einen langen Bart verändert hatte, wagte er sich hin und wieder auf die Straße.“

Clemens Imbusch zeigte ein Bild seines Vaters aus der Zeit vor seiner Emigration 1933, dann ein zweites. Darauf erkannte ich einen alten Mann mit einem langen weißen Vollbart. „So sah mein Vater im Jahre 1942 aus“, sagte Clemens Imbusch, und jetzt bemerke auch ich einige Ähnlichkeiten mit dem ersten Bild. Das Gesicht war spitzer geworden und offenbarte den Leidensweg der Verfolgungsjahre. Was den nicht eingeweihten Betrachter beider Bilder an der Darstellung der gleichen Person zweifeln läßt, ist der lange weiße Bart, der Heinrich Imbusch 1942 viel älter machte, als er wirklich war.

„Auch für jene, die ihn vorher gut gekannt hatten, war er mit dem langen Bart ein Unbekannter. So ist er unerkannt durch Essen gegangen, getrieben von dem Wunsch, die Stätten seines Wirkens wiederzusehen. Als Illegaler bekam mein Vater selbstverständlich auch keine Lebensmittelkarten. Er mußte wie ein Ausgestoßener leben, und nur ganz wenige seiner Freunde wußten, daß er sich in Essen aufhielt. Ende 1944 ging es gesundheitlich mit ihm immer mehr bergab. Meine Brüder und mich hat man im Oktober 1944 zur Wehrmacht eingezogen, obwohl die Nazis uns 1937 die deutsche Staatsangehörigkeit aberkannt hatten. Im März 1945 ist dann mein Bruder Hermann an der Ostfront gefallen. Zum Kämpfen und zum Sterben waren wir den braunen Diktatoren gut genug. Vater litt sehr darunter. Hinzu kam die lange Zeit der Verfolgung und die ständige Sorge um die Seinen. Das alles hat seine Gesundheit damals erschüttert.

Im Januar 1945 wurde er ernstlich krank. Meine Mutter vertraute sich Pastor Hoppmann an, dem Geistlichen für das Elisabeth-Krankenhaus. Ihm verdanken wir es, daß Vater illegal ins Krankenhaus aufgenommen wurde. Doch alle ärztliche Kunst war vergeblich. Am 16. Januar 1945 starb Vater, wenige Wochen, bevor die Macht der Nationalsozialisten zerbrach. Er war bis zu seinem Tode fest davon überzeugt gewesen, daß die Niederlage der Diktatoren unabwendbar war. Uns alle erfüllte es schmerzlich, daß er den Tag der Niederlage der Faschisten, der für ihn ein Tag der Freiheit gewesen wäre, nicht mehr erleben konnte. Wenige Tage nach seinem Tode haben wir ihn im engsten Familienkreis auf dem Parkfriedhof zu Grabe getragen. Das allgemeine Durcheinander jener Tage verhinderte es, daß die Gestapo davon Wind bekam. – Das war die Geschichte meines Vaters."

Im Hauptstaatsarchiv Düsseldorf fand ich später die Gestapo-Personalakte seines Vaters.

Heinrich Imbusch war zunächst allein ins Saargebiet gegangen. Die Gestapo reagierte sofort mit einer strengen Postüberwachung seiner Essener Wohnung. Briefe an die Familie in der Ruhrallee 67 liefen fortan über das Essener Polizeipräsidium. Hier fertigte man von allen Briefen, die Heinrich Imbusch an seine Frau Franziska schrieb, Kopien an.

Das Haus in der Ruhrallee wurde nach der Emigration der Familie beschlagnahmt. Der Staatsfiskus fungierte fortan als Eigentümer, bis er es nach Jahren verkaufte. Es nach 1945 wieder zu bekommen, war für die Familie Imbusch gar nicht leicht gewesen, denn der neue Besitzer fühlte sich auch als rechtmäßiger Eigentümer. Ähnliches erlebten die Imbusch-Kinder bei ihren Bemühungen, die deutsche Staatsangehörigkeit wieder zu erlangen, die ihnen durch Bekanntmachung des Reichs- und Preußischen Ministers des Innern zusammen mit den Eltern aberkannt worden war.

Clemens Imbusch erzählte mir mit Erbitterung von den Schwierigkeiten, wieder Deutscher zu werden. Unverständliches von einst war dreißig Jahre später für ihn nicht verständlicher geworden.

Familie Imbusch wird verfolgt

In den Jahren 1933 bis 1945 ermittelte Essens Gestapo aber nicht nur gegen den Vater, sondern auch gegen andere Familienangehörige. Im Institut für Marxismus-Leninismus in Berlin fand ich in einer Akte des Volksgerichtshofes Dokumente, die sich mit dem Sohn Heinrich Imbusch und dem Schwiegersohn, Bruno Krämer, beschäftigten. Am 11. Januar 1909 in Essen geboren, war Heinrich Imbusch jun. Mitte 1934 mit Frau und drei Kindern seinem Vater ins Saargebiet gefolgt.

Der Gestapo-Mann Nohles schrieb am 16. Oktober 1934 in einer Anzeige gegen ihn und Bruno Krämer wegen „Vorbereitung zum Hochverrat und Verdacht des Landesverrats" u. a.: „Einer vertraulichen Mitteilung zufolge ist Heinrich Imbusch jr. seit mehreren Monaten als Journalist bei der ‚Neuen Saar-Post' in Saarbrücken tätig und soll den politischen Teil dieses wegen seiner separatistischen und staatsfeindlichen Tendenzen berüchtigten Blattes leiten."

Vom gleichaltrigen Bruno Krämer wußte Nohles zu berichten, daß er von Essen aus eine rege Korrespondenz mit dem jungen Imbusch in Saarbrücken führe, die ,,auch wegen ihres Inhalts besonders bezeichnend" sei. Nach Lage der Dinge müsse man annehmen, daß ,,Krämer ständiger Berichterstatter für die ,Neue Saar-Post' ist", meinte Nohles und kommentierte in seiner Anzeige: ,,Die Bestrebungen ehemaliger Zentrumsfanatiker, die heute als Emigranten ihr Dasein im Saargebiet fristen, sind hinreichend bekannt. Es sind die führenden Köpfe der katholischen Aktion, denen alle vaterländischen Begriffe fremd sind und heute, da der Tag für die Abstimmung für das Saargebiet immer näher rückt, entscheidend in den Abstimmungskampf eingreifen wollen. Für ihre bekannten landesverräterischen Bestrebungen ist ihnen jedes Mittel recht, und so versucht man heute vom Reich aus mit Giftspritzen die katholische Bevölkerung des Saargebiets gegen den neuen Staat aufzuputschen." Nohles forderte weitere Ermittlungen gegen Heinrich Imbusch jun. und Bruno Krämer.

Diese Ermittlungen wurden angestellt, und am 22. April 1936 richtete der Essener Oberstaatsanwalt einen Einschreibebrief an den Oberreichsanwalt nach Berlin. ,,Landesverratssache! Vertraulich!" stand über dem von Dr. Engelmann gefertigten Schriftstück. Daneben: ,,Betrifft Ermittlungsverfahren gegen den Journalisten Heinrich Imbusch jr. aus Luxemburg und den Studenten Bruno Krämer aus Essen, z. Z. unbekannten Aufenthalts, wegen Verdachts des Landesverrats pp".

Oberstaatsanwalt Dr. Engelmann reichte die Vorgänge 29 Js 382/36 gegen Imbusch u. a. an den Oberreichsanwalt, weil ,,möglicherweise der Verdacht einer zur Zuständigkeit des Volksgerichtshofs gehörenden Straftat" bestehe. Diese Auffassung begründete er nahezu wörtlich mit jenen Argumenten, die Gestapo-Mann Nohles bereits im Oktober 1934 formuliert hatte.

Angetan hatte es ihm besonders ein abgefangener Brief, den Bruno Krämer nach Saarbrücken geschrieben habe und der ein Schreiben mit der Überschrift ,,Zur Lage der katholischen Jugend" enthalten haben soll:

,,Das Schreiben ,Zur Lage der katholischen Jugend' beginnt mit der Behauptung, daß trotz des Reichskonkordats von Staats wegen systematisch an der Entchristlichung der Jugend gearbeitet werde, und führt dann aus, daß die Hauptgefahren darin beständen, daß unter der Führung und dem Einfluß des Herrn Reichsleiters Rosenberg, bei der Erzieherschaft und in den Schulen, ein dem Christentum feindlicher Geist eingezogen sei, daß die Angehörigen der HJ in kirchenfeindlichem Geiste erzogen und sittlich gefährdet seien und daß schließlich auch das Landjahr dazu diene, die Jugend dem Christentum zu entfremden."

Auch zu anderen beschlagnahmten Briefen äußerte sich der Essener Oberstaatsanwalt und gab damit den Anstoß zur Einleitung eines Verfahrens beim Volksgerichtshof mit dem Aktenzeichen 8 J 93/36 g.

Zu einem Prozeß gegen die beiden Essener kam es allerdings nicht, da es den Häschern nicht gelang, sie in ihre Gewalt zu bekommen. Während Heinrich

Imbusch jun. 1935 nach Südamerika auswanderte und erst 18 Jahre später, im Jahre 1953, zurückkehrte, blieb der in Frankreich lebende Brunɔ Krämer bis 1945 unerkannt.

Geheime Staatspolizei
Geheimes Staatspolizeiamt

B.-Nr. II B 3 - 5001/36 g - E.
Bitte in der Antwort vorstehendes Geschäftszeichen und Datum anzugeben.

Berlin SW 11, den 1. November 1937.
Prinz-Albrecht-Straße 8
Fernsprecher: 12 00 40

Geheim

An den

Herrn Reichsanwalt beim Volksgerichtshof
z.Hd. von Herrn Reichsanwalt Parey - o.V.i.A.-
in Berlin W 9.

Bellevuestrasse 15.

Betrifft: Strafsache gegen Imbusch und einen Anderen.
Bezug: Schreiben vom 25.9.1937 - 8 J 93/36 g.
Anlagen: Ohne.

Dem Vater des beschuldigten Imbusch, dem Gewerkschaftssekretär Heinrich I m b u s c h , 3.9.1878 Oberhausen geboren, ist durch Bekanntmachung des Herrn Reichs- und Preussischen Ministers des Innern vom 2.8. 1937 - die deutsche Reichsangehörigkeit aberkannt worden. Die Ausbürgerung wurde u.a. auch auf den Sohn Heinrich erstreckt.

Die über den Freund des Imbusch, den Studenten Bruno K r a m e r (nicht Schäfer) , 27.8.1909 in Essen geboren, im Auslande eingeleiteten vertraulichen Ermittlungen sind bisher noch nicht abgeschlossen und werden voraussichtlich noch einige Zeit in Anspruch nehmen. Sobald das Ermittlungsergebnis vorliegt, werde ich unaufgefordert weitere Mitteilung geben.

Im Auftrage:

Nov. 1937

8. Jan. 1938

Kz

Gestapo Berlin an Reichsanwalt Parey beim Volksgerichtshof, die Familie Imbusch betreffend.

Gespräch mit der Imbusch-Sekretärin Frau Knies

In ihrer Wohnung, Möllhoven 110 in Essen-Borbeck, besuchte ich im November 1975 Frau Knies. Clemens Imbusch hatte mir erzählt, sie habe viele Jahre mit seinem Vater zusammengearbeitet. Die inzwischen 76 Jahre alte Frau erzählte anschaulich und lebendig über die Zeit ihrer gemeinsamen Arbeit mit dem christlichen Gewerkschaftsführer.

Im Jahre 1920 hatte sie sich um eine in der Zeitung ausgeschriebene Stelle beim Gewerkverein christlicher Bergarbeiter beworden. Fräulein Becker – so hieß sie mit ihrem Mädchennamen – arbeitete zu der Zeit nicht in Essen und war überglücklich, als ihre Bewerbung Erfolg hatte. In Borbeck, seit 1915 ein Stadtteil Essens, war sie 1899 geboren worden, und ihre Familie wohnte hier. Von dort aus fuhr sie fortan „ins Büro". Hin und wieder begegnete sie auf dem Weg dorthin Heinrich Imbusch, der damals mit seiner Familie in der Borbecker Kampstraße wohnte. Mit der Schreibmaschine verstand sie umzugehen, und die Stenographie beherrschte sie. Bei ihrer Arbeit qualifizierte sie sich so, daß sie bald schon in der Lage war, Reden und Protokolle von Tagungen und Gewerkschaftskonferenzen anzufertigen.

„Ich bin auf diese Weise sehr viel herumgekommen. Heinrich Imbusch nahm mich auf fast alle Gewerkschaftskonferenzen im In- und Ausland mit. Einmal mußte ich auch für Heinrich Brüning, den deutschen Reichskanzler, eine Rede schreiben. Mit Imbusch konnte man gut zusammenarbeiten, er paßte in die Zeit."

Wohl um ihre letzte Bemerkung zu unterstreichen, erzählte sie ein kleines Erlebnis, das sie bis ins hohe Alter nicht vergessen hatte: „Für ein junges Mädchen war in den zwanziger Jahren der Bubikopf die ganz große Mode; auch ich war davon begeistert. Bei der älteren Generation aber war er nicht so gut gelitten und gab oftmals den Anstoß zu abfälligen Bemerkungen. Das merkte ich, als ich mir eines Tages beim Friseur auch einen Bubikopf schneiden ließ. In der Straßenbahn, auf dem Wege zum Büro, hörte ich anderntags hinter mir jemanden zu einem anderen sagen: ‚Wenn meine Frau sich einen Bubikopf schneiden ließe, würde ich sie eigenhändig aus unserer Wohnung hinausschmeißen.' Unwillkürlich mußte ich an Heinrich Imbusch denken, und ich malte mir verschiedene Varianten seiner Reaktion aus, wenn er meiner gewahr würde. Mein Herz hat ganz schön geklopft, als ich sein Bürozimmer betrat, und ich war dann sehr enttäuscht, als er meinen Bubikopf anscheinend gar nicht zur Kenntnis nahm. Absichtlich verließ ich einige Male, mit dem Rücken zur Tür und mein Gesicht ihm zugewandt, das Zimmer. Nachdem es mir anfänglich nicht gelang, ihn damit auf mich aufmerksam zu machen, sagte er plötzlich: ‚Was haben Sie eigentlich, Fräulein Becker, warum gehen Sie immer rückwärts zur Tür? Meinen Sie etwa, ich hätte nicht gesehen, daß Sie einen Bubikopf haben?', und kommentierend fügte er hinzu: ‚Steht Ihnen übrigens ganz gut.'"

Über die Tage der Gleichschaltung der christlichen Gewerkschaft erzählte Frau Knies: „Heinrich Imbusch ist gewarnt worden. Eines Tages war er nicht mehr da. Es kann einen Tag später gewesen sein, da standen SA-Leute vor dem Büro des Gewerkvereins in der Schützenbahn 74, und am Schreibtisch von Heinrich Imbusch saß ein mir fremder Mann. Erst später erfuhr ich, daß er kommissarisch von den Nationalsozialisten eingesetzt worden war und die Gleichschaltung unseres Gewerkvereins mit der Deutschen Arbeitsfront zu vollziehen hatte. Er schickte mich nicht etwa nach Hause, nein, ich mußte weiterarbeiten. Assessor Kaute, so hieß der Mann am Schreibtisch, nahm mich sogar zunächst nach Bochum mit, als unser Büro in Essen geschlossen wurde. Mit dem Argument, der tägliche Weg nach Bochum sei für mich zu weit, habe ich dann bald dort aufgehört zu arbeiten. Zuvor war mir noch der Vorschlag gemacht worden, bei der Gauleitung Essen der NSDAP anzufangen, da Gauleiter Terboven, wie man mir sagte, meine Fähigkeiten, Reden zu schreiben oder aufzunehmen, sehr schätze. Ich brauche Ihnen nicht zu erklären, warum so etwas für mich nicht in Frage kam. Meinen ehemaligen Chef habe ich nie mehr wiedergesehen, obgleich ich wußte, daß er sich während des Krieges illegal in Essen aufhielt."

Als Heinrich Imbusch am 16. Januar 1945 starb, war die Zerschlagung des Faschismus nur noch eine Frage von Wochen. Kurz vorher hatte die große Offensive der Roten Armee auf einer Breite von 1300 Kilometer begonnen. Von der Ostsee bis zu den Karpaten geriet die Front ins Wanken. Das Oberkommando der Wehrmacht berichtete am 16. Januar: „Im Weichsel-Bug-Dreieck und in den Narew-Brückenköpfen beiderseits Ostenburg, konnten die mit überlegenen Kräften angreifenden Bolschewisten tiefe Einbrüche erzielen."

Die Stadt Essen, in der Heinrich Imbusch viele Jahrzehnte seines Lebens verbracht hatte, blutete aus vielen Wunden. Gezeichnet von den Luftangriffen alliierter Flugzeuge, bot sich ein Bild des Grauens. Ganze Wohngebiete waren von der Strom- und Wasserversorgung abgeschnitten. Auf einigen Strecken verkehrte die Straßenbahn nicht mehr. Die Lebensmittelversorgung wurde immer schwieriger. Die Furcht war in Essen zu Hause, und viele Menschen verbrachten Tage und Nächte in den Luftschutzbunkern. Dennoch lief die faschistische Durchhaltepropaganda auf vollen Touren. Das Gerede von einer „Wunderwaffe", die trotz allem den Endsieg sichern würde, verstummte nicht. An die Trümmerwände hatte man schreiben lassen: „Feind hört mit!" Und wer mit einem Eisenbahnzug die Bahnhöfe in der Stadt verließ, konnte immer wieder die Parole lesen: „Räder müssen rollen für den Sieg!" In einer solchen Atmosphäre der Angst und der Ungewißheit lief im Atrium, in der Kettwiger Straße, der Film „Die Frau meiner Träume" mit Marika Röck in der Hauptrolle.

Heinrich Imbusch erlebte den Tag nicht mehr, an dem die braunen Diktatoren und ihre Hintermänner vernichtend geschlagen wurden, aber die Morgenröte einer neuen Zeit durfte auch er noch wahrnehmen. Nach der vernichtenden

Niederlage bei Stalingrad, 1943, war ihm und jedem anderen, der mit offenen Augen durch die Welt ging, klargeworden, daß die Bäume der Faschisten nicht in den Himmel wuchsen.

Schon Jahre vorher hatte er erkannt, daß nur ein einheitlicher Kampf aller Hitlergegner das Regime stürzen konnte. Diese Einsicht veranlaßte ihn auch, an Gesprächen über die Bildung einer antifaschistischen Volksfront teilzunehmen.

Wer heute die deutsche Wiederstandsbewegung würdigen will, der darf dabei den Beitrag des christlichen Gewerkschaftsführers Heinrich Imbusch nicht übersehen.

Der grausame Mord an Käthe Larsch und das Schicksal ihrer Kinder

Am Sonnabend, dem 18. Mai 1935, hielt vor dem Hause Seumannstraße 114 in Essen-Stoppenberg ein Auto. Die Insassen, Beamte des Essener Gestapo, begaben sich sofort zur Wohnung der Familie Larsch und forderten Einlaß. Ihr „Besuch" galt der Frau des Mannes, dessen Name auf dem Türschild stand. Rudolf Larsch hatte im Januar 1933 seine Frau und die vier Kinder allein lassen müssen. Als aktives Mitglied der KPD war er nach dem Verbot seiner Partei in die Illegalität gegangen, um im Gebiet um Bielefeld den antifaschistischen Widerstand zu organisieren. Im November 1933 verhaftet, hatte man ihn Ende August 1934 zu drei Jahren Zuchthaus verurteilt.

Als die Gestapo in seine Essener Wohnung kam, verbüßte der 39jährige ehemalige Straßenbahner diese Strafe im ostfriesländischen Stapeler Moor.

Schweigend traten Nachbarn zur Seite, als kurze Zeit später Käthe Larsch, die Ehefrau des „Zuchthäuslers", in Begleitung von Gestapo-Beamten das Haus verließ. Danach bot die Seumannstraße wieder das gewohnte Bild. Nur waren im Haus mit der Nummer 114 vier Kinder allein geblieben, weil man nach dem Vater ihnen jetzt auch die Mutter genommen hatte. Man brachte sie noch am gleichen Tag „von Amts wegen" in ein Waisenhaus der Stadt Essen.

Für ihre Mutter begannen entsetzliche Tage. Fast pausenlos wurde die junge Arbeiterfrau von Gestapo-Beamten verhört. Wie ihr Mann war auch sie Mitglied der illegalen KPD und gehörte zu jenen, die Widerstand in vielfältiger Form leisteten. In ihrer Wohnung hatten geheime Beratungen stattgefunden und waren Flugblätter hergestellt worden. Sie selbst hatte geholfen, die Flugblätter an bestimmte Verteilerstellen zu bringen.

Bei der am Tage ihrer Festnahme durchgeführten Haussuchung wurden Abziehapparat, Wachsmatrizen und das zur Herstellung der Flugblätter notwendige Papier gefunden. Man recherchierte später, daß man rund 1300 Aufrufe des Zentralkomitees der KPD in der Seumannstraße gedruckt hatte. Etwa 800 davon hatten zu den Vertrauensmännerwahlen in den Betrieben Stellung genommen und rund 500 einen Appell an die christlichen Werktätigen in Deutschland enthalten. 350 weitere Flugblätter sollten einen Protest „gegen den faschistischen Terror“ unter das Volk bringen und 250 andere die Losung „Kampf-Mai 1935“ verbreiten. Auch eine Zeitung mit dem Titel „Der Bergarbeiter“ war in der Wohnung gedruckt worden. Käthe Larsch hatte an deren Verbreitung mitgewirkt.

Nach ihrer Verhaftung wollte die Gestapo eine Menge von ihr wissen. Eine Vernehmung folgte der anderen, doch die spärlichen Aussagen führten zu nichts. Das steigerte die Wut der Vernehmungsbeamten, die bald mit roher Gewalt auf die Frau einschlugen, um sie endlich zum Reden zu bringen. Aus einer Gestapo-Personalakte ist ersichtlich, daß die letzte von vielen Vernehmungen am 21. Mai 1935 stattfand, drei Tage nach der Festnahme der Frau. Das angefertigte Protokoll darüber ist mit zittriger Hand von Käthe Larsch unterschrieben worden. Es hatte auch wieder nichts Neues gebracht. Das weitere Schicksal der Frau verschweigt die Akte.

Was ist an jenem 21. Mai 1935 und in den Tagen danach mit ihr geschehen?

Der Essener Bergarbeiter Friedrich Kohlbau aus der Sternstraße 10 war am 21. Mai 1935 festgenommen worden. Am Nachmittag des gleichen Tages wurde er vom Gestapo-Beamten Schröder vernommen. Was er dabei beobachtete, gab er 1945 behördlich zu Protokoll. Darin heißt es:

„Als ich in das Zimmer des Schröder eintrat, wurde ich von hinten in das Zimmer hineingestoßen und ins Gesicht geschlagen. Ich weiß aber nicht, wer mich geschlagen hat. Gleichzeitig wurde mir von den Beamten zugerufen: ‚Zurück du Schwein, dreh dich um!‘ Ich bemerkte, wie man die mir bekannte Frau Larsch jetzt aus dem Zimmer nach draußen schliff...“

Die fast ununterbrochenen Vernehmungen und Folterungen waren zu viel für die 33jährige Frau und Mutter. Völlig zusammengebrochen und geistig verwirrt, mußte man sie am folgenden Tag in die Krankenabteilung des Essener Untersuchungsgefängnisses einliefern. Hier schrieb am 25. Mai 1935 der Essener Gefängnisarzt Dr. Teudt folgende ärztliche Bescheinigung:

„Die am 22. Mai 1935 hier eingelieferte Larsch, Katharina, zeigt Erscheinungen von geistiger Verwirrung, Desorientiertheit, Personenverkennung, Zerstörungswut, Schlaflosigkeit, starke Unruhe. Sie bedarf der Verwahrung in einer geschlossenen Nervenklinik. Die Frage einer Zweckpsychose ist besonders zu prüfen, da sie in einer politischen Sache in Untersuchung genommen ist.“

Der letzte Satz dieser ärztlichen Bescheinigung ist erschütternd. Mit einer „Zweckpsychose“ wollte man aus der geistig verwirrten Frau jetzt das herausholen, nach dem man in den Vernehmungen ohne Ergebnis gefragt hatte.

Noch am gleichen Tag wurde Katharina Larsch in die psychiatrische Klinik der

Städtischen Krankenanstalten eingeliefert und auf der Station 12 untergebracht. „Patientin wurde von Med.Rat Dr. Teudt hier eingewiesen und im städt. Auto in Begleitung einer Gefängnisbeamtin hierher gebracht", ließ Stationsarzt Dr. Nolte in die Krankenpapiere schreiben und fügte handschriftlich hinzu: „Sofort nach Grafenberg überwiesen. Hier sehr unruhig und aggressiv." Seine Diagnose lautet: „Psychose (acute)".

Am 27. Mai 1935 erfolgte die Überweisung in die Heil- und Pflegeanstalt. Die vom Gefängisarzt Dr. Teudt formulierte Empfehlung einer „Zweckpsychose" schrieb auch Dr. Nolte in die Krankengeschichte und schickte sie mit nach Grafenberg. Im Jahre 1945 wurden alle diese Dokumente in der Anstalt gefunden.

Was die Essener Kommunistin in den neun Tagen seit ihrer Verhaftung mitgemacht hatte, ist aus dem körperlichen Befund herauszulesen, den man bei ihrer Einlieferung in Grafenberg beschrieb. So steht hinter der Frage nach etwaigen Verletzungen, Mißbildungen, Degenerationszeichen, Tätowierungen: „Blaue Flecken am ganzen Körper. Untersuchung nur teilweise durchführbar."

In der Heil- und Pflegeanstalt versuchte man tatsächlich aus Käthe Larsch mit „sanfter Gewalt" das herauszuholen, was man in Essen wissen wollte. Bewußt und gezielt wurden immer wieder Fragen gestellt, die im direkten Zusammenhang mit ihrer Verhaftung standen. Am 28. Mai 1935 hielt man folgendes fest:

„Patientin liegt in der Packung im Bett, ist sehr unruhig. Im Moment, als Herr Prof. Lioli sich auf ihr Bett setzt, greift sie nach ihm hin, zieht seine Uhr aus der Tasche, steckt sie zweimal auf Aufforderung wieder ein, dann zieht sie Füllhalter und Bleistift heraus. ‚Es ist mir so heiß, Eis, Eis. Heute nacht bin ich im Löwenkäfig zerfleischt, (Wo?) der Käfig stand im Polizeipräsidium, alles tut mir weh. Herr Professor, die Luft ist vergast. Geben Sie mir Karotin, ich bin vollkommen verwirrt. (Datum?) Am Samstag wurde ich verhaftet. (Warum?) Hochverrat. (Wieso?) Kommunistische Blätter. (Wer hat mitgeholfen?) Grüne Haare (Name?) Von einer Familie Henkel zugeführt (Wann?) Mit drei Jahren Zuchthaus bestraft. In Untersuchungshaft drei Monate gesessen.'"

Dann stellte man der Patientin die Frage nach dem Datum ihres Hochzeitstages. Ihre Antwort auf diese und andere Fragen schrieb man nieder:

„Meiner Auffassung nach Februar 1921 ... (Datum?) Weiß ich nicht. Samstag bin ich verhaftet, haben mich so geschlagen. Als Frau Larsch bin ich vergast, habe mein Bewußtsein überhaupt nicht. Alles ist abgestorben, nur meine vier Herzen nicht. Mit dem Mund habe ich geweint und mit den Augen geregnet, ganze Seen aber kleine Bäche bestimmt. Ich habe immer Giftgas im Mund, wie kann man das entfernen? ... Ich habe alle Welt um Hilfe angerufen. Was habt ihr mich gepeinigt. Was hat man nur mit mir gemacht? Man hat mich vertauscht. (Kinder?) Als Frau Larsch vier lebende, zwei tot. (Name)? Hans, Günter, Wera, Eva, Kurt, Rolf."

Obgleich aus diesen niedergeschriebenen Worten jeder die geistige Verwirrung von Käthe Larsch herauslesen konnte, lenkten diejenigen, die ihr eigentlich helfen sollten, immer wieder ihre Fragen auf das „Verbrechen", dessen man sie beschuldigte. Peinlich genau wurden dann ihre Antworten festgehalten:

„(Warum verhaftet?) ‚Hochverrat. Kommunistische Flugblätter hergestellt, immer so gedreht mit einer Abziehmaschine. Den Text brachte der illegale Parteigenosse Willi. Einen anderen Namen kenne ich nicht. Ich habe nur die Blätter von der Maschine angenommen. Ich war krank, sollte zum Arzt, hatte aber niemals Geld dafür. (Was stand drin?) Weiß nicht, kann mich nur noch erinnern: Aufruf Aufruf. Ich habe keine Lust, Zeitung zu lesen ... (Stimmung?) Man quält mich ja viel zuviel. Die Nacht haben sie mich in Salzsäure eingepackt... (Unruhig?) Bin ich doch nicht. Mich quält mein Mund, ich habe Fleischfetzen da hängen, ich bin vollkommen ausgeblutet. (Stimmen?) Ich höre da einen Mann singen irgendwo. Ich suche meinen Mann. Sonst nur Weinen, Jammer, Klagen mit Kinderschreien... (Seit wann hören Sie das?) Seitdem ich verhaftet wurde. Ich war in einem Löwenzwinger eingesperrt. Eine schwarze Katze kam in mich hinein... (Körperliche Empfindungen?) Nein, sie haben mich ganz nach Wunsch getötet. Mein Herz konnten sie nicht zerfleischen, nur die Oberfläche, die wußten, daß ich mehrere Herzen hatte... (Krank?) Ich suche meinen Mann, wenn ich den habe, bin ich gesund..."

Am Schluß des Protokolls über das Gespräch mit der kranken Arbeiterfrau, gewissenhaft aufgezeichnet vom Personal einer Heil- und Pflegeanstalt, wurde als vorläufige Diagnose vermerkt: „Verwirrungszustand".

Unter dem Datum 29. Mai 1935 stehen nur noch fünf Schreibmaschinenzeilen. Sie geben in knappen Worten Auskunft über die letzten Minuten im Leben der Käthe Larsch: „Schlief nicht, lief wüst umher und war nicht im Bett zu halten. Gegen zweieinhalb Uhr plötzliche Veränderung: Sehr blasse Gesichtsfarbe, Atmung und Puls fliegend und unregelmäßig, setzte zeitweilig aus. Temperatur über 42 Grad. Bekam zwei Einspritzungen. Um 5 Uhr an Herzschlag gestorben."

Ob die Spritzen den Exitus herbeiführten, den der Obduzent Dr. Eichler als „plötzlich" bezeichnete, ist heute nicht mehr zu klären. Im Obduktionsbefund ist aber auch festgehalten worden: „,...am rechten Unterarm je ein blau-grauer Fleck, desgleichen an beiden Unter- und Oberschenkeln."

Auf dem Friedhof der Anstalt fand sie ihre letzte Ruhestätte. „Käthe Larsch geb. Lambert, geb. am 27. 8. 1901, gest. 29. 5. 1935" steht auf dem schlichten Gedenkstein des mit Fuchsien und Geranien bepflanzten Grabes.

Erlebnisse im Waisenhaus

Mit Datum vom 29. Mai 1935 teilte das Essener Amtsgericht dem im Stapeler Moor bei Papenburg einsitzenden Rudolf Larsch den plötzlichen Tod seiner

Frau mit. Die eigenen Erlebnisse bei der Gestapo ließen ihn vermuten, daß seine Frau nicht eines natürlichen Todes gestorben sei. Das teilte er unverzüglich der Essener Staatsanwaltschaft mit und bat um eine Untersuchung. Erst Monate später fiel die Entscheidung. Aus einem am 16. Oktober 1935 an ihn gerichteten Brief erfuhr der Strafgefangene, seine Frau sei „unter Erscheinungen eines hohen Fiebers mit der Folge plötzlicher Herzschwäche gestorben". Davon ausgehend, war Essens Oberstaatsanwalt zu dem Schluß gekommen: „Ein Verschulden irgendeiner Dienststelle an dem Tode Ihrer Frau hat nicht festgestellt werden können. Ich habe deshalb das Verfahren eingestellt." Wie gewohnt, arbeiteten Justiz und Gestapo Hand in Hand.

Die Essener Arbeiterfrau Käthe Larsch kurz vor ihrer Ermordung mit ihren vier Kindern.

Über das Schicksal seiner vier Kinder wurde Rudolf Larsch durch einen Brief der Stadt Essen unterrichtet, den man am 12. Juni 1935 an ihn abgeschickt hatte: „Ihre Kinder, Hans, Wera, Kurt und Eva befinden sich auf Kosten des Wohlfahrtsamtes im Wilhelm-Augusta-Kinderheim in Essen, Berliner Straße", hieß es darin.

Wera Larsch war elf Jahre alt, als sie die Mutter und mit ihr auch das Zuhause verlor. Ich lernte mehr als vier Jahrzehnte später die inzwischen selbst verheiratete Frau und Mutter kennen. Sie erzählte mir:

„Ich war nicht zu Hause, als die Gestapo unsere Mutter abholte. Bei der Rückkehr aus der Schule, gegen 13 Uhr, befanden sich meine verschüchterten Geschwister mit einem Beamten in der Wohnung. Hans war dreizehn, ich elf, Kurt neun und Evchen fünf Jahre alt. Hans ging mit mir ins Schlafzimmer und informierte mich flüsternd. Das Schlafzimmer sah aus wie bei einem Umzug: Alles stand zerwühlt und durcheinander umher. Der Gestapo-Beamte sprach mit uns kein Wort. Unter dem Eindruck des Erlebten und aus Angst vor dem Ungewissen wagte es auch keiner von uns, etwas zu sagen. Wir durften die Wohnung nicht verlassen, nicht einmal mehr allein zur Toilette gehen. Bald darauf tauchte eine Fürsorgerin auf. Begleitet von einem anderen Beamten, hatte sie den Auftrag, uns abzuholen. Das kleine Evchen glaubte dem entgehen zu können, indem sie sich unter das Sofa verkroch. Weinend und mit den Beinen strampelnd, weigerte sie sich mitzugehen. Ich mußte sie erst beruhigen und half ihr dann die Schuhe anzuziehen. Mit bangen Herzen verließen wir unsere Wohnung. Was blieb uns auch übrig. Im Wilhelm-Augusta-Kinderheim in der Berliner Straße lieferte man uns ab. Es sollte fortan unser Zuhause sein. Ständige Schikanen, erbarmungslose Prügel und eine andauernde lieblose Umgebung gestalteten unseren jahrelangen Aufenthalt hier zur Hölle. Solche Art von Kindererziehung praktizierte ganz besonders die Oberin Elisabeth Müller. Für mich wurde die Frau zu einem Symbol des Unrechts und der Gewalt. Sie raubte meinen Geschwistern und mir die Kindheit."

Mit einer Vielzahl von Beispielen bewies Wera Larsch, daß sie nicht leichtfertig zu solchen Schlußfolgerungen gekommen ist. Neben anderen schriftlichen Beweisen aus freudlosen Kindertagen zeigte sie mir einen vergilbten Zeitungsartikel. Geschrieben von der Journalistin Rita Zeidler, war er kurz nach dem Kriege in der auch in Essen erscheinenden Zeitung „Westdeutsches Volksecho" veröffentlicht worden. Die Journalistin hatte Elisabeth Müller, ehemals Oberin im Wilhelm-Augusta-Kinderheim, an ihrer neuen Wirkungsstätte im städtischen Kinderheim Essen-Heidhausen aufgesucht und dabei mit ihr auch über die Kinder der Familie Larsch gesprochen. Wie im Heim in der Berliner Straße, war die „Erzieherin" auch hier wieder Oberin. Das Gespräch hat Rita Zeidler in dem Artikel festgehalten. Darin heißt es:

„Ausführlich verweilt die Frau Oberin, die seit vielen Jahren als Oberin eines

Waisenhauses der Stadt Essen tätig ist, auf ihren langjährigen Erfahrungen als Erzieherin. Oh, sie weiß mit Waisenkindern umzugehen! ‚Disziplin' – ‚Ordnung' – ‚Respekt' – ‚Berufsausbildung?' ‚Ja, sie wollen alle gerne hoch hinaus. Aber die meisten unserer Kinder stammen aus Verhältnissen – aus Verhältnissen – na, ich kann nur sagen, daß es für die Mädchen besser ist, in den Haushalt zu gehen.' – ‚Ja, die Verhältnisse!' pflichten wir eifrig bei. ‚Besonders die in den letzten 13 Jahren.' – ‚Und waren da nicht vielleicht Kinder in der Anstalt, deren Eltern von Hitler in Zuchthäuser oder Konzentrationslagern gesperrt waren.' Wir müssen die Frage zweimal wiederholen, ehe die Frau Oberin versteht. Es scheint, daß sie noch nie davon gehört hat, daß es solche ‚Verhältnisse' gegeben hat. – Nein, nein, so etwas habe es nicht gegeben – nur ein paar Fälle, wo die Eltern wegen krimineller Taten im Gefängnis saßen. ‚So, also gar keinen Fall von Kindern inhaftierter Hitler-Gegner?' Ein rascher Blick aus den wachsamen Äuglein. ‚Ach, ja – doch, einen Fall. Da war der Vater wohl im Konzentrationslager – und die Mutter war in irgendeine komische Sache verwickelt und ist dann gestorben. – Ja, das war wohl der einzige Fall.'

‚Und standen Sie denn seitens der Gestapo unter Druck, Frau Oberin, was die Erziehung und Behandlung dieser Kinder eines inhaftierten Hitler-Gegners betraf?' – ‚Oh, nein, gar nicht – nicht im geringsten.'

Was war das nun für ein Fall, von dem die Frau Oberin sprach? – Der Vater im Konzentrationslager, die Mutter in eine ‚komische Sache verwickelt und dann verstorben'? – Es handelt sich um die vier Larsch-Kinder, die im Mai 1935 in das Wilhem-Augusta-Heim der Stadt Essen eingeliefert wurden, deren amtierende Leiterin Frau Elisabeth Müller war, nachdem erst der Vater und später die Mutter wegen ‚hochverräterischer' Tätigkeit verhaftet worden waren. Die Mutter starb an den Mißhandlungen durch die Gestapo.

Es sei hier in kurzen, sachlichen Feststellungen einiges von dem angeführt, was die vier Kinder in den folgenden Jahren unter der Herrschaft der ‚langjährigen Pädagogin' Müller durchmachen mußten: Der wesentliche Bestandteil der Müllerschen Erziehungsmethode war Prügel. Die Kinder wurden mit der Faust, mit dem Handfeger, mit irgendeinem Gegenstand, der der ‚Pädagogin' Müller gerade in die Hand kam, ins Gesicht und auf den Kopf geschlagen. Auch pflegte Frau Müller die Köpfe der Kinder mit voller Wucht gegen Türen und Wände zu stoßen oder die Kinder zu Boden zu werfen und mit Füßen zu treten. Die Kinder wurden ständig als ,‚Dreckiges Kommunistenpack' und ‚Pollackengesindel' beschimpft. Die Vormundschaft über die vier Kinder erschlich sich Frau Oberin Müller, indem sie gegen den Vater einen Antrag auf Entziehung der elterlichen Gewalt wegen ‚geistiger Minderwertigkeit' stellte. Dies alles sind durch Zeugen bestätigte Tatsachen. Sie sind schlimm genug in ihrer nüchternen Aufzählung. Aber man stelle sich einmal vor, welch jahrelanger, hilfloser Kummer verlassener Kinder darin enthalten ist, wie viele bittere Kindertränen in den blitzsauberen

Räumen des Wilhelm-Augusta-Heimes geweint worden sind!

Abschiednehmend erheben wir uns. Die Frau Oberin ist sehr rot im Gesicht. Es scheint fast, als wenn sich der fest eingedrehte Dutt an ihrem Hinterkopf gelockert hat. Aber sie bringt ihn sofort mit einem energischen Griff in Ordnung. – Auf den spiegelnd gebohnerten Gängen begegnen uns wieder knicksende Kinder in fleckenlosen Schürzen. Die Tür des musterhaft gehaltenen Kinderheimes der Stadt Essen in Heidhausen fällt hinter uns ins Schloß."

Pfarrer Dr. Erich Groß und die „Deutschen Christen"

In einem evangelischen Elternhaus groß geworden, waren meine Kinder- und Jugendjahre eng mit allem verknüpft, was zur Kirche gehörte. Vater war im Posaunenchor, im Kirchenchor und wirkte aktiv im Männer- und Jünglingsverein, während meine Mutter dem evangelischen Frauenverein angehörte.

Obgleich in Essen-Borbeck wohnhaft, zählten sie sich der Evangelischen Kirchengemeinde in Essen-Bergeborbeck zugehörig. Beide hatten sie vor ihrer Vermählung in diesem Essener Gebiet gewohnt und erfüllten auch später hier ihre kirchlichen Pflichten.

Sonntag für Sonntag gingen Vater und Mutter mit meiner Schwester und mir zur Kirche in der Bottroper Straße. Auch in der Woche besuchten wir häufig Bibelstunden oder andere Veranstaltungen in Bergeborbeck.

In den Gesprächen im Elternhaus drehte sich fast alles um die Kirche. Vater und Mutter zählten zu jenen Menschen, bei denen das Sprichwort „Bete und arbeite" nahezu extrem praktiziert wurde. Sie beteten mit uns am Morgen, vor allen Mahlzeiten und vor dem Schlafengehen.

Die politischen Ereignisse draußen vor der Tür interessierten nur am Rande. Vater sah die Obrigkeit als gottgewollt an und tolerierte sie. Er fand auch keine Worte des Protestes, als nach dem 30. Januar 1933 die faschistischen Machthaber kommunistische oder sozialdemokratische Arbeiter aus unserer Nachbarschaft verfolgten und in die Gefängnisse, Zuchthäuser und Konzentrationslager warfen. Ich selbst war gerade acht Jahre alt geworden und begriff schon deshalb nicht, welche bedeutsamen Weichen gestellt wurden. Bis dahin hatten wir Kinder uns immer eine Freude daraus gemacht, den SA-Mann aus der Nachbarschaft mit „Heil Moskau" oder die uns bekannten Kommunisten, Sozialdemokraten und Anhänger der Zentrumspartei mit „Heil Hitler" zu begrüßen. Erst allmählich begriffen wir, daß man uns das „Heil Moskau" im zunehmenden Maße übel nahm und unterließen bald die neckenden Begrüßungen.

An unserem Leben zu Hause änderte sich vorerst gar nichts. Sonntag für Sonntag gingen wir gemeinsam zur Kirche, und Tag für Tag wurde gebetet. Als aber die Glaubensbewegung der Deutschen Christen den Versuch unternahm, die Evangelische Kirche mit dem neuen Regime gleichzuschalten, da sah auch mein Vater sich gefordert und fand den Mut zum Engagement. Nahezu über Nacht brach er alle seine Beziehungen zur Kirchengemeinde in Bergeborbeck ab, als diese mehr und mehr unter den Einfluß der Deutschen Christen geriet. Fortan wirkten er und meine Mutter nunmehr in der Borbecker Kirchengemeinde, deren Repräsentanten zur Bekennenden Kirche um Martin Niemöller gehörten.

Inzwischen älter geworden, nahm auch ich bald regen Anteil am kirchlichen Leben in der Gemeinde. Von einigen Begebenheiten und Begegnungen will ich erzählen, weil sie etwas aus dem Alltag einer Gemeinde der Bekenntniskirche vermitteln, wie er zu jener Zeit anderswo ebenso hätte sein können.

An manches erinnerte ich mich erst wieder, als ich Jahrzehnte später in den Gestapo-Personalakten darüber etwas fand. Diese Akteneinsicht gab mir auch die Möglichkeit, manche Zusammenhänge zu erkennen, die ich zur Zeit des Erlebens nicht erkennen konnte. Einige der handelnden Personen leben nicht mehr, andere gaben mir auf meine Fragen bereitwillig Auskunft und halfen mir, die Geschehnisse richtig zu schildern und entsprechend zu bewerten.

Zentrum des evangelischen kirchlichen Lebens im Borbecker Pfarrbezirk, in dem ich wohnte, war der Kruppsaal, ein als Kirche eingerichteter Ladenraum des Krupp-Konsums an der Ecke Stolbergstraße und Leimgardtsfeld. Mitte der dreißiger Jahre besuchte ich mit einigen Schulfreunden regelmäßig die Jugendbibelstunde. Neben der Bibelarbeit waren die Stunden immer ausgefüllt mit Spielen und interessanter Unterhaltung. Die niedrigen, nur spärlich beleuchteten Lagerkeller unter dem Kruppsaal, in denen wir uns häufig zusammensetzten, schufen eine Atmosphäre wie wir sie uns wünschten: ein Hauch von Romantik und Verschwörertum. Hier saßen wir im Kreis zusammen, lasen aus einem Buch, besprachen einen Bibeltext oder sangen Lieder. Gut erinnere ich mich noch an jene Stunden, in denen man uns aus der Jungengeschichte „Die schwarze Hand“ vorlas. Zum Schluß der Stunde sangen wir oft ein Lied, in dem es in einer Strophe hieß:

„Geusen sind wir geheißen,
evangelische Jungenschaft.
Wir stehen treu zusammen,
und Gott gibt uns Mut und Kraft.“

Hin und wieder besuchten wir auch Veranstaltungen im Gemeindehaus Wüstenhöferstraße oder im Lutherhaus an der Bandstraße. An eine Adventfeier mit Kaffee und Kuchen im Lutherhaus erinnere ich mich deshalb noch so genau,

Glaubensbewegung „Deutsche Christen"
Gauleitung Essen

Gau-Geschäftsstelle: Essen, III. Hagen 23
Telefon: 32360
Postscheckkonto: Essen

Sonntagsblatt der Bewegung: „Evangelium im Dritten Reich"
Erscheinungsort Berlin

Haus Baedeckerhaus, Zimmer 38/40

Essen, 12. Febr. 34

An den
Herrn Polizeipräsidenten Pg. Z e c h
E s s e n

Von der Gemeindegruppe Rheinhausen der "Deutschen Christen" wird uns folgende Mitteilung gemacht:

"Der evangelische Frauenverein Friemersheim-Nord feierte am 8. Februar sein Jahresfest. In dieser Feier sprach Pfarrer Dr. Gross aus E.-Borbeck. Als Thema war angekündigt worden "Die christliche Familie zur Zeit Luthers". Pfarrer Dr. Gross erklärte bei Beginn seiner Ausführung, dass er zu dem bekanntgegebenen Thema nicht sprechen könne, da es zur Zeit wichtigere Dinge gäbe über die gesprochen werden müsse. Er zitierte dann Stellen aus Rosenbergs "Mythos des 20. Jahrhunderts" In diesem Zusammenhang betonnte er dann, dass die Schrecken des Bolschewismus ein Kinderspiel seien gegen dass, was nun in Deutschland kommen würde. Als Zeugen hierfür benennen wir die Frauen Kopmanns und Werner aus Rheinhausen- Friemersheim sowie unseren Gemeindegruppenleiter der "Deutschen Christen" Otto Paetsch, Rheinhausen- Friemersheim"

Wir sehen in der Äusserung des Pfarrer Dr. Gross eine ungeheure Diffamierung des nationalsozialistischen Staates. Es dürfte

Glaubensbewegung „Deutsche Christen"
Gauleitung Essen

Gau-Geschäftsstelle: Essen, III. Hagen 23
Telefon:
Postscheckkonto: Essen

Sonntagsblatt der Bewegung: „Evangelium im Dritten Reich"
Erscheinungsort Berlin

Essen,

Blatt II.

dürfte fernerhin interessant sein, dass dieser Dr. Gross im Jahre 1927 während seiner Studienzeit einem Parteigenossen gegenüber erklärt, hat, dass er selbst getaufter Jude sei.

Heil H i t l e r !
Gauleitung Essen
der "Deutschen Christen"
Gaugeschäftsleiter

Der Polizeipräsident. Essen, 15.2.34.

Landrat Moers
Eing.: 16. FEB. 1934
Nr. 1305

Schreiben der „Glaubensbewegung Deutsche Christen" vom 12. Februar 1934 an den Essener Polizeipräsidenten den Borbecker Pfarrer Dr. Groß betreffend.

weil ich hier allgemeines Mißfallen erntete, als ich auf die vor mir stehende brennende Kerze fortwährend Zucker streute.

Im Düsseldorfer Hauptstaatsarchiv fand ich 1976 zwei Gestapo-Personalakten mit dem Namen des Lutherhaus-Pfarrers Dr. Erich Groß. (Dabei fiel mir ein, daß er auf der Adventfeier gesprochen hatte, die durch mein Verhalten gestört wurde.) Die Ermittlungsergebnisse verdeutlichen anschaulich den Gestapo-Einsatz bis hinein in die einzelnen Gemeinden der Bekennenden Kirche.

Ein Dokument der Schande ist ein Schreiben der Gauleitung Essen der Glaubensbewegung „Deutsche Christen". Es trägt das Datum vom 12. Februar 1934 und ist an den Essener NS-Polizeipräsidenten Zech gerichtet. Unterwürfig und zugleich hinterhältig berichtet der Verfasser dem Polizeipräsidenten von einem Jahresfest des evangelischen Frauenvereins Friemersheim-Nord am 8. Februar 1934, auf dem Pfarrer Dr. Groß gesprochen hatte. Das vorgesehene Thema „Die christliche Familie zur Zeit Luthers" habe dieser jedoch geändert, bemerkt der „deutsche Christ", weil es, wie Groß gesagt habe, wichtigere Dinge gäbe, über die gesprochen werden müsse. Dann habe er Stellen aus Rosenbergs „Mythos des 20. Jahrhunderts" zitiert und betont, der Bolschewismus sei ein Kinderspiel gegen das, was nun in Deutschland kommen würde. „Wir sehen in der Äußerung des Pfarrers Dr. Groß eine ungeheure Diffamierung des nationalsozialistischen Staates", schrieb der Denunziant und fügte abschließend hinzu: „Es dürfte fernerhin interessant sein, daß dieser Dr. Groß im Jahre 1927 während seiner Studienzeit einem Parteigenossen gegenüber erklärt hat, daß er selbst getaufter Jude sei."

Nun, der Lutherhaus-Pfarrer war kein getaufter Jude, und sicherlich hat der „deutsche Christ" das auch gewußt. Ihm schien es aber offenbar nur darauf anzukommen, mit Schmutz zu werfen und zu hoffen, daß etwas hängen bleibe. Daß etwas hängen blieb, zeigen die nach diesem Brief eingeleiteten Gestapo-Maßnahmen. Vernehmungen folgten, Haussuchungen wurden durchgeführt und Überwachungen von Predigten angeordnet.

So erteilte man am 27. Februar 1937 einem Hauptwachtmeister der Schutzpolizei den Auftrag, eine Abendandacht im Lutherhaus zu überwachen. Er berichtete dann der Gestapo, Pfarrer Dr. Groß habe in der Predigt bedauert, daß man den Bekenntnis-Christen keine Gelegenheit gäbe, öffentlich zur bevorstehenden Kirchenwahl Stellung zu nehmen, den Deutschen Christen aber erlaube die Gestapo, in großen Sälen Wahlpropaganda zu machen. Außerdem habe er von den Leiden der vom Staate verfolgten Pfarrer gesprochen.

Wenige Monate später, am 9. September 1935, teilte der Essener Gestapo-Mann Braschwitz seiner vorgesetzten Dienststelle in Düsseldorf mit, Pfarrer Dr. Groß habe sein Amt „zu staatsfeindlichen Zwecken mißbraucht". Darum empfahl er, diesem den Religionsunterricht zu entziehen. Am Schluß seines Briefes schrieb Braschwitz: „Da Dr. Groß seinen Urlaub in der Schweiz zu verbringen beabsichtigt und aufgrund seiner feindlichen Einstellung zum Staat damit gerechnet werden muß, daß er auch im Ausland hetzerische Äußerungen gegen Deutschland verbreitet, wurde Paßsperre gegen ihn beantragt." Der Antrag hatte Erfolg, denn am 21. Oktober 1935 zog man den Reisepaß des Borbecker Pfarrers ein.

Nicht uninteressant ist in der Gestapo-Personalakte auch ein Vermerk vom 16. Oktober 1939, den ein Essener Kriminalkomissar anfertigte. Darin hielt er fest, daß ihm von einem Unteroffizier der in der Wirtschaft Wilhelmshöhe untergebrachten Flakbatterie mitgeteilt worden sei, Pfarrer Groß habe in der Krankenstube der Soldaten Schriften und Broschüren ausgelegt, die in versteckter Form Angriffe gegen den Nationalsozialismus enthalten hätten. „Um die Verbreitung solcher Schriften zu unterbinden, ist eine sofortige Durchsuchung der Wohnung des Pfarrers Dr. Groß erforderlich", vermerkte der Kommissar und fügte handschriftlich hinzu: „Sofort Bericht an Stapo!"

Welcher Praktiken und Methoden sich die faschistischen Schnüffler bedienten, zeigen einige Dokumente in den Gestapo-Akten. So brachte z. B. der Essener Kriminal-Oberassistent Kosthorst am 21. November 1938 folgendes zu Papier: „Vertraulich wurde mir mitgeteilt, daß der Pfarrer Dr. Groß, wohnhaft in Essen-Borbeck, Bandstraße 19, gelegentlich eines am Freitag, dem 4. November 1938, im Lutherhaus in Essen-Borbeck stattgefundenen Konfirmandenunterrichts, sich in bezug auf die Hitlerjugend wie folgt geäußert haben soll: ‚Es gehört sich nicht, an den Sonntagen mit Fanfaren und Trommeln an der Kirche vorbeizuziehen; das ist in der Kommunistenzeit noch nicht vorgekommen, denn die Kommunisten haben sich solches früher nicht erlaubt.'

Der genaue Wortlaut der von dem Beschuldigten gemachten Äußerung steht nicht fest, so daß eine Vernehmung der bei dem Konfirmationsunterricht anwesenden Schulkinder erforderlich ist. Es handelt sich um Schulkinder aus der 1. Klasse der evangelischen Volksschule (Lehrer Ackermann) in Essen-Borbeck. Soweit festgestellt werden konnte, haben folgende Schulkinder dem Konfirmationsunterricht beigewohnt: ..." – (an dieser Stelle folgen Namen von acht Mädchen und zwei Jungen).

Fünf Tage später schrieb Gestapo-Mann Nohles unter diese Notiz: „Der Kriminalstelle (9. K.) mit der Bitte um Vernehmung der als Zeugen benannten Schulkinder übersandt." Beim 9. Kommissariat wurde dann die Gestapo-Anweisung gewissenhaft durchgeführt und das Ergebnis einige Tage später den Auftraggebern wieder übergeben. Die Vernehmungen bestätigten die „vertraulichen" Mitteilungen an Kriminal-Oberassistent Kosthorst, der darum in seinem Abschlußbericht den Lutherhaus-Pfarrer als einen „fanatischen Bekenntnisfrontler" bezeichnete.

Im Sommer 1976 wandte ich mich an Dr. Erich Groß, der inzwischen nach Mainz verzogen war, um von ihm einiges mehr von dem zu erfahren, was er damals erlebt hat. Sein Antwortbrief erreichte mich Ende Juli 1976:

„... Ich habe schon vor 1933 gesehen, wohin der Karren lief, habe die Beflaggung kirchlicher Gebäude auch nach der ‚nationalen Überhebung' mit der Flagge der NSDAP abgelehnt und mich erst der Gewalt gebeugt. Nach dem Umsturz konnte ich einer Reihe junger Kommunisten im Lutherhaus Asyl gewähren und sie damit vor der Lynchjustiz schützen."

Es folgten einige interessante Einzelheiten. Pfarrer Dr. Groß schrieb, daß er bis hinein in seine Militärzeit während des Zweiten Weltkrieges ständig Schwierigkeiten gehabt habe. So ist ihm das gesetzlich zustehende Kindergeld für seine fünf Kinder vorenthalten worden. Über viele Jahre mußte er sich mit Hilfe von Dr. Dr. Gustav Heinemann gegen die Denunziation „Deutscher Christen" wehren, die ihn der „nichtarischen Abstammung" bezichtigt hatten. Zu guter Letzt wurde die Angelegenheit doch nur mit einem Vergleich abgeschlossen.

Als Mitarbeiter des Rüstdienstes der Bekennenden Kirche schrieb er eine Broschüre über die „Judenfrage im Lichte der Bibel", die in zwei Auflagen erschien, dann aber von der Gestapo beschlagnahmt wurde.

Pfarrer Dr. Groß bemühte sich sehr um den im Loewensteinschen Hause in der Borbecker Straße wohnenden Alfred van Biema, der wegen seiner jüdischen Abstammung zu den Ausgestoßenen gehörte. Darum habe man ihm oftmals tagsüber im Lutherhaus Schutz und Obdach gewährt. Später, am 21. Juli 1942, wurde er jedoch nach Theresienstadt deportiert und ist von dort in das Konzentrationslager Auschwitz überführt worden. Hier endet seine Spur, doch sicherlich zählt er zu den Millionen Menschen aus ganz Europa, die in dem Vernichtungslager ermordet wurden.

Pfarrer Dr. Groß machte in seinem Brief noch eine interessante Mitteilung: Im Laufe des Jahres 1934 wurden durch Reichsinnenminister Dr. Frick alle Veröffentlichungen über die Verhältnisse in der Evangelischen Kirche verboten. Allerdings hatten die Verfügungen nichts gesagt über Mitteilungen an eingeschriebene Mitglieder eines Vereins. Folglich fielen Vereinsnachrichten nicht unter das Verbot. Pfarrer Heinrich Held aus Essen war der erste, der unter Ausnutzung dieser Gesetzeslücke solche „Mitteilungsblätter" in hoher Auflage herstellen und vertreiben ließ. Sie wurden, wegen des dazu verwandten grünen Papiers, auch „Grüne Blätter" oder „Grüne Briefe" genannt und stellten so etwas wie eine Zeitschrift der Bekennenden Kirche dar. Pfarrer Dr. Groß teilte mit, daß die Blätter anfangs im Lutherhaus hergestellt und von hier aus verbreitet wurden. Später wurden sie dann in den Kellerräumen der Wohnung von Gustav Heinemann in der Schinkelstraße 34 gedruckt.

Als Glied der Bekennenden Kirche hielt der Borbecker Pfarrer auch Vorträge, Reden und Predigten in ganz Deutschland und nahm an nahezu allen Bekenntnissynoden teil. Das hat zum Gesamturteil der Gestapo über ihn beigetragen. „Darum wurde ja dann auch schon vor Kriegsbeginn das Lutherhaus von der

Flak aus Essen-Kray beschlagnahmt und uns das Telefon abgeschnitten, von anderen Scherereien ganz zu schweigen." Als er nach seiner Einberufung zur Wehrmacht wegen seiner Sprachkenntnisse zur Dolmetscher-Lehrabteilung des Oberkommandos der Wehrmacht kam, hat man ihn hier auf Drängen der Gestapo bald wieder entfernt. Rückblickend schrieb Pfarrer Groß: „Wäre die Gemeinde und ihr Presbyterium nicht so stabil gewesen, mir wäre das Konzentrationslager nicht erspart geblieben." [...] „Sie sehen, die Jahre 1933 bis zu meiner Einberufung zum Kriegsdienst 1942 waren für mich und vor allem meine Familie nicht gerade einfach. Nun, Gott sitzt im Regimente, und die Bäume sind nicht in den Himmel gewachsen. Der jungen Generation sind das, wie ich oft erlebe, sagenhafte Dinge."

„Es lebe der 1. Mai – Rot Front!" Bürohaus West am 1. Mai 1934

„Um 11.00 Uhr geht das Marschieren an. An den Sammelpunkten in allen Teilen der Stadt haben sich Tausende von Männern eingefunden, um in gewaltigem Demonstrationszug durch Essens Hauptstraßen hinaus zum Flugplatz Essen/Mülheim zu marschieren...

Sie marschierten im Gleichschritt, vom Betriebsführer bis zum letzten Mann der Gefolgschaft in dem bewußten Willen zur Betriebsgemeinschaft. SA- und Landknechtslieder, die wieder Gemeingut des singenden Volkes geworden sind, auf den Lippen, ohne das haßerfüllte Protestgeschrei, das der furchtbaren Verwirrung aller Geister in den verflossenen Zeiten deutscher Schmach Ausdruck gab... Sie zogen nicht durch freudlose Steinwüsten, sondern durch herrlich geschmückte Straßen, geschmückt mit Girlanden, Fahnen und immer wieder Fahnen..."

So lauteten einige Sätze aus dem Bericht der faschistischen „National-Zeitung", den sie über die Essener Feierlichkeiten anläßlich des 1. Mai 1934 in ihrer Ausgabe vom 2. Mai 1934 veröffentlichte. Darin ist weiter die Rede von der „herrlichen Wandlung seit dem 1. Mai des Jahres 1933", von der „geschlossenen Front aller schaffenden deutschen Menschen", von „Disziplin", von „Wille zur Gefolgschaft und Freude an dem Fest".

Über jene antifaschistische Protestaktion, die am Tage zuvor für einige Aufregung gesorgt hatte, stand allerdings nichts in den Zeitungsspalten. „Es lebe der 1. Mai! Rot Front", das war in der Nacht zum 1. Mai in großen Buchstaben an die Kuppel des Museumsgebäudes gegenüber dem Bahnhof Essen-West geschrieben worden. Sie löste Alarm bei den zuständigen Polizei- und Parteidienststellen aus, denn am Westbahnhof vorbei sollte in den Vormittagsstunden eine Marschsäule in Richtung Flughafen Essen/Mülheim ziehen.

Schon der Losungstext ließ vermuten, wer nach einer waghalsigen Kletterpartie mit Pinsel und weißer Farbe den weit sichtbaren Maigruß hinterlassen hatte. Was die Gestapo jedoch nicht in Erfahrung bringen konnte, ist heute bekannt.

Der inzwischen nach Stuttgart verzogene Werkzeugmacher Hermann Bick, einer der Beteiligten, erzählte mir 1975 Einzelheiten über Vorbereitung und Durchführung der Aktion Essener Kommunisten, die am ersten Maimorgen des Jahres 1934 einen hektischen Polizeieinsatz auslöste:

„Mit mir waren insgesamt sechs Genossen in der Nacht dabei. Alle kannten wir uns aus der roten Sportbewegung. In dem Gebäude, an deren Kuppel die Losung angeschrieben wurde, befand sich eine Stempelstelle des Arbeitsamtes für Erwerbslose aus dem Stadtteil West. Hier traf ich auch regelmäßig meinen Genossen Karl Weinand, auf dessen Initiative unsere erfolgreiche Nachtarbeit zurückzuführen ist. ‚Kennst du nicht einen guten Turner', fragte er mich Ende April und weihte mich in sein Vorhaben ein. Ich dachte sofort an meinen Freund Fritz Pauler und vertraute mich ihm an. Er war sofort bereit, mitzumachen. Als in der Nacht zum 1. Mai die Sache startete, waren außer Karl Weinand, Fritz Pauler und mir auch Eugen Reber, Alfred Göge und Otto Selbach dabei.

Um von hinten an das Gebäude heranzukommen, gingen einige in Abständen durch die Kerkhoffstraße zum Friedrichsbad und von dort aus hinter dem Kindergarten und der evangelischen Kirche die Bahnlinie entlang. Am Blitzableiter hangelte sich Fritz Pauler, der Schreiber der Losung, nach oben. Mit einem Seil wurden Farbe und Pinsel nachgezogen. Alfred Göge und ich standen auf der Straße, um von hier aus abzusichern. Immer dann, wenn der Mond hinter den Wolken hervorkam und fahles Licht auf die Dunkelheit fiel, erkannten wir schemenhaft die ständig zunehmende Anzahl weißer Buchstaben. Uns klopfte das Herz bis zum Hals, und wir atmeten erst auf, als die akrobatische Arbeit an der Gebäudekuppel erfolgreich beendet war.

Noch sorgte die Nacht dafür, daß nur Eingeweihte wußten, was sich da oben abgespielt hatte. Aber es sollte nicht mehr lange dauern, bis alle, die vorübergingen, unser Werk bemerken würden.

Erleichtert, zufrieden und stolz gingen wir auseinander.

Mit den ersten Sonnenstrahlen am folgenden Morgen war ich auf den Beinen. Rund um den Bahnhof Essen-West war der Teufel los. Polizisten, Feuerwehrleute und Passanten standen hier und schauten nach oben, hin zur Kuppel des Museumsgebäudes.

Weithin sichtbar und gut zu lesen stand hier die Losung: ‚Es lebe der 1. Mai! Rot Front!' Unsere gefahrvolle Arbeit in der vergangenen Nacht hatte sich gelohnt. Lange durfte ich nicht bleiben, denn das konnte die Aufmerksamkeit von

Das Bürohaus am Westbahnhof. 1935 war das Ruhrland-Museum der Stadt Essen hier beheimatet.

Gestapo-Leuten auf mich lenken, die sicherlich unter den nach oben blickenden Passanten als aufmerksame Beobachter standen. Die Feuerwehr hatte ihre liebe Not, denn selbst mit ausgefahrener Leiter war der Losung zunächst nicht beizukommen. Erst viel später gelang es ihr, sie zu überpinseln. Wer aber aufmerksam hinsah, konnte auch danach noch lesen, was vorher dort geschrieben stand.

Bis dahin aber waren die Marschierer an ihr vorbeigezogen und hatten mit vielen anderen Passanten unseren antifaschistischen Maigruß zur Kenntnis nehmen müssen. Unsere Freude darüber wurde noch größer, als wir erfuhren, daß im Obergeschoß des Museumsgebäudes eine SS-Wache stationiert war. Diese Aufpasser hatten wir überrumpelt und ihnen die Losung sozusagen an die Mütze geschrieben. Wenn die Zeitungen unsere Malaktion totschwiegen, so sprach man in der Stadt allerorts darüber, und manch einer äußerte hinter vorgehaltener Hand offene Schadenfreude. Obgleich die Gestapo alle ihre Register zog, hat sie uns nicht erwischt."

Wenige Wochen nachdem ich von Hermann Bick diese Einzelheiten erfahren hatte, besuchte ich Alfred Göge in seiner Wohnung, nahe der Apostelkirche in Essen-West. Im Verlaufe der Unterhaltung bestätigte er das, was ich wußte.

Auch er war am Morgen des 1. Mai 1934 zum Bahnhof Essen-West gegangen, um sich vom Erfolg der Aktion zu überzeugen. Neugier mimend, war er stehengeblieben, hatte sich kurz unter die Schaulustigen begeben und erstaunt gefragt: ,,Wie sind die bloß da oben hingekommen?"

Über sein Gesicht ging ein verschmitztes Lächeln, als er mir das erzählte. Ein ähnliches Lächeln beobachtete ich auch bei Eugen Reber, den ich kurze Zeit später aufsuchte, um möglicherweise von ihm weitere Einzelheiten zu erfahren.

In der Mülheimer Geibelstraße, nicht weit entfernt von der Essener Stadtgrenze, war sein Zuhause. Drei Tage vor dem 1. Mai 1934 war er von der geplanten Aktion unterrichtet und mit dem Kauf der Farbe beauftragt worden: ,,Ich kaufte sie bei einem Anstreicher in der Bunsenstraße, nahe der damaligen Feuerwache. Entgegen meiner sonstigen Gewohnheit habe ich unverfälschtes Platt gesprochen, um so eine mögliche Spur zu verwischen. Demselben Zweck diente mein Hinweis, man sei zu Hause beim Frühjahrsputz und wolle die längst fälligen Türen streichen."

Auch Eugen Reber hatte früh am Morgen des 1. Mai seine Wohnung in der Niederfeldstraße verlassen, um den Ort der Tat zu inspizieren. Erfüllt von Freude über das, was er dort gesehen, war er dann zum ,,Entenfang" gefahren, dem traditionellen Treffpunkt der Arbeitersportler des Ruhrgebiets an der Grenze zwischen Mülheim und Duisburg.

Die Erlebnisse der Nacht seinen politischen Freunden zu verheimlichen bereitete ihm einige Schwierigkeiten, aber die Richtigkeit des Schweigens sollte sich bald herausstellen.

,,Mit etwa 30 bis 40 meiner Freunde lag ich am Entenfang. Ganz plötzlich sahen wir uns von SA-Männern umstellt. Sie waren aus Essen gekommen. Ihr Anführer: Sturmbannführer Walter Hassel. ‚Au, hier haben wir die richtige Truppe', hörte ich ihn sagen. Dann befahl er uns, anzutreten, und teilte mit, daß wir auf bereitgestellten Lastkraftwagen zur Vernehmung nach Essen gebracht würden.

In diesem Augenblick dachte ich an meine Aktentasche, und der Schreck fuhr mir durch alle Glieder. Mit ihr hatten wir in der Nacht die weiße Farbe zum Dach des Gebäudes am Westbahnhof hinaufgezogen. Später war mir aufgefallen, daß dabei ein wenig Farbe übergeschwappt war. ‚Wenn die Gestapo weiße Farbkleckser in der Aktentasche feststellt, wird sie bestimmt hellhörig', dachte ich und überlegte krampfhaft, wie ich das Corpus delicti loswerden könnte. Unter uns befand sich ein Schulmädchen aus der Nachbarschaft. Es mag 13 oder 14 Jahre alt gewesen sein. Als ich Sturmbannführer Hassel sagen hörte, ‚das Kind da kann gehen', kam mir ein rettender Gedanke. ‚Vergiß deine Tasche nicht', rief ich der Kleinen zu und reichte ihr meine Tasche. Mir fiel ein Stein vom Herzen, als das Mädchen sie ohne zu zögern ergriff und unbehelligt gehen konnte."

Der überraschende SA-Einsatz am Entenfang diente dem Zweck, Spuren der

„Täter" zu finden, die in Essen für einige Aufregung gesorgt hatten. Das war auch der Grund einiger anderer Festnahmen an den folgenden Tagen.

„Aufgrund des § 1 der Verordnung des Herrn Reichspräsidenten vom 28. Februar 1933 hat der Preußische Ministerpräsident über Sie die Schutzhaft verhängt, weil im Hinblick auf Ihr politisches Vorleben der Verdacht besteht, daß Sie mit den Tätern, die in der Nacht vom 30. April zum 1. Mai 1934 die Kuppel des Museums am Bahnhof Essen-West mit kommunistischen Parolen beschmiert haben, in näheren Beziehungen stehen."

Dieser Schutzhaftbefehl, ausgestellt am 12. Mai 1934, betraf den Essener Erich Mohr. Bis zum 1. Juni 1934 blieb er in Haft, obgleich der gegen ihn vorgebrachte Verdacht völlig unbegründet war.

Gustav Streich, ein Organisator der illegalen SPD in Essen

Zu den wenigen Sozialdemokraten, die am 1. Mai 1935 in Werden einer Verhaftung entgingen, gehörte der in Essen-Borbeck wohnende Schriftsetzer Gustav Streich. Für ihn war es Glück im Unglück gewesen. Nur fünf Minuten hatte er sich damals verspätet. Sie genügten, ihn noch rechtzeitig warnen zu können. Wie er sich danach bemühte, die illegale Arbeit fortzusetzen, erfuhr ich von ihm im Verlaufe eines Gesprächs, in dessen Mittelpunkt sein politisches Engagement während des Faschismus stand.

„Die Verhaftungen waren damals schmerzlich und blieben auch nicht ohne Folgen für die illegale Arbeit. Trotzdem aber kam sie nicht zum Erliegen. Schon vor dem 1. Mai bestanden feste Verbindungen bis weit über die Grenzen Essens. Mit meinem Genossen Hermann Rotthäuser, den man auch am 1. Mai verhaftet hatte, gehörte ich zum kleinen Kreis der Eingeweihten, die von diesen Verbindungen wußten. Als ich an dem verhängnisvollen Tag unbehelligt aus Werden nach Hause kam, war ich mir bewußt, daß nunmehr auf mich eine große Verantwortung lastete. So gut es ging, machten wir Übriggebliebenen weiter.

Im Laufe des Monats Mai kam es in Essen und Umgebung zu weiteren Verhaftungen. Monate gemeinsamer Arbeit verbanden mich danach mit Ernst Gnoß aus Solingen, der vor 1933 Parteisekretär bei uns in Essen gewesen war. Bis zu seiner Verhaftung am 11. August 1935 hat er mich häufig besucht. Zur Tarnung seiner Arbeit und zur Sicherung des eigenen Lebensunterhalts betrieb er eine Vertretung für Solinger Stahlwaren und hatte einen Buchverkauf übernommen. Beides tarnte seine Reisen und den Empfang häufiger Besuche. Pfingsten 1935 fuhr ich mit ihm ‚legal' in einem Sonderzug zur Brüsseler Weltausstellung. Bei dieser Gelegenheit trafen wir den ehemaligen 2. Vorsitzenden des Reichsbanners, Gustav Ferl, der jetzt Grenzsekretär unserer Partei in Belgien war.

Nach der Verhaftung von Ernst Gnoß bin ich im Oktober 1935 erneut nach Belgien gefahren, um die aufgenommenen Kontakte zu vertiefen. Neben Gustav Ferl traf ich jetzt auch den Aachener Gewerkschafter Nikolaus Haas, der ebenfalls in Belgien lebte. Bei dieser Gelegenheit wurden jene Begegnungen abgesprochen und vorbereitet, die ich mit dem Sekretär des Internationalen Gewerkschaftsbundes, Walter Schevenels, am 17. November 1935 hatte.

Bis zum März 1936 konnten wir danach unsere illegale Arbeit in Essen fortsetzen. Die Unentwegten trafen sich nach wie vor und tauschten ihre Gedanken aus. Am 5. März 1936 holte die Gestapo dann auch mich."

Wie an jedem anderen Morgen war Gustav Streich an diesem Tag zur Druckerei Girardet gegangen, wo er als Schriftsetzer arbeitete. Gegen 8.00 Uhr ließ ihn der Firmenprokurist in sein Büro rufen. Hier wurde er von Beamten der Düsseldorfer Gestapo in Empfang genommen und in das naheliegende Essener Polizeipräsidium gebracht. Dort angekommen, begann sofort die erste Vernehmung. „Nach zehn Minuten hatte ich schon zwei Zähne verloren", sagte er mir, als wir darauf zu sprechen kamen.

Es blieb nicht bei dieser einen Vernehmung, denn später von Essen nach Düsseldorf transportiert, dauerte seine Gestapo-Haft fünf Wochen. Danach begann die über einjährige Untersuchungshaft, bis man ihm und sechs seiner Genossen den Prozeß machte. Zunächst aber erließ das Düsseldorfer Amtsgericht am 9. April 1936 folgenden Haftbefehl:

„Der Schriftsetzer Gustav Streich, geb. am 11. 11. 1906 zu Markhausen, wohnhaft in Essen-Borbeck, Leimgardtsfeld 14, ist zur Untersuchungshaft zu bringen.

Er wird beschuldigt, im Inlande in nicht rechtsverjährter Zeit das hochverräterische Unternehmen, die Verfassung des Deutschen Reiches gewaltsam zu ändern dadurch vorbereitet zu haben, daß er die Bestrebungen der illegalen SPD unterstützte, illegale Schriften erwarb und verbreitete und an Zusammenkünften der Funktionäre der SPD teilnahm. Verbrechen nach §§ 80 Abs. 2, 83 Abs. 2 STGB. Er ist dieser Straftat dringend verdächtig und fluchtverdächtig, weil ein Verbrechen vorliegt."

Den Prozeß gegen Gustav Streich und sechs seiner Genossen führte der 2. Senat des Volksgerichtshofes am 21. und 22. April 1937. Wie immer in solchen Verfahren war die personelle Zusammensetzung eines solchen Senats bemerkenswert. Als Vorsitzender fungierte Volksgerichtsrat Jenne. Ihm zur Seite standen Landgerichtsdirektor Dr. Löhmann, Studienprofessor Heinlein, SS-Standartenführer Tscharmann und Gauamtsleiter Fischer. Die Staatsanwaltschaft vertrat Staatsanwaltschaftsrat Dr. Geipel.

SOZIALISTISCHE AKTION

Mitte Januar 1935

Der Volksführer hinter Bajonetten

Appell in der Oper

Am späten Abend des 3. Januar wurden das deutsche Volk und die Welt durch die Mitteilung überrascht, daß am Nachmittag des gleichen Tages in der Berliner Staatsoper eine **Kundgebung der deutschen Führerschaft** stattgefunden habe, die einen neuen und überzeugenden Beweis für die Geschlossenheit und Einmütigkeit des ganzen deutschen Volkes darstelle. Der amtliche Bericht gibt als Begründung für die überraschend schnelle Einberufung dieser Kundgebung an, daß gegenüber den im Ausland im Zusammenhang mit der Saarabstimmung verbreiteten Lügen und Gerüchten eine neue Ergebenheitskundgebung an Hitler notwendig geworden sei. Die Versammelten haben denn auch in einer Adresse an den Führer wieder einmal »blinden Gehorsam« und »unerschütterliches Vertrauen« gelobt. Die deutschen Zeitungen brachten über die Kundgebung nur den Bericht der »Nationalsozialistischen Parteikorrespondenz«, und in diesem Bericht fand man neben dem Wortlaut der Adresse an Hitler und neben einer begeisterten Schilderung über die glänzende Organisation der Tagung nur eine Inhaltsangabe der Rede Hitlers, deren gewaltige Worte nach Göring die Versammlung tief ergriffen haben sollen.

Die Angst vor der Zersetzung

Da aber in den Berichten über den Führerappell in der Oper keine gewaltigen Führerworte zu entdecken sind, da diese Berichte nicht erkennen lassen, was die Teilnehmer an diesem Appell so tief ergriffen hat, so erzielte die Kundgebung genau das Gegenteil der beabsichtigten Wirkung. Sie verstärkte im In- und Ausland die Unsicherheit, und jetzt gilt die Kundgebung — gedacht als Manifestation der Stärke des nationalsozialistischen Regimes — in der Welt als

Ausdruck der schweren Krise der Hitlerdiktatur.

Wie groß diese Sorge Hitlers ist, das beweist am besten die **Organisation der Führerkundgebung** selbst. Sie schlägt allen Behauptungen von der großen Liebe des ganzen deutschen Volkes zu ihrem Führer glatt ins Gesicht. Man wagte nicht, Zeit und Ort der Kundgebung bekanntzugeben, man schloß alle Pressevertreter von der Teilnahme an der Kundgebung aus, man benachrichtigte die Vertreter der ausländischen Mächte nicht, Göring verfügte eine Luftsperre über Berlin und ließ den Weg von der Reichskanzlei zur Staatsoper durch einen dreifachen Kordon von Polizei und SS absperren und verwandelte so das Stadtzentrum vom frühen Nachmittag bis in die sinkende Nacht in ein Kriegslager. So gelangte der »Volkskanzler« von der Reichskanzlei zu seinen Getreuen in die Staatsoper. Tausendfach gesichert und beschützt gegen allzu spontane »Sympathiekundgebungen« seines Volkes. Er fuhr durch Berlin wie ein **feindlicher Heerführer**, der vor allem darauf bedacht ist, sein Leben inmitten eines unterdrückten und verzweifelnden Volkes »zu sichern.

Drohung mit der Reichswehr

Ebenso eindeutig demonstrativ wie die Organisation wirkte die **Zusammensetzung der Kundgebung**. In der Staatsoper waren neben den Funktionären der Parteiorganisation die Generale und Offiziere der **Wehrmacht** und der **Landespolizei** in großer Zahl vertreten. Sie allein stellten beinahe die Hälfte der Teilnehmer dieser Kundgebung, und Hitler hat vor dieser Versammlung erneut demonstrativ sein Bündnis mit der Wehrmacht unterstrichen. Die Vormachtstellung der SA und auch der SS im Dritten Reich ist gebrochen, Wehrmacht und Polizei entwickeln sich mehr und mehr zu den **ausschließlichen** Trägern der staatlichen Gewalt. Hitler hat mit der Kundgebung vom 3. Januar noch einmal seinen eigenen Anhängern unmißverständlich zu erkennen gegeben, daß er entschlossen ist, in Zukunft mit diesen Mächten seinen Weg zu gehen.

Er hat keine andere Wahl. Will er seine Stellung als Führer und Reichskanzler retten, will er die Fassade des Dritten Reiches auch in der Zukunft erhalten, dann muß er den Versuch, demagogische Agitation in die reale Wirklichkeit zu übertragen, **abbrechen**. Er muß den Versuch liquidieren, durch die sogenannte Arbeitsschlacht die Millionen der Arbeitslosen zu beseitigen. Er muß die Außenpolitik, die mit dem Austritt aus dem Völkerbund eingeleitet wurde, liquidieren. Er muß die Illusion von der Autarkie begraben. Er muß die Absicht, die Parteibonzokratie durch die Eingliederung in den Staatsapparat zu befriedigen, aufgeben. Er muß der SS das Schicksal der SA bereiten und sie in die Stellung eines braunen Kriegervereins zurückdrängen. Kurzum, er muß dem verjagten Schöpfer des nationalsozialistischen Parteiprogramms Feder das Parteiprogramm selbst nachwerfen. Uebrig bleiben wird eine **Clique von Männern**, die — emporgetragen durch eine aufgepeitschte, mit wahnwitzigen Versprechungen gewonnene Volksmasse — jetzt um ihrer persönlichen Macht willen sich mit den Kräften der politischen und wirtschaftlichen Reaktion verbindet.

Fast zwei Jahre hindurch hat trotz aller Enttäuschung und Erschütterung der **Name Hitlers** in breiten Schichten der nationalsozialistischen Anhänger seinen Klang behalten, hat das Vertrauen zu ihm die herrschende Partei über schwerste innere Krisen hinweggetragen. Jetzt dokumentiert die Januarkundgebung der Führerschaft die **schnell fortschreitende Zersetzung** dieser stärksten stützenden Kraft des herrschenden Regimes im Volke selbst. Hitler, Göring und Göbbels suchen sie zu ersetzen durch das Bündnis mit der bewaffneten Macht, mit der Reichswehr. Wie lange dieser Damm hält, weiß heute niemand. Heute mögen die entscheidenden Stellen der Reichswehr noch durchaus bereit sein, den Mann und das System zu halten, die ihr eine so weitgehende Erfüllung ihrer eigenen militärpolitischen Pläne ermöglichten. Aber wie bald kann der Zeitpunkt kommen, wo Hitler, verlassen von den Millionen, die ihm am 30. Januar 1933 stürmisch zujubelten, gehaßt und verflucht von den Unzähligen, denen er das Himmelreich auf Erden versprach, zu einer schweren Belastung des Ansehens der Wehrmacht im Bewußtsein der breitesten Volksschichten wird. Wird man sich dann auch noch mit dem verlassenen Führer und seiner Clique in blindem Gehorsam und in unerschütterlichem Vertrauen verbunden fühlen? Ist der Unterschied zwischen Hitler und Röhm und Göring und Heines wirklich so groß?

Volk mach dich frei!

Wir kennen die zukünftigen Etappen des nationalsozialistischen Verbrechens am deutschen Volke nicht. Aber das eine ist gewiß: wer Hitler stürzen will, **muß das Volk gewinnen**. Die fortschreitende Zersetzung im nationalsozialistischen Lager ist der Ausdruck des Abstiegs der nationalsozialistischen Diktatur. Ihr **Sturz** aber ist nur möglich, wenn es gelingt, die Massen des Volkes für einen **aktiven** Widerstand gegen die Gewaltherrschaft zu gewinnen, wenn es uns gelingt, in den Millionen, die bisher die braune Sturmflut über sich hinwegfegen ließen ohne ihre eigene innere Ueberzeugung aufzugeben, den Willen zu wecken, mit gesammelter Kraft für die Ideen eines **freiheitlichen und wahrhaft sozialistischen Deutschlands** einzutreten.

Wir wissen heute, daß im gleichen Maß, wie sich die herrschende Partei zersetzt, die Kraft des **Widerstandes** und der Wille zur Ueberwindung der Diktatur **wachsen**. Auch Hitler und seine Kumpane kennen diese steigende Gegenbewegung. Sie suchen ihrer Herr zu werden durch wahllose **Verhaftungen** in allen Teilen des Reiches. Groß ist die Zahl der Kämpfer, die in diesen Wochen und Monaten aufrechten Hauptes für ihre Ueberzeugung in die Gefängnisse und Zuchthäuser des Dritten Reiches gehen. Ihr Schicksal ist schwer; denn die Auslieferung an die Gestapo bedeutet die Auslieferung an Sadisten und Blutrichter, denen die Achtung vor Bekennermut und unbeugsamer Gesinnung fremd sind. Sie alle aber tragen dieses Schicksal in der Gewißheit, daß draußen an ihre Stelle Männer und Frauen treten, die ihre Arbeit fortsetzen und nicht ruhen werden, bis das Regiment des Terrors und der Lüge in Stücke zerschlagen ist.

Die Entscheidung an der Saar

Der Kampf gegen Hitler geht weiter

Die Entscheidung an der Saar ist gefallen. Die braunen Despoten in Deutschland feiern in lärmenden Kundgebungen die Eroberung des letzten Stückes freien deutschen Bodens. Sie sehen in dem Abstimmungsergebnis einen neuen Triumph ihrer Politik, aber sie unterschlagen dem deutschen Volke die einfache Wahrheit, daß ihre Herrschaft — die Herrschaft des Terrors und der Unterdrückung, der blinden Zerstörung und einer beispiellosen Parteiherrschaft — die Abstimmung über die Rückkehr eines rein deutschen Gebietes zum Deutschen Reich notwendig gemacht hat. Sie verleumden die Männer und Frauen als Landesverräter, die, um der Freiheit und des Friedens willen, das Land an der Saar vor der braunen Sturmflut bewahren und bis zum Sturze Hitlers hier ein Stück freier deutscher Erde erhalten wollten.

Die Freiheitsfront, die Kerntruppe der saarländischen Arbeiterschaft, ist in dem Kampfe gegen den gigantischen Propaganda- und Terror-Apparat des Dritten Reiches unterlegen. Wir haben an dieser Stelle immer wieder auf die Schwere des Kampfes hingewiesen.

Es war ein Kampf mit ungleichen Mitteln!

Auf der einen Seite stand die Großmacht Drittes Reich. Rundfunk und Presse trommelten monatelang mit unerschöpflicher Energie. Riesige finanzielle Mittel, alle technischen Errungenschaften moderner Propaganda und politischer Meinungsbildung standen der Braunen Front im Saargebiet zur Verfügung. Ein fein ausgeklügeltes und raffiniert durchdachtes

Kontroll- und Terrorsystem

sorgte dafür, daß trotz der Sicherungen des Wahlgeheimnisses während der eigentlichen Abstimmung der **moralische und materielle Druck** die Entscheidung der Abstimmung mit der gleichen Stärke beeinflußte, wie bei den Wahlen im Reich. Vor allem aber: An der Saar wurde nicht eine innenpolitische Frage über die zweckmäßigste Form der politischen Führung eines Volkes entschieden, sondern hier sahen Hunderttausend nur die elementare Schicksalsfrage:

Willst du zurück ins Reich?

Und sie wagten auch angesichts der braunen Diktatur an der Ostgrenze des Saargebietes nicht, die jetzt gegebene Möglichkeit der Entscheidung für das Reich auszuschlagen.

Auf der andern Seite stand die

Freiheitsfront absolut allein

Sie kämpfte ohne jede Hilfe von außen, völlig auf eigene Kraft gestellt, allein gestützt auf die freiheitliche Ueberzeugung und den persönlichen Einsatz der sozialistischen Minderheit, unter der Parole: »**Für Deutschland — gegen Hitler!**«, um an der Saar den letzten Hort deutscher Freiheit und deutscher Kultur zu erhalten. Ihre politische Argumentation war kompliziert. Das Bekenntnis zu ihrer Parole setzte hohen persönlichen Mut, einen harten politischen Willen, eine durch nichts zu erschütternde Ueberzeugung von dem endlichen Sieg der freiheitlichen Idee des Sozialismus voraus.

Die Freiheitsfront kämpfte an der Saar nicht nur für die Freiheit des deutschen Volkes, sondern für die Ideen der europäischen Demokratie. Aber selbst in diesem Kampfe war die Freiheitsfront allein. Bei den demokratischen Großmächten Europas überwog das Verlangen, mit der Abstimmung an der Saar die Saarfrage endgültig zu liquidieren. Wenn in diesen Tagen der braune Rundfunk das Treuebekenntnis der Saar überschwänglich feiert, dann verneigen wir uns in Ehrfurcht und Stolz vor den Männern und Frauen, die im

schwersten Kampfe für ihre Ueberzeugung

alle Lasten und Drangsalierungen in Kauf nahmen, die sich »Landesverräter« und »gekaufte Subjekte« schimpfen ließen, und die trotz der aussichtslosen Position ihres Kampfes ihre Gesinnung mutig öffentlich dokumentierten.

Heute ist Hitler an der Saar Sieger. Und morgen werden die Freiheitskämpfer an der Saar zu den

Kadres der illegalen Kämpfer im Reich

stoßen, die kein Blutgesetz und keine Propagandamacht in ihrem Willen erschüttern können, die braune Diktatur in Deutschland zu stürzen. In diesem Kampfe um die deutsche Freiheit und die deutsche Kultur, um Arbeit und Brot, um Frieden und Menschlichkeit für das ganze deutsche Volk, ist der Saarkampf nur eine Episode. Der Kampf der deutschen Freiheitsarmee gegen die braune Barbarei geht weiter. Der Ausgang der Saarabstimmung beweist erneut, daß er nur in **Deutschland** und vom **deutschen Volke selbst** entschieden werden kann.

Hier aber lebt heute schon in Millionen Menschen — trotz der Saarabstimmung — die Ueberzeugung, daß Deutschlands Weg zu Freiheit und Frieden nur über den **Sturz Hitlers** führt. Diesem Ziel dient unsere Arbeit vom ersten Tage der Hitlerdiktatur an, und für dieses Ziel werden wir unablässig weiter wirken, bis wir — die kämpfende deutsche Arbeiterschaft, das Bauvolk der ganzen Welt — über allen deutschen Gauen die Fahnen des Sieges hissen werden, die

roten Fahnen des Sozialismus

„Sozialistische Aktion“ von Mitte Januar 1935. Sie kam illegal nach Essen und wurde von Gustav Streich und seinen Genossen in Essen gelesen.

Gustav Streich wurde nach zwei Verhandlungstagen „wegen Vorbereitung eines hochverräterischen Unternehmens“ zu fünf Jahren Zuchthaus verurteilt. Zugleich wurden ihm die bürgerlichen Ehrenrechte auf die Dauer von fünf Jahren entzogen.

Im Namen des Deutschen Volkes

9 J 202 / 36
2 H 14 / 37 In der Strafsache gegen

1.) den Brotverkäufer Franz K a s t n e r , geboren am 24.November 1912 in Recklinghausen, zuletzt dortselbst, Karlstraße [illegible]2 wohnhaft gewesen,

2.) den Bergmann August K a s t n e r , geboren am 17.Februar 1899 in Ludwigsdorf, Kreis Neurode (Schlesien), zuletzt in Recklinghausen, Hernerstraße 39 wohnhaft gewesen,

3.) den Hufschmied Josef A d a m , geboren am 18.November 1900 in Emmerich a/Rh., zuletzt dortselbst, Hüttenweg 24 wohnhaft gewesen,

4.) den Fabrikarbeiter Albert G u d z e n t , geboren am 24.April 1891 in Recklinghausen, zuletzt in Gronau i/W., Eichenallee 17 wohnhaft gewesen,

5.) den Bergmann Otto T h y r o c k , geboren am 19.September 18[illegible] in Rawitsch, zuletzt in Gladbeck, Knickmannstraße 6, wohnhaft gewesen,

6.) den Schriftsetzer Gustav S t r e i c h , geboren am 11.November 1906 in Markhausen in Ostpreußen, zuletzt in Essen-Borbeck, Leimgardsfeld 14, wohnhaft gewesen,

7.) den Schlosser Ernst J ü l i c h , geboren am 21. März 1890 in Erfurt, zuletzt in Köln-Bickendorf, Unterbirnenstraße 45, wohnhaft gewesen,

sämtlich zur Zeit in dieser Sache in Untersuchungshaft im Untersuchungsgefängnis Berlin - Moabit,

wegen Vorbereitung zum Hochverrat

hat der Volksgerichtshof, 2. Senat, in der öffentlichen Sitzung vom 22. April 1937 auf Grund der mündlichen Verhandlungen vom 21. und 22. April 1937, an welchen teilgenommen haben

als Richter:

Volks-

Volksgerichtsurteil gegen Gustav Streich und seine Genossen. Er selbst wurde mit fünf Jahren Zuchthaus bestraft.

Damit erhielt er von den insgesamt sieben Angeklagten die höchste Strafe. Begründung:

„Am schwersten hat der Senat die Tätigkeit des Angeklagten Streich bewertet. Nach den getroffenen Feststellungen hat Streich eine erhebliche Rolle in dem Aufbau der illegalen SPD in seinem Wohnbezirk gespielt. Er hat an einer Reihe von organisatorischen Besprechungen im In- und Auslande teilgenommen."

„Erschwerend" wurde ihm auch angekreidet, daß er bemüht gewesen sei, „dem Senat ein falsches Bild seiner Tätigkeit zu geben." Mit seinem Handeln habe er „sich außerhalb der deutschen Volksgemeinschaft gestellt", sei „ihr in den Rücken gefallen" und habe „als Deutscher ehrlos gehandelt".

Ausgerechnet die Handlanger eines verbrecherischen Regimes bedienten sich in der Begründung eines praktizierten Unrechts solcher Begriffe wie „Volksgemeinschaft" und „Ehre".

Für Gustav Streich blieben die Zuchthaustore bis zum 22. März 1941 geschlossen. Seine Frau mußte mit zwei Kindern in dieser Zeit allein fertig werden. Vieles ist über die qualvolle Zeit der antifaschistischen Kämpfer in den Gefängnissen, Zuchthäusern und Konzentrationslagern geschrieben und gesagt worden, weniger über Opfermut und Standhaftigkeit ihrer Frauen, die während dieser Zeit allein oder mit ihren Kindern die „Freiheit" genossen. Gewiß, sie waren nicht völlig allein, die Solidarität Gleichgesinnter bekamen auch sie zu spüren, aber da gab es auch jene, die sie verachteten, über die Schulter ansahen, ihnen aus dem Wege gingen oder sie und ihre Kinder schikanierten. Hinzu kam, daß ihr ganzes Tun und Lassen niemals unbeobachtet blieb. Die Gestapo hatte sie nicht vergessen. Letzteres zeigten mir Dokumente, die ich in der Volksgerichtshofakte Gustav Streich im Berliner IML fand. Da schrieb zum Beispiel die Gestapo-Leitstelle Münster am 22. November 1940 an den Oberreichsanwalt beim Volksgerichtshof in Berlin u.a.:

„Seine Ehefrau bewohnt in Essen-Borbeck, Leimgardtsfeld 14, mit ihren 7 und 9 Jahre alten Kindern eine Dreizimmerwohnung. Die wirtschaftlichen Verhältnisse sind einfach. Sie ist in krimineller und politischer Hinsicht bisher nicht hervorgetreten. Nach der Festnahme ihres Mannes erhielt sie zunächst eine Wohlfahrtsunterstützung von monatlich 60,– RM und eine Mietbeihilfe von 20,– RM. Durch Zuweisung einer Arbeitsstelle als Putzfrau ist die Unterstützung weggefallen. Z.Zt. verdient sie wöchentlich 15,– RM und erhielt monatlich eine Kinderbeihilfe von 20,– RM. An Miete zahlt sie monatlich einschließlich Gas-, Wasser- und Lichtgeld 40,– RM. Für Versicherungen monatlich 3,65 RM. Sie wird vom WHW betreut. Frau Streich hat sich an Spenden ihrem Einkommen entsprechend beteiligt und auch zur Eintopfspende Beträge von 0,50 bis 1,– RM geleistet. Mitglied der Partei oder eines angeschlossenen Verbandes ist sie nicht."

Gustav Streich (rechts) zusammen mit seinem Genossen Hugo Verspohl (Mitte).

Alles das, was heimische Schnüffler ermittelt und niedergeschrieben hatten, interessierte in Berlin und wurde bei angeforderten Beurteilungen eines „einsitzenden Verbrechers" berücksichtigt. Auch nach der Rückkehr von Gustav Streich in den Kreis seiner Familie hörten die Schnüffeleien nicht auf.

Trotz allem hielt er die nach seiner Haftentlassung wieder vorsichtig aufgenommenen Kontakte zu politischen Freunden lebendig. Man unterhielt sich, wo immer man konnte, auf Beerdigungen, Hochzeiten oder im Luftschutzkeller.

Als in Essen 1945 die Faschisten Trümmer, Schutt und Asche zurückließen, als die Uhren die Stunde Null einer neuen Zeit anzeigten, da gehörte er wie alle anderen, die dem Vergangenen getrotzt hatten, zu jenen, die begannen, Trümmer, Schutt und Asche zu beseitigen.

Als Stadtverordneter und späterer Ratsherr der Stadt Essen war er seitdem wieder Mitglied der Sozialdemokratischen Partei Deutschlands.

„Sieh dir das Elend an, dann hast du ‚Heil Hitler'"
Heinrich Bickhofe begehrt auf

Anfang 1977 erhielt ich vom Leiter der Essener Justizvollzugsanstalt eine Liste mit den Namen von 26 Häftlingen. Aus dem Begleitbrief ging hervor, daß alle – unter ihnen auch fünf Frauen – in den Jahren 1934 bis 1945 im Untersuchungsgefängnis der Ruhrstadt, dem „Haumannshof", ums Leben gekommen sind. Der Älteste starb mit 59 Jahren, der Jüngste hatte gerade erst sein 18. Lebensjahr vollendet. Jeder Name steht zugleich für ein menschliches Schicksal.

Angeführt wurde die Liste von dem Essener Heinrich Bickhofe. Seit 1930 war der gelernte Schuhmacher Kruppianer, arbeitete in den zur Konsumanstalt gehörenden Handwerksbetrieben als Meister uhd wohnte mit seiner Frau in der Adolf-Schmidt-Straße.

Der Krieg war nicht spurlos an ihm vorübergegangen. Zweimal hatte er bei Luftangriffen auf Essen sein Hab und Gut verloren. Auch die sich ständig verschlechternde Kriegslage im Frühjahr 1944 schürte seinen Konflikt mit dem Regime und ließ den Fünfundvierzigjährigen hin und wieder gefährliche Worte sagen. Leute wie er begriffen schneller, daß der Krieg ihnen und anderen arbeitenden Menschen nur Leid und Elend brachte. Zum Verhängnis wurden ihm dann aber Äußerungen, die er im Verlaufe eines Gespräches machte, in das ein strammer Nationalsozialist ihn verwickelte.

„Am Donnerstag, dem 30. März 1944, etwa 17 Uhr, kam ich in die Pförtnerstube unseres Betriebes, Ostfeldstraße 10, und traf dort den bei uns in der Schumacherei beschäftigten Schuhmachermeister Bickhofe. Als ich die Pförtnerstube betrat und mit ‚Heil Hitler' grüßte, wurde der Gruß von Bickhofe nicht erwidert, sondern er sagte: ‚Sieh dir das Elend an, dann hast du ‚Heil Hitler'. Man hätte den Führer seinerzeit mit Goebbels zusammen im Hofbräuhaus erschießen sollen, dann hätten wir jetzt das Elend nicht... Es hat einmal im Saalbau ein Redner gesagt: ‚Nationalsozialismus bedeutet Krieg', und das stimmt auch."

Diese Meldung schrieb der SA-Rottenführer Johannes W., Lagerarbeiter in den kruppschen Handwerksbetrieben. Sie flatterte kurze Zeit später einem kruppschen „Abwehrbeauftragten" auf den Schreibtisch und das Unheil begann. Damit machte der Schreiber der Meldung wahr, was er seinem Arbeitskollegen mit den Worten prophezeit hatte: „Du bist jetzt reif".

Wenn zunächst noch nichts geschah, dann deshalb, weil der Abwehrbeauftragte erst zehn Tage später diese Meldung mit dem Kommentar an die Gestapo weiterleitete: „Die verzögerte Erledigung bitte ich zu entschuldigen. Sie ist darauf zurückzuführen, daß mein Büro durch Feindeinwirkung zerstört worden ist."

Die Gestapo allerdings begann sofort mit ihren Ermittlungen gegen Heinrich

Bickhofe. Der SA-Rottenführer hatte in seiner Meldung ausdrücklich den Pförtner als Zeugen angegeben: „Diese Reden hat Bickhofe in Gegenwart des Pförtners Pape gehalten, der meine Aussage auch bestätigen kann." Vom Essener Gestapomann Kriminal-Obersekretär Baier vernommen, erklärte der Pförtner jedoch, er sei kein „Tatzeuge" gewesen, denn er habe sich in der fraglichen Zeit außerhalb der Pförtnerstube mit einem anderen Arbeitskollegen unterhalten. Angesichts einer solchen Aussage mußte dann schließlich der Denunziant klein beigeben, nicht ohne dabei noch zu sagen: „Daß der Zeuge die belastenden Äußerungen nicht gehört hat, dürfte möglich sein. Er scheint, als er merkte was kam, die Pförtnerstube verlassen zu haben. Offensichtlich wollte er mit der Sache nichts zu tun haben."

Um jedoch seiner von keinem weiteren Zeugen bestätigten Aussage Nachdruck zu verleihen, gab er zu Protokoll: „Ich bin Mitglied der NSDAP und SA-Rottenführer. Ich sah mich für verpflichtet, den Vorfall zur Anzeige zu bringen. Meine Angaben beruhen auf Wahrheit und ich werde sie bei Gericht eidlich wiederholen."

Der kruppsche Schuhmachermeister Heinrich Bickhofe leugnete in seiner Vernehmung zwar nicht das folgenschwere Gespräch und räumte auch ein, gesagt zu haben: „Sieh dir das Elend an", bestritt aber entschieden alle anderen ihm unterstellten Äußerungen. Dabei blieb er auch, nachdem man ihn dem strammen SA-Rottenführer gegenübergestellt hatte. Der allerdings erklärte erneut: „Ich bleibe bei dem, was ich ausgesagt habe. Ich habe nichts zurückzunehmen, sondern ich habe nur die Wahrheit gesagt. Meine Angaben beeide ich."

Das Ergebnis der Ermittlungen gegen Heinrich Bickhofe war also mehr als dürftig, und die Anklage stand auf äußerst schwachen Füßen. Diesen Eindruck hatte offensichtlich auch die Gestapo, denn sie bemühte sich eifrig, weitere belastende Fakten zusammenzutragen. Arbeitskollegen des Meisters wurden vorgeladen und ihre Aussagen festgehalten. Von einer Begebenheit, die sich Wochen vorher im Betrieb zugetragen hatte, war in den Vernehmungen die Rede. Tagsüber hätten heulende Luftschutzsirenen die Arbeiter in die Schutzräume gerufen. Auf dem Wege dorthin seien am Himmel bereits die weißen Wölkchen explodierender Flakgranaten zu sehen gewesen. „Das sind Hermann Görings Schäfchen", soll der Schuhmachermeister ironisch gesagt haben. Ein anderer meinte, der Beschuldigte sei kein Nationalsozialist und stünde darum auch nicht hundertprozentig zur Regierung.

All das zusammengenommen reichte der Gestapo, um Heinrich Bickhofe am 19. April 1944 festzunehmen. Wie Kriminal-Obersekretär Baier in einem zusammenfassenden Bericht am nächsten Tag formulierte, dürfe dieser „nach der durchaus glaubhaften Aussage des SA-Rottenführers, als überführt angesehen werden". Und weiter: „B. wird hiermit der Staatsanwaltschaft zwecks

Beantragung richterlichen Haftbefehls zugeführt. Im Entlassungsfall wird um seine Rückstellung gebeten."

Wie nicht anders zu erwarten, entsprach die Essener Staatsanwaltschaft diesem Antrag, erließ am gleichen Tage einen Haftbefehl gegen Heinrich Bickhofe und eröffnete gegen ihn ein Strafverfahren wegen „zersetzender Äußerungen" unter der Nummer 31 a J s 700/44. Am 20. April 1944, nachmittags 15 Uhr, wurde der Häftling in das Untersuchungsgefängnis Essen eingeliefert und erhielt die Gefangenen-Nr. 509/44.

Hier im „Haumannshof" kam er dann am 12. Dezember 1944 nach fast achtmonatiger Haftzeit ums Leben. Alliierte Bomber hatten wieder einen ihrer vielen Angriffe auf Essen geflogen. Dabei war auch das Gefängnis von Fliegerbomben getroffen worden. Zu den Toten, die man später aus den Trümmern barg, gehörte auch Heinrich Bickhofe.

Sicher ist er kein überzeugter antifaschistischer Kämpfer gewesen, eher einer, dem das über die Lippen ging, was andere im Kopf behielten. Aber auch er ist das Opfer eines verbrecherischen Regimes geworden.

Der Hitlerjunge und der Pfarrerssohn Friedel Bredt

In der Personalakte, die ein Gestapo-Beamter der Außendienststelle Essen in den dreißiger Jahren über Pfarrer Dr. Erich Groß anfertigte, fand ich ein Schreiben, das mein Interesse weckte. Der „Führer des Stammes IV/2/239", einer Einheit der Hitler-Jugend, hatte es am 25. Juli 1935 geschrieben: „Der evangelische Pfarrer Dr. Groß, Bandstraße 19a, ist der Leiter des B. K. (Bibelkreis für höhere Lehranstalten) Essen-Borbeck. Wiederholt hat er in seinen Bibelstunden und im kirchlichen Unterricht Jungen aufgefordert, aus der HJ und DJ (Hitler-Jugend und Deutsches Jungvolk, d. Verf.) auszutreten, weil ihnen z. Zt. des kirchlichen Unterrichtes für solche Tage keine Zeit bliebe. Auf der anderen Seite wirbt er aber eifrig für den Eintritt in den B. K." Ferner wußte er zu berichten, Dr. Groß habe den deutschen Gruß „Heil Hitler" mit den Worten beantwortet: „Heil Moskau! Wir können auch Heil Konstantinopel sagen!"

Danach kam der Denunziant auf den 1918 geborenen Dellwiger Pfarrerssohn Friedel Bredt zu sprechen, der, obwohl Mitglied der Hitler-Jugend im Bibelkreis aktiv tätig war. Friedel Bredt kannte ich aus der Zeit, da auch ich die Jugendstunden im Kruppsaal besuchte. In dem Schreiben des HJ-Stammführers wurde er bezichtigt, mit Angehörigen des Bibelkreises Geländespiele, Speerspiele u. a. veranstaltet zu haben, obwohl er genau wisse, daß dafür die Hitler-Jugend zuständig sei. Es sei unmöglich, „daß sich solche Leute weiterhin Hitlerjungen schimpfen". Nochmals auf Pfarrer Groß zurückkommend, meinte er dann abschließend: „Ich glaube, daß nach Bestimmungen des Reichsführers der SS, als Vertreter der Geheimen Staatspolizei, unbedingt auch gegen genannten Pfarrer vorgegangen werden muß."

Dabei fiel mir ein, daß ich einmal von Friedel Bredt zu den beanstandeten „Speerspielen" eingeladen worden war. Das, was im Juli 1935 den Borbecker Stammführer so erzürnte, fand in einer Scheune, unweit von Friedels elterlicher Wohnung, in der Dellwiger Schilfstraße, statt. Hinter Heu und Stroh liegend, bewarfen wir uns gegenseitig mit Bambustangen. Um Verletzungen auszuschließen, waren die Spitzen der Stangen mit dicken Stoffballen umwickelt.

Die Erwähnung des Namens Friedel Bredt und die eigenen Erinnerungen an ihn veranlaßten mich, nach ihm zu forschen. Wie sein Vater war er Pfarrer geworden und wohnte in Ratingen. Ich erhielt von ihm einen ausführlichen Brief, in dem er alle Fragen beantwortete. Auch eine im Düsseldorfer Hauptstaatsarchiv liegende Gestapo-Personalakte enthielt Informationen darüber, welche Folgen die Denunziation des Borbecker Stammführers für Bredt hatte.

Als der junge Friedel Bredt am 28. August 1935 aus den Ferien nach Hause kam, fand er einen Brief der HJ-Bannführung vor, der ihn aufforderte, sich am 22. 8. 1935 auf der Dienststelle zu melden. Da der Termin bereits um einige Tage überschritten war, hielt er telefonische Rückfrage und hörte die Aufforderung, am Abend des anderen Tages zur Dienststelle zu kommen.

Als er hier in HJ-Uniform erschien, begann eine regelrechte Vernehmung über seine Tätigkeit im Bibelkreis der Bekennenden Kirche in Borbeck. Man fragte ihn dabei auch, ob er wisse, daß er damit gegen die Hitler-Jugend arbeite. Seine Einwände, die Arbeit im Bibelkreis sei doch nach dem Vertrag zwischen dem Führer der HJ, Baldur von Schirach, und der Evangelischen Jugend erlaubt, wurden mit dem Hinweis zurückgewiesen, er solle nur damit aufhören, mit solchen Kleinigkeiten kämen er und seinesgleichen immer. Es ginge aber nicht um Kleinigkeiten, sondern um Ideen.

Nach Beendigung des Verhörs und einer entsprechenden Wartezeit übergab man ihm ein Schreiben der Bannführung. Darin hieß es: „Du wirst bis auf weiteres wegen H. J.-schädigenden Verhaltens vom Dienst beurlaubt und hast für diese Zeit Uniformverbot. Heil Hitler! Der Führer des Bannes, 239 Essen-Nord, Robert Brill, Bannführer." Dann forderte man den Pfarrerssohn auf, Armbinde, Schulterriemen und HJ-Abzeichen abzulegen und teilte ihm mit, daß der Bannführer höchst persönlich ihn noch zu sprechen wünsche. Der begann von neuem mit einem Verhör. Es endete mit dem gleichen Ergebnis wie das erste. Das paßte dem HJ-Führer gar nicht. Wütend trat er darum auf Friedel Bredt zu, riß ihm die Achselklappen ab und forderte ihn auf, sofort sein Braunhemd auszuziehen. Als dieser Befehl ausgeführt war, mußte der so arg Schikanierte schleunigst aus dem Bannführer-Zimmer verschwinden.

Halb angezogen trat er den Heimweg an. Im Flur der HJ-Dieststelle war sein Fahrrad abgestellt. Für die Rückfahrt konnte er es nicht mehr benutzen, da man ihm die Ventile aus den Reifen gedreht hatte. Ihm blieb nichts andere übrig, als das Fahrad in einer nahen Wirtschaft abzustellen und mit der Straßenbahn nach Hause zu fahren.

Die Vorgänge am 29. August 1935 wurden von der Essener Hitler-Jugend der Gestapo mitgeteilt, die wiederholt Friedel Bredt zu Verhören ins Polizeipräsidium vorlud.

Seine späteren Bemühungen, die gegen ihn eingeleiteten Maßnahmen wieder rückgängig zu machen, beantwortete die NS-Reichsjugendführung am 2.

Hitler-Jugend
Gebiet 10
(Ruhr-Niederrhein)

Düsseldorf, den 2.11.1935.
Steinstraße 58
Fernspr.-Sammelnr. 26557 - Postscheckkto. Essen 36865
Bankkonto: Städtische Sparkasse
Hauptstelle Martin-Luther-Platz

Abt.: Personalabteilung,
Dikt: D/Kö. II/A/197/35.
Betrifft: Friedrich Bredt, Essen-Dellwig.

V e r f ü g u n g !

Die Reichsjugendführung beauftragte am 25. Oktober 1935 die Gebietsführung 10, Ruhr-Niederrhein, ihre Verfügung vom selbigen Tage dem Jg. Friedrich B r e d t , Essen - Dellwig, Schilfstrasse 4, bekannt zu geben. Das Personalamt der RJF hat nach Überprüfung des Disziplinar verfahrens gegen den Jg. B. wie folgt entschieden:
Jg. B r e d t scheidet mit sofortiger Wirkung wegen unnationalsozialistischer Haltung aus der HJ aus. Eine Wiederaufnahme wird abgelehnt !

Der Leiter der Personalabteilung
im Gebiet 10 Ruhr-Niederrhein,
[signature]
Bannführer.

Gebiet 10 — HJ — (Ruhr-Niederrhein)

Verfügung der Hitler-Jugend vom 2. November 1935 mit der Friedel Bredt aus der Organisation ausgeschlossen wurde.

November 1935 mit dieser Verfügung: ,,Das Personalamt der Reichsjugendführung hat nach Überprüfung des Disziplinarverfahrens gegen den Jg. B. wie folgt entschieden: Jg. Bredt scheidet mit sofortiger Wirkung wegen unnationalsozialistischer Haltung aus der HJ aus. Eine Wiederaufnahme wird abgelehnt!"

Wäre diese Verfügung der Schulleitung des Borbecker Gymnasiums offiziell mitgeteilt worden, hätte das den Ausschluß aus der Schule zur Folge gehabt. So ist es in anderen, ähnlich gelagerten Fällen geschehen. Die Folge davon war: Kein Abitur, kein Studium an der Universität. Aus irgendwelchen Gründen unterblieb aber die Meldung an die Schule, so daß der Vorgang keinen weiteren Schaden anrichtete.

★

Als Friedel Bredt im Juli 1976 meine Fragen beantwortete, fehlte auch nicht die eigene Beurteilung seines damaligen Verhaltens. Pfarrer Bredt meinte zunächst, ihm sei wieder zu Bewußtsein gekommen, daß er eigentlich nicht das gewesen sei, was man heute unter Antifaschist verstehe und schrieb: ,,Ich war bewußt gegen die weltanschauliche Linie der Nazis, ihre Eingriffe in das Leben der Kirche empörten mich, die Machenschaften der ‚Deutschen Christen' lehnte ich ab und schloß mich 1934 der Bekennenden Kirche an. Die politische Linie aber meinte ich bejahen zu können und war begeistert über alle Erfolge, von denen wir erst hinterher erkannten, daß sie in den verbrecherischen Krieg führten. Wie ungezählte andere, vor allem junge Menschen, meinte ich auch, zweigleisig im Blick auf die Nazis fahren zu können. Von einer christlichen und doch auch nationalen Erziehung geprägt, konnte ich als Junge kaum anders reagieren. Von daher ist es vielleicht auch zu verstehen, daß ich später im Krieg versucht habe, ein guter Offizier zu sein. Als Soldat war man dem weltanschaulichen Einfluß der Partei entzogen. Daher kommt mir der Ehrenname ‚Antifaschist' sicher nicht zu. Ich meine, das sollten Sie doch wissen."

Verfolgte Juden – Tätige Solidarität

Wie überall in Deutschland, so erlebte auch Essen die sogenannte ,,Kristallnacht" vom 9. zum 10. November 1938. Vorwand dazu bot ein Attentat auf den Legationsrat an der deutschen Botschaft in Paris, Ernst Freiherr vom Rath. Am 7. November 1938 hatte der polnische Staatsangehörige Herschel Grynszpan – er war Jude – vom Rath in seinem Büro erschossen. Für die Machthaber in Deutschland stand hinter dem Attentat das ,,Weltjudentum". Der Täter sei vom ,,Befehl seiner Rasse" zum Handeln getrieben worden.

Werdener Zeitung

Tageblatt für Werden-Land

Zeitung zur Förderung und Wahrung der Heimatbelange

Nr. 262 Dienstag, den 8. November 1938 89. Jahrgang

Jüdischer Mordanschlag auf Deutschen in Paris

Frecher Ueberfall in der deutschen Botschaft – Legationssekretär vom Rath niedergeschossen und schwer verletzt – Neues Opfer der jüdischen Emigrantenclique – Helle Empörung überall

Das Beileid Daladiers

Das Verhör des jüdischen Mörders

Schärfste Verurteilung des Verbrechens in der italienischen Presse

Tiefer Eindruck in London

Churchills plumper Rechtfertigungsversuch

Die Mordwaffe des Attentäters

Ein Trommelrevolver, Kaliber 6,35 — Die Verwandten des Verbrechers

Die „Werdener Zeitung" vom 8. November 1939 mit aufputschenden Berichten über die Ereignisse in Paris am Vortage.

Als in Essen die Synagoge brannte

Generalstabsmäßig wurde im ganzen Reich die „Empörung des Volkes" als Antwort auf das Attentat organisiert. In ihrer Ausgabe vom 10. November 1938 berichtete die „Essener Allgemeine Zeitung" über „spontane Kundgebungen" in Essen:

„Nachts gegen drei Uhr fing die Synagoge an der Steeler Straße Feuer. Die Feuerlöschpolizei war mit mehreren Löschzügen sofort zur Stelle, mußte sich jedoch angesichts des ausgedehnten Brandherdes auf den Schutz der benachbarten Gebäulichkeiten beschränken. Auch das jüdische Jugendheim an der Ecke Moltke- und Morsehofstraße geriet nächtlicherweise in Brand. Auch hier hatte die Feuerwehr alle Mühe, den Brand zu lokalisieren. Nicht anders war es bei der Synagoge in Steele, in der ebenfalls in der Nacht Feuer ausbrach. Gleichfalls in den Nachtstunden bis in die Vormittagsstunden hinein gingen in allen Stadtteilen Demonstranten spontan gegen jüdische Geschäfte vor und zertrümmerten die Schaufenster und Ladeneinrichtungen. Die aus der ungeheuren Empörung über das scheußliche Verbrechen des jüdischen Mörders geborene spontane Aktion ging dennoch mit absoluter Ruhe und Diszipliniertheit vor sich. Im Zuge der Aktion hat die Polizei eine Reihe von Juden in Schutzhaft genommen. Schon nachts, aber erst recht in den weiteren Stunden des Vormittags, waren überaus zahlreiche Volksgenossen vornehmlich in der Innenstadt zusammengeströmt und beobachteten mit Befriedigung das Werk der Flammen und den Fortgang der Demonstrationen gegen die jüdischen Geschäfte."

Einheiten der SA und der SS mimten in jener Nacht und am folgenden Morgen „Volkszorn". Sie waren die Brandstifter, demolierten jüdische Geschäfte, vernichteten, von sinnlosem Zerstörungsgeist befallen, Lebensmittel und andere wichtige Güter und verbreiteten Angst und Schrecken unter den jüdischen Bürgern der Stadt. Essens Feuerwehren hatten Befehl erhalten, ihre Löscharbeiten nur auf die umliegenden Gebäude des Brandherdes zu beschränken. Alles andere sollte, ja mußte ausbrennen.

Im Archiv der Essener VVN – Bund der Antifaschisten befindet sich ein Originaldokument aus jenen Tagen. Es ist ein Bericht des Kriminal-Oberassistenten Hagedorn, 2. Kommissariat der Essener Kripo, vom 11. November 1938, in dem von einer privaten Vergeltungsaktion des Rangierers Karl Görlitz berichtet wird. Danach hat Görlitz gemeinsam mit dem SA-Obertruppführer Hohmann vom Pioniersturm 1/73 und einem ungenannten SS-Mann die Wohnung des „Juden Ostwald" in der Gustavstraße 18 demoliert und Sachen aus dem Fenster geworfen. Weil es sich in diesem Falle um eine „Einzelaktion" gehandelt hatte, war er festgenommen worden. Da man ihm aber eine „Plünderung" nicht nachweisen konnte, befand er sich bald wieder auf freiem Fuß. Diese „Einzelaktion" blieb für den Täter ohne jede Folgen.

Die brennende Essener Judensynagoge am Morgen nach der Kristallnacht im November 1938.

Zwar landete der Kripobericht am 14. November bei der Essener Gestapo und erhielt hier das Aktenzeichen II B 4 - 5418/38, allerdings schrieb hier Gestapomann Nohles acht Tage später unter den Bericht: „1.) Es ist nichts zu veranlassen. 2.) Zu den Akten bei II C - Verschiedenes."

Was in jener Nacht und dem darauffolgenden Tag in Essen geschah, deutete die „Werdener Zeitung" in ihrer Ausgabe vom 12. November 1938 an:

„Als der Rundfunk die Nachricht vom Tode des Gesandschaftsrats vom Rath verbreitete, da glich unser Gau einem Bienenschwarm. Nichts hielt die Menschen mehr in den Wohnungen. Sie strömten auf Straßen und Plätzen zusammen und besprachen empört und voll Abscheu die jüdische Mordtat... So machte sich die Empörung des Volkes hier und da in drastischen Handlungen Luft, wodurch einige Scheiben und Schilder in Trümmer fielen und den Juden

Anlaß gaben, ihre Ramschläden mit Brettern zu vernageln. Trotz der Erregung der Massen, die in berechtigter Notwehr gegen die jüdischen Kamarilla handelte, wurde nirgendwo einem Juden körperliches Leid zugefügt. Durch Verbrechen gegen das deutsche Volk besonders belastete Juden wurden in ihrem eigenen Interesse im Gau Essen von der Polizei in Schutzhaft genommen, um jede Möglichkeit auszuschließen, daß die Bevölkerung ihnen auch nur einen Bruchteil dessen heimzahlte, was sie ihr angetan hatten."

Zynischer und verlogener ging es nicht mehr: Das deutsche Volk wurde auf SS- und SA-Mordbanden beschränkt, die Verbrechen jener Nacht – wie in der Überschrift ausgedrückt – als „Notwehr des Volkes" bezeichnet.

Einen Tag vorher, am 11. November 1938, hatte man in der „Werdener Zeitung" einen Appell des NS-Reichsministers Dr. Goebbels an das deutsche Volk lesen können, in dem dieser die „Vergeltungsaktionen gegen jüdische Gebäude und Geschäfte" als beendet erklärte. Sein Appell endete mit den Worten: „Die endgültige Antwort auf das jüdische Attentat in Paris wird auf dem Wege der Gesetzgebung bezw. der Verordnung dem Judentum erteilt werden."

Staatlicher Terror gegen jüdische Mitmenschen

Dieser gesetzliche Terror wurde in den folgenden Tagen und Wochen verkündet. Mitte November veröffentlichten die Zeitungen drei Verordnungen, die die Unterschrift des Beauftragten für den Vierjahrplan, Generalfeldmarschall Hermann Göring, trugen.

Die erste Verordnung diente der „Ausschaltung der Juden aus dem deutschen Wirtschaftskörper" und legte fest, daß allen Juden ab 1. Januar 1939 der Betrieb von Einzelhandelsverkaufsstellen, Versandgeschäften sowie der selbständige Betrieb eines Handwerks untersagt sei. Auch auf Märkten, Messen oder Ausstellungen durften sie fortan keine Waren oder gewerbliche Leistungen anbieten.

Die zweite Verordnung „Wiederherstellung des Straßenbildes bei jüdischen Gewerbetreibenden" ordnete an, daß alle Schäden, die am 8., 9. und 10. November 1938 an jüdischen Wohnungen und Gewerbebetrieben entstanden seien, von ihren Besitzern selbst und mit eigenen Mitteln beseitigt werden müßten. Etwaige Versicherungsansprüche von Juden deutscher Staatsangehörigkeit würden zugunsten des Reiches beschlagnahmt.

Eine dritte Verordnung schließlich belegte die jüdische Bevölkerung in Deutschland mit einer „Sühneleistung" in Höhe von einer Milliarde Reichsmark, zahlbar an das Deutsche Reich.

Das Schild „Für Juden verboten" konnten die Menschen bald überall lesen: an den Telefonzellen, in Straßenbahnen, auf Parkbänken, an Luftschutzkellern.

Wenige Jahre später rollten auch aus Essen die ersten Züge mit jüdischen Menschen in die Gettos und Vernichtungslager. Im Archiv der Essener VVN –

Bund der Antifaschisten befinden sich Namenslisten von acht solcher Transporte aus dem Gestapo-Bereich Düsseldorf, zu dem die Außenstelle Essen gehörte. Sie umfassen insgesamt 4248 Namen. Ein nicht geringer Teil der Genannten hatte bis dahin in Essen gewohnt. Die in den Listen angegebenen Bestimmungsbahnhöfe sind Litzmannstadt, Minsk, Riga, Isbica und Theresienstadt. Ganze Familien, vom Greis bis zum Kleinkind, stehen in den Listen. Nur ganz wenigen gelang es, den Verbrennungsöfen zu entgehen.

Während am Morgen nach der Kristallnacht Zeitungen und Rundfunk vom „Volkszorn" und der „Notwehr des Volkes" berichteten, sah die Wirklichkeit etwas anders aus. Es ist nicht wahr, daß alle Essener „mit Befriedigung das Werk der Flammen und den Fortgang der Demonstrationen gegen die jüdischen Geschäfte" beobachteten. Viele blieben dem schändlichen Treiben fern oder sahen ihm verständnislos zu. Als bekannt wurde, daß die aufgeputschten SS- und SA-Horden Lebensmittel ungenießbar gemacht und wertvolle Waren mutwillig zerstört hatten, da übten zahlreiche Bürger offene Kritik. Daneben gab es Beispiele der Solidarität und Hilfsbereitschaft, die verfolgten Juden entgegengebracht wurde.

Frau Schmalt und ihr jüdischer Nachbar Hermann Wolf

In ihrer Wohnung, Wüstenhöferstraße 203, besuchte ich 1969 Frau Schmalt. Im Haus auf der anderen Straßenseite wohnte 1938 der Metzgermeister Hermann Wolf. Er und seine Frau waren Juden und somit Zielscheibe des organisierten Volkszornes. Sie lebten allein, da ihre Kinder Deutschland bereits verlassen hatten.

„Herr Wolf war ein feiner Mensch und liebenswerter Nachbar", erzählte Frau Schmalt. „Er war korrekt in seinem ganzen Auftreten und die nette Art, mit der er anderen Menschen zu helfen versuchte, hat mich immer tief beeindruckt. Wir hatten eine Bäckerei, und oft kam er zu uns ins Geschäft, kaufte Backwaren und bat darum, sie einer Familie in der Nachbarschaft zu bringen. Eindringlich forderte er uns allerdings immer wieder auf, nur nicht seinen Namen zu nennen. Zur Zeit der Kristallnacht war das Ehepaar Wolf etwa 60 Jahre alt, und es erfüllt mich heute noch mit Scham und Empörung, wenn ich daran zurückdenke, was damals geschah. Wie bei allen jüdischen Geschäften, hatte man auch in der Metzgerei die Schaufensterscheiben eingeschlagen und die Ladeneinrichtung demoliert. Herr Wolf reagierte darauf so: Er stellte ins Schaufenster ein Bild, das ihn in der Uniform eines deutschen Soldaten mit dem Eisernen Kreuz an der Brust zeigte. Ganz bestimmt begriff nicht nur ich, was er damit sagen wollte. Schon Jahre vorher hatte man immer wieder gesagt, die Juden seien unser Unglück, und Deutsche dürften deshalb nicht bei ihnen einkaufen. Wir und viele andere ließen uns aber nicht von solchen Redensarten beeindrucken und kauften nach wie vor bei den Wolfs ein. Das Geld war damals in vielen Familien knapp, und so mancher wußte, daß Herr Wolf der letzte war, der eine sofortige Bezahlung forderte. Als man hörte, man habe in der ‚Kristallnacht' auch das schwarze Kassenbuch im Laden gefunden, befürchtete so mancher, man könne auch seinen Namen darin finden. Erst später erfuhr man, daß in diesem Buch kein einziger Name vermerkt war.

Für die beiden alten Leute begann nach der schrecklichen Novembernacht eine schlimme Zeit. Das Geschäft wurde geschlossen. Verließ Herr Wolf einmal seine Wohnung, was meistens nach einbrechender Dunkelheit geschah, ging er mit gesenktem Kopf seiner Wege, schaute nicht rechts und links und grüßte keinen Menschen. Seinen Vornamen hatten seine Schinder auch geändert, er mußte sich – wurde er danach gefragt – Israel Hermann Wolf nennen.

Kurz vor dem Kriege, im Sommer 1939, verließen die Wolfs Deutschland. Ihr Sohn Alfred hatte ihnen aus Australien Papiere und Fahrkarten geschickt. Am Abend vor ihrer Abreise ging ich gegen 23 Uhr zu ihrer Wohnung. Mein Klopfen an der Wohnungstür blieb zunächst ungehört. Erst nach mehrmaligem Klopfen meldete sich Herr Wolf und fragte, wer da sei. Nachdem ich meinen Namen gesagt hatte, hörte ich ihn ängstlich sagen: ‚Mädchen! Geh sofort nach Hause! Ich mache nicht auf, du gefährdest dich und uns auch!' Erst als ich ihm klarmachte, daß ich nicht gehen würde, ohne mich von ihnen zu verabschieden, öffnete er zögernd. In der ganzen Wohnung brannte kein Licht und es blieb auch während unseres kurzen Abschieds dunkel.

In jener Nacht sagte Herr Wolf, ergriffen und mit tränenerstickter Stimme: ‚Mir ist so weh ums Herz, wir verlassen unsere Heimat, ich bin doch genauso ein Deutscher wie du es auch bist.' Als ich ihn fragte, warum er in letzter Zeit keinen Menschen mehr gegrüßt habe, sagte er: ‚Ich kenne so viele Leute, die mir alle lieb und wert sind. Würde ich sie öffentlich grüßen, könnte ich sie vor den Augen unliebsamer Zuschauer in Konflikte bringen.'

Dann kam unser Abschied. Er war kurz, aber herzlich. Wir drückten uns fest die Hände und blickten uns ein letztesmal in die Augen. Herr Wolf bestand dann darauf, daß ich das Haus nicht durch die Türe zur Straße verlassen solle. Er befürchtete, ich könnte gesehen werden, wenn ich das Haus eines ‚Juden' verlassen würde. Im Hof legte er eine Leiter an die Mauer eines angrenzenden Grundstückes. Auf Nebenwegen gelangte ich so wieder nach Hause. Hier angekommen, nahm ich einen alten weißen Lappen und befestigte diesen am Treppengeländer unseres Nachbarhauses, das von der Wohnung der Familie Wolf aus zu sehen war. Damit gab ich das verabredete Zeichen, daß ich gut und ohne Zwischenfälle wieder nach Hause gekommen sei. Die beiden alten Leute sah ich danach nie mehr wieder, doch den Kontakt zu ihnen habe ich nicht verloren. Bevor Herr Wolf in Australien starb, feierte er 1962 noch seine Diamantene Hochzeit."

Was war eigentlich besonderes daran, was Frau Schmalt mir erzählt hatte?

Ein junges Mädchen geht zu seinen Nachbarn, um sich am Vorabend ihrer Abreise von ihnen zu verabschieden. Damals wie heute ein durchaus alltägliches Ereignis. Nur waren diese Nachbarn, von denen berichtet wurde, keine „normalen" Menschen, sie waren „Juden". Man konnte sie anspucken, sie beleidigen und erniedrigen, dagegen freundschaftlich mit ihnen zu verkehren, sie wie Menschen behandeln, war für einen Deutschen jener Tage eine Schande. Jeder der das wagte, stellte sich außerhalb der „Volksgemeinschaft". Es war nicht so einfach, in unmenschlicher Zeit menschlich zu handeln. Das war nicht mit Anerkennung und Lob verbunden, sondern brachte Gefahr für Leib und Leben mit sich.

Wenn sich trotzdem Menschen fanden, die ähnlich wie Frau Schmalt Bedrängten und Verfolgten halfen und ihnen ihre Verbundenheit bekundeten, dann war das damals mutig. Auch andere Essener fanden sich zu einem solchen Handeln bereit.

Pater Trimborn und Dr. Feldhoff retten Frau Gerta Becker

Im Jahre 1944 wohnte in der Heißener Straße 7, in Essen-Borbeck, Frau Gerta Becker mit ihrem Sohn Rolf. Sie war Jüdin, Witwe eines „arischen" Mannes. Im Zuge der faschistischen Judenverfolgungen hatte auch für die Beckers eine Zeit der Erniedrigung begonnen. Karl Becker, ein Maler, durfte fortan nicht mehr in seinem Beruf arbeiten. Seine Bilder wurden nicht mehr ausgestellt und auch nicht mehr verkauft. Die Frau war „nichtarisch" und da er sich von ihr nicht trennen wollte, hielt man ihn für unwürdig, weiterhin ein Glied der „Volksgemeinschaft" zu sein. Die Entfernung aus der Reichskulturkammer war die Folge. Als er im Oktober 1942 starb, blieb Gerta Becker mit ihrem Sohn allein zurück, mußte fortan allein fertig werden und ständig damit rechnen, von der Gestapo abgeholt zu werden.

Bis zum Herbst 1944 war sie schon zweimal vorgeladen worden. Der ersten Vorladung konnte sie wegen Krankheit keine Folge leisten. Bei der zweiten bat sie darum, für den Sohn eines „Ariers" weiterhin sorgen zu dürfen. Um den Lebensunterhalt für sich und ihren Sohn sicherer zu gestalten, wollte Frau Becker eine Arbeit aufnehmen. „Was, Sie wollen auch noch Arbeit?", mußte sie sich beim Arbeitsamt sagen lassen und hörte beim Hinausgehen aus dem Zimmer der Sachbearbeiterin die ihr nachgerufenen Worte: „Sie müssen froh sein, daß man Sie noch nicht abgeholt hat."

Dann kam der September 1944. Was damals geschah, geht aus einer eidesstattlichen Erklärung von P. Franz Trimborn hervor, der von 1943 bis 1946 Pfarrrektor des Rektorats Maria Immakulata war. (Eine Kopie befindet sich im Archiv der Essener VVN–Bund der Antifaschisten.)

In dieser Erklärung ist zunächst davon die Rede, daß Frau Becker nach dem Tode ihres Mannes zur katholischen Kirche übergetreten sei und unter den verschiedensten Verordnungen gegen die Juden sehr gelitten habe. Besonders ängstlich sei sie gewesen, wenn jemand aus ihrem Bekanntenkreis betroffen wurde. So habe sie einmal davon erzählt, daß eine Frau Gronke aus der Frintroper Straße, Jüdin wie sie, verschwunden sei. Dann schildert Franz Trimborn ausführlich die Ereignisse von 1944:

„Um diese Zeit, es kann am 19. September gewesen sein, erschien gegen Abend Frau Becker in größter Aufregung in meinem Sprechzimmer und erbat sich Rat und Hilfe. Die Polizei war in ihrer Wohnung und hatte im Hause nach ihr gefragt. Wie Frau Becker ihr entronnen, weiß ich nicht. Auf jeden Fall mußte alles geschehen, um die Ärmste den Klauen der Gestapo zu entziehen und so ihr Leben zu retten. Nach reiflichem Überlegen kamen wir auf den Einfall, Frau Becker ins Krankenhaus, womöglich unter das Messer zu kriegen, denn sie von dort fortzuschaffen, zu solch scheußlicher Tat hielt ich keinen Menschen für fähig.

Ich rief unseren äußerst gewissenhaften Hausarzt, Herrn Dr. Karl Feldhoff, an und bat ihn, der Frau, die jetzt in meinem Auftrage käme, nach allen Regeln der Kunst zu helfen. Frau Becker sagte ich, sie möge Herrn Dr. Feldhoff fragen, ob es nicht möglich wäre, ihr bei gesundem Leibe den Blinddarm herausnehmen zu lassen, damit sie eine Zeitlang der Aufmerksamkeit entzogen sei. Er möge sie dann in das Krankenhaus überweisen. Am nächsten Tag traf ich Frau Becker zufällig vor ihrem Hause auf dem Weg zum Krankenhaus. Ich begleitete sie bis zur Elektrischen (Ecke Schloßstraße). Als ich mich am anderen Morgen (21. 9.) im Krankenhaus nach ihr erkundigte, sagte mir die Aufnahmeschwester: ‚Die Gestapo hat schon zweimal nach ihr gefragt.' Auf meine Frage: ‚Was haben Sie zur Antwort gegeben?', erwiderte die Schwester: ‚Ich sagte, sie würde operiert, da sei nichts zu machen.' Ich hörte dann später, daß die Gestapo auch an diesem Morgen an der Wohnung der Frau Becker gewesen sei.

Um mich selber nicht unnötig in den Zusammenhang der Geschichte zu bringen, besuchte ich Frau Becker erst nach einigen Tagen und war erstaunt, daß sie noch wochenlang im Krankenhaus bleiben und so der Gefahr entrinnen konnte. Auch die folgenden Monate blieben Frau Becker die Aufregungen nicht erspart. Sie hielt sich in ihrer Wohnung verborgen und ich bewunderte den Starkmut, mit der Frau Becker all ihr Leid bis Kriegsende trug."

Frau Becker überlebte den Faschismus. Es waren der Oblatenpater Franz Trimborn und der Borbecker Arzt Dr. Karl Feldhoff, die diese Frau den Klauen der Gestapo entrissen.

Rolf Beckers erster Tag in Freiheit

Im Jahre 1968 erschien im Verlag Hoffmann und Campe, Hamburg, das Buch „Jahr und Jahrgang 1928". Darin schildert Rolf Becker, Sohn des „Ariers" Karl und der „Jüdin" Gerta Becker, die Geschichte seiner Familie und die Erlebnisse jener Tage. Aus seinen Worten kann man entnehmen, wie zermürbend die Monate nach der Entlassung seiner Mutter aus dem Krankenhaus für beide gewesen sind. Tag um Tag, Stunde um Stunde lebten Mutter und Sohn in der Angst, voneinander Abschied nehmen zu müssen. Angst und Sorge wichen erst, als mit der Besetzung Borbecks durch amerikanische Truppen, im April 1945, die Herrschaft der Unmenschen zerbrach.

Rolf Becker schildert, wie er den ersten Tag nach der Befreiung erlebte: „Am nächsten Morgen mache ich mich auf den Weg. 1945, 12. April. Ich habe ein Ziel, seit gestern schon: das Postamt in der Ortsmitte. Das Bild hat sich in mir festgehakt, es ist aufgetaucht ohne ein Vorzeichen, hochgeschnellt, befreit von dem Gewicht, das es am Grunde festgehalten hatte, seit gestern haftet es hinter meinen Augen: das Postamt, die kleine Schalterhalle, die Telefonkabine, der Klebezettel an der Kabinentür. Nach dem Frühstück gehe ich los. Ich sage meiner Mutter nicht, wohin ich gehe. Die Schloßstraße, die Borbecker Straße hinab. Amerikaner, Jeeps, Trucks. Kinder am Straßenrand, Ganztagszuschauer, in einem Abstand, dessen Maß sich aus Furcht und Neugier ermittelt. Mein Weg: zwanzig Minuten. Es ist auch der Weg, den ich zur Schule ging, zwei Drittel... An der Bahnunterführung sind die Bohlen, die Eisenträger, die Stacheldrahtgeflechte, die Steine – Teile der nicht mehr fertiggestellten Panzersperren – auseinandergeräumt. In einem Schaukasten des Kinos, dessen Eingang mit Brettern vernagelt ist, stecken noch Bilder: ‚Die Frau meiner Träume', Marika Röck, ‚In der Nacht ist der Mensch nicht gern alleine'. Noch zweihundert Meter bis zum Postamt. Ich fühle mein Herz klopfen. Plötzlich will ich umkehren. Überlegend, ob ich umkehren soll, gehe ich weiter. Plötzlich erscheint mir lächerlich, was ich tue, was ich will. Aber ich gehe weiter. Der Bahnhof, Essen-Borbeck, außer Betrieb. Die Kirche, Sankt Dionysius, wo ich zur ersten Kommunion ging, man nannte sie ‚Dom'. Auf dem Marktplatz, zu Füßen der Kirche, da sind jetzt amerikanische Militärlastwagen aufgefahren, zog sonntags morgens die Hitlerjugend auf, Fanfaren bliesen gegen die Kirchenmauern, gegen die hohen, schmalen, bunten Glasfenster, gegen die Orgel an. In der nächsten Querstraße steht das Postamt. Ich blicke mich um. Nur wenige Menschen sind auf der Straße. Vielleicht ist das Postamt geschlossen, in Betrieb ist es gewiß nicht, aber vielleicht kommt man jetzt überhaupt nicht hinein. Die breite Holztür geht auf. Der kurze, dunkle Windfang. Die Schwingtür mit dem trüben Glaseinsatz. Die Schalterhalle. Drei Schalter für Briefmarken, Zahlkarten, Telegramme, ein Paketschalter. Die Halle ist leer. Keine Geräusche. Die Schalter sind geschlossen bis auf einen. In der Ecke die Telefonkabine aus altem, dunkelbraunem, rissigem Holz.

Ja, der Zettel klebt noch an der Tür: ‚Benutzung für Juden verboten'. Hinter der Glasscheibe des einen offenen Schalters taucht ein Gesicht auf, das Gesicht einer jungen Frau, ich sehe ihre ängstlichen, ratlosen Augen. Ich reiße den Zettel ab, er zerreißt, ich lasse die Fetzen auf den Boden fallen und gehe schnell hinaus. ‚Ich war bis zum Markt', sage ich meiner Mutter, als ich nach Hause komme, ‚da stehen mehrere große Lastwagen, Trucks nennen sie die, auf der Borbecker Straße lag ein deutsches Seitengewehr, das hat einer wahrscheinlich im letzten Augenblick weggeworfen. Nein, Bekannte habe ich nicht getroffen'."

Für Rolf Becker war der Tag danach der Tag der Befreiung gewesen, der Befreiung von Angst und Ungewißheit, der Befreiung vom Faschismus.

Viele atmeten auf, waren voller Hoffnung und erwarteten eine neue Zeit. Bestimmt aber haben Jahre später auch viele ähnlich gedacht wie Rolf Becker, der 1968, rückblickend auf die Gedanken, die ihn und andere am ersten Tage der Befreiung vom Faschismus bewegten, zu der Feststellung kam:

„Und noch wissen wir nicht, daß es eines Tages auch einen ersten deutschen Soldaten wieder geben wird. Und deutsche Generale. Deutsche Waffen. Krupp. Und Reichtum. Kleidervorschriften auf Einladungskarten. Eine Nationalhymne. Korporationen, Studenten mit Mütze und Mensur. Bücher ehemaliger Nazis. Und die Notwendigkeit, sich für Emigration rechtfertigen zu müssen. Vereinigungen ehemaliger SS-Mitglieder. Pensionen für Würdenträger des Naziregimes. Und Marschmusik. Und Orden. Und eine ‚National-Zeitung'. Und einen Kanzler, der Mitglied der Nazi-Partei war. Und Sirenen auf den Häusern. Wir wissen es noch nicht und würden es nicht glauben..."

Verwischte Spuren
Erinnerungen an den Bildhauer Will Lammert

„Hast du schon einmal etwas von Will Lammert gehört?", fragte mich Gertrud Loewenstein, die Tochter einer jüdischen Kaufmannsfamilie aus Essen-Borbeck, deren Erlebnisse ich an anderer Stelle dieses Buches festgehalten habe. Sie gab mir folgende Hinweise:

„Lammert, ein begabter bildender Künstler, wohnte vor 1933 auf der Margarethenhöhe. Hier betrieb er eine renommierte Werkstatt für Keramik. Seine Frau war Ärztin. Ihre Praxis war auch auf der Margarethenhöhe. Nach dem Machtwechsel wegen seiner politischen Auffassungen verfolgt, wurde er zur Emigration gezwungen. Nach einem vorübergehenden Aufenthalt aus Frankreich ausgewiesen, ging er mit Frau und zwei Kindern in die Sowjetunion. Nach dem Zweiten Weltkrieg kam die Familie nach Deutschland zurück und lebte fortan bei uns in der DDR. Will Lammert wurde Mitglied der Deutschen Akademie der Künste und schuf bis zu seinem Tode, am 30. Oktober 1957, noch eine Reihe bedeutender Kunstwerke.

Dazu gehören die in den Universitäten zu Berlin, Leipzig und Jena stehenden großen Büsten von Karl Marx und das Thomas-Münzer-Denkmal im thüringischen Mülhausen. Dazu gehören auch die Ton- und Gipsfassungen eines Werkes, woran er bis zu seinem Tode gearbeitet hatte: das Mahnmal für die Gedenkstätte im ehemaligen Frauenkonzentrationslager Ravensbrück. Auf der IV. Deutschen Kunstausstellung 1958 in Dresden fanden diese Arbeiten sehr große Beachtung bei allen Besuchern und sicherten ihm einen hervorragenden Platz in der Geschichte der Plastik. Sein Gesamtwerk würdigte die Regierung unserer Republik 1959 mit der Verleihung des Nationalpreises. In Ravensbrück selbst konnte im gleichen Jahr nur ein Fragment seiner Konzeption aufgestellt werden. Drei unserer Bildhauer haben später Teile aus dem Lammert-Modell endgültig errichtet."

Diese wenigen Informationen, die ich von Gertrud Loewenstein erhalten hatte, veranlaßten mich, einige Nachforschungen über die Essener Zeit des Künstlers anzustellen.

Im Hauptstaatsarchiv in Düsseldorf tragen zwei Gestapo-Personalakten seinen Namen mit folgenden Daten über Lammert und seine Familie:

Geboren:	15. Januar 1892 in Hagen
Wohnort bis 1933:	Essen-Margarethenhöhe, Im stillen Winkel 46
Beruf:	Bildhauer
Glaubensbekenntnis:	Dissident
Staatsangehörigkeit:	Deutsches Reich
Familienstand:	verheiratet
Ehefrau:	Hedwig, geborene Meierbach, geboren am 16. Januar 1895 in Koblenz, Ärztin von Beruf, jüdisch
Kinder:	Till-Kolga, geb. am 5. Oktober 1920 in Hagen; Uriel, geb. am 15. April 1926 in Essen-Rüttenscheid.

Über Lammerts „Verbrechen" schrieb Kriminaloberassistent Hasselbach:

„Er zählte zu den intellektuellen Kommunisten, der den legalen wie illegalen Bestrebungen der KPD nach dem Umbruch jede Unterstützung zuteil werden ließ.

Seine Wohnung war Sammelpunkt der in Essen illegal tätigen KPD-Funktionäre. Seine Frau, Jüdin, behandelte Mitglieder der KPD kostenlos und unterstützte sie geldlich... Gegen Lammert schwebt ein Verfahren wegen Vorbereitung zum Hochverrat unter dem Aktenzeichen O J 943/34 beim Oberlandesgericht in Hamm. Lammert ist seit 1933 flüchtig und zur Festnahme im Deutschen Fahndungsbuch ausgeschrieben."

Will Lammert etwa um 1932/1933.

Von Gertrud Loewenstein hatte ich die Anschrift der Angehörigen des Künstlers erhalten. Die Schwiegertochter des „intellektuellen Kommunisten", Dr. Marlies Lammert, übersandte mir ein Buch über Will Lammert, das 1963 im Verlag der Kunst, Dresden, erschien. Es enthält neben einem Vorwort von Fritz Cremer und einer Einleitung von Peter H. Feist ein Werkverzeichnis von Marlies Lammert. Es vermittelt viele Daten aus dem Leben Will Lammerts und manche Einzelheiten über die Zeit seines Wirkens in Essen.

Karl Ernst Osthaus, dessen große Stiftung, das Museum Folkwang, später nach Essen kam, war schon vor dem ersten Weltkrieg auf ihn, den Sohn eines Metallarbeiters, aufmerksam geworden, der in Hagen gerade seine Lehrzeit bei einem Bildhauer beendet hatte. Er bemerkte seine Begabung und verhalf ihm zu einem Stipendium für den Besuch der Staatlichen Kunstgewerbeschule in Hamburg. 1914 stellte der Zweiundzwanzigjährige beim Werkbund in Köln zum ersten Mal auf einer größeren Ausstellung aus. Der Weltkrieg machte den jungen Bildhauer zum Soldaten. Viele Zeichungen in dieser Zeit offenbaren seine Empörung über den organisierten Völkermord. Schwer verwundet kehrte er nach Hagen zurück.

Lammert hatte Monumentalplastiker werden wollen, glaubte sich jetzt aber den körperlichen Anforderungen einer solchen Tätigkeit nicht mehr gewachsen. Nach einem Studium an der Fachschule für Keramik in Höhr bei Koblenz erwarb er sich Kenntnisse, die ihn bald schon zu großen Leistungen bei der Entwicklung neuartiger Bauplastik befähigten. Karl Ernst Osthaus ermöglichte es ihm, sich in Hagen ein Atelier zu bauen.

Sehr schnell hatte er seinen eigenen Stil gefunden. Man begann auf ihn aufmerksam zu werden. Gemeinsam mit der Bildhauerin Milly Steger schuf er in dieser Zeit u. a. auch den Fassadenschmuck der Hagener Stadthalle.

Im März 1921 starb Karl Ernst Osthaus; die von ihm geförderte Künstlerkolonie in Hagen löste sich auf. Mit dem Museum Folkwang kam auch Lammert nach Essen und setzte hier, in seiner Werkstatt auf der Margarethenhöhe, sein künstlerisches Schaffen fort. Im Jahre 1931 erhielt er den Rompreis und ging für ein Jahr in das römische Stipendiatenatelier deutscher Künstler, die Villa Massimo.

Wieder nach Essen zurückgekehrt, wurde er Mitglied der KPD und bald darauf ein Verfolgter. In dem erwähnten Werkverzeichnis sind alle bekannten Arbeiten aufgeführt, die unter seinen Händen in Essen entstanden. Sie waren bestimmt für die Börse (heute Haus der Technik), den Südwestfriedhof, den Parkfriedhof, den Ruhr-Siedlungsverband, den Allgemeinen Bauverein und das Glückauf-Haus.

Nach dem 30. Januar 1933 eröffneten die neuen Hüter deutscher Kultur einen Feldzug gegen alles, was ihren Auffassungen von Kunst zuwider war. Bald schon zogen sie wie Vandalen durchs Land und betätigten sich als Bilderstürmer gegen eine „entartete Kunst". Für sie war auch der „Kulturbolschewist"

Will Lammert ein ,,entarteter Künstler". Darum sollten seine Werke in Essen zerstört und sein Name ausgelöscht werden.

Man begann mit der Zerstörung aller seiner Arbeiten im Atelier auf der Margarethenhöhe. In der Gruga fielen den Bilderstürmern danach der von Lammert geschaffene Straußenbrunnen, der Spatzenbrunnen und vier Wasserspielfiguren zum Opfer. Das überlebensgroße und auf hoher Stele stehende Porträt von Karl Ernst Osthaus verschwand spurlos aus dem Museum Folkwang. Mit Brechstange, Meißel und Hammer setzte man das gezielte Vernichtungswerk gegen Will Lammert in die Tat um.

In dem Gebäude gegenüber der Gertrudiskirche ist heute das Essener Straßenverkehrsamt untergebracht. Im Jahre 1933 hatte es der Allgemeine Bauverein an ein großes Einheitspreisgeschäft, die EPA, vermietet. Auf den beiden runden Fassadenecken befanden sich zwei von Lammert geschaffene Bauleute, die der Volksmund nach den beiden EPA-Geschäftsführern ,,Riem" und ,,Haak" getauft hatte. Beide Figuren wurden herausgeschlagen und durch Fassadenplatten ersetzt. Wer aufmerksam die Hausfassade betrachtet, wird heute noch die damals ausgebesserten Stellen erkennen können.

Dem gleichen Vernichtungswerk ist auch die Plastik ,,Mutter Erde" zum Opfer gefallen, die mit ihren Ausmaßen noch über die Dachkante der Trauerhalle auf dem Südwestfriedhof hinausragte. Da man die Stelle, an der sie sich befand, mit etwas dunkleren Klinkern abdeckte, sind auch hier Spuren zurückgeblieben. Zerstört wurden auf dem Friedhof auch die Türen der Trauerhalle sowie die Sgraffitos an den Stelen vor dem Eingang.

Den Kämpfern wider die ,,entartete Kunst" gelang es allerdings nicht, alles zu zerstören, was Will Lammert geschaffen hatte. Mit Hilfe des Werkverzeichnisses konnte ich einiges von dem wiederfinden, was ihrer Zerstörungswut entging. Es legt Zeugnis ab von der großen Begabung eines Künstlers, dessen Namen das offizielle Essen vergessen hat.

Vielen ist sicherlich schon einmal an der Stirnseite der Leichenhalle auf dem Südwestfriedhof das hohe Relief des segnenden Christus aufgefallen. Daß es Will Lammert geschaffen hat, weiß sicherlich kaum einer. Wenn dieses eindrucksvolle Werk der Zerstörung entging, dann deshalb, weil die formenden Steinplatten direkt mit der tragenden Wand verbunden sind. Auf dem Südwestfriedhof sind auch die zwei figürlichen Scheitelsteine am Torbogen des Haupteingangs unzerstört geblieben.

Auf dem Essener Parkfriedhof blieb das große Bronze-Kruzifix in der Leichenhalle von der Vernichtung verschont. Etwa um 1926 war dieses Bildnis des Gekreuzigten auf der Margarethenhöhe entstanden.

Von Lammerts Arbeiten am Haus der Technik fand ich an der Fassade zur Gildehofstraße, unmittelbar vor der Unterführung am Essener Hauptbahnhof, zwei Köpfe, die hier an langen Hälsen aus der Wand herausragen.

Segnender Christus in der Leichenhalle des Südwestfriedhofes Essen. Um 1926/1927 von Will Lammert geschaffen.

Aber auch auf der Margarethenhöhe selbst, dort wo Lammert viele Jahre gelebt und gearbeitet hatte, blieben Zeugnisse seines Werkes erhalten. Es sind zwei Keramiken an Torbögen, die den Robert-Schmohl-Platz abschließen. An den jeweils nebeneinander, aber in umgekehrter Richtung stehenden zwei Katzen ist die blaue Glasur noch erkennbar. Wilder Wein verdeckt eine dieser Plastiken fast nahezu am nördlichen Bogen.

Anfang 1976 bat ich Hedwig Lammert, die Frau des Künstlers, um die Beantwortung einiger Fragen, die alle die Essener Zeit der Familie betrafen. Die inzwischen 81jährige schrieb:

„Als Lammert Juli 1932 aus Italien mit den Einblicken in die faschistischen Verhältnisse dort zurückkehrte, drängte er darauf, daß wir in die KPD eintreten. Wir hatten schon seit Ende des Ersten Weltkrieges eng mit ihr zusammengearbeitet, vor allem auch während des Kapp-Putsches. Lammert war in seiner ganzen Essener Zeit als ‚Bolschewik' bekannt und verschrien.

Wir gehörten einer kleinen Gruppe, Zelle, von etwa sechs Genossen an. Wir trafen uns regelmäßig, lasen uns zugängliche marxistische Literatur und besprachen die Tagesereignisse. Dabei ging es manchmal sehr lebhaft zu. An die Namen der Genossen, vor allem deren Familiennamen, kann ich mich kaum noch erinnern. Einer hieß Hans mit Vornamen. Außerdem gehörten dazu der Architekt Erich Fischer mit seiner Verlobten Margarete Rademacher (ihre Eltern wohnten auf der Margarethenhöhe), mit dem wir auch freundschaftlich verkehrten. Nach der Machtergreifung Hitlers wurde unser Zusammenhalt noch viel enger. Wir stellten unsere eigene Wohnung bzw. das Atelier zeitweilig der Partei zur Verfügung. In meine Praxis, die nur noch wenige Patienten zählte, kamen häufig kranke oder verwundete Genossen, die ich dann weiter betreute. Es fanden oft Hausdurchsuchungen bei uns statt. Einige Male wurden wir vorher durch Angehörige unseres Polizeireviers gewarnt, die zum Teil als Patienten bei mir in Behandlung gewesen waren. Das geschah meistens durch die Ehefrauen. An eine Hausdurchsuchung, von der wir überrascht wurden, erinnere ich mich noch genau. Ein Genosse hatte uns neues Material gebracht, als es klingelte. Ihm gelang es noch, durch die Hintertür zu verschwinden. Wir steckten die Flugblätter in unseren Briefkasten, wo die Nazis glücklicherweise nicht nachsahen. Bei den meisten Haussuchungen trafen sie Lammert nicht an, weil er viel unterwegs war, teils im Auftrage der Partei, teils um sich nach einer neuen Bleibe für uns alle umzusehen.

Nach dem 1. April 1933 hatte ich kaum noch Patienten und Lammert schon längst keine Aufträge mehr wegen seiner politischen Einstellung. Bei einer dieser Reisen wurde er, als er Material aus Holland in Empfang nehmen sollte, beobachtet und verfolgt. Ein ihm unbekannter Arbeiter flüsterte ihm zu, er möge verschwinden. Nach seiner Rückkehr meldete er dieses Vorkommnis der Partei. Man riet ihm, möglichst schnell Deutschland zu verlassen."

Die „Westdeutsche Allgemeine Zeitung" berichtete in ihrer Ausgabe vom 29. November 1975 von einer Sonderschau der Werkstatt Margarethenhöhe im Ruhrlandmuseum. Unter der Überschrift „Keramisches Handwerk mit Tradition" hatte man zur Geschichte der Werkstatt geschrieben: „Am Anfang stand der Bildhauer und Keramiker Lammert." Eine Anfrage bei der Werkstatt, die heute zur Ruhrkohle AG gehört und auf dem Gelände der Zeche Zollverein untergebracht ist, blieb ohne greifbares Ergebnis. Außer dem Namen sei über den Mann, der „am Anfang stand", nichts bekannt, erfuhr ich. Die mir erteilte Auskunft paßte so gar nicht zu dem Bericht der „Westdeutschen Allgemeinen Zeitung", den sie aus Anlaß des 50jährigen Bestehens der Keramischen Werkstatt Margarethenhöhe in ihrer Ausgabe vom 4. Januar 1978 ausgerechnet unter der Überschrift „Der Tradition verpflichtet" veröffentlichte.

Meine Bemühungen, im Museum Folkwang von Will Lammert und seinem Essener Werk etwas zu erfahren, blieben ebenfalls ohne ein Resultat. Drei Monate benötigte man hier, um einen ausführlichen Brief vom 25. Mai 1977 am 17. August 1977 mit dem Satz zu beantworten: „Trotz eifriger Suche ist es uns nicht gelungen, in den Unterlagen unserer Bibliothek den Bildhauer Will Lammert ausfindig zu machen."

Die Nationalsozialisten zerstörten nach 1933 seine Werke und versuchten damit auch seinen Namen auszulöschen. Das scheint ihnen in der Stadt, in der er über mehr als ein Jahrzehnt lebte und arbeitete, auch gelungen zu sein. Jedenfalls kann dieser Eindruck entstehen, wenn man meine Essener Forschungsergebnisse nach ihm und seinem Werk bewertet. Andererseits scheint aber auch der Grund in jener Feststellung zu liegen, die seine Frau in die Worte kleidete: „Lammert war in seiner ganzen Essener Zeil als ‚Bolschewik' bekannt und verschrien." Hierzulande Grund genug, um ihn auch heute noch vergessen zu machen.

Peter H. Feist, der in dem genannten 1963 in der DDR erschienenen Buch „Will Lammert" den Lebenslauf des Künstlers beschrieb, schloß mit den Worten:

„Eine widerspruchsvolle Zeit hat ihre Narben auch in Welt und Werk dieses ernsthaften und vorwärtsschauenden Künstlers gegraben. Um so leuchtender tritt hervor, wie er immer dichter herantrat an seine Klasse, wie seine Kunst reicher, lebensvoller und dem Volk verständlicher wurde: phrasenlos, phantasievoll, expressiv und ehrlich."

Karl Lomberg und die Zielasko-Gruppe

Am Mittwoch, dem 22. Mai 1963, saß ich mit Cläre Lorenz und Hans Lomberg, zwei meiner Essener Freunde, auf der Anklagebank im Sitzungssaal des Dortmunder Landgerichtes. Es war der erste von zwölf folgenden Prozeßtagen, an denen man über uns wegen „Staatsgefährdung" zu Gericht saß. Im Eröffnungsbeschluß der 8. Strafkammer des Landgerichts waren wir beschuldigt worden, „dem Urteil des Bundesverfassungsgerichtes vom 17. August 1956 betreffend das Verbot der Kommunistischen Partei Deutschlands, vorsätzlich zuwidergehandelt zu haben".

Nachdem meine „Vernehmung zur Person" abgeschlossen war, wurde Hans Lomberg aufgefordert, dem Gericht den Verlauf seines bisherigen Lebens kurz zu schildern. Ich wußte damals bereits sehr vieles über Hans Lomberg, wir kannten uns seit Jahren.

Schon am 13. Januar 1947 war ich dabei, als die Urne mit der Asche seines Vaters auf dem Terrassenfriedhof in Essen-Borbeck beigesetzt wurde.

„Schweres, was Du durchlebt,
Wisse, es war nicht vergebens!
Sieh, wie der Tag des Erhebens
Sich aus dem Dunkeln schon hebt."

Diese Verse standen auf dem Totenzettel, mit dem die Familie Lomberg allen Verwandten, Freunden und Bekannten die Beisetzung mitteilte.

Eine Fackel in der Hand, stand ich neben dem kleinen aufgeworfenen Grab und erlebte erstmals eine Urnenbeisetzung.

Meine älteren Genossen hatten mir einiges über den Mann erzählt, dessen Asche wir der heimatlichen Erde übergaben. Im Juli 1944 durch ein Urteil des Volksgerichtshofes „wegen Vorbereitung zum Hochverrat" zum Tode verurteilt, war Karl Lomberg drei Monate später im Strafgefängnis München-Stadelheim hingerichtet worden. Er war Kommunist und hatte sich für eine Beendigung des faschistischen Krieges eingesetzt.

Das war mir bekannt gewesen, aber im Mai 1963 sollte ich im Dortmunder Gerichtsaal noch mehr erfahren. „Am 18. Juli 1944 war ich in einem ähnlichen Gerichtssaal wie diesem hier", hörte ich meinen Freund Hans Lomberg sagen. „Ich war damals Zuhörer, mein Vater der Angeklagte. Wie heute haben am Richtertisch fünf Personen gesessen. Alle trugen sie rote Roben und nannten sich Zweiter Senat des Volksgerichtshofes. Als Vorsitzender fungierte Kammergerichtsrat Diescher. Rechts und links von ihm hatten Platz genommen Oberlandesgerichtsrat Dr. Großpietsch, Oberstudienrat Ratsherr Heinlein, SA-Brigadeführer Zöberlein und Generalleutnant Bock von Wülfingen. Den Oberreichsanwalt vertrat Amtsgerichtsrat Stark. Neben meinem Vater saßen auf der Anklagebank acht seiner politischen Freunde. Alle waren es Arbeiter: drei Bergleute, zwei Dreher, ein Schlosser, ein Polier und eine Köchin.

Als mein Vater mich im Gerichtssaal sitzen sah, machte er eine Handbewegung, die ich nie vergessen werde. Mich durchdringend anblickend, fuhr er mit der flachen Hand über seinen Hals. „Es ist aus", wollte er mir mit dieser Handbewegung zu verstehen geben, und ich begriff ihn sofort.

Fortwährend angeschrien und beschimpft, mußten dann die Angeklagten das über sich ergehen lassen, was man Gerichtsverhandlung nannte. Die dauerte gar nicht lange, war mehr ein längst abgekartetes Spiel und endete mit der Urteilsverkündung. Für sieben der neun Angeklagten lautete es auf Tod, für die zwei übrigen auf je acht Jahre Zuchthaus.

Unter denen, die von den Richtern in der roten Robe zum Tode verurteilt worden waren, befand sich auch mein Vater. Nach der Verkündung des Urteils hörte ich ihn mit schwacher, nur schwer verständlicher Stimme in den Gerichtssaal rufen: ‚Der Friede steht höher als der Krieg.' Was ich an jenem 18. Juli 1944 sah und miterlebte, war entscheidend für mein späteres Leben: Ich wurde wie mein Vater ein Kommunist."

Das und noch mehr hörte ich Hans Lomberg sagen, als er, der Staatsgefährdung angeklagt, nunmehr selbst auf der Anklagebank saß.

Jahre später fand ich im Institut für Marxismus-Leninismus in Berlin die Volksgerichtshofakte über seinen Vater Karl Lomberg. In ihr war alles abgeheftet worden, was Gestapo, Oberreichsanwalt und Volksgerichtshof ermittelt und niedergeschrieben hatten. Obenauf auch das Urteil vom 18. Juli 1944, in dem die Gründe formuliert waren, die nach Meinung der Richter den Tod von sieben Arbeitern rechtfertigen und zwei weitere auf acht Jahre ins Zuchthaus verbannen sollten:

„Die Angeklagten haben im Sommer 1943 den kommunistischen Funktionär Zielasko bei seinem Vorhaben, die Kommunistische Partei Deutschlands im Rheinland wieder aufzubauen, unterstützt", las ich. Franz Zielasko hatte die Widerstandsgruppe gebildet, zu der auch Karl Lomberg und seine mit ihm verurteilten politischen Freunde gehörten.

Der Kommunist Franz Zielasko, am 19. Juli 1896 in Sachsen-Anhalt geboren, Bergmann und in Gladbeck wohnhaft gewesen, war 1932 mit seiner Frau in die Sowjetunion gegangen, um hier seine Arbeitskraft dem sozialistischen Aufbau zur Verfügung zu stellen. Als im Sommer 1936 General Franco mit Unterstützung seiner deutschen und italienischen Bundesgenossen gegen die spanische Republik putschte, ging er nach Spanien, um hier als Freiwilliger in den Internationalen Brigaden für die Freiheit des spanischen Volkes gegen faschistische Willkür zu kämpfen. Im Frühjahr 1939 kehrte er in die Sowjetunion zurück.

Wenige Monate vorher, am 13. Oktober 1938, war ihm und seiner Frau die deutsche Staatsangehörigkeit durch die deutschen Faschisten aberkannt worden. Der amtliche Hinweis darauf wurde in seiner Gestapo-Personalakte abgeheftet.

Nach dem Überfall auf die Sowjetunion im Juni 1941 meldete sich der ehemalige Gladbecker Bergmann beim Zentralkomitee der KPD in Moskau zum Ein-

Franz Zielasko 1937 als Angehöriger der Internationalen Brigaden in Spanien (sitzend in der Mitte).

satz nach Deutschland. In der Nacht vom 18. zum 19. März 1943 wurde er für ihn Wirklichkeit. Aus einem sowjetischen Flugzeug sprang er in der Nähe von Warschau mit einem Fallschirm ab. Von hier gelangte er ins Ruhrgebiet, um eine antifaschistische Widerstandsgruppe aufzubauen.

Bevor er in die Sowjetunion übergesiedelt war, hatte er als aktiver Arbeitersportler dem Radfahrerbund „Solidarität" angehört und über viele Jahre das Amt eines Sportwartes für Westfalen ausgeübt. Bekanntschaften aus dieser Zeit ausnutzend, gelang es ihm schon bald, Verbindungen zu vielen Kommunisten im Ruhrgebiet herzustellen. Bereits im Sommer 1943 bestand ein illegales Netz, das sich über den Kern des Reviers zog.

Einer von denen, die zu der Widerstandsgruppe Zielasko gehörten, war Karl Lomberg, Mitbegründer der Schachabteilung im Arbeitersport des Ruhrgebietes und ehemaliger Landeskassierer des roten Sportverbandes.

Nach vielen Jahren der Arbeitslosigkeit hatte der gelernte Schlosser erst im Oktober 1939, wenige Wochen vor dem Ausbruch des Zweiten Weltkrieges, wieder eine Arbeit bekommen. Die gleiche Firma Krupp, die ihn im November 1923 „infolge der ungünstigen wirtschaftlichen Verhältnisse" entlassen hatte, war jetzt, da die Rüstung auf vollen Touren lief, um seine Arbeitskraft verlegen.

Franz Zielasko fand 1943 in Karl Lomberg einen Arbeiter, der den Krieg haßte und bereit war, alles für den Frieden zu wagen. Neben seiner politischen Grundeinstellung hatte das eigene Erleben seinen Entschluß zur antifaschistischen Widerstandsarbeit erleichtert. Als der Krieg ausbrach, waren ihm auch seine drei Söhne geholt worden. Einer kam als Krüppel zurück; man hatte ihm ein Bein abgeschossen. Am 7. April 1942 war sein Sohn Karl dem Krieg zum Opfer gefallen. Er sei nach „heldenhaftem Kampf für seinen Führer und für seine Heimat" gefallen, hieß es in einem Brief, den er Wochen später in Händen hielt. Der Vater deutete den Brief richtig, denn für ihn war es klar, daß sein Ältester sinnlos geopfert worden war. Ab 1942 erlebte er mit seiner Familie auch den Krieg in der Heimat, denn Essen wurde seit dieser Zeit für die Bomber der alliierten Luftstreitkräfte zum Ziel fortwährender Angriffe.

Franz Zielasko brauchte den kruppschen Metallarbeiter nicht mehr von der Notwendigkeit des Kampfes gegen Faschismus und Krieg überzeugen. Er fand in ihm einen aktiven Mitstreiter. Mehrfach trafen sie sich, tauschten ihre Gedanken aus und begannen damit, den Kreis Gleichgesinnter zu vergrößern.

Aber noch bevor die Gruppe beginnen konnte, einen wirksamen Widerstand zu organisieren, war ihr die Gestapo auf die Spur gekommen. Am 22. Juli 1943 erhielt die Gestapo-Leitstelle Düsseldorf ein geheimes Telegramm der Gestapo Münster. Darin hieß es u. a.: „Zielasko ist hier wieder in Erscheinung getreten und versucht eine illegale KPD-Gruppe zu gründen." Gleichzeitig bat man den Empfänger, bei der Fahndung nach Zielasko mitzuhelfen. Wenige Tage später führte die großangelegte Fahndung zum Erfolg.

„Zielasko ist sowjetischer Fallschirmagent. Er wurde am 7. August 1943 in Gladbeck festgenommen. In seiner Vernehmung, die äußerst schwierig verläuft, gibt er lediglich nur das zu, was ihm durch die Ermittlungen oder durch Vernehmungen anderer Personen vorgehalten werden kann." Das steht in einem anderen Telegramm der Gestapo-Leitstelle Münster an die gleiche Dienststelle in Düsseldorf. Nach der Mitteilung, daß gemäß Erlaß des Reichssicherheits-Hauptamtes, Münster die Ermittlungen federführend leite, folgte die Bitte, Düsseldorf möge sofort mit der Erfassung sämtlicher führenden Personen des ehemaligen Radfahrerbundes „Solidarität" beginnen.

Über das weitere Schicksal des Gladbecker Bergarbeiters nach seiner Verhaftung gibt es fast keine amtlichen Hinweise. Keiner kennt die Folterungen und Qualen der folgenden Hafttage. Nur wer die Sprache der Gestapo in etwa zu deuten vermag, kann sich eine Vernehmung vorstellen, die „äußerst schwierig verläuft". Wenn der Tag seines Todes dennoch bekannt ist, dann dank eines Satzes im Urteil des Volksgerichtshofes gegen Karl Lomberg und Genossen. Über Franz Zielasko wird darin gesagt: „Er wurde am 7. August 1943 in Gladbeck festgenommen und ist am 18. August 1943 bei seiner Einlieferung in das Gefängnislazarett infolge hochgradiger Blutarmut und Gelbsucht gestorben." Mit Todesursachen, verlogen wie das Regime, tarnten faschistische Henkersknechte eine scheußliche Mordtat.

Zwei Tage danach, am 20. August 1943, holte die Gestapo Karl Lomberg.

Im Mai 1969 sprach ich mit seiner Frau Maria darüber, was damals geschah. Sie erzählte:

„An einem Tag im Frühsommer 1943 läutete es an unserer Tür. Als ich öffnete, stand vor mir ein Mann, mittelgroß, blonder Schopf, etwa Mitte der vierziger Jahre. ‚Ich komme von Frieda', sagte er, als ich ihn nach seinem Begehren gefragt hatte.

Frieda war die Witwe des ehemaligen Reichstagsabgeordneten Albert Funk. Wir kannten uns aus der Zeit, da beide noch in der Mathäuskirchstraße, also in unserer Nachbarschaft, gewohnt hatten. Im April 1933 verhaftet, wurde Albert Funk wenige Tage später im Polizeigefängnis Recklinghausen umgebracht. Friedas Freunde waren auch unsere Freunde, und als der Fremde fragte, ob Karl zu sprechen sei, forderte ich ihn auf, näherzutreten. Das war meine erste Begegnung mit Franz Zielasko.

Danach besuchte er uns noch öfter. Andere von den unsrigen und auch Frieda selbst kamen später dazu. Hier in diesem Zimmer saßen sie: Karl, Frieda, Franz und drei andere Genossen. Ich beobachtete vom Nebenzimmer aus die Straße, um Verdächtiges sofort weiterzugeben. Karl erzählte mir später Einzelheiten.

Franz Zielasko hatte offen ausgesprochen, was viele heimlich dachten. Der Krieg sei verloren, man müsse das Ende des Faschismus beschleunigen. Dafür gelte es vor allen Dingen die Arbeiter in den Betrieben zu gewinnen. Es sei die Aufgabe der Kommunisten, Gleichgesinnte um sich zu scharen, um im entscheidenden Augenblick die Grundlage einer Partei zu haben, die fähig sei zu handeln. Leidenschaftlich hatte er seine anwesenden Genossen darum gebeten, alles für den Frieden und das Ende des Faschismus zu wagen.

Alles ging gut bis zum 20. August 1943. Es war ein Freitag, Karl arbeitete bei Krupp. Als es an unserer Wohnungstür läutete, hatte ich ein ungutes Gefühl. ‚Wo ist Ihr Mann', fragte mich einer der zwei fremden Männer, die vor der Tür standen. ‚Er ist zur Arbeit, muß aber bald nach Hause kommen, antwortete ich und stellte die Frage: ‚Soll ich ihm etwas ausrichten?'. ‚Wir sprechen später noch einmal vor', hörte ich einen sagen, bevor beide wieder gingen. Wie gelähmt blieb ich stehen. ‚Das war die Gestapo, sie wollen Karl holen' hämmerte es in meinem Kopf. Kurze Zeit später kam mein Mann von der Arbeit nach Hause. Ich habe ihn erst in Ruhe essen lassen, bevor ich ihm von dem Besuch berichtete. Er sagte nichts, aber ich spürte, daß auch er sofort an die Gestapo dachte.

Wir hatten uns beide nicht getäuscht, denn kurze Zeit später kamen die beiden wieder und holten ihn. Er kam nie mehr zurück."–

Für die Lombergs waren die Monate nach der Verhaftung des Vaters voll qualvoller Ungewißheit. Ein halbes Jahr hielt man Karl Lomberg im Polizeigefängnis Gelsenkirchen in Untersuchungshaft, ehe man ihn im Februar 1944 nach Amberg in die Oberpfalz schaffte. Post, die er von hier an seine Familie schrieb, wurde zunächst an den Volksgerichtshof in Potsdam geschickt und erreichte erst Wochen später die Empfänger. Im Juni des gleichen Jahres brachte man ihn in das Strafgefängnis Nürnberg. In Nürnberg tagte auch der Zweite Senat des Volksgerichtshofes, der ihn und seine mitangeklagten Genossen am 18. Juli 1944 aburteilte. Auch Maria Lomberg saß damals mit im Gerichtssaal und erlebte ebenfalls die faschistische Rechtsprechung.

„Nun hat sich mein Schicksal entschieden. Du hast es ja selbst mit angehört, und ich brauche darüber nicht mehr zu schreiben", las sie später in einem Brief, den ihr Mann am 20. Juli 1944 abgeschickt hatte. Angesichts des Todes gab er ihr darin den Rat, ihrem Leben wieder einen Inhalt zu geben. „Die Kinder brauchen deinen Rat noch lange, das wird deine schönste Aufgabe sein", schrieb er. Zugleich wandte er sich in dem gleichen Brief an seine Kinder Hans, Walter und Grete: „Tragt Mutter auf Händen, denn sie hat es um euch verdient. Helft ihr über die schweren Stunden weg. Laßt Liebe und Eintracht weiter unter euch sein."

Einen Monat später, im August 1944, kamen Karl Lomberg und die mit ihm zum Tode verurteilten Genossen zur Richtstätte in das Strafgefängnis München-Stadelheim. Kurz vorher hatte der Reichsminister der Justiz „mit Ermächtigung des Führers" die Vollstreckung der Todesurteile angeordnet.

Durch ein beantragtes Wiederaufnahmeverfahren wurde die Hinrichtung von drei Todeskandidaten in der Folgezeit immer wieder verschoben und kam später, bedingt durch die Wirren des Zusammenbruchs der Gewaltherrschaft, nicht mehr zur Ausführung. Ein Vierter legte selbst Hand an sich und setzte in der Gefängniszelle seinem Leben ein Ende.

Karl Lomberg aber wurde mit zwei seiner Genossen am 20. Oktober 1944 hingerichtet.

Die Oberstaatsanwaltschaft München berichtete darüber schriftlich dem Reichsminister der Justiz und bediente sich dabei der Sprache kaltblütiger Mörder:

„Der Hinrichtungsvorgang dauerte vom Verlassen der Zelle an gerechnet 51 Sekunden bis eine Minute vier Sekunden, von der Übergabe an den Scharfrichter bis zum Fallen des Beiles sieben bis zehn Sekunden. Zwischenfälle oder sonstige Vorkommnisse von Bedeutung sind nicht zu berichten."

Erst mehr als zwei Jahre später wurde die Asche Karl Lombergs in der Familiengruft auf dem Essener Terrassenfriedhof beigesetzt.

Im Archiv der Essener VVN – Bund der Antifaschisten befindet sich der Brief, den Karl Lomberg kurz vor der Hinrichtung an seine Frau schrieb und dessen Existenz erst nach dem Tode von Maria Lomberg bekannt wurde. Mehr als drei Jahrzehnte hatte sie keinen Menschen davon etwas wissen lassen:

„Liebe Maria! Nun ist die Stunde gekommen, wo unser Schicksal sich entschieden hat. Soeben haben wir die Nachricht bekommen, daß unser Urteil heute um vier Uhr vollstreckt wird. Es ist bitter, aber nun nichts mehr zu ändern. Alles Hoffen war vergebens. Meine Leidenszeit ist nun vorbei. Für Euch fängt diese nun erst an. Du, liebe Frau, bist nun am schwersten getroffen. Ich bitte Dich nun, überwinde Deine Schmerzen. So viele Frauen werden am Ende dieses Krieges ihr Liebstes verloren haben, die auch nichts dafür können, so wenig wie ich. Ich bitte nun, meinen Dank für alle die aufopfernde Liebe, die Du mir erwiesen hast, entgegenzunehmen. Viele Worte kann ich nicht mehr darüber machen, aber ich weiß, daß Du mich verstehst. Mein Leben war Sorge und Liebe für Euch. Nun laßt mich in Ruhe von Euch scheiden. Euch bitte ich, bleibt in Liebe und Eintracht zurück und helft Euch gegenseitig so gut Ihr könnt. Deinen Brief habe ich noch erhalten und kann ich Deinen Wunsch nur gutheißen. Den Kindern schreibe ich auch noch einen Brief. Nun liebe Maria, wünsche ich Dir auf Deinem weiteren Lebensweg alles Gute. Grüße noch mal meine Mutter und Geschwister und alle Verwandten und Bekannten. Es küßt Dich mit einem Lebewohl Dein Karl."

Am gleichen Tage schrieb Karl Lomberg auch einen Abschiedsbrief an seine beiden Söhne.

„Ich wünsche Euch von Herzen, daß der Krieg und seine Folgen es gnädig mit Euch meint", schrieb er an Walter Lomberg.

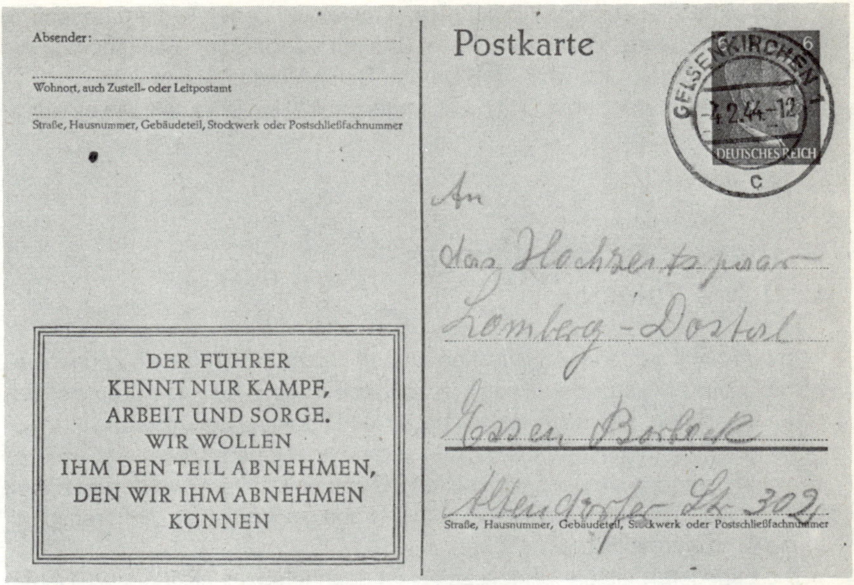

Vorder- und Rückseite einer selbstgefertigten Glückwunschkarte, mit der die im Gefängnis Gelsenkirchen einsitzenden Mitglieder der Zielasko-Gruppe dem Sohn von Karl Lomberg am 4. Februar 1944 zur Vermählung gratulierten.

„Ich bin der erste nicht der auf diese Weise sein Leben verliert, hoffentlich aber bald der letzte", hieß es in einem Brief an seinen Sohn Hans, dem er die Worte hinzufügte: „Ich weiß, daß Du nun Deine Pflicht erfüllen wirst."

Mit diesen Briefen setzte sich Karl Lomberg selbst ein Denkmal, wie es würdiger nicht sein kann.

Borbecker Zeugen Jehovas und ihre Peiniger

In den zwölf Jahren faschistischer Diktatur haben in Essen viele Zeugen Jehovas um ihres Glaubens willen arges ertragen müssen. Es waren zumeist einfache Menschen, Arbeiter aus den Gruben und Fabriken der Stadt und ihre Angehörigen. Von den Herrenmenschen verhöhnt, verspottet, verhaftet und geschlagen, standen sie dann vor den faschistischen Richtern, wurden zu hohen Gefängnis- oder Zuchthausstrafen verurteilt und gingen später „auf Transport" in die Konzentrationslager.

Die Zahl derer, die die Leidenszeit nicht überlebten, ist nicht gering. Neben den Kommunisten haben sie in der Ruhrmetropole die größten Blutopfer bringen müssen.

Ich versuchte, den Kirchenkampf der Jahre 1933 bis 1945 am Beispiel des Essener Stadtteils Borbeck darzustellen. Bei meinem Bemühen, den Widerstand der Zeugen Jehovas zu würdigen, will ich am Beispiel Borbeck festhalten. Von den in jener Zeit wirkenden Mitgliedern dieser Religionsgemeinschaft stehen sie und ihr Erleben stellvertretend für alle anderen, die in Essen gleiches durchstehen mußten.

Essens berüchtigter Gestapo-Mann Fritz Vaupel meldete am 17. Juni 1940 der Gestapo-Leitstelle in Düsseldorf den Abschluß einer Aktion gegen Zeugen Jehovas. Unter den sechs in der Stadt Festgenommenen befand sich auch der Bergmann Stanislaus Smok, wohnhaft in Essen-Bergeborbeck, Robertstraße 13.

Anfang April 1939 hatte ein gewisser Ludwig C. damit begonnen, in der Westhälfte Deutschlands eine illegale Organisation der Zeugen Jehovas aufzubauen. Den Berginvaliden Paul Noernheim setzte er als zuständig für Essen und Umgebung ein. Neben anderen gewann er auch den Borbecker Bergmann Stanislaus Smok, der seine Wohnung als Anlaufstelle für Noernheim zur Verfügung stellte.

Im Jahre 1896 in Maximilianowo bei Posen geboren, war **Stanislaus Smok** im Alter von 17 Jahren nach Essen gekommen und hier Bergmann geworden. Bereits im Jahre 1918 gewann ihn die Religionsgemeinschaft. Er blieb ihren

Auffassungen auch treu, als sie 1933 von den Faschisten verboten worden war.

Schon am 12. Dezember 1936 hatte ihn die 6. große Strafkammer des Landgerichts Duisburg wegen verbotener Bibelforschertätigkeit zu acht Monaten Gefängnis verurteilt. Drei Jahre später war er aus dem gleichen Grunde wieder festgenommen worden.

,,Smok bestreitet jede illegale Betätigung", schrieb in der erwähnten Meldung vom 17. Juni 1940 Gestapo-Vaupel und fügte hinzu: ,,Es erscheint erforderlich, ihn dem C. gegenüberzustellen."

Am 20. November 1940 kam es zu der Gegenüberstellung. Kriminal-Ober-Ass. Heinz Kosthorst fertigte darüber einen Bericht an, den ich 1977 in einer Gestapo-Personalakte wiederfand.

In dem Bericht hieß es u. a.: ,,Als ich Smok dem C. gegenüberstellte, wechselte S. merklich die Gesichtsfarbe; er wurde abwechselnd blaß und rot. Auf meine Frage, ob ihm die gegenübergestellte Person bekannt sei, gab er keine Antwort. Nunmehr sagte C. zum ihm: ‚Stanis, es hat doch keinen Zweck mehr, sag es doch, du kannst jetzt doch nichts mehr daran ändern. Das Leugnen hat keinen Zweck mehr. Ich bin kein Verräter gewesen, sondern habe mich auch dem vorliegenden Beweismaterial beugen müssen. Wenn du aber denkst, daß ich alles verraten habe, so will ich diesen Vorwurf auch noch gerne auf mich nehmen. Aber in deinem Interesse gebe ich dir den Rat, sage die Wahrheit, da alles Leugnen keinen Zweck mehr hat!'

Smok bekam einen Weinkrampf und sagte unter Schluchzen und Weinen zu mir: ‚Wenn ich das zugeben würde, sähe ich die Sonne nicht mehr scheinen; nehmen Sie Ihre Pistole und erschießen Sie mich lieber sofort!'

Als ich nun in ihn drang und ihn zur Ablegung eines Geständnisses bewegen wollte, zeigte er sich wieder verstockt, verweigerte jegliche Aussage und auch die Unterschrift."

Auch der Essener Paul Noernheim wurde am gleichen Tage von Kosthorst seinem Glaubensbruder Ludwig C. gegenübergestellt. Dabei scheiterten ebenfalls alle Versuche, den Berginvaliden zum Sprechen zu bringen.

Obgleich beide Beschuldigten standhaft geschwiegen hatten, zweifelte der Gestapo-Mann keineswegs an ihrer Schuld. Vielmehr unterstellte er den Arbeitern, sie gäben sich der Hoffnung hin, ,,durch verstocktes Leugnen" ihre Lage verbessern zu wollen.

Am 20. Januar 1941 stand Stanislaus Smok vor dem Sondergericht Essen. Landgerichtsdirektor Dr. Göbel als Vorsitzender und die Landgerichtsräte Dr. Boes und Belke folgten der Anklagebehörde, die durch Gerichtsassessor Dr. Glunz vertreten wurde. Sie verurteilten Stanislaus Smok zu einer Gefängnisstrafe von zwei Jahren und sechs Monaten.

Bei ihm und den übrigen Angeklagten habe es sich ,,um ein fortgesetztes Vergehen" gehandelt, ,,da sie als fanatische Bibelforscher zweifellos von vornherein den Vorsatz hatten, sich bei jeder sich bietenden Gelegenheit für die Organisation zu betätigen", hieß es in der Begründung des Urteils. Paul Noernheim wurde zu vier Jahren Gefängnis verurteilt. Beide erhielten sie von den sieben Monaten Untersuchungshaft nur drei Monate anerkannt. Sie hätten durch „unvernünftiges Leugnen" bis zuletzt „ihre Beteiligung hartnäckig geleugnet", meinte das Sondergericht.

Der Borbecker Bergmann Stanislaus Smok überlebte den Faschismus. Nach vorliegenden Informationen wurde er nach Strafverbüßung und mehrwöchiger Schutzhaft wieder in die Freiheit entlassen. Paul Noernheim allerdings kam am 28. Mai 1943 im Bochumer Gefängnis ums Leben. Ludwig C. schließlich, dem beide am 20. November 1940 gegenübergestellt worden waren, wurde am 20. März 1941 von einem Dresdener Sondergericht zum Tode verurteilt.

Am Mittwoch, dem 17. März 1943, nahm die Gestapo in der Dellwiger Straße 5 den hier wohnenden Bergmann **Theodor Hölter** fest. Man begründete die Festnahme mit dem dringenden Verdacht der „illegalen Betätigung für die Internationale Bibelforscher Vereinigung."

Am Tage darauf ließ sich Kriminalkommissar Bovensiepen den Borbecker zur Vernehmung vorführen. Die Aussagen, die er aus ihm herauspreßte, wurden in einer Gestapo-Akte mit anderen Ermittlungsergebnissen abgeheftet. Gestapo-Mann Bovensiepen ließ zunächst alles aufschreiben, was der am 20. Juli 1899 in Suderwich/Recklinghausen geborene Theodor Hölter „zur Person" aussagte:

„Vom Jahre 1908 bis 1913 habe ich in Essen die katholische Volksschule besucht. Nach meiner Schulentlassung war ich zunächst als Laufjunge, später als Arbeiter bei verschiedenen hiesigen Firmen beschäftigt. Einen Beruf habe ich nicht erlernt. Am 8. Oktober 1917 wurde ich zum Militärdienst eingezogen, und zwar zum Ers.-Battl. des Inf.-Reg. 159 in Mülheim/Ruhr. Mit diesem Regiment kam ich im Februar 1918 nach Belgien. An Kämpfen habe ich wegen meines Augenleidens (tuberkulöse Regenbogenhautentzündung) nicht teilgenommen. Am 31. März 1919 wurde ich in Münster/Westfalen aus dem Militärdienst entlassen. Orden und Ehrenzeichen besitze ich nicht.

Von 1919 bis 1930 habe ich auf verschiedenen Zechen als Bergmann gearbeitet. Im Jahre 1930 wurde ich erwerbslos. Erst 1934 bekam ich wieder Arbeit. Seitdem bin ich als Bergmann auf der Zeche Neuköln in Essen-Borbeck tätig. Da ich an Steinstaublunge erkrankt bin, habe ich vor etwa acht Wochen einen Rentenantrag gestellt.

Der NSDAP, einer ihrer Gliederungen oder einem ihr angeschlossenen Verband gehöre ich nicht an. Ich habe mich bisher politisch nie betätigt und meide aus meiner religiösen Überzeugung heraus jede Beschäftigung mit politischen Fragen. Ich bin auch nicht Mitglied der NSV. Ich lehne auch diese Organisation ab, obwohl ich weiß, daß sie Wohlfahrtszwecken dient, und zwar deshalb, weil sie eine Einrichtung einer politischen Partei ist, die ich aus Glaubensgründen nicht anerkennen kann. Ich stütze mich dabei auf das Bibelwort Jakobus 4, Vers 4: ‚Wer ein Freund der Welt sein will, stellt sich als ein Feind Gottes dar.' Aus dem gleichen Grunde gehöre ich auch nicht dem Reichsluftschutzbund an.

Meine Einstellung zum Staat und seinen Einrichtungen (z. B. Partei, Wehrmacht usw.) ergibt sich aus meinem Glauben. Ich kann nur insoweit den Staat anerkennen und seine Gesetze achten, wie sich das mit dem göttlichen Gesetz vereinbaren läßt. Da nun die Staaten, und zwar alle ohne Ausnahme, größtenteils Gesetze erlassen, die nicht im Einklang mit denen Gottes stehen, lehne ich alle weltlichen Reiche ab und erkenne nur das messianische Reich an. In diesem Reiche erblicke ich das alleinige Heil für alle Menschen und Staaten, auch für Deutschland. Weil meiner festen Überzeugung nach das ‚Heil' letzten Endes nur von Christus ausgeht, lehne ich auch den Gruß ‚Heil Hitler' ab; ich erblicke in diesem Gruß eine Verherrlichung eines einzelnen Menschen und darüber hinaus eines Systems, die keinem irdischen Wesen zukommt."

An dieser Stelle wurde die Vernehmung unterbrochen und Kriminalkommissar Bovensiepen versuchte zunächst, den Zeugen Jehovas zu bekehren, wie es sein oberster Chef, Reichsführer SS Heinrich Himmler, am 10. September 1942 in einem Erlaß angeordnet hatte.

„Belehrungsversuche anhand des Erlasses vom 10. September 1942 waren bei dem Beschuldigten ohne Erfolg. Hölter erklärte, daß er die ihm entgegengehaltenen Gegenargumente durch andere Stellen der Bibel leicht widerlegen könne", lautete eine „Anmerkung des Vernehmenden", bevor dieser weiter niederschreiben ließ, was der Vernommene danach ausgesagt hatte:

„Am 10. August 1939 bin ich von der Staatspolizei, Außendienststelle Essen, schon einmal vernommen werden. Der Grund hierzu war folgender: Ich hatte mich etwa Mitte des Jahres 1939 bei der Essener Straßenbahn um eine Stelle als Schaffner beworben. Als mich bei der Eignungsprüfung am 1. August der Betriebsinspektor mit dem Gruß ‚Heil Hitler' begrüßte, weigerte ich mich, diesen Gruß zu erwidern. Ich wurde hieraufhin bei der Staatspolizei zur Anzeige gebracht..."

Noch lange dauerte an jenem 18. März 1943 die Vernehmung des Festgenommenen, der anschließend mit zittriger Hand das angefertigte Protokoll unterzeichnete.

Zehn Tage später beantragte man von Essen aus die „Schutzhaft" gegen ihn und begründete sie mit weiteren erforderlichen Ermittlungen.

Am 3. Mai 1943 entsprach der Leiter des Reichssicherheits-Hauptamtes, Ernst Kaltenbrunner, diesem Antrag:

„Betrifft: Schutzhaft gegen den Reichsdeutschen Theodor Hölter, geb. am 20. Juli 1899 in Suderwich/Recklinghausen...

Für den Obengenannten ordne ich hiermit Schutzhaft bis zum Abschluß der Ermittlungen an. Schutzhaftbefehl ist wie folgt auszustellen: ‚... indem er dadurch, daß er sich für die IBV betätigt, erwarten läßt, er werde seine Freiheit dazu mißbrauchen, durch weiteren Einsatz für die verbotene Sekte den Interessen des Reiches zu schaden.'..."

Die „Strafsache Hölter" erledigte sich knapp ein Jahr später von selbst. Kriminalkommissar Bovensiepen, der den Zeugen Jehovas am 18. März 1943 so ausführlich vernommen hatte, schrieb am 13. Mai 1944 diese Aktennotiz: „Theodor Hölter, geboren 20. Juli 1899 in Suderwich, am 22. März 1944 verstorben. Volksgerichtshof 6. Senat, hat in Sitzung vom 25. April 1944 beschlossen: Das Verfahren gegen den Angeklagten Hölter wird auf Kosten der Reichskasse für erledigt erklärt, da der Angeklagte am 22. März 1944 verstorben ist."

★

Einige Menschenschicksale standen im Mittelpunkt meines Versuches, den Widerstand der Zeugen Jehovas in den Jahren der faschistischen Diktatur zu verdeutlichen. Ich wollte nicht darauf verzichten, auch ihre Konfrontation mit dem Regime zu zeigen. Dabei vermeide ich bewußt jegliche Auseinandersetzung mit ihren religiösen Auffassungen, die hier – so meine ich – fehl am Platze wäre. Mir kam es darauf an, sichtbar zu machen, daß verschiedene Motive Menschen zum Widerstand veranlaßten. Die Zeugen Jehovas gehörten auch dazu.

Widerstand im KZ Sachsenhausen

Der 11. Oktober 1944 war für die Häftlinge im Konzentrationslager Sachsenhausen bis in die späten Abendstunden hinein ein Tag wie jeder andere gewesen. Nachdem der Abendappell beendet war, hatte mancher den Tag schon abgestrichen und bereitete sich auf die Nacht vor. Es schien so, als sei man wieder einmal davongekommen, und unter denen, die so dachten, waren sicherlich auch einige der rund 150 Insassen im Block 58. Umgeben von Stacheldraht und hohen Holzwänden, war dieser Block erst kürzlich vom übrigen Lager streng isoliert worden. Seit dem 2. August 1944 waren die Insassen von einer Sonderkommission der Gestapo aus dem alltäglichen Lagerleben herausgelöst worden. Inmitten des riesigen Völkergefängnisses Sachsenhausen hielt man sie jetzt zweimal gefangen. Fast ausnahmslos waren es politische Häftlinge, in der Regel Kommunisten, die wichtige Funktionen im Lager ausgeübt hatten. In ihnen vermutete die Lagerleitung die Organisatoren eines deutlich spürbar gewordenen Widerstandes im Lager, und für sie sollte der 11. Oktober 1944 kein Tag wie jeder andere sein.

Unmittelbar nach dem Abendappell mußten sie vor dem Block antreten. Dann wurden 27 Häftlinge namentlich aufgerufen und aufgefordert, vorzutreten. Nachdem man ihnen etwas von einer Verlegung in ein anderes Lager erzählt hatte, zitierte man sie mit ihrem Marschgepäck zum Lagertor.

Erich Mohr und Ludger Zollikofer um 1935.

Alles was bis dahin geschehen war diente den SS-Henkern bei einem feigen und hinterhältigen Mordplan.

Am Lagertor fesselte man die ausgesuchten Häftlinge mit Handschellen zu zweien aneinander und forderte sie auf, einen vorgefahrenen Lastwagen zu besteigen. Um den Zweck des Transportes vor den Betroffenen und den übrigen Häftlingen im Lager weiterhin zu verheimlichen, verließ der Kraftwagen den Schutzhaftlagerbereich durch das Lagertor und verschwand auf der Lagerzufahrtstraße. Erst später änderte er seine Richtung, bog schließlich in die Einfahrt des zum Lager gehörenden Industriehofes ein und hielt hier vor dem Gebäude des Krematoriums.

Als die 27 ausgesuchten Opfer hier den Lastwagen verlassen hatten, prügelten ihre Mörder sie in das Innere des Krematoriums und erschossen sie mit ihren Maschinenpistolen. Noch in der gleichen Nacht wurden die Leichen samt ihrer Habseligkeiten verbrannt, um so alle Spuren zu verwischen. Wenn auch die für den Mord Verantwortlichen sie als „auf Transport" von der Lagerstärke abziehen ließen, so kam die Wahrheit später doch an den Tag.

Neben den bekannten Funktionären der KPD Ernst Schneller, Mathias Thesen, Gustl Sandtner zählten zu den Ermordeten auch die beiden Essener Kommunisten Erich Mohr und Ludger Zollikofer.

Was waren das für Menschen? Warum hatten die braunen Machthaber sie in das KZ Sachsenhausen geschleppt und hier hinterhältig umgebracht?

Ich will versuchen, ihr Leben bis zu jenem 11. Oktober 1944 nachzuzeichnen. Dabei stütze ich mich vor allem auf Berichte ihrer überlebenden Kampfgenossen und aufgefundene Dokumente.

Erich Mohr

Im Düsseldorfer Hauptstaatsarchiv fand ich zwei Akten. Sie waren ausgestellt auf den Namen Erich Mohr und bargen vergilbtes Papier, auf dem aufgezeichnet war, was die Essener Gestapo im Laufe der Jahre ermittelt und festgehalten hatte; alle eingeleiteten Schritte, Maßnahmen, Anordnungen und Stellungnahmen

Am 7. März 1901 in Breslau geboren, war Erich Mohr gerade 43 Jahre alt, als der Mord der SS sein Leben beendete. Er hinterließ neben seiner Ehefrau auch einen 17jährigen Sohn.

Seit 1923 war er ohne Arbeit, nachdem er bis dahin als Dreher und Hilfsarbeiter gearbeitet hatte. Fortan zählte er zum großen Heer der Erwerbslosen. Sein Wille, sich mit dem erbärmlichen Leben nicht abzufinden, führte ihn schon in jungen Jahren in die Reihen der KPD. Als in der Endphase der Weimarer Republik sich die Gefahr des Faschismus immer deutlicher abzeichnete, reihte er sich ein in den Kampfbund gegen den Faschismus.

Am 19. April 1933 festgenommen, blieb er über Monate Gefangener der Essener Gestapo, die dann am 19. Oktober 1933 seine Einweisung in das Lager Börgermoor veranlaßte. Am 24. März 1934, fast ein Jahr nach seiner Verhaftung, kehrte er wieder nach Essen und in den Kreis seiner Familie zurück.

Als dann in der Nacht zum 1. Mai 1934 mutige Antifaschisten an die Kuppel des Museums am Bahnhof Essen-West (heute befindet sich hier ein Bürohaus) die weithin sichtbare Losung gemalt hatten: „Es lebe der 1. Mai – Rot Front!", geriet auch er in den Verdacht, an dieser Aktion beteiligt gewesen zu sein. Für den Essener Gestapomann Braschwitz war das Grund genug, über ihn „auf Grund des § 1 der Verordnung des Reichspräsidenten vom 23. Februar 1933" die Schutzhaft verhängen zu lassen. Sein politisches Vorleben ließe vermuten, daß er mit den Tätern in Verbindung stehe, hieß es in der Begründung dazu. Zwanzig Tage später, am ersten Junitag des Jahres 1934, mußte man ihn allerdings wieder entlassen, weil ihm eine Beteiligung am Malen der Losung in der Nacht zum 1. Mai nicht nachzuweisen war.

Sieben Monate später begann vor dem II. Senat des Oberlandesgerichtes Hamm ein Prozeß gegen 70 Essener Kommunisten. Auch Erich Mohr befand sich unter ihnen. Mit seinen Genossen war er am Morgen des 7. Januar 1935 aus dem Untersuchungsgefängnis in den Schwurgerichtssaal des Essener Landgerichtes gebracht worden, in dem der Prozeß für mehrere Verhandlungstage angesetzt war.

Am 20. August 1934 war er verhaftet worden. Man beschuldigte ihn, er habe in der Wohnung eines Freundes versucht, den Moskauer Rundfunk zu hören, und auch von seinen Erlebnissen im KZ Börgermoor erzählt. Den Beweis für diese Anschuldigungen konnten seine Ankläger allerdings nicht erbringen. So mußte ihn dann der Senat am 15. Januar 1935 freisprechen. Eine Entschädigung für die Zeit der fast fünfmonatigen Untersuchungshaft wurde ihm aber verweigert: „Dem freigesprochenen Angeklagten Mohr steht ein Anspruch auf Entschädigung wegen erlittener Untersuchungshaft gegen die Staatskasse nicht zu, weil die Hauptverhandlung weder seine Unschuld ergeben noch dargetan hat, daß ein begründeter Verdacht gegen ihn nicht vorliegt.'

Als er dann an jenem Januartag zu seiner Familie zurückkehrte, lagen mehrere Verhaftungen und fünf Monate Konzentrationslager hinter ihm. Er und seine Angehörigen hatten Schlimmes erleben müssen. Erich Mohr war jedoch fest von seinen politischen Anschauungen überzeugt. Darum konnten die vergangenen Jahre auch seinen Willen zum Kampf gegen den Faschismus nicht lähmen.

Später zählte er zu den Essener Kampfgefährten des illegalen KPD-Funktionärs Paul Eisenschneider, der im Auftrage der Abschnittsleitung West beim Zentralkomitee der KPD von Essen aus die Kommunisten im Ruhrgebiet mit den Beschlüssen der Brüsseler Konferenz seiner Partei von 1935 vertraut machte. Der aus Fischbach (Nahe) stammende Edelsteinschleifer Eisenschneider wurde im November 1936 verhaftet, im Mai 1937 zu lebenslänglichem Zuchthaus verurteilt und während des Krieges in ein Konzentrationslager verschleppt. Im April 1944 wurde er im Konzentrationslager Mauthausen ermordet.

Bis zum Herbst 1936 arbeitete Erich Mohr in dieser antifaschistischen Widerstandsgruppe, nahm an illegalen Beratungen teil, half Kontakte und feste Verbindungen zu schaffen, bewies persönlichen Mut und Unerschrockenheit. Am 18. September 1936 allerdings schlug die Gestapo zu. Unter den Verhafteten des Tages war auch Erich Mohr.

Zu den Richtern des 4. Strafsenates beim Oberlandesgericht Hamm, das ihn und acht weitere Antifaschisten am 10. März 1937 zu hohen Zuchthausstrafen verurteilte, gehörte auch Oberlandesgerichtsrat Stinshoff. Schon zwei Jahre zuvor hatte er im Januar 1935 über ihn „zu Gericht" gesessen, damals war er allerdings noch Amtsgerichtsrat gewesen. Inzwischen Karriere gemacht, plädierte Stinshoff jetzt für eine vierjährige Zuchthausstrafe, weil es sich bei Erich Mohr – wie in der Urteilsbegründung festgehalten wurde – um „einen unverbesserlichen Kommunisten“ handele, der ohne Erfolg durch lange Schutzhaft auf die Gefährlichkeit illegaler Betätigung hingewiesen worden sei.

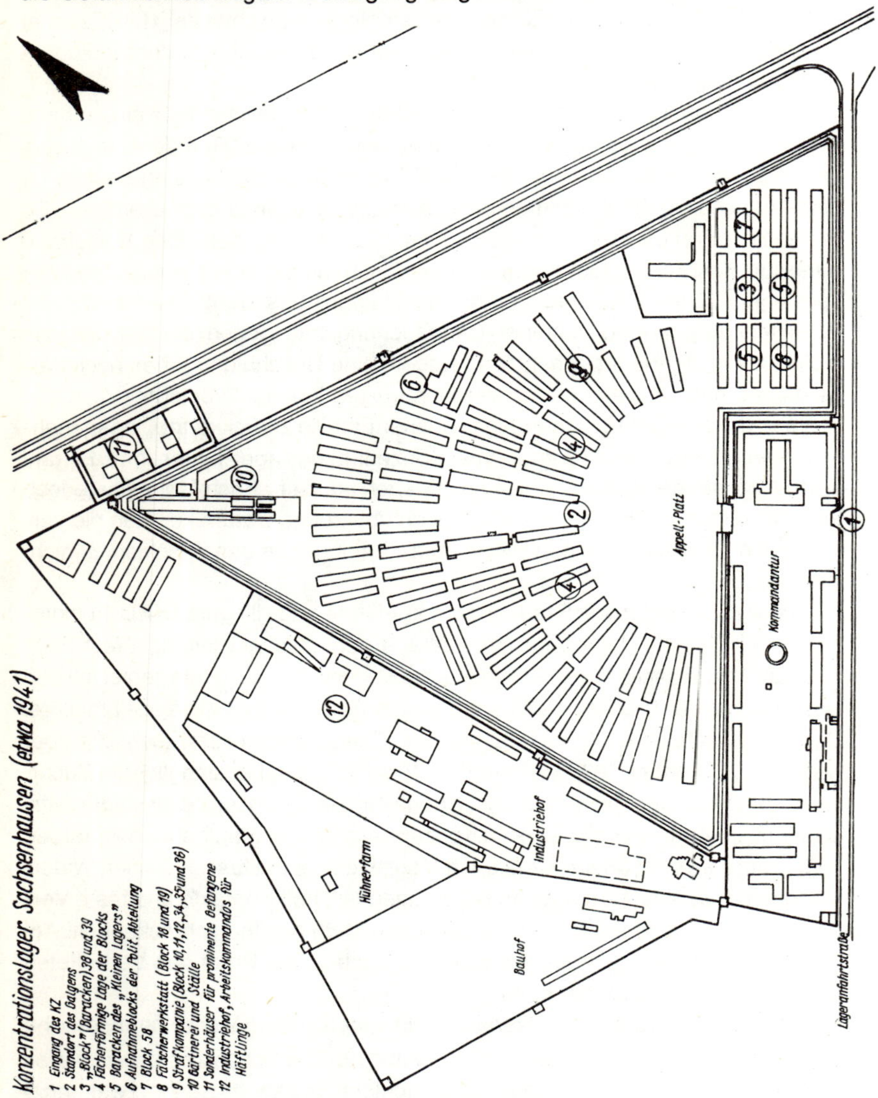

Konzentrationslager Sachsenhausen. Lagerskizze um 1941

Am 17. September 1940 sollten sich die Zuchthaustore für ihn wieder öffnen, aber die Essener Gestapo verhinderte seine Entlassung und veranlaßte seine Überführung in das Konzentrationslager Sachsenhausen. Hier erhielt er die Häftlingsnummer 34333. Später übertrug ihm die illegale Häftlingsleitung die Funktion des Leiters einer militärischen Spezialgruppe. Sie sollte den bewaffneten Aufstand vorbereiten. Davon wußte allerdings die SS nichts. Für sie war er Vorarbeiter eines kleinen Tiefbaukommandos im Lager.

Ludger Zollikofer

Der zweite Essener, der am 11. Oktober 1944 ermordet wurde, war Ludger Zollikofer, der achtzehn Tage später sein 51. Lebensjahr vollendet hätte. In Fischlaken geboren, wohnte er zur Zeit der faschistischen Machtübertragung mit seiner Frau Käthe und seinem 14jährigen Sohn Hans in Essen-Werden, Wolfsbachweg 210. Bis 1929 war er bei der Deutschen Reichsbahn beschäftigt und zeitweise Fahrdienstleiter auf dem Bahnhof Essen-Werden.

Dann aber bestimmte sein ferneres Leben, vor allem anderen, tätige und organisierte Solidarität. Das bewies er besonders in jener Zeit, da er Sekretär der Internationalen Arbeiterhilfe (IAH) wurde.

Unmittelbar nach dem Ersten Weltkrieg war er Mitglied der KPD geworden und zählte 1922 zu den Gründern einer Ortsgruppe dieser Partei in Werden.

In dem Solidaritätslied von Bertholt Brecht und Hanns Eisler findet man den Vers:

> „Vorwärts, und nicht vergessen,
> worin unsere Stärke besteht!
> Beim Hungern und beim Essen
> vorwärts. Nie vergessen
> die Solidarität!“

Wenn einer den Inhalt und das politische Gewicht dieser Worte verstanden hatte, dann Ludger Zollikofer, für den die Solidarität zum Lebensinhalt wurde. Während der großen Weltwirtschaftskrise und in den letzten Monaten der Weimarer Republik war der inzwischen leitende Funktionär der IAH überall dort zu finden, wo es galt, den Bedrängten, den durch das große Kapital in Not geratenen oder den streikenden Arbeitern zu helfen.

Ernst Mönkemöller, damals durch gemeinsame Arbeit eng mit ihm verbunden und später wie er im KZ Sachsenhausen inhaftiert, schrieb in den „Sachsenhausen-Informationen“ vom 16. November 1962:

„Ich kenne ihn seit 1926... Wir haben gemeinsam am linken Niederrhein beim Streik der Textilarbeiter mehrere Großküchen organisiert und damit die Verpflegung der Streikenden übernommen. Daneben betreuten wir auch Kinder der Streikenden und organisierten verschiedene Kinderlager z. B. im Deilbachtal...

Mit Hilfe des Kameraden Ludger organisierten wir auch im Bezirk linker Niederrhein einige große Konzerte mit dem sowjetischen Geiger Sörmus. Diese Konzerte fanden in der Zeit statt, wo die englischen Bergarbeiter in den Streik getreten waren. Wir führten bei diesen Konzerten Geldsammlungen für die streikenden Kollegen durch.“

Im Jahre 1933 gehört er dann selbst zu denen, die der Solidarität bedurften. Seine Frau Käthe hat in wenigen Sätzen festgehalten, wie beide die ersten Tage der Machtübertragung an die deutschen Faschisten erlebten:

„Mein Ehemann wurde am 1. März 1933 morgens um sechs Uhr von zwei Gestapoleuten aus dem Bett geholt, nach einer erfolgten Haussuchung nach Essen ins Polizeigefängnis gebracht und kam von dort aus nach Kleve in Schutzhaft. Während dieser Zeit mußte ich wieder eine Haussuchung über mich ergehen lassen von zwei jungen Kriminalbeamten. Sämtliche Bücher wurden zerrissen, und ich mußte alles in die Waschküche tragen, wo die beiden alles ins Wasser warfen.“ (Archiv der VVN–Bund der Antifaschisten, Essen.)

Erst am 27. November 1933 kehrte Ludger Zollikofer zu seiner Familie zurück, mußte sich aber fortan laufend bei der Polizei melden.

Im Konzentrationslager Kleve hatte er kurz vorher einen ausführlichen Bericht über die unmenschliche Behandlung der hier festgehaltenen Antifaschisten geschrieben und mit Hilfe seines Essener Freundes August Czekay im September 1933 aus dem Lager herausgeschmuggelt. Der dann in Essen verbreitete Bericht schloß mit den Worten: „So sieht es also in Wirklichkeit in den Konzentrationslagern aus, das sind die Folterkammern des 3. Reiches, des 20. Jahrhunderts, die denen des Mittelalters in nichts nachstehen.“

Es gelang der Gestapo schließlich, den Verfasser dieses Berichtes zu ermitteln, und am 6. Juni 1934 kam Ludger Zollikofer von der Polizeiwache, auf der er sich laufend melden mußte, nicht mehr zurück. Mit dem Essener August Czekay wurde er am 8. August 1934 wegen „Vorbereitung zum Hochverrat“ zu 15 Monaten Gefängnis verurteilt. Das bedeutete für ihn die erneute Trennung von der Familie, die er erst 1935 wiedersah.

Die Essener Gestapo führte ihn als besonders staatsgefährdend in der A-Kartei, Gruppe 1. Was das bedeutete, zeigte sich, als der deutsche Faschismus den Zweiten Weltkrieg anzettelte. Auf Anweisung der Berliner Gestapozentrale wurden alle in der A-Kartei, Gruppe 1, geführten Antifaschisten verhaftet. Dazu gehörte auch Ludger Zollikofer, den man kurze Zeit später in das Konzentrationslager Sachsenhausen überführte.

Was in den folgenden Jahren der Essener in diesem berüchtigten deutschen Konzentrationslager leistete, vermögen nur jene richtig zu beurteilen und zu würdigen, die mit ihm die gleiche Hölle erlebten.

Kameraden, Freunde, Solidarität

Besonders anschaulich und ausführlich schilderte der ehemalige Sachsenhausen-Häftling Ludwig Schuster Leben und Wirken Ludger Zollikofers.

Bis 1924 hat Ludwig Schuster in Werden gewohnt und in dem damals noch nicht zu Essen gehörenden Städtchen im Ruhrtal Ludger Zollikofer kennengelernt. Beide in der KPD organisiert, waren sie Freunde geworden. Als sie sich 1924 trennten, ahnte keiner von beiden, daß sie sich nach vielen Jahren in einem Konzentrationslager wiedersehen würden.

Ludwig Schuster war nach Verbüßung einer Zuchthausstrafe von dreieinhalb Jahren 1939 ins Lager Sachsenhausen gekommen und später als Blockältester im Block 48 eingesetzt worden. Diese Funktion ermöglichte es ihm, nach dem Morgenappell auch die Krankenbaubaracken aufzusuchen. In einer solchen Baracke fand er Ludger Zollikofer wieder. Von diesem Tage an riß der Kontakt zwischen den beiden Freunden nicht mehr ab. Schuster nahm ihn schon bald als Stubenältesten in seinen Block und lernte hier seine organisierte Solidarität aus nächster Nähe kennen.

Nach dem faschistischen Überfall auf die Sowjetunion am 22. Juni 1941 mußten beide erleben, wie die SS vom 1. September 1941 bis etwa Mitte November 1941 nahezu 13500 sowjetische Kriegsgefangene im Industriehof des Lagers ermordete. Nur wenige von ihnen überlebten das Massaker und vegetierten fortan in einem vom übrigen Lager abgetrennten Bereich.

Schließlich gelang es den politischen Häftlingen mit Häftlingsfunktionen durchzusetzen, daß Ludger Zollikofer als Blockältester bei den sowjetischen Kriegsgefangenen eingesetzt wurde. Ludwig Schuster, den er ins „Russenlager" mitnahm, erinnerte sich noch sehr gut an den Tag, da beide vor den bis zu Skeletten abgemagerten Menschen standen:

„Ludger veranlaßte, daß die jüngsten Kriegsgefangenen auf zwei Baracken gelegt wurden und beauftragte mich, meine ganze Aufmerksamkeit den jungen bedauernswerten Menschen zu widmen. ‚Wir müssen jetzt alles daransetzen, um das Leben unserer sowjetischen Klassenbrüder zu retten, das ist jetzt unser Parteiauftrag', sagte er zu mir und ließ es bei diesen Worten nicht bewenden. Sofort begann er eine wirksame Solidaritätsaktion zu entfalten, führte Aussprachen mit zuverlässigen Kameraden der verschiedensten Nationen und knüpfte Verbindungen zu jenen, die wichtige Funktionen in der Küche, im Krankenbau oder in der SS-Apotheke ausübten. Nach und nach gelang es ihm, immer mehr helfende Hände zu öffnen. Bis Anfang April 1944 lebten wir beide mit den sowjetischen Kriegsgefangenen zusammen, saßen an vielen Abenden zusammen, tauschten Erinnerungen aus, wurde gute Freunde, wurden Brüder."

Um diese Arbeit Ludger Zollikofers richtig verstehen zu können, muß man berücksichtigen, daß mit den sowjetischen Kriegsgefangenen auch alle anderen Lagerinsassen unter menschenunwürdigen Verhältnissen lebten, hungerten und täglich den Tod vor Augen hatten. Nicht wenige waren immer noch von der antisowjetischen Hetze beeinflußt, die ja keine Erfindung der Nazis war. Seit dem Bestehen der Sowjetmacht hatten Meinungsmacher in aller Welt nicht selten den bolschewistischen „Untermenschen" an die Wand gemalt, um die bestehenden Machtverhältnisse im eigenen Land zu festigen. Auch diese Voreingenommenheit mußte abgebaut werden, wollte man in Sachsenhausen für die sowjetischen Kriegsgefangenen eine breite Solidaritätsbewegung entfalten. Wie das gelang, schilderte Ludwig Schuster:

„Irgendwann im Herbst 1943 gestattete die SS-Lagerführung einmal den Häftlingen, im Lager eine Kulturveranstaltung durchzuführen. Ludger Zollikofer nutzte diese Gelegenheit und erreichte, daß sich die sowjetischen Kriegsgefangenen daran beteiligen durften. Aus herbeigeschafftem Material wurden primitive Musikinstrumente gebastelt und unter der Leitung eines Sowjetsoldaten – er war in seiner Heimat Opernsänger gewesen – bildete sich über Nacht eine Kulturgruppe. Sie bereitete sich auf die Veranstaltung vor.

Etwa 15000 bis 18000 Häftlinge nahmen dann an der Kulturveranstaltung teil, die selbstverständlich von den SS-Führern des Lagers überwacht wurde. Als letzte Kulturgruppe traten die sowjetischen Kriegsgefangenen auf. Sie spielten auf ihren selbstgebastelten Musikinstrumenten, sie sangen bewußt und ergreifend die Lieder ihrer Heimat und eroberten sich im Sturm die Herzen aller Zuhörer. Die Lüge der deutschen Faschisten, Sowjetmenschen seien Barbaren und besäßen keine Kultur, war wie eine Seifenblase geplatzt.

Die Faschisten hatten durch die unermüdliche Arbeit Ludger Zollikofers an diesem Herbstsonntag eine Niederlage erlitten. Ein zweites Mal durften die jungen sowjetischen Sänger nicht auftreten. Was erreicht werden sollte aber war erreicht worden: Die Solidarität mit unseren Freunden erlebte neue Höhepunkte.

Viele unserer Mitgefangenen aus den besetzten europäischen Ländern, vor allen Dingen die norwegischen, dänischen, holländischen und luxemburgischen Kameraden, erhielten über das Rote Kreuz Pakete und gaben fortan bereitwilliger etwas davon ab. Die in den Paketen mitgeschickten Medikamente, insbesondere Lebertran, wurden von der SS herausgenommen und der SS-Apotheke übergeben. Die hier zu verrichtende Arbeit aber leisteten politische Häftlinge. Sie sorgten dafür, daß ein Teil dieser Medikamente laufend ins Lager kam und auch den sowjetischen Kriegsgefangenen zur Verfügung stand."

Roter Oktober in Sachsenhausen

An Hand noch vieler anderer Beispiele schilderte Ludwig Schuster, wie es seinem Freund, dem Essener Kommunisten Ludger Zollikofer, gelang, selbstlos und unerschrocken für andere da zu sein, ihnen zu helfen, ihr Leben zu retten. Von ihm und seinen Freunden Willy Perk und Otto von Burski erfuhr ich auch folgendes Beispiel:

Der 7. November 1943 war der 26. Jahrestag der Großen Sozialistischen Oktoberrevolution, ein Festtag also für alle Sowjetmenschen. Gemeinsam mit seinen Genossen traf Ludger Zollikofer im sowjetischen Kriegsgefangenenlager alle Vorbereitungen, um diesen Tag würdig zu begehen. Er fiel auf einen Sonntag und bot ihm dazu mehr Möglichkeiten als an einem Wochentag. Mit dem Lagerältesten und anderen zuverlässigen deutschen Antifaschisten führte er vorbereitende Aussprachen durch und schuf so ein konkretes Programm. Die Baracke, in der Ludwig Schuster Blockältester war, ermöglichte einen guten Überblick über das ganze Lager, den Kommandoturm der SS-Lagerführung und die SS-Wachstuben. Hier sollte eine kurze illegale Veranstaltung stattfinden. Über diese Veranstaltung erzählte der ehemalige Essener und heute in Gladbeck lebende Otto von Burski:

„Das Betreten des Kriegsgefangenenlangers war allen Häftlingen im Lager streng verboten. Um dieses Verbot zu umgehen, waren ganz bestimmte Vorbereitungen notwendig. Unsere illegale Parteileitung hatte festgelegt, daß außer mir auch noch meine Genossen Willy Perk, Max Opitz und Julius Adler unseren sowjetischen Freunden die Glückwünsche der deutschen Kommunisten überbringen sollten. Willy Perk war Essener und hat lange Zeit als Redakteur bei unserer Parteizeitung ‚Ruhr-Echo‘ gearbeitet. Max Opitz war nach unserem unvergessenen Genossen Wilhelm Florin der Leiter der Bezirksleitung der KPD im Ruhrgebiet geworden. Julius Adler war Landtagsabgeordneter gewesen. Ein ausgesuchter Sicherungsdienst ermöglichte uns das Betreten des Lagers, und noch heute sehe ich die leuchtenden Augen unserer jungen sowjetischen Freunde. Ihr Selbstbewußtsein war besonders seit den Tagen gestiegen, da ihre Truppen bei Stalingrad die Wende des Krieges eingeleitet hatten. Jetzt trieben sie die faschistischen Truppen vor sich her und befreiten Stück um Stück ihrer sozialistischen Heimat von den Okkupanten.

Unser Genosse Julius Adler kleidete damals das, was wir dachten, in Worte, würdigte die große geschichtliche Bedeutung der Oktoberrevolution, mahnte zur Solidarität, zur Standhaftigkeit und endete mit den Worten: ‚Nur Mut, der Sieg ist unser!‘

Der Abend des Tages brachte den Kriegsgefangenen eine besondere Überraschung: Auf Ludgers Initiative hin hatten viele unserer Genossen über alle möglichen illegalen Kanäle ein zusätzliches Essen organisiert. Zugegeben, das war kein Festessen wie es zu solchen und ähnlichen Anlässen üblich sein mag, aber die zusätzlichen Bissen ließen unsere Freunde wissen, daß sie im Lager Kampfgefährten hatten, die wie sie den Faschismus haßten.“

„... handele immer als Antifaschist..."

Der ehemalige Sachsenhausen-Häftling Ernst Harter war seit Mai 1942 im Lager und arbeitete in einem Baukommando als Dachdecker. In seinen „Erinnerungen an einen der hervorragendsten Kommunisten im KZ Sachsenhausen!" berichtet er über ein Erlebnis mit Ludger Zollikofer aus jenen Tagen:

„Nach einem Abendappell, irgendwann im Winter 1942/43, trat Ludger Zollikofer an mich heran und sagte, man erachte es für notwendig, daß ich mein Baukommando mit dem der Häftlingsschreibstube vertausche. Ich hatte meine Befürchtungen, denn noch nie war mir eine administrative Tätigkeit übertragen worden.

Mit großer Überzeugungskraft verdeutlichte mir Ludger, wie notwendig es sei, alle Möglichkeiten der politischen Massenarbeit im Lager auszuschöpfen, denn die sei gleichbedeutend mit einer Vielzahl von Solidaritätsaktionen zur Rettung des Lebens der Häftlinge. Dabei machte er mich zugleich aber auch auf alle Risiken der Arbeit aufmerksam. Zwangsablösung und Deportierung in ein anderes Lager unter verschärften Haftbedingungen sei schon oft die Folge der Ausübung einer solchen Funktion gewesen. ‚Wenn du die Aufgabe übernimmst', sagte er und schaute mir dabei fest in die Augen, ‚dann handele immer als Antifaschist und gerate niemals in die Versuchung, diese Position zur Nutzung persönlicher Interessen zu mißbrauchen.'

Alles an ihm war aufrichtig und standhaft. Stets stimmten bei ihm Worte und Taten überein."

Über ein anderes kleines Beispiel schrieb Ludwig Schuster:

„Ich werde niemals den 7. März 1943 vergessen. Ludger und ich waren noch nicht im Kriegsgefangenenlager, sondern noch im Block 48, in dem ich Blockältester war. An jenem Tag vollendete ich mein 43. Lebensjahr. Es war so gegen drei oder vier Uhr in der Nacht und draußen noch dunkel. Da öffneten sich die Türen zum Tagesraum, in dem ich als Blockältester schlief. Gemeinsam mit etwa dreißig Kameraden verschiedener Nationen erschien Ludger und gratulierte mir zu meinem Geburtstag. Dann summten sie gemeinsam die Kampflieder der Arbeiter: ‚Völker hört die Signale' und ‚Brüder zur Sonne zur Freiheit'. Leise wie sie gekommen waren, gingen sie wieder. Seit dieser Nacht denke ich an jedem 7. März an Ludger Zollikofer und die anderen Kameraden, die mir mit den beiden gesummten Kampfliedern demonstrierten, daß uns die Zukunft gehört."

Standhaft bis in den Tod

Ende April 1944 trat das ein, worauf Ludger Zollikofer Ernst Harter aufmerksam gemacht hatte, als er ihn von der Notwendigkeit der Arbeit in der Häftlingsschreibstube überzeugte. Eine ständig wachsende Widerstandsbewegung im Lager war auch von der SS-Kommandantur nicht länger zu übersehen. Die Nie-

Sachsenhausen-Häftlinge bei ihrer schweren Arbeit.

derlagen an den Fronten in ganz Europa und in Afrika zeigten, daß der Tag der Freiheit nicht mehr allzu fern war. Das ermutigte die Häftlinge und ließ sie ihr Los leichter tragen.

Der wachsenden Widerstandsbewegung wollte die SS den Kopf abschlagen, indem sie solche hervorragenden Menschen wie Ludger Zollikofer ihrer Funktion beraubte, sie verhaftete und von ihren Mithäftlingen isolierte. Mit Ludger Zollikofer wurde auch der Lagerälteste Heinz Bartsch verhaftet und einige Tage später sein Freund Ludwig Schuster. Nach und nach stieg die Zahl der Verhafteten auf über 150.

Aber auch in dieser schwierigen Lage, als er in der Strafkolonie im Klinkerwerk bei halber Lebensmittelration in der Tongrube und auch in den Kiesgruben harte Arbeit verrichten mußte, ließ Zollikofer seinen Kopf nicht hängen. Ob hier oder im Isolierblock 58 blieb er das, was er immer war: unbeugsam und standhaft. Stets fand er Worte des Mutes für seine Kameraden und gab vielen die Kraft, dem Terror zu trotzen.

Ludwig Schuster schilderte eine Unterhaltung, die er in dieser Situation mit ihm und anderen Häftlingen führte. Ludger Zollikofer sagte:

„Wißt ihr Kameraden, unser Lagerlied, das wir täglich singen, endet mit den Worten: ‚Denn wir wissen, daß nach dieser Not, uns leuchtet hell das Morgenrot'. Wir waren davon überzeugt und heute wissen wir, daß das Morgenrot für uns aufgehen wird. Aber noch ist es nicht so weit, wir verspüren täglich, daß die Faschisten immer wütender werden. Sie steigern den Terror gegen uns, ihre Morde werden zahlreicher und die Verbrennungsöfen im Krematorium arbeiten Tag und Nacht. Wir müssen damit rechnen, daß sie in ihrer letzten Stunde auch uns liquidieren wollen. Wir müssen auch damit rechnen, daß sie uns in den nächsten Tagen und Wochen zum Verhör holen, um aus uns belastendes Material gegen andere Kameraden herauszuprügeln. Alle müssen wir versuchen in einer solchen Situation standhaft zu sein, denn der Tag unserer Freiheit steht bevor."

Was Ludger Zollikofer in der von Ludwig Schuster geschilderten Unterredung voraussah, sollte Wirklichkeit werden: In Abständen wurden die Verhafteten von der SS zum Verhör geholt.

In der Regel fing es nach Aussagen derer, die später der Hölle entrinnen konnten, so an: „Wenn du uns nichts sagst, was wir von dir wissen wollen, dann gehst du über den Bock und erhältst zunächst einmal 25 oder 50 Stockhiebe. Wir können dich auch eine halbe Stunde oder auch eine Stunde an den Pfahl hängen."

Eines Tages holten sie auch Ludger Zollikofer zum Verhör. Aufrecht gehend und ungebrochen kam er zurück. Erst Tage danach erzählte er seinen politischen Freunden, was sich abgespielt hatte. Ernst Harter und Ludwig Schuster berichteten unabhängig voneinander davon:

„Na, Zollikofer", hörte er die schwarzen Folterknechte sagen, als er ihnen gegenüberstand, „du hast uns bestimmt allerhand zu erzählen, denn du bist ja sehr aktiv im Lager gewesen. Von dir wollen wir wissen, wer der Kopf der Widerstandsbewegung im Lager ist. Sag uns, wo ihr das Rundfunkgerät versteckt habt und auf welchem Wege illegale Schriften und Materialien ins Lager kommen. Wenn du uns das nicht sagst, dann schlagen wir dich so lange bis du sprichst."

Ludger Zollikofer überlegte nicht lange. Beide Hände zur Faust geballt und zu allem entschlossen sagte er ruhig, aber bestimmt:

„Ich weiß, ihr seid keine Menschen, ich kenne euch und eure Methoden. Ich habe sie schon kennengelernt, als ihr mich 1933 verhaftet habt. Schon damals habt ihr mich unmenschlich behandelt, weil ich ein Kommunist war. Seit dieser Zeit habe ich im Zuchthaus und im Konzentrationslager nichts anderes erfahren als Terror, Mord und Totschlag. Das ist eure Welt. Ich aber bin Kommunist geblieben und werde es immer bleiben. Warum – so frage ich euch – habt ihr vor uns Kommunisten solche Angst? Das eine sage ich euch, ich lasse mich nicht so ohne weiteres schlagen. Wer versucht, mich anzufassen, der muß damit rechnen, daß ich mich wehre. Dann könnt ihr mich totschlagen."

War es die Entschlossenheit gewesen oder hatte sein ganzes Auftreten ihnen Respekt abverlangt? Man weiß es nicht. Jedenfalls legten die Herrenmenschen nicht Hand an ihn. Ungebrochen und aufrecht kam er vom Verhör zurück.

Kurze Zeit später, am 11. Oktober 1944, einem Tag, der für die meisten der Häftlinge im KZ Sachsenhausen ein Tag wie jeder andere war, wurde Ludger Zollikofer mit seinem Essener Kameraden Erich Mohr von den Henkern des Regimes ermordet.

Erst am 2. Januar 1945 erhielt Frau Käthe Zollikofer, Essen-Werden, Wolfsbachstraße 210, ein Schreiben der Waffen-SS-Kommandantur des Konzentrationslagers. Es war eine Antwort auf ihren Brief vom 10. Dezember 1944. Nachdem sie lange Zeit keine Nachricht von ihrem Mann bekommen hatte, fragte sie darin nach seinem Ergehen. Mit zitternden Händen und tränenden Augen las sie immer wieder: „Auf Ihre obige Anfrage teilt die Kommandantur mit, daß Ihr Ehemann am 11. Oktober 1944 wegen versuchter Meuterei und Aufwiegelung im hiesigen Lager erschossen wurde. Eine Sterbeurkunde können Sie beim Standesamt II in Oranienburg b/Berlin unter Register-Nr. IV/3/1944 anfordern."

Fast zwei Jahre vorher hatte Frau Zollikofer eine ähnliche Nachricht erhalten. Damals war ihr mitgeteilt worden, daß ihr Sohn Hans am 22. Februar 1943 im Alter von 23 Jahren gefallen sei.

„... sehr eigenwillige Interpretation der Geschichte..."

Viele Jahrzehnte sind seit dem feigen Mord am Abend des 11. Oktober 1944 im Konzentrationslager Sachsenhausen vergangen. In der Stadt Essen erinnert

Gedenkplatte in der Nationalen Gedenkstätte Sachsenhausen für die 27 Antifaschisten, die am 11. Oktober 1944 von der SS ermordet wurden. Darauf stehen auch die Namen Erich Mohr und Ludger Zollikofer.

heute nichts an die damals ermordeten kommunistischen Arbeiter Erich Mohr und Ludger Zollikofer. Sie scheinen vergessen zu sein.

Für den 15. Februar 1973 wurden als Vertreter der VVN – Bund der Antifaschisten Hans Lomberg und ich von der Arbeitsgemeinschaft der SPD-Ortsvereine Steele-Ost/West zu einer Beratung der Arbeitsgruppe „Straßenbenennung nach Widerstandskämpfern im Aufschließungsgebiet Hörster Feld" eingeladen. Im schriftlich vorliegenden Protokoll über diese Beratung hieß es:

„Auf Beschluß der beiden OV-Vorstände Steele-Ost/West am 6. Februar 1973 bzw. 7. Februar 1973 wurde nach eingehender Diskussion diese AG beauftragt, eine Vorlage mit Namen von Essener Widerstandskämpfern vorzuschlagen. Als Arbeitsgrundlage sollte das Buch ‚Widerstand und Verfolgung in Essen 1933–1945' von Prof. Dr. H.J. Steinberg dienen.

Da diese Arbeit, wie Steinberg selbst sagt, nicht vollständig sein kann, sollten zur weiteren Ermittlung von persönlichen Daten usw. der zu benennenden Namen die Vertreter der ‚Vereinigung der Verfolgten des Naziregimes (VVN)' zu Rate gezogen werden... Es bestand die einheitliche Meinung, daß sowohl Sozialdemokraten als auch Christen und Kommunisten, die durch ihren Widerstand während der NS-Zeit ihr Leben lassen mußten, vorgeschlagen werden sollten."

Unter den zwölf Widerstandskämpfern, die in der Beratung ausgewählt wurden und deren Opfertot, durch die Benennung einer Straße nach ihrem Namen gewürdigt werden sollten, befanden sich auch die beiden Essener Kommunisten Erich Mohr und Ludger Zollikofer.

Am 20. März 1973 tagte die gleiche Arbeitsgemeinschaft Steeler Sozialdemokraten mit Mitgliedern der SPD-Ratsfraktion, von denen sich einige für die Entfernung der beiden Kommunisten von der Vorschlagsliste einsetzten. Das wurde aber nur halb erreicht. Wie aus einer angefertigten „Niederschrift" hervorgeht, hat man zwar Erich Mohr gestrichen, Ludger Zollikofer aber blieb auf der Vorschlagsliste.

Obgleich sich dann am 11. Mai 1973 der Steeler Bürgerausschuß für den Straßenbenennungsvorschlag entschied, strich der Hauptausschuß des Rates der Stadt Essen in seiner Sitzung am 20. November 1973 jetzt auch den Namen Ludger Zollikofer.

Nach seiner Meinung zu dieser Entscheidung befragt, bezeichnete H.J. Steinberg, Autor des Buches „Widerstand und Verfolgung in Essen 1933–1945", eine solche Handlungsweise „befremdlich" und schrieb: „Doch angesichts dessen, was viele hundert Essener Kommunisten unterm Faschismus gewagt und erlitten haben, bedarf es schon einer sehr eigenwilligen Interpretation der Geschichte Essens zwischen 1933–1945, um sie von der mit der Straßenbenennung verbundenen Ehrung auszuschließen."

In der Nationalen Mahn- und Gedenkstätte der DDR auf dem Gelände des ehemaligen KZ Sachsenhausen befindet sich an der Stelle des Mordes vom 11. Oktober 1944 eine steinerne Gedenkplatte. Auf ihr stehen die Worte:

„Am 11. 10. 1944 wurden an dieser Stelle 27 antifaschistische Widerstandskämpfer von der SS ermordet."

In Stein gemeißelt sind darunter auch die Namen der beiden Essener.

Willy Perk, Essener wie sie und Mithäftling in Sachsenhausen, schrieb mir im Oktober 1975:

„Die Arbeiterbewegung in Essen, besonders aber die Arbeiterjugend, kann auf Mohr und Zollikofer stolz sein. Die Menschheitsideale stellten sie über ihr Leben. Eine Sache, die solche Kämpfer hervorgebracht hat, wird leben, immer mehr Menschen erfassen und eines Tages siegen. Dann wird ihr Vermächtnis Erfüllung gefunden haben."

Gertrud und Edith Loewenstein
Das Schicksal einer jüdischen Familie und der Widerstand ihrer Töchter

In der Borbecker Straße 137, an der Ecke der Wüstenhöferstraße, dem Borbecker Marktplatz direkt gegenüber, befand sich vor vielen Jahrzehnten das Geschäftshaus der Gebrüder Loewenstein. Lange Zeit lag die Leitung des Geschäftes in den Händen von Max Loewenstein. Im Zuge der Judenverfolgungen im faschistischen Deutschland wurde neben vielen anderen Geschäften auch der Loewensteinsche Besitz „arisiert". Zum Zeitpunkt der „Arisierung" durch die Firma Lembeck lebte Max Loewenstein allerdings schon nicht mehr. Die Folgen der großen Wirtschaftskrise Ende der zwanziger Jahre und die schon damals beginnende antisemitische Kampagne der nationalistischen Rechtskräfte in Deutschland hatten ihn verzweifeln und Selbstmord begehen lassen. Er hinterließ seine Frau und drei Töchter, die im Hause Borbecker Straße 136, direkt am Marktplatz, ihre Wohnung hatten.

Noch heute hat der Name Loewenstein einen guten Klang bei alteingesessenen Borbeckern. Einer von ihnen erzählte mir einmal, Max Loewenstein habe jährlich zur Kommunion und zur Konfirmation Kinder bedürftiger Borbecker in seinem Geschäft eingekleidet. „Das war ein Beispiel tätiger Nächstenliebe", meinte er und fügte hinzu: „Während er diese Nächstenliebe damals praktizierte, haben andere nur ständig davon geredet."

Im Jahre 1933 begann für die Familie die Zeit der Verfolgung. Tochter Edith, überzeugte Antifaschistin und Mitglied der Kommunistischen Partei Deutsch-

Links das Geschäftshaus der Gebr. Loewenstein, Ecke Wüstenhöfer und Borbecker Straße.

lands, mußte über Nacht Deutschland verlassen und emigrierte nach Frankreich. Ihre Schwester Friedel kam Mitte der dreißiger Jahre bei einem Verkehrsunfall ums Leben. Gertrud, die jüngste der Loewensteinschen Töchter, blieb bis Ende 1938 in Deutschland. Dann gelang es ihr, nach Australien auszuwandern. Bis zu diesem Zeitpunkt erlebte sie alle Erniedrigungen des faschistischen Rassenterrors. In Deutschland zurückgeblieben waren Mutter Elly und Großmutter Esther Loewenstein, die ihren Sohn Max überlebt hatte.

Im Frühjahr 1974 erhielt ich über den Internationalen Suchdienst in Arolsen Einblick in mehrere Transportlisten, von der Gestapo seinerzeit angelegt, über die Transporte jüdischer Menschen in die Vernichtungslager. „Gestapo-Bereich Düsseldorf. Unvollständige Transportliste mit unbekanntem Bestimmungsort", stand über einer Liste. Als erster Zielbahnhof war dann Minsk im damals von den faschistischen Truppen besetzten Teil der Sowjetunion angegeben.

Insgesamt 128 Namen umfaßte die Liste. Nahezu alle genannten Personen hatten bis zum Transporttag, dem 10. November 1941, in Essen gewohnt. Moses Hintfeld aus der Alfredistraße 7 war mit 67 Jahren der Älteste und Danny Rindskopf aus der Severinstraße 61 mit einem Jahr und fünf Monaten der Jüngste. Hinter der laufenden Nummer 72 stand der Name Loewenstein, Elly, geboren am 6. September 1888 in Witten, berufslos, Borbecker Straße 136.

Meine Bekanntschaft mit Edith und Gertrud Loewenstein geht zurück in das Jahr 1950. Gertrud Loewenstein weilte in Australien, während ihre Schwester Edith, 1945 nach Deutschland zurückgekehrt, in der DDR lebte. Sie bat mich damals, ihr von Essen aus bei der Wiedergutmachung zu helfen. Die Sorge um ihre jüngere Schwester trieb sie zur Eile. Es war ihre Absicht, der bald zurückkehrenden Schwester den Start in ein neues Leben zu erleichtern.

Bis zum Jahre 1938 war Mutter Elly Loewenstein Besitzerin des Hauses Borbecker Straße 136 gewesen. Am 11. November 1938, dem Tag nach der „Kristallnacht", in der eine faschistische SA- und SS-Meute Angst und Schrecken unter der jüdischen Bevölkerung verbreitete, hatte der Borbecker Kaufmann Fritz Korsch das Haus von Elly Loewenstein gekauft. Sie selbst sah von der Kaufsumme nichts, denn auch ihr Vermögen wurde als jüdischer Besitz enteignet.

Kurze Zeit nachdem ich Edith Loewenstein kennengelernt hatte, kam ihre Schwester Gertrud aus Australien zurück, und wir begegneten uns in Essen. Nach einem nur kurzen Aufenthalt in Borbeck verlegte auch sie ihren Wohnsitz in die DDR. 1975 führte mich ein Archivstudium in die DDR. Daher suchte ich auch nach den Loewenstein-Töchtern und traf Gertrud, 23 Jahre nach unserer letzten Begegnung, in Berlin. Sie machte einen glücklichen und zufriedenen Eindruck. Das einzige, was die Freude des Wiedersehens trübte, war ihre Mitteilung vom Tod der Schwester Edith im Jahre 1967.

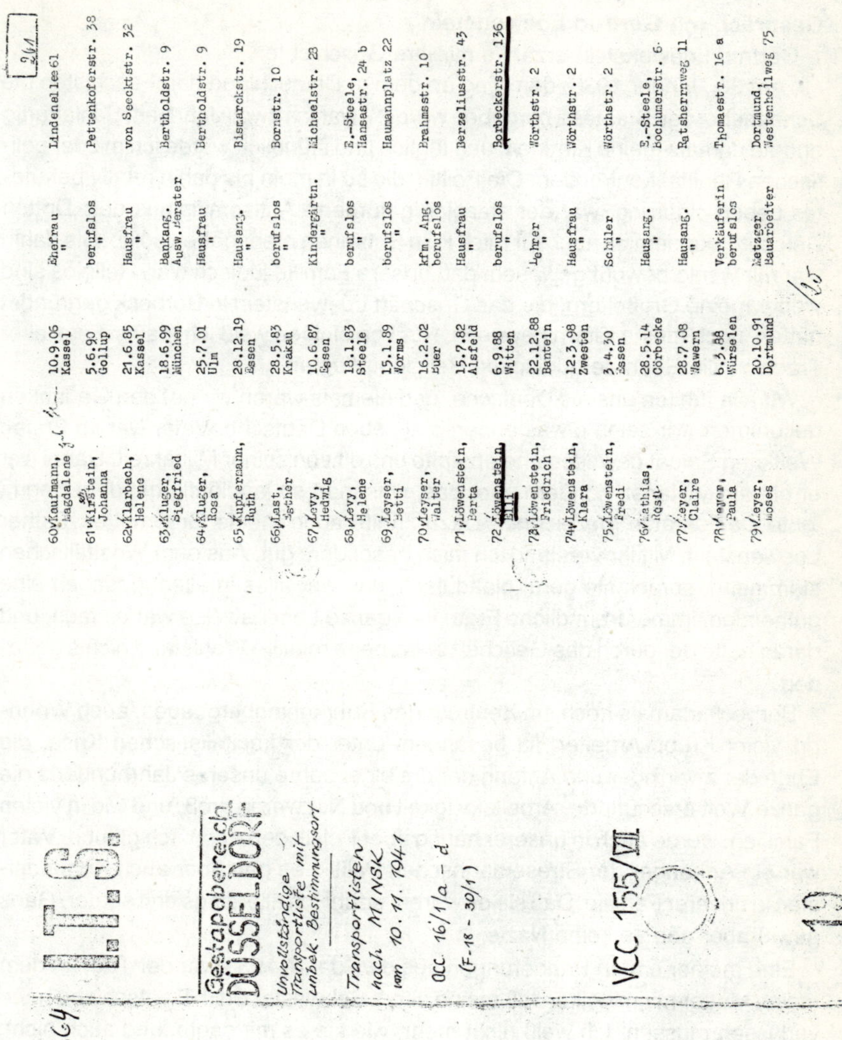

261

Seite 258-264

I.T.S.

Gestapobereich
DÜSSELDORF

Unvollständige Transportliste mit unbek. Bestimmungsort

Transportlisten nach MINSK vom 10. 11. 1941

OCC 16/1/a - d
(F-18 - 30/1)

VCC 155/VII

19

60 Kaufmann, Magdalene	10.9.06 Kassel	Ehefrau "	Lindenallee 61
61 Kirstein, Johanna	5.6.90 Gollup	berufslos "	Pettenkoferstr. 38
62 Klarbach, Helene	21.6.85 Kassel	Hausfrau "	von Seecktstr. 32
63 Kluger, Siegfried	18.6.99 München	Bankang. Ausw. Berater	Bertholdstr. 9
64 Kluger, Rosa	25.7.01 Ulm	Hausfrau "	Bertholdstr. 9
65 Kupfermann, Ruth	28.12.19 Essen	Hausang. "	Bismarckstr. 19
66 Last, Esther	28.5.83 Krakau	berufslos "	Bornstr. 10
67 Levy, Hedwig	10.6.87 Essen	Kindergärtn. "	Michaelstr. 28
68 Levy, Helene	18.1.83 Steele	berufslos "	E.-Steele, Hansastr. 24 b
69 Leyser, Betti	15.1.89 Worms	berufslos "	Haumannplatz 22
70 Leyser, Walter	16.2.02 Buer	kfm. Ang. berufslos	Brahmsstr. 10
71 Löwenstein, Berta	15.7.82 Alsfeld	Hausfrau "	Berzeliusstr. 43
72 Löwenstein, Elli	6.9.88 Witten	berufslos "	Borbeckerstr. 136
73 Löwenstein, Friedrich	22.12.88 Banteln	Lehrer "	Wörthstr. 2
74 Löwenstein, Klara	12.3.98 Zwesten	Hausfrau "	Wörthstr. 2
75 Löwenstein, Fredi	3.4.30 Essen	Schüler "	Wörthstr. 2
76 Mathias, Rosa	28.5.14 Cörbecke	Hausang. "	E.-Steele, Bochumerstr. 6
77 Meyer, Claire	28.7.08 Wawern	Hausang. "	Ratsherrnweg 11
78 Meyer, Paula	6.3.88 Würselen	Verkäuferin berufslos	Thomaestr. 16 a
79 Meyer, Moses	20.10.91 Dortmund	Metzger Bauarbeiter	Dortmund, Westenhellweg 75

/20

Gestapo-Transportliste vom 10. November 1941. Auf ihr steht auch Elli Loewenstein, die Mutter der Loewensteinschen Töchter Gertrud und Edith.

Gespräch mit Gertrud Loewenstein

Gertrud Loewenstein erzählte mir ihre Geschichte:

„Am 30. Januar 1933, dem Tag an dem in Deutschland den Faschisten die Schalthebel des Staates übergeben wurden, war ich zwölf Jahre alt. Schlagartig endete damals meine Kindheit, und täglich und stündlich wurde ich mit der politischen Realität konfrontiert. Die Politik, die so in mein bis dahin relativ behütetes Leben eindrang, war der staatlich geförderte Antisemitismus des ‚Dritten Reiches', vor dem es auch für mich kein Entrinnen mehr geben sollte. Bis dahin war mir wenig bewußt gewesen, daß unsere Familie jüdisch war. Religiös sind weder meine Großeltern, die das Geschäft Loewenstein in Borbeck gegründet hatten, noch meine Eltern gewesen. Nur von einigen weiß ich, daß sie aus alter Tradition die Riten der jüdischen Religion pflegten.

Wir alle fühlten uns als Deutsche, und niemals wären wir auf den Gedanken gekommen, wir seien etwas anderes als eben Deutsche. Vater war im Ersten Weltkrieg Soldat gewesen und erzählte uns oft von seiner Militärzeit. Dabei war er nie ein Militarist, sondern eher das, was man so landläufig mit dem Begriff ‚gute Demokraten' bezeichnet. Dazu zählte auch meine Großmutter, Esther Loewenstein. Mit ihr verstand ich mich besonders gut. Aus dem Westfälischen stammend, sprach sie gern ‚plattdütsch' und war alles in allem gesehen eine gutherzige, immer freundliche Frau. Ihre ganze Lebensweise war einfach, und daran hatte der durch das Geschäft erworbene relative Wohlstand nichts geändert.

Borbeck, damals noch ein Zentrum des Ruhrkohlenbergbaues, auch Wohnort vieler Krupp-Arbeiter, litt besonders unter der kapitalistischen Krise, die Ende der zwanziger und Anfang der dreißiger Jahre unseres Jahrhunderts die ganze Welt erschütterte. Arbeitslosigkeit und Not waren groß, und wie in vielen Familien, wurde auch in unserer häufig über Politik debattiert. Ich glaube, Vater war ein Anhänger der Stresemannschen Politik; es gab aber auch Kommunisten in unserer Familie. Daß sie es waren, erfuhr ich allerdings erst später. Ganz gewiß aber gab es keine Nazis.

Eine meiner ersten Erinnerungen aus dem Jahre 1933 war der Tag, an dem meine Mutter mir mitteilte, daß meine ältere Schwester Edith Deutschland habe verlassen müssen. Ich weiß nicht mehr, wie sie es mir sagte, und auch nicht, was sie mir im einzelnen sagte. Mit meinen zwölf Jahren hätte ich das in seiner ganzen Bedeutung auch nicht erfassen können. Wenn sich dennoch der Tag in meinem Gedächtnis so fest eingeprägt hat, dann deshalb, weil meine Mutter bei dieser Mitteilung bitterlich weinte. Ihre Tränen ließen mich erschrecken und begreifen, daß sich etwas besonderes ereignet hatte.

Ich begann mich zu fürchten.

Sehr gut erinnere ich mich auch noch an die Männer in braunen Uniformen vor unserem Geschäft gegenüber dem Marktplatz. Mit Plakaten ‚Kauft nicht bei Ju-

Gertrud Loewenstein
im Jahre 1977.

den!' standen sie breitbeinig vor dem Eingang, um allein schon mit dieser Geste Käufern den Weg zu versperren. Wie überall in Deutschland, wagten es auch in Borbeck immer weniger Menschen, ‚beim Juden' zu kaufen.

1933 war ich schon nicht mehr auf der katholischen Volksschule in Borbeck, sondern war Schülerin der Viktoria-Schule, einer höheren Mädchenschule am Kurfürstenplatz in Essen. Sehr bald schon trug die erste Mitschülerin eine BDM-Uniform und schimpfte alle Klassenkameradinnen aus, die mit mir und Susi Katz sprachen. Susi, sie wohnte auf dem Segeroth, war in ihren Augen, wie ich, eine ‚Jüdin', mit der man nicht verkehrte.

Susi und ich waren auch vom Unterricht in ‚Rassenkunde' befreit. Ein Lehrer nach dem anderen machte die Schule für uns ungenießbar. Wir wurden teils ignoriert, teils verhöhnt, und bald wagte keine Schülerin mehr, mit uns ein Wort zu wechseln. Nur unsere Klassenlehrerin, Fräulein Krause, war eine rühmliche Ausnahme auf der Schule. Sie hatte mit den Nazis offensichtlich nichts im Sinn. Einmal lud sie Susi und mich in ihre Wohnung. Ein großes Wagnis in jener Zeit, da braune Schnüffler überall lauerten. Überraschend und sehr plötzlich für uns, wurde sie bald pensioniert. Ob das wirklich so war, weiß ich nicht, gerne hätte ich aber gewußt, was später aus ihr geworden ist.

Auch in Borbeck war ich völlig von Gleichaltrigen isoliert. Ehemalige Mitschülerinnen der katholischen Schule kannten mich plötzlich nicht mehr. Wenn sie mich auf der Straße sahen, wechselten viele auf die andere Seite. Im Alter von knapp 13 Jahren hatte ich plötzlich keine Spielgefährten mehr.

Um diese Zeit schloß ich mich in Essen einer zionistischen Jugendbewegung an. Hier durfte ich Gleiche unter Gleichen sein. Damals erkannte ich noch nicht, warum die Nazis ausgerechnet zionistische Organisationen, deren es mehrere gab, nicht nur gestatteten, sondern sogar noch förderten. Diese Erkenntnis reifte erst später.

Mit 17 Jahren verließ ich die zionistische Bewegung. Inzwischen war mir klargeworden, daß der Rassismus soziale Ursachen hat und nur die Veränderung der sozialen Verhältnisse den Antisemitismus, eine Form des Rassismus, beseitigen kann. Ich erwarb diese Erkenntnis auch schon innerhalb des zionistischen Jugendbundes, in dem wir mit zunehmenden Alter uns ernsthaft mit theoretischen und politischen Fragen auseinandersetzten. Wenn ich heute an jene Zeit zurückdenke, waren es aber vor allem meine älteren Schwestern Edith und Friedel, die Schwestern meiner Mutter sowie deren Ehemänner, die mir in jenen Jahren halfen, über die persönliche Misere hinweg gewisse Zusammenhänge zu erkennen und allmählich ein politisches Denkvermögen zu erlangen.

Edith lebte inzwischen in Frankreich. Sie war dort nicht auf Rosen gebettet, vielmehr lebte sie dort in wirtschaftlich schwierigen Verhältnissen. Mehrere Besuche bei ihr in den Jahren 1934 bis 1938, dem Jahr in dem auch ich Deutschland verließ, waren äußerst wichtig für meine Entwicklung.

In Paris las ich die ersten Berichte aus den deutschen Konzentrationslagern, darunter Wolfgang Langhoffs ‚Moorsoldaten'. Ich las das ‚Braunbuch' über den Reichstagsbrandprozeß Ende 1933 in Leipzig, in dem der Bulgare Dimitroff den deutschen Reichsminister Hermann Göring der Lüge überführte. Nach dem Beginn des Bürgerkrieges in Spanien besuchte ich verwundete deutsche Interbrigadisten in einem Pariser Krankenhaus, darunter befand sich auch der Düsseldorfer Hans Neubeck, der Mann von Mutters jüngster Schwester.

Anläßlich eines anderen Besuches in einem Pariser Krankenhaus bat mich ein verwundeter Spanienkämpfer, seiner Frau in Köln eine mündliche Nachricht zu überbringen. Damals war ich noch ein junges Mädchen von knapp 17 Jahren. Als mir der Spanienkämpfer seine Bitte vortrug, zögerte ich keinen Augenblick, seiner Frau die Nachricht zu übermitteln. Auf der Rückfahrt nach Essen stieg ich in Köln aus. Noch heute erinnere ich mich gut daran, mit welcher Vorsicht ich das kleine Vorstadthaus in Köln suchte und auch fand. Unbeschreiblich war die Freude, mit der die Frau des verwundeten Interbrigadisten die Botschaft ihres

Mannes entgegennahm. Ich weiß nicht, ob diese Kölner Familie die furchtbaren Jahre des Faschismus überlebt hat, so viele verloren im Kampf gegen das Regime ihr Leben. Auch mein Onkel Hans Neubeck aus Düsseldorf zählt dazu. Sein Ende kenne ich nicht genau. An den schweren Verwundungen soll er später gestorben sein. Doch das Schicksal seiner Familie ist mir bekannt:

Anfang 1938 hatte ich meine Tante Anna in Brüssel besucht. Sie wohnte hier mit ihren Kindern Herbert und Marianne in einer erbärmlich kalten Dachstube. Es war das letzte Mal, daß ich diese mir lieben und nahen Verwandten sah.

Ungefähr ein Jahr vorher, ich war 16 Jahre alt, hatte ich den verantwortlichen Auftrag erhalten, meine etwa fünf Jahre jüngere Cousine Marianne nach Aachen zu begleiten. Zu einem vereinbarten Zeitpunkt übergab ich sie hier einer Frau, die sie zu ihrer Mutter und ihrem Bruder nach Brüssel brachte.

Nach der Besetzung Belgiens durch Hitler-Deutschland wurde meine Tante am 31. März 1941 zu zweieinhalb Jahren Zuchthaus verurteilt. Entscheidend wirkte dabei ein gewisser Hubert Schrübbers mit. Man warf ihr vor, als Emigrantin in Brüssel Geld und Nahrungsmittel von der Roten Hilfe angenommen und selbst für diese Organisation gesammelt zu haben. Ein weiteres ‚Verbrechen' war, daß sie einen Handarbeitszirkel von Emigrantenfrauen geleitet hatte. Später hat man meine Tante nach Auschwitz ‚überstellt', wo sie in Rauch und Asche aufging.

Derjenige aber, der an ihrer Verhaftung und Verurteilung maßgebenden Anteil hatte, Hubert Schrübbers, war bei euch Anfang der siebziger Jahre Präsident des Bundesamtes für Verfassungsschutz.

Mein Vetter, Herbert Neubeck, war erst 19 Jahre alt, als er von einem faschistischen Gericht, in dem auch ein Dr. Bruchhaus mitwirkte, zum Tode verurteilt wurde. Auf den Tag genau 22 Tage nach Vollendung seines 20. Lebensjahres wurde er in der Strafanstalt Berlin-Plötzensee am 21. April 1943 hingerichtet. Er zählt also zu den 1574 Männern und Frauen, die zwischen 1933 und 1945 an gleicher Stelle den gleichen Weg gingen.

Dieser gewisse Dr. Bruchhaus aber, der an dem Todesurteil gegen meinen Vetter Herbert mitgewirkt hatte, war in den sechziger Jahren Staatsanwalt bei euch in Wuppertal. Meine Cousine Marianne hat man am 24. Oktober 1942 vom Sammellager Malines nach Auschwitz gebracht. Sie war damals gerade 18 Jahre alt. Wie ihre Mutter kam auch sie in dem Vernichtungslager um." –

Aus den letzten Sätzen, die Gertrud Loewenstein gesagt hatte, war die deutliche Anklage gegen das, was sie in die Worte „bei euch" kleidete, zu spüren. Obgleich eigentlich erwartet, sagte sie nichts mehr dazu, sondern wechselte das Thema:

„In jener gewiß nicht freundlichen Zeit gab es aber auch Mitbürger, die ihre Menschlichkeit bewahrten. Ein solcher Mensch ist Änne Derks aus Borbeck gewesen. Einige Jahre älter als ich, war sie mir damals eine gute und aufrichtige

Freundin und Vertraute. Unsere Freundschaft und ihre Verachtung für die Nazis gingen so weit, daß sie in den Jahren 1937 und 1938 dreimal kurze Ferienfahrten mit mir unternahm. Wir trampten von Borbeck über Köln den Rhein hinauf bis Koblenz und dann ein Stück die Mosel entlang. Für mich waren diese kurzen Fahrten nicht nur schlechthin Ferienerlebnisse. Nein, sie hinterließen deswegen einen so nachhaltigen Eindruck, weil ich in diesen Tagen ein normaler Mensch sein konnte, nicht erniedrigt und beleidigt und nicht ausgestoßen von der Umwelt, denn in der fremden Umgebung wußte ja niemand, daß ich eine ‚Jüdin' war. Das obligatorische Tragen des Judensternes war damals noch nicht eingeführt, und zum Glück habe ich das Zeichen, das Menschen zum Freiwild machte, später auch nie tragen müssen.

In den folgenden Jahren habe ich immer mit Hochachtung und Verehrung an die Borbeckerin Änne Derks gedacht, an ihre Zivilcourage. Sie hat wesentlich dazu beigetragen, daß ich nie den Glauben an die Menschen in Deutschland aufgegeben habe, daß ich nie den Faschismus mit Deutschland gleichgesetzt habe. Ich weiß nicht, was aus Änne Derks geworden ist. Wenn du nach Essen zurückkommst, dann forsche doch einmal nach dieser mutigen Frau."

★

Erinnerungen an die „Kristallnacht"

Nach meinem Versprechen, nach Änne Derks zu suchen, setzte Gertrud Loewenstein ihren Bericht fort:

„Im November 1938 organisierten Unmenschen in Deutschland die ‚Kristallnacht'. Überall wurden Synagogen in Brand gesteckt, wurden Wohnungen und Betriebe jüdischer Bürger zertrümmert. Was jetzt geschah, war die Ouvertüre zu dem, was man später die ‚Endlösung der Judenfrage' nannte und in der physischen Vernichtung von sechs Millionen Menschen gipfelte.

Ich arbeitete damals bei einem Zahnarzt in der Brienner Straße in München als Keramikerin, wohnte allerdings etwas außerhalb der Innenstadt, in der Nähe der Oktoberwiesen. Als ich am Morgen des 10. November 1938 – es war ein strahlender, heller Herbstmorgen – zu Fuß in die Stadt ging, begriff ich zunächst gar nicht, was vorgefallen war. SA überall, abgesperrte Gebäude, Glasscherben und zertrümmerte Gegenstände auf den Straßen, laute Rufe der braun Uniformierten mit der Aufforderung, nicht stehen zu bleiben. Mein Chef, Dr. Knoche, Jude wie ich, war in der Nacht abgeholt worden. Sein Schicksal ist mir bis heute unbekannt geblieben.

In meiner Verzweiflung fuhr ich am Abend zurück nach Essen. Als ich am Morgen des 11. November in Borbeck ankam, fand ich meine Mutter völlig verstört vor. Sie hatte zwei Nächte auf dem Dachboden verbracht und von einer

Luke aus zugeschaut, wie aufgeputschte und verhetzte Menschen vom Wahn der Zerstörungswut gepackt waren. Rund um unsere Wohnung hatten sie ein reiches Betätigungsfeld, denn mehrere Geschäfte um den Borbecker Markt hatten jüdische Besitzer.

Mutter erzählte mir von dem, was meine 92jährige Großmutter, Esther Loewenstein, in der Nacht vom 9. zum 10. November 1938 erlebt hatte. Sie wohnte damals in einem jüdischen Altersheim auf dem Pastoratsberg in Werden. Mit den anderen Bewohnern des Heimes hatte man auch mein Ömsken, so nannte ich sie immer, aus dem Hause gejagt. Von der Kuppe des bewaldeten Hügels war es ein weiter Weg zum Ort. Wie sollten ihn die alten Leute ohne Hilfe allein bewältigen? Wer würde ihnen ein Obdach geben? Diese und ähnliche Fragen mögen sich die betroffenen alten Menschen gestellt haben. Wer wagte es überhaupt noch im fünften Jahr nach der ‚Machtergreifung', der Macht zuwider einem Juden zu helfen?

Im Fall meiner Großmutter wagte es einer, der Augenarzt Dr. Schulte aus Borbeck. Wer ihn von dem, was sich in Werden abgespielt, unterrichtet hatte, entzieht sich meiner Kenntnis. Ich weiß jedoch, daß er mit dem Auto nach Werden fuhr, mein Ömsken dort abholte und in seiner Wohnung aufnahm. Das war eine menschliche Tat in einer unmenschlichen Zeit. Indem Dr. Schulte diese Tat wagte, riskierte er damit Kopf und Kragen und setzte die Existenz seiner Familie aufs Spiel. Diese Haltung zeugt zugleich aber auch davon, daß es in Borbeck noch mehr anständige Menschen gegeben hat, denn sicher wußten nicht nur seine Nachbarn von der Beherbergung einer ‚Jüdin' in seiner Wohnung, und offensichtlich hat ihn niemand deswegen bei der Gestapo denunziert.

Mein Ömsken kam bald in ein noch existierendes jüdisches Altersheim nach Köln. Dort verabschiedete ich mich von ihr vor meiner Auswanderung nach Australien, also kurz vor der Jahreswende 1938/39. Ich war damals 18 Jahre alt und von ihren noch lebenden Kindern und Enkeln die letzte, die Deutschland verließ.

Erst nach dem Krieg erfuhr ich, daß sie am 4. November 1941 im Jüdischen Krankenhaus Köln-Ehrenfeld gestorben ist. Ihr war es noch gestattet, in einem Bett einzuschlummern, was nur wenigen meiner Verwandten beschieden war."

Die Ereignisse, von denen Gertrud Loewenstein sprach, lagen fast ein halbes Menschenalter zurück. Aus dem damals jungen Mädchen war inzwischen eine Frau geworden, die auf ein bewegtes Leben zurückblickte. Sie fuhr in ihrem Bericht fort:

„Das Schicksal meiner Mutter kennst du. Ihre Spur endete dort, wo die Spuren von sechs Millionen Menschen endeten. Heute weiß man, daß ihre vergasten Leichen in den Verbrennungsöfen von Auschwitz, Majdanek und anderswo verbrannt wurden, aber erst, nachdem ihre Haare, Goldzähne und Kleidungsstücke sichergestellt und sorgfältig registriert waren. Welch ein Schock war es für mich, als ich auf der im Jahre 1951 vom Amtsgericht Essen ausgestellten Todeserklärung las, meine bisher als vermißt geltende Mutter, Elly Loewenstein, sei infolge ‚Kriegseinwirkung' verstorben. Als Zeitpunkt des Todes gab man den 31. Dezember 1945 an.

Das ist die Geschichte der Loewensteins aus Borbeck, die Geschichte meiner Mutter, meiner Großmutter und auch meine eigene. Was meine Schwester Edith betrifft, so kannst du ihre Geschichte selbst nachlesen. Über den Kampf, den sie und ihre Freunde in Frankreich gegen den Faschismus führten, ist in zwei neuerlichen Veröffentlichungen geschrieben worden." („Résistance", Erinnerungen deutscher Antifaschisten. Zusammengestellt und bearbeitet von Dora Schaul. Röderberg-Verlag, Frankfurt am Main 1973. – Karlheinz Pech: „An der Seite der Résistance". Zum Kampf der Bewegung „Freies Deutschland" für den Westen in Frankreich [1943–1945]. Röderberg-Verlag, Frankfurt am Main 1974.)

Schafsfelle für Rußland

Gertrud Loewenstein war damals nach Australien ausgewandert und hatte sich dort mehr als ein Jahrzehnt aufgehalten. Über diese Zeit erzählte sie:

„In diesem Lande galt es, unter fremden Menschen, anderen Gewohnheiten und einer anderen Sprache den Lebensunterhalt zu verdienen. Da ich in Deutschland keinen Beruf erlernen durfte, mußte ich in Australien meistens ungelernte Arbeiten verrichten.

Im Jahre 1941, etwa um die Zeit des Überfalls Hitler-Deutschlands auf die Sowjetunion, fand ich Kontakte zu fortschrittlichen Menschen. Ich half in der Aktion ‚Schafsfelle für Rußland' – wir sammelten Geld, um dafür Felle und Wolle in die Sowjetunion zu schicken. Damals war der fünfte Kontinent ja noch von mehr Schafen als Menschen bewohnt. Australien gehörte zur Antihitlerkoalition, und es war für mich eine Selbstverständlichkeit, mit meinen bescheidenen Mitteln dazu beizutragen, daß der Nazismus geschlagen und das deutsche Volk befreit wurde. Sobald das erreicht sei, würde auch ich in die Heimat zurückkehren; das stand bei mir seit langem fest. Pläne für diese Zeit schmiedeten wir vor allem im Heinrich-Heine-Club, der Kontakte hatte zum Komitee ‚Freies Deutschland' in Mexiko.

Aber vor allen Dingen in den Reihen der organisierten Arbeiter erwarb ich das Wissen zum Verständnis der Welt und die Erkenntnis, daß die geeinten Arbeiter gemeinsam mit allen Demokraten imstande sind, eine Welt ohne Faschismus und Krieg zu errichten. Diese Erkenntnis leitet seitdem mein Leben, und ich bemühe mich, ihr stets gerechtzuwerden.

Es hat nach der Zerschlagung des deutschen Faschismus im Mai 1945 doch noch fünf Jahre gedauert, ehe ich die weite Reise in die Heimat antreten konnte. Meine Schwester Edith, die seit 1933 in Frankreich gelebt hatte und während der Nazibesetzung zur Résistance gehörte, war schon bald nach der Befreiung zurückgekehrt. Sie ließ sich in Berlin nieder, wo sie vom ersten Tage ihres Aufenthaltes am friedlichen Wiederaufbau beteiligt war. Was Wunder, daß auch ich nach Berlin zog.

Nur kurz weilte ich 1951 in Essen. Bis zu diesem Zeitpunkt hat eine Frau Kalthoff in der Maybachstraße 8 Erinnerungsstücke an meine Mutter aufbewahrt. Ich erfuhr davon, suchte sie auf, und bei dieser Gelegenheit übergab sie mir diese. Es waren in der Hauptsache Bücher. Die Zusammenhänge der Bekanntschaft zwischen meiner Mutter und Frau Kalthoff vermag ich heute nicht mehr zu deuten. Vielleicht rührten sie aus der Zeit, da im Hause Maybachstraße 6 mein Onkel, Dr. Sally Loewenstein, Vaters Bruder, mit seiner Familie gewohnt hatte. Lange vor der ‚Kristallnacht' war er mit Frau und drei Töchtern nach Palästina ausgewandert. Gewiß ist, daß meine Mutter im November 1941 – damals trug sie den Judenstern – Frau Kalthoff irgendwo in Essen heimlich getroffen hat und ihr bei dieser Gelegenheit für ihre Töchter das übergab, was ich 1951 ausgehändigt bekam."

Änne Derks und Gertrud Loewenstein – Wiedersehen nach 37 Jahren

Nach Essen zurückgekehrt, begann ich, Änne Derks zu suchen. Es gelang. Seit ihrem letzten Zusammentreffen mit Gertrud Loewenstein um Jahrzehnte älter geworden, hieß sie jetzt Änne Schürkmann und wohnte in Kettwig.

Nach dem ersten telefonischen Kontakt besuchte ich Frau Schürkmann. „Etwa zwei Jahre lang habe ich in den dreißiger Jahren im Loewensteinschen Haushalt gearbeitet", erzählte sie mir. „Die Genehmigung dazu war mir deshalb erteilt worden, weil kein Mann in der Familie war. War ein Mann im Haushalt, so bekam man die Genehmigung nicht. Man wolle verhindern, daß ein Jude bei einer Arierin Blutschande begehen könne, lautete damals die Begründung zu diesem Verbot. So lernte ich Gertrud kennen und wurde sehr schnell ihre Freundin und Vertraute. Es gab nichts, worüber wir nicht miteinander sprachen, und auch kein Problem, in das Gertrud mich nicht einweihte.

Innerlich empört und doch völlig machtlos, stand ich den Erniedrigungen gegenüber, denen meine Freundin fortwährend ausgesetzt war. Unvergeßlich sind mir die gemeinsamen Besuche von Konzert- und Theaterveranstaltungen geblieben und unsere kurzen Ausflüge an den Rhein und an die Mosel. Zur Zeit der ‚Kristallnacht' war ich schon nicht mehr bei Loewensteins beschäftigt, aber ich weiß von der Angst, die Gertruds Mutter damals ausstand. Schlaflos verbrachte sie viele Nächte auf dem Dachboden, wo sie sich sicherer wähnte. Ich habe auch noch einige Briefe von Gertrud aus Australien erhalten, aber als der Krieg ausbrach, verloren wir uns.

Erst jetzt (ich hatte die Verbindung zwischen den Freundinnen wiederhergestellt, d. Verf.), nach 37 Jahren, haben wir das zerrissene Band unserer Freundschaft neu geknüpft, und ich bin sicher, daß wir uns bald wiedersehen werden. Gertrud hat mich eingeladen, zu ihr zu kommen, und ich werde dieser Einladung Folge leisten."

Auf meine Frage, warum sie in den dreißiger Jahren so und nicht anders gehandelt habe, sah mich Frau Schürkmann unverständig an, als ob sie alles andere, nur nicht diese Frage erwartet hatte. „Warum, warum? Was soll ich dazu sagen? Wenn ich es mir so recht überlege, dann eigentlich deshalb, weil ich nicht mitansehen konnte, wie man Menschen erniedrigte, nur weil sie Juden waren. Wodurch unterschied sich Gertrud denn von mir? Sie war für mich ein liebenswerter Mensch und mir dazu noch eine gute Freundin. Ich möchte aber auch noch sagen, daß ich nicht nur Gertrud allein gegenüber so gehandelt hätte. Meine Erziehung im Elternhaus ließ mich so und nicht anders handeln. Menschenfeindlichen Ideen kann ein Mensch doch nicht huldigen. Darum soll man kein Aufhebens machen von dem, was ich tat. Ich bin sicher, daß auch andere Menschen so handelten wie ich."

Im Mai 1977 erhielt ich aus Dresden eine Ansichtskarte. Sie brachte Grüße von Gertrud Loewenstein und Änne Schürkmann. Zwei Freundinnen waren sich wieder begegnet.

Kämpferin in der französischen Résistance

Edith Hauser, so hieß die älteste Loewenstein-Tochter nach ihrer Heirat mit dem später als Schriftsteller bekanntgewordenen Harald Hauser, hatte bereits 1933 Deutschland verlassen müssen. Sie und ihr Mann, beide Mitglieder der KPD, emigrierten nach Frankreich. In den Jahren ihres Aufenthaltes in Frankreich, besonders aber während der faschistischen Okkupation von 1940 bis 1945, standen die Hausers in vorderster Front des Kampfes gegen Hitler-Deutschland. Eine Essener „Jüdin" trug dazu bei, den deutschen Namen in der Welt hochzuhalten.

„Es ist der Ruhm der in der Welt noch zuwenig bekannten deutschen Widerstandsbewegung, daß ihre Mitglieder überall, wo sie waren, gegen den Unterdrücker Deutschlands gekämpft haben, der auch die anderen Völker unterdrückte! Wir können es nicht oft genug sagen, nicht gegen Deutschland haben sie gekämpft, sondern gegen den Verfälscher, den Unterdrücker Deutschlands...". Diese Worte zitiert Karlheinz Pech in seinem Buch „An der Seite der Résistance" von dem deutschen Dichter Rudolf Leonhard, selbst ein aktiver Kämpfer in den Reihen der französischen Résistance.

„Es ist nicht einfach, über sie zu schreiben", mit diesen Worten beginnt Dora Schaul – übrigens auch eine Essenerin – in dem von ihr zusammengestellten und bearbeiteten Buch „Résistance" den Beitrag, den sie der Essenerin Edith Hauser widmet. Sie habe eine Fülle von Material über den Widerstand deutscher Antifaschisten in Frankreich gesammelt, aber vergeblich suche man darunter nach Angaben über ihre eigene Tätigkeit, und das mache es so schwierig, über sie zu schreiben, meint sie.

Dennoch sind in beiden Büchern viele Tatsachen festgehalten, die Edith Hausers antifaschistische Einsatzbereitschaft belegen.

Die Hausers; etwa um 1943 in Frankreich.

Nach der Besetzung Frankreichs durch deutsche Truppen wohnten die Hausers im unbesetzten Südfrankreich in Mende, der kleinsten Hauptstadt des französischen Departements Lozère. Es war an einem Spätnachmittag im Dezember 1942, kurz nach dem Einmarsch der Hitlertruppen in Südfrankreich, als sie vom Bürgermeister des Städtchens, Henri Bourillon – selbst ein Mann der Résistance – vor deutschen Schnüfflern gewarnt wurden. Eine deutsche Kommission habe die Namen aller im Departement lebenden Ausländer und vor allem der Deutschen, ehemaligen Deutschen und Staatenlosen verlangt. Es galt sofort zu handeln. Bei ihrer Flucht kam den Hausers die Bekanntschaft mit einem französischen Großkapitalisten zugute, der sich ebenfalls am Widerstandskampf gegen die deutschen Okkupanten beteiligte. Er beherbergte die Flüchtlinge etwa zwei Wochen in seiner Villa in Agde. Dann brachte er sie im Wagen des Polizeikommissars durch die Gendarmeriesperren, die zu jenem Zeitpunkt alle vom Mittelmeer ins Binnenland führenden Straßen kontrollierten, nach Montpellier-Béziers. Durch Vermittlung des französischen Großkapitalisten, er hieß Robert Coureau, besaß eine große Gasfabrik, war Mitglied mehrerer Aufsichtsräte und Aufsichtsratsvorsitzender der SETAL, der Elsässisch-Lothringischen Elektrizitätsgesellschaft, stellte der Präfekt zwei echte und doch falsche Identitätspapiere her. Es waren Karten aus der echten Serie mit Wasserzeichen und Prägestempel, jedoch mit den Fotos der Hausers und ihrer falschen Identität.

Aus Edith Hauser war eine Marie-Louise Maurel geworden, geboren in Oran in Algerien. Harald Hauser hieß jetzt Jean Louis Maurel, Straßenbauingenieur aus Lothringen. Er fand später Arbeit bei einer Zweigstelle der SETAL in Chambéry in Savoyen, das von italienischen Truppen besetzt war. Der dortige Leiter der Firma war von der Zentrale des Unternehmens, an dessen Spitze Robert Coureau stand, angewiesen worden, ihn als Lohnbuchhalter zu beschäftigen. Mit Hilfe dieser Funktion gelang es ihm, eine Reihe ehemaliger deutscher Spanienkämpfer zu legalisieren, die aus den in Südfrankreich gelegenen Internierungslagern meist ohne Papiere geflüchtet waren. Er stellte sie als Bau-, Land- oder Straßenarbeiter ein. Nach wenigen Wochen erhielten sie, von denen nach allgemeiner stillschweigender Übereinkunft angenommen wurde, daß sie aus deutschen Kriegsgefangenenlagern geflüchtete Franzosen seien, für alle „verlorengegangenen" Papiere Ersatz oder Duplikate. Später verließen die Hausers Chambéry und zogen nach Avignon, wo Robert Coureau Harald in einem Büro seiner Firma unterbrachte.

An der letzten größeren politischen Aktion in Chambéry nahm auch Edith Hauser teil. In einer stark dunstigen Nacht bemalte man die gesamte Front der Kasernenwand der dortigen italienischen Garnison mit einer Losung. Sie lautete: „Mourir pour Hitler? Non! A bas il Duce!!" („Sterben für Hitler? Nein! Nieder mit dem Duce!!") Tagelang war diese Losung zu sehen, weil die Teerfarbe immer wieder durchkam, obwohl die italienischen Soldaten sie hatten überpinseln müssen. Als man schließlich die Farbe wegkratzte, wußte jeder Einwohner, was dort gestanden hatte.

In einer Kirche in Avignon

Avignon, die Stadt, in der sich Harald und Edith Hauser nun niederließen, war damals Sitz einer für mehrere Departements zuständigen Kommandantur der faschistischen Wehrmacht sowie Umschlagspunkt für das Transportwesen. Aus dieser Zeit stammt die von Dora Schaul berichtete Episode:

„Es war an einem der Weihnachtstage des Jahres 1943. Edith, Harald Hauser, Emil Miltenberger und ich spazierten durch Avignon und hatten uns nichts weiter vorgenommen, als uns die Sehenswürdigkeiten dieser historischen Stadt mit ihrem Papstpalast und ihren unzähligen Kirchen und Klöstern anzuschauen. Wir betraten eine Kirche, die fast menschenleer war, bewunderten die herrlichen Fenster und bemerkten plötzlich, daß auf den Bänken deutsche Gesangbücher ausgelegt waren. Die Kirche war offensichtlich auf den Gottesdienst für deutsche Wehrmachtsangehörige vorbereitet worden. Wir verständigten uns schnell. Ein Teil der Gesangbücher verschwand in den Handtaschen und Mänteln. Emil Miltenberger trug eines der damals üblichen Capes, unter dem sich viel verbergen ließ. In der Wohnung von Hausers wurden dann die Bücher mit Losungen und Bemerkungen versehen, die keineswegs fromm waren. Dann brachten wir die Gesangbücher wieder in die Kirche, holten die anderen Bücher, ergänzten ebenfalls deren Inhalt und legten sie wieder ordentlich auf ihre alten Plätze zurück. Zu gern hätten wir den Gottesdienst abgewartet, um die Wirkung unserer Arbeit zu beobachten. Doch davon nahmen wir aus Sicherheitsgründen Abstand."

Aus der Feder von Edith Hauser selbst stammt der folgende Auszug aus einem Brief, in dem sie 1967 an Dora Schaul über die Aktion in der Kirche und ihre sonstige Tätigkeit in Avignon schrieb:

„Besagte Kirche liegt gegenüber dem Rathaus und dem Theater auf einem großen Platz, unmittelbar vor dem Aufgang zum Papstpalast. Vermutlich, dem Baustil nach, könnte es die aus dem 16. Jahrhundert stammende ehemalige Benediktinerkirche Saint-Martial oder die aus dem 14. Jahrhundert stammende Kirche Saint-Didier sein. Wir wohnten damals in der Rue Joseph Barras. Harald Hauser hatte eine fiktive Anstellung als Bautechniker in einer französischen Firma, von der wir Zeichentische, Reißbrett und anderes Material in die Wohnung gestellt bekamen. Unsere illegale Arbeit konnten wir gut tarnen, da Harald in dem Büro dieser Firma ein und aus ging, angeblich öfters Dienstreisen für sie machte und entsprechende Arbeitspapiere besaß. Ich hatte damals vor allem den Auftrag, in der reichhaltigen ehemals päpstlichen Bibliothek aus alten Schwarten Angaben über die Zeit der Freiheitskriege 1806/07 und 1812/13 und über Patrioten wie Arndt, Clausewitz, Scharnhorst, Schill, von Stein und andere herauszuziehen und für unsere Flugblattpropaganda zusammenzustellen."

An der Tür der Hauserwohnung erschien eines Tages einmal ein Offizier von der deutschen Ortskommandantur, die nur durch eine Brandmauer von ihnen getrennt war. Er wollte sich die Wohnung ansehen, da man beabsichtigte, ein Zimmer zu requirieren, um es durch einen Wanddurchbruch mit der Ortskommandantur zu verbinden. Während sich Harald Hauser mit dem Offizier unterhielt, erschien plötzlich Edith „in hochschwangerem" Zustand. Freundlich und behutsam wurde der Offizier darauf aufmerksam gemacht, daß in etwa zwei Monaten ein lautes Babygeschrei nicht mehr zu vermeiden sein würde. Darauf zog der Offizier, der bereits den Requirierungsschein gezückt und unterschrieben hatte, verdrießlich, aber überzeugt ab. Erst danach entfernte Edith das Kissen unter ihrem Kleid.

Von Avignon wurde Edith Hauser abberufen, um in Paris die persönliche Mitarbeiterin von Otto Niebergall zu werden, dem späteren Präsidenten des Komitees „Freies Deutschland" für den Westen. Dora Schaul zitiert in ihrem Buch Otto Niebergall: „Edith kam sofort ohne Vorbehalte nach Paris, als man sie rief. In der ersten Zeit hatte sie die Aufgabe, sorgfältig Radiosendungen ausländischer Stationen abzuhören und für eine Rundfunkschau aufzuschreiben. Ich war der festen Überzeugung, Edith beherrsche Stenografie und Maschinenschreiben. Später erfuhr ich, daß sie sich diese Kenntnisse erst aneignen mußte. Trotzdem hat sie in kurzer Zeit die erste einwandfreie Radioschau geliefert."

Auf einer Versammlung gegen die Berufsverbote in der Bundesrepublik traf ich im Mai 1976 Peter Gingold aus Frankfurt am Main. Von ihm wußte ich, daß er während des faschistischen Krieges aktiv in der französischen Widerstandsbewegung gearbeitet hatte. Er war zu dieser Veranstaltung gekommen, weil es um seine Tochter ging. Silvia Gingold war wegen ihrer Mitgliedschaft in der DKP mit Berufsverbot belegt worden. Für kurze Zeit konnte ich ihn sprechen und nach Edith Hauser befragen. „Und ob ich Edith Hauser gekannt habe", sagte er. „Sie war eine ganz hervorragende Frau in der Widerstandsbewegung. Ich durfte einige Zeit mit ihr eng zusammenarbeiten." Später schrieb er über die Essener Antifaschistin:

„Zur Zeit des antifaschistischen Kampfes in Frankreich kannte ich Edith Hauser nur unter dem Namen Marie-Louise. Ihren richtigen Namen habe ich erst während der Befreiungskämpfe, mitten im Aufstand von Paris erfahren.

Meine Frau hatte mit ihr die Verbindung. Sie trafen sich regelmäßig, denn Marie-Louise brachte ihr die Artikel für ‚Volk und Vaterland', das illegale Organ des Komitees der Bewegung ‚Freies Deutschland', an dessen Herstellung meine Frau und ich arbeiteten.

Zum erstenmal hörte ich von ihr im Jahre 1943. Es war das Jahr der großen Wende, nach der Schlacht um Stalingrad. In jenen Tagen wuchs die französische Résistance mehr und mehr zu einer Massenbewegung heran. Seite an Seite mit den französischen Patrioten kämpften wir deutsche Antifaschisten in der Résistance. In Flugblättern und Zeitungen wandten wir uns an die Angehörigen der Hitlerwehrmacht und forderten sie auf, sich nicht für den verbrecherischen Krieg der deutschen Faschisten mißbrauchen zu lassen. Mit großem Risiko wurden diese Flugblätter und Zeitungen in die Kasernen und Unterkünfte der deutschen Truppen hineingeschmuggelt. Als nach Stalingrad die Siegestrunkenheit verrauscht war und an ihre Stelle Resignation, Kriegsmüdigkeit und Zweifel am Endsieg auftraten, war es leichter, Kontakte zu deutschen Offizieren und Soldaten zu finden als vorher.

Im Sommer 1943 bildete sich in der Sowjetunion das Nationalkomitee ‚Freies Deutschland' mit der zentralen Losung: ‚Deutschland muß leben, darum muß Hitler fallen!'. Die Bewegung ‚Freies Deutschland' entwickelte sich bald auch in Frankreich. Ihr gehörten nicht nur emigrierte deutsche Antifaschisten an, sondern auch zahlreiche Soldaten und Offiziere aus der Wehrmacht, wie zum Beispiel Oberstleutnant Caesar von Hofacker, der später im Zusammenhang mit den Ereignissen vom 20. Juli 1944 hingerichtet wurde. Ihr Ziel bestand darin, die deutschen Truppen für den Rückzug hinter die deutschen Grenzen zu gewinnen, überall die SS und die Gestapo zu überwältigen, um mit Hitler und seinem Krieg Schluß zu machen. Wir waren davon überzeugt, daß nur so Deutschland vor dem endgültigen Untergang gerettet werden konnte.

Für diese Aufgabe war Marie-Louise bereit, alles zu opfern. Und mit welchem Heldenmut. Jedes Risiko nahm sie todesverachtend auf sich, war aber dabei niemals leichtsinnig und hielt sich ganz streng an die Regeln der Konspiration. Zu jedem Treff erschien sie auf die Minute pünktlich, legte ihn nicht am gleichen Ort mehrmals fest, und den Weg dorthin wählte sie immer so aus, daß er überschaubar war. Niemals kam sie zu einem Treff mit demselben Äußeren, immer hatte sie sich so verändert, daß man sie von weitem nur schwer erkannte. Sie sprach ein akzentfreies Französisch, so daß ihre gefälschten Papiere, die sie als eine Französin auswiesen, glaubhaft waren. Das kam ganz besonders unserem ‚Chef' Gaston zugute. Gaston war Otto Niebergall, der die Sektion der deutschen Antifaschisten in der französischen Résistance leitete. Ohne Marie-Louise wäre er aus manch beklemmender Situation nicht mehr herausgekommen, denn sein zusammenhängender französischer Wortschatz bestand nur aus dem Satz: ‚Je parle français comme une vache espagnole.' (‚Ich spreche französisch wie eine spanische Kuh.')

Zusammen mit Harald Hauser, dem Generalsekretär des Komitees ‚Freies Deutschland' für den Westen, war Edith Hauser die Seele der Bewegung in Frankreich. Auch während des Aufstandes in Paris liefen viele Fäden bei ihr zusammen. Ich habe sie aus diesen Tagen noch so lebendig in Erinnerung, als wenn es gestern gewesen wäre: Ihre Fröhlichkeit, natürlich gesteigert durch den begeisternden Taumel, in dem wir uns alle in jenen Augusttagen 1944 befanden, ihre lebensfrohen, klugen und listig wirkenden Augen hinter dicken Brillengläsern.

Nach der Befreiung von Paris blieb sie die Seele der Bewegung ‚Freies Deutschland'. Sie betreute die Frontbeauftragten des Komitees, die nach Elsaß-Lothringen oder an den Atlantik entsandt wurden, um die sich zurückziehenden deutschen Truppen aufzufordern, den längst verlorenen, sinnlosen Krieg einzustellen. Daneben leistete sie eine große aufklärende Arbeit unter den deutschen Kriegsgefangenen in Frankreich.

Florimond Bonte, ein bekannter französischer Publizist, hat 1969 das erste Buch über die deutschen Antifaschisten in der Résistance mit dem Titel ‚Les antifashistes allemands dans la Résistance francaise' geschrieben. Er widmete es Edith Hauser und charakterisierte sie mit den Worten: ‚Als leidenschaftliche Kämpferin, immer bereit die gefährlichsten Aufträge zu erfüllen, hat sie in den ersten Reihen der Kämpfer der französischen Résistance gestanden und mit ihrem Mut und ihrer Kühnheit sich die tiefste Anerkennung des französischen und deutschen Volkes erworben'.

Es gibt in der Geschichte eines Volkes viele Ereignisse, die aus dem Gedächtnis verschwinden. Es gibt aber auch Ereignisse, die immer fortleben, die unaustilgbar sind. Hierzu gehört die Résistance. Mit ihr aber ist Edith Hauser untrennbar verbunden, denn sie stand mit in der vordersten Reihe. Damit zeigte sie dem französischen Volk das wahre, das anständige, das humane Deutschland. Sie zeigte der ganzen Welt, wo Deutschland lag, und diesen Titel gab Harald Hauser seinem Roman über die französische Résistance, den er 1946 schrieb und den er unserem ‚Gaston', also Otto Niebergall, und unserer Marie-Louise, also Edith Hauser, widmete."

Die Essenerin Dora Schaul

Nach der Lektüre des Buches „Résistance – Erinnerungen deutscher Antifaschisten" nahm ich Kontakt mit Dora Schaul auf. In Essen aufgewachsen, hat sie hier die Viktoria-Schule besucht. Ihr Mädchenname war Davidsohn. Dora ist die einzige Überlebende ihrer Familie, die in der Friedrich-Ebert-Straße wohnte. Ihr Vater, ihre Mutter und ihre Schwester mit ihrem Mann Josef Grüner wurden nach jahrelanger unmenschlicher Behandlung 1942 als „Nichtarier" nach Izbica in Polen verschleppt und wie viele tausend andere Juden in den Vernichtungslagern umgebracht.

Dora Schaul verließ Ende 1933 im Alter von 19 Jahren Essen und emigrierte erst kurze Zeit nach Holland und dann nach Frankreich. Dort arbeitete sie bis Ausbruch des Krieges im Rahmen der Roten Hilfe Deutschlands für die Rettung und Unterstützung der sich in deutschen Konzentrationslagern und Gefängnissen befindlichen politischen Häftlinge. Auch nahm sie teil an der Bewegung zur Vorbereitung einer deutschen Volksfront.

Anfang 1935 kam Dora Schaul von Frankreich aus noch einmal zu einem kurzen Besuch zu ihren Eltern nach Essen. Damals traf sie den Kommunisten Walter Schwarz, dem sie von der antifaschistischen Arbeit in Frankreich berichtete. Walter Schwarz seinerseits informierte sie, daß die jungen Kommunisten in Essen nicht untätig sind, und er gab ihr gedruckte Flugblätter im Kleinformat. Zu einem erneuten Zusammentreffen mit ihm kam es nicht mehr. Sie hat auch seit dieser Zeit nichts mehr von ihm gehört. Bei Kriegsbeginn wurde Dora Schaul interniert und verbrachte fast drei Jahre in verschiedenen französischen Internierungslagern. Eines dieser Lager, Rieucros, befand sich in den Cevennen, nahe der südfranzösischen Stadt Mende, unweit der Stelle, wo Edith und Harald Hauser wohnten. Die Hausers unterstützten die gefangenen Frauen, indem sie ihnen von gesammelten Solidaritätsgeldern Lebensmittel besorgten, die sie zum Teil vom schwarzen Markt beschafften. Diese so wichtigen Nahrungsmittel wurden heimlich über den Stacheldraht geschmuggelt. Und bei einer solchen Gelegenheit lernten sich die beiden Essenerinnen Edith Hauser und Dora Schaul an den Abhängen des Cevennengebirges kennen. Schnell fanden sie heraus, daß sie aus der selben Stadt stammten, was zur Festigung ihrer Freundschaft beitrug, die sich später in der Résistance fortsetzte.

Am 14. Juli 1942, dem französischen Nationalfeiertag, als die Wächter betrunken waren, gelang Dora Schaul die Flucht aus dem Lager. Das war ein großes Glück für sie, denn schon wenige Wochen später wurden viele der inhaftierten Frauen in die Vernichtungslager deportiert. Wie sie später von Mitgefangenen erfuhr, war ihr Name der zweite auf der Liste zum Abtransport.

Nach gelungener Flucht arbeitete sie in Lyon bis zur Befreiung Frankreichs für die Résistance. So war sie unter anderem mit falschen französischen Papieren ausgestattet in deutschen Dienststellen tätig und konnte der Widerstandsbewegung manche wertvollen Dienste erweisen.

Nach ihrer Rückkehr nach Deutschland war Dora Schaul als Journalistin und Dolmetscherin tätig und beschäftigt sich noch immer mit der Erforschung des antifaschistischen Widerstandes. Wie Gertrud Loewenstein lebt sie in der DDR.

Wenn ich so ausführlich das Schicksal der Loewensteins aus Essen-Borbeck schilderte, dann deshalb, weil Gertrud und besonders Edith, aber auch Dora Schaul, nicht nur aus rassischen Gründen verfolgt wurden, sondern auch als antifaschistische Widerstandskämpfer den braunen Machthabern entgegentraten. Der Bericht von Gertrud Loewenstein lieferte darüber hinaus einen Beweis dafür, daß es in den Jahren der faschistischen Diktatur auch Menschen gegeben hat, denen Menschenwürde höher stand als die demagogische „Rassentheorie“ der Unmenschen.

Pfarrer Ernst Gräb und seine Denunzianten

Nach Ostern 1937 besuchte ich in unserer Kirchengemeinde den Katechumenenunterricht, den uns zunächst Pfarrer Gräb erteilte. Wegen seines väterlichen Wesens war er allseits beliebt, wir Kinder nannten ihn „Papa Gräb" Die Gestapo allerdings legte über ihn eine Akte an, aus der ich von einigen Begebenheiten erfuhr, an denen ich unmittelbar beteiligt war.

Ernst Gräb, am 29. Dezember 1881 geboren, hatte nach der Schulzeit bei seinem Vater das Schmiedehandwerk erlernt und war anschließend zwei Jahre zur kaiserlichen Armee eingezogen worden. Danach ging er 1905 zum Barmer

Essen, den ..22.......10.....1937.

Auf Vorladung erscheint der.evgl..Pfarrer....
der Gemeinde Essen-Borbeck,2.Pfarrbezirk,...
...............Ernst Gräb,..................
geb.29.12.81 in Niederdielfen Kr.Siegen,.....
in E.-Borbeck,Legrand-Allee 5.wohnhaft.......

Die Sympathieerklärung vom 30.6.1937 für die festgenommenen Pfarrer der Kirchenleitung habe ich unterschrieben. Bei der Abgabe meiner Unterschrift war ich mir - nicht - bewusst, dass ich eine Sympathieerklärung für ein kriminelles Vergehen, nämlich Aufforderung zum Ungehorsam gegen Staatsgesetze (§110 RStGB), unterzeichnete.

Ich bin darauf hingewiesen worden, dass künftig in ähnlichen Fällen oder bei der Durchführung einer Sympathieerklärung in der Praxis schärfste staatspolizeiliche Maßnahmen zur Anwendung kommen werden, unabhängig von etwaigen strafrechtlichen Folgen.

V. g. u.

E. Gräb. P.

G. w. o.

Giesen

Krim.-Oberassistent.

Vernehmung des Borbecker Pfarrers Ernst Gräb durch die Gestapo Essen am 22. Oktober 1937.

Missionsseminar und nahm sechs Jahre später eine Tätigkeit als Missionar in der damaligen deutschen Kolonie Neuguinea auf. Erst im Februar 1922 kam er nach Deutschland zurück und wurde, nach einer achtjährigen Tätigkeit im Dienste der Rheinischen Mission, 1930 Pfarrer in Essen-Borbeck.

Wenn er uns im Kindergottesdienst oder beim Unterricht von seinen Erlebnissen erzählte, dann waren wir alle ganz Ohr, denn spannend und anschaulich vorgetragen, öffnete er uns eine bis dahin verschlossene, unbekannte Welt. Die Begebenheiten, an denen ich unmittelbar beteiligt war und deren Ermittlungsergebnisse in der bereits erwähnten Akte abgeheftet wurden, gehen zurück in das Jahr 1937.

Einige meiner Klassenkameraden, die mit mir den Katechumenenunterricht besuchten, betätigten sich zu jener Zeit als Jungenschaftsführer im Fähnlein 59/239 des Deutschen Jungvolks, der NS-Jugendorganisation für 10–14jährige Jungen. Sie beklagten sich im Juli 1937 bei ihrem Fähnleinführer über Pfarrer Gräb. Der habe einmal während des Unterrichts auf die erstaunte Frage, ob man denn wirklich so vieles aus der Bibel auswendig lernen müsse, geantwortet: „Als ich Missionar in Neuguinea war, konnten die Kinder die Bibel von vorne bis hinten auswendig, aber die trugen auch keine Stiefel." Ein weiterer Grund ihrer Klage war seine angebliche Äußerung: „Solche Schweinerei lernt ihr nur in der Hitlerjugend." Diese Bemerkung sei seine Reaktion auf Gelächter über den Bibeltext gewesen: „Und sie waren beide nackt, der Mensch und sein Weib, und schämten sich nicht."

Auch Äußerungen des Pfarrers über die Zeltlager des Deutschen Jungvolks wurden gemeldet. „Ihr lernt in euren Lagern nur allerlei dummes Zeug", habe er gesagt und als Begründung angegeben, es sei hier einmal vor dem Essen das Tischgebet gesprochen worden: „Liebster Jesu sei unser Gast und segne was du uns bescheret hast. Doch heute bleibe uns lieber fern, denn was wir haben, essen wir selber gern." Einmal sei ein Junge zu spät zum Unterricht erschienen. Er habe Uniform getragen und mit „Heil Hitler" gegrüßt. Pastor Gräbs Antwort sei „Guten Tag" und die Bemerkung gewesen: „Hängt das rote Tuch auch noch auf den Rücken." „Meines Erachtens meinte er damit die Hakenkreuzfahne", äußerte sich später einer meiner Schulkameraden.

Der Fähnleinführer, der alle Klagen entgegennahm, informierte sofort seine Vorgesetzten, und bald ermittelte die Essener Gestapo. Nacheinander bestellte sie eine Reihe von Katechumenen zur Vernehmung, fertigte entsprechende Protokolle an und ließ sie von den Kindern unterschreiben.

Das alles geschah offenbar streng unter dem Siegel der Verschwiegenheit, denn ich konnte mich auch dann nicht daran erinnern, als ich alle diese Einzelheiten in der Gestapo-Akte las.

Für Pfarrer Gräb hatten die Beschwerden bis auf einige Gestapo-Vernehmungen zwar keine ernsthaften Folgen, aber dennoch werfen die geschilderten

Vorkommnisse ein bezeichnendes Licht auf die Praktiken eines Regimes, das selbst Kinder zu fanatischen Staatsschützern erzog. Hier war es ein Pfarrer, der denunziert wurde, andernorts aber schwärzten junge Menschen ihre eigenen Eltern an und brachten sie damit ins Zuchthaus, ins Konzentrationslager oder lieferten sie sogar dem Henker aus. Will man ein reales Bild des deutschen Faschismus zeichnen, dann gehören auch die Schwierigkeiten dazu, die man dem Borbecker Pfarrer Ernst Gräb bereitete.

Margarete Salz, Instrukteurin des Widerstandes

Im Sommer 1976 besuchte ich in Remscheid-Lennep Margarete Salz, um sie nach ihren Erlebnissen während der Zeit des Faschismus zu befragen.

Sie und ihr Mann, Hans Salz, bewohnten ein Häuschen in einer Straße am nahen Stadtwald. Ich hatte erfahren, daß sie in den Jahren 1938 und 1939 als Instrukteurin der illegalen KPD mehrfach in Essen tätig gewesen war. Seit 1953 verheiratet, kannten sich Margarete und Hans Salz schon aus der Arbeitersportbewegung, die in den Jahren der Weimarer Republik viele junge Menschen anzog. 1933 organisierten sie im Bergischen Land antifaschistischen Widerstand.

In Lennep geboren, war Margarete Salz als Kind einer Arbeiterfamilie aufgewachsen, in der die Ideen der sozialistischen Arbeiterbewegung zu Hause waren. Sie selbst trat schon in jungen Jahren der KPD bei, zu deren Gründern in Lennep auch ihre Mutter zählte. Als sie 1933 den Arbeitersportler Hans Salz in die KPD aufnahm, trug sie noch ihren Mädchennamen Müller.

Nach den Verhaftungen zahlreicher Funktionäre und Mitglieder ihrer Partei, bemühten sich beide, in Remscheid, Lennep, Radevormwald und Hückeswagen neue Zentren des antifaschistischen Widerstandes zu schaffen.

Im November 1933 wurde auch Margarete Müller festgenommen. Da man ihr aber eine illegale Arbeit nicht nachweisen konnte, mußte man sie sechs Wochen später wieder entlassen. Bis August 1934 setzte sie mit Hans Salz die antifaschistische Arbeit fort. Als man eine erneute Verhaftung befürchtete, gab man ihr den Auftrag, sich den Verfolgern zu entziehen. Nur Wochen später, im Dezember 1934, wurde Hans Salz festgenommen, vor Gericht gestellt und zu einer Zuchthausstrafe von 10 Jahren verurteilt. Erst nach dem Zusammenbruch des Regimes im Jahre 1945 erhielt er die Freiheit zurück.

Margarete Müller emigrierte im Mai 1935 in die Sowjetunion, nahm als Gast am VII. Weltkongreß der Kommunistischen Internationale teil und besuchte da-

Margarete Salz, die Instrukteurin des Widerstandes; etwa um 1945/1946.

nach die Lenin-Schule in Moskau. Hier traf sie ihren deutschen Genossen Willi Seng und wurde seine Frau.

Pfingsten 1938 kam sie nach Amsterdam. Im Auftrage der Abschnittsleitung West der KPD fuhr sie von hier aus mehrfach ins Ruhrgebiet, um illegalen Widerstandsgruppen bei ihrer antifaschistischen Arbeit zu helfen. Dabei besprach sie mit ihnen die politische Lage und übermittelte entsprechende Informationen. Diese Tätigkeit führte sie oft nach Essen, Kettwig und Oberhausen.

Erst kurz vor dem Ausbruch des Zweiten Weltkrieges mußte sie ihre Instrukteurtätigkeit beenden. Nach dem faschistischen Überfall auf Holland, im Mai 1940, in die Hände der Gestapo gefallen, wurde sie wegen ihrer Tätigkeit im Bergischen Land zu drei Jahren Zuchthaus verurteilt. Als dieses Urteil ausgesprochen wurde, wußte man noch nicht, daß sie die Lenin-Schule in Moskau besucht hatte und danach Instrukteurin gewesen war. Die Gestapo erfuhr es erst nach der Verhaftung zahlreicher illegaler Widerstandskämpfer im Jahre 1943, unter denen sich auch Willi Seng befand. In einem neuen Prozeß wurde danach ihre Zuchthausstrafe von drei auf neun Jahre erhöht. Lübeck, Cottbus, Witten-Annen und Langenfeld bei Wiedenbrück waren dann die Stationen der Antifaschistin, bis zu ihrer Befreiung durch amerikanische Truppen im April 1945.

Erst danach erfuhr sie Einzelheiten von der Ermordung ihre Mannes Willi Seng. Vom faschistischen Volksgerichtshof zum Tode verurteilt, war er am 27. Juli 1944 in Köln hingerichtet worden.

Bei einem Besuch im Sommer 1976 schilderte mir Margarete Salz zunächst ihre erste Reise als KPD-Instrukteurin nach Essen:

,,Es war im Sommer 1938, als ich von Amsterdam aus eine Reise antrat, die mich nach Essen führte. Die Fahrt mit dem Zug über die Grenze war ohne Zwischenfälle verlaufen. In einem Hotel in der Essener Innenstadt mietete ich mir ein Zimmer und begann dann, die mir übertragenen Aufgaben auszuführen.

Zunächst fuhr ich nach Kettwig, um hier eine gewisse Martha Dmoch aufzusuchen. Von ihr, die schon lange zum organisierten antifaschistischen Widerstand gehörte, sollte ich weitere Verbindungen erhalten. Wie ich damals nach Kettwig gefahren bin, kann ich heute nicht mehr sagen. War es von Essen aus über Werden oder über Mülheim, ich weiß es nicht. Jedenfalls stieg ich am Bahnhof Kettwig vor der Brücke aus und ging von hier aus zu Fuß zu der Wohnung von Martha Dmoch in die Kirchfeldstraße.

In Amsterdam hatte man mir geraten, deshalb in Kettwig vor der Brücke auszusteigen, weil der Bahnhof sehr übersichtlich sei und ich auch auf dem Weg über die Ruhr nach Kettwig hinein sehr gut feststellen könne, ob ich beschattet würde. Mein erster Versuch, die Frau in ihrer Wohnung anzutreffen, schlug fehl. Um nicht groß aufzufallen ging ich schnell wieder weg, begab mich in eine Konditorei und verweilte hier etwa eine Stunde bei einer Tasse Kaffee. Dann suchte ich erneut die Wohnung auf. Jetzt wurde mir geöffnet. In der Tür stand eine Frau, die meine Frage nach Martha Dmoch mit der Bemerkung beantwortete: ‚Meine Schwester ist nicht zu Hause'. Wann ich sie wohl antreffen könne, wollte ich von ihr wissen. Nach kurzem Zögern trat die Frau ein wenig zur Seite und sagte: ‚Treten Sie ein, das kann Ihnen mein Schwager besser sagen als ich'.

Die Einladung paßte mir gar nicht, denn vor dem Antritt meiner Reise war mir gesagt worden, Adolf Dmoch, Marthas Mann, sei nicht gerade begeistert von der illegalen antifaschistischen Arbeit seiner Frau. Man riet mir, ich solle mich ihm nur dann anvertrauen, wenn es nicht zu umgehen sei. Das war jetzt eingetreten. Unter den gegebenen Umständen blieb mir keine andere Wahl, als die Wohnung zu betreten. Ich selbst hatte die Eheleute noch nie gesehen, und auch sie kannten mich nicht.

Der Mann, den ich in der Wohnung antraf, musterte mich mit mißtrauischen Blicken, als ich ihm meine Mission vorgetragen hatte. Ich wollte das anfangs nicht und so schnell wie möglich wieder gehen, aber er fragte mich immer wieder was ich denn von seiner Frau wolle. Als er dann die Wahrheit erfahren hatte, fuhr es aus ihm heraus: ‚Was, Sie kommen von der KPD? Das nehme ich Ihnen nicht ab! Geben Sie doch zu, daß Sie von der Gestapo sind. Ihr habt doch meine Frau schon seit Monaten. Warum das jetzt noch?'

Mir fuhr der Schreck in alle Glieder. ‚Nur weg von hier', dachte ich. Um glaubhaft zu erscheinen, fügte ich schnell noch hinzu, ich käme aus Amsterdam und hier wisse man noch nichts von der Verhaftung seiner Frau. Dann wollte ich schleunigst die Wohnung verlassen. Aber das war gar nicht so einfach. Adolf Dmoch versperrte mir breitbeinig den Weg und verlangte meine Ausweispapiere. Die konnte ich ihm unmöglich zeigen, denn damit wären sie für die Fortsetzung meiner illegalen Arbeit unbrauchbar geworden. Darum holte ich meine Rückfahrkarte Amsterdam – Essen aus der Tasche und zeigte sie ihm, um so die Richtigkeit meiner Angaben zu beweisen. Er wurde zwar jetzt etwas friedlicher, aber ich spürte, daß sein Mißtrauen blieb. Erneut bat ich ihn eindringlich, mich doch schnellstens gehen zu lassen und wies auf die Folgen für ihn und seine Frau hin, sollte die Gestapo mich in seiner Wohnung verhaften. Auch danach wurde mir nicht klar, was in ihm vorging. Zwar war sein Gesichtsausdruck nicht mehr so feindselig, doch als er seiner Schwägerin etwas zuflüsterte und diese daraufhin die Wohnung verließ, bekam ich einen Schreck. ‚Jetzt holt er die Gestapo', sagte ich mir. Was sollte ich noch sagen? Ohne sein Einverständnis konnte ich die Wohnung nicht verlassen, denn er war stärker und kräftiger als ich. Mir blieb nichts anderes übrig, als abzuwarten und den Ereignissen freien Lauf zu lassen. Um mich zu beruhigen und ihn abzulenken, fragte ich nach seiner Arbeit. Zu meinem Erstaunen ging er darauf ein, und trotz der nicht gerade alltäglichen Umstände hatten wir eine durchaus gute Unterhaltung. Auf diese Weise erhielt ich durch ihn, einen Bauarbeiter, einige wichtige Informationen über Arbeits- und Lebensbedingungen in Deutschland.

Noch während des Gespräches kam seine Schwägerin zurück. Sie war allein, so wie sie gegangen war. Auf dem Arm trug sie allerdings ein Tablett mit Kuchen. Die Frau kochte Kaffee, und dann lud man auch mich zu Kaffee und Kuchen ein. Zwar nahm ich erleichtert die Einladung an, aber ich saß wie auf heißen Kohlen und würgte jeden Bissen herunter. Immerhin war Martha Dmoch verhaftet. Wer konnte wissen, ob man die Wohnung beobachtete? Als man mich später unbehelligt gehen ließ und ich endlich auf der Straße stand, war ich froh.

Mein erster Weg ging zur nächsten Apotheke. Hier kaufte ich mir Beruhigungstabletten und schluckte sofort zwei davon. Wieder auf der Straße, trat ich vor das Schaufenster der Apotheke und schaute hinein. Mich interessierten nicht etwa die darin ausgestellten Tüten, Tabletten und Arzneiflaschen, sondern vielmehr das, was sich hinter meinem Rücken tat. Die Scheibe diente mir dabei als Spiegel. Diese Methode hatte schon manchem Illegalen geholfen, Verfolger zu erkennen. Ich erfuhr durch den Blick in die Scheibe, daß Adolf Dmoch mir auf einem Fahrrad gefolgt war und nun abwartete, wohin ich ging. Möglich, daß er mir immer noch nicht so recht traute.

Ich verriet ihm mit keiner Geste, was ich in der Scheibe gesehen hatte und ging auf dem kürzesten Weg zum Bahnhof. Hier konnte ich dann erfreut feststellen, daß Minuten später bereits ein Zug abfahren sollte. Mein ‚Verfolger' war mir bis zum Zug gefolgt. Als dieser dann an den Bahnsteig fuhr, trat er an mich heran, fragte, ob ich ein Nachtquartier habe und bot mir seine Hilfe an, falls ich einmal ein solches benötige. Als der Zug aus dem Bahnhof herausfuhr, lächelte er und winkte.

Offenbar waren jetzt alle seine Zweifel beseitigt. Erst viel später erfuhr ich, warum man Martha Dmoch verhaftet hatte. Über eine lange Zeit erreichten damals Nachrichten emigrierter Antifaschisten an ihre Angehörigen im Reich die Empfänger nur über eine Deckadresse. Eine davon war die Anschrift der Kettwigerin gewesen.

Die Gestapo hatte von ihrer Tätigkeit erfahren und zugeschlagen. Bei der Durchsuchung ihrer Wohnung fand man auch zwei Notizbücher, in die sie Wellenlängen und deutschsprachige Sendezeiten sowjetischer Radiostationen eingetragen hatte. Auch einige Inhalte aus solchen Sendungen waren in den Büchern niedergeschrieben worden. Martha Dmoch habe sowjetische Sender nicht nur aus Neugier, sondern deshalb angehört, um sich in kommunistischen Gedankengängen zu stärken und zu schulen, schlußfolgerten die Staatsschützer. Die Bereitschaft, ihre Anschrift als Deckadresse zur Verfügung zu stellen und das Abhören sowjetischer Sender brachten die Frau am 28. Oktober 1938 vor das Oberlandesgericht Hamm. Sie wurde zu einer Zuchthausstrafe von drei Jahren verurteilt."

„Warum schickt man denn eine Frau?“

Margarete Salz hatte ihren Bericht über die erste Instrukteurreise nach Essen noch nicht beendet. Sie fuhr fort:

„Das ist noch nicht alles, was ich auf meiner ersten Reise nach Essen erlebte. Am Tage, nachdem ich in Kettwig gewesen war, fuhr ich in den Essener Vorort Dellwig. Hier sollte ich eine Frau aufsuchen, über die ich eine Verbindung zum großen Metallbetrieb Gutehoffnungshütte in Oberhausen erhoffte. Wie in Kettwig, traf ich auch hier zunächst niemanden an. ‚Wollen Sie zu der Wahrsagerin‘, fragte mich die Nachbarin von nebenan, die gesehen hatte, wohin ich wollte. Ohne erst eine Antwort abzuwarten fügte sie hinzu: ‚Kommen Sie morgen wieder, da haben Sie mehr Glück. Heute ist sie zu ihrer Tochter und kommt erst spät am Abend zurück.‘ ‚Danke schön‘, sagte ich und ließ sie in dem Glauben, Klientin einer Wahrsagerin zu sein.

Die Entscheidung, noch einmal nach Dellwig zu fahren, ist mir am anderen Tage nicht leichtgefallen. Mehrmals waren mir Zweifel gekommen. Ich glaubte immerhin zu wissen, daß Wahrsagerei bei den Nazis verboten war. Was mochte das für eine Frau sein, die sich mit Praktiken beschäftigte, die ich ablehnte, andererseits mir aber als sehr vertrauenswürdig geschildert worden war. Hätte ich nicht gewußt, daß die Genossen in Amsterdam dringend eine Verbindung zur Oberhausener Gutehoffnungshütte von mir erwarteten, ich wäre kein zweites Mal nach Dellwig gefahren. So aber stand ich am anderen Tage auf dem Donnerberg wieder vor der Tür, an der ich tags zuvor vergeblich auf Einlaß gewartet hatte. Jetzt wurde mir geöffnet und ich erlebte eine freudige Überraschung.

In Amsterdam waren mir ein Stichwort genannt und ein bestimmtes Kennzeichen mitgegeben worden. Stichwort und Kennzeichen wirkten Wunder. Die mir bis dahin unbekannte Frau fiel mir um den Hals, ergriff dann meinen Arm und tanzte mit mir durch die Wohnstube. ‚Endlich kommt einer von der Partei‘, sagte sie mehrfach und zeigte ehrliche Freude. Noch am gleichen Tag brachte sie mich zu ihrem Schwiegersohn Leo, der in Essen-Frintrop im Höhenweg wohnte. Er arbeitete auf der Oberhausener Gutehoffnungshütte. Die Verbindung zu dem großen Metallbetrieb war hergestellt.

Der Genosse war zunächst nicht so begeistert wie seine Schwiegermutter. Das hatte einen besonderen Grund, und ich kam bald dahinter. ‚Warum schickt man denn eine Frau‘, fragte er ein wenig resigniert. Möglich, daß er einer Frau nicht so recht zumutete, ihm bei seiner antifaschistischen Arbeit zu helfen. Später hat er dann nie mehr so etwas gesagt, denn es blieb nicht bei dieser ersten Begegnung mit ihm. Auch seine Frau Paula lernte ich kennen.

Er war übrigens Lagerist auf der Hütte und kam mit vielen Arbeitern zusammen. Darum war er immer gut über Arbeitsbedingungen, Lohnverhältnisse und Stimmung seiner Arbeitskollegen informiert. Einmal berichtete er über die schlechte Schutzbekleidung der Arbeiter in der Hütte, ein anderes Mal nannte er

Gratis-Exemplaar

Die Rote Fahne

Zentralorgan der Kommunistischen Partei Deutschlands (Sektion der Kommunistischen Internationale)

Genosse! Gib die «Rote Fahne» nur an zuverlässige Freunde weiter — Keine unkontrollierte Verbreitung. Sorge für mündliche Weitergabe des Inhalts.

Reichs-Ausgabe
Begründet von Karl Liebknecht und Rosa Luxemburg.

Genossen! Alles für die Partei Wichtige, alle Erfahrungen, Deine Vorschläge und Kritiken teile der «Rote Fahne» mit: auf dem Wege über Dir bekannte Funktionäre oder über Auslandsverbindungen.

Jahrgang 1938 — Nr. 1

Beschleunigter Kriegskurs Hitlers!

Der Sinn der Hitler-Rede

Jede Rede Hitlers dient dazu, das deutsche Volk zu verwirren und es über die wahren politischen Tatsachen zu täuschen. Jede Rede Hitlers versucht, hinter grossen Worten über «Frieden» die Sprache der Gewalt und Kriegsprovokation, die Hitlers Taten reden, zu *verhüllen*. Jeder Antifaschist sollte deshalb folgende *wesentlichsten* Hauptpunkte der Hitlerrede vom 20. Februar erkennen und unserm Volk erklären:

Hitler zählte die vielen angeblichen Erfolge der Nazidiktatur in den fünf Jahren auf, er gab sehr viele Zahlen aus allen Gebieten der Wirtschaft, — *er sagte aber garnichts und konnte nichts darüber sagen*, dass *die Löhne* bei der erhöhten Produktionsleistung etwa erhöht worden seien. Er gab auch *kein Versprechen*, dass die Löhne erhöht werden, dass die schweren Steuern gesenkt und die Lasten der Kriegswirtschaft vermindert werden. Nichts garnichts kam davon im Aufmarsch der vielen Zahlen vor!

Hitler sagte: «*Unsere wirtschaftliche Lage ist schwer.*» Aber er will die *Ursache* der Schwierigkeiten, die unser Land aussaugende Rüstungspolitik, nicht beseitigen, sondern *noch verschärfen*. Leistungsteigerung, mehr Steuern, drückende Abgaben die Produktionserhöhungen — alles, alles für die Kriegsrüstungen!

Hitler *verschwieg die Wahrheit über den 4. Februar* und versuchte von dem politischen Widerstand der Generäle des Reichsheeres gegen seine abenteuerliche Politik *abzulenken*, indem er die ausländischen Journalisten beschimpfte. *Aber die vielen wahrheitsgemässen Mitteilungen der ausländischen Presse über die politischen Hintergründe des 4. Februar darf das deutsche Volk nicht erfahren*, obwohl es dabei um das Wohl und Wehe Deutschlands geht. Hitler versteckte seinen *verschärften Kriegskurs* hinter den Worten, dass General von *Fritsch* und die andern warnenden Generäle des Reichsheeres «militärisch und politisch jüngeren Kräften Platz machten».

Hitler hetzte gegen die Sowjetunion und die demokratischen Staaten, gegen die Freiheit der Presse in andern Ländern und stellte *sie* als «Kriegshetzer» hin, — *aber Mussolini und Japan, die in Spanien und China wirklich Krieg auf fremder Erde führen, erklärte er als seine Freunde!*

So drohte Hitler gegen das republikanische Spanien. So sprach er sich für die «Kulturmission» der japanischen Einbrecher in China aus. So richte er gegen den Völkerbund und die Idee der kollektiven Friedenssicherung eine neue herausfordernde Kampfansage. Hitler brüllte, dass nur ein verstärktes Heer, nur «Eisen und Stahl» Deutschland schützen könnten: ein Bekenntnis, alle seine Forderungen *mit Gewalt* durchzusetzen. So schrie er auch wieder nach Kolonien — und fügte mehr oder weniger versteckte Drohungen gegen Frankreich und England an. All das ist nicht dem Frieden dienlich, sondern treibt zum Krieg.

Hitler *verfälschte auch die Wahrheit über das neue Abkommen mit Oesterreich.* Er verschwieg, dass er nur durch die Drohung des Einmarsches deutscher Truppen in Oesterreich die Ernennung des Nazis Seiss-Inquart zum österreichischen Polizeiminister *erpresst* hat. Hitler nannte das Abkommen, das die Unabhängigkeit Oesterreichs und das Selbstbestimmungsrecht seines Volkes zerstören will, ein «Verständigunswerk». *Genau* so spricht Japan von «Verständigung», wenn es die Städte in China bombardieren lässt. Wenn die Gestapoherrschaft über Oesterreich errichtet werden soll, wenn dieses Land in die Kriegsachse Berlin-Rom-Tokio hinein gezwungen werden soll, spricht Hitler heuchlerisch vom «Verständigungswerk»! Und gleichzeitig meldet er drohend gegen die Tschechoslowakei, sein *Einmischungsrecht* bei der deutschprachigen Bevölkerung der Sudeten an.

Hitler hat durch seine jüngsten Taten und seine Rede die Lage in der Welt nur noch zugespitzter gemacht. Er hat sich zu einem beschleunigten Kriegskurs bekannt, zur verschärften Kriegswirtschaft mit allen ihren Entbehrungen und Opfern für das deutsche Volk. Dabei kündigte Hitler den Bolschewisten, Demokraten, «reaktionären Phantasten» und «den Leuten, die mit Bibelsprüchen durch das Land ziehen», also *den breiten Oppositionsbewegungen in allen Schichten unseres Volkes*, neue Verfolgungen an.

Hitlers Politik, wie er sie am 20. Februar in seiner Rede entwickelte, gefährdet die nationale Existenz Deutschlands. Sie führt Deutschland in *Krieg, Verderben und Untergang*. Alle verantwortungsbewussten wahren Deutschen müssen *sich dagegen vereinen:* zur Errettung unseres Volkes und unserer Heimat von der fürchterlichen Gefahr. Der nebenstehende Aufruf des Zentralkomitees der KPD zum 4. Februar zeigt *den Weg der Einheitsfront und Volksfront gegen Hitler, auf dem allein die wahrhafte Einigung unseres Volkes für Frieden und Freiheit erreicht werden kann.*

Das Zentralkomitee der KPD zum 4. Februar

Die Ereignisse des 4. Februar sind für das deutsche Volk äusserst alarmierend. Die Entfernung von Dutzenden Generälen und Hunderten Offizieren aus dem Reichsheer ist keine «nationale Konzentration», wie es die Naziführer darstellen. Sie bedeutet in Wahrheit die Verschärfung der Hitlerdiktatur über das deutsche Volk zur unmittelbaren Vorbereitung neuer Kriegsaktionen. Die Hitlerdiktatur sucht einen Ausweg aus den wachsenden Schwierigkeiten und der Massen-Unzufriedenheit gegen das faschistische Regime im Lande durch Kriegsabenteuer nach aussen. Die faschistische Kriegspartei sucht alle im Staatsapparat noch vorhandenen Hemmungen gegen ihre abenteuerliche Kriegspolitik zu beseitigen. Hitler und Göring übernehmen selbst die Führung der Kriegsmaschine. Der neugebildete «Geheime Rat» ist der Rat der Organisierung der Kriegsprovokationen.

Wenn führende Männer des Reichsheeres nach 5 Jahren Hitlerdiktatur ihre Warnungen gegen den abenteuerlichen Kurs Hitlers richteten und deshalb brüsk beseitigt wurden,

dann müssen schwerwiegende Gründe vorliegen, die zu ihren Schritten führten. Und in der Tat : Es geht heute um Lebensfragen des deutschen Volkes.

Hitler hat unser Land in die Sackgasse getrieben. Die ungeheuren Kriegsrüstungen zerrütten die Wirtschaft. Es mangelt an Rohstoffen und Lebensmitteln. Das Volksvermögen wird in unproduktiven Ausgaben für Rüstungen und Prachtbauten vergeudet. Die Unzufriedenheit des Volkes wird immer stärker. Um sich gegen den Willen der überwiegenden Mehrheit des Volkes weiter an der Macht behaupten zu können, opfern die faschistischen Machthaber die Interessen des deutschen Volkes für die Eroberungsziele des italienischen Faschismus in Abessinien und Spanien und der japanischen Imperialismus in China. Franco soll noch stärker durch deutsche Truppen und Waffen unterstützt werden. Noch frechere Vorstösse gegen Oesterreich und die Tschechoslowakei sind zuerwarten. Die provokatorische Aussenpolitik Ribbentrop wird das Misstrauen der anderen Länder noch mehr vergrössern und damit Deutschland weiter in die Selbstisolierung führen. Auch aus militärischen Kreisen kam in den letzten Monaten

die Warnung, dass es ein Wahnsinn sei

Deutschland an der Seite solcher wirtschaftlich schwacher Länder, wie Italien und Japan, in den Krieg gegen die gewaltige Uebermacht der demokratischen Staaten und die Sowjetunion zu führen.

Hitler treibt jetzt mit äusserster Entschlossenheit zum Krieg, weil die wachsenden inneren Schwierigkeiten, die steigende Widerstandskraft der anderen Völker und der

---

Antifaschist!

Verschaffe Dir über Deine Verbindung die bald erscheinende nächste Nummer der «R.F.», die auf die Hitlerrede in allen politischen und wirtschaftlichen Einzelheiten antworten wird.

„Die Rote Fahne" 1938. Sie wurde von der Widerstandsgruppe in Essen verteilt, die 1938/1939 von Margarete Salz betreut wurde.

andere Gründe der Unzufriedenheit seiner Kollegen. Von ihm erhielt ich auch die Adressen vieler Arbeiter und Angestellten, die auf dem Oberhausener Hüttenbetrieb tätig waren. Wir sandten ihnen durch die Post antifaschistisches Informationsmaterial zu. Darunter war auch eine kleine Broschüre, in der wir Stellung nahmen zur konkreten betrieblichen Situation und der Rolle der Hütte bei der Vorbereitung des Krieges. Informationen dazu hatten wir von dem Genossen erhalten, den ich bei meiner ersten Reise nach Essen über seine wahrsagende Schwiegermutter kennengelernt hatte.

Erfreut trat ich nach dem ersten Zusammentreffen mit ihm von Oberhausen aus meine Rückreise nach Amsterdam an. Vor der Abfahrt des Zuges ging ich zum Zeitungskiosk auf dem Bahnhof, um mir noch etwas Lesestoff zu kaufen. ‚Haben Sie einen besonderen Wunsch‘, fragte mich die Verkäuferin, eine sympathische ältere Frau, die offenbar mein unentschlossenes Suchen unter der dargebotenen Literatur beobachtet hatte. ‚Ich suche ein gutes, anspruchsvolles Buch‘, war meine Antwort. ‚Da habe ich etwa ganz besonderes für Sie‘, flüsterte die Frau geheimnisvoll, bückte sich und holte unter dem Ladentisch die beiden Bände des Romans ‚Anna Karenina‘ von Lew Nikolajewitsch Tolstoi hervor. Das war im sechsten Jahr der faschistischen Herrschaft eine echte Rarität, denn der literarische Bannstrahl der Nazis galt auch diesem bedeutenden russischen Dichter. Selbstverständlich kaufte ich mir diese Bücher sofort und las in ihnen auf der Fahrt nach Amsterdam.“

Letzte Instrukteurreise nach Essen

Margarete Salz erzählte dann, daß sie von nun an mehrfach ins Ruhrgebiet einreiste. Nach Informationen über die politische Lage riet sie hier ihren Genossen, alle legalen Möglichkeiten zur Entlarvung der faschistischen Demagogie auszunutzen. Auch besprach sie mit ihnen die Verteilung illegaler Flugschriften.

„Viele Namen und Treffpunkte habe ich vergessen“, antwortete sie, als ich danach fragte. „Einer von denen, die ich regelmäßig traf, trug den Decknamen Paul. Ihn traf ich immer in Werden. Ein anderer hieß Walter Schischke. An ihn erinnere ich mich deshalb so genau, weil ich ihn erst auf meiner letzten Instrukteurreise nach Essen kennengelernt hatte. Besondere Umstände zwangen mich damals, in seiner Wohnung zu übernachten.“

Über diese letzte Reise nach Essen, die sie im Auftrag der Abschnittsleitung West der KPD unternahm, erzählte sie:

„Es sind zwar schon Jahrzehnte vergangen, aber an einiges erinnere ich mich noch so genau, als sei es erst gestern gewesen. Meine Ankunft in Essen fiel zusammen mit dem NSDAP-Gautag, den man hier am 24. und 25. Juni 1939 mit großem Pomp beging. In den Hotels wimmelte es von uniformierten SA- und SS-Leuten und alle Hotelzimmer waren ausgebucht. Selbst wenn ich noch eins bekommen hätte, wäre die Übernachtung in einem Hotel für mich ein ernsthaftes Risiko gewesen. ‚Der Tag ist noch lang, mir wird schon etwas einfallen', dachte ich damals. Notfalls wollte ich versuchen, außerhalb der Ruhrstadt eine Unterkunft zu finden.

In Amsterdam war mir der Genosse Karl Asbach vorgestellt worden. Er war Lüdenscheider und mir darum kein Unbekannter. Er war auch im Ruhrgebiet als Instrukteur tätig. Fortan jedoch sollte ich den Kontakt zu zwei Genossen aus Essen übernehmen, mit denen er sich bisher getroffen hatte. Am Tage meiner Ankunft in Essen traf ich Karl Asbach an der vereinbarten Stelle. Von dort aus gingen wir gemeinsam zu dem Treff, den er mit den beiden Essenern festgelegt hatte. Das alles geschah unter flatternden Hakenkreuzfahnen und übergroßen faschistischen Emblemen, im Gewimmel von uniformierten SA- und SS-Leuten.

Karl erschien mir nervös, unruhig und ein wenig niedergeschlagen. Bald erfuhr ich den Grund. Er hatte tags zuvor einen Treff in Hamborn wahrgenommen, aber der Genosse war nicht erschienen. Nach der Übergabe seiner Essener Verbindungen an mich, wollte er noch einmal nach Hamborn fahren, um einen vereinbarten Ersatztreff wahrzunehmen. Ich riet ihm davon ab, konnte ihn aber nicht überzeugen.

An jenem Gautag 1939 lernte ich Walter Schischke und durch ihn Max Mehnert kennen. Es waren die zwei Genossen, mit denen Karl Asbach bisher immer zusammengetroffen war. Sehr ausführlich sprach ich mit Walter Schischke über die Schaffung fester Organisationsformen. Wir einigten uns schließlich, eine Leitung aus drei Genossen zu bilden, die in regelmäßigen Zusammenkünften alle politischen und organisatorischen Fragen beraten sollte. Als ich ihm erzählte, daß ich für die Nacht noch kein Quartier hatte, bot er mir an, in seiner Wohnung zu übernachten. Das entsprach zwar nicht den Regeln unserer Arbeit, aber ich hielt es unter den damaligen Gegebenheiten letztlich doch für eine vertretbare Lösung. Am Abend habe ich mit ihm und seiner Frau lange zusammengesessen.

Unsere Gespräche drehten sich vor allen Dingen um die politischen Ereignisse in Deutschland. Grundlage meiner Argumentation war dabei die Resolution der Berner Konferenz der KPD vom 30. Januar bis zum 1. Februar 1939, in der die Partei ihre Vorstellungen über den Weg zum Sturz Hitlers und zur Schaffung einer demokratischen deutschen Republik dargelegt hatte. Auch mein Mann Willi Seng gehörte zu den Teilnehmern dieser Konferenz.

In Amsterdam war die Resolution mit allen, die wie ich illegal ins Reich fuhren, gründlich ausgewertet worden, denn wir mußten den Genossen in Deutschland die Politik der Partei verständlich machen.

Auf der Berner Konferenz hatte meine Partei deutlich gemacht, daß das Gerede der Nazis von ‚Großdeutschland' und dem ‚Selbstbestimmungsrecht des deutschen Volkes' zur faschistischen Kriegspolitik gehöre. Wahr sei, daß die Politik des Hitlerfaschismus nicht den Interessen der Nation diene, sondern allein den Rüstungskonzernen und der Nazibürokratie. Darum erfordere die Erhaltung des Friedens den Sturz des Faschismus. Das müsse die höchste nationale Aufgabe aller Deutschen sein. In der Berner KPD-Resolution stand auch, daß die Rüstung die Millionäre in Deutschland zwar reicher, die Nation aber immer ärmer mache. Auch die Pogrome gegen die Juden wurden in das richtige Licht gerückt und Nationalismus und Chauvinismus ebenfalls als Mittel der Kriegsvorbereitung bezeichnet. Klar und deutlich war ausgesprochen worden, daß der Kampf gegen den Antisemitismus untrennbar verbunden sei mit dem Kampf gegen den Krieg. Zugleich aber versuchte meine Partei klarzumachen, wie man in Deutschland das Steuer herumreißen könne. Als die einzige dazu fähige Kraft nannte sie die Einheitsfront der deutschen Arbeiter und die Zusammenfassung aller Hitlergegner in einer antifaschistischen Volksfront.

Mit meinen Quartiergebern sprach ich über alle diese Fragen.

Es waren nur wenige Stunden, die ich bei den Schischkes verbrachte, aber sie sind mir unvergeßlich geblieben. Angesichts des faschistischen Terors innerhalb der deutschen Grenzen war ich auf einer Oase der Menschlichkeit, umgeben von Gleichgesinnten, von Freunden, von Genossen. Für einen Illegalen, der sich außerhalb einer solchen Oase nicht frei bewegen kann, der seinen richtigen Namen verschweigen muß, sind solche Stunden ein nur schwer zu beschreibendes Geschenk.

Als ich am Morgen des anderen Tages meinen Gastgebern zum Abschied die Hand drückte, da anhnten sie und ich noch nicht die Gefahr, die auf jeden von uns zukam.

Am Abend des gleichen Tages wurde Karl Asbach von der Gestapo festgenommen. Gut ein halbes Jahr später wurde er vom Volksgerichtshof zu einer Zuchthausstrafe von 15 Jahren verurteilt. Drei Tage nach seiner Festnahme wurden Walter Schischke, Max Mehnert und vier weitere Essener Kommunisten festgenommen, die alle zu der Widerstandsgruppe gehörten, deren Betreuung ich am NS-Gautag 1939 übernommen hatte.

Ich selbst konnte unbehelligt nach Amsterdam zurückfahren und erfuhr erst hier von der Festnahme meiner Genossen. Aus Sicherheitsgründen durfte ich vorläufig nicht mehr nach Essen. Zwei Monate später, am 1. September 1939 stürzten die deutschen Faschisten die Welt in den Zweiten Weltkrieg. Die Voraussagen meiner Partei waren grausame Wirklichkeit geworden."

Mit der Gestapo nach Essen

Wenige Monate nach dem Ausbruch des Zweiten Weltkrieges wurde Grete Salz in Holland interniert. Nach dem deutschen Überfall auf den kleinen Nachbarstaat im Mai 1940 von der Gestapo aufgespürt, wurde sie wegen ihrer Tätigkeit im Bergischen Land in den Jahren 1933/34 zu drei Jahren Zuchthaus verurteilt. Als man dann erst 1943 von ihrer Instrukteurtätigkeit erfuhr, kam sie im

Zuge neuer Ermittlungen noch einmal nach Essen. Diesmal nicht mit dem Zug, sondern mit dem Auto, als Gefangene und in Begleitung Düsseldorfer Gestapo-Beamten. Auch diese Reise schilderte mir meine Gesprächspartnerin:

„Kurz vor der Verbüßung meiner Strafe brachte man mich aus dem Zuchthaus Ziegenhain nach Düsseldorf. Hier hielt man mir meine Instrukteurtätigkeit in den Jahren 1938/39 vor und erwartete meine Erklärungen. Ich leugnete zunächst hartnäckig, mußte mich aber nach zwei Tagen, angefüllt mit ständigen Vernehmungen und Gegenüberstellungen, den mir vorgelegten Beweisen beugen. Allerdings beschränkte ich meine Tätigkeit auf nur zwei Reisen nach Essen. Damit gab man sich zunächst zufrieden, wollte nun aber über diese beiden Reisen mehr von mir wissen. ‚Wen haben Sie dort getroffen?', ‚Wo hatten Sie ihre Treffs?' Diese und andere Fragen wurde mir jetzt immer wieder gestellt. Den Gestapo-Leuten sagte ich, daß ich mich an Namen gar nicht mehr erinnern könne und erst recht nicht wisse, wo ich überall gewesen sei. Zugleich wurde mir aber auch klar, daß ich auf die Dauer bei dieser Aussage nicht bleiben konnte. Meine Überlegungen führten mich zu folgendem Ergebnis:

Martha Dmoch saß im Gefängnis, als ich sie in Kettwig aufsuchen wollte. Von Walter Schischke wußte ich, daß er wenige Tage nach meiner Übernachtung in seiner Wohnung festgenommen und später wegen illegaler Tätigkeit für die KPD verurteilt worden war. Wenn ich nun, sollte es hart auf hart kommen, diese beiden Kontakte zugeben würde, so könnte ich dadurch beide keineswegs mehr als bereits bekannt belasten.

Vorerst allerdings beschloß ich, weiter die Nichtwissende zu spielen und erst im äußersten Falle meine Besuche im Hause der Dmochs und bei den Schischkes zuzugeben.

Das ging eine Weile gut. Alle mir gestellten Fragen blieben ohne brauchbare Antwort. Dann aber war man es leid und beschloß, an Ort und Stelle meinem Gedächtnis nachzuhelfen. Drei Gestapo-Beamte begleiteten mich auf der Fahrt nach Essen. Der hinten im Auto neben mir saß, versuchte mehrmals, mit mir ins Gespräch zu kommen. ‚Meine Frau hat Butterbrote eingepackt', sagte er und reichte mir eines davon. Die Ablehnung, verbunden mit der Bemerkung, so etwas käme für mich aus prinzipiellen Gründen nicht in Frage, konnte er nicht verstehen. Immer wieder biederte er sich an und erzählte dabei auch, er sei früher einmal Sportlehrer gewesen. Hatte ich bis dahin geschwiegen, so platzte ich jetzt jedoch mit der Frage heraus: ‚Wie kommen Sie denn zu einem Beruf, bei dem Sie Jagd auf Menschen machen müssen?' ‚Wenn es euch Kommunisten nicht gäbe, dann brauchte die Gestapo nicht zu sein', lautete seine Antwort.

Ich wertete es als eine Anerkennung unseres illegalen Kampfes gegen den Faschismus. ‚Also hat sich unser Einsatz doch gelohnt', sagte ich mir, und ein Gefühl des Stolzes auf meine Partei, auf meine Genossen erfüllte mich.

In Essen angekommen, fuhr man mit mir zunächst zum Hauptbahnhof. Hier sei ich schließlich angekommen, meinte man und forderte mich auf, den Weg zu gehen, den ich damals auch gegangen sei. ‚Ich bin vom Hauptbahnhof sofort zu einem Vorortbahnhof gefahren', sagte ich und, einer weiteren Frage vorbeugend, fügte hinzu: ‚Den Namen habe ich allerdings vergessen.' Jetzt fuhr man mit mir zu einigen Vorortbahnhöfen. Überall die gleiche Frage: ‚Waren Sie schon einmal hier?' Überall meine gleiche Antwort: ‚Diese Gegend ist mir völlig fremd.' Gegen Mittag war man es leid.

Armes gefangenes Vögelein du, ...

Im Essener Gefängnis sperrte man mich in eine Zelle. Nachdem ich einen Blechnapf Suppe erhalten und gegessen hatte, sah ich mir meine Behausung etwas näher an. Es war eine Durchgangszelle, eng, dunkel und mit einem kleinen Fenster ausgestattet. In dem trüben Dämmerlicht konnte ich nur schwer die zahlreichen Inschriften an den Wänden lesen. Fast alle zeugten von Verzweiflung und Hoffnungslosigkeit derer, die sie geschrieben hatten. In diesem Augenblick fielen mir die selbstgedichteten Verse meiner jungen Genossin Orli Reichert ein. Sie war aus Trier zu Hause und hatte mit mir lange Zeit im Zuchthaus Ziegenhain gesessen. Als man sie von dort in das Konzentrationslager Ravensbrück brachte, drückte sie mir zum Abschied einen Zettel in die Hand, auf dem sie die Verse geschrieben hatte. Ich lernte sie auswendig, denn sie gaben mir Kraft und Zuversicht.

Jetzt, in der dunklen Zelle des Essener Gefängnisses, entschloß ich mich, mit der kleinen Bleistiftmine, die ich versteckt bei mir trug, diese Verse neben all die anderen zu schreiben. Ich tat es in der Hoffnung, damit vielleicht auch anderen ein wenig Kraft und Zuversicht zu geben. Als ich mit dem Schreiben fertig war, las ich noch einmal mit leiser Stimme:

‚Armes gefangenes Vögelein du,
was schau'n deine Äuglein so trübe?
Vom Vergangenen träumst du immerzu,
von Sonnenschein, Freiheit und Liebe.
Armes gefangenes Vögelein du,
es nützt kein Trauern,
Pfeif doch hinweg deinen Schmerz.
Die Sehnsucht findet den Weg auch durch Mauern.
Frei wie der Wind sei dein Herz.
Armes gefangenes Vögelein du,
laß fröhlich dein Lied erklingen.
Bald wirst du mit andern im Sonnenschein
jubeln, schwingen und singen.'

Nach etwa zwei Stunden kamen meine drei Begleiter vom Vormittag wieder und gingen mit mir zur Essener Gestapo. ‚Setzen Sie sich, meine Herren', sagte hier derjenige, dessen Zimmer wir betraten. Als auch ich dieser Aufforderung Folge leistete, kam er auf mich zu, schlug mir ins Gesicht und brüllte: ‚Stehen Sie auf, und glauben Sie nur ja nicht, daß Sie uns hier an der Nase herumführen können!' Der Schläger war offenbar genau informiert und um Mitarbeit gebeten worden. Mein Eindruck bestätigte sich, als wir nach einem kurzen Aufenthalt im Gestapo-Gebäude wieder in das bereitstehende Auto stiegen, um erneut die Vorortbahnhöfe abzufahren. Jetzt saß der Essener Gestapo-Mann neben mir, ließ mich an jedem Bahnhof aussteigen und führte mich auf den Bahnsteig.

Morgens waren wir nicht in Essen-Werden gewesen, aber jetzt fuhr man mit mir dorthin. Hier hatte ich während meiner Instruktionsreisen eine Reihe Straßentreffs gehabt. Der von der Essener Gestapo muß mir wohl von den Augen abgelesen haben, daß ich manches wiedererkannte, denn er sagte ganz plötz lich: ‚Ich glaube, wir sind auf der richtigen Spur.' Zu diesem Zeitpunkt wußte ich allerdings noch nicht, daß die Gestapo längst in mir jene weibliche Person vermutete, deren Existenz man zwar 1939 bei Festnahmen in Essen ermittelt hatte, von der man aber nur den Decknahmen ‚Erna' wußte. Sie waren auf der richtigen Spur, denn tatsächlich nannte ich mich damals zur Tarnung ‚Erna'. Ein endgültiger Beweis fehlte ihnen allerdings noch, als sie mit mir durch Werden fuhren. Am Bahnhof mußte ich wieder aussteigen. Hier hatte sich nach meinem letzten Besuch wenig verändert, trotzdem aber sagte ich: ‚Ich kann mich nicht erinnern, hier jemals gewesen zu sein.' Das war für den Essener Gestapo-Schläger zu viel. Wutentbrannt kam er mit geballten Fäußten auf mich zu. Erst im letzten Augenblick beherrschte sich der Schläger.

Dafür aber änderten die Gestapo-Leute jetzt ihre Taktik. Wieder in das Auto verfrachtet, fuhr man geradewegs mit mir nach Kettwig und hielt dort in der Kirchfeldstraße vor dem Hause der Familie Dmoch. Jetzt begriff ich, daß man mehr wußte, als man mir bisher gesagt hatte. Darum entschloß ich mich, meine Taktik zu ändern und so zu handeln, wie ich es mir in einem solchen Falle vorgenommen hatte. ‚Mir scheint, hier bin ich schon einmal gewesen', sagte ich. Bei wem ich denn gewesen sei und was ich dort gewollt habe, fragte man, und ich sah, daß man gespannt auf meine Antwort wartete. ‚Das ist eine Geschichte, die ich so schnell nicht vergessen werde', begann ich. ‚Ich wollte zu einer Frau, die hier wohnte. Aber nicht sie, sondern ihr Mann öffnete. Als ich ihm sagte, ich käme von der KPD, um mit seiner Frau einiges zu besprechen, wurde er sehr böse, forderte mich auf, sofort zu verschwinden, und drohte mit der Gestapo. Dann schlug er mir die Tür vor der Nase zu. Ich habe damals einen solchen Schrecken bekommen, daß ich mir in der nächsten Apotheke Beruhigungstabletten kaufen mußte. Danach bin ich schleunigst zum Bahnhof gegangen und mit dem nächsten Zug nach Amsterdam zurückgefahren.'

Mein Begleiter von der Essener Gestapo nickte mit dem Kopf, so als wollte er seinen Düsseldorfer Kollegen sagen: ‚Es stimmt schon, was sie sagt.' Dann forderte er mich auf, auszusteigen und mir alles genau anzusehen. Ich ging ein Stück die Straße entlang, kam wieder zurück und blieb vor dem Haus stehen, in dem die Dmochs 1939 wohnten. ‚Hier bin ich gewesen, in diesem Haus, da bestehen keine Zweifel', sagte ich mit Bestimmtheit. ‚Hoffentlich wird der Mann das gleiche sagen', ging es mir durch den Kopf, und ich erwartete, daß man mit mir nun das Haus betreten würde. Statt dessen aber forderte man mich auf, wieder im Auto Platz zu nehmen.

Hatte meine Geschichte sie überzeugt, oder gab es einen anderen Grund dafür, warum sie nicht mit mir in das Haus gingen? Ich weiß es bis heute nicht.

Von Kettwig aus fuhr man mit mir nach Katernberg. Bei der kurzen Rundfahrt durch einige Straßen kamen wir auch dorthin, wo 1939 die Schischkes gewohnt hatten. Wieder sagte ich: ‚Mir scheint, hier bin ich bei meinem zweiten Besuch in Essen gewesen.' Wieder nickte der Essener den anderen zu, forderte mich aber nicht zum Aussteigen auf. Auch richtete man keine weiteren Fragen mehr an mich. Die Rundfahrt durch Essen war beendet. Noch am gleichen Tage wurde ich nach Düsseldorf zurückgebracht.

‚Glauben Sie nur ja nicht, Sie können uns hier an der Nase herumführen!' Das hatte der Essener Gestapo-Schläger gebrüllt, bevor er mit mir und seinen Kollegen in das bereitgestellte Auto stieg. Möglich, daß er sich einbildete, mich hereingelegt zu haben.

Die letzte Begegnung mit Willi Seng

Am Abend des gleichen Tages sah ich dann noch zum letztenmal Willi Seng.

In Düsseldorf angekommen, fuhr man mit mir sofort zum Polizeipräsidium. ‚Ich werde Sie jetzt zu Ihrem Mann bringen', sagte einer der drei Menschenjäger, die mich auf der Fahrt nach Essen begleitet hatten. Es war der gleiche, der auf der Hinfahrt mit einem Butterbrot mein Vertrauen erschleichen wollte. Vielleicht glaubte er, ich würde angesichts der Begegnung mit meinem Mann weich werden und Einzelheiten meiner politischen Tätigkeit preisgeben. Möglich, daß auch andere Gründe vorlagen, ich weiß es nicht.

Von einem anderen Gestapo-Mann begleitet, wurde Willi ins Zimmer geführt. Das Gespräch mit ihm unter den Augen derer, die uns quälten, war furchtbar für mich. Was sollten wir uns schon angesichts einer solchen Umgebung sagen? Als mein Aufpasser schließlich sagte: ‚Jetzt wollen wir aber Schluß machen', stand ich auf und wollte gehen. Er hielt mich jedoch zurück und bemerkte dazu nicht ohne Ironie in seiner Stimme: ‚Was, so wollt ihr auseinandergehen? Verabschiedet euch vernünftig, denn das ist ein Abschied für immer.' Ich umarmte Willi, küßte ihn und drückte dann fest seine Hände.

Vor dem Zimmer standen die beiden anderen, die auch auf der Fahrt nach Essen mit dabei waren. Sie grinsten, und ich hörte, wie einer dem anderen sagte: ‚Sie war bei einem Mann, schau dir an, wie sie jetzt glüht.' Als ich diese schamlosen Worte hörte, konnte ich wieder klar denken. Willi sah ich danach nie mehr wieder. Erst nach der Befreiung vom Faschismus erfuhr ich, daß er mir am Tage seiner Hinrichtung noch einige Worte zum Abschied geschrieben und dem Brief an seine Mutter beigelegt hatte, die mich damals noch nicht kannte. Seine Zeilen an mich hat man seiner Mutter nicht geschickt, und ich habe sie auch nie bekommen."

Bei den letzten Worten war Margarete Salz aufgestanden und verließ für Augenblicke das Zimmer. Als sie zurückkehrte, hielt sie ein Blatt Papier in der Hand, reichte es mir und sagte: „Das ist eine Kopie des Briefes, den mein Mann an seine Mutter geschrieben hat."

Ich las, was Willi Seng angesichts des Todes damals bewegte:

„Meine liebe Mutter! Nur noch zwei Stunden trennen mich von der Vollstrekkung des grausamen Todesurteils... Ich habe die Unterbreitung der Vollstrekkung mit Ruhe, Gelassenheit und gefaßt aufgenommen. Dazu gab mir meine felsenfeste Überzeugung die Kraft, daß ich nichts Unrechtes getan habe, denn mein Leben von Jugend an bis zum heutigen Tage war beseelt von glühendem Idealismus und Kampf für unser herrliches Volk, daß es in Frieden, Freiheit und Wohlstand, glücklich und zufrieden, in aller Zukunft leben sollte... Meine liebe, liebe Mutter, für Dich und nur für Dich ist es am furchtbarsten, die Zukunft zu ertragen, da Papa erst vor so kurzer Zeit von uns schied...
Anbei lege ich den Brief an meine liebe Frau Margarete..., welche sich z.Z. noch im Zuchthaus befindet. Wenn sie in Freiheit sein wird, wird sie Dich besuchen kommen. Sie ist eine sehr gute und liebe Frau. Teile mit ihr den furchtbaren Schmerz. Nun will ich schließen und grüße und küsse Dich vielmals, meine liebe Mutter. Sei tapfer, und grüße meine Freunde und Bekannten. Dein Sohn Willi."

Widerstandsgruppe Schischke/Anton und ihr Ende

Am 14. November 1939 standen vor dem Oberlandesgericht in Hamm sechs Essener Antifaschisten. Alle hatten sie einer kommunistischen Widerstandsgruppe angehört, die lange Zeit in Essen wirksam gewesen war. Die ganze Zeit über wurde sie von der Amsterdamer Abschnittsleitung der KPD angeleitet und betreut. Einige der Angeklagten hatten Empfang und Vertrieb von Literatur und Flugblättern organisiert, die auf illegalen Wegen nach Essen kamen. Die politische Anleitung allerdings lief über Walter Schischke und Max Mehnert, die sich in Abständen mit dem Instrukteur Karl Asbach trafen. Erst am Gautag 1939 übergab dieser seine beiden politischen Freunde an Margarete Salz, die er mit ihrem Decknamen ‚Erna' vorstellte.

‚Erna' kam nur einmal mit den beiden zusammen, denn wenige Tage später wurden sie festgenommen. Das gleiche Schicksal traf den Anstreicher Wilhelm Dorra, den Rentner Otto Riemann, den Straßenbahner Robert Anton und den Bergmann Friedrich Wengel. Alle sechs Mitglieder der Widerstandsgruppe wurden dann am 14. November 1939 zu hohen Zuchthausstrafen verurteilt. Wilhelm Dorra überlebte den Faschismus nicht. Er kam am 7. November 1944, nur wenige Monate vor der Zerschlagung des Regimes, im Zuchthaus Hameln ums Leben.

Geheime Staatspolizei
Staatspolizeileitstelle Düsseldorf
B.-Nr. II A 1/ 2180/39.
Bitte in der Antwort vorstehendes Geschäftszeichen und Datum angeben.

Düsseldorf, den 14. Oktober 1939.
Prinz-Georg-Str. 98
Fernsprecher: Nr. 36391

An die

Geheime Staatspolizei,
Staatspolizeileitstelle Düsseldorf,
Aussendienststelle Essen in
Essen.

Betrifft: Kommunistische Umtriebe.
Vorgang: Ohne.
Anlagen: ./.

Die Stapoleitstelle in Münster/W. teilt folgendes mit:

"Wie hier von einem zuverlässigen holländischen V-Mann bekannt wurde, wird in kommunistischen Kreisen in Winterswyk in Holland erzählt, dass im Ruhrgebiet, und zwar mit dem Sitz in Essen, eine "Rote Organisation" aufgezogen worden sei, die sich aus Bergarbeitern zusammensetzen soll. In Essen soll unlängst eine Versammlung der Leiter stattgefunden haben, an der auch Kommunisten aus Winterswyk teilgenommen haben sollen. Weiter wird erzählt, dass, wenn das deutsche Heer im Ausland kämpfe, die Hakenkreuzfahne heruntergeholt und die "Rote Fahne" gehisst würde. –"

Ich ersuche um Bericht, was dort hierüber bekannt und zu ermitteln ist.

Im Auftrage:
gez. Bouillon.
Beglaubigt:
Kanzleiangestellte

Geheime Staatspolizei
Staatspolizeileitstelle Düsseldorf

Gestapo-Leitstelle Düsseldorf am 14. Oktober 1939 an die Gestapo in Essen: Hinweise auf eine Widerstandsgruppe im Ruhrgebiet.

Nachdem mir im Sommer 1976 Margarete Salz Einzelheiten ihrer Tätigkeit in Essen erzählt hatte, unterhielt ich mich kurze Zeit später mit Walter Schischke und seiner Frau. Bei ihnen hatte die Antifaschistin während ihrer letzten Instrukteurreise ein Obdach gefunden. Damals hatten sie noch in Essen-Katernberg gewohnt, jetzt aber wohnten sie in Essen-Borbeck, Bergheimer Straße.

„Selbstverständlich kann ich mich noch an Erna erinnern", sagte mir der ehemalige Bergarbeiter, während seine Frau aus einem Fotoalbum ein Bild heraussuchte. „Das ist Erna", unterbrach sie ihren Mann und zeigte es mir. „Als die grauenvolle Zeit vorbei war, hat sie uns das Foto geschickt. An dem Abend, als sie bei uns übernachtete, habe ich Kartoffelpuffer gebacken, für die sie sich immer wieder bedankte. Nach dem Essen saßen wir noch lange zusammen. Sie konnte interessant und lehrreich erzählen, hörte aber auch aufmerksam zu, wenn wir etwas sagten."

„Bei einem Treff an der Bredeneyer Krone ist sie mir von dem Genossen vorgestellt worden, mit dem ich mich bis dahin immer getroffen hatte", begann Walter Schischke, als ich nach Einzelheiten seines ersten Zusammentreffens mit „Erna" fragte.

„Anschließend nahm ich sie mit nach Hause, weil sie über kein Quartier verfügte. Wenige Tage später wurde ich mit fünf anderen Genossen unserer Gruppe festgenommen. Die folgenden fünf Jahre verbrachte ich in den Zuchthäusern Münster und Hameln. Danach verhängte man über mich die ‚Schutzhaft', und ich kam in das Konzentrationslager Buchenwald. Hier erlebte ich 1945 die Befreiung.

Eines möchte ich aber noch sagen: Unsere antifaschistische Tätigkeit begann nicht etwa erst 1938, nein, wir haben den braunen Machthabern von Anfang an die Stirn gezeigt. Schon im März 1933 holten sie mich. Zwei Monate blieb ich in ‚Schutzhaft'. Danach ging die illegale politische Arbeit weiter. Wir erhielten Flugblätter, schoben sie heimlich unter Haustüren, warfen sie in Briefkästen oder klebten sie nachts an Bäume längs der Straße."

„Einmal hatte er solche Flugblätter in einer Tasche auf dem Gepäckträger seines Fahrrades", unterbrach Frau Schischke: „Er wollte sie anderen bringen und war auf dem Wege dorthin. Da kam ihm plötzlich ein Zug SA-Leute entgegen, die eine große Hakenkreuzfahne vor sich hertrugen. Einer solchen Fahne mußte jeder mit erhobener Hand seine Referenz erweisen. Kurzentschlossen stieg Walter vom Fahrrad, nahm Haltung an und grüßte vorschriftsmäßig. Hätten die braunen Marschierer gewußt, was er mit sich führte, es wäre ihm schlecht ergangen."

Walter Schischke erzählte weiter: „Oft waren wir nahezu verboten leichtsinnig. Ich erinnere mich noch gut daran, wie ich an einem kleinen Wanderzirkus vorbeifuhr, der direkt an der Straße sein Zelt aufgeschlagen hatte. Vom Fahrrad aus warf ich Flugblätter über die Zeltwand und trat dann gewaltig in die Pedalen.

Das hätte leicht ins Auge gehen können." Die Familie hatte es nicht leicht, als man Walter Schischke verhaftete. Schlimme Jahre folgten. Zunächst war auch Frau Schischke festgenommen worden. Zwei Tage später konnte sie jedoch nach Hause zurückkehren.

Geheime Staatspolizei
Staatspolizeistelle Dusseldorf
Aussendienststelle Essen

Essen, den 30. Juni 1939

Durchsuchungsbericht.

Am 29.Juni 1939 wurde von den Kriminal-Oberassistenten H a s s e l b a c h, Krim.-Asst. H o m b e r g, Krim.-Asst.Anw. S c h m i t t und Kriminal-Angestellten D i n k e l l e r, gelegentlich der vorläufigen Festnahme des Strassenbahn - schaffners

Robert A n t o n, geb. am 5.8.00 zu Schöntal, wohnhaft in Essen-Katernberg, Hanielstr. 36, die aus zwei Räumen bestehende Wohnung durchsucht und folgende Gegen - stände sichergestellt:

1.) Unter einem Aquarium versteckt die illegalen Broschüren:
   a) "Der 8Stundentag bleibt die Regel ! Dafür sorgen, ist unsere Aufgabe."
   b) "Resolution der Berner Konferenz der KPD." (30.1. bis 1.2.1939.)
   c) "Vom deutschen Schicksal." Getarnt. ImInnern : Gruss an Ernst Thälmann zum 20.Jahrestag der KPD."
   d) "Grösse, Glück und Unglück in der Weltgeschichte." Getarnt: KPD, SPD und der Kampf um die neue Republik.
2.) 1 Broschüre: "Zwangsarbeit in der SU."
3.) 1 Liederbuch: "Festbuch des Arbeitersamariterbundes."
4.) 4 Notizzettel, darunter 1 Zettel mit einer Amsterdamer-anschrift. Dieser Zettel befand sich in der Geldbörse des Anton.
5.) 1 Buch über Heinrich H e i n e, zusammengestellt von Nora Z e p l e r.-

Die unter 1 und 4 aufgeführten Schriften bezw. Notizzettel sind dem Aktenvorgang beigeheftet.

Has.

Kriminal-Oberassistent.

Bericht der Gestapo über die Hausdurchsuchung bei dem Essener Straßenbahner Robert Anton am 30. Juni 1939.

Mit Walter Schischke war am 29. Juni 1939 auch der Straßenbahnschaffner Robert Anton festgenommen worden. Er hatte Margarete Salz nicht gekannt, begegnet sind sie sich nie. Zu einer Zuchthausstrafe von vier Jahren verurteilt, zwang man ihn später in das „Bewährungsbataillon 999". Erst 1946 kehrte er aus englischer Kriegsgefangenschaft zurück. Über seine Tätigkeit in der Widerstandsgruppe konnte ich ihn nicht mehr selbst befragen, denn 1972 verstarb er im Alter von 72 Jahren. Seine Frau Anna traf ich im Herbst 1976 in der gleichen Wohnung an, aus der heraus ihr Mann 36 Jahre zuvor festgenommen worden war, im Haus in der Essen-Katernberger Hanielstraße Nummer 36, inmitten einer Arbeiterkolonie. Die inzwischen fast 75jährige Arbeiterfrau erzählte:

„Nachts um halb zwei Uhr kamen sie, um ihn zu holen. Schon am Nachmittag waren sie dagewesen, aber Robert arbeitete. Er hatte Dienst auf dem letzten Straßenbahnwagen in Richtung Mülheim. Danach mußte er noch auf dem Depot das Fahrgeld abrechnen. An solchen Tagen kam er dann immer mitten in der Nacht nach Hause. Als er sich gerade seine Schuhe auszog, stürmten sie mit vier Mann herein. Später hörte ich, daß sich außerdem noch zwei Gestapo-Beamte auf dem Hof und zwei auf der Straße postiert hatten.

Die vier in unserer Wohnung begannen alles zu durchsuchen. Schränke wurden geöffnet, Schubladen herausgezogen und der Inhalt durcheinandergeworfen. Uns blieb nichts weiter übrig, als dem Treiben zuzusehen. Im Nebenzimmer lagen unsere 16 Monate alten Zwillinge, an Masern erkrankt, in ihrem Bettchen. Beide fieberten, und ich hatte zusätzlich eine Wolldecke über sie gebreitet. ‚Deswegen machen Sie ein solches Theater', fragte mich einer der Schnüffler, den ich auf die Krankheit meiner Kinder aufmerksam gemacht hatte. Danach lächelte er hämisch, zog die Decke von den beiden Kleinen und durchsuchte ihr Bettchen. Später fanden sie unter dem Aquarium in der Wohnstube einige Flugblätter, die mein Mann dort versteckt hatte.

Danach nahmen sie Robert mit. Eine lange Zeit wußte ich nicht, wo er war. Mehrmals ging ich zur Gestapo in die Kortumstraße und fragte nach ihm. Aber man beantwortete meine Frage nicht. Schließlich gingen mir die Nerven durch. Rein zufällig hatte ich bei einem erneuten Besuch einen der Haussucher wiedererkannt. Ich folgte ihm in sein Dienstzimmer und sagte ihm, ich würde nicht eher wieder aus dem Zimmer hinausgehen, bis man mir sagt, wo mein Mann ist. Und ich war fest entschlossen, das auch zu tun.

Erst dann erhielt ich eine Besuchserlaubnis und sah Robert für einige Augenblicke wieder. Als später in Hamm das Urteil gefällt wurde, saß ich mit den Frauen der anderen Angeklagten im Gerichtssaal. Zuerst wollte man uns gar nicht hineinlassen. Ohne die Hilfe eines einsichtigen Gerichtsbeamten wäre uns das auch nicht gelungen. Erst 1946 kam mein Mann wieder nach Hause. Es waren harte Jahre, die wir damals erlebten, aber verzagt haben wir beide nicht. Seine antifaschistische Arbeit billigte ich mit allen Konsequenzen. Wie Robert, war auch ich immer bemüht, mitzuhelfen, Faschismus und Krieg zu verhindern. Das ist auch heute noch so. Den politischen Ansichten meines Mannes bin ich über seinen Tod hinaus treu geblieben."

Wie ich kurze Zeit später in einer Gestape-Akte nachlesen konnte, hatte man bei der Haussuchung unter dem Aquarium gefunden: die Broschüre „Der 8-Stunden-Tag bleibt die Regel! Dafür sorgen ist unsere Aufgabe!", die „Resolution der Berner Konferenz der KPD vom 30. 1. bis 1. 2. 1939" und die Tarnschriften „Vom deutschen Schicksal", mit einem Gruß an Ernst Thälmann zum 20. Jahrestag der KPD, sowie „Grüße, Glück und Unglück in der Weltgeschichte", die u. a. einen Aufsatz von Anton Ackermann „KPD und SPD und der Kampf um die neue Republik" enthielt. Mitgehen ließ man auch ein „Festbuch des Arbeitersamariterbundes", ein Buch über Heinrich Heine und vier Notizzettel.

Die Erlebnisse der Instrukteurin Margarete Salz bei ihren Reisen ins Ruhrgebiet und das Wirken der Essener Kommunisten, zu denen sie Kontakt hatte, sind ein überzeugender Beweis des Arbeiterwiderstandes im siebten Jahr der faschistischen Herrschaft.

Die Echternacher Springprozession 1938 und die Emigrantin Anna Fichter

Am 14. November 1939 verurteilte der II. Strafsenat beim Oberlandesgericht in Hamm den Essener Antifaschisten Walter Schichke „wegen Vorbereitung eines hochverräterischen Unternehmens" zu fünf Jahren Zuchthaus. Er hatte jener Widerstandsgruppe angehört, zu der die KPD-Instrukteurin Margarete Salz am NSDAP-Gautag 1939 über ihn Kontakt aufnahm. Sie war ihm an jenem Tage als „Erna" vorgestellt worden. Ihren richtigen Namen kannte er nicht. Auch der Gestapo blieb er zu der Zeit noch verborgen. Im Zuchthaus Münster verbrachte der Essener die ersten Jahre nach seiner Verurteilung. Hier wurde er am 2. Dezember 1941 zur Verwaltung gerufen. Man legte ihm das Foto einer Frau vor. Die Frage, ob er sie kenne, konnte er ohne Zögern verneinen. Er kannte sie wirklich nicht.

Es ist verständlich, wenn bei der Fülle des späteren Erlebens diese Begebenheit bald wieder aus dem Gedächtnis von Walter Schischke entschwand. Mir wurde sie im Düsseldorfer Hauptstaatsarchiv durch eine Personalakte der Gestapo unter dem Namen Anna Fichter bekannt.

Auch Anna Fichter wurde in der Widerstandsbewegung „Erna" genannt.

Zwischen der „Erna", die Walter Schischke am 25. Juni 1939 getroffen hatte, und der „Erna", die mit ihrem richtigen Namen Anna Fichter hieß, vermutete die

Gestapo Zusammenhänge, die aber nicht bestanden. Zwar war auch sie aus Essen und auch Mitglied der KPD, aber während er in Essen-Katernberg zu Hause war, wohnte sie bis Anfang 1935 in Essen-West, Freitagstraße 27.

Die Fichters

Am 23. Juli 1910 in Remscheid geboren und im Alter von vier Jahren nach Essen gekommen, verlebte sie hier ihre Kindheit, ging hier zur Schule und wuchs heran. Mit 17 Jahren trat sie der KPD bei. Die politische Arbeit führte sie mit Oskar Fichter zusammen, den sie 1928 heiratete.

Oskar Fichter, am 30. Januar 1898 im badischen Furtwangen geboren, war um 1920 nach Essen gekommen. Der gelernte Steindrucker arbeitete zunächst als Hilfsarbeiter beim Rheinisch-Westfälischen Elektrizitätswerk und danach drei Jahre als Bergmann. Dann fand er eine Arbeitsstelle in seinem Beruf, wurde bald darauf aber wieder entlassen und zählte fortan zum Heer der Erwerbslosen.

Nach dem 30. Januar 1933 setzte der Kommunist Oskar Fichter seine politische Arbeit fort, bis er im September 1933 festgenommen wurde. Kurz vor Weihnachten 1933 kam er wieder frei, ging jedoch bald darauf auf Anweisung seiner Partei in die Emigration. Seine Frau folgte ihm Monate später.

Die folgenden Jahre verbrachten die Eheleute in Holland, Belgien und Luxemburg. Hier konnten sie sich keineswegs frei bewegen, sondern lebten illegal, einmal hier, einmal da. Die Entdeckung durch die Polizei endete gewöhnlich immer mit einer Ausweisung aus dem Land, in dem sich beide gerade befanden.

Für die Fichters waren die Jahre der Emigration kein Müßiggang. Gewiß, auf Schritt und Tritt spürten auch sie die Solidarität holländischer, belgischer oder luxemburgischer Antifaschisten, aber jeder einzelne mußte mithelfen, seinen und den Lebensunterhalt anderer zu sichern. Quartiere wurden benötigt und Geld. Jeder hatte eine Liste mit den Namen von Sympathisierenden und suchte diese regelmäßig auf. Daneben traf man sich mit Freunden aus Deutschland und hielt sich politisch auf dem laufenden.

Mehrfach wurden Oskar und Anna Fichter auch zur Grenzarbeit eingesetzt. Diese Arbeit erforderte Mut und Organisationstalent. In unmittelbarer Grenznähe trafen sie Genossen, die über vorher organisierte Verbindungswege aus Deutschland kamen. Von ihnen erhielten sie Berichte und Informationen, besprachen gemeinsam die Ereignisse und gaben illegale Literatur mit nach Deutschland.

Der Zweite Weltkrieg trennte das Ehepaar Fichter. Anna Fichter wurde nach ihrer Festnahme durch die belgischen Behörden am 6. Oktober 1939 in Antwerpen interniert. Ihr Mann lebte fortan illegal in Frankreich.

Im Zuchthaus Brügge erlebte sie am 10. Mai 1940 den deutschen Überfall auf Frankreich, Holland, Belgien und Luxemburg. Zunächst nach Ostende verlegt, brachte man sie von dort in ein Lager an der Nordseeküste, nicht weit von der französischen Grenze entfernt.

Am 22. Mai 1940 erreichten die vorrückenden faschistischen Truppen das Lager. Gemeinsam mit Gleichgesinnten konnte Anna Fichter im ersten Durcheinander entkommen. Über Ostende und Gent gelangte sie nach Brüssel und führte hier mehr als ein Jahr lang ihre illegale antifaschistische Arbeit fort. Jetzt im faschistisch besetzten Belgien und unter größeren Gefahren als vorher.

Am 19. August 1941 geriet sie in die Hände der Gestapo und wurde bald nach Essen überführt.

„Die Näherin Anna Elvira Fichter... wird angeklagt, ... das hochverräterische Unternehmen, mit Gewalt oder durch Drohung mit Gewalt, die Verfassung des Reiches zu ändern, vorbereitet zu haben...", ließ Staatsanwalt Semler in die Anklage schreiben, die am 11. Juni 1942 das Oberlandesgericht in Hamm veranlaßte, Anna Fichter zu eineinhalb Jahren Gefängnis zu verurteilen.

Nach Verbüßung der Strafe in „Schutzhaft" genommen, beantragte und erreichte die Essener Gestapo ihre Einweisung in das Frauenkonzentrationslager Ravensbrück.

Am 27. April 1943 trat Anna Fichter die Reise nach Ravensbrück an. Genau zwei Jahre erlebte sie hier mit Tausenden anderer Leidensgenossinnen den Terror der Unmenschen. Ihre Freiheit am 28. April 1945 verdankte sie den sowjetischen Truppen.

Erst danach erfuhr sie Einzelheiten über das Schicksal ihres Mannes, der bis Ende 1942 illegal lebte. Dann war er in Holland verhaftet und im August 1942 vom 2. Senat des Volksgerichtshofes wegen seiner antifaschistischen Tätigkeit zum Tode verurteilt worden. Am 18. Januar 1943 vollstreckte der Henker das Urteil im Kölner Klingelpütz-Gefängnis.

Ein von ihm am Tage der Hinrichtung geschriebener Brief erreichte Anna Fichter erst nach ihrer Befreiung aus dem Konzentrationslager. Er war an ihre Schwester mit der Bitte Oskar Fichters gesandt worden, ihn erst nach dem Kriege der Empfängerin auszuhändigen.

Acht Tage vor dem Mord an dem Essener Kommunisten hatten Truppen der Roten Armee den Angriff zur Liquidierung des Kessels bei Stalingrad begonnen. Der überzeugte Antifaschist erkannte in dem, was nun begann, die Wende des Krieges. Darum war für ihn das Ende des Krieges gleichbedeutend mit der Niederlage des deutschen Faschismus. Als Anna Fichter 1945 den Brief ihres Mannes in Händen hielt, las sie diese mutigen Zeilen:

„Mein braves Lieb! Nun ist die Entscheidung gefallen. Nur noch wenige Stunden, und das Urteil wird vollstreckt sein. Sei fest davon überzeugt, daß ich den Tod in ruhiger und fester Haltung erwarte. Dich aber bitte ich von ganzem Herzen, trauere nicht lange um meinen Tod. Richte Deine Blicke in die Zukunft, in der Dich ein neues Leben erwartet. Das wird Dir die Kraft verleihen, um über das

Volksverräter hingerichtet

Die Justizpressestelle beim Volksgerichtshof teilt mit: Der 44jährige Oskar Fichter aus Groningen, den der Volksgerichtshof zum Tode verurteilt hat, ist am 18. Januar 1943 hingerichtet worden. Der Verurteilte hat sich in der illegalen kommunistischen Partei hochverräterisch gegen das Reich betätigt und militärische Geheimnisse verraten.

Der Essener Antifaschist Oskar Fichter im Jahre 1933 und die Mitteilung über die Vollstreckung seines Todesurteils am 18. Januar 1943 in Köln.

Geschehene bald hinwegzukommen. Ich selbst habe den Wunsch geäußert, daß Du während Deiner Inhaftierung von meiner Verurteilung sowie von der Vollstreckung des Urteils nicht unterrichtet werden solltest. Deine seelische Ruhe durfte einer so schweren Belastung nicht ausgesetzt werden.

Wenn ich in mein vergangenes Leben zurückblicke, so möchte ich sagen, daß ich Dich nicht umsonst geliebt habe.

So hart auch meine Kinderjahre waren, als ich vom achten bis zum vierzehnten Lebensjahr bei Bauern das Vieh gehütet habe, so hat doch auch diese Zeit viele Erlebnisse aufzuweisen, die ein Kinderherz mit wahrer Freunde erfüllen konnte. Ich liebte besonders die schönen Sommerabende, wenn kurz vor Sonnenuntergang das Vieh ruhig weidete und ich am kleinen Bergbach ungestört meinen Spielereien nachgehen konnte.

In meiner letzten Stunde will ich noch einmal an die zehn Jahre erinnern, die wir Hand in Hand und stets im schönsten kameradschaftlichen Zusammenleben gegangen sind. Dein feiner Charakter, der frei ist von allen unschönen Tugenden, besonders aber Dein gutes Herz, das immer so liebevoll und sorgsam über mich wachte, haben mir das Leben unsagbar schön gemacht. Dafür danke ich Dir noch einmal mit heißem Herzen... Wie schön und inhaltsreich war doch diese Zeit.

Ich muß zum Schluß kommen. Nochmals, mein Lieb, bleibe stark. Ich wünsche Dir für den Rest Deines Lebens viel, viel Glück und ein sorgenfreies Dasein. In Gedanken küsse ich Dich und schließe Dich innig in meine Arme. Lebe wohl! Dein Oskar."

Anna Fichter hat in all den Jahren danach das Vermächtnis ihres Mannes in Ehren gehalten. Sie blieb leidenschaftliche Antifaschistin und überzeugte Kommunistin.

Die Echternacher Springprozession 1938

Im Jahre 1974 besuchte ich sie in ihrer Wohnung in der Clausthaler Straße. Sie hatte wieder geheiratet und hieß jetzt Anna Teschner. Sie erzählte einige Erlebnisse aus den schweren Jahren, die sie zwar überlebte, aber niemals vergessen wird:

„Die Echternacher Springprozession 1938 war so etwas. Es war am Tage nach Pfingsten, sagen wir am dritten Pfingsttag, ein Dienstag also. Wie alljährlich fand auch 1938 diese international bekannte Springprozession im luxemburgischen Echternach statt, einem kleinen Städtchen unmittelbar an der deutschen Grenze. Von überall her kamen gläubige Katholiken. Wir wußten, daß auch viele aus Deutschland erwartet wurden.

Mein Genosse Otto Niebergall, der mich bei meiner Arbeit betreute, sprach einige Tage vorher mit mir das durch, was ich dann am dritten Pfingsttag in die Tat umsetzte.

An die Katholiken Deutschlands!

Vor einem Jahre wandten wir uns an Euch mit dem Vorschlag, ein festes Bündnis aller von der nationalsozialistischen Diktatur verfolgten und gequälten Menchen zu schaffen. Wir sagten damals in unseren Offenen Worten:

«Wir Kommunisten empfinden jeden Schlag den der Nationalsozialismus Euch zufügt, als einen Schlag, der alle Freunde des Volkes trifft. Wir wissen, dass jede Beeinträchtigung Eurer Glaubensfreiheit, jeder Eingriff in die tätige Ausübung der Nächstenliebe durch die Caritasorganisationen, jede Terrormaßnahme gegen die Vertretung der rechtlichen und billigen Ansprüche der Arbeiter und Werktätigen, ein Schaden für unsere gemeinsame Sache — den Kampf um den Frieden — ist. Deshalb unterstützen wir nach Kräften Euren gerechten Kampf für Eure Rechte, für die Glaubensfreiheit. In der Abwehr der schmutzigen Angriffe der Rosenberg und Streicher stehen wir an Eurer Seite...

Der Kampf für Glaubensfreiheit ist unzertrennlich verbunden mit dem Freiheitskampf des deutschen Volkes.»

Nun liegt ein weiteres Jahr der nationalsozialistischen Knechtschaft hinter uns. Es war ein Jahr bitterer Leiden und trüber Erfahrungen für alle deutschen Menschen, die nicht in blindem Gehorsam dem Manne, der sich als gottähnlich feiern läßt, in einen neuen Krieg folgen wollen. Papst Pius XI. sagte in seiner Weihnachtsbotschaft 1937:

«Es besteht eine Verfolgung in Deutschland. Seit ziemlich langem bestreitet man das und sagt, es sei nicht wahr. Wir jedoch wissen im Gegenteil, daß es nur wenige Male eine so schreckliche und schwere Verfolgung gegeben hat, die bereits so furchtbar an verhängnisvollen Wirkungen ist.»

Wer auch nur noch einen Funken der Hoffnung hegte, die grausamen Glaubens- und Gewissensverfolgungen durch die braune Tyrannei würden gemildert werden, ist

durch die neuen furchtbaren Erfahrungen in Oesterreich schmerzlich enttäuscht worden!

Seit dem 12. März seht Ihr, deutsche Katholiken, daß Eure katholischen Brüder in Österreich — wie auch Marxisten, Demokraten und Juden — den schrecklichsten Torturen und schamlosesten Beleidigungen durch landfremde SS- und Gestapobanden ausgeliefert sind. Hunderte österreichischer Priester, tausende Anhänger der früheren österreichischen Regierung, Männer des öffentlichen Lebens, Beamte, Bürger und Bauern, sind neben tausenden antifaschistischer Arbeiter eingekerkert worden. Wie der Nationalsozialismus am 30. Juni 1934 den Leiter der katholischen Aktion, Klausener, und den katholischen Jugendführer Probst ermordete, so wurden in den Wochen seit Hitlers militärischem Überfall auf Österreich viele katholische Männer von den ausgesuchten Mördergruppen der Himmler und Bürckel totgeschlagen — und höhnisch wurde im nationalsozialistischen Rundfunk von einer «Selbstmord-Epidemie unter unseren Feinden» gesprochen! Ebenso wie in Deutschland werden in Österreich alle katholischen Organisationen vernichtet

Wer vielleicht noch glaubte, es gäbe einen anderen Weg zur Freiheit als den Zusammenschluß des Volkes gegen die Nazidiktatur, dem müssen die österreichischen Ereignisse endlich die Augen geöffnet haben!

Wäre der Zusammenschluß der Katholiken, Kommunisten, Sozialisten und Demokraten, der sich in den Wochen vor dem Einmarch Hitlers anbahnte, rechtzeitig und mit Entschlossenheit durchgeführt worden, so hätte die Unabhängigkeit Österreichs mit Erfolg verteidigt werden können.

Dazu wäre bei keiner dieser Volksgruppen der Verzicht auf ihre Religion oder Weltanschauung nötig gewesen. Es hätte nur der Wille zum großen Gemeinsamen, der Einigung zum Freiheitskampf gegen die Hitlertyrannei, über alles verfochten werden müssen.

Wir wollen darum nach den österreichischen Erfahrungen Euch, deutschen Katholiken, erneut unseren Willen zum gemeinsamen Kampf für Meinungs-, Glaubens- und Gewissensfreiheit, für die Freiheit unseres gequälten Volkes, für die Rettung unserer Heimat vor der Kriegskatastrophe kundtun.

Denn die Gefahr des Hitlerkrieges steht vor der Tür. Alle Schleusen der Kriegshetze sind gegen die Tschechoslowakei geöffnet. Wer könnte übersehen, daß damit die braunen Abenteurer Deutschland in einen neuen *Weltkrieg* treiben! Spanien, Österreich, Tschechoslowakei — das ist der Weg der Gewalt und des Angriffes auf andere Völker, der tragisch für unser Volk und die Menschheit enden muß, wenn nicht *wir*, Katholiken, Kommunisten und Sozialdemokraten, *wir*, das friedens- und freiheitsliebende deutsche Volk, das unsere tun, um uns zu *einigen* und uns dieser verhängnisvollen Eroberungspolitik des Nationalsozialismus mit vereinten Kräften entgegenzustellen! *Das ist der einzige Weg* zu Frieden und Freiheit für jeden aufrechten Menschen.

Der Weg Innitzers

zum Kniefall vor der schändlichen Rassen- und Kriegshetze kann *niemals* der Weg der Katholiken sein!

Wir Kommunisten wissen sehr wohl daß Kardinal Innitzer *nicht* der berufene Sprecher des katholischen Volkes ist. Wir sind mit Euch, Katholiken, einer Meinung, daß Innitzer ohne Scham und unter Bruch seiner früheren Erklärungen für Schuschnigg den Stiefel der nationalsozialistischen Vergewaltiger Österreichs geküßt hat. «Solche Beschützer der kirchlichen Interessen treiben einen Mißbrauch der ihnen anvertrauten Autorität», sagte dazu die Rundfunkstation des *Vatikans* am 1. April 1938, und sie fügte hinzu: «Alle rechtlich denkenden Menschen würden dieses Bekenntnis der Priester zu den Machthabern des Tages für *mangelnde Würde und Treue* halten.

Der «Deutsche Weg», ein katholisches Organ, hat gewiß die Stimmung von Euch deutschen Katholiken und auch die Eurer österreichischen Brüder zum Ausdruck gebracht, als er den Innitzers vorhielt:

«Ihr habt die Kirche verraten. Ihr habt die Grundsätze zertreten. Ihr habt dem Kaiser Gott geopfert. Ihr setzt die Nation über die Religion. Und das religiöse Mäntelchen, das Ihr dabei umlegt ... ist nicht Stoff vom unteilbaren Gewande Christi, sondern es sind Fetzen vom Hohenpriester-Mantel des Kaiphas.»

Diese Worte helfen, klarer zu sehen. Wir Kommunisten weisen alle Versuche zurück, Euch, das katholische Volk, für die Haltung Innitzers verantwortlich zu machen. Wir wissen: Für jeden Innitzer gibt es in Deutschland, in Österreich, in Spanien hunderttausende Katholiken, darunter viele Priester, die bis zum letzten Atemzug Todfeinde der braunen Barbarei bleiben! Nicht in Innitzer, sondern in dem

Dieses Flugblatt verteilte Anna Fichter anläßlich der Echternacher Springprozession an

Volksfreund und Friedenskämpfer Kaplan Rossaint

im Berliner *Zuchthaus* sehen alle wahren Deutschen den Vorkämpfer der Katholiken. Wir haben vor einem Jahr das leidende katholische Volk zur sittlichen Größe und zum Mut dieses Priesters beglückwünscht, wohl wissend, daß es viele Rossaints mit oder ohne Priesterrock in unserem Lande gibt.

Nach den österreichischen Ereignissen und dem Verrat Innitzers werden wohl viele von Euche, katholische Freunde, besser verstehen, was in *Spanien* wirklich geschehen ist. Die rechtmäßig gewählte, republikanische Regierung Spaniens, an der auch Vertreter der katholischen Parteien des Baskenlandes und Kataloniens teilnahmen, hat feierlich die volle Glaubens- und Gewissensfreiheit garantiert. Sie kämpft nicht gegen die katholische Kirche, *die spanischen Innitzers*, die gemeinsame Sache mit den volksfeindlichen Rebellengenerälen und der Hitlerinvention machen, *zu verteidigen*. Es ist kein Zufall, daß Kardinal Innitzer auch einer der aktivsten österreichischen Fürsprecher des Generals Franco war.

Deutsche Katholiken!

Unsere brüderliche Bereitschaft zum gemeinsamen Kampf mit Euch gegen die braune Diktatur ist — wir versicheren Euch das erneut — keine Angelegenheit kleinlicher und vorübergehender taktischer Überlegungen, wie es leider noch manche katholischen Führer annehmen.

Sie erwächst aus dem gemeinsamen Schicksal der gemeinsamen Sorge um den gefährdeten Frieden, der gemeinsamen tiefen Sehnsucht nach freier Betätigung unserer Überzeugung oder unseres Glaubens. Sie ist begründet in der Erkenntnis, daß ohne gemeinsamen Kampf es für niemanden Freiheit in Deutschland geben kann. Es ist darum unser unerschütterlicher Wille, mit allen Gegnern Hitlers zur Kampfgemeinschaft für die Erringung der demokratischen Freiheit zu gelangen!

Der Generalsekretär der Kommunistischen Partei Frankreichs, ein wirklicher Freund des deutschen Volkes, Maurice *Thorez*, hat wiederholt den französischen Katholiken *die Hand entgegengestreckt* zur gemeinsamen Verteidigung der demokratischen Freiheiten und der gerechten sozialen Ansprüche der Volksmassen, in der Weihnachtsbotschaft 1937 des Papstes, die von den Katholikenverfolgungen in Deutschland sprach, wurde gesagt:

«Ergreifen wir die dargebotene Hand»,

und in diesem Sinne verkündete der Erzbischof von Paris, Verdier:

«Wir wollen die Hand allen jenen reichen, die leiden oder im Elend sind... Wir wollen allen helfen, wenn man nicht von uns verlangt, auch das geringste Teilchen der heiligen Wahrheit zu opfern.»

Ihr, deutsche Katholiken, konntet Euch in den letzten Jahren davon überzeugen, daß wir Kommunisten Euch niemals die Preisgabe des geringsten Teilchens Eures Glaubens bei unseren Vorschlägen zum gemeinsamen Kampf zugemutet haben.

Durch unseren Willen, gemeinsam mit Euch für Glaubens- und Gewissensfreiheit, für persönliche und politische Freiheit zu kämpfen, bekräftigen wir unser Prinzip der gegenseitigen Achtung der religiösen oder weltanschaulichen Gefühle, unsere schärfste Ablehnung der gewaltsamen Unterdrückung der Religion, wie sie von Hitler und Rosenberg im Interesse ihrer totalen Kriegspolitik betrieben wird.

Unsere Versicherungen sind keine Worte, die vergehen sollen wie Schall und Rauch. Sie wurden seit Jahren begleitet von *brüderlichen Taten.* Immer wieder traten Kommunisten als Vorkämpfer für die Unterstützung bedrängter Katholiken durch alle Antifaschisten und die gesamte werktätige Bevölkerung auf.

Wir erinnern Euch, wie Kommunisten und Sozialisten Euch zur Seite standen im Kampf für das Kreuz in Frankenholz an der Saar und in Cloppenburg. Wir erinnern an die Hilfe, die wir als proletarische Antifaschisten Euern Kampf gegen die Nazierung der Bekenntnisschulen angedeihen ließen. Wir erinnern an die nicht seltenen Fälle, wo Kommunisten und Sozialisten Euch in Bewegungen zum Schutze Eurer von SS-Banden bedrohten Pfarrer, bei der Verteidigung Eurer Kirchen, gegen aufgehetzte Hitlerjugend und bei der Durchsetzung der Freiheit Eurer Prozessionen brüderlich beistanden. Nicht nur unsere Worte, sondern *unsere Taten und damit Eure eigenen Erfahrungen* zeugen für die Aufrichtigkeit unseres Wollens!

Wir erinnern Euch, wie sich vielfach katholische Arbeiter mit ihren kommunistischen und sozialdemokratischen Kollegen *in den Betrieben* zusammenfinden zu Bewegungen des Widerstandes gegen die unmenschliche Auspressung, gegen ungerechte Löhne und Arbeitsbedingungen. In der *solidarischen Hilfe* für die Opfer des Terrors der Hitler und Himmler haben in manchen Orten christliche Hitlergegner und proletarische Antifaschisten Fühlung genommen. Vor dem 10. 4. haben sich in vielen Fällen Kommunisten, Sozialdemokraten und Katholiken zu einer *gemeinsamen* Propaganda für «Nein» zusammengefunden — und gerade die Resultate dieser kameradschaftlichen gemeinsamen Arbeit unter den heutigen schwierigen Bedingungen zeigen Euch und uns, wie wir gemeinsam für die Aufklärung der von den Nazführern irregeführten Volksgenossen und gegen die Kriegsgefahr arbeiten können.

All diese scheinbar bescheidenen Dinge sind von größter Bedeutung für den deutschen Freiheitskampf. Sie sind der Samen, der Früchte tragen wird. Sie werden helfen, daß zwischen Katholiken, Bekenntnis-Christen, Kommunisten und Sozialisten überall im Lande die gegenseitige Hilfe und Unterstützung gegen den gemeinsamen Feind gepflegt und gefördert wird.

Katholische Freunde!

Unser Volk braucht jetzt mehr als je diese engste kameradschaftliche Zusammenarbeit aller Verfechter des Friedens und der Freiheit. Je mehr wir sie schaffen, desto schneller entwickelt sich daraus

die wahre Front des Volkes gegen die Hitlerdiktatur.

Wir haben keinen Zweifel, daß bei gutem Willen auf allen Seiten die noch vorhandenen Hemmnisse weggeräumt werden können, damit die deutsche Volksfront zur Wirklichkeit werde — die große einige Front, deren gemeinsame Fahne die Losungen sind:

Kampf zur Rettung Deutschlands vor Hitlergrieg und Untergang!

Kampf für ein freies demokratisches und glückliches Deutschland, für das Selbstbestimmungsrecht des österreichischen Volkes!

Kampf für Frieden, Freiheit und Recht!

Anfang Mai 1938.

Zentralkomitee
der Kommunistischen Partei
Deutschlands

deutsche Katholiken.

Mit einem Haufen Flugblätter in der Tasche war ich schon frühmorgens auf den Beinen. Auf ihnen war ein Brief an die deutschen Katholiken abgedruckt, der sie zur Verteidigung des Friedens aufrief. Zu Hunderten kamen sie über die kleine Sauerbrücke, unmittelbar an der Grenze.

Während der Prozession hielten sich die Teilnehmer an Taschentüchern gegenseitig fest und sprangen zu den Klängen der Musik zwei Schritte vorwärts und einen zurück. Als ich das sah, mußte ich unwillkürlich an Lenin und sein bedeutendes Werk ‚Ein Schritt vorwärts, zwei zurück' denken, das unserer Partei eine große Hilfe gewesen war. Die Menschen in Echternach sprangen zwei Schritte vor und einen zurück, kamen zwar langsam, aber dennoch vorwärts. Wir wären stetig nur rückwärts gegangen, hätten wir die Ratschläge Lenins nicht befolgt."

Diesen seltsamen Vergleich stellte Anna Teschner so ganz nebenbei an, um dann wieder von den Ereignissen 1938 in Echternach zu berichten: „Ich konzentrierte mich bald voll auf meine Arbeit. Der Packen Flugblätter in meiner Tasche wurde zusehends kleiner. Zwei luxemburgische Genossen halfen mir. Überall, wo sich die Gelegenheit bot, verteilten wir unsere Briefe an die deutschen Katholiken. In ihnen wurde, neben dem Aufruf zur Verteidigung des Friedens, der Faschismus als der Feind der deutschen Nation gebrandmarkt und zum Widerstand aufgerufen. Wem wir sie auch reichten, sie wurden angenommen und gelesen. Einigen war unverhohlene Freude anzumerken. Es war für alle nicht einfach gewesen, herüberzukommen. Viele mußten sich vor der Grenzüberschreitung ausziehen und wurden untersucht. Ich sah sie halb ausgezogen aus dem Grenzhäuschen am anderen Ende der Sauerbrücke herauskommen. Als sie dann Flugblätter mit antifaschistischem Text in Händen hielten, ging über das Gesicht ein schadenfrohes Lächeln, und manchem mag allein schon deswegen der Weg nach Echternach als lohnend erschienen sein.

Die durchaus positive Aufnahme unserer Arbeit ließ uns mehr und mehr die gebotene Vorsicht vergessen. Bald standen wir unmittelbar an der Brücke und verteilten unter den Augen der faschistischen Grenzwachen die Flugblätter. Inzwischen waren SA-Leute in Uniform zur Verstärkung der Grenzer eingesetzt worden. Kritisch wurde es, als luxemburgische Polizei auftauchte und Anstalten machte, gegen mich einzuschreiten. Das blieb mir, aber auch anderen Menschen nicht verborgen. Sie blieben stehen. Es bildete sich ein regelrechter Menschenauflauf. Selbst die SA-Leute kamen bis zur Mitte der Brücke, um festzustellen, was los war.

Wenn ich der Polizei entgehen konnte, dann deshalb, weil meine luxemburgischen Genossen mit ihren Ellenbogen eine Gasse bahnten, durch die ich im Menschengewühl untertauchen konnte. Sie selbst mußten mit zur Polizeiwache kommen, konnten aber wieder gehen, nachdem man ihnen die wenigen noch in ihrem Besitz befindlichen Flugblätter abgenommen hatte. Der Zweck unseres

Einsatzes war erfüllt. Er hatte sich gelohnt." Fast auf den Tag genau 40 Jahre später fuhr ich mit Anna Teschner nach Echternach. Sie wollte mir an Ort und Stelle zeigen, wovon sie erzählt hatte. Gemeinsam gingen wir durch die Straßen des Städtchens. Krieg und Nachkriegszeit waren nicht spurlos an Echternach vorbeigegangen. Dennoch fand sie sofort den Weg zur Sauerbrücke, die hier die deutsch-luxemburgische Grenze bildet. Bald standen wir dort, wo 1938 am Tage nach Pfingsten eine antifaschistische Flugblattaktion stattfand.

Anna Teschner (rechts), die Anna Fichter von 1938, 40 Jahre später, im Mai 1978, an der Echternacher Sauerbrücke.

„Wenn du wüßtest, wer ich wirklich bin..."

Anna Teschner berichtete dann bei meinem Besuch in ihrer Wohnung über die Zeit vom Mai 1940 bis zum August 1941, über die fünfzehn Monate ihres illegalen Aufenthaltes im faschistisch besetzten Belgien:

„Als man nach dem deutschen Überfall auf Belgien am 10. Mai 1940 mich und andere Antifaschisten nach Ostende brachte, zählten zu dem Transport auch solche Internierte, die zu den Freunden der deutschen Faschisten gehörten. Nicht wenige davon waren Einheimische aus Flandern und Wallonien, Anhänger von Degrell, dem belgischen Naziführer. Man warf alle in einen Topf und behandelte uns genauso wie diese Faschisten. Endstation war ein Lager an der Küste, nicht weit von Ostende entfernt.

Elf Antifaschisten, zu denen auch ich gehörte, hatten sich zu einer Gruppe zusammengeschlossen. Auf keinen Fall wollten wir uns freiwillig in die Händfe der Aggressoren begeben. Dieser Entschluß stand fest, noch bevor deutsche Truppen das Lager erreichten. Als es dann soweit war, handelten wir, wie verabredet. Ein Durcheinander bei der Übergabe des Lagers nutzend, gelangten wir nach draußen.

Unser erstes Ziel sollte Ostende sein. Eine Genossin aus unserer Mitte besaß hier ein Zimmer. Darin wollten wir die Nacht verbringen. Es war schon später Nachmittag, als wir durch die Dünen marschierten. Eile war geboten, denn immerhin lag bis nach Ostende noch ein gutes Stück Weg vor uns. Am Himmel spielten sich Luftkämpfe ab, und oftmals zwang uns Artilleriefeuer, in Deckung zu gehen. Bald stießen wir auf einen deutschen Wachtposten. Unser gebrochenes Deutsch ließ ihn Einheimische vermuten, die nach der Flucht jetzt wieder auf dem Weg nach Hause waren. Man erwartete noch stärkeren Beschuß, meinte er und riet uns, für die Nacht einen Unterstand aufzusuchen. Nach dem Versprechen, seinem Rat zu folgen, ließ er uns passieren.

Im Zimmer der Genossin aus Ostende verbrachten wir die Nacht. Während sie in der Stadt blieb, machten wir uns zu zehnt anderntags auf den Weg nach Brüssel. In Brügge übernachteten wir in einem Pferdestall. Bei mir machten sich die acht Monate Internierung jetzt ganz besonders bemerkbar. Mein Schuhwerk war zerrissen, und die Füße waren voller dicker Blasen. Bis Gent kam ich noch, dann verließen mich die Kräfte. Die Straßen waren hier arg verstopft. Aus allen Richtungen kamen Menschen, um in die Orte zurückzukehren, aus denen sie Tage vorher geflohen waren. Deutsche Soldaten regelten den Verkehr.

Zu unserer Gruppe gehörte auch eine junge Genossin, sie war Jüdin, kam aus Polen, und hatte vor ihrer Internierung in Brüssel gelebt. Jetzt wollte sie dorthin zurück. Wir beide waren gesundheitlich am schlechtesten dran. Das schien auch dem deutschen Soldaten aufgefallen zu sein, der den Verkehr regelte. Als wir seine Frage nach dem Ziel unseres Weges in gebrochener deutscher Sprache beantwortet hatten, hielt er zwei belgische Personenkraftwagen an, in denen Zivilpersonen saßen. Sie fuhren beide in Richtung Brüssel, und er meinte, in jedem Wagen könne noch eine Person mitgenommen werden. Wir zwei stiegen ein und waren schneller als gedacht in der belgischen Hauptstadt. Meine junge Genossin und ihre Mutter nahmen mich auf und halfen mir wieder auf die Beine.

Trotzdem war guter Rat teuer. Ich hatte kein Geld, keine Lebensmittelkarten, keine Aufenthaltsgenehmigung. Ohne Aufenthaltsgenehmigung aber gab es keine Lebensmittelkarten, und Aufenthaltsgenehmigungen für Ausländer stellten nur die Deutschen aus. Das alles erfuhr ich von einem freundlichen Belgier auf dem Brüsseler Einwohnermeldeamt. Er war es auch, von dem ich den Rat erhielt, die Nationalsozialistische Frauenschaft in der Stadt aufzusuchen. Wenn ich es richtig anpacken würde, meinte er, könnte ich von dort Hilfe erwarten.

‚Entweder klappt es, oder ich sitze dick in der Tinte', dachte ich auf dem Weg in die Höhle des Löwen. Im Wartezimmer saßen zwei Männer aus dem deutschsprachigen Gebiet Belgiens. Aus ihrem Gespräch entnahm ich, daß sie Anhänger des belgischen Faschistenführers Degrell waren und offensichtlich dem gleichen Transport Internierter angehört hatten, mit dem auch ich 1940 nach Ostende gebracht worden war.

‚Ich war auch dabei', schaltete ich mich in das Gespräch ein und lenkte damit sofort ihre Aufmerksamkeit auf mich. Da wir uns im Wartezimmer der NS-Frauenschaft befanden, bestand für sie kein Zweifel daran, daß auch ich politisch zu ihnen gehörte. Erfreut drückten beide mir die Hand.

Als dann kurze Zeit später die Frauenschaftsleiterin das Wartezimmer betrat, wurden meine Gesprächspartner mit besonderer Herzlichkeit begrüßt. Mir wurde klar, daß sie hier bekannt waren. ‚Die Dame hat auch zu unserem Transport gehört und bedarf wie wir Ihrer Hilfe', sagte einer von ihnen und wies dabei auf mich. Jetzt wurde auch ich mit der gleichen freundschaftlichen Herzlichkeit begrüßt.

‚Wenn du wüßtest, wer ich wirklich bin', ging es mir durch den Kopf, machte aber das Spiel mit. Vor Jahren sei ich ohne Reisepaß meinem Mann nach Belgien gefolgt, erzählte ich der Nazi-Dame, als ich ihr kurze Zeit später gegenübersaß. Die belgischen Behörden hätten uns dann bei Kriegsausbruch getrennt, interniert und ihn wie auch mich später verschleppt. Jetzt möchte ich in Brüssel auf meinen Mann warten, um mit ihm zusammen wieder nach Deutschland zurückzukehren.

Der Erfolg dieser Notlüge war überwältigend. Ich wurde mitleidig angesehen und mußte eine Menge besorgter Fragen beantworten. ‚Wie geht es Ihnen gesundheitlich?' ‚Haben Sie ein Unterkommen?' ‚Wovon leben Sie? Diese und andere besorgte Fragen stellte man mir. Es ginge so la la, erwiderte ich, hätte zwar ein Unterkommen, jedoch fehle es mir an Lebensmittelkarten, weil ich keine Papiere besäße. Auch suche ich eine Arbeit, um meinen Lebensunterhalt bestreiten zu können.

Die Frauenschaftsleiterin wollte mir dann offenbar demonstrieren, daß sie in Brüssel zu jenen gehört, die das Sagen haben. Lebensmittelkarten für mich seien gar kein Problem, meinte sie und unterschrieb ein entsprechendes Papier mit der Anweisung an die belgischen Behörden, mir sofort Lebensmittelkarten auszuhändigen. Dann mußte ich noch den Empfang eines ansehnlichen Geldbetrages quittieren. ‚Über Arbeit können wir später reden, zuerst erholen Sie sich einmal von den Strapazen.' Mit diesem Ratschlag und der Aufforderung, recht bald wieder hereinzuschauen, wurde ich verabschiedet. Tatsächlich bin ich dann noch einige Male dort hingegangen. Dadurch erhielt ich die für mich so wichtige Aufenthaltsgenehmigung.

Beim Beutestab der deutschen Luftwaffe in Brüssel

Bald schon aber wurde mir klar, daß ich die Besuche zum Abschluß bringen mußte. Immerhin fragte man mich bei jedem meiner Besuche zuerst nach meinem Mann und wollte wissen, ob er noch nicht da sei. Es sei peinlich für mich, immer nur Geld zu bekommen, ohne dafür zu arbeiten, sagte ich eines Tages und fragte, ob man mir nicht eine Arbeitsstelle vermitteln könne. Der Beutestab der deutschen Luftwaffe richte in Brüssel eine Näherei ein, dort würde ich bestimmt eine Arbeit bekommen, lautete die Antwort, und ich erhielt einen Zettel mit dessen Anschrift. ‚Nehmen Sie aber ihren Reisepaß mit', rief mir die Frauenschaftsleiterin nach, als ich gerade gehen wollte. ‚Ich habe doch keinen', erwiderte ich und trat bestürzt wieder ins Zimmer. ‚Dann gehen Sie bitte sofort zur Deutschen Botschaft und stellen dort den entsprechenden Antrag', sagte man mir. Diese Antwort ließ mich erschrecken. Offensichtlich las auch die Frauenschaftsleiterin das aus meinem Gesicht, denn beruhigend fügte sie hinzu: ‚Gehen Sie nur hin, ich melde Sie dort an.'

Was sollte ich tun? Noch fehlte mir der Kontakt zu meiner Partei, mit der ich mich hätte beraten können. Die Entscheidung mußte ich selbst fällen. Am anderen Tag ging ich zum Hause der Deutschen Botschaft. Dort sah ich eine lange Menschenschlange stehen. Es waren fast ausschließlich jüdische Menschen, die hier nach Auswanderungspapieren anstanden. Ich erfuhr, daß einige schon rund um die Uhr ausgeharrt hatten. Die Deutschen waren jetzt die Herren und ließen sich mit der Abfertigung Zeit. Sollte ich warten, bis die Reihe an mir war? Das hatte ich nun doch nicht vor. Darum ging ich zur Wache am Eingangstor, sagte, ich käme von der NS-Frauenschaft und sei angemeldet. Das Tor wurde sofort geöffnet, und man ließ mich eintreten. Mir war zumute, als sei ich der Hauptmann von Köpenick. In einer langen Schlange standen viele Menschen und warteten geduldig Stunde um Stunde, während eine Frau an sie vorbei durch das geöffnete Tor schritt. Jeder, der mir nachschaute, hat gewiß in mir eine Komplizin der Herrenmenschen vermutet. Sie konnten ja nicht wissen, daß ich eine unerkannte deutsche Kommunistin war, die mit Angst im Herzen auf das zuschritt, was sie hinter dem Tor erwartete.

Ich war wirklich angemeldet worden. Dem noblen Herrn, der mich empfing, erzählte ich das gleiche, was ich bei der Frauenschaft gesagt hatte. ‚Hier kommst du nicht mehr heil heraus', dachte ich, gab mich aber äußerlich unbefangen und sicher. Ob etwas gegen mich vorliege, wurde ich gefragt. Nach meinem sofortigen ‚Nein' meinte der Boschaftsangestellte, man müsse trotzdem erst Rückfrage halten. Dafür zeigte ich vollstes Verständnis, fügte dann aber hinzu: ‚Wie mir bei der Frauenschaft gesagt wurde, richtet der Beutestab der Luftwaffe eine Näherei ein und braucht notwendig Näherinnen. Meine Einstellung hat man aber von der Vorlage eines Reisepasses abhängig gemacht.' ‚Der Frau kann geholfen werden', erwiderte schmunzelnd der Botschaftsangestellte, öffnete seine Schreibtischschublade, griff zu einem Formular und füllte es aus. Wenig später hielt ich eine Bescheinigung in Händen, auf der mit Siegel und Unterschrift bestätigt war, ich sei ordnungsgemäß bei der Deutschen Botschaft gemeldet. Allerdings stand darauf nicht meine richtige Brüsseler Adresse. Ich hatte inzwischen eine Wohnung gefunden und wollte die nicht gleich preisgeben. ‚Wenn ihr mich einmal holen wollt, dann sucht', dachte ich und stand Minuten später wieder auf der Straße."

Offensichtlich hatte der deutsche Botschaftsangestellte die Anfrage nach Essen nicht weitergegeben. Das bestätigt eine Anfrage der Gestapo-Leitstelle Düsseldorf an den Chef der Sicherheitspolizei und des Sicherheitsdienstes für Belgien und Frankreich in Brüssel. Sie war Anfang 1941 abgeschickt worden und forschte nach den Eheleuten Oskar und Anna Fichter. Am 9. Februar 1941 war geantwortet worden, daß über den Aufenthalt der Eheleute in Brüssel nichts bekannt sei. Auch bei der Deutschen Botschaft lägen keine Unterlagen eines Paßantrages. Allerdings sei die vorhandene Übersicht leider unvollständig, weil in den Monaten Mai bis August 1940 nur ein Beamter Unmengen Anträge dieser Art habe bearbeiten müssen.

Der Essenerin war es also gelungen, vorerst der Gestapo zu entkommen. Sie hatte die Brüsseler NS-Frauenschaft und die Deutsche Botschaft täuschen können und besaß im Sommer 1940 Papiere, die ihr einen illegalen Aufenthalt erleichterten. Danach betrat sie beide Dienststellen nie wieder.

Die ausgestellte Bescheinigung der Botschaft sicherte ihr eine Arbeitsstelle beim Beutestab der Luftwaffe in Brüssel. Zunächst saß sie hier an der Nähmaschine und fertigte Unterwäsche für Generale und andere hohe Offiziere. Bald aber war sie in der Abnahme tätig und kam hier ständig mit Soldaten der deutschen Wehrmacht zusammen.

Zu diesem Zeitpunkt war der Kontakt zu ihrer Partei bereits wieder hergestellt. Er lief über Hermann Geisen, einem deutschen Kommunisten mit bewegter Vergangenheit.

Im August 1933 hatte er Deutschland verlassen müssen. Zunächst im Saargebiet, später in Belgien politisch tätig, ging er mit den ersten Freiwilligen nach Spanien. Von dort kehrte er wieder nach Brüssel zurück, als 1939 die spanische Republik der faschistischen Übermacht erlegen war. In Brüssel wurde er Mitglied der Abschnittsleitung Südwest des Zentralkomitees der KPD. Beim deutschen Überfall 1940 festgenommen, überführten ihn die belgischen Behörden in ein französisches Internierungslager. Hier gelang ihm zwei Monate später die Flucht. Kurze Zeit später kam er im Auftrage seiner Partei zurück nach Brüssel, um von hier aus die deutschen Soldaten vom notwendigen Sturz des Hitler-Regimes zu überzeugen. Anna Fichter und andere wurden seine mutigen Mitstreiter.

Im August 1941 wurde seine antifaschistische Tätigkeit entdeckt. Vom Volksgerichtshof zum Tode verurteilt, starb Hermann Geisen am 21. April 1943 im Zuchthaus Berlin-Plötzensee durch das Fallbeil.

„Unsere antifaschistische Arbeit in Belgien, unter den Bedingungen der Besetzung durch deutsche Truppen, nahm andere Formen an als vorher", sagte Anna Teschner, als sie davon weitererzählte. „Ich hatte mir bald eine gute Basis geschaffen. Mit Soldaten der Luftwaffe führte ich hin und wieder vorsichtige, aber gezielte Gespräche. Über sie bekam ich manchen Hinweis, den wir in den Agitationsmaterialien verarbeiteten. Die Herstellung und Verbreitung solcher Materialien geschah illegal und wurde von anderen Genossen in die Wege geleitet. Meine Aufgabe bestand vornehmlich in der Lieferung von Nachrichten, die ich durch Gespräche auf meiner Arbeitsstelle erfuhr. Auf diese Weise zeitigte unsere Arbeit schon bald ihre Erfolge. Hin und wieder gelang es uns auch, über einen deutschen Soldaten illegale Materialien nach Deutschland zu schaffen. Urlaubsgepäck war eine relativ sichere Transportmöglichkeit. Dann erreichte mich die Nachricht, daß die Gestapo in Antwerpen überall nach mir suchte. Hier war ich zur Zeit meiner Internierung im Oktober 1939 tätig gewesen. Ich mußte also von nun an besonders auf der Hut sein.

Mit der Gestapo illegal nach Essen zurück.

Meine Partei gab mir den Auftrag, meine Arbeit beim Brüsseler Beutestab der deutschen Luftwaffe aufzugeben. Sollte das ohne großes Aufsehen geschehen, dann ging das nicht von heute auf morgen. Zunächst feierte ich eine Zeitlang krank. Danach kündigte ich das Arbeitsverhältnis mit der Begründung, ich ginge nunmehr nach Deutschland zurück. Das klang deshalb glaubhaft, weil ich hier die gleiche Geschichte erzählt hatte wie bei der NS-Frauenschaft und der Deutschen Botschaft. Man bedauerte zwar mein Weggehen, stellte aber keine unbequemen Fragen. Mit einem erstklassigen Zeugnis und vielen guten Wünschen wurde ich verabschiedet. Ich glaube nicht, daß man hier jemals erfahren hat, was für ein Vogel lange Zeit in ihrem Nest gesessen hatte.

Bis zum 19. August 1941 ging alles gut, dann aber geriet ich im Zuge einer Großrazzia in die Hände der Gestapo. Systematisch waren an jenem Tage alle Wohnungen in Brüssel durchsucht worden, in denen früher einmal Emigranten gewohnt hatten. Auch hatte man die zuständigen belgischen Meldeämter in die Ermittlung nach Ausländern eingeschaltet. Ich selbst wohnte bei völlig unpolitischen Leuten. Hier war ich offiziell gemeldet. Meine Quartiergeber wußten aber nicht, wer ich in Wirklichkeit war.

Wie die Gestapo meine Anschrift ermittelte, weiß ich nicht. Möglich, daß sie diese beim Meldeamt aufspürte.

Erst später erfuhr ich, daß auch Hermann Geisen festgenommen worden war, mit dem mich eine monatelange gemeinsame illegale Arbeit verband. Noch zwei Abende vor meiner Festnahme hatten wir uns getroffen und die künftigen Aufgaben beraten. Ich sah ihn nie wieder."

Am 1. November 1941 trat Anna Fichter in Begleitung eines Gestapo-Mannes die Reise nach Essen an. „Die Grenze aber mußte ich auch jetzt wieder illegal überschreiten, genauso, wie im Jahre 1935, als ich meinem Mann in die Emigration folgte", berichtete die heutige Anna Teschner weiter:

„Man wollte mich mit der Eisenbahn nach Essen bringen. Auf dem Bahnhof stellte aber mein Begleiter fest, daß der Fahrplan sich ab dem 1. November geändert hatte. Der vorgesehene Zug fuhr nicht mehr. Gemeinsam gingen wir zur Bahnhofskommandantur. Vor hier aus wollte der Gestapo-Mann seine vorgesetzte Dienststelle informieren. Den Wachtposten vor der Tür bat er, einen Augenblick auf mich Obacht zu geben, weil er mich nicht mit ins Haus nehmen wollte. Dessen Bemerkung: ‚Wie komme ich denn dazu' ließ ihn zwar einen Augenblick zögern, jedoch meinen Einwand: ‚Gehen Sie nur, ich laufe schon nicht weg' beruhigte ihn sichtlich. Alleingeblieben fragte mich der Wachsoldat, wer ich denn sei. Als er von mir die Wahrheit erfuhr, forderte er mich auf, doch einfach zu verschwinden. Aber wo sollte ich hin? Alle, die ich kannte, waren inzwischen verhaftet worden. Von dem zurückgekehrten Gestapo-Mann erfuhr ich dann, daß wir unsere Reise nunmehr in einem PKW antreten würden.

Als wir kurze Zeit später abfuhren, saßen vorne zwei SS-Leute. Sie rissen gemeine Zoten und wähnten sich als Herren der Welt. Offenbar waren durch den Wechsel von der Eisenbahn auf das Auto die Transportpapiere nicht mehr ganz in Ordnung, denn als wir uns der Grenze bei Aachen näherten mußte ich mich auf den Boden des Autos legen. Meine Begleiter deckten mich mit Mänteln zu. Erst als wir die Grenze passiert hatten, durfte ich wieder aufstehen. Man hat mich also förmlich nach Deutschland verschleppt."

Über Aachen und Düsseldorf gelangte Anna Fichter so nach Essen. Monate später, am 3. September 1942, wurde sie vom Oberlandesgericht in Hamm zu einer Gefängnisstrafe von eineinhalb Jahren verurteilt, die sie im Hammer Gefängnis verbüßte. Dann erwirkte die Essener Gestapo die „Schutzhaft" und veranlaßte ihre Überführung in das Frauenkonzentrationslager Ravensbrück. Mit Tausenden Frauen aus allen Ländern Europas erlebte sie hier die Unmenschlichkeiten, den Sadismus und die Brutalität der KZ-Bewacher.

Über ihre Befreiung nach zweijähriger Leidenszeit am 28. April 1945 berichtete Anna Teschner:

„An jenem Tage wurde das Lager evakuiert. Es war ein erbärmlicher Zug, der sich unter scharfer SS-Bewachung auf den brandenburgischen Landstraßen in Richtung Westen bewegte. Alles, was eben laufen konnte, mußte mit Nur die Kranken blieben im Lager zurück.

Bei Fürstenwalde legte man die erste Rast ein. Hungrig und erschöpft hatte auch ich mich gerade niedergelassen, als gewaltige und anhaltende Detonationen uns aufschreckten. Der Himmel über uns bot ein schauriges Bild: schwarze aufsteigende Wolken und sich ständig wiederholende, feurig zuckende Blitze. Die Menschen um mich herum gerieten in Panik. Auch mich erfaßte helle Aufregung. Wachmannschaften und Häftlinge liefen wild durcheinander, die Gesichter von Angst und Schrecken gezeichnet.

Mit einigen anderen Frauen rannte ich in den nahegelegenen Wald und versteckte mich dort im Dickicht.

Erst viel später erfuhr ich, daß deutsche Truppen in unserer unmittelbaren Nähe ein großes Munitionslager in die Luft gesprengt hatten. Die Sprengung erfolgte so kurzfristig, daß keine Zeit mehr blieb, unsere Wachmannschaft zu warnen. Das erklärt die Panik, die ich zur Flucht nutzen konnte.

Am Tage darauf erreichte uns die Rote Armee. Das Ende der Angst und der Entbehrungen war gekommen. Für mich schlug die Stunde der Befreiung."

Als die Erde bebte, zerbrach die Zwingburg Doftana
Theo Gaudig berichtet

Im Januar 1955 sprach ich in einer Stadt im Ruhrgebiet mit einem Abgeordneten der französischen Nationalversammlung auf einer internationalen Kundgebung gegen die Ratifizierung der Pariser Verträge. Später geleitete ich den französischen Freund in sein Essener Quartier. Bei dieser Gelegenheit lernte ich seine Gastgeber, die Gaudigs, näher kennen. Theo Gaudig begann mit dem Gast ein Gespräch in französischer Sprache.

Ende der sechziger Jahre gehörte ich einer Delegation der Essener VVN an, die auf Einladung französischer Widerstandskämpfer nach Ivry bei Paris reiste. Damals staunte ich erneut über die Französisch-Kenntnisse Theo Gaudigs, der unserer Delegation ebenfalls angehörte. Auf meine Frage, wo er die französische Sprache gelernt habe, antwortete er: „Während des Faschismus in einem rumänischen Zuchthaus." Mehr sprachen wir damals nicht darüber, denn meine Aufmerksamkeit wurde von anderen Dingen in Anspruch genommen.

Die Gaudigs

Als ich begann, über die Erlebnisse Essener Antifaschisten zu schreiben, erinnerte ich mich wieder an Theo Gaudig und an seine französischen Sprachkenntnisse. Ich besuchte ihn und fand wieder herzliche Aufnahme in seiner Wohnung. Nach einem kurzen erinnernden Gespräch über Gemeinsamkeiten in der Vergangenheit, an dem sich auch seine Frau Maria rege beteiligte, waren wir bald beim Thema.

Ich wußte bis dahin, daß er über viele Jahre im Zuchthaus und anschließend in einem Konzentrationslager gesessen hatte, aber mehr war mir nicht bekannt. ,,Was soll ich da groß erzählen. Was ich erlebt habe, haben Tausende meiner Kameraden auch erlebt, und nicht wenige haben ihren antifaschistischen Kampf mit ihrem Leben bezahlen müssen.“ Es bedurfte schon ganz gezielter Fragen, um ihn zum Sprechen zu bringen.

Am 20. Mai 1904 war er in Essen als Sohn einer sozialdemokratischen Arbeiterfamilie geboren worden. Ihrer politischen Auffassung entsprechend erzogen ihn die Eltern und bereiteten ihm so ein festes Fundament für sein späteres Leben. Nach dem Ausbruch des Ersten Weltkrieges schlossen sich Vater und Mutter dem Spartakusbund an und zählten seit der Gründung der KPD um die Jahreswende 1918/19 zu den Kampfgefährten Karl Liebknechts und Rosa Luxemburgs. Im Alter von 16 Jahren erlebte Theo Gaudig den Kapp-Putsch und begeisterte sich an der machtvollen und einheitlichen Aktion der deutschen Arbeiter, die damals die Putschpläne der Kappisten vereitelten.

Als junger Kommunist sah er dann 1923 französische Truppen ins Ruhrgebiet einziehen. Damals zählte er nicht zu denen, die – wie Schlageter und andere – mit praktiziertem Nationalismus den Ruhrindustriellen in die Hände arbeiteten.

Die Gaudig-Familie. Mutter und Vater Gaudig 1938 im Kreise ihrer Töchter, Schwiegersöhne und Enkelkinder.

Grundlage seiner politischen Arbeit war der Aufruf ,,An die Arbeiter und Arbeiterinnen in Deutschland", den die Zentrale der KPD am 23. Januar 1923 in der Zeitung ,,Die Rote Fahne" unter der Überschrift ,,Schlagt Poincaré und Cuno an der Ruhr und an der Spree" veröffentlicht hatte. Besonders die letzten Sätze aus dem Aufruf hatten ihn begeistert: ,,In den Kampf gegen den räuberischen Kapitalismus Frankreichs! In den Kampf gegen die Raubpläne Poincarés! In den Kampf gegen Stinnes, Thyssen und Krupp, gegen die Handlanger aus der Cuno-Regierung! Es lebe die Solidarität des deutschen und französischen Proletariats gegen die französische und deutsche Bourgeoisie!"

Der junge Gaudig, eben erst die Lehre als Dreher erfolgreich abgeschlossen, nahm diesen Aufruf ernst. Zu nachtschlafender Zeit warf er das Zentralorgan der französischen Kommunistischen Partei ,,Humanité" über Kasernenmauern, hinter denen französische Besatzungssoldaten einquartiert waren, und klebte

Theo Gaudig 1934
als Gefangener in Rumänien

Plakate an Häusermauern, auf denen zu lesen stand: ,,Französische Soldaten! Schießt nicht auf deutsche Arbeiter!"

Bei einer solchen Klebeaktion war er von deutscher Polizei festgenommen und der Besatzungsmacht übergeben worden. Wegen ,,antimilitaristischer Arbeit" vom Militärgericht des 2. französischen Armeekorps zu einem Monat verurteilt, machte er die erste Bekanntschaft mit einem Gefängnis.

Wieder in Freiheit, nahm er weiterhin aktiven Anteil am Wirken der Kommunisten gegen Ausbeutung, Spekulantentum, Arbeitslosigkeit und Hunger, für den Sturz der kapitalistischen Gesellschaftsordnung, für Frieden und Sozialismus.

Sein Fotoapparat diente ihm dabei mehr und mehr als politische Waffe. Er wurde ein begeisterter Arbeiterfotograf. Viele seiner Fotos fanden Aufnahme im ,,Ruhr-Echo", dem Organ der KPD an der Ruhr, und in der ,,Arbeiter-Illustrierten-Zeitung" (AIZ). Sein wohl bekanntestes Foto schoß er auf dem 11. Parteitag der KPD, der vom 2. bis 7. März 1927 im Essener Saalbau tagte. Es zeigte Ernst Thälmann am Rednerpult, Wilhelm Pieck am Vorstandstisch und darüber die Parteitagslosung: ,,Nur im Geiste Lenins sei euer Wirken!" In vielen Bildbänden ist es heute noch zu sehen.

Inzwischen arbeitslos geworden, war er wie Millionen seiner Klassenbrüder auf der Suche nach Arbeit. Einem Rumänen, Besitzer eines Radio- und Fotogeschäftes in Bukarest, war bei einem Besuch in Essen aufgefallen, daß er sein Handwerk als Fotograf verstand. Er bot ihm Arbeit in Rumänien an, und Theo Gaudig verließ im Winter 1928/29 Essen. Aber auch in einem fremden Land blieb er seinen politischen Auffassungen treu und kämpfte fortan in den Reihen der rumänischen Arbeiterbewegung gegen die auf dem Balkan herrschenden feudalen und halbfeudalen Zustände.

Es dauerte nicht lange, bis er zunächst verdächtigt, dann am 16. Oktober 1930 verhaftet und schließlich zu 15 Jahren Zwangsarbeit verurteilt wurde. Insgesamt 11 Jahre und drei Monate lebte er danach hinter den dicken Mauern rumänischer Zuchthäuser, davon allein fünf Jahre im berüchtigten Doftana.

Im Jahre 1942 der deutschen Gestapo übergeben, verhängte diese sofort die ,,Schutzhaft" über ihn und ordnete seine Einweisung in das Konzentrationslager Buchenwald an. Erst nach der Befreiung des Lagers, am 11. April 1945, konnte Theo Gaudig nach einer Haftzeit von vierzehneinhalb Jahren die Gefangenenkleidung ausziehen und in seine Heimat zurückkehren. Im gleichen Jahr heiratete er seine Frau Maria, die bis dahin auf ihn gewartet hatte.

,,Als Theo am 16. Oktober 1930 verhaftet wurde, befand ich mich auf dem Weg zu ihm", erzählte sie. ,,Wir wollten heiraten, aber daraus wurde nichts. In Wien erreichte mich die Nachricht von seiner Verhaftung. Ich fuhr zurück, ohne ihn gesehen zu haben. Für mich brach damals eine Welt zusammen."

Nachdem ich die wichtigsten Etappen aus dem Leben der Gaudigs erfahren hatte, interessierten mich Einzelheiten. Später erfuhr ich die Geschichte Theo Gaudigs:

In der Zwingburg Doftana

,,Ein halbes Jahrzehnt habe ich in Doftana leben müssen. In den Jahren 1894–1897 aus Bruchsteinen erbaut, lag diese Zwingburg auf den Uferhöhen des Flüßchens Doftana, am Rande des Petroleumgebietes Ploeşti-Câmpina, war streng isoliert und schlecht zu erreichen. Bis zu seiner völligen Zerstörung durch ein Erdbeben am 10. November 1940 füllten vornehmlich revolutionäre Klassenkämpfer die Zellen in dem furchterregenden Verlies. Seine revolutionäre Weihe erhielt es 1907, nach dem großen rumänischen Bauernaufstand.

Auch die Delegierten, die beim Gründungskongreß der Kommunistischen Partei Rumäniens am 8. Mai 1921 für den Anschluß an die III. Internationale stimmten, wurden nach Doftana verschleppt.

Mann kann die Verhältnisse in einem Gefängnis des Königreiches Rumänien nicht mit den Haftbedingungen in Deutschland zu jener Zeit vergleichen. Das Elend war größer, die Ernährung schlechter und die gesundheitlichen Verhältnisse unbeschreiblich. Aber es gab zeitweise mehr ,,persönliche Freiheit", die Disziplin war nicht so tötend. Der Häftling war nur nachts eingeschlossen, tagsüber waren alle Räume geöffnet. Die Behandlung der politischen Gefangenen war abhängig von der jeweiligen Regierung im Lande, der politischen Lage und dem Direktor. Prügel und Hunger allerdings gehörten immer dazu.

Mitte der dreißiger Jahre kam ich nach Doftana. Schon bei meiner Ankunft spürte ich den rauhen Wind, der dort herrschte. Jedem, der mehr als zwei Jahre zu verbüßen hatte, waren Ketten an die Füße genietet worden, um eine Flucht unmöglich zu machen. Es war schon ein elender Zug, der sich damals mit klirrenden Ketten und brüllenden Wärtern vom Bahnhof des Dörfchens Telega den Berg hinauf wand zur Feste der rumänischen Reaktion. Das Laufen mit den Ketten über steinigen, ausgewaschenen Boden war schwierig, jeder Muskel war gespannt. Hinzu kam die Ungewißheit über das, was uns erwartete. (Der fran-

Die Zwingburg Doftana.

zösische Schriftsteller Henri Barbusse hatte 1926 nach einer Rumänienreise versucht, das Weltgewissen auf die brutalen Methoden im Zuchthaus Doftana aufmerksam zu machen.)

Wir stolperten förmlich durchs Tor und waren jetzt in den Krallen des ‚Balaur', des Drachen, wie die Häftlinge den Direktor nannten. Im Gegensatz zu den Kriminellen wurden wir politische Häftlinge peinlich genau durchsucht. Mit Ketten an den Füßen kann man sich nicht ausziehen. Es war nur möglich, die Hose auf die Füße fallen zu lassen. Jede Naht unserer Kleidung wurde durchsucht. Nur unsere Wäsche durften wir behalten, alles andere nahm man uns weg. Ich hatte ein Foto von Maria bei mir. ‚Ist nicht erlaubt', hörte ich den Wärter sagen und sah, wie sein dreckiger, abgelaufener Schuh sich auf dem zu Boden geworfenen Bild drehte.

Plötzlich hörten wir ein zunächst unerklärliches Gemurmel, nein, eher ein Brummen mit zunehmender Stärke. Es kam aus den Mauern und wurde lauter und lauter. Bald schienen die Steine zu zittern, und ich begriff schlagartig, daß es Menschenstimmen waren, die ich hörte. Während es mir eiskalt den Rücken herunterlief, blieben unsere Wärter ruhig. Das waren also die rhythmischen Sprechchöre der Doftana-Häftlinge, von denen ich schon gehört hatte. So schrien sie ihre Forderungen hinaus, und morgen schon würden auch wir mitschreien. Mir schien es damals, als müßten Zeus und Jupiter so mit den Menschen gesprochen haben. Dann plötzlich ließ das monotone Schreien nach, und eine unheimliche Stille trat ein.

Später führte man uns durch endlos hohe gekälkte Korridore, vorbei an zahllose Gitter, bis in unsere Zellen. Die Ketten nahm man uns erst am anderen Morgen ab, eine durchaus schmerzhafte Prozedur.

‚Nicht schlagen!' ‚Nicht schlagen!' ‚Nicht schlagen!'

Dann gestaltete sich auch mein Leben in neuer Form. Auf dem Bettrand stehend, konnte ich mich durchs Zellenfenster mit meinem Nachbarn unterhalten. In jedem anderen Gefängnis war das streng verboten, hier aber üblich. Die Gefangenen hatten es sich erkämpft, Wärter und Verwaltung sich damit abgefunden. An diesen Zellenfenstern starteten dann auch solche Sprechchöre, die mich bei unserer Ankunft so erschüttert hatten: ‚Wir wollen Werkstätten!' ‚Raus mit den Schlägern!' Von den Zellenfenstern gingen die hinausgeschrienen Losungen in die Höfe, über die Mauern, den Berg hinunter. Es gab aber auch Zellen, die keine Fenster hatten, sondern nur Oberlichter über der Tür zum Flur hin. Aus diesen Dunkelabteilungen liefen die Losungen die Korridore entlang, drangen in die Mauern und erzeugten das Schaudern vor dem menschlichen Elend, aber auch den Respekt vor dem unbeugsamen Widerstandswillen.

Obgleich von dicken Mauern umgeben, fand jeden Abend die ‚Einschließung' statt. Wir mußten uns an der Klappe der Zellentür aufstellen und wurden gezählt.

Dabei öffnete man bei einigen Kameraden die Zellentür, und drei bis vier Wärter verprügelten sie mit Ochsenziemer oder Knüppel. Ihr Schreien beantwortete das ganze Zuchthaus mit einem pausenlos herausgebrüllten: ‚Nicht schlagen!' ‚Nicht schlagen!' ‚Nicht schlagen!'

Das wiederholte sich Abend für Abend. Am Tage danach ging unser programmiertes Rufen weiter. Ja, es war programmiert, was gerufen wurde, welcher Flügel anzufangen hatte und wie lange unser Rufen anhielt. An Besuchstagen wurde naturgemäß mehr gerufen als sonst.

Die Häftlinge selbst hatten sich ein tägliches politisches und kulturelles Programm zurechtgelegt. Es gab Referate und Diskussionen über den Krieg in Spanien, die Fünfjahrpläne der Sowjetunion und zu Fragen der Tagespolitik. Und das alles am Fenster.

Nach der ‚Einschließung' mit dem dazugehörenden ‚Nicht schlagen!, Nicht schlagen!, Nicht schlagen!', begann der unterhaltsame Teil des Tages. Neuankömmlinge mußten über neue Filme berichten oder den Inhalt noch nicht bekannter revolutionärer Bücher erzählen. Es gab Liederabende mit rumänischer Folklore oder man sang revolutionäre Arbeiterlieder. Bessarabische Häftlinge trugen uns ukrainische oder russische Weisen vor und unsere Poeten schufen Texte, von denen viele heute zum rumänischen Kulturgut gehören.

„Magareaţa" und „Galuşti"

Wenn es draußen dunkel geworden war, wurde die ‚Magareaţa', die ‚Eselin' in Trab gesetzt. Das war ein langer Stock, mit dessen Hilfe man den Kameraden in der Nachbarzelle etwas übergeben konnte. Galt es etwas nach oben oder nach unten zu befördern, dann diente uns dazu das ‚calul moale', das ‚weiche Pferd', ein Bindfaden. Eselin und weiches Pferd brachten Nahrungsmittel und schriftliches Material sicher zum Bestimmungsort.

Die ‚Magareaţa' entstammte den Brettern, die in unseren Betten lagen. Sie wurden davon abgespalten, und bei manchem war durch jahrelanges Abspalten die Lagerstätte arg schmal geworden.

Fast täglich gab es ‚Galuşti', eine rumänische Nationalspeise, ähnlich der italienischen Ravioli. ‚Galuşti' lautete aber auch der Tarnname für neue Tagesnachrichten. Mit allen Mitteln versuchte man uns von der Außenwelt zu isolieren. Damit keine Zeitungen ins Zuchthaus kamen, wurden nicht nur Häftlinge, sondern auch Wärter untersucht. Dennoch konnte man nicht verhindern, daß Zeitungen durchkamen. Einer von uns las sie und schrieb Auszüge daraus auf 10 bis 15 Zigarettenblättchen, die danach die Runde durch das Zuchthaus machten.

Einmal hatten wir keine Verbindung mehr zum Straffügel. Sie wiederherzustellen war eine vordringliche Aufgabe. So wie die Dinge lagen, war das nur durch Rufen von einem zum anderen Flügel über den Hof hinaus möglich. Erschwerend fiel ins Gewicht, daß die Strafzellen keine Fenster hatten. Nur zum Korridor war über der Tür ein kleines Kippfenster. Sollte man uns hier verstehen, dann mußte man mit voller Lautstärke schreien. Unter diesen Umständen erwies sich aber die Nachrichtenübermittlung in rumänischer Sprache als zu gefahrvoll.

Ich lag damals in einer Zelle , die dem Strafflügel direkt gegenüberlag. Da hier einer der Häftlinge die deutsche Sprache verstand, wurde ich beauftragt, die ‚Galuşti' in meiner Sprache hinüberzuschreien. Bekam ich die Zigarettenblättchen, las ich sie durch, ritzte mir Stichworte in meine Seife und gab sie weiter. Danach begann für mich das große Schreien.

Das ging gut bis zum nächsten Umzug, und der fand in der Regel auf Anordnung der Verwaltung alle paar Wochen statt. Die Genossen wurden in andere Flügel, andere Abteilungen und andere Zellen verlegt. Man wußte von der guten Organisation unseres Zusammenlebens und wollte sie durch den großen Umzug empfindlich schwächen. Das aber gelang den Herrschaften nie, denn in wenigen Stunden waren die Funktionen neu aufgeteilt, und alles lief wieder normal. Nur der Genosse im Strafflügel blieb vorerst ohne ‚Galuşti'. Ich wurde in die Dunkelabteilung verlegt, und meine Zelle hatte kein Fenster mehr zum Hof hin. Tagsüber war sie in trübes Dämmerlicht gehüllt, denn das kleine Kippfenster über der Tür zum Korridor ließ nur wenig Tageslicht herein.

Auch unser politisch-kulturelles Programm lief nach dem Umzug bald wieder wie vorher. Das gleiche Schreien ‚Nu bate!', ‚Nu bate!', ‚Nicht Schlagen!' ‚Nicht schlagen!', die gleichen Referate, die gleichen Diskussionen, die gleichen Liederabende.

Abends wurde auf jedem Flügel ein Wärter mit eingeschlossen. An einen dieser Typen erinnere ich mich ganz besonders. Wir nannten ihn den Zigeuner. Er war dunkelhaarig, trug einen kleinen schwarzen Schnurrbart und hatte wie ein Unteroffizier einen strammen, aufrechten Gang. War er einmal an einem unserer Liederabende zum Nachtdienst eingeteilt, dann sang er kräftig mit und wir durften dabei immer wieder seine herrliche Stimme bewundern. Ansonsten aber war er der brutalste unter den Wärtern, prügelte mit Vorliebe, schlug am härtesten und war somit der beste Diener seines Herrn, des ‚Balaur'.

An ihn habe ich bis heute immer denken müssen, wenn in den KZ-Prozessen der Nachkriegszeit Verteidiger von brutalen Menschenschlächtern behaupteten, ihr Klient sei doch in Wahrheit sensibel, feinfühlig, ein hervorragender Familienvater oder gar Geigenvirtuose, dessen zarte Hände unfähig seien, einem wehrlosen Gefangenen die Kehle zuzudrücken. Ich habe sie kennengelernt in rumänischer Ausgabe in Doftana und in deutscher Ausgabe in Buchenwald.

Unsere Notdurft mußten wir in Gefäße verrichten, die der Zufall in die Zellen gebracht hatte. Ich besaß ein kleines Eimerchen, andere aber nur eine Konservendose. Solche unhygienischen Zustände förderten Epidemien, die dann bald nahezu alle Häftlinge trafen. Eine Ruhrepidemie hat mich einmal besonders hart erwischt. Als Hauptnahrung erhielten wir zu jener Zeit ein Stück Mamaliga, ein steifgekochter Maisgrieß, zu dem fast nur die glänzende, unverdauliche Schale des Maiskornes verarbeitet wurde. Das war eine unmögliche Nahrung für Ruhrkranke; mein Zustand verschlimmerte sich von Tag zu Tag. Die ‚Magareaţa', meine Eselin, konnte ich nicht mehr bedienen, und das Eimerchen mit eigener Kraft nicht mehr entleeren. Die Kameraden trugen mich zu diesem Zweck einmal täglich zur Toilette in den Hof. Frische Luft und helles Licht waren immer eine Erquickung und wirkten belebend. Zurückgetragen in die Zelle, erschien sie dunkel wie die Nacht.

Vor der Einschließung wurden unsere Zellen und wir selbst gründlich durchsucht. Während meiner Krankheit ist es oft vorgekommen, daß der Wärter zwar meine Zellentür aufschloß, sie dann aber unter lautem Fluchen wieder zuwarf, weil der Gestank für ihn unerträglich war. So gesehen hatte meine Krankheit auch ihre guten Seiten.

Aber auch in diesen Tagen ging um mich herum der Kampf weiter. Täglich wurde das Pensum an Losungen im Sprechchor gerufen, täglich gab es Prügel, täglich unser ‚Nu bate!', ‚Nu bate!', ‚Nicht schlagen!', ‚Nicht schlagen!'.

Die Genesung von der schweren Krankheit verdanke ich der aufopfernden Solidarität meiner Genossen. Ein ungeschriebenes Gesetz verpflichtete alle politischen Gefangenen, empfangene Pakete oder Mitbringsel aufzuteilen. Bei unseren Haftbedingungen waren ein Stückchen Zucker, ein Teilchen Gebäck oder eine Scheibe Speck lebenserhaltend. Ausländer in Doftana überlebten, weil ihre rumänischen Leidensgenossen mit ihnen teilten.

Doftana war ein Hexenkessel. Ungeheure Nervenanspannung, immer Hunger, täglich das Regiment des Ochsenziemers und immer die ungewisse Frage: ‚Was wird morgen sein?' Aber die meisten von uns waren in ihren besten Jahren, hatten starke Nerven und einen unbeugsamen Willen. Das war viel wert.

Der neue „Balaur"

Über die politischen Ereignisse in der Welt waren wir dank der zirkulierenden ‚Galusti' gut informiert, aber von den Maßnahmen des ‚Balaur', des Zuchthausdirektors, oder von den Plänen der zentralen Gefängnisverwaltung im Bukarester Justizministerium wußten wir so gut wie nichts. Wo es keine Informationen gibt, kursieren Gerüchte. ‚Der ‚Balaur' muß gehen!', hieß es heute. ‚Der ‚Balaur' hat neue Vollmachten!', erfuhr man am anderen Tag.

Plötzlich häuften sich die Inspektionen. Wenn sie stattfanden, dann wurden doppelt so viele Losungen geschrien als sonst, denn die Inspektoren sollten das Grauen mit nach Bukarest nehmen. Einen normalen Menschen mußte unser ständiges monotones Brüllen erschüttern, aber Menschenschinder von Beruf ließ es kalt.

Kurz nach den Inspektionen verdichteten sich die Gerüchte über die Ablösung des ‚Balaur' und eines Tages war er nicht mehr da. Es hieß, er habe einem Gutsbesitzer Häftlinge zur Arbeit ausgeliehen und die dafür erhaltenen Gelder in die eigene Tasche gesteckt. Eine neue Ära im Zuchthaus Doftana stand bevor."

Theo Gaudig hatte seine Erzählung unterbrochen. Nach einer Pause fragte ich:

„Neue Besen kehren gut, will ein altes Sprichwort wissen. Fegte der neue Besen in Doftana gut oder schlecht?"

„Die Antwort darauf ist gar nicht einfach, man kann sich nicht ohne weiteres auf ja oder nein festlegen. Laß mich erzählen, was unter dem neuen Direktor geschah und du wirst mir recht geben.

Mit seiner Ankunft in Doftana brachen wir zunächst alle unsere Kampfhandlungen ab, die täglichen Sprechchöre verstummten vorerst. Er seinerseits ließ bekannte politische Häftlinge zu sich kommen, um mit ihnen zu sprechen. Darunter befanden sich auch jene Führer der rumänischen Eisenbahner, die 1933 an der Spitze einer Streikbewegung gestanden hatten und dafür 8 bis 12 Jahre Zuchthaus verbüßten. Bei all diesen Gesprächen wurde das künftige politische Regime in Doftana ausgehandelt, und bald waren erste Ergebnisse erzielt worden. Von nun an blieben alle Zellen grundsätzlich tagsüber geöffnet, und die politischen Gefangenen erhielten Räume zugewiesen, in denen sie Werkstätten errichten konnten. Das geschah unter der Leitung des ‚Kollektivs', der politischen Häftlingsgemeinschaft. Obgleich nie anerkannt, war es zeitweise der Verhandlungspartner der Verwaltung.

Um Mitglied des ‚Kollektivs' zu werden, mußte man aus politischen Gründen verurteilt worden sein und sich bei der Polizei, vor Gericht und im Zuchthaus ohne Tadel verhalten haben.

Mit der gleichen Energie, mit der wir beim alten ‚Balaur' den Kampf für ein politisches Regime im Zuchthaus geführt hatten, setzten wir uns jetzt für seinen weiteren Ausbau ein. Für etwa 200 Häftlinge galt es, aus eigener Kraft Arbeit zu finden. Das war nicht einfach, aber wo ein Wille ist, da ist auch ein Weg.

Bald schon verfügten wir über eine Schusterei, eine Schneiderei, eine Schlosserei, eine Drechslerei und eine Werkstatt für Spielwaren. Auch die Verarbeitung von Alabaster lief an und zeigte nach kurzer Zeit erste Erfolge. Eine technische Kommission entwarf Monatspläne und organisierte Einkauf und Verkauf. Die Zuchthausverwaltung ließ uns auf diesem Gebiet weitgehend freie Hand, verlangte allerdings die Abgabe von 20 Prozent des erzielten Erlöses. Alles in allem wurde die Lage erträglicher und es konnten sich jetzt auch mehr engere persönliche Beziehungen zwischen den Genossen entwickeln als früher.

Ich lernte damals einen gleichaltrigen Franzosen kennen. Mit der Zeit entwickelte sich zwischen André und mir eine feste Freundschaft. Manche gemeinsame Runde drehten wir auf dem Gefängnishof, sprachen über unsere Arbeit, über unser früheres Leben und über die Zukunft. Von Beruf Ingenieur, hatte André einen scharfen Verstand, ein gutes Organisationstalent und war der Sache des Proletariats treu ergeben. Er war es auch, der mich hinter rumänischen Zuchthausmauern die französische Sprache lehrte.

Es ging uns unter dem neuen Direktor den Umständen entsprechend erträglicher und so gesehen – um auf deine Frage zurückzukommen – fegte der neue Besen in Doftana besser als der alte, aber das Unglück schreitet schnell. Die Wahrheit dieses Sprichwortes sollten auch wir bald kennenlernen.

Als die Erde bebte, zerbrach die Zwingburg

An einem Tag im Oktober 1940 bebte die Erde unter uns. Nur Sekunden anhaltende Erdstöße hinterließen beträchtliche Schäden an unserer Zwingburg. Einige Mauern zeigten tiefe Spalten, in nicht wenigen Zellen waren die Wellblechdecken heruntergefallen, und ein Flügel galt fortan als unbewohnbar. Der schwere massive Bruchsteinbau, das Symbol immerwährender Unterdrückung, erschien auf einmal als ein zerbrechliches Kartenhaus. Hinzu kam, daß niemand von uns wußte, ob oder wann sich das Beben wiederholen könnte. Das ‚Kollektiv' schrieb Gesuche zur Verlegung der Gefangenen, und es kam auch eine Kommission von ‚Fachleuten', die dann wie erwartet feststellte: ‚Eine Verlegung ist nicht notwendig.'

Die Zwingburg Doftana nach dem furchtbaren Erdbeben am 10. November 1940.

Das große Unglück ereignete sich am 10. November 1940, morgens gegen vier Uhr. Ich lag in tiefem Schlaf, als mein Bett hin und her gerüttelt wurde. Schlagartig war ich hellwach. Es krachte, splitterte und donnerte; ein Höllenlärm der Elemente. Um mich herum war es stockdunkel, Sand und Kalk rieselten von der Decke. Mit einem Satz sprang ich auf und lief zur Tür. Ich spürte, daß sie wie mein Bett schwankte und wackelte. Dann war plötzlich schlagartig alles ruhig, eine unheimliche, ja unwirkliche Stille hüllte mich ein.

Wie man später hörte, soll die Katastrophe nur 40 Sekunden gedauert haben.

Als der Lärm der Elemente verstummt war, erhob sich die gequälte Kreatur. Um mich herum schrien meine Kameraden und hämmerten mit den Fäusten an die verschlossenen Türen. Auch ich zählte bald dazu, schrie mit ihnen und trommelte wie sie mit den Fäusten. Doch vergebens, niemand öffnete zunächst. Ich flog in meine Kleider und merkte dabei, daß ich vor lauter Staub in der Luft kaum atmen konnte. Langsam kam dann auch bei mir der Verstand wieder. Obgleich ich in der Dunkelabteilung eingesperrt war, sah ich durch meine Türklappe den dunklen, aber klaren Nachthimmel. Kein Zweifel, die Außenmauer unseres Flügels war zusammengebrochen. Rufverbindung zum Nachbarn war schnell hergestellt. Von den Wärtern konnten wir weit und breit nichts hören, und weil der elektrische Strom ausgefallen war, saßen wir im Dunkeln

Dann endlich kam jemand und schlug die Schlösser an unseren Türen auf. Die schweren Bruchsteine der Außenmauer waren zum Teil in den Korridor vor unseren Zellen gefallen und versperrten die Türen. Endlich war es auch mir gelungen, mich durch den Türspalt zu quetschen. Sofort begann auch ich, denen zu helfen, die noch verschüttet, verletzt oder noch eingeschlossen waren. Noch immer blieben Wächter und Verwaltung unsichtbar. Einige Aufpasser, die man für die Nacht mit uns eingeschlossen hatte, waren während des Bebens zum Ausgang gerannt und wurden hier von dem einstürzenden Treppenhaus erschlagen. Andere Wärter, die draußen am Berg wohnten, gruben selbst in den Trümmern ihrer leichtgebauten Häuser nach ihren Angehörigen oder ihrer Habe.

Eine Gruppe war dabei, den verschütteten Genossen Ilie Pintilie zu befreien, der dem Zentralkomitee der illegalen Kommunistischen Partei Rumäniens angehörte. Er gab selbst noch Hinweise, was man zuerst wegräumen möge, starb aber seinen Rettern unter der Hand. Auf einem Brett trugen die Genossen seinen Leichnam auf den Platz vor dem Zuchthaus, wo schon viele andere Tote lagen.

Allmählich wich die Nacht der Dämmerung. Auf einmal kam deutsches Militär, das in der Nähe stationiert war. Die Soldaten, mit Schaufeln, Hacken und Taschenlampen ausgerüstet, halfen uns. Im Winter 1940/41 wähnten sie sich noch unbesiegbar und traten auch so auf. Daß ein Deutscher in einem rumänischen Zuchthaus saß, bewerteten sie fast wie eine Beleidigung und boten mir ihre Hilfe zur Flucht an. Sie wußten nicht, daß für mich eine Flucht der freiwillige Marsch in ein deutsches Konzentrationslager gewesem wäre. Gegen Mittag wurde dann das deutsche Militär abgezogen. Lediglich ein Lastkraftwagen blieb zurück, um die überlebenden Häftlinge in ein anderes Gefängnis zu überführen.

Die Leitung unseres ‚Kollektivs' delegierte mich in einen Trupp, der zu Bergungs- und Aufräumungsarbeiten weiter in Doftana blieb. Unser Nachtquartier war fortan eine Turnhalle im nahegelegenen Städtchen Câmpina, und der deutsche Lastkraftwagen fuhr uns täglich hin und her.

Am Abend des Unglückstages überdachten wir unsere Lage: Wir hatten Schreckliches erlebt, jetzt lag viel Arbeit vor uns. Einige unserer Genossen lebten nicht mehr, sie lagen tot unter freiem Himmel und mußten begraben werden. Andere fehlten noch, wir wollten sie finden und ausgraben."

Maria Gaudig war bei den letzten Worten ihres Mannes aufgestanden und ins Nebenzimmer gegangen. Mit einem Fotoalbum in der Hand kehrte sie jetzt zurück.

„Entschuldige, Theo", sagte sie, „zeige doch die Bilder, die das Grauen des 10. November 1940 festgehalten haben." Zu mir gewandt fügte sie hinzu: „Einige davon hat Theo mir in einem Brief geschickt, aber die meisten erhielten wir nach dem Krieg von rumänischen Kameraden."

Die Fotos zeigten anschaulich die Macht der Naturgewalten, denen auch die rumänische Zwingburg aus gemauertem Bruchstein nicht gewachsen war. Für die Ewigkeit gebaut, wurde aus ihr in Sekunden ein Trümmerhaufen. Theo Gaudig kommentierte die Bilder, gab Erklärungen und Hinweise. Dann erzählte er einiges von den Ereignissen der Tage nach der Katastrophe:

„Zwei Begebenheiten werden mir zeitlebens unvergessen bleiben. Wir waren eine Gruppe von 40 Gefangenen, die in den Trümmern nach verschütteten Kameraden suchten. Trotz oberflächlicher Bewachung dachte keiner von uns an eine Flucht, denn wir konnten den Auftrag des ‚Kollektivs' nur dann erfolgreich durchführen, wenn wir zusammen blieben.

Die Mutter von Janoş

Ein Erlebnis, das ich nie vergessen werde, hatte ich am Mittag des fünften Tages nach dem Unglück. Am Tor unserer zerstörten Zwingburg sah ich eine Frau stehen, die mich auffällig beobachtete. Sie trug ein langes schwarzes Kleid und hatte ein schwarzes Kopftuch umgebunden. Ihrem Alter nach hätte sie meine Mutter sein können. Einen Augenblick sahen wir uns an, dann kam sie zögernd auf mich zu. Das letzte Stück des Weges ging ich ihr entgegen. Die fremde Frau umarmte mich und legte ihren Kopf an meine Schulter. Ich sah sie weinen und hörte ihr Schluchzen. Für mich war es schwer, die Tränen zurückzuhalten. Offenbar suchte hier eine Frau ihren Mann oder eine Mutter ihren Sohn, den sie bisher in dem verfluchten Zuchthaus nicht gefunden hatte. Ihre ganze Verzweiflung und Hilflosigkeit sprach aus dem ungarisch-rumänischen Wortgemisch, mit dem sie nach ihrem Sohn Janoş fragte und mich bat, ihn zu suchen. Ich versuchte, die Mutter zu trösten, aber meine Stimme begann zu zittern, und mein Vorhaben mißlang. Andere aus ihrer Begleitung kamen und führten sie weg. Ich gab ihr noch das Versprechen, nach ihrem Janoş zu suchen.

Zu meinen Kameraden zurückgekehrt, erzählte ich von Janoş und seiner Mutter, doch wir kamen nicht dazu, länger darüber zu sprechen. Einer von uns hatte aus der Tiefe der Trümmer eine schwache Stimme gehört. Dort unten war offenbar jemand der Unseren lebendig begraben. Sofort begannen wir, ihn und sein Leben zu retten. Fieberhaft arbeiteten wir uns aus den verschiedensten Richtungen an ihn heran. Als wir kurz unsere Arbeit unterbrachen, um zu horchen, vernahmen wir deutliche, im Fiebertraum gesprochene Worte Jetzt wußten wir, daß es Juri, ein Genosse aus Bessarabien, war. Augenblicke später legten wir ein Bein frei, aber es war kalt und gehörte einem Toten, der eingeklemmt zwischen Steinen und Schutt lag. Wir mußten ihn liegenlassen, denn es galt, den noch Lebenden zu bergen.

Als wir Juri endlich aus den Trümmern gezogen hatten, war es Nacht geworden.

Am anderen Tag, dem sechsten nach dem Beben, bargen wir die Leiche des Genossen, die wir am Vortage bei der Befreiung von Juri hatten liegenlassen müssen. Es war Janoş, der Sohn der ungarischen Mutter, deren Weinen und Schluchzen mich am Tage zuvor so sehr erschüttert hatte.

„Ich gäbe mein Leben für seins..."

Ein zweites unvergeßliches Erlebnis hatte ich einige Tage später.

Fieberhaft suchten wir nach toten Kameraden. Für die Bergungsarbeiten hatte man eine bestimmte Frist gesetzt. Noch hatten wir nicht alle gefunden und arbeiteten darum ohne Pause. Gelang es nicht, die Vermißten bald zu finden, dann würden sie auch noch im Tode von Steinen und Gebälk des Zuchthauses umgeben sein, in dem sie zu ihren Lebzeiten so Schweres hatten durchmachen müssen. Es war etwas in uns, ihnen ein solches Begräbnis zu ersparen.

Manche waren schwer zu finden. Nach meinem französischen Freund André, der mich in Doftana die Sprache seiner Heimat lehrte, mußten wir lange suchen. Erschlagen von einem Eisenträger, fanden wir ihn schließlich unter den Trümmern. Er hatte noch manches bei sich, das nicht in fremde Hände fallen durfte, denn er war ein führender Kopf in unserem ‚Kollektiv' gewesen. Sein Tod erschütterte alle, denn sein kameradschaftliches Denken, seine großen moralischen Qualitäten und seine hohen Ideale der Menschlichkeit kannten und bewunderten viele. Mir war er der beste Freund in schlimmer Zeit gewesen, und

Zeichnung von Theo Gaudig, angefertigt im November 1940 und versehen mit dem Text: „Die Stelle an der wir am Morgen des 10. November, sechs Stunden nach dem Erdbeben, André Prot gefunden haben.“

diese Freundschaft strafte die faschistischen Redensarten von der deutsch-französischen Erbfeindschaft Lügen. ‚Ich gäbe mein Leben für seins', sagte ein Bauer aus Bessarabien, als wir André zu den anderen Toten auf dem Platz vor dem Gefängnis trugen. Hier fertigten einige von uns aus dem Trümmermaterial Särge. Bald mußten wir an das Begräbnis denken, denn die Novembertage waren noch warm; es blieb nicht mehr viel Zeit.

In jenen Tagen kam ein Wagen, um die Leiche unseres Genossen Ilie Pintilie abzuholen. Er, das Mitglied des Zentralkomitees der illegalen Kommunistischen Partei Rumäniens, sollte in seiner Heimat begraben werden. Seine Frau war mitgekommen, um ihn heimzuholen. Stumm und andächtig verweilten wir einen Augenblick an seinem Sarg, den wir dann behutsam auf den Wagen hoben. Die Mützen in der Hand, nahmen wir für immer Abschied von einem unserer Besten. Trauer unterdrückte für einen Augenblick jede Bewegung, aber niemand weinte, auch seine Frau nicht. Es mochten einige Sekunden vergangen sein, als Ilies Frau langsam auf uns zukam. Ohne ein Wort zu sagen, stand sie vor uns, schaute uns mit traurigen Augen an und hauchte dann jedem einzelnen von uns einen Kuß auf die trockenen Lippen. Dann bestieg sie den Wagen, fuhr davon, und ich sah sie nie wieder.

Manches habe ich erlebt und vieles davon längst vergessen. Niemals aber werde ich die erschütternde Umarmung der Mutter von Janos und den Kuß der Frau von Ilie Pintilie vergessen.

Das Begräbnis der anderen toten Kameraden fand dann bald auf dem Gefängnisfriedhof statt, bei den ‚drei Pflaumenbäumen', wie er im Gefängnisjargon hieß. Beim Ausschachten des Massengrabes stießen wir auf verrottete Särge und Gebeine, Zeugen des Todes vergangener Jahrzehnte. Den Namen und die Daten eines jeden Genossen schrieben wir auf ein Stück Papier und steckten es in eine Flasche, die wir in den Sarg legten. Man sollte jeden später einmal identifizieren können.

Als der Faschismus in Europa 1945 unter den wuchtigen Schlägen der alliierten Streitkräfte zusammengebrochen war, errichteten meine überlebenden rumänischen Genossen den Opfern des 10. November 1940 eine würdige Grabstätte. Sie legten auch nach ihrer Befreiung durch die Rote Armee den Grundstein für das heutige Rumänien.

Gheorghe Gheorghiu-Dej, Nicolae Ceaucescu, Chivu Stoica und andere meiner Kameraden aus Doftana repräsentierten die rumänische Republik der Arbeiter und Bauern. Das ehemalige Zuchthaus Doftana ist heute ein Museum der feudalen Unterdrückung. Bei den ‚drei Pflaumenbäumen' auf dem Gefängnisfriedhof vergangener Jahrzehnte steht ein würdiges Mausoleum.

Mein rumänischer Genosse Rudenco hat in der Zeit, da wir gemeinsam die Zwingburg erlebten, ein Gedicht geschrieben und nannte es ‚Legende Doftana'. Der Refrain ‚Nicht schlagen' bezieht sich auf unsere täglichen Protestschreie unter dem ‚Balaur', dem Drachen. Es wurde ein Lied, das heute zum rumänischen Kulturgut gehört. Vor Jahren bekam ich eine Schallplatte, auf der dieses Lied aufgezeichnet wurde. Du sollst es hören."

Bevor Theo Gaudig das Lied abspielte, sagte er noch: „Doftana ist für mich noch keine Legende, denn die Schrecken von damals sind noch zu jung, die Narben bluten noch. Als Rudenco die Verse schreib, da ahnten wir alle noch nicht, daß bald schon das Rote Mausoleum, von dem darin die Rede ist, gebaut sein würde."

Dann hörte ich den schwermütigen Gesang des Liedes und konnte aus ihm ein wenig jener Stimmung spüren, die die Häftlinge bewegte, als der Text entstand. Aus dem Gesang der letzten Strophe aber, dessen Verse mir Theo Gaudig übersetzte, klang die unerschütterliche Gewißheit des Sieges über die Tyrannei:

Der Tag ist nicht mehr weit,
an dem das Joch und die schweren Ketten
fallen werden.
An der Stelle Doftana erhebt sich dann als
Zeuge ein Rotes Mausoleum.
Dann werden die Veteranen des befreiten
Volkes mit uns singen die alte Sage,
die Legende Doftana:
Nicht schlagen! Nicht schlagen!

Nachdem das Lied verklungen war, beendete ich das Gespräch mit den Gaudigs. Es war spät geworden, und manches war noch nicht gesagt.

Darum blieb es auch nicht bei diesem einen Besuch.

Später erfuhr ich, daß die Überlebenden des Bebens Unterkunft im Gefängnis in Caransebeş fanden, einem kleinen Garnisonsstädtchen im rumänischen Banat. Klein wie das Städtchen war auch das Gefängnis und die Werkstätten entsprechend sehr beengt. Aber man war jetzt mitten in einer Stadt, und damit wurde auch ein besserer Kontakt zur Bevölkerung möglich. An Markttagen durften die Gefangenen sogar an der Hauptstraße vor dem Gefängnis ihre Produkte verkaufen. Als eines Tages einem Offizier das angebotene Spielzeug zu rot angestrichen erschien, durften sie fortan nichts mehr rot anstreichen.

In Caransebeş erlebte Theo Gaudig den Überfall der deutschen Faschisten auf die Sowjetunion.

Auch Maria Gaudig erzählte in kurzen Zwischenbemerkungen oftmals einiges aus ihrem damaligen Erleben. Hin und wieder waren Briefe aus Rumänien mit einem Lebenszeichen von Theo gekommen. Sie erwiderte sie und verlor nie die Hoffnung auf ein Wiedersehen. Die Nachrichten über das Erdbeben in den Zeitungen und im Rundfunk hatten sie furchtbar erschreckt. Erst ein Lebenszeichen von Theo ließ sie wieder aufatmen.

Eingang zur heutigen Gedenkstätte Doftana.

Auch in den Essener Zeitungen waren damals ausführliche Berichte über das Beben in Rumänien zu lesen. Der „Essener Anzeiger" wußte in seiner Ausgabe vom 12. November 1940 zu berichten, daß mindestens 1000 Todesopfer und 3000 bis 4000 Verletzte zu beklagen seien. Das Beben habe die Stärke 9 erreicht und sei in einem Radius von 1800 bis 2000 Kilometern spürbar gewesen. In Sofia, der Hauptstadt Bulgariens, hätten durch die Erschütterungen die Kirchenglocken geläutet, und in Moskau sei „das stärkste Beben seit Menschengedenken" registriert worden. In der vergilbten Zeitung las ich auch davon, daß der rumänische Diktator, General Antonescu, einige Unglücksstätten aufgesucht habe.

Theo Gaudig erinnerte sich an seinen Besuch in Doftana: „Nach der Besichtigung der Zerstörungen meinte er, nun seien die Überlebenden genug bestraft worden. Bei einigen weckten diese Worte Illusionen auf eine baldige Freiheit. Noch hatten nicht alle erkannt, daß man auch den Versprechungen der rumänischen Faschisten keinen Glauben schenken durfte."

Im Keller der „Siguranţa"

Im Frühjahr 1942 war die Strafzeit Theo Gaudigs beendet. Das hätte für ihn die Freiheit bedeuten müssen, aber es kam anders.

„Der Abschied von meinen Genossen war nicht einfach für mich. Über ein Jahrzehnt lang teilten sie mit mir ihr Brot. Sie halfen mir über so manches hinweg. Von ihnen erhielt ich Schuhwerk, wenn ich barfuß ging, oder Kleidung, wenn die alte zerrissen war. Sie trugen mich auf den Hof, als ich krank war, und nicht wenige waren mir Freunde und Brüder geworden. Zu ihnen zählte der Eisenbahnarbeiter aus Griviza, der Bauer aus der Provinz und der Student aus Bukarest. Meine Zukunft war dunkel, aber ihre eigene war nicht heller. Keiner von uns wußte, ob er den Faschismus überleben würde."

Dann erzählte Theo Gaudig, wie er nach Bukarest transportiert wurde und im Keller der rumänischen Sicherheitspolizei, der „Siguranza", auf die Auslieferung an die deutschen Behörden wartete. Das dauerte Wochen. Er lernte in dieser Zeit alle möglichen Leute und Typen kennen, tragische und komische. Dazu gehörte auch jener junge Bursche, der ihm und den anderen erklärte, seine Mutter, eine Tänzerin, hätte einen USA-Autokönig geheiratet, und er sei das Produkt der jungen Liebe gewesen. Aus Eifersucht habe seine Mutter ihren Mann getötet und sei in der Haft gestorben. Ihn habe man in einem noblen Heim unter dem Namen seiner Mutter erzogen. Später sei ihm der Versuch mißlungen, die wirkliche Herkunft nachzuweisen, weil schon im amtlichen Geburtsregister jene Seite gefehlt habe, die seine Geburt und den richtigen Namen hätte beweisen können. Die Beträge für seine Aufzucht und Erziehung seien dem Heim anonym überwiesen worden. Da er keine Ruhe gegeben habe, sei er schließlich nach Rumänien ausgewiesen worden. Jetzt werfe die Siguranza ihm vor, türkische

Pässe an rumänische Juden verkauft zu haben. Jedem versprach er eine gesicherte Zukunft, sobald er sein Erbe angetreten habe.

„Wenn ich bis heute noch keine Austin-Aktien besitze", sagte Theo Gaudig, „dann liegt es vielleicht daran, daß er meinen Namen ebenso vergessen hat wie ich den seinen." Wir konnten uns ein herzhaftes Lachen nicht verkneifen.

Erlebnisse auf dem Transport nach Buchenwald

Theo Gaudig trat im April 1942 mit den besten Wünschen seiner Kameraden, begleitet von drei Beamten der Geheimen Feldpolizei, seine Reise nach Deutschland an. Der Fronturlauberzug Bukarest–Wien war überfüllt, und viele Soldaten standen dicht gedrängt in den Gängen. Er aber saß mit seinem Begleitschutz in einem Sonderabteil. Am 3. April 1942 wurde er der Gestapo in Wien übergeben. Hier erlebte er sein erstes „großdeutsches Gefängnis". Die Zelle, in die man ihn sperrte, mußte er mit sechs bis acht anderen Häftlingen teilen. Einer von ihnen war ein führender Mann der „National-Ukrainer". Nach der siegreichen Oktoberrevolution in Rußland war er 1920 in den Westen gegangen. Als die deutschen Faschisten die Ukraine besetzt hatten, glaubte er am Ziel seiner Träume zu sein. Aber er war selbst seinen Kumpanen im Wege, die ihn deshalb zunächst einmal hinter schwedische Gardinen brachten.

Zwei andere erzählten, sie seien Kommunisten und deshalb im Gefängnis. Einer von ihnen war ein Kriegsbeschädigter aus dem Ersten Weltkrieg und wünschte sich fortwährend seine Überführung in das Konzentrationslager Dachau. Er glaubte zu wissen, daß es dort besondere Abteilungen für Kriegsbeschädigte gäbe, in denen es besser als in Wien sei. Theo Gaudig schienen solche Illusionen 1942 unverständlich. Einige Monate später, Ende Juni 1942, ging auch er „auf Transport". In welches KZ würde man ihn bringen, fragte er sich, als der Zug in nordöstliche Richtung fuhr. Die erste Übernachtung nach der Abreise von Wien war in Olmütz. Es schien so, als ginge es nach Auschwitz. Seine Mitreisenden gaben ihm durch Schilderungen ihrer Schicksale ein reales Bild vom Nazi-Deutschland des Jahres 1942. Da saß neben ihm ein redegewandter junger Pole, der leidenschaftlich sein Vaterland verteidigte. Er wollte noch lernen, aber die höheren Schulen waren in Polen geschlossen worden. In einer Ecke saß ein rechtskräftig zum Tode Verurteilter. Man hatte ihm Handschellen angelegt, damit er nicht fliehen konnte. Er sprach kein Wort, aber andere, die ihn kannten, sprachen für ihn. Aus irgendwelchen Bombentrümmern hatte er etwas mitgehen lassen, und das war Plünderei, die mit dem Tode bestraft wurde.

Die nächste Übernachtung war in Görlitz. Also ging es doch nicht nach Auschwitz. In Berlin legte er sich am anderen Tag zur Ruhe. Hier waren in zwei durchgehenden Räumen so viele Menschen, daß sich keiner normal ausstrekken konnte. „Mein Kopf lag auf jemandem, und auf mir lagen auch Köpfe und Beine", kommentierte Theo Gaudig. Hier lernte er auch die Zigarettenwährung kennen, die sich in ganz Deutschland immer mehr einbürgerte. Im Sommer 1942 wurde im Berliner Polizeigefängnis eine Zigarette mit 4 bis 5 Mark gehandelt.

Nach einer Zwischenstation in Hannover landete Theo Gaudig dann am 30. Juni 1942 auf der „Ulmer Höh" in Düsseldorf. Der große Saal, der ihn hier aufnahm, galt als eine Art Auffanglager. Ganz Europa war hier vertreten. Jede Woche leerte sich der Saal bis auf fünf bis zehn Gefangene, zu denen für die erste Zeit immer Theo Gaudig gehörte. Das kam so: Die Gestapo-Leitstelle Wien hatte der für Essen zuständigen Leitstelle Düsseldorf mitteilt, daß Theo Gaudig „mit dem nächsten Sammeltransport der dortigen Dienststelle zwecks weiterer Veranlassung überstellt" würde. Mit Datum vom 29. Juni 1942 erbat sich Düsseldorf eine FS-Mitteilung über sein voraussichtliches Eintreffen, aber diese FS-Mitteilung blieb aus.

Erst fünf Wochen später stellte die Gestapo Düsseldorf fest, daß er schon seit dem 30. Juni 1942 auf der Ulmer Höh einsaß. Das gab am 3. August 1942 den Anlaß zu einer schriftlichen Beschwerde, in der es u. a. hieß: „Nach Rücksprache mit der Verwaltung des Gerichtsgefängnisses Derendorf (Angestellter Penning) werden die Gefangenen, die von hier aus bei auswärtigen Dienststellen angefordert werden, durch das Transportbüro ohne Benachrichtigung der zuständigen Dienststelle in das Gerichtsgefängnis eingeliefert und als Durchgangsgefangene behandelt. Sie werden nur in einem kleinen Buch registriert. Der Verwaltung des Gefängnisses ist also danach niemals bekannt, für welche Stelle und zu welchem Zweck die Gefangenen dort einsitzen. Hinzu kommt noch, daß diese Gefangenen wegen Raummangels in zwei großen Räumen des Gefängnisses (dort Schule genannt) untergebracht und täglich von dem Arbeitsinspektor des Gefängnisses auf Arbeitskommando außerhalb des Gefängnisses eingeteilt werden. Dieser Zustand ist in staatspolizeilcher, insbesondere abwehrpolizeilicher Hinsicht völlig unmöglich und birgt große Gefahren in sich. Ich bitte, durch die hiesige Dienststelle II D für Abhilfe besorgt zu sein. Veranlassung zu dieser Klarstellung im Gefängnis gab der Fall Gaudig ... Gaudig traf bereits am 30. Juni im hiesigen Gerichtsgefängnis ein. Trotz mehrmaliger Rückfrage konnte sein Eintreffen und Einsitzen jetzt erst festgestellt werden."

Die Zustände im Düsseldorfer Gefängnis schrien förmlich zum Himmel. Theo Gaudig beschrieb sie:

„Nie habe ich so gehungert wie in meiner Düsseldorfer Gefangenenzeit. Von dem, was wir bekamen, konnte kein Mensch satt werden. In unserem Saal wurden Kartoffeln geschält, die – wie man uns sagte – für ein benachbartes Hotel bestimmt waren. Die ausgehungerten Gefangenen verschlangen eine Menge der rohen Kartoffeln, um den Hunger zu stillen. Die Folge war ein nicht enden wollender Durchfall. Besonders katastrophal war der Gesundheitszustand der ausländischen Zwangsarbeiter. Durch Unterernährung und Vitaminmangel hatten viele Wasser. Ein etwa 15- bis 16jähriger russischer Junge litt besonders darunter. Wenn er 20 Minuten lag, hatte er ein aufgedunsenes Gesicht. Stand er einige Minuten danach, wurde sein Gesicht wieder normal, aber seine Beine schwollen so stark an, daß er seine Schuhe nicht mehr anziehen konnte.

Zu uns kam kein Arzt, und wir konnten uns nicht einmal baden. Alle unsere Beschwerden fegte man vom Tisch mit der Bemerkung, wir gehörten nicht zum Gefängnis, sondern seien Gefangene der Gestapo.

Zwölf Jahre hatte ich meine Familie nicht mehr gesehen und auch Maria nicht, die Frau, für die mein Herz schlug. Die Gestapo schien mich vergessen zu haben. Nur wenige Kilometer lagen zwischen mir und meinem Zuhause; verständlich der Wunsch auf ein Widersehen mit den Meinen. Es gelang schließlich, einen Brief herauszuschmuggeln, und eines Tages gab es Besuch für mich, der erste nach mehr als einem Jahrzehnt. Ich hatte tausend Fragen im Kopf, aber beim Wiedersehen kam kaum eine heraus. Dann war da auch noch der Wärter. Es gab zwar nichts Außergewöhnliches zu sagen, aber sein wortloses Dabeistehen schnürte mir die Kehle zu, und bald schon war die Besuchszeit um.

Jetzt schien auch die Gestapo mich wiedergefunden zu haben, denn sie nahm sich meiner an. Ich sei viel zu gefährlich, um mit einer so großen Zahl von Gefangenen einen Raum zu teilen, stellte man fest und sperrte mich in Einzelhaft. Dann wurde mir eröffnet, man könne mich nicht in die nationalsozialistische Volksgemeinschaft entlassen und habe darum meine Umerziehung im Konzentrationslager Buchenwald veranlaßt. Von dort aus sei nach einer gewissen Zeit meine Entlassung möglich. Danach ging alles sehr schnell, und bald schon sah ich auf dem Bahnhof Weimar erstmals die berüchtigte SS, die Mördertruppe des Regimes. Diese Blüte der ‚nordischen Rasse' benahm sich wie Herrenmenschen und behandelte uns wie den Abschaum der Menschheit. Mit bereitstehenden Lastkraftwagen wurden wir zum Lager auf den Ettersberg gefahren und standen dann vor dem Eingang zur Hölle."

Theo Gaudigs Weg von Rumänien nach Buchenwald hatte einige Monate gedauert. Erst am 1. Dezember 1942 um 17.35 Uhr war in Düsseldorf, wo die Gestapo ihn fast vergessen hatte, ein Telegramm des Berliner Reichssicherheitshauptamtes eingetroffen, in dem gegen ihn die „Schutzhaft" angeordnet wurde. Da seine „frühere kommunistische Tätigkeit erwarten" ließe, daß er „bei Freilassung die Belange des Reiches schädigen" würde, sei er in das KZ Buchenwald zu überführen.

Kameraden in Buchenwald

Einer Hölle entronnen, stand er jetzt, im Winter 1942, vor dem Tor einer anderen Hölle.

„Die Hölle Buchenwald ist oft genug beschrieben worden von Leuten, die es noch schwerer gehabt haben. Um Buchenwald zu schildern, muß man das Sterben beschreiben können, das Erschießen, Erschlagen, Erhängen, Abspritzen, das langsame Krepieren, das aber kann ich nicht." Dennoch erzählte er einige Erlebnisse seiner zweieinhalb Buchenwald-Jahre.

„Es sind Erlebnisse, wie sie jeder andere Buchenwald-Häftling erzählen könnte. Wenn mir das Schicksal der zigtausend Umgebrachten erspart blieb, dann verdanke ich das der Hilfe von Genossen, die sich sofort meiner annahmen. Nachdem wir durch das Tor mit der makaberen Schriftzeile: ‚Jedem das Seine' geschritten waren, führte man uns ins Bad. ‚Ausziehen! Alles abliefern! Baden!' befahl man und danach immer wieder die antreibenden Worte: ‚Schnell! Schnell!' Dann bekamen wir alle Haare abgeschnitten und wurden in eine Desinfektionsflüssigkeit getaucht. Obgleich es draußen bitterkalt war, trieb man uns dann nackt, aber keimfrei über den Hof zur Effektenkammer. Dort lag, vom Hemd bis zu den Holzschuhen, für jeden alles bereit. ‚Paßt! Paßt!' kommentierten die schwarzuniformierten Herrenmenschen und brüllten dazu, wie schon im Bad, ihr: ‚Schnell! Schnell! Schnell!'

Als man uns später in den Block 17, den Quarantäneblock, untergebracht hatte, waren wir KZler geworden. Buchenwald lag an einem Hang und unser Block inmitten des Lagers. Schaute man aus dem Fenster, so sah man weit und breit nur Baracken, eine öde und trostlose Aussicht. Der Quarantäne wegen war unsere Baracke zusätzlich mit einer Stacheldrahtumzäunung versehen.

In Reih und Glied angetreten, erhielten wir später Hinweise für unser künftiges Verhalten. Der Blockälteste, am roten Winkel als politischer Häftling erkennbar, erteilte sie und richtete zum Schluß einige warnende Worte an mögliche Denunzianten unter uns. Was er sagte, war überaus mutig und beeindruckte mich sehr. Noch am gleichen Tag ging ich zu ihm, stellte mich vor und bat um Ratschläge für mein späteres Verhalten. Paul Schreck, so hieß der Blockälteste, notierte sich meinen Namen und versprach, später mit mir zu reden.

Am anderen Tag eröffnete er mir, daß zwei Häftlinge mich zu sprechen wünschten. Augenblicke später standen mir die beiden Essener Genossen Paul Schilling und Ernst Haberland gegenüber, aber ich kannte sie damals noch nicht. Im Verlauf des kurzen Gespräches fielen die Namen einiger anderer Essener, und man fragte mich, ob ich jemanden davon kenne. Albert Bergner und Paul Woitkowski kannte ich und sagte es auch. Meine Begegnung mit ihnen am gleichen Tage war ein herzliches Wiedersehen mit alten Freunden, die ich 14 Jahre lang nicht gesehen hatte. Von Stund an zählte auch ich zur Familie jener Antifaschisten im Lager Buchenwald, die durch gemeinsames politisches Wollen und Handeln verbunden waren.

Als später für die Apotheke des Hälftlingskrankenhauses jemand gesucht wurde, fiel die Wahl auf mich. Obwohl ein SS-Mann hier das Sagen hatte, war in

Wirklichkeit unser Genosse Waldemar Knaak der tatsächliche Leiter. Ich jedenfalls begann zunächst damit, Salbentöpfe und Tinkturfläschchen zu putzen. Die wichtigsten Medikamente, Fett und Eiweiß, standen nicht zur Verfügung. Ausreichend Wasser, Seife und saubere Handtücher hätten den Sulfonamideverbrauch entscheidend reduziert. Wunden, die nicht heilen wollten, Vereiterungen, die immer weiterfraßen, innere Krankheiten, die den Betroffenen apathisch werden ließen, boten sich mir als ständiges Bild in den Ambulanzen. Große nässende Wunden aber kann man nicht nur mit Papierbinden umwickeln und hochgradige Unterernährung nicht mit einer Aspirintablette heilen.

Im August 1944 kamen bei einem Luftangriff auf die Gustloff-Werke, dem Buchenwalder Rüstungszentrum, über 300 KZ-Häftlinge ums Leben. Unter den Toten befand sich auch der bekannte Sozialdemokrat Rudolf Breitscheid.

Bei uns ging es zu wie in einem Lazarett. Blut hatten wir immer gesehen, aber jetzt floß es in Strömen. Vor der SS geheimgehaltene Reserven an Verbandsmaterial wurden restlos aufgebraucht.

Es war eine furchtbare Zeit.

Unsere illegale politische Arbeit aber wurde auch in jenen Tagen niemals vernachlässigt. Ich gehörte einer Parteigruppe von drei bis vier Genossen an. Politische Hinweise und Einschätzungen zu dem, was um uns herum und in der Welt vor sich ging, nahm ich von einem Genossen entgegen und teilte diese meiner Gruppe mit. Im Frühjahr 1945 waren diese Hinweise für uns immer Lekkerbissen, denn endlich konnte man das Ende sehen. Ob wir Augenzeuge des endgültigen Zusammenbruchs der braunen Tyrannei werden würden, stand allerdings damals noch auf einem anderen Blatt.

Zunächst galt es, alle antifaschistischen Kräfte auf die Zukunft, auf den friedlichen Wiederaufbau zu orientieren. Das war auch der Inhalt einer politischen Orientierung gewesen, die ich den Genossen meiner illegalen Gruppe im Frühjahr 1945 mitgeteilt und auch erläutert hatte. Da wurde plötzlich einer von uns, der Genosse Wettläufer, von der SS festgenommen und in den Bunker gesperrt. Wie wir erfuhren, war ein von ihm an seine Schwester geschriebener und aus dem Lager herausgeschmuggelter Brief von der Gestapo abgefangen worden. Sein Inhalt entsprach in wesentlichen Abschnitten der Orientierung, die ich auch ihm kurz zuvor mitgeteilt hatte. Mir war klar, daß ich jetzt auf alles gefaßt sein mußte.

Immer wenn die Tür zur Apotheke aufging, zuckte ich erschreckt zusammen und rechnete damit, daß man auch mich abholen würde. Fortwährend erwog ich, ob mein Genosse wohl den Quälereien der Folterknechte standhalten könne, ohne meinen und andere Namen zu nennen. Mir war klar, daß man versuchen würde, möglichst alles aus ihm herauszuschlagen. Zugleich versuchte ich mich selbst zu prüfen. ‚Wie würdest du dich an seiner Stelle verhalten?‘ fuhr es mir durch den Kopf. ‚Was wäre, wenn die Gestapo deinen Namen erfahren und dich abholen würde?' überlegte ich. Zugegeben, man konnte unter Schlägen schreien und dennoch den Mund halten, aber wie man sich schließlich in einer solchen Situation bewährt, weiß man erst hinterher.

Mit einer solchen Belastung zu schlafen, war nahezu unmöglich. Den anderen Genossen unserer Gruppe ging es bestimmt ebenso wie mir. Zwar sprach ich mit keinem darüber, was mich bewegte, aber ich spürte es, obwohl alle äußerliche Ruhe demonstrierten. Unsere Nerven waren überlastet. Jeder rechnete mit der Möglichkeit des Todes im Augenblick des Sonnenaufgangs der Freiheit.

Unser Genosse Wettläufer selbst war es, der uns vom belastenden Druck befreite: Er erhängte sich in seiner Zelle, ohne etwas gesagt zu haben. Damit entzog er sich den Quälereien seiner Peiniger. Uns rettete er mit seinem Schweigen das Leben."

Die Tränen standen dem ergrauten Essener Antifaschisten in den Augen, als er mit diesem Erlebnis seine kurze Erzählung über die Hölle Buchenwald beendete.

Dann sprach er leise und mehr für sich selbst: „Seinen Vornamen habe ich vergessen. Ich weiß nicht einmal, wo sein Zuhause war. Wie mögen seine letzten Stunden gewesen sein? Wenn ich könnte, würde ich zurücklaufen in das Jahr 1945, um ihm etwas von der Last auf seinen Schultern zu nehmen, um ihm die Augen zuzudrücken. Aber das alles geht nicht mehr. Die Zeit von damals ist dahin, und über das, was war, ist inzwischen Gras gewachsen. Aber der Faschismus lebt noch in der Welt, und unser Kampf gegen ihn ist heute ebenso wichtig wie damals."

Dann schwieg er. –

Möglich, daß dieser oder jener nichts Besonderes findet an der Geschichte der Gaudigs aus Essen, ich allerdings hielt sie für wichtig und schrieb sie nieder.

*

Die beiden Gaudigs überlebten, während andere dem Regime zum Opfer fielen. Auch Theos Vater, Otto Gaudig, gehörte dazu. In Mülheim beheimatet, stand er mit seiner Frau Johanna ebenfalls in der Front des antifaschistischen Widerstandes. Als sein Sohn in einem rumänischen Zuchthaus gefangengehalten wurde, verbrachte er mit anderen mutigen Kampfgefährten viele Monate im Konzentrationslager Börgermoor. Dort entlassen, leistete er auch weiterhin Widerstand, bis er mit seiner Frau 1943 verhaftet wurde. Beide zu einer langjähri-

„Wir sind die Moorsoldaten“. Dieses Exemplar, im August 1933 im KZ Börgermoor handgefertigt, wurde 1934 von Otto Gaudig, dem Vater Theo Gaudigs, bei seiner Entlassung aus dem Lager herausgeschmuggelt.

gen Zuchthaustrafe verurteilt, hatten im Frühjahr 1945, ebenso wie ihr Sohn Theo, die Niederlage der Faschisten herbeigesehnt. Otto Gaudig erlebte den Tag der Freiheit nicht mehr. Im April 1945 verschleppten faschistische Menschenschlächter ihn aus dem Zuchthaus Lüttringhausen und erschossen ihn mit 70 seiner Kameraden in der Wenzelnbergschlucht bei Solingen.

Theo Gaudig erfuhr davon erst später. Seine Frau Maria aber erlebte es aus nächster Nähe:

Als 1943 die Gestapo Vater und Mutter Gaudig verhaftete, war sie gerade in deren Mülheimer Wohnung. Vor ihr hatte das Buch „Der Aufruhr der Engel“ von Anatole France gelegen, als die Häscher aufkreuzten. Das Buch sollte ein Geburtstagsgeschenk für Theos Vater sein. Sie war gerade dabei, es mit einer Widmung zu versehen. Der, für den es bestimmt war, hat dieses Buch nie erhalten, und sie sah ihn auch nie mehr wieder.

Als Maria Gaudig davon erzählte, erinnerte ich mich an ein handgemaltes Notenblatt, das sich im Archiv der Essener VVN–Bund der Antifaschisten befindet. Mit Wasserfarbe dekorativ gestaltet, stehen darauf Noten und Text des Liedes der „Moorsoldaten“, 1933 gedichtet und komponiert von Häftlingen im Konzentrationslager Börgermoor. Otto Gaudig, seinerzeit Schuster im Lager, hatte es zwischen Sohle und Brandsohle seiner Schuhe aus dem Lager herausgeschmuggelt.

Zurückgekehrt von meinem Besuch bei Theo Gaudig und seiner Frau Maria, betrachtete ich nachdenklich dieses wertvolle Dokument. Könnte es sprechen, so würde ich von ihm noch so manches erfahren aus der Zeit, da es ein Moorsoldat fertigte, und den Jahren danach, als es der Familie Gaudig gehörte. Es kann nicht reden und bleibt darum ein stummes Zeugnis mit einer starken Aussage. Das wurde mir besonders klar, als ich den Text des Liedes las und dabei die mir bekannte Melodie mitsummte.

Das Lied kündet vom Leid der Verfolgten, atmet aber zugleich auch die Gewißheit des Sieges über den Faschismus, heißt es doch in der letzten Strophe:

„Doch für uns gibt es kein Klagen,
ewig kann's nicht Winter sein.
Einmal werden froh wir sagen:
Heimat, du bist wieder mein.
Dann zieh'n die Moorsoldaten,
nicht mehr mit dem Spaten,
ins Moor, ins Moor.“

„Der Faschismus lebt noch in der Welt“, hatte Theo Gaudig einmal gesagt. Er wurde 1945 zwar geschlagen, aber nicht zerschlagen. Bei uns in der Bundesrepublik ward der Baum gefällt, aber die Wurzeln blieben fruchtbar. Die Erlebnisse der Essener Arbeiterfamilie Gaudig mahnen uns auch heute wieder: „Menschen, seid wachsam!“

„Wir sind nicht bis zum Kreuz gegangen" Im Gespräch mit Frau Loh

Besonders ist mir Pfarrer Ernst Loh in Erinnerung geblieben, der mich im Frühjahr 1939 konfirmierte. Sein ernstes Wesen forderte Respekt und ließen mich und andere manche Ausgelassenheit während des Konfirmandenunterrichtes vergessen. Meine Eltern sprachen von ihm immer mit Hochachtung, besuchten ihn und seine Frau hin und wieder in ihrer Wohnung oder luden beide auch einmal ein, zu uns zu kommen.

Im Februar 1940 als Soldat eingezogen, kehrte Pfarrer Ernst Loh am Ende des Krieges nicht mehr zurück. Das Wort „vermißt" verschleiert sein Schicksal, und kein Grabstein trägt seinen Namen. Aber der Inhalt einer Gestapo-Personalakte im Hauptstaatsarchiv Düsseldorf zeichnet ihn als einen mutigen Streiter der Evangelischen Bekennenden Kirche aus.

Bereits als junger Vikar war er den faschistischen Machthabern unliebsam aufgefallen, weil er 1935 während eines Gottesdienstes in der Gemeinde Ründeroth Äußerungen getan hatte, die ihnen so gar nicht paßten. Ein für diesen Gottesdienst bestellter Aufpasser hatte seine Auftraggeber wissen lassen, daß die von Vikar Loh gehaltene Predigt im „Widerspruch zu dem Willen" des „Führers und Reichskanzlers Adolf Hitler" gestanden habe und die im Gottesdienst gesungenen Lieder für ihn „Kampflieder" gewesen seien.

Wer den noch vorhandenen Predigttext nachliest, der begreift sehr schnell, warum sich der Aufpasser erzürnt hatte, denn man findet darin für die damalige Zeit mutige Worte gegen die Absichten des Regimes, mit Hilfe der Glaubensbewegung „Deutsche Christen" die Gleichschaltung der evangelischen Kirche zu betreiben:

„Das Evangelium ist das Schwert, das in dieser Welt im Kampf liegt. Viele Gemeinden unserer Kirche spüren auch äußerlich etwas von der Härte dieses Kampfes. Viele unserer Gemeinden sind ohne Pfarrer, die teils ausgewiesen sind, teils Redeverbot haben. Liebe Freunde, tun die Pfarrer einen besonderen Dienst an der Gemeinde, wenn wir euch warnen vor dem hereinbrechenden Heidentum und Antichristentum? Nein, wir kommen nur dem Auftrag nach, den Jesus Christus uns aufgegeben hat, als er von seinen Jüngern Abschied nahm, wo er sagt: Lehret sie halten alles, was ich euch befohlen habe."

Von nun an kümmerte sich auch die Gestapo mehr als bisher um Ernst Loh.

Am Sonntag, dem 30. Mai 1937, vertrat er in der Kirchengemeinde Mayen bei Koblenz den erkrankten Pfarrer. Über seine hier gehaltene Predigt verfaßte ein anwesender Kriminal-Oberassistent eine „Ereignismeldung". Darin hieß es: „Besonders bemerkte noch Loh, daß der Grundsatz: ‚Diene deinem Volke, dann dienst du Gott' unwahr sei. Erst müsse man Gott dienen, und dann könne man auch dem Volke dienen..." Am Schluß seiner Meldung sprach er die Vermutung aus, daß der Pfarrer offenbar noch öfter in Mayen die Vertretung über-

Geheime Staatspolizei
Staatspolizeileitstelle Koblenz

Koblenz a. Rh., den 21. Juni 1937.
Im Vogelsang 1
Fernsprecher: Nr. 2915

Br. Nr. II B 691/37
Bitte in der Antwort obiges Geschäftszeichen angeben.

Gegen Postzustellungsurkunde.

Verfügung:

Hiermit wird gegen Sie wegen Übertretung des § 1 der Verordnung des Oberpräsidenten der Rheinprovinz vom 1.4.1935 zur Bekämpfung des Mißbrauchs dogmatischer Erörterungen und Verstößen gegen die Grundsätze der nationalsozialistischen Bewegung (Amtsblatt der Regierung zu Koblenz Nr. 15/35) ein Zwangsgeld in Höhe von 50,--RM (in Worten: "Fünfzig Reichsmark"), ersatzweise eine Zwangshaft von 10 Tagen festgesetzt.

Der Betrag von 50.-- RM ist binnen einer Woche an die Regierungshauptkasse in Koblenz unter Vorlegung dieser Verfügung einzuzahlen.

Gegen diese Verfügung ist in einer vom Tage nach ihrer Zustellung ab beginnenden Frist von 2 Wochen das Rechtsmittel der Dienstaufsichtsbeschwerde an das Geheime Staatspolizeiamt in Berlin gegeben, die schriftlich bei der Staatspolizeileitstelle Koblenz einzureichen ist.

Gründe.

Sie haben in Ihrer Predigt am 30.Mai 1937 in der evangelischen Kirche zu Mayen ausgeführt, daß der Grundsatz: "Diene Deinem Volke, dann dienst Du Gott" unwahr sei. Erst müsse man Gott dienen und dann könne man auch dem Volke dienen.

Beweismittel: Geständnis in der Vernehmung vom 11.6.37.

gez. Dr. Nockemann.

Geheime Staatspolizei – Staatspolizeileitstelle Koblenz

Beglaubigt:
Kanzleiangestellte.

An den
Hilfsprediger Herrn Ernst Loh
Horchheim b.Koblenz
Friedrichstraße 15.

Zwangsgeldverfügung der Gestapo Koblenz vom 21. Juni 1937 gegen den Hilfsprediger Ernst Loh, der kurz darauf nach Essen-Borbeck berufen wurde.

nehmen würde, und versicherte: ,,Sollte dieses der Fall sein, so wird seine Predigt unauffällig überwacht und gegebenenfalls Meldung erstattet werden."

Nachdem die Koblenzer Gestapo Pfarrer Loh am 11. Juni 1937 zu einer Vernehmung bestellt hatte, erhielt er mit Datum vom 21. Juni 1937 folgende Verfügung durch die Post zugestellt:

,,Hiermit wird gegen Sie wegen Übertretung des § 1 der Verordnung des Oberpräsidenten der Rheinprovinz vom 1. April 1935 zur Bekämpfung des Mißbrauchs dogmatischer Erörterungen und Verstößen gegen die Grundsätze der nationalsozialistischen Bewegung (Amtsblatt der Regierung zu Koblenz Nr. 15/35) ein Zwangsgeld in Höhe von 50,– RM, ersatzweise eine Zwangshaft von zehn Tagen festgesetzt..." Als Grund wurde angegeben: ,,Sie haben in Ihrer Predigt am 30. Mai 1937 in der evangelischen Kirche zu Mayen ausgeführt, daß der Grundsatz: ‚Diene deinem Volke, dann dienst du Gott' unwahr sei. Erst müsse man Gott dienen, und dann könne man auch dem Volke dienen."

Eine von Pfarrer Loh eingelegte Beschwerde gegen diese Verfügung an das Geheime Staatspolizeiamt Berlin, wurde mit nur wenigen Worten als unbegründet zurückgewiesen.

Bald darauf veröffentlichten einige ausländische Zeitungen die Verfügung gegen den deutschen Hilfsprediger. So hatte ,,Der Deutsche Weg", das im holländischen Oldenzaal erscheinende Organ deutscher Exilkatholiken (diese Zeitung wurde u. a. von dem Jesuitenpater Dr. Friedrich Muckermann redigiert) in ihrer Ausgabe vom 10. Oktober 1937 die Maßnahmen gegen den Essener Pfarrer unter der Überschrift ,,Ein Dokument der Zeit" veröffentlicht und auf eine entsprechende Kommentierung in der englischen Zeitung ,,The Spectator" hingewiesen.

Dadurch arg verärgert, reagierte die Gestapo mit Haussuchungen bei Pfarrer Ernst Loh und einigen führenden Vertretern der Rheinischen Bekenntnissynode. Über das Ergebnis dieser Maßnahme berichtete die Gestapo-Leitstelle am 15. November 1937 nach Koblenz, daß der Düsseldorfer Pfarrer Beckmann von der Zwangsgeldverfügung etwa 100 Abzüge habe herstellen lassen. Die bei einer Haussuchung in seiner Wohnung vorgefundenen 30 Reststücke seien von der Geschäftsstelle der Rheinischen Bekenntnissynode in Essen (Wohnung Pfarrer Held) hergestellt worden. Auch hier habe man noch 23 Exemplare vorgefunden. Der für die Herstellung verantwortliche Vikar Disselhoff verweigere allerdings die Aussagen, so daß eine restlose Klärung nicht erbracht werden könne.

Heute weiß man, daß diese Vervielfältigungen im Keller der Wohnung von Gustav Heinemann, dem späteren Bundespräsidenten der Bundesrepublik, hergestellt worden sind.

Zur Zeit der Gestapo-Maßnahmen, im Oktober 1937, wohnte Ernst Loh bereits in Essen-Borbeck in der Dachstraße 54. Mit Wirkung vom 20. September

1937 hatte ihm die Evangelische Bekenntnissynode im Rheinland die durch den Fortgang des Pfarrers Klingbeil freigewordene Pfarrstelle in der Gemeinde Borbeck übertragen. Nach dem Kindergottesdienst am Sonntag, dem 17. Oktober 1937, festgenommen, wurde anderntags seine Wohnung durchsucht.

★

Im Herbst 1976 besuchte ich Frau Loh und unterhielt mich mit ihr über die 39 Jahre zurückliegenden Ereignisse. Sie wohnte immer noch in Borbeck und war überrascht, daß sich nach so langer Zeit jemand für ihren Mann interessierte. Bereitwillig gab sie mir auf meine Fragen Antwort.

Als ich ihr sagte, ich sei 1939 von ihrem Mann konfirmiert worden, und auch von meinen Eltern erzählte, erinnerte sie sich meiner Familie, und wir begannen über so manches zu sprechen, was die Erinnerung in unser Gedächtnis zurückrief. Besonders aufmerksam lauschte ich dem, was sie über die Zeit des Kirchenkampfes zu sagen hatte:

„Es war im Sommersemester 1934. Als Studentin besuchte ich eine Universitätsveranstaltung, auf der ein ‚Deutscher Christ' aus Berlin unter großem Beifall einen Vortrag hielt. Da standen plötzlich drei Examensstudenten auf und verließen den Saal. Jeder erkannte in dieser Haltung deutlich ihren Protest gegen das, was der Sprecher von sich gab. Einer der drei Studenten war mein späterer Mann.

Es bedurfte danach vieler Verhandlungen, um die Zulassung der drei Studenten zum Examen zu bekommen. Beeinflußt durch seinen Lehrer Karl Barth, hatte mein Mann schon früh die Fronten zwischen den ‚Deutschen Christen' und der Verkündung des reinen Evangeliums erkannt.

Nach seinem ersten Examen war er Vikar in Essen-Karnap und in Roßbach an der Sieg. Hier kam er zum ersten Mal in Berührung mit der Geheimen Staatspolizei. Seine Predigten wurden abgehört, und er mußte sich dafür verantworten. Nachdem er bei der Bekennenden Kirche in Barmen sein zweites Examen abgelegt hatte, erhielt er seine erste Stelle als Pastor – Hilfsprediger damals genannt – bei der Bekennenden Kirche in Koblenz. Auch hier wurden seine Predigten abgehört.

Im Jahre 1937 heirateten wir, und mein Mann bekam eine Pfarrstelle in Essen-Borbeck übertragen.

Das geschah mehr oder weniger illegal, denn die Entscheidungen der Bekennenden Kirche mußten sich diese Bezeichnung gefallen lassen. Ein Pfarrhaus gab es für den illegalen Pfarrer nicht, und wir bezogen darum eine Privatwohnung in der Dachstraße, Drei Tage nachdem wir in unser neues Heim eingezogen waren, kam mein Mann mit zwei Gestapo-Beamten aus der Kirche nach Hause und sagte mir: ‚Ich werde ins Gefängnis abgeführt, aber sorge dich nicht um mich!'

Mein Versuch, ihn noch am Abend des Tages zu besuchen, verlief ergebnislos. Als ich mein Vorhaben am folgenden Tage wiederholte, übergab man mir seine Schlüssel und teilte mir mit, man habe ihn inzwischen nach Koblenz überführt. Wie ich später erfuhr, hat ein bewaffneter Gestapo-Beamter meinen Mann mit der Drohung begleitet: ‚Wenn Sie versuchen sollten zu flüchten, werde ich Sie niederschießen!'

Sie werden verstehen, daß mich nichts mehr in Essen hielt. Ich fuhr deshalb sofort nach Koblenz. In einem kleinen Dachzimmer im Pfarrhaus erhielt ich eine Unterkunft, und dieses Zimmer könnte berichten von durchwachten und durchbeteten Tagen und Nächten.

An einem Morgen, man hatte auch mich inzwischen von der Gestapo vernommen, wurde mir gestattet, meinen Mann im Gefängnis für ganz kurze Zeit zu besuchen. Es waren nur einige Augenblicke, und als sich die schweren Eisentüren wieder hinter ihm schlossen, war ich fast verzweifelt. Am Abend des gleichen Tages fand im Koblenzer Gemeindesaal ein Fürbittegottesdienst statt, zu dem man mich ausdrücklich eingeladen hatte. Sehr bekümmert und niedergeschlagen nahm ich, in der ersten Reihe sitzend, daran teil. Der Pfarrer predigte über David und Goliath. Während der Auslegung des Textes wurde ich plötzlich froh und erleichtert. Mir wurde die Gewißheit geschenkt, daß Gott große Dinge zu tun vermag und auch meinen Mann aus den Händen einer grausamen Macht befreien könnte. Kaum hatte ich diesen Gedanken ausgedacht sah ich den Kirchmeister eilig auf mich zukommen und hörte ihn sagen: ‚Frau Loh, Ihr Gatte ist frei und und wartet auf Sie im Pfarrhaus!' Am anderen Tag fuhren wir gemeinsam zurück nach Essen."

Die Pfarrersfrau sah mich an, und ich bemerkte, daß ihre Augen glänzten. Was sie empfand, spürte man aus den Worten, die ich dann hörte: „Wissen Sie", sagte Frau Loh nach kurzer Pause, „meine Empfindungen während des Fürbittegottesdienstes im Oktober 1937 und die gleichzeitige Entlassung meines Mannes aus dem Gefängnis zähle ich zu den größten Glaubenserlebnissen meines Lebens."

★

Wir sprachen noch über so manches, und es blieb auch nicht bei diesem einen Gespräch. Als ich Frau Loh später wieder einmal aufsuchte, zeigte sie mir zwei große Schreibhefte, deren Aussehen auf ein entsprechendes Alter schließen ließen. „Ich habe den Nachlaß meines Mannes einmal durchgesehen und dabei das gefunden", sagte sie und reichte mir die beiden Hefte.

„Konfirmandenliste IV Pfarrbezirk" stand auf einem. Darin waren alle Namen festgehalten, die in der Zeit von 1933 bis 1939 konfirmiert worden waren. Frau Loh zeigte mir die Liste der Konfirmanden aus dem Jahre 1939. Unter den 37

Namen stand auch meiner inmitten anderer mir bekannter und vertrauter Schulkameraden.

Das zweite Schreibheft enthielt eine „Liste des IV. Pfarrbezirkes über freiwillige Beiträge für die evangelische Bekenntnisgemeinde Essen-Borbeck". „Sehen Sie, hier sind auch Ihre Eltern eingetragen", sagte Frau Loh und deutete auf die Zeilen mit den Geldbeträgen, die sie monatlich ihrer Kirche zur Verfügung gestellt hatten. Ich fand in dem Heft viele mir aus meiner Kindheit her bekannte Namen wieder. Da standen die Trezaks aus der Zweigstraße, dort die Neumanns von nebenan und hier die Herzingers aus unserer Nachbarschaft. Hinter jedem Namen immer wieder der Betrag ihrer freiwilligen Spende. Neben vielen Arbeitern aus den Gruben und Fabriken, fand ich auch den Borbecker Augenarzt Dr. Schulte, der in der „Kristallnacht" 1938 die fast 90jährige Großmutter der Loewenstein-Töchter aus dem jüdischen Altersheim in Werden holte und vorübergehend in seiner Wohnung unterbrachte.

„Wenn ich in diesem Heft blättere", sagte Frau Loh und strich über die vergilbten Seiten, „dann schöpfe ich daraus auch heute noch Kraft. Für den Kirchenkampf bin ich Gott dankbar, denn ich konnte besonders in dieser Zeit die Gemeinschaft in der Gemeinde erleben. Das enge Band, das uns zusammenknüpfte, hat mich herübergerettet bis in die heutige Zeit."

Dann erzählte ich ihr von jenen Menschen, die aus anderen Motiven Widerstand leisteten, die geschlagen, gedemütigt und ermordet wurden. Ich schilderte ihr die letzten elf Tage im Leben der Essener Kommunistin Käthe Larsch und erzählte ihr vom Kampf und vom Sterben des Borbecker Widerstandskämpfers Karl Lomberg.

Als ich mich von ihr verabschiedete, sagte Frau Loh: „Erlebtes kann man nicht vergessen. Es tritt zeitweise in den Hintergrund, aber die Erinnerung weckt es wieder. Wenn ich mich heute bemühe, unseren Einsatz gegen das Unrecht jener Jahre einzuschätzen, dann stelle ich fest: Wir haben um des Wortes willen gelitten und gekämpft, aber wir sind dennoch nicht bis zum Kreuz gegangen."

„Gesundes Volksempfinden" wider die Menschlichkeit
Aus der Akte des Wilhelm Siebers

In der Essener Haus-Berge-Straße wohnte 1941 der Maurer Wilhelm Siebers. Nach der Schulentlassung ein Jahr Laufjunge und zwei Jahre Hilfsschlosser gewesen, hatte er 1927 bei Krupp begonnen, den Maurerberuf zu erlernen.

Danach mehrfach erwerbslos, war er seit 1934 in seinem Lehrbetrieb ununterbrochen als Maurer tätig. Was seine politische Einstellung betraf, so hatte er nach eigener Darstellung früher mehrere Jahre der katholischen Jünglingskongregation angehört und bei Wahlen der katholischen Zentrumspartei seine Stimme gegeben.

Ab Juni 1940 wurden im Krupp-Betrieb französische Kriegsgefangene zur Arbeit herangezogen. Man beschäftigte sie auch dort, wo Wilhelm Siebers arbeitete. Für ihn waren es vom ersten Tage an keine Feinde, keine ausgestoßenen Menschen. Er behandelte sie wie jeden anderen Arbeitskollegen und sprach mit ihnen, wann immer sich eine Gelegenheit dazu bot. Seinem Meister war das gar nicht recht. Er gab ihm mehrfach zu verstehen, daß die Kruppsche Firmenleitung den Umgang der Belegschaft mit Kriegsgefangenen nachdrücklichst untersagt habe. Auch zwei Vorarbeiter aus der Umgebung von Wilhelm Siebers waren ergebene „kruppsche Gefolgschaftsmitglieder“, empörten sich über die „antinationale“ Haltung ihres Arbeitskollegen und stellten ihn zur Rede.

Als alle Verwarnungen und Drohungen den Maurer nicht davon abhalten konnten, Kriegsgefangene als Menschen zu respektieren, brachte am 26. Juni 1941 einer dieser Vorarbeiter den Stein ins Rollen. Er hatte beobachtet, wie sich Wilhelm Siebers mit dem französischen Kriegsgefangenen Roussel in eine Baubude begab, und spionierte den beiden nach. Durch ein zerbrochenes Fenster war zu sehen, daß sich der deutsche und der französische Arbeiter mit allen sprachlichen Hilfsmitteln unterhielten. Wie es später hieß, hätten beide mit auf den Boden gezeichneten Linien die Kriegslage im Osten zu erläutern versucht. Offenbar habe Siebers dem Franzosen klarmachen wollen, die deutschen Truppen wichen vor den Russen zurück.

Obgleich beide die Angaben des Denunzianten energisch bestritten, geriet der Kruppsche Maurer jetzt in die Mühle der Gestapo. Am 27. Juni 1941 festgenommen, deutete man sein Verhalten als „würdelos“ und leitete gegen ihn ein Strafverfahren ein.

Am 1. September 1941 formulierte dann die II. Strafkammer des Landgerichts in Essen diesen Beschluß zur Eröffnung des Hauptverfahrens: „Der Maurer Wilhelm Siebers aus Essen-West, Haus-Berge-Straße 78, geboren am 9. April 1909 zu Essen, zur Zeit in Untersuchungshaft im Gerichtsgefängnis in Essen, wird beschuldigt, zu Essen in der Zeit vom Juni 1940 bis zum 26. Juni 1941 fortgesetzt handelnd vorsätzlich gegen den § 1 der Verordnung des Reichsministers des Innern vom 11. Mai 1940 über den Umgang mit Kriegsgefangenen verstoßen und sonst mit Kriegsgefangenen in einer Weise Umgang gepflegt zu haben, die das gesunde Volksempfinden gröblich verletzt, und zwar in einem schweren Falle. ...“

Knapp einen Monat später trat ein Sondergericht zusammen, um Wilhelm Siebers abzuurteilen. An seiner Schuld bestand für die damaligen Rechtsprecher kein Zweifel. Mit zwei Jahren Zuchthaus bestraften sie die Menschlichkeit des Krupp-Arbeiters. Erst die Zerschlagung des Faschismus im Mai 1945 brachte Wilhelm Siebers endgültig die Freiheit zurück, denn nach der Verbüßung seiner Strafe preßte man ihn noch in das berüchtigte Bewährungsbataillon 999.

Für Spaniens Freiheit
Der Interbrigadist Robert Weinand berichtet

Robert Weinand, mein Gesprächspartner im Herbst 1977, war für mich kein Unbekannter. Ich traf ihn zuerst im Dezember 1946. Damals nahm ich als junger, eben erst heimgekehrter Kriegsgefangener an einer politischen Schulung in der Jugendherberge Haltern teil. Er war hier einer der Lehrer. Seine ruhige Stimme, mit der er das Thema Leninismus vortrug, gefiel mir. Ich wußte damals nicht, daß er einer jener Interbrigadisten war, die von 1936 bis 1939 die spanische Republik verteidigten.

Wenn wir uns später einmal trafen, dann fragte ich ihn oder er mich hin und wieder: ,,Weißt du noch?" Beide hatten wir unsere erste Begegnung in Haltern nicht vergessen. ,,Mir scheint, du hast bei mir einiges gelernt", sagte er einmal zu mir. Das mag sein, denn manches, das ich von ihm erstmalig hörte, wurde zum festen Bestandteil meiner Auffassungen von der Welt, in der wir leben.

Einige Jahre später erfuhr ich mehr von seinem Einsatz in Spanien, um das sich dann 1977 unser Gespräch drehte.

Am 18. September 1903 in Essen geboren, war der gelernte Kunst- und Bauschlosser 1922 dem Kommunistischen Jugendverband beigetreten und 1927 Mitglied der KPD geworden. Drei Jahre danach verließ er seine Heimatstadt, um sich in der Sowjetunion aktiv am sozialistischen Aufbau zu beteiligen.

Als sich über Deutschland die Nacht des Faschismus senkte, zog es ihn in seine Heimat zurück, um hier am antifaschistischen Widerstand teilzunehmen. Über Holland kam er zunächst nach Belgien. Von hier aus sollte er nach Deutschland zur illegalen Arbeit eingeschleust werden. Als wegen vieler Verhaftungen sein Einsatz in Deutschland fraglich wurde, stellte er sich der spanischen Republik als freiwilliger Soldat zur Verfügung.

Wie Robert Weinand gingen Tausende mutige Antifaschisten aus aller Welt nach Spanien, um dort dem Volk bei der Verteidigung von Demokratie und Freiheit zu helfen.

Am 2. April 1938 verwundet in Gefangenschaft geraten, ertrug er fast vier Jahre lang den Terror spanischer Faschisten. Dann übergaben ihn die Franco-Behörden der deutschen Gestapo. Wie ich 35 Jahre später in seiner Gesta-

Kameraden an der Seite von Robert Weinand. Unter ihnen Heinrich Lief aus Essen (2. von links), der als Offizier der Internationalen Brigaden vor Madrid gefallen ist.

po-Personalakte nachlesen konnte, überführte man ihn am 4. Dezember 1941 mit einem Sammeltransport von Spanien nach Köln.

„Zu dem Obengenannten ordne ich hiermit Schutzhaft bis auf weiteres an", verfügte am 19. April 1942 der Chef des Reichssicherheitshauptamtes, Reinhard Heydrich, in einem Schutzhaftbefehl. In der Begründung dieser Maßnahme hieß es, man müsse durch seine Beteiligung am spanischen Bürgerkrieg auf roter Seite erwarten, daß er sich bei vorzeitiger Freilassung weiterhin für den Kommunismus einsetzen würde. „Weinand ist in das Konzentrationslager Dachau zu überführen." Bis zur Zerschlagung des Faschismus durch die alliierten Streitkräfte wurde er dort festgehalten.

Kameraden an meiner Seite

Robert Weinand berichtete, daß auch noch andere Essener Antifaschisten in Spanien waren, die von 1936 bis 1939 gegen den Franco-Faschismus kämpften:

„Einige von ihnen gaben ihr Leben, und wir begruben sie in spanischer Erde. Johann Maslow ist am 24. Oktober 1936 beim Sturm auf die Höhe Santa Quiteria gefallen. Theo Staudinger wurde am 7. März 1937 von einer feindlichen Kugel tödlich getroffen. Heinrich Lief verlor vor Madrid sein Leben, und Gurino Scariot zählte zu den Toten des Angriffs auf das stark befestigte Dorf Cichorna im Juli 1937. Auch Franziskus Schreiber haben wir in spanischer Erde begraben müssen.

Unsere Toten und wir, die Überlebenden, zeigten den spanischen Menschen, daß es auch noch ein anderes Deutschland gab als das der faschistischen Legion Condor. Zu den Essener Spanien-Kämpfern gehörten mein Bruder Karl, mein Schwager Peter Hoffmann, Alfred Richter, Willi Bick, Adolf Frank, Wilhelm Glawitsch, Alfred Viering, Wilhelm Viering, Alfred Schreiber, Alfred Kapluck und Leo Kropp. Alle taten sie ihre Pflicht bis zum äußersten. Einige verbrachten wahre Heldentaten. So Alfred Schreiber, Karl Weinand und Alfred Kapluck. Alfred Kapluck habe ich von der Brünette-Schlacht im Juli 1937 besonders gut in Erinnerung. Er legte und reparierte die Telefonleitungen vom Stab unseres Bataillons zu den einzelnen Kompanien. Während der Schlacht lief er immer wieder in das Artilleriefeuer hinein, um zerstörte Telefonleitungen zu flicken. Still, bescheiden, sein Leben nicht schonend, war er einer der Tapfersten."

Robert Weinand fuhr fort: „Das offizielle Essen hat die Namen seiner Spanien-Kämpfer vergessen. Es würdigt nicht ihren Einsatz für Demokratie und Menschenrechte in einer Zeit, da Unmenschen sich zu den Herren der Welt aufspielen wollten. Dennoch war unser Engagement nicht vergebens. Die Geschichte des spanischen Volkes beweist: Unsere gefallenen Interbrigadisten sind nicht vergessen. Das Franco-Regime wurde durch die Macht des Volkes gestürzt."

Mein Freund Gurino Scariot

Dann erzählte er von einigen seiner Spanien-Erlebnisse:

„Eine besonders enge Freundschaft verband mich mit Gurino Scariot. Alle nannten ihn kurz Rino. Gemeinsam waren er und ich im Jahre 1927 Mitglieder der Kommunistischen Partei Deutschlands geworden, nachdem wir uns 1922 im Kommunistischen Jugendverband kennengelernt hatten. Während ich 1930 in die Sowjetunion ging, blieb er in Deutschland und wurde in Essen im Januar 1933 verhaftet. Man brachte ihn mit vielen anderen Mitgliedern der Arbeiterparteien in das berüchtigte Lager auf der Schachtanlage Herkules, wo er schwer mißhandelt wurde. Er entzog sich der Haft durch Flucht.

Ich sah ihn Anfang 1934 wieder. Quer durch Deutschland und Polen hatte sich Rino bis zur sowjetischen Staatsgrenze durchgeschlagen und war bei deren Überschreitung von den Sowjetbehörden als Verdächtiger festgenommen worden. Ihnen gegenüber gab er sich als Mitglied der KPD aus und berief sich auf mich. Ich konnte alle seine Angaben bestätigen, und bald feierten wir ein herzliches Wiedersehen.

Nach erneuter Trennung trafen wir uns Mitte März 1937 in Spanien wieder. ‚Es ist merkwürdig, die Welt ist groß und rund, wir aber treffen uns überall wieder', sagte Rino, als wir uns in einem Unterstand an der Straße Turija-Brihuega gegenüberstanden. Beide gehörten wir der 11. Internationalen Brigade an. Er war Offizier beim Brigadestab. Die Guadalajara-Schlacht gegen 10000 Mann Franco-Truppen und 40000 Mussolini-Italiener war in vollem Gange. Obgleich erschöpft, waren wir guten Mutes, denn unsere republikanischen Divisionen und mit ihnen unsere Brigade hatten den Feind zum Stehen gebracht.

Wenige Tage später, am 18., 19. und 20. März 1937, erlitten die uns zahlenmäßig doppelt überlegenen faschistischen Truppen eine vernichtende Niederlage. Einheiten der spanisch-republikanischen Armee und die Internationalen Brigaden erbeuteten über 100 Maschinengewehre, 6 Batterien Artillerie, 120 Lastkraftwagen, viele Traktoren und eine Menge Munition. Rund 1500 Gefangene wurden gezählt. Nach der Schlacht wurde die 11. Brigade aus der Front herausgezogen und nahm in den Dörfern Torija Heras, Ciruelas und Canizar Quartier.

Rino Scariot und ich sahen uns nun öfter. Hier fanden wir auch Zeit für gemeinsame Jugenderinnerungen. An manchen Abenden saßen wir mit anderen Kameraden zusammen und sangen, Rino oft wie ein Pferd, den richtigen Ton fand er selten, dafür aber sang er mit wahrem Gefühl. Er war überhaupt ein sensibler Mensch, wenn er das auch mit rauhen Manieren zu tarnen versuchte. ‚Spaniens Himmel breitet seine Sterne über unsere Schützengräben aus' – dieses Lied sangen wir besonders gerne. Der Refrain, stolz und lautstark gesungen, war weithin zu hören. ‚Die Heimat ist weit, doch wir sind bereit, zu kämpfen und siegen für dich, Freiheit.'

Gurino Scariot (2. von links) und Kameraden

Am 7. Juli 1937 lag unser Bataillon wieder einmal im Einsatz. Rino Scariot war uns als Verbindungsoffizier des Brigadestabs zugeteilt. Er war am Rücken verwundet und nur notdürftig verbunden. Unser Stab, dem auch ich angehörte, lag etwa 600 Meter hinter der Front. Wir hatten die Aufgabe, die im Vorfeld von Madrid gelegene Stadt Brunete zu halten. Sie war kurz vorher von der Division Lister erobert worden. Die Ebene vor der Stadt wurde bald zu einem höllischen Schlachtfeld. Alle verfügbaren Truppen und Unmengen Kriegsmaterial setzten die Franco-Faschisten ein. Tonnen von Bomben und Granaten fielen auf engstem Raum. Rings um die Stadt brannten kilometerweit die Getreidefelder. Die unbarmherzige Julisonne schien auf Freund und Feind.

Eine Schlacht von solcher Heftigkeit hatten wir noch nicht erlebt. Wir lagen in einer kleinen Mulde, die einen Durchmesser von zehn Metern hatte. Das war eine gefährliche Position für einen Gefechtsstand. Die republikanisch-spanischen Divisionen hatten gemeinsam mit den Internationalen Brigaden die faschistische Front 12 Kilometer tief und 15 Kilometer breit durchbrochen. Dieser Sieg berauschte mich. Alle Angst war wie weggeblasen. Rino Scariot lag neben mir. Möglich, daß er ähnliches fühlte wie ich, denn er benahm sich so, als könne ihm nichts passieren. Immer wieder erhob er sich, kniete oder stellte sich aufrecht, um doch nichts weiter als Rauch und Feuer zu sehen. Unter Schimpfen und Fluchen packte ich ihn mehrfach im Genick, um ihn wieder in Deckung zu drücken. Auch als wir später unseren Gefechtsstand in ein Haus verlegten, mußte ich ihn immer wieder vom Fenster wegziehen. Der Kerl ließ einfach alle Vorsicht außer acht.

Gegen Abend ging er, um dem Brigadestab zu berichten. Ich sollte ihn nie mehr wiedersehen. Zwei Tage später, am 9. Juli 1937, erhielt ich gegen 11.00 Uhr die telefonische Nachricht, daß Rino Scariot beim Sturm auf den Friedhof in Quijorna gefallen war. Es traf mich wie ein Schlag. Damit die Kameraden meinen Zustand nicht bemerkten, ging ich in einen Nebenraum, um einige Augenblicke mit mir allein zu sein. Dann rief mich die Pflicht, denn die Faschisten griffen mit großer Wucht an. Erst als wir den Angriff abgewehrt hatten, dachte ich wieder an ihn. Gegen 21.00 Uhr ebbte der Lärm der Schlacht ab. Man vernahm sogar das Zirpen der Grillen. Von der Stadt her hörte ich das verängstigte Vieh brüllen. Noch immer brannten die Getreidefelder, ein schaurig schöner Anblick. Als es dunkelte, strahlten am Himmel von Madrid her die Scheinwerfer zu uns herüber.

Plötzlich ertönte von irgendwoher aus einem Lautsprecher die Internationale, ‚Wacht auf, Verdammte dieser Erde'. Dieses Lied hatte ich in den verflossenen Jahren mit meinen Genossen trotzig und voller Begeisterung gesungen, aber noch nie war ich dabei so ergriffen wie an jenem Sommerabend. Ich dachte an Rino Scariot, den Freund und Kampfgefährten meiner Jugend, für den am anderen Morgen die Sonne nicht mehr aufgehen sollte."

Robert Weinand schwieg. Er hatte während seiner Schilderung innerlich alles noch einmal erlebt, was so lange schon zurücklag. Darum stellte ich auch keine Fragen mehr.

„Verflucht, ist es schwer zu sterben."

Einige Tage danach setzten wir das Gespräch fort. Als ich dabei auf seine Franco-Kriegsgefangenschaft zu sprechen kam, gab er mir einen gelben Schnellhefter. „Auf diesen Blättern habe ich die Erlebnisse niedergeschrieben, die dich interessieren. Man muß schon mehr als 74 Jahre alt werden, um für so etwas Zeit zu finden." Auf 161 Manuskriptseiten hatte der Essener Interbrigadist seine Erlebnisse in Spanien und später im Konzentrationslager Dachau festgehalten.

Am 2. April 1938 geriet Robert Weinand in die Kriegsgefangenschaft. Kurz vorher war er durch Maschinengewehrfeuer an beiden Händen verwundet wor-

FRANKREICH
Pyrenäen
SPANIEN
Kantabrisches Geb.
Ebro
Alt-Kastilien
Aragonien
Zaragoza
Barcelona
PORTUGAL
Duero
Guadalajara
Madrid
Neu-Kastilien
Estremadura
Tajo
Golf von Valencia
Valencia
Alcázar
Albacete
Lissabon
Sierra Morena
Murcia
Andalusien
Granada
MITTELMEER
Golf von Cádiz
Straße v. Gibraltar
Gibraltar (Brit.)
Tanger
Tetuan
Span.-Marokko
Maßstab:
0 100 200 300
Kilometer
Zeichenerklärung:
Ankunft der XI. Interbrigade und Einsatz bei Madrid, November 1936
Schlacht am Jarama, Februar 1937
Schlacht bei Guadalajara, März 1937
Schlacht bei Brunete, Juli 1937
Offensive bei Zaragaza, September 1937
Einsatz u. Rückzug an der Aragon-Front, März 1938
Offensive über den Ebro, Juli 1938
Wiedereinsatz der Interbrigaden und Übertritt nach Frankreich, Anfang 1939

den. Was dann geschah, beschrieb er in seinem Bericht:

„Wir wurden auf einen frischgepflügten Acker getrieben. Von allen Seiten tauchten hinter den Hügeln Faschisten auf. Sie rissen uns die Mützen vom Kopf und filzten unsere Taschen. Mein Parteibuch konnte ich noch im letzten Moment in einer Ackerfurche verscharren. Dann trieb man uns einen Hügel hinauf, auf dessen Gipfel der Friedhof von Batea lag. Nun wußten wir, was die Stunde geschlagen hatte. Etwa 50 Meter vor dem Friedhof wurde Halt geboten. Ich konnte jedoch etwas zur Seite treten. Von dort aus öffnete sich mir ein weiter Blick ins Land. Den Aragon hatte ich wild und rauh in Erinnerung. Hier aber lag die Landschaft mild und heiter vor mir, sanft gewellt Hügel und Tal bis zum Horizont.

Einige glitzernde Tautropfen lagen noch vom Morgen her auf den Blättern, die einen wunderbar würzigen Duft ausströmten. Die Aprilsonne schien aus wolkenlosem blauem Himmel.

Alle Sinne angespannt, sah, hörte und fühlte ich das Leben um mich und mein eigenes. Ich sog die Luft mit vollen Zügen ein. Noch einmal atmen, hören, schmecken, fühlen.

‚Verflucht, ist es schwer zu sterben.' Mit diesen Gedanken trat ich wieder zu meinen Kameraden, die gerade darüber debattierten, was sie vor dem Erschießen rufen sollten. Einige wollten rufen: ‚Es lebe die Freiheit', andere: ‚Es lebe der Sozialismus', und wieder andere: ‚Es lebe der Kommunismus'. Ich entschied: Wir rufen: ‚Es lebe die Republik!' Immerhin waren wir nach Spanien gekommen, um hier die Republik zu verteidigen. Damit verteidigten wir auch Demokratie, Freiheit und Sozialismus in unserer deutschen Heimat. Meine Entscheidung wurde akzeptiert. Hinterher dachte ich: ‚Was sind meine Kameraden doch für merkwürdige Leute. Angesichts des Todes diskutieren sie noch über die richtigen politischen Losungen.'

Bald kam der Befehl, den Marsch zum Friedhof fortzusetzen. Vor der Kirchhofsmauer lagen erschossene republikanische Soldaten und Zivilisten mit bleichen Gesichern. Ich fühlte, wie mir das Blut aus den Wangen wich, und sah dasselbe bei meinen Kameraden. Auf der Kirchhofsmauer saß das Erschießungskommando und aß Carbansos. ‚Aki todos füsilados', riefen sie. Wir warteten, bis die Faschisten mit dem Essen fertig waren. Jeder von uns war mit sich selbst beschäftigt. Gesprochen wurde nicht, denn wir wußten ja, wie wir zu sterben hatten. Mir ging durch den Sinn, was mein Kamerad Atze Becker am Tage vorher gesagt hatte: ‚Laßt uns so sterben, wie wir gelebt haben.'

Ich konnte nicht sehen, was hinter der Friedhofsmauer vor sich ging. Dort stand – wie ich später erfuhr – ein höherer faschistischer Offizier, der unseren Übersetzer Assa verhörte. Assa sprach fließend spanisch. Er wollte den Offizier veranlassen, die Erschießungen zu unterlassen, worauf dieser sagte: ‚Sie werden gleich als erster erschossen, denn Sie haben den deutschen Roten die Befehle übersetzt.' Noch während des Verhörs geschah etwas, womit weder wir noch die Faschisten gerechnet hatten. Ein Reiter kam den Hügel herauf gesprengt und überbrachte vom Kommandeur des Frontabschnittes, in dem wir in Gefangenschaft geraten waren, den Befehl, uns nicht zu erschießen.

Einige Wochen später erfuhren wir den Grund. Das italienische Oberkommando wollte uns gegen Italiener austauschen, die in republikanische Kriegsgefangenschaft geraten waren. So waren wir also noch einmal davongekommen. Es ist schon eigenartig, wenn man kurz nach dem vermeintlichen Tod feststellt, daß man noch immer lebt."

Der Teufelsmönch

Von Hunger und Durst geplagt, notdürftig an beiden verwundeten Händen verbunden und vom Blutverlust geschwächt, wurde Robert Weinand mit seinen gefangenen Kameraden in eine Scheune gesperrt. Der folgende Tag brachte neue, ungewöhnliche Ereignisse:

„Am anderen Tag, gegen 10.00 Uhr, schrie ein Posten durch die geöffnete Scheunentür: ‚Verwundete raus!' Ich zögerte, denn ich glaubte, jetzt würde man mich erschießen. Schließlich entschloß ich mich doch, freiwillig mitzugehen. Sie hätten mich ja doch geholt. Der Verbandsraum befand sich in der ersten Etage eines Bauernhauses. Vor dem Haus saßen einige verwundete republikanische Soldaten, die schon verbunden waren. ‚Der Nächste', rief ein Sanitätsunteroffizier von oben. Wie er mir später sagte, war er, ein Baske, bei den Kämpfen an der Nordfront in Gefangenschaft geraten und in die Franco-Armee gezwungen worden. Er konnte sich nicht vorstellen, daß man gefangene Interbrigadisten leben lassen würde, und sagte: ‚Popre Allemanne!' Ich gab ihm meine Uhr in der Annahme, daß ich sie doch nicht mehr gebrauchen könnte.

Vor dem Hause war ein Ambulanzwagen vorgefahren, in den wir Verwundeten einsteigen mußten. Er fuhr bis zum Ebro. Die Brücke darüber war in der Mitte gesprengt und die Lücke notdürftig mit Balken und Brettern für Fußgänger überbrückt worden. Da ich zu denen gehörte, die laufen konnten, brachte mich der Sanitäter zuerst hinüber und bedeutete mir, er wolle jetzt die anderen Verwundeten holen, ich solle am Ende der Brücke warten. Es war derselbe Sanitätsunteroffizier, der mich verbunden und dem ich meine Uhr gegeben hatte. Ich dachte an Flucht, verwarf den Gedanken aber bald, denn in dem Zustand, in dem ich mich befand, wäre ich wohl nicht weit gekommen.

Der Sanitäter hatte mir kaum den Rücken gedreht, als einige Armierungssoldaten auftauchten, denen meine Uniform und Stiefel gut gefielen. Sie beschlossen, mich mit einem Spaten zu erschlagen, und führten mich in eine Kluft, die die Wellen des Ebro ausgewaschen hatte. Der Sanitäter mußte sich wohl auf der

Brücke noch einmal umgedreht haben. Als er mich nicht mehr sah, ist er offensichtlich sofort zurückgelaufen. Jedenfalls war er noch rechtzeitig bei mir, um mich zu retten. Den Armierungssoldaten sagte er, ich würde später erschossen, er hätte Befehl, mich zu einem Verhör lebend abzuliefern."

Zum zweiten Mal war Robert Weinand im letzten Augenblick dem Tode entronnen und kam schließlich in ein Lazarett. Was er danach erlebte, hielt er in seinem Bericht fest:

„Ich lag schätzungsweise zwei Stunden ohne Schlaf, vollkommen erschöpft, kaum fähig, meine Umgebung wahrzunehmen, als sich ein wüstes, nach Alkohol stinkendes Individuum haßerfüllt über mich beugte. Ganz klar, dachte ich, du bist verrückt. Was ich aber registrierte, war die Wirklichkeit.

Der sich da über mich beugte, war ein Mönch. Er sagte: ‚Du bist ein Internationaler. Ich werde dich töten!' Bei diesen Worten zog er ein Messer. Plötzlich fielen seine Augen auf meine dickverbundenen Hände. Er steckte das Messer weg und fragte: ‚Wie kannst du denn mit den Händen essen?' Ich beobachtete ihn genau. Die Mordlust in seinen Augen war verschwunden. In seinem Suff schien ihn nur noch zu interessieren, wie ich mit verbundenen Händen essen könne. Dann hörte ich ihn sagen: ‚Ich hole dir eine Suppe und füttere dich.' Wieder so eine unglaubliche Sache, und ich war nun vollends überzeugt, den Verstand verloren zu haben. Der Mensch kam tatsächlich mit einer appetitlich duftenden Suppe. An meiner rechten Hand schauten Daumen und Zeigefinger unverletzt aus dem Verband heraus. Damit ergriff ich sofort den Löffel, um zu verhindern, daß mich der menschgewordene Teufelsmönch fütterte. Mit jedem Löffel, den ich nahm, kehrten meine Lebensgeister zurück. Ich mußte nun wohl doch annehmen, daß ich weder einen verrückten Traum geträumt noch überhaupt verrückt war."

Über Saragossa kam Robert Weinand mit noch zehn anderen gefangenen Kameraden später nach Bilbao und wurde dort in ein Lazarett eingeliefert. Chef des Krankenhauses war ein Dr. Sombrino, ein Satan im Arztkittel. „Seinen Namen werde ich so lange ich lebe nicht vergessen", schrieb Robert Weinand und schilderte, wie seine Kameraden und er auf Anordnung des Arztes gefoltert wurden:

„Vornweg der Chefarzt, dann die Oberschwester, einen Rosenkranz laut betend (der liebe Gott und die heilige Jungfrau müssen ja bei jeder Schweinerei dabeisein), dann ein Offizier mit gezogenem Revolver und ein Soldat mit gefälltem Bajonett, zuletzt ein Gefangener, der jedem von uns eine große Spritze unverdünnten Jods mit stumpfer Nadel ins Gesäß stieß. Das alles ging sehr feierlich, unter dem lauten Beten der Oberschwester, einer Nonne, vor sich.

Obgleich das Spritzen sehr schmerzhaft war, gab keiner der Kameraden einen Laut von sich. Wir waren zu stolz, den Faschisten unseren Schmerz zu zeigen.

Nach einer Stunde fühlten wir Schmerzen in allen Gelenken und eine beginnende Steifheit des ganzen Körpers. Die Jodgase quollen uns aus dem Mund, es wurde uns übel. In diesem Zustand sollten wir zu Mittag essen, wunderbar in Olivenöl gebackene Fische. Wir hatten beschlossen, trotz der Appetitlosigkeit unter allen Umständen zu essen, um bei Kräften zu bleiben, aber am dritten Tag waren wir kaum noch bei Bewußtsein. Ich konnte mich oft nicht an den vorangegangenen Tag erinnern. Meine Beine wurden ganz steif. Weil wir nicht mehr zur Toilette gehen konnten, stellte man uns Töpfe und Eimer in den Raum. Nur unter großen Schmerzen konnten wir unsere Notdurft verrichten, denn die Glieder gehorchten uns nicht mehr.

Ein junger Tscheche, der neben mir lag, erhob sich nach dem Urinieren nicht mehr und schrie immer wieder: ‚Mich machen sie hin!' Er lag stundenlang vor seinem Bett. Ich konnte ihn nicht beruhigen, ihm auch nicht helfen, wieder in sein Bett zu kommen, denn ich konnte auch nicht mehr aufstehen. Ein Finne wurde wahnsinnig und wollte aus dem Fenster springen.

Die Amerikaner und Engländer – verdammt harte Burschen – schimpften und fluchten, wenn sie nicht apathisch in ihren Betten lagen. Alle hatten wir hohes Fieber. Am schlimmsten erging es den schwerverwundeten Kameraden, die wie alle Leichtverwundeten jeden Tag eine Spritze bekamen.

Die Spritzen seien ein Mittel gegen eiternde Wunden, meinte eine Schwester einmal, nach dem Sinn der teuflischen Prozedur befragt."

Robert Weinand überlebte diese Zeit und auch die Gefangenschaft danach im Kloster San Pedro de Cardena, 14 Kilometer von Burgos entfernt, das in ein Konzentrationslager für gefangene Republikaner und Interbrigadisten umgewandelt worden war. Die Lagerobrigkeit, die in Burgos stationierte deutsche Gestapo und drei Mönche bemühten sich, die Interbrigadisten mit Peitsche und frommen Sprüchen „umzuschulen". Wie die Mönche eine solche „Umschulung" versuchten, hat Robert Weinand anschaulich festgehalten:

„Die Mönche hatten sich vorgenommen, unsere schwarzen bzw. roten Seelen zu retten. Zweimal in der Woche vermaledeiten sie alle Republikaner, alle Roten, alle Revolutionäre, angefangen von der Französischen Revolution, und priesen Gott, den Caudillo und die heilige Jungfrau von Saragossa. Danach sollten wir auf den Knien beten. Zunächst weigerten wir uns. Später machten wir es wie unsere spanischen Kameraden. Die warfen sich auf die Knie und beteten auf eine besondere Art. Obgleich ihr lautes Fluchen nicht zu überhören war, freuten sich die Mönche, daß um sie herum alles auf den Knien lag. Die ganze Litanei war ein Höllenspektakel, an dem unsere spanischen Kameraden ihren Spaß hatten.

Nach Predigt und Gebet wurde der Cupa (Kelch) gehoben, ein Trompeter mußte einige feierliche Töne aus seinem Instrument zaubern, und dann verwandelte sich der Wein im Kelch vor unseren Augen in das Blut Jesu. Einige Köter, die immer in der Nähe waren, verstanden mit ihrem armseeligen Hundeverstand nicht die heilige Handlung. Ihnen taten die Töne aus der Trompete weh, und sie heulten zum Gotterbarmen. Das veranlaßte unseren Lagerkommandanten, den alten José, wie wir ihn nannten, die Hunde mit Steinen zu bewerfen. ‚Me cagon Dios', fluchte er dabei (‚Scheiß auf Gott'). Es war eine Mordsgaudi."

Spanische Kinder üben Solidarität

Die braunen Machthaber in Deutschland hatten inzwischen Robert Weinand die deutsche Staatsangehörigkeit aberkannt. Im „Deutschen Reichsanzeiger" Nr. 195 war diese Maßnahme veröffentlicht worden. Mehr als ein Jahr später verschleppten die Franco-Behörden ihn nach Belchite in den Aragon. „Hier werdet ihr wieder aufbauen, was ihr zerstört habt", sagten ausgerechnet die Alleinschuldigen an der Zerstörung der Stadt Belchite. Auf der Eisenbahnfahrt dorthin quälte die Gefangenen der Durst. Als der Zug an einer Bahnstation hielt, kam ein etwa fünfjähriger Junge neugierig näher. Ihn baten die Durstigen um Wasser.

Robert Weinand berichtet:

„Der Junge kam zurück mit einer ganzen Gruppe von Kindern, Jungen und Mädchen im Alter von vier bis sieben Jahren. In allen möglichen Gefäßen schleppten sie Wasser heran. Diese Kinder waren, das konnte man unschwer erkennen, heimatlos. Durch den Krieg hatten sie ihre Eltern verloren. Eine kleine Gruppe der vielen tausend verwahrlosten Kinder, deren Eltern im Gefängnis saßen, im Kriege umgekommen sind oder von den Faschisten ermordet worden waren. Uns zeigten sie offen ihre Solidarität.

Ein kleines, schwarzhaariges Mädchen fiel mir besonders auf. Sie hatte sich an einer zersplitterten Flasche die Hand verletzt. Ungeachtet der stark blutenden Wunde, schleppte sie mit glühenden Augen Wasser herbei. Wir hätten der Kleinen und den anderen Kindern gerne etwas gegeben, aber wir hatten nichts. Unsere Bewacher mußten wohl von der kindlichen Solidarität betroffen gewesen sein, denn sie ließen die Kinder gewähren. Mir hat sich dieses Bild für mein ganzes Leben eingeprägt. Noch heute sehe ich die Kinder, besonders das kleine blutende Mädchen deutlich vor mir."

Sergeant Moro und der „heilige Josef"

In der Nähe des Aragon-Städtchens Belchite, in einem Steinbruch, mußten die gefangenen Spanien-Kämpfer erneut Unmenschliches ertragen. Hunger, Durst, Seuchen, Prügel und immer wieder Prügel.

„Da gab es unter den Sergeanten einen, den wir Moro nannten, der besonders viel schlug. Er machte sich einen Spaß daraus, während wir arbeiteten, auf irgendeinen Kameraden unentwegt zu zielen, so als ob er ihn erschießen wollte. Einen Österreicher unter uns hätte das fast zum Wahnsinn getrieben. Als ich im Steinbruch arbeitete, schaute er mich oft durchdringend an, ohne jedoch das Gewehr auf mich anzulegen. Mir wurde unheimlich, und ich dachte, daß er mit mir etwas Besonderes vorhabe. Ich bat Karl Korm, der im Steinbruch als Dolmetscher fungierte, doch einmal herauszufinden, warum der Kerl mich immer-

Robert Weinand (links) als Angehöriger der 11. Internationalen Brigade in Spanien.

fort anschaue. Karl sagte mir später, der Sergeant habe ihm erzählt, er hätte zu Hause ein Bild des heiligen Josef, der sähe genauso aus wie ich. Nun weiß ich zwar, daß ich nicht wie ein Rinaldini aussehe, aber heiliger Josef, das war mir doch ein bißchen zuviel. Zugegeben, er ist ein ehrenwerter Handwerker gewesen und auch ein Verfolgter, mußte er doch vor der jüdischen und römischen Obrigkeit nach Ägypten fliehen, weil man in seinem Sohn einen künftigen Revolutionär vermutete. Zu Karl Korm sagte ich: ‚Mensch Karl, halt bloß die Schnauze, sonst laufe ich bald mit dem Spitznamen heiliger Josef herum.'"

„Mein Schutzengel, die Oberin..."

Im Mai 1941 waren die Arbeiten in Belchite beendet, und die Kriegsgefangenen wurden nach Palencia gebracht, einer Stadt 100 Kilometer südwestlich von Burgos. Der Aufenthaltsort hatte sich zwar geändert, die Zustände aber waren die gleichen geblieben. Im dortigen Lager brach plötzlich eine Typhusepidemie aus, und der Tod hielt wieder reiche Ernte. Erst als sie abklang, wurden die Überlebenden geimpft. Dann aber erwischte es noch Robert Weinand. Da man bei ihm Flecktyphus vermutete und Gefahr für die Wachmannschaften nicht ausschloß, brachte ihn eine Ambulanz nach Palencia ins Hospital. Wochenlang rang er mit dem Tode. Eine Nonne, anders als viele, die ihm vorher begegnet waren, pflegte und betreute ihn mütterlich.

„Im Hospital wollte man mich erst gar nicht aufnehmen. Die begleitenden Sanitäter stellten mich an die Wand und geboten mir, erst einmal zu warten. Barhäuptig, mit zittrigen Knien, stand ich in der heißen Julisonne.

Wie lange ich dort gestanden hatte, weiß ich nicht. Ich rutschte vor Schwäche an der Wand herunter in Sitzstellung. Zwei Sanitäter zerrten mich hoch. Im Hospital war ein Bad bereitet worden, in das sie mich mehr schmissen als legten. Sie hatten gar nicht die Absicht, mich zu baden, sondern tauchten mich unter Wasser. Ich mußte wohl schon eine Menge Wasser geschluckt haben, als ich von einer Nonne aus dem Bad geholt und in ein weißbezogenes Bett gesteckt wurde. Die Nonne war die Oberin der Militärstation des Hospitals, eine energische Frau, vor der die Pfleger und Ärzte großen Respekt hatten. Sobald es ihre Zeit erlaubte, stand sie betend und sorgend an meinem Bett. Wenn die Pfleger in meine Nähe kamen, jagte sie diese schimpfend fort. Eigentlich war ich ja auch ihr Feind, aber ich sah in ihren Augen nur Güte und Erbarmen. Das Fieber stieg bis zur Höchstgrenze.

In meinen Fieberträumen beschäftigte mich der Krieg Hitlerdeutschlands gegen die Sowjetunion, der am 22. Juni 1941 ausgebrochen war. Ich hörte deutlich vor dem Hospital das Rasseln von Panzern und hörte einen Kameraden rufen: ‚Robert komm, die Rote Armee ist da, wir sind frei!' Ich wankte zur Toilette und wollte aus dem Fenster klettern, wurde aber wieder zurück ins Bett geholt. Das Fieber blieb wochenlang. Oft war ich bewußtlos. Die Sprache blieb weg, die

Haare fielen mir aus, der ganze Körper häutete sich. Ich wurde so schwach, daß ich nicht einmal mehr meine Bettdecke heben konnte. Oft kamen mehrere Ärzte, die sich mit den braunen Fleckchen auf meinem Bauch beschäftigten und irgendwelche Medikamente und Einreibungen verordneten.

Nach drei Wochen war die Krankheit gebrochen. Ich schlief und schlief den Schlaf der Genesung. Mein Schutzengel, die Oberin, war oft bei mir, den Rosenkranz betend. Das stupide Gemurmel, den Singsang, dieses Eia Popeia vom Himmel, wie Heinrich Heine es nannte, habe ich immer gehaßt, weil es der Verdummung der Menschen diente, die die Kirche zur Festigung der Macht der Ausbeuter betreibt. Jetzt lauschte ich der Stimme der Nonne, die, das wußte ich, mich in ihr Gebet mit einschloß. Nicht, daß mich das fromme Gefühl und der Gottesglaube meiner Kindheit überkam, nein, es war die Stimme, die mich faszinierte, die Stimme einer mütterlichen Frau, die fernab von allem Bösen fühlte und wirkte.

Es muß wohl noch im September gewesen sein, als ich aus dem Hospital entlassen wurde. Meine paar Habseligkeiten, Hemd, Hose und Alpargatas (Leinenschuhe), waren nicht aufzufinden, und so mußte ich denn das Hospital im Krankenhemd verlassen. In der Abenddämmerung stand vor dem Portal ein mit Bohnen beladener Eselskarren. Der Einkäufer des Lagers, ein Sergeant, hatte Befehl, mit den Bohnen auch mich wieder ins Lager zu bringen. Ich stieg also mühselig auf den Karren und legte mich auf die Bohnensäcke. In Büßerhemden und auf armseligen Eselskarren sind bestimmt in Spanien und anderswo viele Tausende zum Ruhme Gottes auf die Richtstätten gefahren worden, allerdings konnten sie sich bestimmt nicht auf warme Bohnensäcke legen.

Ich kam mir auch gar nicht wie ein Delinquent vor. Der Sergeant schlief, der Esel zockelte gleichmäßig seinen Weg allein. Die Bohnensäcke, auf denen ich lag, waren schön warm. Schnell wurde es Nacht, am mondlosen, tiefdunklen spanischen Himmel leuchteten und glitzerten die Sterne unnatürlich groß und klar. Ein lauer Wind strich schmeichelnd über mich. Tief, ganz tief sog ich die würzige Nachtluft in mich ein. Mir war, als ob ich mit jedem Atemzug neues Leben einsog. ‚Du lebst', schien mir der laue Wind zuzurufen. Alles, was ich mit meinen Sinnen wahrnahm, war mir Bestätigung meines wiedergewonnenen Lebens. ‚Wie doch der Mensch am Leben hängt', dachte ich und schämte mich ein wenig.

Als ich im Lager ankam, war tiefe Nacht. Die Kameraden, die von meiner Rückkehr wußten, hatten Essen und Getränke bereitgestellt. Sie freuten sich, mich, den sie schon tot glaubten, wiederzusehen. Es war rührend, wie sie für mich sorgten. Eine Flasche Wein, Brot und Weintrauben hatten sie aufgetrieben. Ich aß mit dem Appetit eines Genesenden."

Aus Franco-Spanien über die Essener Gestapo nach Dachau

Im November 1941 verschleppten die Franco-Behörden Robert Weinand in das spanische Konzentrationslager Miranda de Ebro. Von hier aus trat er kurze Zeit später seine unfreiwillige Reise nach Deutschland an. In all den hinter ihm liegenden bewegten Jahren hatte er sich oft zurückgesehnt nach Deutschland, ins Ruhrgebiet, nach Essen. Immer war er fest davon überzeugt gewesen, daß auch dort der Faschismus nicht bis in alle Ewigkeit Bestand haben würde. Seine Niederlage zu beschleunigen, war er nach Spanien gegangen, um mit der Waffe in der Hand den faschistischen Überfall auf die spanische Republik abzuwehren. Jetzt sollte er nicht als freier Mensch, sondern als Gefangener in die Heimat zurückkehren. Mit ihm waren es fünfzehn, die Ende November 1941 bei Irun an der spanisch-französischen Grenze der deutschen Gestapo übergeben wurden. Am 4. Dezember 1941 setzte sich vom Bahnhof der spanischen Grenzstadt der zusammengestellte Sammeltransport nach Deutschland in Bewegung.

Die nächsten Leidensstationen waren die Gefängnisse in Brauweiler und Düsseldorf. Fast zwei Monate später, am 29. Januar 1942, traf er in Essen ein, wo er bis 1930 gelebt hatte. Am Bahnhof standen Beamte der Essener Gestapo. Er blieb nicht lange in Essen, denn der Schutzhaftbefehl des Reichssicherheitshauptamtes vom 19. April 1942 war für das Konzentrationslager Dachau ausgestellt.

Wie deutsche Antifaschisten auch im Konzentrationslager ihren Kampf fortsetzten, zeigt die Schilderung einer Begebenheit von Robert Weinand:

„Ein saarländischer Genosse übermittelte mir die Bitte, in der Desinfektionsbaracke ein Referat über die Lage und die nächsten Aufgaben zu halten. Informationen über die Lage hatte ich ja reichlich. Auf dem Wege zur Desinfektionsbaracke, wo die Versammlung stattfand, türmte sich in Reihen die zu desinfizierende Kleidung der Typhustoten und der Kranken. Als ich da hindurch mußte, war mir unheimlich zumute, und ich kam mir vor, als ginge ich durch einen Dschungel, wo Tausende Gefahren unsichtbar lauerten. Andererseits dachte ich, du bist ja gegen Fleck- und Paratyphus immun; denn beide Krankheiten hatte ich ja schon überstanden.

Das Referat wurde mit großem Interesse aufgenommen. Es enthielt neben politischen und militärischen Informationen vor allem die taktische und strategische Linie der Kommunisten, die durch den 7. Weltkongreß und die Brüsseler Beschlüsse vorgezeichnet war. Davon ausgehend mußten die unmittelbaren Aufgaben dargelegt werden. Es galt, die Aktionseinheit, die im Lager ja schon bestand, auch nach der Befreiung für den Kampf um eine antifaschistische Demokratie zu gewinnen.

Ich glaube, mich zu erinnern, daß ich für den Fall unserer Befreiung und der Niederzwingung des Faschismus folgende Aufgaben in den Vordergrund stellte: Säuberung aller Staats- und Verwaltungsorgane, der Schulen und Kultureinrichtungen von den Nazis; Ausmerzung der faschistischen Ideologie, gleich in welchem Gewande sie auftreten würde; Errichtung einer antifaschistischen Demokratie.

Erfüllt mit Stolz, Genugtuung und neuem Mut, verließen wir wieder den Versammlungsraum. Unser Dank galt dem Kameraden Adolf Meislinger, dessen Initiative und dessen Umsicht bei den Sicherheitsmaßnahmen diese Versammlung ermöglicht hatten."

„Der Antifaschist" – Stimme der Deutschen im befreiten Dachau

Erst als am 29. April 1945 um 17.15 Uhr amerikanische Truppen durch das Haupttor in das Lager eindrangen und 33000 Häftlinge befreiten, begann auch für Robert Weinand wieder ein Leben in Freiheit.

Wieder einmal war er davongekommen. Hunger und Typhus hatten ihn erneut an den Rand des Todes gebracht. Die Kampfeinheiten der 3. Amerikanischen Armee kamen am Nachmittag des 29. April für ihn noch zur rechten Zeit. Tausende seiner Kameraden aber gehörten zu den Opfern des deutschen Faschismus. Über seine Gedanken am Tag der endgültigen Niederlage des Regimes schrieb Robert Weinand:

„Am 8. Mai 1945 war ich wieder auf den Beinen. Im Radio hörte ich von der bedingungslosen Kapitulation aller deutschen Streitkräfte.

Endlich! Welch ein Sturm von Gefühlen!

Auf diesen Tag hatten viele Millionen leidgeprüfter Menschen in der ganzen Welt gewartet. Für diesen Tag der Niederlage hatten deutsche Antifaschisten, allen voran die Kommunisten, einen harten, unerbittlichen und opferreichen Kampf geführt. Schon vor dem Jahre 1933 und in der Zeit der Macht des Faschismus, als die Nacht über Deutschland hereinbrach, haben sie die Fackel des sozialen und nationalen Befreiungskampfes hochgehalten.

Als Franco gemeinsam mit seiner deutschen und italienischen Kumpanei die spanische Republik überfiel und damit den Zweiten Weltkrieg einleitete, eilten über 35000 Antifaschisten aus 53 Ländern der bedrohten Republik zu Hilfe. Auch 5000 Deutsche, Kommunisten, Sozialdemokraten, Gewerkschafter und Angehörige anderer demokratischer Parteien kämpften auf spanischer Erde. Allein 3000 deutsche Interbrigadisten sind dabei gefallen. Meine Gedanken waren bei meinen in Spanien gefallenen Kameraden. Hätten sie doch auch diesen Tag erleben können. Ich war dankbar, daß es mir vergönnt war, nach all dem Kampf, der Not und der Qual die Stunde der Genugtuung und des Triumphes zu erleben. Aber man durfte sich auch jetzt nicht nur der Freude hingeben. Was die Nazis nach ihrer Niederlage zurückließen, was das Chaos. Vor uns standen die fast unmöglichen Aufgaben des Wiederaufbaues. Wer anders als wir konnten zu ihrer Lösung beitragen?"

Erst nach einer angemessenen Quarantänezeit konnten die überlebenden Dachau-Häftlinge Anfang Juni 1945 das Schreckenslager verlassen. Bis dahin gehörte Robert Weinand dem internationalen Lagerkomitee an, war hier der Leiter der Kulturkommission und wurde zugleich beauftragt, eine deutsche Lagerzeitung herauszugeben.

Die Lagerzeitung ,,Der Antifaschist", Untertitel: ,,Stimme der Deutschen aus Dachau", veröffentlichte in ihrer Ausgabe Nr. 19 vom 29. Mai 1945 einen Aufruf an die scheidenden Kameraden, der mit dem Appell endete:

,,Kameraden, Antifaschisten, die ihr in den nächsten Tagen Dachau verlaßt, gedenkt der unzähligen Opfer der heimtückischen Mordbanditen in allen Konzentrationslagern, Zuchthäusern, Gefängnissen und Gestapo-Kellern! Erfüllt in ihrem Geiste eure Pflicht als gute Antifaschisten, denn nur so ehrt ihr sie am besten. Ihr alle wißt zur Genüge selbst, was sie gelitten haben. Ergreift die ihnen entfallene Fahne des antifaschistischen Kampfes, und tragt sie kühn und mutig voran bis zur vollständigen Vernichtung des Faschismus. Es lebe das wahrhaft freie demokratische Deutschland!"

Diese Worte stammten von dem deutschen Kommunisten Oskar Müller, dem anerkannten und von allen geachteten Lagerältesten. Sie drückten das aus, was alle fühlten und dachten. In der letzten Ausgabe der Lagerzeitung kleidete der ehemalige KZ-Häftling Pfarrer Hans Burkhard die gleichen Gedanken in diese Worte:

,,Liebe tote Kameraden! Nun ist endlich die Stunde gekommen, da Euch die Ehre erwiesen werden kann, die Euch gebührt! Ihr gabt das Höchste, das Leben, im Kampf gegen den Faschismus, im Kampf um die Freiheit der Völker! Welch ein Denkmal aber sollen wir Euch setzen? Zu wenig ist ein steinernes, totes Denkmal. Das ganze lebende deutsche Volk soll Euch ehren dadurch, daß es Euren Kampf gegen den Faschismus zu Ende führt, dadurch daß es wieder ein Volk der Ehre und der Freiheit und der Gerechtigkeit wird! In erster Linie ist es die Aufgabe für uns, die wir lebend aus dem Konzentrationslager entronnen sind, das Vermächtnis der Toten zu bewahren und dem deutschen Volk zu überbringen.

Wie mancher Kamerad hat gesagt: Und wenn ich im gestreiften Häftlingsanzug heimgehen muß, wenn ich nur am Leben bleibe, dann will ich zufrieden sein!

Vergeßt nie diese Gesinnung der Bescheidenheit, der Opferbereitschaft! Wir wollen nicht heimkehren, um für uns Forderungen zu stellen und für uns Vorteile zu erlangen, sondern wir kommen heim mit opferbereitem Herzen, willig, dem Volk aus der Not heraus Wegweiser zu lichter, froher Zukunft zu sein. Kameraden, denn es ist wahr: Hell aus dem dunklen Vergangenen leuchtet die Zukunft hervor!"

Den letzten Satz in der letzten Ausgabe ,,Der Antifaschist" schrieb Robert Weinand. Er, den das Lagerkomitee mit der Herausgabe der Zeitung beauftragt hatte, verabschiedete sich mit den Worten: „Wir verlassen Dachau mit dem festen Bewußtsein, daß auch weiterhin unser Leben dem Kampf gegen jede Form der faschistischen Tyrannei und für ein freies, demokratisches und antifaschistisches Deutschland gilt."

Zunächst half er in der Stadt Dachau mit, den demokratischen Wiederaufbau zu organisieren. Er gehörte zu jener Gruppe von Sozialdemokraten und Kommunisten, die am 26. August 1945 in Dachau eine Aktionsgemeinschaft vereinbarten. Acht Sozialdemokraten und acht Kommunisten unterzeichneten das Protokoll über die bedeutsame Zusammenkunft. Einer der acht Kommunisten war Robert Weinand. Ende 1945 reiste er zu seiner Mutter, die mit seiner Schwester in Säckingen wohnte. Hier war bald die in alle Winde versprengte Familie wieder unter einem Dach. Bruder Karl, ebenfalls Spanien-Kämpfer, kam aus dem Konzentrationslager Sachsenhausen, Schwester Martha aus dem Konzentrationslager Dachau und Schwester Luise aus dem französischen Maquis, bis auf Schwester Alma, die in die Sowjetunion emigriert war, hatte eine Mutter alle ihre Kinder wieder, um die sie zwölf Jahre lang gebangt hatte.

Am Schluß seiner Erinnerungen über Widerstand und Verfolgung, die er mit der Überschrift „Niemals vergessen" versah, schreibt Robert Weinand: „Ich sah den Sinn meiner Aufzeichnungen darin, den jungen Menschen einen Ansporn für ihren schweren Kampf gegen den Faschismus zu geben, der heute wieder wirksam werden will. Möge die junge Generation vollenden, was sich die Gefangenen aller Nationen in den Konzentrationslagern geschworen hatten: Nie wieder Faschismus!"

John Bullet überlebte den Absturz

In ihrer Ausgabe vom 30. April 1970 veröffentlichte die Wochenzeitung „Borbecker-Nachrichten" meinen Bericht über eine Bombennacht im Juni 1942. Im Mittelpunkt standen die Erlebnisse zweier Frintroper Schwestern, von denen ich zuvor alle Einzelheiten gehört hatte.

Was sich damals ereignete, verdeutlichen menschliche Reaktion und Gefühle in einer grausamen Zeit. Darum möchte ich diesen Bericht dem Leser nicht vorenthalten. Einige unwesentliche, den Inhalt aber nicht betreffende Korrekturen waren notwendig, weil dieser Artikel damals im Hinblick auf die 25. Wiederkehr der Beendigung des Zweiten Weltkrieges geschrieben war:

Etwas abseits von der Straße gelegen, steht unter Lindenbäumen im Höhenweg in Frintrop das kleine Einfamilienhaus mit der Hausnummer 42a. Seine Bewohner und alle, die es kennen, nennen es: Haus unter den Linden.

Im Jahre 1813 erbaut, befindet es sich seitdem im Besitz der Familie Schmidt. Dieses Haus ist der Schauplatz des Erlebnisses.

In jener Bombennacht wurde ein englisches Flugzeug über Frintrop abgeschossen. Der englische Flieger, Sergeant John Bullet, überlebte als einziges Besatzungsmitglied den Absturz. Er landete mit dem Fallschirm auf der Wiese des Hauses unter den Linden.

,,Als ich nach dem Fliegeralarm gegen 1 Uhr in der Nacht aus dem Keller kam, öffnete jemand unsere Haustür", erzählte Gertrude Schmidt. ,,In der Tür standen zwei Männer mit Stahlhelm und stützten zwischen sich einen englischen Flieger. Sie setzten ihn auf einen Stuhl in unserem Wohnzimmer und verließen dann wieder unser Haus.

Der Flieger war am Bein verwundet und trug nur noch einen Fliegerstiefel. Er hatte offenbar einen schweren Schock erlitten, denn er klopfte immer mit beiden Fäusten auf seine Ohren, stöhnte und strich sich dann mit schmerzverzerrtem Gesicht über das verwundete Bein.

Meine Schwester Elli holte einen zweiten Stuhl herbei und forderte ihn mit Gesten auf, sein Bein auf den Stuhl zu legen. Wir hatten Mitleid mit dem jungen Menschen und sahen in ihm nicht den Feind. Er war für uns jemand, der unserer Hilfe bedurfte.

Meine Schwester hatte damals inzwischen eine Tasse Kaffee gekocht, und ich reichte sie dem englischen Flieger. Aber seine Hände zitterten so stark, daß er nicht fähig war, die Tasse zu halten. Ich goß etwas in die Untertasse und flößte ihm den Kaffee ein.

Inzwischen füllte sich unser Zimmer mehr und mehr mit Menschen. Immer wenn einer eintrat, hob der Flieger beide Hände in die Höhe und blickte dem Eintretenden furchtsam entgegen. Ich klopfte ihm beruhigend auf den Rücken.

Ein Mädchen, das meines Wissens englisch sprechen konnte, bat ich, ihn nach seinem Namen und seinem Befinden zu fragen. Das Mädchen weigerte sich, mit dem Engländer zu sprechen. Bald schon bemerkten wir, daß er aber durchaus verstand, was um ihn herum geschah. Verschüchtert und stockend gab er uns in gebrochenem Deutsch zu verstehen, er heiße John Bullet, sei 24 Jahre alt, stamme aus Liverpool und habe dort eine Mutter und eine Braut. Es sei sein erster Feindflug über Deutschland gewesen.

Inzwischen war unser Zimmer vollgestopft mit Menschen. Auch auf unserem Hausflur standen sie und reckten ihre Hälse. Einige begannen, den Flieger und uns zu beschimpfen. Eine zweite Tasse Kaffee, die meine Mutter inzwischen gekocht hatte, konnten wir ihm nicht mehr reichen, denn es war kein Durchkommen mehr.

,Wo ist der Kerl?' ,Das muß man doch der Partei melden.' Solche und ähnliche Worte fielen. ,Das ist eine Unverschämtheit', rief einer empört. ,Erst schmeißt uns der Kerl Phosphor auf den Kopf, und als Dank dafür reichen die ihm hier noch Kaffee.'

Ich kann Ihnen nicht schildern, wie es in mir aussah.

Ein Soldat, der gerade auf Urlaub hier weilte, kam ins Haus gestürmt, zwängte sich zu dem englischen Flieger durch und baute sich in drohender Haltung vor ihm auf. Er riß ihm die Schulterstücke ab, leerte seine Taschen, forderte ihn barsch auf, seine Arme zu heben, und tastete ihn nach Waffen ab."

Gertrude Schmidt unterbricht ihre Schilderung, und entschuldigend sagt sie: „Sind Sie mir nicht böse, aber mir kommt es so vor, als sei alles erst kürzlich passiert."

„Gewiß", sagte dann Elli Schmidt, „es waren damals auch viele im Zimmer, die ebenso fühlten wie wir. Wenn auch nicht offen ausgesprochen, so verrieten doch die Gesichter ihre Gedanken.

Eine Nachbarin von uns, die erst zwei Tage zuvor die Vermißtenmeldung ihres Sohnes erhalten hatte, bekam bei den unschönen Szenen einen Weinkrampf."

„Wir haben uns für einige in unserer Wohnung geschämt", sagte Gertrude Schmidt. „Es sprudelte aus mir heraus: ‚Das hier ist ein wehrloser Mensch. Meine Mutter hat fünf Enkelkinder an der Front, wenn die wüßte, daß man die einmal so behandelt, dann würde ihr angst und bange. Krankendienst muß ich auch am Feinde üben!'

Ich hatte meine Worte noch nicht ganz ausgesprochen, da erschien vom hiesigen Polizeirevier Revierleutnant Rönfeldt. Mit den Worten: ‚Wo ist der Gefangene?' bahnte er sich einen Weg. Er gebot dem Urlauber sofort Einhalt und befahl ihm, dem Flieger alle Sachen zurückzugeben, die er ihm abgenommen hatte.

Uns fragte er besorgt: ‚Haben Sie schon einen Arzt verständigt?' Auf unsere verneinende Antwort hin untersuchte er selbst das verletzte Bein des englischen Fliegers. ‚Ich muß den Gefangenen mitnehmen', sagte Leutnant Rönfeld zu uns, ‚aber seien Sie unbesorgt, wir werden auf der Wache sein Bein kühlen und ihn dort versorgen.' Er half dem Gefangenen beim Aufstehen. Als er feststellte, daß er nicht fähig war, zu laufen, forderte er die Menschen auf, auseinanderzugehen, packte den Flieger auf seinen Rücken und trug ihn, wie ein barmherziger Samariter, 50 Meter weit bis zu seinem Auto.

Beim Herausgehen drückte der Engländer schüchtern meine Hand und flüsterte die Worte: ‚Lady gut.'

Wir atmeten erleichtert auf. Die gehässigen Reden waren seit dem Eintreffen von Leutnant Rönfeld verstummt. ‚Der Mann hat wenigstens ein Herz', brach meine Mutter das Schweigen, und mein Bruder pflichtete ihr bei: ‚Der Mann kam gerade noch im rechten Augenblick.' Er hatte fürwahr recht, denn kurz darauf erschien der Ortsgruppenleiter der NSDAP bei uns. Wer weiß, was sonst geschehen wäre."

Mit einem Kopfnicken bestätigte Elli Schmidt die Worte ihrer Schwester und erzählte weiter: „In den frühen Morgenstunden kam Leutnant Rönfeldt noch einmal und suchte die Absprungstelle ab. Wir sagten ihm, man hätte uns Vorhaltungen gemacht, weil wir dem Flieger eine Tasse Kaffee gereicht hatten. ‚Ich hätte das auch getan', war seine Antwort. ‚Sie haben recht gehandelt, denn ich weiß, wie einem Verwundeten zumute ist. Während des Ersten Weltkrieges wurde ich verwundet, und es waren zwei feindliche Soldaten, die mich gerettet haben. In dieser Nacht konnte ich mich revanchieren.'

Später erfuhren wir dann noch, daß auf dem Grundstück der Familie Stöckmann, Frintroper Straße 574, ein toter englischer Flieger aus dem gleichen Flugzeug gefunden wurde.

Heute wohnt hier Frau Konrektorin Maria Stöckmann mit ihren zwei Schwestern. Als die Leiche des Fliegers abgeholt werden sollte, stand die Mutter der Konrektorin im Garten nahe der Absturzstelle mit gefalteten Händen und betete."

„Wenig hat mich während der ganzen Kriegszeit mehr ergriffen als dieser Augenblick im Juni 1942", bekannte Heinrich Rönfeldt kurz vor seinem Tode im Jahre 1969. „Eine Mutter stand da in sich versunken bei einem unbekannten toten Soldaten. Das Leid der Mütter in der ganzen Welt lag in diesem Bild beschlossen."

Der Fenstersprung aus dem Essener Polizeipräsidium
Im Gespräch mit Artur Müller

Pfingsten 1950 fuhr ich mit Gleichgesinnten zum 1. Deutschlandtreffen der Jugend nach Berlin. Dichtgedrängt saßen wir in einem Eisenbahnabteil und vertrieben uns die Zeit mit mancherlei Gesprächen. Neben mir saß Artur Müller, dem ich vorher schon hier und dort begegnet war. Die Gespräche verstummten, als er begann, einige Erlebnisse aus der Zeit des Faschismus zu erzählen. Unsere Ankunft am Ziel unserer Reise ließ mich jedoch bald schon wieder an anderes denken.

In den folgenden Jahren nahm ich mir immer wieder vor, mit Artur Müller nochmals über das zu sprechen, was ich bei der gemeinsamen Reise gehört hatte. Erst 25 Jahre später fand ich dazu die Gelegenheit. Ich erfuhr dabei mehr von dem Erleben des Mannes, dessen Erzählungen mich 1950 stark beeindruckt hatten.

Seine erste politische Konfrontation erlebte Artur Müller im Januar 1923, als französische und belgische Truppen das Ruhrgebiet besetzten. Ihre Anwesenheit gab auch in Essen manchen Anlaß zu Auseinandersetzungen.

Er war Laufjunge bei Krupp, als am Karsamstag 1923 französische Soldaten in der Altendorfer Straße dreizehn Krupp-Arbeiter erschossen. Am Morgen des Tages hatte eine Einheit der französischen Armee die Kraftwagenhalle der Firma Krupp in der Nähe der Hauptverwaltung besetzt. Herbeigerufen von heulenden Werksirenen, strömten später Tausende Krupp-Arbeiter zusammen. Das lag ganz im Sinne der Firmenleitung, die lange vorher mit dazu beigetragen hatte, nationalistische Stimmungen in der Belegschaft zu wecken. Immerhin lenkten solche Emotionen die Arbeiter von Lohnforderungen ab und machten sie außerdem zu einem Werkzeug des Konkurrenzkampfes, in dem sich deutsche und französische Industrielle damals befanden.

Beeinflußt von aufpeitschenden Redensarten, wuchs die Erregung der Demonstranten und mit ihr die drohende Haltung gegenüber den französischen Soldaten. Artur Müller stand mitten unter ihnen, als die Gewehrsalven abgefeuert wurden. Bis dahin hatte er dem kommunistischen Betriebsrat Josef Zander zugehört, der – von einigen Kollegen hochgehoben – lautstark die Krupp-Arbeiter aufforderte, keine nationalistischen Losungen zu befolgen und sich nicht provozieren zu lassen. Als er sah, wie dieser dann von den Kugeln tödlich getroffen zur Erde sank, machte er kehrt und lief um sein Leben.

Kurze Zeit danach trat er dem Kommunistischen Jugendverband und später auch der Kommunistischen Partei Deutschlands bei. Aktiver antifaschistischer Einsatz machte ihn 1933 zu einem Verfolgten durch die neuen Machthaber. Mit Gleichgesinnten ging er deshalb außer Landes. Nach vorübergehendem Aufenthalt in Holland, Frankreich und im Saargebiet kehrte er am 6. Februar 1934 wieder nach Essen zurück. Sofort nahm er hier am organisierten Widerstand teil. Das ging gut bis zum 3. Januartag des Jahres 1935. Er war gerade auf dem Wege zum Treff mit einem seiner Genossen, als die Gestapo ihn in der Aachener Straße festnahm.

Ausführlich erzählte Artur Müller:

„Schon die ersten Vernehmungen ließen mich fast verzweifeln. Nacheinander nahm mich ein Gestapo-Mann nach dem anderen vor. Ob es Albert Schweim, Richard Aurich, Heinrich Wientgen, Ernst Schröder, Fritz Vaupel oder Heinz Hasselbach waren. Sie und ihre Prügelknechte quälten mich erbarmungslos. Eines Tages vernahm mich Aurich wieder und legte mir ein Foto vor, auf dem ich den illegalen Bezirksleiter des Kommunistischen Jugendverbandes Deutschlands im Ruhrgebiet erkannte. Mit ihm hatte ich in den letzten Monaten eng zusammengearbeitet. ‚Kennst du den?' fragte er mich. – Schweigen! – Dann Schläge. ‚Schau dir das Bild richtig an, und sag schon, ob du den Mann kennst?' – Wieder Schweigen. – Wieder klatschende Schläge. Mit geballten Fäusten stand Aurich vor mir, sah mich wütend an und brüllte: ‚Mensch, Müller, gib zu, daß du den Mann kennst, und sage uns, wie er heißt!' ‚Nein', rief ich zurück und schwieg dann wieder. Aurichs Faustschläge trafen mich links und rechts hinter den Ohren. Ich fiel auf den Boden und sah über mir die haßerfüllten Augen eines menschlichen Scheusals. Hochgerissen und auf einen Stuhl gesetzt, hörte ich Aurich sagen: ‚Die Prügel hättest du dir ersparen können. Deinen Komplizen haben wir längst, gleich werden wir ihn dir vorführen, vielleicht wirst du dann gesprächiger.'

Kurz darauf öffnete sich die Tür, und ein Mann wurde ins Zimmer geführt. Im ersten Augenblick erkannte ich ihn nicht. Sein Gesicht war zerschlagen, beide Wangen blutunterlaufen, ein Auge vollkommen zu, das andere nur halb auf. Lediglich die Figur und das krause Haar überzeugten mich davon, daß es der Genosse war, den ich schon auf dem vorgelegten Foto erkannt hatte. ‚Jetzt wollen wir einmal hören, ob er dich kennt', sagte Aurich und schritt auf mein Gegenüber zu. Eisernes Schweigen war auch hier zunächst die Antwort auf seine Fragen. ‚Dann muß ich ein wenig nachhelfen', sagte die Bestie in Menschengestalt und schlug mit dem Ochsenziemer auf den Schweigenden ein. Mir schwollen die Adern, zugleich aber begriff ich die eigene Hilflosigkeit. Als mein grausam gefolterter Genosse dann unter den klatschenden Schlägen stockend und kaum verständlich sagte: ‚Ja, das ist Artur Müller, der mir bei der illegalen Arbeit geholfen hat', da wußte ich, daß er längst nicht mehr zurechnungsfähig war. ‚Na, Müller, hast du gehört, was er gesagt hat?' fragte mich Aurich, ließ dabei den Ochsenziemer kurz durch seine Hand gleiten und versetzte mir einen Schlag, der meine Schulter traf. Dann wollte er von mir wissen, was ich mit den bei mir angelieferten Flugblättern gemacht hätte. ‚Ich habe sie unter Haustüren geschoben und in Gärten geworfen', antwortete ich und schwieg dann wieder. ‚Die Methode kenne ich, du willst nur deine Untergruppen schützen', sagte er und fügte drohend hinzu: ‚Erst werde ich einmal den Kerl hier wegbringen, dann unterhalten wir uns weiter.'

Sekunden später stand ich allein im Zimmer. Aurich war mit meinem Genossen auf den Flur gegangen und hatte die Tür hinter sich verschlossen. Bald würde er zurückkommen. Da fuhr mir ein Gedanke durch den Kopf und ließ mich sofort handeln. Mit einem Satz war ich am Fenster und stieß beide Flügel auf. Unter mir lagen noch zwei Stockwerke, ich aber sah vor mir immer nur den Ochsenziemer schwingenden Gestapo-Schläger. ‚Nur weg von hier', dachte ich und zögerte nicht einen Augenblick. Meine Beine über die Brüstung schwingend, hing ich bald mit beiden Händen an der Fensterbank und ließ mich dann in die Tiefe fallen. Ein Ligusterbusch stoppte sanfter als der Erdboden meinen Aufschlag. ‚Du lebst ja', ging es mir durch den Kopf, und ein Gefühl der Kraft berauschte mich. ‚Jetzt nichts wie weg!' Ich befand mich im äußeren Hof des Polizeipräsidiums, der von der Staße durch ein etwa zwei Meter hohes Tor getrennt war. Unbemerkt lief ich zum Tor, sprang in die Höhe und erreichte mit den Händen den oberen Rand. Mich mit einem Fuß auf der Klinke abstützend, gelang es mir, das Hindernis zu überwinden. Augenblicke später lief ich die Straße entlang, bis zu einem offenstehenden Hoftor eines Wohnhauses. Wie ein gehetztes Tier rannte ich auf den Hof, um mich hier vor den Verfolgern zu verstecken.“

Dieser Fenstersprung und die Flucht Artur Müllers waren auch Inhalt eines Gestapo-Berichtes. Deutlich nüchterner in der Darstellung, diente er 1935 dem Verfasser Richard Aurich zugleich als Entschuldigung seiner Unachtsamkeit.

Er habe am 8. Januar 1935 im Zimmer 265 einen Festgenommenen dem Müller gegenübergestellt. Als er danach diesen wieder abgeführt hätte, sei Müller in dem im zweiten Stockwerk des Hauses gelegenen Zimmer für einen Augenblick allein geblieben. Allerdings sei an dieser Stelle der Keller vollkommen frei ausgebaut gewesen, so daß man bei einer wirklichen Höhe von drei Stockwerken wohl kaum an die Ausführung eines Fluchtversuches habe denken können. Nach diesem Versuch der eigenen Rechtfertigung gegenüber seiner vorgesetzten Behörde schildert er den Fenstersprung und die gelungene Flucht seines Häftlings so:

„Die kurze Zeit meiner Abwesenheit hat Müller benutzt, um aus dem Fenster zu springen. Er hatte insofern besonderes Glück, daß er auf eine Hecke und dann auf weichen Lehmboden aufgeschlagen ist, wodurch die Folgen des sonst wohl tödlichen Sprunges derart abgeschwächt wurden, daß Müller über ein etwa zwei Meter hohes Tor auf die Straße gelangen konnte. Er floh in der Richtung zur Virchowstraße und wandte sich dann zur Hufelandstraße. Von dort aus fehlt jede Spur des Müller. Die sofort aufgenommene Verfolgung ist ohne Erfolg geblieben. Es wurde sofort Funkspruch an alle aufgegeben. Die Landratsämter Geldern, Cleve und Wesel und das Grenzkommissariat Kaldenkirchen wurden fernmündlich benachrichtigt. Briefsperre ist über die Eltern und die Braut verhängt.“

Als ich Artur Müller den Inhalt des Aurich-Berichtes vom 8. Januar 1935 vorlas, lächelte er und sagte: „Was da über meinen Fluchtweg niedergeschrieben wurde, ist aus der Luft gegriffen. Man nahm an, ich sei in Richtung Virchowstraße gelaufen, um von dort die Hufelandstraße zu erreichen. Das war aber falsch gedacht. Im äußeren Hof des Polizeipräsidiums befanden sich zwei Tore. Eines führte zu den angrenzenden Anlagen, das andere befand sich an der Virchowstraße. Ich bin über das Tor zu den Anlagen geklettert, weil das Auto, in dem man mich am Tage meiner Festnahme zum Präsidium gebracht hatte, durch das andere Tor in den Hof gefahren war. Dabei ist mir der dort stehende Polizeiposten aufgefallen. Als Aurich mich bei seiner Rückkehr ins Zimmer vermißte, hat er – wie ich später erfuhr – im ersten Augenblick seine Suche auf Akten- und Garderobenschränke im Raum konzentriert. Erst eine am Boden liegende Milchflasche – ich hatte sie vom Fensterbrett gestoßen – ließ ihn meinen Fluchtweg vermuten. Der Blick aus dem Fenster auf den durch meinen Aufschlag eingedrückten Ligusterstrauch verschaffte ihm Gewißheit.

Zu diesem Zeitpunkt hatte ich längst schon den Hof des Wohnhauses erreicht. Auch dort war kein Mensch weit und breit zu sehen. Durch eine offenstehende Tür gelangte ich in die Waschküche. Hier stand in einer Ecke ein geplünderter Weihnachtsbaum. Kurzentschlossen verkroch ich mich in diese Ecke der Waschküche und hielt den Weihnachtsbaum schützend vor mir. Jetzt erst erfüllte mich ein Gefühl der Freude und Hoffnung. ‚Du bist den Bestien entkommen', ging es mir durch den Kopf, und bestimmt habe ich dabei gestrahlt wie jemand, der in einer Lotterie den Hauptgewinn gezogen hatte.

Polizeisirenen auf der Straße, näherkommende aufgeregte Stimmen und das Läuten der Türglocke des Hauses ließen mich jedoch schlagartig wieder meine nahezu ausweglose Lage erkennen. ‚Jetzt haben sie dich wieder', sagte ich mir und sah mich im Geiste wieder in einer Gefängniszelle. Ein wenig von Panik erfaßt, wollte ich aufspringen und davonrennen, aber naherzu unerträgliche Schmerzen in den Beinen und im Rücken hinderten mich daran. Jetzt erst bemerkte ich die Folgen meines tollkühnen Sprunges aus dem Fenster. Die Füße waren dick geschwollen, und nur mühsam gelang es mir, mich aufzurichten. Erst nachdem ich meine Schuhbänder gelöst hatte, empfand ich ein wenig Erleichterung.

Vornübergebeugt und stark hinkend setzte ich die Flucht durch den Garten der Villa fort. Mein Äußeres war keineswegs einladend. Bei der Festnahme durch die Gestapo waren mir Hosenträger, Krawatte, Mantel und Kopfbedekkung abgenommen worden. Mit einer Hand die Hose haltend, wankte ich in den mir belassenen wenigen Kleidungsstücken durch die Gegend. Irgendwie gelangte ich unmittelbar neben den damaligen Städtischen Krankenanstalten auf die Hufelandstraße. Hier sah ich am Eckgeschäft auf der anderen Straßenseite einen Stangeneiswagen stehen. Heute im Zeitalter der Kühlschränke und Gefriertruhen ganz aus dem Straßenbild verschwunden, lieferten diese Wagen damals an Gaststätten, Hotels und Geschäfte mit verderblichen Waren die in Eisfabriken eigens für diesen Zweck angefertigten Stangen des gefrorenen Wassers.

Der Eiswagen, den ich gegenüber den Städtischen Krankenanstalten stehen sah, gehörte Leo, einem Bekannten aus Frohnhausen, der damit die Kunden einer Essener Stangeneisfabrik belieferte. Neue Hoffnung auf ein Gelingen meiner Flucht erfüllte mich, als ich, die Straße überquerend, auf den Wagen zuwankte.

In diesem Augenblick trat Leo aus dem Geschäft heraus, sah mich in meinem elenden, mitleiderregenden Zustand an seinem Wagen stehen und fragte besorgt: ‚Was ist mit Ihnen?' – ‚Mensch, Leo', sagte ich, schaute ihn an und bemerkte, daß er mich jetzt erkannte. ‚Wo kommst du denn her, Artur', fragte er, und ich sah, wie sehr mein Aussehen ihn erschreckte. Was sollte ich sagen? Nun ja, ich kannte ihn, allerdings aber nur so gut, wie man den Nachbarn von nebenan kennt. Was ich aber nicht kannte, das war seine Einstellung zu den politischen Ereignissen seit dem Januar 1933. Darum konnte ich ihm unter keinen Umständen die Wahrheit sagen. Auf der Alfredstraße sei ich gestürzt, erzählte ich ihm. Das Fahrrad hätte ich untergestellt und mich zu Fuß auf den Weg gemacht. Mit der Zeit seien die Schmerzen unerträglich geworden. Sein Wagen käme mir darum wie gerufen. Nach dieser Erklärung stellte ich ihm konkret die Frage: ‚Leo, kannst du mich zur Suarezstraße bingen?' – ‚Ist doch selbstverständlich', antwortete er sofort, öffnete ohne weitere Fragen die Beifahrertür, half mir in den Wagen und fuhr los.

In unmittelbarer Nähe der Suarezstraße wohnten die Eltern meiner Braut, zu ihnen wollte ich. ‚Mensch, Artur, geh bloß sofort zum Arzt', riet Leo, als er mir kurze Zeit später aus dem Wagen half und danach seine Fahrt fortsetzte. Dankbar winkte ich ihm nach. Minuten später war ich bei Genossen. Sie brachten mich zunächst zu einer Familie in die Annastraße. Hier blieb ich die Nacht und den folgenden Tag. Nach einem Zwischenaufenthalt in der Goethestraße landete ich bei Genossen in der Windscheidstraße. Der Transport von einer Stelle zur anderen war äußerst schwierig. Nur unter riesigen Schmerzen konnte ich mich fortbewegen. Ein Fahrrad wurde eingesetzt, um die längeren Strecken zurückzulegen. Während ich auf der oberen Stange des Rahmens saß, schob man das Rad in den Abendstunden von einem Unterschlupf zum anderen. Irgendeiner hatte dann in Essen-Kupferdreh einen Arzt aufgetrieben, der mich in der Windscheidstraße untersuchte. Er schüttelte den Kopf, legte Verbände an, gab ärztliche Anordnungen und meinte, es sähe böse mit mir aus. Ständige Beaufsichtigung und Pflege seien unbedingt erforderlich. Da meine Quartiergeber beide berufstätig waren, mußte man mich wieder anderswo unterbringen.

‚Bei mir wird dich keiner finden, und wenn du fünf Jahre hier wohnen müßtest', meinte Genosse Rudolf zu mir, bei dem ich in der Wienenbuschstraße Stunden später eine neue Bleibe fand. Hier glaubte ich nach den aufregenden Stunden der beiden letzten Tage endlich Ruhe zu finden. Tatsächlich folgte auch für mich eine ruhige Nacht."

Essens Gestapo war inwischen nicht untätig gewesen. Hier lief die Fahndung auf Hochtouren, zumal man bemüht war, die erlittene Blamage schnell wieder vergessen zu machen. In der Öffentlichkeit war die gelungene Flucht verschwiegen worden, um nicht noch mehr unnötigen Staub aufzuwirbeln. Der Zufall führte sie dann schließlich auf eine heiße Spur. Ein strammer SA-Mann hatte Artur Müller, den er in Haft wähnte, irgendwo mit einem ihm ebenfalls bekannten Begleiter auf der Staße gesehen. Stutzig geworden, erstattete er Meldung. Drohungen und Ochsenziemer taten ihr übriges, um hier und da Aussagen zu erpressen.

Als Artur Müllers Genosse Rudolf dem Flüchtling sagte: „Bei mir wird dich keiner finden, und wenn du fünf Jahre hier wohnen müßtest", da ahnte er noch nicht, wie eng die Gestapo bereits ihr Netz um seinen Schützling gezogen hatte.

Schon am anderen Tag standen dann die Häscher vor der Tür des Verstecks, um ihren entsprungenen Häftling wieder einzufangen. Die folgenden Einzelheiten der Ereignisse jenes Tages schilderte Artur Müller:

,,Nach einer Nacht mit erquickendem Schlaf wurde ich am anderen Morgen von der Frau meines Genosen Rudolf mütterlich behandelt und verpflegt. Auf dem Tisch neben meinem Bett waren allerlei für mich gedachte Sachen aufgestapelt: Obst, Kuchen, Gebäck, Rauchwaren und selbst ein wenig Geld. Ich fühlte mich wie ein Kind, das seine verlorene Mutter wiedergefunden hatte. ‚Hier hast du etwas gegen die Langeweile', sagte mein Quartiergeber und reichte mir ein Buch. ‚Zement', las ich auf dem Buchdeckel. Mir fiel ein, daß ich Jahre zuvor schon einmal begonnen hatte, diesen interessanten Roman von Fjodor Gladkow zu lesen. Sofort machte ich mich daran herauszufinden, wie weit ich damals gekommen war. Während des Lesens ergriff mich die Müdigkeit. Das Buch beiseite legend, war ich dem Einschlafen nahe.

Da ließ mich das scharfe Bremsen eines Autos auf der Straße wieder wach werden. Instinktiv witterte ich Gefahr, zumal mir bekannt war, daß die Wienenbuschstraße für den Durchgangsverkehr gesperrt war. ‚Was ist, Artur, hast du einen Wunsch?' fragte mich der Genosse Rudolf, der auf mein Rufen ins Zimmer trat. ‚Schau einmal nach, mir scheint, ein Auto hat vor dem Haus gehalten', sagte ich und sah ihm besorgt nach, als er die wenigen Schritte zum Fenster machte. Kaum hatte ich sein entsetztes Rufen: ‚Die Polizei, die Polizei' gehört, sprang ich aus dem Bett und schleppte mich unter großen Schmerzen auf die Diele. Hier stand eine Leiter zum Speicher. Die drohende Gefahr verlieh mir trotz der schmerzenden Verletzungen solche Kräfte, daß ich über diese Leiter nach oben gelangte. Hier angekommen, schloß ich die Luke, orientierte mich im Dämmerlicht und entdeckte in einer Ecke einen Hühnerstall. In ihm suchte ich Zuflucht. Er lag etwas tiefer, ragte aber mit seinem oberen Teil in den Speicher. Lediglich mit dem Hemd bekleidet und nur bis zum Nabel sichtbar, bot ich wohl ein originelles Bild. Sekunden später wurde die Luke geöffnet, und ein Polizeibeamter betrat den Speicher. In seiner Hand hielt er schußbereit die gezogene Pistole. Ihm folgte der mir bereits bekannte Gestapo-Mann Willi Oligschläger. Während mich einer fragte: ‚Müller, hast du Waffen bei dir?', kamen beide vorsichtig und schrittweise auf mich zu. Ich weiß nicht, was geschehen wäre, hätte ich eine Schußwaffe besessen. Aus meiner Hühnerbehausung herausgezogen, schaffte man mich wieder nach unten. Dabei ging man nicht gerade zärtlich mit mir um. Aufmerksam bewacht, mußte ich meine Kleidung anziehen. Dann legte man mir Handschellen an und führte mich nach draußen. Hier wimmelte es von Polizei. Als ich sie sah, konnte ich mir ein ironisches Lächeln nicht verkneifen. ‚Der Bursche grinst noch', meinte einer und drohte: ‚Warte nur, d r wird das Lachen noch vergehen.'

Auf offenem Wagen, umringt von zahlreichen Polizei- und Gestapo-Beamten, ging die Fahrt durch das ganze Mühlbachtal zurück zum Polizeipräsidium, wo vier Tage vorher meine Flucht begonnen hatte. Auf einer Bahre in eine Gefängniszelle getragen, legte man mich hier aufs Bett. Als kurze Zeit später die Zelle wieder geöffnet wurde, sah ich viele mir bereits bekannte Gestapo-Beamte, Männer in SA- oder SS-Uniform und einige Zivilisten auf dem Flur stehen. Zusammen begafften sie mich wie ein Weltwunder."

In Müllers Gestapo-Personalakte befindet sich ein Bericht der Leitstelle Düsseldorf an das Geheime Staatspolizeiamt in Berlin vom 1. Februar 1935, dessen Durchschrift auch dem Sicherheitsamt des Reichsführers der SS, SD-Oberabschnitt West, in Düsseldorf zur Kenntnisnahme zuging. Darin wurde die erneute Festnahme des Esseners so geschildert:

„Den genannten Artur Müller, der bereits am 3. 1. 1935 festgenommen wurde, gelang es im Anschluß an eine Vernehmung durch einen unglaublich waghalsigen Sprung aus der II. Etage des Polizeipräsidiums Essens zu flüchten. Am 12. 1., gegen 15.30 Uhr, konnte Müller in der Wohnung des Schriftstellers Rudolf S., Essen, Wienenbuschstraße 49, wo er sich verborgen hielt, wieder ergriffen werden. In der genannten Wohnung lag Müller zu Bett, da er sich bei dem Sprung durchs Fenster eine Verstauchung beider Beine zugezogen hatte. Das Erscheinen der Polizei war aber von Müller noch rechtzeitig bemerkt worden. Im Hemd flüchtete er auf den Dachboden, wo er sich in einer Vertiefung unter Stroh versteckte. Bei der eingehenden Untersuchung des ganzen Hauses wurde er dann in seinem Versteck vorgefunden und konnte so seine abermalige Festnahme erfolgen."

Nachdem Essens Gestapo-Prominenz und einige andere am Nachmittag des 12. Januar 1935 den wiedergefangenen Häftling wie ein Weltwunder betrachtet hatten, wurde er vom Polizeiarzt untersucht, der seine sofortige Überführung in das Essener Gefängnislazarett anordnete. Hier registrierte man Blutergüsse an den Beinen und im Rücken. Außerdem wurde festgestellt, daß ein Fuß angebrochen war, und dieser wurde in Gips gelegt.

Neun Monate später, am 12. Oktober 1935, begann vor dem III. Strafsenat des Oberlandesgerichts in Hamm ein Prozeß gegen 45 Essener Antifaschisten wegen Vorbereitung zum Hochverrat. Artur Müller war einer von ihnen. Nach sechs Verhandlungstagen verkündete der Senatsvorsitzende, Oberlandesgerichtsrat Geck, das Urteil. Für Artur Müller lautete es auf 6 Jahre Zuchthaus und 5 Jahre Ehrverlust. Es wurde so begründet:

„Der Angeklagte Müller hat sich vom Frühjahr 1934 bis zu seiner Verhaftung sowohl für die KPD wie auch für den KJVD eingesetzt. Er war Kassierer einer KPD-Zelle und hat sich außerdem als Lit.-Obmann äußerst rege betätigt. Außer seiner langen Erwerbslosigkeit und seinem Geständnis stehen ihm keine Milderungsgründe zur Seite, so daß in Anbetracht des großen Umfangs seiner Tat auf die empfindliche Strafe von sechs Jahren Zuchthaus erkannt werden mußte.

Gleichzeitig waren ihm mit Rücksicht auf die gezeigte ehrlose Gesinnung die bürgerlichen Ehrenrechte auf die Dauer von 5 Jahren abzuerkennen."

Am 28. Januar 1941 wurde Artur Müller aus der Haft entlassen. Bis zur Zerschlagung des Regimes stand er unter ständiger Polizeiaufsicht. Dann erst begann für ihn wieder das normale Leben in Freiheit.

Die Evangelische Bekenntnisgemeinde Bergeborbeck

Im Gegensatz zu seinen Amtsbrüdern in Essen-Borbeck war der evangelische Pfarrer in Essen-Bergeborbeck ein Propagandist für die Glaubensbewegung „Deutsche Christen". Es war ihm auch gelungen, dem größten Teil der Gemeinde glauben zu machen, diese vertrete das wahrhafte Christentum. Für meine Eltern war das der Grund dafür gewesen, fortan nicht mehr in Bergeborbeck ihren religiösen Pflichten zu genügen. Aber nicht nur sie alleine trotzten dem „deutschen Christentum". So kam es schließlich dazu, daß sich eine Minderheit zu einer eigenen Bekenntnisgemeinde zusammenschloß.

Nach anfänglichem Asyl im Hause der Evangelischen Missionsgesellschaft in der Bottroper Straße war später ein nicht mehr benutztes Kartoffellager im Hofe des Hauses Hafenstraße 25 das Gotteshaus. Den Grund, warum meine Eltern sich nicht auch diesem kleinen Kreis von Bekennern anschlossen, weiß ich nicht. Möglich, daß man ihnen riet, Wohnort und Gemeindezugehörigkeit doch aufeinander abzustimmen. Auf beides aber traf Borbeck zu. Ich selbst erfuhr von der Existenz einer Bergeborbecker Bekenntnisgemeinde erst in Gesprächen mit Beteiligten am Kirchenkampf in Borbeck.

Sie waren es dann auch, die mir den Rat gaben, den Bergeborbecker Kartoffelkeller und die darin wirkende Gemeinde unter keinen Umständen zu vergessen. Von Erika Heßmer, der Tochter des Borbecker Pastors Ernst Gräb, erfuhr ich Einzelheiten:

„Der ‚Kartoffelkeller' befand sich in der Hafenstraße. Vom Bergeborbecker Markt aus in Richtung Bahnübergang befand sich auf der linken Straßenseite hinter der ersten Wirtschaft eine Toreinfahrt, durch die ein Lkw auf den Hinterhof fahren konnte. Der Kartoffelkeller war ein Ziegelsteinschuppen, den die Bekennende Kirche gemietet hatte.

Es gab etliche Leute in Bergeborbeck, die nicht mit der DC-Richtung von Pfarrer Viehbahn einverstanden waren und sich an Pfarrer Wilhelm Busch wandten. Der richtete dann mit Hilfe dieser Leute den Kartoffelkeller als Predigtstätte ein und schickte seinen Vikar Giesen dorthin, um Gottesdienst zu halten. Der Gottesdienst fand jeden Sonntag um 10.00 Uhr statt, anschließend war Kindergottesdienst.

Als die kleine Bekenntnisgemeinde immer mehr anwuchs, richtete Pfarrer Busch dort eine Hilfspredigtstelle ein. Er kam zu meinem Vater und fragte an, ob wir einen Pfarrer, der illegal eingestellt würde, in Logis nehmen könnten. Wir willigten ein, und so kam im Jahre 1936 Pfarrer August Penz aus Wuppertal-Ronsdorf in unser Haus. Er hielt nun sonntäglich den Gottesdienst und den Kindergottesdienst im ‚Kartoffelkeller' ab.

Nach einiger Zeit löste ihn Pfarrer Ernst Niedermeyer ab, der später in russischer Kriegsgefangenschaft gestorben ist. Sein Nachfolger wurde Pfarrer Schwalbe... Von den Mitgliedern der damaligen Bekenntnisgemeinde in Bergeborbeck kenne ich nur noch die Familie Prehn mit Namen...

Ich habe im Kartoffelkeller von April 1937 bis Mai 1938 auf Veranlassung von Pfarrer Penz den Jungmädchenkreis geleitet.

Anschließend war ich außerhalb Borbecks für über zwei Jahre. Zum Mädchenkreis kamen im Sommer etwa 15 bis 20 Mädchen einmal wöchentlich zusammen, im Winter nur etwa zehn Mädchen wegen der weiten, dunklen Wege."

„Bericht über die politische Einstellung der evangelischen und katholischen Geistlichen in Bergeborbeck". So ist ein Brief der NSDAP-Ortsgruppe Bergeborbeck, Germaniastraße 40, überschrieben, den sie am 11. Februar 1935 an die Kreisleitung richtete und der danach bei der Gestapo landete.

Über die Geistlichkeit beider Konfessionen sind kurze Chrakteristiken niedergeschrieben worden. „Ist noch heute der typische Zentrumsmann und versucht mit allen Mitteln den Leuten, insbesondere den Frauen, den Glauben beizubringen, die Katholiken würden heute in Deutschland verfolgt. Seine Gesinnung ist ausgesprochen schmutzig." Diese Worte waren auf den katholischen Vikar Esser gemünzt, der dazu noch gewagt hatte, „ohne Genehmigung und ohne polizeiliche Bauerlaubnis" ein Kolpingdenkmal zu errichten.

Aus der Gestapo-Personalakte über August Penz ist zu entnehmen, daß Kriminaloberassistent Schreiber am 8. November 1937 eine ernsthafte Unterredung mit dem ersten Hilfsprediger der Bekenntnisgemeinde Bergeborbeck hatte. Um was es dabei ging, ist aus dem Prodokoll ersichtlich, in dem es heißt: „Auf Vorladung erscheint der evangelische Pastor August Penz, geb. am 20. März 1910 in Wuppertal-Ronsdorf, wohnhaft Essen-Borbeck, Legrandallee Nr. 5, der Bekenntnisgemeinde Bergeborbeck und erklärt: Die Sympathieerklärung vom 30. Juni 1937 für die festgenommenen Pfarrer der Kirchenleitung habe ich unterschrieben. Bei der Abgabe meiner Unterschrift war ich mir – nicht – bewußt, daß ich eine Sympathieerklärung zum Ungehorsam gegen Staatsgesetze (§ 110 RStGB) unterzeichnete. Ich bin darauf hingewiesen worden, daß künftig in ähnlichen Fällen oder bei der Durchführung einer Sympathieerklärung in der Praxis schärfste staatspolitische Maßnahmen zur Anwendung kommen werden, unabhängig von etwaigen strafrechtlichen Folgen."

Von Erika Heßmer hatte ich erfahren, daß der erste Hilfsprediger der Bekenntnisgemeinde Bergeborbeck, August Penz, nach dem Zweiten Weltkrieg Pfarrer in Mönchengladbach war. Pfarrer Penz antwortete am 17. April 1978 auf briefliche Fragen:

„Ich wurde am 1. Oktober 1936 in die Bekenntnisgemeinde Essen-Bergeborbeck berufen und unterstand dienstlich dem bekannten Jugendpfarrer Wilhelm Busch... Ich selbst wurde am 1. Juni 1938 nach Unterbarmen berufen als persönlicher Hilfsprediger des jetzigen Oberkirchenrates i. R. Johannes Schlingensiepen, der am 13. Januar dieses Jahres in Wuppertal 80 Jahre wurde... Über die ersten Anfänge dieser Gemeinde weiß ich nicht viel. Vor mir haben die inzwischen verstorbenen Pfarrer Heinrich Giesen und Karl Krämer den Dienst in der Bekenntnisgemeinde Bergeborbeck versehen. Krämer war seit seinen Jugendtagen als Essener Junge im Weiglehaus tätig. Giesen war der spätere Leiter der Berliner Stadtmission. Beide waren Vikare bei Wilhelm Busch und haben in dieser Eigenschaft Bergeborbeck mitversorgt. Wilhelm Busch selber kam auch gelegentlich nach Bergeborbeck, um zu predigen, auch noch in meiner Zeit. Ich selbst war der erste Hilfsprediger, der für diese kleine Bekenntnisgemeinde im Dienst war. Ich habe ganz selbständig dort gearbeitet, und die Gemeinde hielt sich treu zum Gottesdienst. Ich habe gepredigt, unterrichtet und Kinder konfirmiert, alles in dem Notsaal. Damals waren die Familien Schürmann, Vössing, Prehn und Hoffmann sehr einsatzfreudig. Ich habe aber die Verbindung nicht aufrechterhalten können, da ich durch Nachfolger abgelöst und dann im Mai 1940 von Wuppertal aus eingezogen wurde. Ich war über fünf Jahre Soldat und kehrte dann verwundet zurück. In Marienberghausen, Oberbergischer Kreis, übernahm ich dann die Pfarrstelle meines vermißten Schwagers Friedrich Stasch, der auch aus Essen stammte und noch unter Weigle zum Jugendkreis gehörte. Von Marienberghausen aus ging ich nach Rheydt (jetzt Mönchengladbach 2), wohin ich durch die Gemeinde einstimmig gewählt wurde. Dort trat ich mit 65 Jahren aus Gesundheitsgründen in den Ruhestand.

Pfarrer Viebahn habe ich nie gesprochen. Er galt damals als überzeugter Nationalsozialist. Ob er mit dazu beitrug, daß ich fast sonntäglich einen Vertreter der Gestapo im Gottesdienst hatte, weiß ich nicht. Ich möchte nicht jemanden zu Unrecht beschuldigen. Ich weiß nur von einem einmaligen Verhör bei der Gestapo, zu dem ich vorgeladen war. Man warf mir vor, daß ich mich im Gottesdiens positiv über den eingesperrten Pfarrer Busch geäußert hätte, und drohte mir mit dem Konzentrationslager. Busch selber ist auch gelegentlich auf meine Person hin angesprochen worden, wie ich von ihm selber erfuhr. An Einzelheiten kann ich mich nicht mehr erinnern. Viebahn hatte damals zweifelsohne den größten Teil der evangelischen Gemeinde Bergeborbeck hinter sich, aus welchen Gründen auch immer. Die Bekenntnisgemeinde hielt fest zusammen, aber ein Anwachsen dieser kleinen Minderheit gab es jedenfalls unter meinem Dortsein nicht.

Bei Familie Gräb habe ich lange gewohnt. Ich erinnere mich nur noch, daß ich einmal den Generalsuperintendenten der Rheinischen Kirche, D. Stoltenhoff (er war früher im Segeroth tätig), einfach in Koblenz angerufen habe und ihn bat, den von Pfarrer Viebahn erbetenen Gottesdienst in seiner Gemeinde nicht zu halten, da er sich hier zum Vorspann deutsch-christlicher Kirchenpolitik machen lasse. Stoltenhoff hat sich dann auf seine ‚Neutralität' berufen (als ob es so etwas gäbe) und hat dann den Gottesdienst in Viebahns Gemeinde gehalten. Ich habe ihm sehr deutlich zur Kenntnis gebracht, daß er damit der kleinen Bekenntnisgemeinde in den Rücken falle.

Nach dem Kriege habe ich die alte Gemeinde noch einmal aufgesucht, aber der ehemalige Bezirk war durch Kriegseinwirkungen so zerstört, daß ich mich nur schwer zurechtfand. Ich habe auch ein altes Gemeindemitglied aufgesucht, dessen Namen ich vergessen habe und zu dem ich nur schwer Kontakt bekam. Ich bin über die weitere Entwicklung der Bekenntnisgemeinde nach meinem Fortgang nur schwer informiert worden. Solange ich auf dem Fliegerhorst Achmer bei Osnabrück war, habe ich dort informierende Briefe im Bereich des Fliegerhorstes zur Post gegeben, nachdem ich sie von Wuppertal mitgenommen hatte. Leider wurde mein Vorgesetzter darauf aufmerksam und mahnte mich zur Vorsicht. Er selber hat keine Schwierigkeiten gemacht. Meine Zubehörigkeit zur Bekennenden Kirche war bekannt..."

In der Anlage des aufschlußreichen Briefes befand sich ein interessantes Dokument aus der Zeit des Kirchenkampfes. Es war der ausführliche Bericht über die Ordination des Pastors August Penz am 2. April 1937 im „Kartoffelkeller" in der Bergeborbecker Hafenstraße. Erklärend hatte er selbst dazu bemerkt: „Über die Zusammenkunft der Bekenntnisgemeinde Bergeborbeck kann Sie ein Artikel meines in Rußland gefallenen Freundes Wilhelm Nierhaus unterrichten, der bei meiner Ordination im ehemaligen Kartoffelkeller dabei war. Er war damals Hilfsprediger in Wuppertal-Langerfeld und stammte aus Essen-Altenessen."

Der Bericht war seinerzeit im „Sonntagsgruß" erschienen. Es hieß darin u. a.:

„Es ist nun schon mehr als ein Monat seit jenem Tage vergangen, da die Essen-Bergeborbecker Bekenntnisgemeinde die feierliche Ordination ihres Hirten und Seelsorgers, des Herrn Pastors Penz aus Wuppertal-Ronsdorf, begehen durfte... Wer am Morgen des 2. April zur gottesdienstlichen Stunde durch die Hafenstraße in Essen-Bergeborbeck wanderte, mußte die Feststellung machen, daß eine große Schar von ‚Kirchgängern' in ein Tor einbog, das die Überschrift ‚Pferdehandlung' trug. Es wäre wohl kein Beobachter dieses eigentümlichen Vorganges, welcher sich so Sonntag um Sonntag ereignet, von sich aus auf den Gedanken gekommen, daß sich hinter diesem Tor mit der Überschrift ‚Pferdehandlung' die gottesdienstliche Stätte der Bergeborbecker Bekenntnisgemeinde befindet.

Durchschreitet man das Tor, so gelangt man auf einen wenig einladenden Hof, auf dessen rechter Seite sich eine kurze Treppe befindet, die zu einem kleinen Saale führt.

Man sieht es diesem Gebäude schon von außen, namentlich an den eingebrochenen Fenstern an, daß sein ursprünglicher Bestimmungszweck ein anderer gewesen ist als der, dem es heute dienen darf. Bis zu seiner neuen Bestimmung war nämlich in ihm ein Kartoffellager untergebracht. Als aber die Bergeborbecker Bekenntnisgemeinde ihre Entscheidung getroffen und sich zu einer eigenen Gemeinde zusammengeschlossen hatte, da ging sie mit frischem Mut daran, aus diesem ehemaligen Kartoffellager einen würdigen Kirchenraum zu gestalten.

Von welchem Eifer und von welchem Opfergeist die Glieder der Bergeborbecker Bekenntnisgemeinde beseelt waren, das bezeugt die Tatsache, daß die Männer, nachdem sie in den Bergwerken ihren schweren, gefahrvollen Beruf erfüllt hatten, in ihren freien Stunden eigenhändig an die so schwierige Umgestaltung und Ausschmückung des Lagers herangingen. Zuerst mußten Fenster gebrochen werden, damit Licht und Luft in den dunklen Raum hineingelangen konnten. Alsdann mußten die Wände gekälkt und Decke und Boden hergestellt werden. Als der Raum so weit hergerichtet war, galt es, Stühle und Bänke zu beschaffen. Die billigsten Stühle, die bereits in den Wirtshäusern abgestellt waren, wurden zu geringem Preise gekauft. Die Bänke stellten die Männer selbst her. Als ich am zweiten Weihnachtstage des vergangenen Jahres in Bergeborbeck gepredigt hatte, zeigten mir die Presbyter nach dem Gottesdienst voll Stolz und Zufriedenheit neue Bretter, die nach den Feiertagen zu Tischen zusammengezimmert werden sollten, damit am Silvesterabend – und bei sonstigen Gelegenheiten – die Gemeinde an Tischen beisammensitzen konnte. Ein großer Ofen vermag den kleinen Saal vollauf zu erwärmen. Hilfreiche Freunde sorgten dafür, daß die arme Bergarbeitergemeinde unter Kohlenmangel nicht zu leiden braucht...

Eine besondere Feierstunde bildete nun für die Glieder der Bekennenden Kirche der Gottesdienst, in welchem Herrn Pastor Penz, der seit dem 1. Oktober 1936 in Bergeborbeck tätig ist, das Amt eines evangelischen Predigers und Seelsorgers übertragen wurde. Ordinator war Herr Pastor Böttcher, der seiner klaren und kernigen Ansprache Johannes 21, 15 und 16 zugrunde legte...

Nach der Ansprache von Herrn Pastor Böttcher fand dann die feierliche Ordination statt. Es assistierten Herr Pastor Wilhelm Busch, Essen, und Herr Pastor Köhler aus Ronsdorf als Vertreter der Heimatgemeinde des Ordinanden...

Dann durften wir sieben Pastoren aus Barmen und Essen unserem am Altar niederknienden Bruder unter Handauflegung ein Wort Heiliger Schrift zurufen... Während der feierlichen Handlung hatte sich der Gemeinde, die den Kirchsaal bis zum letzten Platze füllte, eine tiefe Bewegtheit bemächtigt. ‚Im größten Dom hätte es nicht feierlicher sein können.' In diesen Worten faßte ein Presbyter seinen Eindruck von diesem Ordinationsgottesdienst zusammen. Wollte Gott, daß der armen Bekenntnisgemeinde und ihrem Hirten in Essen-Bergeborbeck auch weiterhin die rechte Freudigkeit zum tapferen Streit für Gottes Ehre und das geduldige Ausharren in allen Widerwärtigkeiten und in aller Not geschenkt werden möge..."

Der Mord an dem Kupferdreher Rottenarbeiter Benno Kier

Im Fernsprechbuch der Essener Kriminalpolizei aus dem Jahre 1936 fand man nach dem Zweiten Weltkrieg unter der laufenden Nummer 1122 den Hinweis auf ein bemerkenswertes Telefongespräch. Daraus ging hervor, daß Kriminalkommissar Schweim von der Essener Gestapo dem 23. Polizeirevier in Kupferdreh am 22. Oktober 1936 um 20 Uhr folgendes mitteilte: „Der Schutzhäftling Benno Kier, Hauptstraße 30 wohnhaft, ist am Herzschlag verstorben. Leiche liegt eingesargt auf dem Parkfriedhof. Überführung nach Kupferdreh und Beerdigung in Kupferdreh unerwünscht. Angehörige sollen Beerdigungstermin dem 23. Revier mitteilen, und das Revier soll der Gestapo davon Kenntnis geben."

Mehr als vier Jahrzehnte nach diesem Telefonat las ich an der Tür des Reihenhauses Hinsbecker Berg 14 in Essen-Kupferdreh den Namen „Klara Kier". Einen Augenblick später stand ich der Witwe jenes Mannes gegenüber, dessen Tod die Essener Gestapo 1936 in dem oben zitierten Telefongespräch der Kupferdreher Polizei durchgegeben hatte.

Frau Kier muß wohl bis zu meinem Kommen an der Nähmaschine gesessen haben, die ich arbeitsbereit in der geschmackvoll eingerichteten Dachgeschoßwohnung stehen sah. „Damit trage ich seit 1941 zu meinem Lebensunterhalt bei", sagte sie mir, deutete dabei auf die Maschine und meinte mit „damit" die Näherei. Offenbar war ihr nicht entgangen, daß mein Blick etwas länger dort verweilt hatte, als ich mich kurz in ihrem Zuhause umgesehen hatte.

Mein Besuch erfolgte nach einer telefonischen Vereinbarung. Darum kannte sie bereits den Grund, der mich zu ihr führte. Die überaus freundliche Frau wirkte trotz ihrer schneeweißen Haare jünger als 71 Jahre. Ruhig, sachlich, bescheiden und dadurch überzeugend glaubhaft wirkend, schilderte sie mir jene Ereignisse, die vor langer Zeit ihr Leben von einem auf den anderen Tag verändert hatten:

„Beide sind wir von dem, was damals geschehen ist, völlig ahnungslos überrascht worden. Mein Man war 36, ich 29 Jahre alt. Wenn man dazu erst viereinhalb Jahre verheiratet ist, dann denkt man an alles mögliche, nur nicht an eine Trennung für immer.

Am 20. Oktober 1936, morgens um fünf Uhr, begann es. Wir wohnten in der Hauptstraße, der heutigen Kupferdreher Straße. Als ich nach heftigem Einlaßbegehren öffnete, standen zwei Herren auf dem Flur. Sie wiesen sich als Kriminalbeamte aus und forderten von meinem Mann, er möge mit ihnen zur Polizeiwache kommen. Dort gäbe es im Zusammenhang mit seiner früheren Arbeit einiges zu klären. Als Benno sich darüber Gedanken machte, was er anziehen und mitnehmen solle, meinte einer von ihnen: ‚Machen Sie sich keine Umstände, Sie sind schnell wieder zu Hause.'

Nachdem er gegen Mittag immer noch nicht wieder zurück war, ging ich zur Polizeiwache, um nach ihm zu fragen. ‚Er ist nicht mehr hier, sie haben ihn mitgenommen nach Bochum', sagte man mir. ‚Kann ich nicht in Bochum anrufen?' fragte ich und wies darauf hin, daß Benno Mittagschicht habe und sein Fernbleiben entschuldigt werden müsse, sollte er nicht rechtzeitig nach Hause kommen. ‚Nein, das können Sie nicht', lautete die Antwort, und ohne jede weitere Begründung gab man mir den Rat: ‚Gehen Sie nur nach Hause, Sie werden schon früh genug benachrichtigt werden.'

Auf der Straße gingen mir alle möglichen Gedanken durch den Kopf. ‚Es gibt da etwas im Zusammenhang mit Ihrer früheren Arbeit zu klären', hatte einer gesagt, als man ihn holte. ‚Hat man damit nicht auch seine politische Arbeit von früher meinen können?' fragte ich mich und überlegte. Benno war Mitglied der Kommunistischen Partei Deutschlands gewesen und Kommunist geblieben, als man seine Partei verboten hatte.

Obgleich ich nicht in einer Partei war, habe ich meinen Mann niemals daran gehindert, das zu tun, was er für notwendig hielt. Wenn mir auch Einzelheiten seiner politischen Tätigkeit nach dem KPD-Verbot nicht bekannt waren, so wußte ich doch, daß er sich hin und wieder mit Gleichgesinnten traf. Einen davon kannte ich. Er hieß Fritz Leidig und wohnte wie wir auch in Kupferdreh. Kurz entschlossen ging ich zu seiner Wohnung. Möglich, daß er mehr wußte und mir helfen konnte.

‚Fritz ist nicht da.' – ‚Nein, ich weiß nicht, wann er nach Hause kommt.' Das antwortete mir zunächst äußerst wortkarg seine Frau, die ich allein angetroffen hatte. Erst als ich ihr sagte: ‚Meinen Mann haben sie heute morgen mit zur Polizei genommen, ich weiß gar nicht, was los ist', erfuhr ich, daß man auch Fritz Leidig abgeholt hatte. Besorgt und ängstlich ging ich heim."

Die wirklichen Gründe der Festnahme der beiden Kupferdreher Arbeiter sind heute bekannt. Ich fand sie in der Anklageschrift des Verfahrens 50 Js. 40/37. Verfaßt von der Generalstaatsanwaltschaft Hamm, trug sie das Datum vom 30. Juli 1937. Zu den darin genannten 27 Angeklagten gehörte auch der Bergarbeiter Fritz Leidig, den man auch am Morgen des 20. Oktober 1936 mit zur Polizei genommen hatte. Die Staatsanwaltschaft warf den Angeklagten vor, sie seien in den Jahren 1933 bis 1936 in Essen und an anderen Orten zusammengekommen, um die KPD „verbotswidrig neu erstehen zu lassen".

Benno Kier wäre der 28. Angeklagte gewesen, hätte er noch gelebt. Die mehrmalige Nennung seines Namens in der Anklageschrift läßt daran nicht den geringsten Zweifel aufkommen. Der „inzwischen verstorbene Kier" habe sich Pfingsten 1934 auf dem Wege nach Heisingen mit anderen getroffen, um über einen illegalen KPD-Aufbau zu sprechen. Andere Unterredungen hätten danach noch oft stattgefunden. Ihm selbst sei die Kassierung im Staatteil Kupferdreh übertragen worden. Diese Aufgabe habe er auch gewissenhaft erfüllt. Sein Name findet gelegentlich auch dann Erwähnung, wenn in der 43 Seiten umfassenden Anklageschrift auf die Verteilung illegaler Schriften und Flugblätter eingegangen wird.

„Zwei volle Tage sah und hörte ich nichts von meinem Mann", begann Klara Kier, als sie die weiteren Ereignisse nach dem 20. Oktober 1936 schilderte. „Wir wohnten im gleichen Haus mit seinen Eltern Tür an Tür. Wären sie nicht gewesen, ich hätte vor Angst und Sorge nicht ein noch aus gewußt. Am Abend des 22. Oktober 1936 weilten mein Bruder und ein Bekannter zu Besuch bei mir. Plötzlich hörte ich, daß in der Wohnung meiner Schwiegereltern jemand laut weinte. ‚Mensch, da ist etwas mit Benno geschehen', rief ich, sprang auf und lief über den Flur. Bei meinen Schwiegereltern waren zwei Brüder meines Mannes, die schon lange nicht mehr im Elternhaus wohnten. Als sie mich eintreten sahen, senkten sie ihre Köpfe. Schluchzend trat meine Schwiegermutter auf mich zu, umarmte mich und sagte: ‚Klärchen, faß dich, der Benno ist tot.'

Am folgenden Morgen waren meine Haare grau. Ich begriff die Welt nicht mehr."

Als am Abend des 22. Oktober 1936 die Essener Gestapo dem Kupferdreher Polizeirevier den Tod ihres Häftlings telefonisch durchgegeben hatte, war einer der anwesenden Beamten beauftragt worden, zunächst den Bruder des Toten zu benachrichtigen. Ihm sagte man dann auch, die Angehörigen könnten am anderen Tag bei der Polizei eine Genehmigung zum Besuch der Leichenhalle auf dem Parkfriedhof bekommen. Der benachrichtigte Bruder des Toten war zunächst zu seinem anderen Bruder gegangen, und beide hatten dann die Eltern aufgesucht.

Von Klara Kier erfuhr ich, was weiter geschah:

„Versehen mit einer polizeilichen Genehmigung, gingen wir zum Parkfriedhof, um von Benno Abschied zu nehmen. Er lag in einem einfachen Sarg. Seine Kleidung, die er bei der Festnahme trug, hatte man ihm belassen. Meine Schwiegereltern wollten ihn aber nicht ohne ein Totenhemd beerdigen. ‚Lassen Sie den Mann liegen, sonst muß ich Sie aus der Halle weisen', sagte der uns beobachtende Friedhofswärter, als er sah, daß meine Schwiegermutter bei dem

Der Kupferdreher Rottenarbeiter Benno Kier.

Bemühen, ihrem Sohn das Totenhemd überzustreifen, ihn unter die Arme pakken und hochheben wollte.

So gut es ging, breiteten wir daraufhin das Hemd über ihn. Dabei fiel uns auf, daß seine Kleidung vorne aufgerissen war. Um seine Herzgegend herum befanden sich große Flecken. Auch an der Hand und am Ohr war er verletzt. Wie er von hinten aussah, konnten wir nicht feststellen, da der Wärter uns nicht aus den Augen ließ.

Die Beisetzung auf dem Kupferdreher Friedhof wollte man zunächst nicht erlauben. Erst als meine Schwiegereltern energisch darauf bestanden, Benno auf ihrer Gruft beerdigen zu lassen, gab man nach.

Vom Parkfriedhof aus wurde der Sarg am Montag, dem 26. Oktober, bis zur Kupferdreher Grenze gebracht. Hier übernahm ihn der von uns bestellte Leichenwagen und brachte ihn zu unserer Wohnung in die Hauptstraße.

Viele Menschen, Angehörige, Nachbarn, Freunde und Bekannte, weit mehr als bei Beerdigungen so üblich ist, begleiteten von hier aus meinen Mann auf seinem letzten Weg. Es waren Frauen darunter, denn viele der in Arbeit stehenden Männer fürchteten sich, Urlaub zur Teilnahme an dieser Beerdigung zu beantragen.

Als Träger benötigten wir vier Männer, denn der Sarg hatte nur vier Griffe. Die Arbeitskollegen von der Eisenbahn trauten sich nicht, darum haben Nachbarn den Sarg getragen.

An jenem Nachmittag regnete es in Strömen. ‚Die ganze Welt weint um ihn', dieser Ausspruch machte unter den Trauergästen die Runde.

Bald nach der Beerdigung erhielt ich die Rechnung für den Sarg. Die Lieferfirma verlangte von mir 40 Mark dafür. Ich schrieb ihr, daß ich den Sarg nicht bestellt habe und ihn auch nicht bezahlen könne, da ich kein Einkommen hätte.

Es dauerte gar nicht lange, da erhielt ich die briefliche Aufforderung, zum Kupferdreher Rathaus zu kommen. Hier fragte mich Stadtinspektor Kohlmann, warum ich denn den Sarg für meinen Mann nicht bezahlen wolle. Ich wies auch hier darauf hin, daß ich ihn nicht bestellt hätte.

Als der Fragesteller sich damit nicht zufriedengeben wollte, platzte es aus mir heraus: ‚Stellen Sie sich vor, Herr Kohlmann, da wird einer umgebracht, und die Verantwortlichen dafür wollen nicht einmal den Sarg bezahlen.' Als ich dann so beiläufig danach fragte, wie hoch denn die Rechnung sei, nannte man mir 30 Mark. In der Annahme, daß ich den Sarg bezahlen würde, hatte die Lieferfirma ihn für mich um 10 Mark teurer gemacht. Nachdem ich auf dem Rathaus die Bezahlung des Sarges abgelehnt hatte, hörte ich nichts mehr davon.

Meinen Lebensunterhalt habe ich mir nach dem Tode meines Mannes selbst verdient. Während der Nazizeit gab es keinen Pfennig Unterstützung für mich. Ich arbeitete bei einer Firma in Neviges, bei Überdick in Werden und nach dem Ausbruch des Krieges in der Kupferdreher Kaserne. In der Kaserne ließ man mich ausschließlich nasse Arbeiten ausführen. Das hat mir gesundheitlich sehr geschadet. Nachdem mein Arzt mich für solche Arbeiten untauglich schrieb, habe ich vorübergehend bei Colsmann in Kupferdreh gearbeitet.

Ab 1941 begann dann die Näherei für mich. Für einige Kunden arbeite ich jetzt schon fast 40 Jahre.“

Bei ihren letzten Worten war Klara Kier an den Schrank getreten und hatte ihn geöffnet. Ich sah darin Kleidungsstücke hängen, die offenbar auf eine Anprobe warteten.

In dem eingangs zitierten Gestapo-Telefonat wurde die Todesursache des Kupferdreher Rottenarbeiters Benno Kier mit Herzschlag angegeben. Die Tatsache allerdings, daß der Tote erst 36 Jahre alt, vorher gesund und bis zu seiner Festnahme voll berufstätig war, ließ damals schon berechtigte Zweifel aufkommen. Heute weiß man, daß die Gestapo erst zwei Tage verstreichen ließ, ehe sie die Angehörigen benachrichtigte.

Beim Standesamt Bochum Mitte vermerkte man in der Sterbeurkunde 1860/36 als Todestag den 20. Oktober 1936 und als Todesstunde 15 Uhr, 30 Minuten. Benno Kier war morgens gegen 5 Uhr festgenommen worden, zehneinhalb Stunden später war er tot.

Im Archiv der Essener VVN–Bund der Antifaschisten befindet sich die Abschrift einer handschriftlichen eidesstaatlichen Erklärung des Kupferdreher Bergarbeiters Fritz Leidig, den man gemeinsam mit Benno Kier festgenommen hatte. Fast ein Jahr später, am 25. September 1937, war er vom Strafsenat des Oberlandesgerichts in Hamm zu sechs Jahren Zuchthaus und fünf Jahren Ehrverlust verurteilt worden.

Die von ihm unterzeichnete Erklärung trägt das Datum des 16. Juli 1945 und lautet:

„Ich bescheinige hiermit folgenden Sachverhalt: Am 20. Oktober 1936, morgens 5 Uhr, wurden Kier, Benno, und ich, Fritz Leidig, von der Bochumer Gestapo aus unseren Wohnungen heraus verhaftet und nach Bochum zum Polizeipräsidium in der Uhlandstraße überführt. Gleich nach dem Betreten der Wachstube stürzten sich drei Gestapos auf uns und schlugen mit allen möglichen Schlaginstrumenten auf uns ein. Ich konnte beobachten, daß Kier mehrmals mit dem Kopf gegen die Wand geflogen ist, daß er danach heftig aufschrie und sich den Kopf hielt. Nach diesem Vorgang kam ich auf Zelle 14, wohin Kier gekommen ist, konnte ich nicht feststellen. Neben meiner Zelle befand sich die Spülzelle. Noch in den Vormittagsstunden machte ich folgende Feststellung: Ein Polizeibeamter kam mit einem Häftling zur Spülzelle, der Häftling stöhnend. Polizeibeamter: ‚Mach voran, Kerl, ich habe nicht lange Zeit.‘ Der Hälftling: ‚Ich kann doch nicht.‘ Anschließend Erbrechen. Polizei: ‚Jetzt läßt er noch die Hose fallen. Glaubst du, ich ziehe sie dir an?‘ Wieder das jämmerliche: ‚Ich kann doch nicht‘, und wieder Erbrechen.

Sofort erkannte ich die Stimme meines Freundes Benno Kier und machte meinen Zellengenossen Georg Müller aus Bochum über diesen Vorgang aufmerksam. Habe dann nichts mehr von Kier gehört und gesehen, und erst im Dezember schrieb mir mein Junge: ‚Onkel Benno ist auch schon lange tot.' Und ich hatte somit eine Erklärung über den Vorgang auf der Spülzelle neben meiner Zelle 14, am 20. Oktober, morgens etwa um 10 Uhr. Für diese Aussagen stehe ich zu jeder Zeit ein. Fritz Leidig, Essen-Kupferdreh, Bahnstraße 10."

Als ich mich nach meinem Besuch bei Klara Kier verabschiedete, sagte sie: „Die Erinnerung an meinen Mann wird wohl mit mir sterben." Diese Bemerkung der Frau mit den schneeweißen Haaren veranlaßte mich besonders, das Schicksal des Kupferdreher Rottenarbeiters festzuhalten.

Einer der kein Verräter werden wollte

Am Freitag, dem 28. Februar 1936, gegen 16 Uhr kam es Ecke Steeler und Hollestraße in Höhe der Eisenbahnunterführung zu einem tragischen Zwischenfall, den die zuständigen Essener Behörden der Öffentlichkeit unterschlugen. Entgegen der sonst üblichen Praxis verschwiegen ihn darum anderentags auch alle Essener Zeitungen. An erster Stelle der Berichterstattung stand hier der Besuch des Leiters der faschistischen Deutschen Arbeitsfront, Robert Ley, der an jenem Freitag in Essen die „Ausmusterung" des „Führernachwuches" der NSDAP vorgenommen hatte. Daneben feierte man überschwenglich den deutschen 3:1-Fußballsieg über Portugal. Die Leser erfuhren ferner, daß die Narzisse das WHW-Abzeichen der Sammlung am 1. März sein würde und Heinrich Donat alias „Onkel Heinrich" 60 Jahre alt geworden war.

Wären die über den Zwischenfall angefertigten Protokollnotizen der Duisburger Gestapo nicht erhalten geblieben, so hätte auch ich wohl kaum etwas von dem Mann erfahren, der ihn verursachte:

Am 27. Februar 1936 hatte man in Duisburg den 29jährigen Ernst Lörcher aus München festgenommen. Er war Ruhrgebietsinstrukteur des illegalen Kommunistischen Jugendverbandes Deutschland, besaß einen holländischen Paß für den kleinen Grenzverkehr und wohnte zur Zeit der Festnahme unter anderem Namen im Essener Christlichen Hospiz, Hoffnungsstraße 6.

Die Gestapo-Ermittlungen ergaben, daß Lörcher im November 1933 von München nach Österreich floh und später über die Schweiz und Frankreich nach Saarbrücken ging. Hier hat er dann bis zur Saarabstimmung für den KJVD gearbeitet und ist nach dem 13. Januar 1935 über Straßburg, Paris und Lüttich nach Amsterdam gekommen.

Bis zu seiner Festnahme reiste er von hier aus als Gebietsinstrukteur der gleichen Jugendorganisation mehrfach mit einem holländischen Paß ins Ruhrgebiet, um illegale Gruppen zu betreuen. Unmittelbar nach der Festnahme Ernst Lörchers hatte die Gestapo in Erfahrung gebracht, daß er am Nachmittag des folgenden Tages gegen 16 Uhr in Essen ab Hauptpost in Richtung Steeler Straße einen Straßentreff mit einem politischen Freund haben sollte.

Dieses Wissen ließ Gestapo-Beamte den teuflischen Plan fassen, ihren Gefangenen als Köder zu benutzen. Darum zwang man Ernst Lörcher, an jenem Tage von der Hauptpost durch die Hollestraße zur Steeler Straße zu gehen. Man hoffte, daß es auf diesem Wege irgendwo zu einer Begegnung der beiden Antifaschisten kommen würde. Zehn bewaffnete Gestapo-Beamte aus Essen und Duisburg gingen in einiger Entfernung die gleiche Richtung, um im gegebenen Augenblick die Falle zuschnappen zu lassen.

Was sich dann kurz darauf ereignete, hat einer der eingesetzten Menschenfänger in einem Bericht so dargestellt:

„Am Ende der Verbindungsstraße auf der Steeler Straße an der Bahnüberführung warf sich dann L. vor den Lastkraftwagen IY 132461, Fahrer Heinrich Jügel, geb. am 30. April 1898 zu Essen, vermutlich, um jede weitere Aufklärung seiner illegalen Tätigkeit unmöglich zu machen. L. wurde in schwerverletztem Zustand dem Huyssenstift in Essen zugeführt..."

Was mag damals in dem Mann vorgegangen sein, der sich offensichtlich selbst opferte, um den Freund vor der Festnahme zu bewahren? War es eine Verzweiflungstat, geboren in dem Augenblick, als sich mit dem entgegenkommenden Lastkraftwagen die Gelegenheit der Durchführung bot? Hatte Ernst Lörcher sie von dem Moment an einkalkuliert, als er sich vorübergehend in einer Enklave der Freiheit befand und ihm bewußt wurde, daß die um ihn postierte Mauer der Gewalt seinen einmal gefaßten Entschluß nicht verhindern konnte?

Wie es auch gewesen sein mag, die Schuldigen breiteten den Mantel des Schweigens darüber, um das Geschehen für alle Zeiten vergessen zu machen. Mancher Bürger, der zufällig Augenzeuge geworden war, mag sich darüber gewundert haben, daß er in seiner Zeitung keinen Bericht über den schweren Unfall auf der Steeler Straße fand.

Da berichtete man von dem Unfall an der Ecke II. Schockenhecke und Ahrenbergstraße, bei dem ein Radfahrer von einem Lastkraftwagen angefahren und einen Oberschenkelbruch davongetragen hatte. Man informierte auch darüber, daß an der Ecke Rellinghauser und Frau-Berta-Krupp-Straße ebenfalls ein Radfahrer mit einem Lastkraftwagen karamboliert und verletzt ins Huyssenstift gebracht worden war. Nichts aber stand in seiner Zeitung über das, was er selbst am Vortage hatte mit ansehen müssen.

In der bereits erwähnten Gestapo-Personalakte befindet sich die Abschrift eines Briefes vom 29. Februar 1936 an das Amtsgericht Duisburg. „Unter symbolischer Vorführung des Lörcher", wird darin „um Erlaß eines Haftbefehls gebeten". Aus der gleichen Akte ist aber auch zu erfahren, daß Ernst Lörcher die schweren Verletzungen überlebt hat. Er war einige Tage im Huyssenstift geblieben. Von hier aus in das Bezirks-Gefängniskrankenhaus Düsseldorf überführt, kam er nach seiner Genesung in das Gerichtsgefängnis Duisburg-Hamborn.

Am 19. März 1937 verurteilte ihn dann der 2. Senat des Volksgerichtshofes zu einer Zuchthausstrafe von zehn Jahren. Für die gleiche Zeit wurden ihm die bürgerlichen Ehrenrechte abgesprochen.

„Die SS ist eine Mördertruppe..." Das Ehepaar Kreulich stirbt für die Wahrheit

Mit sich selbst zufrieden, betrat am Nachmittag des 28. Januar 1944 Volksgerichtsrat Dr. Löhmann sein Arbeitszimmer, legte seine rote Robe ab und setzte sich hinter den Schreibtischh Aus der Art, mit der er sich in den Sessel gleiten ließ, hätte man schließen können, er sei erschöpft. Das traf zwar nicht zu, aber er achtete streng darauf, immer und überall Geschäftigkeit zu demonstrieren.

Nachdem er Platz genommen hatte, atmete er einige Male tief durch und zündete sich dann eine Zigarre an, nicht ohne sie vorher wohlwollend zu betrachten. Er liebte es, nach solch einem Tag wie dem heutigen, den aromatischen Rauch einzuatmen und seinen Gedanken nachzugehen. „Alles was recht ist, diese Zigarre hat es in sich", dachte er, als er einige Züge gekostet hatte. Sie war nicht aus dem Kraut des vierten Kriegsjahres hergestellt, das einem leidenschaftlichen Zigarrenraucher den Genuß verleiden konnte.

Beim letzten Neujahrsempfang der NS-Prominenz waren diese Zigarren neben anderen Spezialitäten aus Beutebeständen herumgereicht worden. Weil sie ihm so gut schmeckte, hatte er kräftig zugelangt und eine stattliche Anzahl mitgehen lassen. Sie verschönten ihm so manchen Tag danach.

Während er genießerisch die Zigarre betrachtete, erinnerte er sich auch wieder an das Gespräch mit dem Stargast des Empfangs. Noch immer erfüllte ihn der Gedanke daran mit Stolz, hatte doch der zu ihm gesagt: „Männer wie Sie brauchen wir heute, denn hergelaufene Untermenschen, Hetzer, Defätisten und Angsthasen versuchen, in dem schweren Daseinskampf des deutschen Volkes andere in gefährlicher Weise zu zersetzen und so den vom Feind gewünschten Dolchstoß in den Rücken unserer kämpfenden Front zu führen."

Diese Worte waren Musik in seinen Ohren gewesen und ließen ihn auf eine baldige Beförderung hoffen.

„Untermenschen, Hetzer, Defätisten, Angsthasen", erinnerte er sich und dachte dabei an die Frau und den Mann, denen er heute wieder den Garaus gemacht hatte.

In die Gegenwart zurückversetzt, zog er geschäftig die rechte Schreibtischschublade heraus, griff zu dem obenauf liegenden Aktendeckel und entnahm ihm eine Strichliste. Dann öffnete er seinen Füllhalter, ergänzte die Liste durch zwei weitere kräftige Striche und legte sie wieder in die Schublade zurück.

,,Auch meine Abschußliste kann sich sehen lassen", dachte er einen Augenblick, um sich dann aber wieder angenehmeren Dingen zuzuwenden.

Für den Abend des Tages hatte man ihn erneut zu einer Prominentenparty eingeladen. Sie versprach wieder eine runde Sache zu werden. Schnell erhob er sich, nahm Hut und Mantel aus dem Kleiderschrank, um – wieder Geschäftigkeit mimend – mit eiligen Schritten den Heimweg anzutreten...

Das, was ich bis hierher über Volksgerichtsrat Dr. Löhmann und sein Benehmen am Nachmittag des 28. Januar 1944 geschrieben habe, ist erfunden. Wer sich aber den Alltag von Leuten seines Schlages in jenen Jahren vorzustellen vermag, wird mit mir der Meinung sein, daß es durchaus so hätte gewesen sein können.

Wahr dagegen ist allerdings, daß der Volksgerichtsrat am genannten Tage tatsächlich an dem Todesurteil gegen eine Frau und einen Mann beteiligt war. Für ihn gehörten sie zur Kategorie der Menschen, die vom Stargast des Neujahrsempfangs in meiner erfundenen Geschichte als hergelaufene Untermenschen, Hetzer, Defätisten und Feiglinge bezeichnet wurden. Wahr ist auch, daß er in der Gerichtsverhandlung die gleiche Bezeichnung für die ,,Angeklagten" gebraucht hatte:

,,Entscheidend ist hier allein, daß sie es in dem schweren Daseinskampf des deutschen Volkes auch nur versucht haben, andere in gefährlicher Weise zu zersetzen und so den vom Feind gewünschten Dolchstoß in den Rücken unserer kämpfenden Front zu führen."

Mit diesen Worten begründete Volksgerichtsrat Dr. Löhmann tatsächlich am 28. Januar 1944 in seiner Eigenschaft als Vorsitzender des Volksgerichtshofes, 2. Senat, ,,Im Namen des Deutschen Volkes" das Todesurteil gegen die Eheleute Bernhard und Maria Kreulich aus Essen. Mit ihm hatten Oberlandesgerichtsrat Dr. Koehler, SA-Brigadeführer Hauer, SA-Obergruppenführer Bökkenhauer und Ministerialrat Dr. Herzlieb den Senat gebildet.

Im Strafantrag des Vertreters des Oberreichsanwaltes, Landgerichtsrat Welp, war zwar nur eine achtjährige Zuchthausstrafe für Maria Kreulich beantragt worden, aber Volksgerichtsrat Löhmann und die anderen Senatsmitglieder meinten, beide müsse die schwerste Strafe treffen:

,,Wer wie sie im vierten Kriegsjahr hetzt, wo von jedem Volksgenossen das Äußerste an Kraft und Hingabe verlangt wird, und die völkische Geschlossenheit zu stören versucht und dabei, wie Bernhard Kreulich es tat, sich voll Niedertracht auch an die Person des Führers heranwagt, hat keinen Anspruch auf milde Beurteilung."

Worin bestand das Verbrechen des Essener Ehepaares Kreulich? Antwort auf diese Frage fand ich in einer Gestapo-Akte im Düsseldorfer Hauptstaatsarchiv.

Maria und Bernhard Kreulich, beide in Essen-Kray geboren, sie am 3. Oktober 1889, er am 13. Januar 1890, hatten auch nach ihrer Vermählung im Jahre 1920 ihren Geburtsort nicht verlassen.

Die Jugendjahre waren für beide kein Zuckerschlecken gewesen. Mit 21 Jahren zur kaiserlichen Armee eingezogen, kam der junge Bergmann 1913 zurück, arbeitete kurze Zeit wieder in seinem Beruf, um dann hinauszuziehen in den ersten blutigen Weltkrieg. In französische Kriegsgefangenschaft geraten, kehrte er erst im März 1920 wieder nach Kray zurück, den später eingemeindeten Stadtteil Essens.

Maria Kreulich, Tochter einer Bergarbeiterfamilie, gemeinsam mit 15 Geschwistern herangewachsen, hatte nach ihrer Schulentlassung im Haushalt und als Verkäuferin gearbeitet. Wie ihr Mann war sie katholisch und seit frühester Jugend Mitglied des Krayer katholischen Frauenvereins St. Barbara. Vor der Machtübertragung an die Faschisten sympathisierten beide mit der Zentrumspartei.

Zwar gehörte Bernhard Kreulich in den vierziger Jahren der NSV und der DAF an, aber in diese Organisationen wurden zu der Zeit nahezu alle „Volksgenossen“ mit sanfter Gewalt gezwungen.

Im Jahre 1943 wohnte das kinderlose Ehepaar in Essen-Kray, Am Zehnthof 226, Bernhard Kreulich arbeitete auf der zum Mannesmann-Konzern gehörenden Zeche Hubert als Fördermaschinist.

Als er wegen einer Erkrankung das Knappschaftskrankenhaus in Essen-Steele aufsuchen mußte, lag er mit dem Platzaufseher Willi W. aus Essen-Überruhr auf der Station G 1 im Zimmer 32. Wenn Menschen unter einem Dach zusammenleben, dann kommen sie sich zwangsläufig näher und tauschen im gemeinsamen Gespräch ihre Meinungen aus. Nachdem der Platzaufseher erzählt hatte, daß zwei seiner Söhne an der Ostfront gefallen waren, hielt der Fördermaschinist mit seiner Meinung nicht zurück. Der in ihm seit langer Zeit aufgestaute Unmut kam über seine Lippen.

Seinem Gesprächspartner gefielen offenbar solche Redensarten nicht, und er erzählte anderen davon. Im Osten sähe es böse aus, und die Zahl der Überläufer wachse ständig, habe sein Zimmerkollege ihm gesagt. Auch abfällige Äußerungen gegen den Führer und die Regierung seien im Laufe des Gespräches zu hören gewesen.

Auf diese Weise erfuhren Karl-Heinz M. und Karl B. davon, die zur gleichen Zeit auch im Knappschaftskrankenhaus lagen. Karl-Heinz M. wohnte in Essen-Kray, war Büroangestellter, Mitglied der NSDAP und stellvertretender Blockwart. Karl B. hatte in Essen-West sein Zuhause, war Markenkontrolleur und auch NSDAP-Mitglied. Empört über derlei Redensarten, schmiedeten sie einen teuflischen Plan und führten ihn aus, als Maria Kreulich wieder einmal ihren Mann besuchte.

Es war ein warmer sonniger Tag. Da Bernhard Kreulich nicht mehr das Bett hüten mußte, hatten beide den Garten des Krankenhauses aufgesucht. Hier gesellten sich die beiden Mitglieder der Nazi-Partei zu den Eheleuten und begannen ein Gespräch, in dessen Verlauf sie ihre Gesprächspartner zu Äußerungen provozierten, deren Folgen beide nicht ahnten. Hätten sie gewußt, daß der Blockwart-Stellvertreter alles später zu Papier brachte, sie wären bestimmt vorsichtiger gewesen.

Mit dem Ergebnis der Provokation zufrieden, unterrichtete Karl-Heinz M. seinen Partei-Zellenleiter und erhielt von ihm den Auftrag, der Krayer Ortsgruppe der NSDAP Meldung zu erstatten.

„Obwohl wir beide das Abzeichen der NSDAP trugen, wagte es dieser Mensch, derartig zu hetzen. Unsere Vermutung geht dahin, daß Kreulich wahrscheinlich einer im Dunkeln wühlenden Organisation angehört", hieß es in der Meldung vom 18. Juni 1943. Zuvor hatte der Denunziant einiges aus dem verhängnisvollen Gespräch niedergeschrieben und den Hinweis gegeben, daß der andere Parteigenosse den Hauptteil davon mit angehört habe, jener Karl B., der mit ihm gemeinsam das Gespräch provoziert hatte.

Nachdem die Staatsschützer durch die Krayer NSDAP-Ortsgruppe verständigt worden waren, bestellten sie Karl B. zu sich, und Gestapo-Mann Kriminalsekretär Baier brachte am 2. Juli 1943 diese Aussage zu Papier:

„Ich kann die gegen den Beschuldigten Bernhard Kreulich und seine Ehefrau vorliegende Anzeige vollinhaltlich bestätigen. Der Anzeigende Karl-Heinz M., wohnhaft in Essen-Kray, Lindenbergstraße 5, hat mir von der Anzeige einen Durchschlag gegeben, so daß ich über den Inhalt genau unterrichtet bin... Ich war im Krankenhaus vom 19. April bis 5. Juni 1943. Während dieser Zeit kamen wir bei einer Unterhaltung schon mal auf den Krieg zu sprechen. An einem Nachmittag saßen wir im Garten auf einer Bank... Bei der Unterhaltung über den Krieg machte Kreulich die Äußerung: ‚Ich stehe nicht vor jedem Ausländer stramm!' Hierauf erwiderte ich ihm, jetzt könne ich mir ein Bild machen, in welchem Lager er gestanden habe oder noch stehe. Denn solche Äußerungen seien in der Kampfzeit von Zentrumsanhängern gemacht worden. Wenn sein Standpunkt richtig sei, würde ich mich als Deutscher schämen, daß erst ein Ausländer kommen mußte, um in Deutschland Ordnung zu schaffen usw. Hierauf erwiderte er: ‚Als der Führer in der Radrennbahn gesprochen hat, bin ich weggegangen, weil ich dessen Fresse nicht sehen und dessen Gequassel nicht hören wollte.'

Weiter äußerte er: ‚Die SS ist eine Mördertruppe, und unsere Wehrmacht wird zu Verbrechern erzogen. Die Soldaten haben keine Lust mehr zum Kämpfen und laufen bereits alle über. Von einer Kompanie sind so viele übergelaufen, daß nur 30 Mann übrigblieben.'

Nun mischte sich auch zur Unterstützung des Ehemannes die Ehefrau Kreulich in die Unterhaltung und erklärte: ‚Der Paulus hat sich auch weggemacht.' Sie sprach dann weiter von abgeworfenen Flugblättern. Hierauf seien der General Paulus und der General Rommel abgebildet gewesen. Das sei der Beweis, wie der Engländer bekanntgegeben hätte, daß diese stiftengegangen seien. Weiter sagte sie, sie hätte auch Bilder gesehen von deutschen Soldaten, die sich freuten, daß sie in Gefangenschaft gekommen wären.

Hier ergänzte der Beschuldigte und äußerte: ‚Der Russe tut den deutschen Soldaten nichts, das ist alles gelogen (gekohlt), was man uns hier darüber erzählt.'

Schließlich konnte ich mir das Geschwätz des Beschuldigten nicht mehr länger mit anhören. Ich warnte ihn mit den Worten: ‚Dein Kopf sitzt ziemlich lose, wenn du noch lange solche Feindpropaganda betreibst.'

Hierauf erwiderte er: ‚Ich bin nicht bange, und wenn man mich auch sofort an die Wand stellt, und dann sage ich es noch einmal!' Darauf fügte die Ehefrau hinzu: ‚Mein Mann ist nicht bange, im Weltkrieg 1914/18 hat er sich auch nichts von jedem Hampelmann gefallen lassen.'

Meine Auffassung geht dahin, daß der Ehemann Kreulich ebenso wie seine Ehefrau darauf ausgehen, bewußt Feindpropaganda zu betreiben. Ich bin schließlich von der betreffenden Stelle gegangen, um nicht noch handgreiflich zu werden."

Diese Aussagen des Markenkontrolleurs Karl B. umreißen den ganzen Umfang des „Verbrechens" der Kreulichs. Nachdem die Gestapo sie entgegengenommen hatte, hörte sie auch noch einmal Karl-Heinz M., der mit seiner schriftlichen Anzeige den Stein ins Rollen gebracht hatte.

Zu dem Inhalt seiner Meldung gehört und aufgefordert, seine Meinung zu dem Geschehen zu sagen, erklärte er: „Meine Angaben, die ich in meiner Anzeige vom 18. Juni 1943 gemacht habe, sind voll und ganz der Wahrheit entsprechend und kann ich diese auch vor Gericht aufrechterhalten...

Ich kann auch heute nur wiederholen, daß Kreulich und seine Ehefrau eine große Gefahr für die Volksgemeinschaft bedeuten und durch ihr gemeines Verhalten den Endsieg sabotieren."

Außer den genannten Vernehmungen wurden noch weitere durchgeführt. Auch bei den für den Wohnbezirk der Eheleute zuständigen nationalsozialistischen Organisationen und in der Nachbarschaft ermittelte die Gestapo. Was dabei herauskam, ist in einer Aktennotiz nachzulesen, die am 17. Juli 1943 geschrieben wurde:

„Über den Ruf und politischen Leumund der beiden Beschuldigten ist hier Nachteiliges nicht bekannt und konnte auch anderweitig nichts ermittelt werden.

Kreulich ist seit dem 1. Januar 1937 Mitglied der NSV, mit einem Mitgliedsbeitrag von 0,50 RM monatlich. Bei anderen Parteigliederungen, wie Reichsluftschutzbund (RLB) usw., sind beide keine Mitglieder. Gespendet wurde beim Eintopfsammeln 1,– RM und bei sonstigen Sammlungen 0,50 RM. Sie besitzen eine kleine Hakenkreuzfahne und wurde bei politischen Anlässen soweit in der Nachbarschaft festgestellt werden konnte, geflaggt. Seit Auflösung der Volkszeitung wird die Essener National Zeitung bezogen."

An dem Tage, da diese Aktennotiz geschrieben wurde, erfolgte auch die Festnahme von Maria und Bernhard Kreulich durch Beamte der Essener Gestapo. Für beide folgten nun schreckliche Tage, Wochen und Monate. Pausenlos zermürbende Vernehmungen zu jeder Tages- und Nachtzeit trieben sie bis an den Rand der Verzweiflung.

„Es ist richtig, daß ich im Knappschaftskrankenhaus eine politische Unterhaltung hatte, und ich weiß auch, daß ich manches zuviel gesagt habe. Auf die einzelnen Vorgänge kann ich mich heute nicht mehr erinnern. Die Möglichkeit, daß ich die Äußerungen so getan habe, wie sie von den Zeugen angegeben werden, gebe ich zu", sagte Bernhard Kreulich als Antwort auf die gegen ihn erhobenen Anschuldigungen.

„Ich habe nach dem Vorfall von meinem Mann geträumt, daß er an dem betreffenden Tage zuviel gesagt hätte. Und ich kann hier nur wiederholen, daß er erregt war und tatsächlich zuviel gesagt hat", erklärte Maria Kreulich und fügte hinzu: „Ich kann auch weitere Angaben zu meiner Entlastung nicht machen. Ich habe nur die Bitte, um bei der Angelegenheit milde beurteilt zu werden."

Nach diesen Aussagen der beiden Festgenommenen war für die Essener Gestapo der Fall so gut wie erledigt. Daß zwei stramme Parteigenossen die Kreulichs bewußt und gewollt zu Äußerungen provozierten, die sie bis dahin noch nicht öffentlich ausgesprochen hatten, war für sie ein durchaus staatspolitisch richtiges Verhalten. Die im Garten des Steeler Knappschaftskrankenhauses aufgeschnappten und später gemeldeten Redensarten, seien „gehässig" und „hetzerisch" gewesen, schrieb Kriminalsekretär Baier am 21. Juli 1943 in einer Zusammenfassung der durch ihn vorgenommenen Ermittlungen. Er beschuldigte die Festgenommenen einer niedrigen Gesinnung und unterstellte ihnen die Absicht, „das Vertrauen des Volkes zur politischen Führung zu untergraben". Sie sei dazu geeignet gewesen, „den Willen des deutschen Volkes zur wahrhaften Selbstbehauptung zu lähmen und zu zersetzen". Sie hätten schon deshalb keinen Grund dazu gehabt, weil der Fördermaschinist eine gute Stellung bekleide. Auch Nahrungssorgen könnten solche Äußerungen nicht entschuldigen. Kreulich bezöge immerhin Schwerarbeiter-Lebensmittelkarten und halte auch noch 18 bis 20 Kaninchen. „Es mußte daher mit aller Strenge gegen die Eheleute vorgegangen werden", schrieb Gestapo-Mann Baier, übergab die Festgenommenen der Staatsanwaltschaft und beantragte richterlichen Haftbefehl.

Abschrift

4 J 18/44

2 L 178/43

Im Namen
des Deutschen Volkes

In der Strafsache gegen

1.) den Fördermaschinisten Bernhard Kreulich aus Essen-Kray, geboren am 13. Januar 1890 in Essen-Kray,

2.) die Ehefrau Maria Kreulich geborene Budziak aus Essen-Kray, geboren am 3. Oktober 1889 in Essen-Kray,

beide in dieser Sache in gerichtlicher Untersuchungshaft,

wegen Landesverrats

hat der Volksgerichtshof, 2. Senat, auf Grund der Hauptverhandlung vom 28. Januar 1944, an welcher teilgenommen haben

als Richter:

Volksgerichtsrat Dr. Löhmann, Vorsitzer,
Oberlandesgerichtsrat Dr. Koehler,
SA-Brigadeführer Hauer,
SA-Obergruppenführer Böckenhauer,
Ministerialrat Dr. Herzlieb,

als Vertreter des Oberreichsanwalts:

Landgerichtsrat Welp,

für Recht erkannt:

Die Angeklagten haben im Mai und Juni 1943 in einem Krankenhaus in Essen vor anderen Patienten wiederholt schwer zersetzende Äußerungen gegen die deutsche Wehrmacht und den Führer getan.

Sie werden deshalb beide wegen Wehrkraftzersetzung und Feindbegünstigung

zum Tode

verurteilt.

Die bürgerlichen Ehrenrechte werden ihnen auf Lebenszeit aberkannt.

Sie tragen die Kosten des Verfahrens.

An die   Einschreiben!

Geheime Staatspolizei, Außendienststelle

in

Essen

zu II C 4419/43.

Todesurteil des Volksgerichtshofes, 2. Senat, vom 28. Januar 1944, das Essener Ehepaar Kreulich betreffend.

„Gegen Kreulich und seine Ehefrau ist am 21. Juli 1943 richterlicher Haftbefehl erlassen worden", tippte er noch am gleichen Tag in seine Schreibmaschine und heftete das Blatt in die durch mancherlei Geschriebenes angereicherte Akte. Für ihn war damit der Fall abgeschlossen.

Ein halbes Jahr später, am 28. Januar 1944, stand dann das Essener Bergarbeiter-Ehepaar in Berlin vor dem 2. Senat des Volksgerichtshofes. Die Verhandlung führte Volksgerichtsrat Dr. Löhmann. Assistiert von faschistischen Würdenträgern aus der Justiz und der Partei, erledigte er die anstehende Strafsache im Vorbeigehen. Noch am gleichen Tage verkündete er dieses Urteil: „Die Angeklagten haben im Mai und Juni 1943 in einem Krankenhaus in Essen vor anderen Patienten wiederholt schwere zersetzende Äußerungen gegen die deutsche Wehrmacht und den Führer getan. Sie werden deshalb beide wegen Wehrkraftzersetzung und Feindbegünstigung zum Tode verurteilt."

Liest man die Begründung des Urteils, dann findet man sehr schnell heraus, daß es sich bei Volksgerichtsrat Dr. Löhmann und den übrigen Senatsmitgliedern um Naziaktivisten der übelsten Sorte handelte. Landgerichtsrat Welp hatte als Vertreter des Oberreichsanwaltes für Maria Kreulich nur eine Zuchthausstrafe von acht Jahren beantragt, die Nazirichter aber verkündeten die Todesstrafe. Dazu folgender Auszug aus der Urteilsverkündung:

„Die Äußerungen der Angeklagten hätten andere Volksgenossen in ihrer Siegeszuversicht und ihrem Willen zum Durchhalten schwer treffen können. Denn sie bedeuteten sinngemäß, daß die deutschen Truppen demoralisiert seien, die deutsche Niederlage also außer Frage stehe, und besagten ferner, daß hochverdiente Führer des Heeres – die Marschälle Paulus und Rommel – ihre Soldaten feige im Stich gelassen hätten und daß an der Spitze des Reiches ein Mann stehe, dem die Führung nicht zukomme und der dazu auch gar nicht fähig sei.

Vollends eindeutig war die Bezeichnung der SS als Mördertruppe. Es liegt auf der Hand, daß die Angeklagten mit solcher Hetze zugleich auch die Geschäfte des Feindes besorgten. Sie lag ganz im Sinn der verlogenen, auf die Zermürbung des deutschen Volkes und Irreführung der Weltöffentlichkeit gerichteten Propaganda der Feindmächte und hatte ihren Ursprung zum Teil ja auch unmittelbar in den feindlichen Flugblättern."

Wenige Wochen später, am 17. März 1944, wurde das Todesurteil gegen die Bergarbeiterfrau aus Essen-Kray im Strafgefängnis Berlin-Plötzensee vollstreckt. Ihr Mann, Fördermaschinist Bernhard Kreulich, überlebte sie nur um Stunden, denn am 19. März 1944 schleppten faschistische Henkersknechte ihn zur Richtstätte.

Über NS-Volksgerichtsrat Dr. Löhmann und sein Verhalten nach dem Todesspruch gegen das Ehepaar erfand ich eine Geschichte. „Wer sich den Alltag von Leuten seines Schlages in jenen Jahren vorzustellen vermag, wird mit mir der Meinung sein, daß es durchaus so hätte gewesen sein können", meinte ich am Schluß der Geschichte. Erst dann schilderte ich wahrheitsgemäß die Ereignisse nach dem verhängnisvollen Gespräch der Kreulichs mit den beiden Parteidenunzianten im Garten des Essen-Steeler Knappschaftskrankenhauses. Bleibt zu hoffen, daß der Leser meine Meinung über die faschistischen Löhmänner teilt und mir die erfundene Geschichte nicht übelnimmt.

Ob der Volksgerichtsrat später in der Bundesrepublik wieder „Recht" sprechen durfte, konnte ich nicht ermitteln. Hätte er diese Möglichkeit gehabt, er wäre nicht der einzige, dem es trotz furchtbarer Bluturteile hierzulande möglich war, erneut Karriere zu machen.

Maria und Bernhard Kreulich aber scheinen in Essen vergessen zu sein. Grund genug für mich, ihr Schicksal und ihren grausamen Tod zu schildern.

Die Antifaschistin Maria und der Prisonnier Georges

Am Sonntag, dem 18. Januar 1942, befand sich die 30jährige Kranführerin Maria Schulze gegen 16 Uhr auf dem Wege nach Hause. Sie war im Krupp-Betrieb beschäftigt und hatte an diesem Sonntag arbeiten müssen. Werktags benutzte sie für den Weg von ihrer Arbeitsstelle in Essen-Bergeborbeck immer einen Omnibus, der sie bis in die Nähe der Straßenbahnhaltestelle Zinkstraße brachte. Sonntags allerdings fuhr der Omnibus nicht, und so mußte sie den Weg bis zur Haltestelle zu Fuß zurücklegen. In der Hafenstraße traf sie den französischen Kriegsgefangenen Georges Verrechia, der mit ihr im gleichen Betrieb arbeitete. Er war im Kriegsgefangenenlager Hafenstraße 116 untergebracht und hatte an jenem Nachmittag vom Kommandoführer die Erlaubnis erhalten, außerhalb des Lagers Feuerholz zu sammeln.

Als er Maria Schulze sah, grüßte er, blieb stehen und sprach sie an. Sie blieb ebenfalls stehen, und bald sprachen beide eifrig miteinander. Die Verständigung war nicht so einfach, denn Georges konnte nur einige Worte Deutsch und Maria kein Französisch. Er war klein, nur 143 cm groß, und oft schon hatte sie gehört, wie man ihn im Betrieb „Klein-Klein" genannt hatte.

Als sie ihn so vor sich stehen sah, die Kleidung zerschlissen, das Schuhwerk abgewetzt und die fehlenden Schuhriemen durch Draht ersetzt, empfand sie Mitleid. Er fror in der dünnen Kleidung, und als er sie mit Gesten bat, in dem an der Straße liegenden, windgeschützten Neubau das Gespräch fortzusetzen, ging sie mit ihm. Georges war kein Unbekannter, und schließlich hatte auch sie einmal erfahren, was es bedeutet, wenn man Hilfe und Verständnis eines anderen Menschen spürt.

Im Jahre 1934 war ihr Vater wegen seiner Tätigkeit für die verbotene KPD zu einer Zuchthausstrafe von drei Jahren verurteilt worden. Nach der Verbüßung seiner Strafe in das Konzentrationslager Buchenwald überführt, kam er erst im September 1940 wieder nach Hause. In diesen sechs Jahren erlebten Maria Schulze und ihre Angehörigen oftmals die Solidarität anderer Menschen und schöpften daraus Kraft und Zuversicht. Daran dachte sie, als sie dem kleinen Franzosen in den geschützten Neubau folgte.

Georges hatte gerade darum gebeten, ihm doch die fehlenden Schuhriemen zu besorgen, als zwei deutsche Soldaten auftauchten. Sie hatten die beiden beobachtet und waren ihnen gefolgt. Jeglicher Umgang von Deutschen mit Kriegsgefangenen war damals verboten, und die Soldaten, von den Faschisten entsprechend erzogen, witterten eine strafbare Handlung.

Mit den Worten: „Was machen Sie denn hier?“ fuhr einer der Helden Maria Schulze an, die ihm ruhig und furchtlos antwortet: „Das sehen Sie doch, ich spreche mit einem Menschen, mit einem Arbeitskollegen von mir.“ „Was sagen Sie da“, ereiferte sich der andere. „Arbeitskollegen nennen Sie den? Das ist ein Kriegsgefangener, und was Sie hier machen, ist strafbar.“

Das kurze Gespräch endete mit der Aufforderung an Maria und Georges, den Soldaten zum nächsten Polizeirevier zu folgen. Hier angekommen, erstatteten die Übereifrigen Strafanzeige.

Ein anwesender Revier-Oberwachtmeister nahm die Strafanzeige entgegen und ließ sich danach die im Wachraum wartenden Beschuldigten vorführen. Offenbar hatte man ihm Andeutungen in einer bestimmten Richtung gemacht, denn als er Maria Schulze und den neben ihr stehenden kleinen Franzosen sah, schmunzelte er und sagte zu den Soldaten: „Sie wollen mir doch wohl nicht weismachen, daß das Mädel etwas mit dem Mann hat.“

„Ich habe nichts weiter getan, als mit dem Kriegsgefangenen gesprochen“, empörte sich Maria Schulze, und die Soldaten mußten auf Befragen des Oberwachtmeisters zugeben, mehr auch nicht gesehen zu haben. Nachdem die Strafanzeige niedergeschrieben worden war, konnten auch die Beschuldigten wieder gehen.

Dreimal wurde in den Tagen danach Maria Schulze von der Essener Gestapo in der Kortumstraße vernommen. „Hat der was von dir gewollt?“ wurde sie immer wieder gefragt, und als sie verneinte, grob angeschrien. „Wenn du heute nicht die Wahrheit sagst, dann passiert etwas!“ brüllte ihr bei der letzten Vernehmung, am 5. Februar 1942, Gestapo-Mann Biermann ins Ohr und schlug dabei mit der Faust auf den Tisch. „Bis jetzt habe ich die Wahrheit gesagt“, parierte sie. „Soll ich etwa lügen? Wenn nicht, dann akzeptieren Sie, was ich gesagt habe. Der Kriegsgefangene ist ein Arbeitskollege von mir, und ich wollte ihm helfen.“

„Das sind unsere Feinde!“ gröhlte der Gestapo-Mann zurück und schrieb später unter das angefertige Protokoll: „Die Schulze machte hier bei ihrer Vernehmung keinen günstigen Eindruck. Für ihre verwerfliche Handlungsweise konnte sie keine einwandfreie, glaubwürdige Erklärung abgeben. Ihre Angaben konnten jedoch nicht widerlegt werden. Ihr war bekannt, daß jeglicher verbotswidriger Umgang mit Kriegsgefangenen unter Strafe gestellt ist... Jedenfalls hat die Schulze durch ihr Verhalten ein Benehmen an den Tag gelegt, das geeignet ist, das gesunde Volksempfinden gröblich zu verletzen..."

Im März 1942 stand Maria Schulze vor dem Amtsgericht Essen. Das Verfahren mit dem Aktenzeichen 41 Ds 86/42 wurde schnell erledigt. Wegen verbotswidrigen Umgangs mit Kriegsgefangenen verurteilte sie das Gericht zu zwei Monaten Gefängnis.

Als sie beim Verlassen des Gerichtssaales „Guten Tag" sagte, rief einer der Richter: „Drehen Sie sich einmal um, und schauen Sie sich an, was an der Wand hängt!" Ein großes Hitlerbild sah Maria Schulze dort hängen. Dann hörte sie die Aufforderung: „Jetzt grüßen Sie einmal so, wie es sich gehört." „Heil Hitler", sagte sie wie gewünscht und verließ schnellstens diese Stätte des Unrechts.

Vom 31. März bis zum 31. Mai 1942 verbüßte die Krupp-Arbeiterin ihre Strafe im Haumannshof, wie man das Essener Gefängnis nannte.

Eine Arbeitskollegin von ihr saß hier zur gleichen Zeit ein. Sie hatte einem französischen Kriegsgefangenen ein Butterbrot zugesteckt und war dabei auch beobachtet worden.

Das Verhalten der Maria Schulze einem französischen Kriegsgefangenen gegenüber nahm die Firma Krupp zum Anlaß, das Arbeitsverhältnis mit ihr fristlos zu kündigen.

Wieder in Freiheit, bewarb sie sich bei der Post in Essen und wurde eingestellt. „Politisch nicht einwandfreie Menschen können wir bei der Post nicht gebrauchen", sagte man ihr einige Tage später und wies sie aus dem Betrieb.

Erst bei der Firma Goldschmidt bekam sie eine Arbeitsstelle und erlebte auch hier die unmenschliche Behandlung der Kriegsgefangenen und Zwangsarbeiter aus den verschiedenen Ländern Europas.

Im März 1974 erzählte mir Maria Schulze die hier geschilderten Einzelheiten. Inzwischen verheiratet, hieß sie jetzt Maria Wommer. In der Gestapo-Personalakte fand ich auch den Namen des französischen Kriegsgefangenen.

Am 27. Januar 1942 von einem Gerichtsoffizier vernommen, war eine Abschrift der Vernehmung an die Gestapo gegangen und in der Akte abgeheftet worden. „Vorgeführt erscheint der französische Kriegsgefangene Nr. 172 A/1765 Verrechia, Georges, und erklärt folgendes: Ich heiße wie angegeben, bin geboren am 1. Dezember 1917, von Beruf Metzger." So begann das Protokoll, in dem dann der bereits geschilderte Vorfall niedergeschrieben wurde. Mehr fand ich über sein Schicksal in der Akte nicht.

Um mehr zu erfahren, wandte ich mich an den Internationalen Suchdienst in Arolsen. Von hier an den Zentralen Suchdienst des Internationalen Roten Kreuzes in Genf verwiesen, erhielt ich von dort die Mitteilung, direkt das französische Rote Kreuz anzuschreiben.

Ich hatte wenig Hoffnung, aber Anfang März 1977 hielt ich einen Brief des Mannes in Händen, der es am 18. Januar 1942 gewagt hatte, mit der Essenerin Maria Schulze zu sprechen. „Nachdem ich den Brief durch das Rote Kreuz erhalten habe, gebe ich Ihnen sofort Antwort. Ja, ich überlebte mit all den Alpträumen, die ich im Kopf hatte", las ich.

„Das Bild der Frau war mir immer im Kopf", stand dort geschrieben, und ich spürte seine Freude darüber, daß auch Maria Schulze den Faschismus überlebt hatte. Mit den Worten: „In Erwartung einer Antwort von Ihnen empfangen Sie meine ehrlichen Grüße" endete der Brief. Sofort schrieb ich zurück, und am 12. April 1977 beantwortete Georges Verrechia ausführlich alle Fragen:

„Mein Schicksal war es, daß ich danach zu drei Jahren Strafkompanie verurteilt wurde", schrieb er und teilte weiter mit, er habe die längste Zeit dieser Strafe in der polnischen Stadt Grudziadz (Graudenz) verbüßen müssen.

Hier begann morgens um fünf Uhr für die 1200 Sträflinge der Tag. Im Hof zum Appell angetreten, mußten sie sich bei jeder Witterung vollständig ausziehen und wurden dann gründlich durchsucht. „Bis in den Hintern", schrieb Georges Verrechia zur Verdeutlichung der erniedrigenden Prozedur. Danach trat man den sieben Kilometer langen Fußweg zur Arbeit an. Dort angekommen, mußten die Gefangenen große mit Sand und Kies gefüllte Loren schieben. Die deutschen Wachtposten achteten darauf, daß schnell gearbeitet wurden, und halfen mit Gewehrkolben nach, wenn es ihnen zu langsam erschien. Mittags gab es einen Liter Bouillon ohne Gemüse.

Bis 22 Uhr wurde gearbeitet. Ins Lager zurückgekehrt, wiederholte sich auf dem Appellplatz das gleiche Schauspiel wie am Morgen.

Für die Nacht wurden die Türen der Unterkünfte abgeschlossen. Wer in der Zeit bis zum Wecken seine Notdurft verrichten mußte, konnte dazu nur sein Eßgeschirr benutzen, denn andere Gefäße waren nicht vorhanden.

„Wir durften nicht rauchen, keine Briefe schreiben und empfangen, nur schweigen und gehorchen", las ich in dem Brief.

Von einer Krankheit arg geschwächt, wog der kleine Franzose danach nur noch 27 Kilogramm und kam nach seiner Genesung zum Ernteeinsatz auf das Gut der Hindenburgs in Neudeck.

Siebenmal versuchte er zu fliehen. „Einmal habe ich mich in einen Zisterne-Waggon eingeschlossen, aber nach drei Tagen haben mich die Deutschen halbtod gefunden. Ich habe es auch unter einem Waggon versucht, aber wieder aufgegeben, weil meine Hände verfroren waren", schilderte er zwei seiner Versuche, den Peinigern zu entkommen.

Georges Verrechia zwischen Maria Wommer geb. Schulze und Ernst Schmidt beim Wiedersehen 1978 in Paris. Links Theo Gaudig, der als Dolmetscher mit dabei war.

Als Ende Februar 1945 sowjetische Truppen sechs Kilometer vor Neudeck standen, wurden die Sträflinge zurückgetrieben. Über einen Monat dauerte der Marsch durch Kälte, Schnee und Regen. ,,Wir machten 30 Kilometer am Tag und schliefen in Scheunen", schrieb Georges Verrechia. ,,Ich habe 17 Kameraden an meiner Seite sterben sehen, durchstochen von einem Bajonett, erfroren oder verhungert."

Bald darauf erlebte auch er die Stunde der Befreiung. ,,Stolz, aber krank kamen wir nach Frankreich zurück." Mit diesem Satz beendete er seine Schilderung über die letzte Etappe seines Leidensweges und meinte dann abschließend: ,,Ja, das Erlebte kann man nicht vergessen. Bis zu meinem Tode werde ich daran denken. Wenn ich an Frau Schulze dachte, dann habe ich oft Tränen vergossen. Ich stellte mir vor, man hätte sie erschossen und hielt mich für schuldig. Ich hoffe, daß sie mir das ganze nicht übelnimmt und daß sie das alles vergessen hat. Ich höre auf, denn ich habe Tränen in den Augen. Empfangen Sie meine aufrichtige Freundschaft!"

Am Schluß des Briefes las ich eine Bitte. Im Gegensatz zum anderen, französisch geschriebenen Briefinhalt hatte der Schreiber sie in Deutsch formuliert: ,,Seien Sie so gut, und wünschen ihr einen guten Tag von mir. Danke schön!" Sofort gab ich die Grüße an die Frau weiter, für die sie gedacht waren.

Maria Wommer hat ihm nie etwas übelgenommen. Das schrieb sie auch in den Brief, der seine Grüße erwiderte. –

Im Februar 1978 fuhr ich dann gemeinsam mit Maria Wommer nach Paris. Hier kam es, 36 Jahre nach dem verhängnisvollen Vorfall auf der Hafenstraße in Essen-Bergeborbeck, zu einem Wiedersehen zwischen dem Franzosen und der Deutschen. Ein wenig schüchtern, aber mit strahlenden Augen drückte Georges Verrechia Maria Wommer die Hand. Dann lagen beide sich in den Armen, und ich erlebte das, was man in Frankreich eine herzliche Begrüßung nennt.

Wehrkraftzersetzung und Heimtückevergehen Was war das? Zwei Schicksale geben Antwort

Am 4. April 1944 stand der Essener Wilhelm Josten als Angeklagter vor dem 2. Strafsenat des Oberlandesgerichts in Hamm. Ihm wurde zur Last gelegt, im Jahre 1943 ,,durch teilweise ein und dieselbe Handlung

a) öffentlich den Willen des deutschen Volkes zur wehrhaften Selbstbehauptung zu lähmen und zu zersetzen gesucht,

b) hetzerische Äußerungen getan zu haben."

Darin erblickte man „Wehrkraftzersetzung in Tateinheit mit Heimtückevergehen". Wilhelm Josten war 48 Jahre alt, verheiratet, Vater von zwei Söhnen, wohnte in der Annastraße und war zum Zeitpunkt seiner „Tat" Hilfsangestellter beim Wehrbezirkskommando. „Er ist unbestraft", stand in der Anklageschrift.

Was stempelte den bislang Unbescholtenen in den Augen seiner Richter zu einem „Verbrecher"? Was waren das für Handlungen, mit denen er versucht haben soll, den Willen des deutschen Volkes zur wehrhaften Selbstbehauptung zu lähmen und zu zersetzen? Welche seiner Äußerungen wertete man als hetzerisch?

Seit 1941 war Wilhelm Josten mit dem Düsseldorfer Kaufmann August Storch befreundet. Als dieser bei einem Bombenangriff total geschädigt wurde und seinen Wohnsitz nach Straßburg verlegte, wechselten die beiden Freunde häufig Briefe. Einer davon trug das Datum vom 5. Mai 1943. Wilhelm Josten hatte darin über die letzten Bombenangriffe auf Essen wie folgt berichtet:

„Inzwischen haben wir wieder zwei Großangriffe hinter uns. Einmal war es wieder sehr schlimm, dabei war ich mit 39,3 Grad Fieber im Keller! In Rüttenscheid hat es nur gebrannt, aber neue große Verwüstungen sind in Essen West und in Altenessen. Nun hat es Dortmund gepackt, und soviel ich gehört habe, richtig! So kommt eine Stadt nach der anderen dran. Wann ist der Krieg zu Ende? Wenn wir drei Meere haben: das Asowsche, das Schwarze und das Nichtsmehr!!! Und wenn an der Kreisleitung steht: Wegen Einberufung geschlossen."

Der Brief war in falsche Hände geraten, weil der Empfänger den Staatsbehörden politisch unzuverlässig erschien und sie deshalb eine Postüberwachung angeordnet hatten. Die Maßnahme rechtfertigte man mit dem Vorwurf, er, August Storch, pflege Umgang mit Juden und sei dadurch spionageverdächtig. So landeten die Briefe aus Essen zunächst bei der Gestapo in Straßburg, die dann Essen unterrichtete.

Vorerst unternahm man allerdings noch nichts, sondern wartete weitere Briefe ab. Alle erreichten den Empfänger erst über den Straßburger Gestapo-Schreibtisch. Hier fertigte man Kopien, registrierte und recherchierte weiter. Auch der Brief, den Wilhelm Josten am 10. August 1943 schrieb, wurde geöffnet und gelesen:

„Jetzt ist der Krieg ja bald gewonnen", hatte er darin geschrieben und dann hinzugefügt: „Catania eingenommen, Orel planmäßig besetzt... und in Sizilien kämpfen wir bis zur letzten Zitrone... Du siehst, alles steht zu unseren Gunsten..., und die Verluste der Russen sind ungeheuer, und der Duce muß zum Vertrauensarzt... wird gesundgeschrieben... hat nur die englische Krankheit! Krupp ist total im Eimer, stellt auch keine Leute mehr ein, alles wird entlassen oder der Militärbehörde zur Verfügung gestellt." Am Schluß des Briefes war dann noch zu lesen: „Also August, ‚Sieg Heil‘, hoffentlich schnellstens! Wenn auch alles in Trümmer liegt, Hauptsache der Führer lebt! In diesem Sinne grüßt Dich Dein Freund Willy.“

Mit bissiger Ironie waren hier Wahrheiten ausgesprochen worden, die den Schnüfflern in Straßburg und Essen sauer im Magen lagen.

Noch ahnte Wilhelm Josten nicht, was ihm bevorstand, als er schließlich am 19. August 1943 seinem Freund schrieb: „Lange wird es ja nicht mehr dauern bei unseren siegreichen Rückzügen. Nun ist ja auch Charkow im Zuge der Frontverkürzung planmäßig geräumt und vom Feinde zögernd besetzt worden. Wir siegen langsam, aber sicher, der Krieg ist zu Ende, wenn wir vor Stalingrad stehen.“

Wenige Wochen später griff die Essener Gestapo zu. Am 8. November 1943 festgenommen, wurde drei Tage später der Haftbefehl gegen den Briefschreiber ausgesprochen.

Im April 1944 stand er dann vor dem II. Strafsenat des Oberlandesgerichtes in Hamm: „Der Angeklagte wird wegen Wehrkraftzersetzung in Tateinheit mit Heimtückevergehen zu einer Zuchthausstrafe von zwei Jahren und zwei Jahren Ehrverlust verurteilt.“ So lautete das Urteil der drei Berufsrichter, die den Senat bildeten.

Der Angeklagte hatte nicht bestritten, die beanstandeten Briefe geschrieben zu haben. Allerdings solle man seine Äußerungen nicht ernst nehmen, meinte er. Scherzhafte Ironie und Witz seien immer Grundlage des Briefverkehrs mit seinem Freund gewesen, den er damit stets nur erheitern und zum Lachen hätte bringen wollen.

Die Richter werteten das Geschehene anders. Sie vertraten in der schriftlichen Begründung des Urteils diesen Standpunkt:

„In die äußere Form einer Satire oder eines politischen Witzes sind hier Bemerkungen gekleidet, die ihrem innersten Wesen nach sich gegen den Widerstandswillen der inneren Front richteten und die geeignet sind, den Willen zur wehrhaften Selbstbehauptung zu zersetzen und zu lähmen.“

Solche und ähnliche Formulierungen rechtfertigten die verhängte Zuchthausstrafe von zwei Jahren.

Damit war Wilhelm Josten eigentlich noch glimpflich davongekommen, denn zu der Zeit wurden in ähnlichen Fällen viel schärfere Urteile ausgesprochen. Von den Fronten häuften sich die Meldungen über planmäßige Rückzüge, ein neuer Begriff für militärische Niederlagen. Luftangriffe auf deutsche Städte zermürbten die Bevölkerung. Beides führte zu einem spürbaren Sinken der Siegeszuversicht im eigenen Volk. Verstärkter Terror im Innern war die Reaktion des angeschlagenen faschistischen Staatsapparates und seiner Diener. So gesehen hatte der Essener noch milde Richter gefunden und hätte zufrieden sein können, wenn es dabei geblieben wäre.

Aber es blieb nicht bei dem Urteil, denn der Oberreichsanwalt erhob am 25. August 1944 Einspruch dagegen. In einem Schreiben an den Präsidenten des Besonderen Senats des Volksgerichtshofes meinte er, die ausgesprochene Zuchthausstrafe werde „dem Unrechtsgehalt der Tat nicht gerecht.". Als Begründung des Einspruchs stand geschrieben: „Seine hämischen, schon ihrem Inhalte nach äußerst gehässigen Angriffe auf das Siegesvertrauen des deutschen Volkes und den Nationalsozialismus, waren wegen ihrer satirischen Form besonders gefährlich. Daß der Angeklagte bei seinen Anwürfen selbst vor der Person des Führers nicht zurückgeschreckt ist, veranschaulicht eindeutig die Schamlosigkeit seiner Hetze."

Zwei Monate nach diesem Schreiben trat der Besondere Senat des Volksgerichtshofes zusammen. Auf der Anklagebank saß erneut Wilhelm Josten. Die Verhandlung leitete der berüchtigte Präsident des Volksgerichtshofes, Dr. Roland Freisler, dessen Brutalität weltweit durch seine blutige Rache an den Attentätern vom 20. Juli 1944 bekannt wurde. Neben ihm saßen Volksgerichtsrat Dr. Greulich, Generalmajor der Landpolizei a. D. Petersen und NSKK-Obergruppenführer Nieder-Westermann. Die Anklage vertrat der Erste Staatsanwalt Nöbel als Vertreter des Oberreichsanwalts.

Die Verhandlung lief in der Manier faschistischer Blutrichter ab. Ständig angeschrien und fortlaufend gedemütigt, vernahm der Angeklagte schon nach kurzer Zeit diesen Urteilsspruch: „Wilhelm Josten schrieb im vierten Kriegsjahr monatelang schwer zersetzende defätistische Briefe; rühmte sich in ihnen sogar der Drückebergerei. Als Zersetzungspropagandist unserer Kriegsfeinde ist er für immer ehrlos. Er wird mit dem Tode bestraft."

Das war die Sprache eiskalter Mörder. Blindwütiger Haß triumphierte über Recht und Gesetz.

Einen Monat später vollstreckte man den Richterspruch.

In einem Schreiben vom 21. November 1944 verständigte der Oberreichsanwalt beim Volksgerichtshof den Leiter der Justizpressestelle beim Volksgerichtshof, Landgerichtsdirektor Stier, von der bevorstehenden Hinrichtung: „Auf Anweisung des Reichsministers der Justiz bitte ich von einer Veröffentlichung der vollzogenen Vollstreckung abzusehen", hieß es wörtlich in dem Schreiben.

Auch Rechtsanwalt Dr. Mäder, Verteidiger des Verurteilten, wurde am gleichen Tage verständigt: „Die Vollstreckung der vom Besonderen Senat des Volksgerichtshofs am 26. Oktober 1944 erkannten Todesstrafe an dem Verurteilten Wilhelm Josten soll am Montag, dem 27. November 1944, ab 12.30 Uhr in dem Zuchthaus Brandenburg (Havel) – Görden stattfinden. Der Zutritt zu dem Verurteilten ist Ihnen gestattet. Nach § 454 Abs. 3 StPO. ist Ihnen ferner erlaubt, der Vollstreckung des Urteils beizuwohnen. Falls Sie dies beabsichtigen sollten, bitte ich Sie, sich spätestens eine halbe Stunde vor dem angegebenen Zeitpunkt in dem Zuchthaus... einzufinden. (Dunkler Anzug).

Ich übersende Ihnen in der Anlage einen Einlaßschein mit dem Bemerken, daß Sie zur strengsten Geheimhaltung der bevorstehenden Hinrichtung verpflichtet sind. Falls Sie von dem Einlaßschein keinen Gebrauch machen wollen, bitte ich, diesen zu vernichten.

Dem Verurteilten werden an demselben Tage ab 11 Uhr die vorgeschriebenen Eröffnungen gemacht. Auch hierbei ist Ihnen die Anwesenheit gestattet. Ich ersuche Sie aber vor diesem Zeitpunkt dem Verurteilten auf keinen Fall von der bevorstehenden Vollstreckung des Urteils Kenntnis zu geben. Den Eingang dieses Schreibens wollen Sie mir sofort unter der Anschrift des Staatsanwalts Schürmann – Reichsanwaltschaft beim Volksgerichtshof, Berlin W 9, Bellevuestraße 15 – mit der Aufschrift ‚Persönlich' bestätigen."

Am 21. November 1944, dem gleichen Tage, an dem man den Leiter der Justizpressestelle und Rechtsanwalt Dr. Mäder von der bevorstehenden Hinrichtung unterrichtete, ließ man noch einen Auftrag schreiben. Er war für den Scharfrichter bestimmt, trug den Stempel „Vertraulich" und lautete: „Der Scharfrichter Röttger aus Berlin wird beauftragt, den rechtskräftig zum Tode verurteilten Wilhelm Josten mit dem Fallbeil hinzurichten."

Wie geplant, wurde der kaltblütige Mord ausgeführt. Der 27. November 1944 war ein Montag. Schon um 11 Uhr betrat der Leiter der Vollstreckung, Amtsgerichtsrat Röthig, die Zelle des Todeskandidaten und teilte ihm mit, daß das Urteil um 12.30 Uhr vollstreckt werden würde. „Der Verurteilte verhielt sich während der Verkündung ruhig und gefaßt", berichtete er noch am gleichen Tage dem Oberreichsanwalt.

Als er diese Worte niederschreiben ließ, war das Leben von Wilhelm Josten bereits ausgelöscht. Der Scharfrichter hatte seinen Auftrag ausgeführt. Dem Regierungsmedizinalrat Dr. Müller war danach die Aufgabe zugefallen, den Tod des Opfers amtlich zu bestätigen.

Eine Frau hatte ihren Mann, zwei Kinder den Vater verloren.

*

Am 12.Dezember 1944 wurde bei einem Luftangriff auf Essen die Jusitzvollzugsanstalt in der Kortumstraße von Bomben getroffen. Zu den Toten, die man später unter den Trümmern fand, gehörten auch politische Häftlinge. Einer von ihnen hieß Johannes Gärtner. Maschinist von Beruf, er wohnte in Essen und war zwei Tage vor seinem Tode 43 Jahre alt geworden.

Grund seiner Festnahme durch die Gestapo war ein Vorfall gewesen, der sich im Kruppschen Walzwerk II an einem Herbsttag des Jahres 1944 ereignet hatte. In einer Bescheinigung an die Frau des Krupp-Arbeiters berichtete am 10. März 1949 der Regierungsrat Peter Schatkowski ausführlich darüber.

Wie Johannes Gärtner war er ein überzeugter Antifaschist und ehemals aktiver Gewerkschafter, damals auch im Walzwerk II beschäftigt. Unter menschenunwürdigen Bedingungen arbeiteten im gleichen Betrieb auch zahlreiche Frauen und Männer aus vielen Ländern Europas, die man nach Essen verschleppt hatte. Für Krupp zählten diese Billigarbeitskräfte bei der Durchführung gewinnbringender Rüstungsaufträge zum lohnenden Geschäft.

,,Auf Anordnung des Betriebsleiters Tender war den deutschen Arbeitern jeder Verkehr und jede Unterhaltung mit den Fremdarbeitern strengstens untersagt. Die Einhaltung dieser Anordnung und Überwachung der deutschen Arbeiter wurde dem Obmann und den aktiven Nazis sowie den Nazifunktionären übertragen." Mit diesen Worten umschrieb Regierungsrat Peter Schatkowski das Klima im Kruppschen Walzwerk II zur Zeit der Festnahme seines Arbeitskollegen und berichtete dann:

,,Herr Gärtner, dessen Arbeitsplatz in unmittelbarer Nähe der Franzosen war, händigte einem Franzosen ein Schreiben aus, worin ihm bestätigt werden sollte, daß sein Verhalten den gefangenen Franzosen gegenüber korrekt und fair gewesen ist. Das besagte Schreiben gelangte in die Hände des Nazi-Obmannes, der dasselbe dem Betriebsleiter Tender zur Kenntnis brachte. Tender ließ Gärtner und gleichzeitig einige Nazifunktionäre in sein Büro rufen und stellte hier Gärtner zur Rede. In Gegenwart des Betriebsleiters fielen die Nazis über Gärtner her und mißhandelten ihn. Ein Betriebsführer, der das nicht ansehen konnte, verließ, kreidebleich im Gesicht, das Büro. Am Treppenaufgang zum Büro sah ich persönlich Gärtner, bewacht von einem Nazi, zur Unkenntlichkeit geschlagen (verschwollenes Gesicht), stehen. Im Betrieb wurde dann kundgetan, Gärtner solle zur Abschreckung im Betrieb aufgehängt werden.

Hierauf, trotzdem ich selbst unter Aufsicht stand, schaltete ich mich ein und verhinderte die Ausführung der grauenhaften Tat. Dann wurde dem G. ein Schild um die Schultern gehängt, welches die Worte trug: ‚Ich bin ein Lump, ich bin ein Landesverräter!' und wurde durch den ganzen Betrieb, von einer Arbeitsstelle zur anderen geführt.

Inzwischen hatte man telefonisch die Gestapo herbeigerufen, die Gärtner verhaftete und ins Polizeigefängnis einlieferte." Unter seine Bescheinigung schrieb der Regierungsrat am Schluß: ,,Meine Aussage erstatte ich an Eides Statt."

Am 20. November 1944 wurde der Krupp-Arbeiter Johannes Gärtner vom Sondergericht Essen wegen ,,Wehrkraftzersetzung" zu zwei Jahren Zuchthaus verurteilt. Wenige Tage später fand man ihn tot unter den Trümmern eines Teiles der Essener Justizvollzugsanstalt. Detonierende Fliegerbomben hatten die dicken Mauern bersten und zusammenstürzen lassen. Sie begruben Johannes Gärtner und andere politische Gefangene, allesamt Opfer der faschistischen Gewaltherrschaft.

Gewerkschafter in der Stunde Null
Gespräch mit Richard Riegel

Als ich 1947 mit dem Essener Antifaschisten Richard Riegel bekannt wurde, hatten die gewerkschaftlich organisierten Metallarbeiter ihn gerade zum Bevollmächtigten ihrer Ortsverwaltung gewählt. Vor den Toren Leipzigs am 14. Juni 1900 in Eilenburg geboren, war der gelernte Dreher 1921 in die Stadt zwischen Ruhr und Emscher gekommen. Hier fand er Arbeit bei den Essener Straßenbahnen, die ihn als ihren jüngsten Schaffner präsentierten. Aus einer Arbeiterfamilie stammend, war er schon frühzeitig gewerkschaftlich und politisch interessiert. Begonnen hatte es 1914, als er in die Reihen der Sozialistischen Arbeiterjugend eintrat und kurz darauf Mitglied des Deutschen Metallarbeiterverbandes wurde. Im Jahre 1919 zählte er zu den Gründungsmitgliedern der KPD im 1000jährigen sächsischen Eilenburg.

Den einmal beschrittenen Weg setzte Richard Riegel in Essen fort. Er war gerade 24 Jahre alt, als ihn seine Gewerkschaftskollegen zu ihrem Delegierten wählten. In dieser Eigenschaft nahm er 1925 an einem großen Lohnstreik der Straßenbahner teil, in dessen Verlauf er und etwa 40 Streikende gemaßregelt wurden. Eine breite Solidaritätsbewegung erreichte allerdings, daß die Verwaltung später, bis auf drei Betriebsratsmitglieder, alle wieder einstellen mußte. Vier Jahre danach wurde Richard Riegel selbst in den Betriebsrat gewählt.

Zu dieser Zeit besaß die Nationalsozialistische Betriebszellen-Organisation (NSBO) keine Basis bei den Essener Straßenbahnern. Im März 1931 wollten die Nazis aber in den Betriebsrat einziehen. Die NSBO rief zu einer Versammlung in den Saal der im Stadtteil Essen-Holsterhausen gelegenen Gaststätte Buchner. Doch hier erlebten die braunen Marschierer eine arge Enttäuschung. Der Referent der NSBO war ausgeblieben. Auf Vorschlag seiner Kollegen übernahm daraufhin Richard Riegel die Versammlungsleitung und erteilte dem ihm bekannten Antifaschisten Hans Sager das Wort. Im Betrieb sprach man tagelang über die Niederlage des NSBO-Gauleiters Hermann Freytag (Essens späterer NSDAP-Kreisleiter), der hier hatte ursprünglich sprechen wollen.

Das Ergebnis der Betriebsratswahl zeigte deutlich, wie sehr man im Betrieb die kämpferische Auseinandersetzung mit den Nationalsozialisten würdigte. Während die NSBO nicht ein einziges Mandat im elfköpfigen Betriebsrat erringen konnte, erhielten die Kommunisten und Sozialdemokraten, die Freytag und seinem Gefolge entgegengetreten waren, sieben Mandate und damit die absolute Mehrheit. Mit diesen sieben Stimmen wurde bei der Konstituierung des Betriebsrates Richard Riegel zum Vorsitzenden gewählt.

Wenige Monate später allerdings maßregelte die Verwaltung der Essener Straßenbahn den konsequenten Gewerkschafter während eines Streikes gegen die Lohnkürzungs-Notverordnung:

„Wegen Ihrer Aufforderung zum Streik im Bahnhof 6 am 2. ds. Mts. kündigen wir Ihnen Ihr Arbeitsverhältnis mit sofortiger Wirkung.“ Das war ihm am 4. Januar 1932 schriftlich mitgeteilt worden. Nach der Entlassung verlor er niemals den Kontakt zu seinen Kollegen.

Essener Straßenbahner im Widerstand

Als Hauptkassierer für das Ruhrgebiet im Einheitsverband der Gemeinde- und Verkehrsarbeiter erlebte er den 30. Januar 1933 und die turbulenten Wochen danach. „Unser Gewerkschaftsbüro in der Essener Lindenallee 63 haben die Nazis am Tage nach dem Reichstagsbrand Ende Februar 1933 überfallen und zerstört“, begann er, als ich ihn nach Einzelheiten befragte. „Der Verband wurde verboten, doch unsere Arbeit ging weiter. Natürlich illegal, aber wir stekken nicht auf.

Entgegen allen anderen Behauptungen war unser Widerstand keineswegs dilettantisch. Rechtzeitig sicherten wir alle wichtigen Gewerkschaftsunterlagen vor den Übergriffen der Nazis. Die beitragsmäßige Erfassung der Mitglieder wurde ohne Marken bis November 1933 in Essen durchgeführt. Mit Enttäuschung und Verbitterung haben wir im April erleben müssen, wie die Führung des ADGB den Mitgliedern der Organisation empfahl, an den faschistischen Feiern zum Ersten Mai 1933 teilzunehmen. Viele meiner Straßenbahnerkollegen hatten mit mir eine andere Auffassung als der ADGB. Für uns war und blieb der Erste Mai ein Kampftag der Arbeiter zur Durchsetzung ihrer berechtigten Forderungen. Mit den Schwerindustriellen und Finanzgrößen, die dem Faschismus die Macht zugespielt hatten, gab es für uns keine Gemeinsamkeiten. Wir dachten nicht daran, Pseudomaifeiern durch unsere Teilnahme zu füllen, sondern begingen den Kampftag auf unsere Weise. Am Morgen des ersten Maitages flatterte auf dem Straßenbahndepot an der Kruppstraße das Symbol der Arbeiterbewegung, die rote Fahne. Mit vielen Straßenbahnerkollegen ging ich nach Werden und in den Schellenberger Wald. Hier haben wir gefeiert. Illegal zwar, aber immerhin so wie es sich gehörte.“

Am 2. Mai 1933 erfolgte auch in Essen die Gleichschaltung der Gewerkschaften. Schlagartig, morgens um 10 Uhr, besetzten Polizei-, SA- und SS-Einheiten die Gewerkschaftsbüros und nahmen über 30 Sekretäre in „Schutzhaft“. Wie die Straßenbahner und er selbst diesen 2. Mai 1933 erlebt hatten, wollte ich von Richard Riegel wissen:

„Das ist ein besonderes Kapitel“, begann er. „Mit den Verkehrsarbeitern hatten die Gleichschalter ihre liebe Not. Von elf zu wählenden Arbeitervertretern bei den Betriebsratswahlen Anfang April 1933 gehörten nur zwei der NSDAP an. Als dann noch am Morgen des Ersten Mai auf dem Straßenbahndepot an der Kruppstraße die rote Fahne flatterte, antworteten die Nazis mit organisiertem Terror. Noch am Abend wurden zahlreiche Straßenbahner bei der Einfahrt ihrer

Wagen in den Bahnhof Kruppstraße von der SA verhaftet, in einer Baracke an der Wickenburg mißhandelt und später in dem SA-Keller an der Rüttenscheider Straße gefangengehalten. Am Morgen des anderen Tages ging der Terror weiter. SA-Trupps drangen in die Wohnungen antifaschistischer Straßenbahner ein und transportierten nach gründlichen Haussuchungen die Festgenommenen ebenfalls in die Rüttenscheider Straße.

Bei mir stand SA-Sturmführer Stifft morgens um 7.00 Uhr mit gezogener Pistole und einer Horde Gleichgesinnter vor der Tür. Nach Durchsuchung der Wohnung brachte man mich zur Rüttenscheider Straße. Mindestens 15 Kollegen vom Bahnhof Kruppstraße traf ich in dem berüchtigten SA-Keller. Man hatte nach dem Hissen der roten Fahne ähnliche und andere Aktionen der Straßenbahner gegen die Gleichschaltung erwartet, deshalb wurden die Sprecher der Belegschaft festgenommen und erst am späten Nachmittag wieder freigelassen. Doch Terror und Verfolgung konnten den Widerstandswillen der Festgenommenen nicht brechen. Ihrer Funktionen im Betriebsrat oder der Gewerkschaft beraubt, arbeiteten viele illegal weiter. Zwölf Kollegen vom Fahrpersonal wurden im Frühjahr 1934 verhaftet. Zuchthaus und Konzentrationslagerhaft folgten."

Über Einzelheiten seiner illegalen politischen Arbeit berichtete Richard Riegel:

„Bei der Organisierung einer Zusammenkunft in Essen oder anderswo halfen unsere in Arbeit stehenden Kollegen durch tätige Solidarität, obgleich auch ihre Frauen gut haushalten mußten. Dazu zwang sie der niedrige Lohn, den die Männer nach Hause brachten. Von 8,20 Reichsmark pro Schicht war er durch zwei Notverordnungen auf 6,94 Reichsmark pro Schicht gekürzt worden. Trotzdem war das Wort Solidarität für uns alle keine Redensart. Viele Illegale übernachteten bei Verkehrsarbeiterfamilien oder fanden in ihren Wohnungen eine vorläufige Bleibe. Hatten die Nazis einen der Genossen verhaftet, so gaben die noch in Freiheit lebenden von ihrem Wenigen etwas ab und halfen den Angehörigen des Verhafteten. Die illegale Arbeit antifaschistischer Widerstandsgruppen in den Betrieben hat über Jahre hinaus funktioniert.

In meiner Erinnerung ist ganz besonders jene Beratung lebendig geblieben, die wir im Mai 1933 am Moltkeplatz unter freiem Himmel durchgeführt haben. Die Grünanlagen an diesem Platz boten dazu eine günstige Gelegenheit. Um glaubhafter als harmlose Spaziergänger zu erscheinen, brachten viele ihre Frauen mit. Hier und da sah man kleine Grüppchen zusammen stehen und miteinander sprechen. Gesprächsthema war überall der Neubeginn einer illegalen Gewerkschaftsarbeit. Auf dem Wege zum Treffpunkt hatte ich noch ein nicht alltägliches Erlebnis: Mit der Straßenbahnlinie 6 fuhr ich zum Treff. Ich stand vorne beim Fahrer, als am Polizeipräsidium ein mir bekannter Gestapo-Beamter zustieg und mich mit den Worten ansprach: ‚Riegel, sind Sie immer noch hier?' Ich ließ mich aber auf kein Gespräch mit ihm ein. Als er in Essen-Süd umgestiegen war, bat ich meinen früheren Kollegen an der Kurbel, mich während der Fahrt abspringen zu lassen. Dann nahm ich den kürzesten Weg, um den wichtigen Treff am Moltkeplatz wahrzunehmen.

Zu jener Zeit und danach gab es aber auch eindrucksvolle Beispiele der Solidarität. Noch im Jahre 1936 konnten wir unserem im Zuchthaus einsitzenden Kollegen Franz Düsing eine Hilfe von 50 Reichsmark zukommen lassen. Damit verhalfen wir ihm zu einem notwendigen Ersatz der Zähne, die ihm bei brutalen Gestapo-Vernehmungen ausgeschlagen worden waren. So wie die Straßenbahner haben überall und zu jeder Zeit auch andere Arbeiter einen entschlossenen Widerstand geleistet."

„Wir saßen im ‚offenen Käfig'..."

Ende 1933 war Richard Riegel erneut festgenommen worden. Der Schutzhaftbefehl, den Essens neuer Polizeipräsident Zech unterschrieb, trug das Datum vom 25. November 1933: „Auf Grund des § 1 der Verordnung zum Schutze von Volk und Staat vom 28. Februar 1933 habe ich über Sie die Schutzhaft verhängt, weil mit Rücksicht auf Ihre bisherige Betätigung in der kommunistischen Bewegung zu befürchten ist, daß Sie sich auch weiterhin staatsfeindlich verhalten werden."

Ein knappes Jahr später, am 11. Oktober 1934, verkündete dann Oberlandesgerichtsrat Geck, Vorsitzender des III. Strafsenats beim Oberlandesgericht in Hamm, die Urteile in einem Verfahren gegen sieben Essener Gewerkschafter, unter ihnen Richard Riegel. Zu eineinviertel Jahren Gefängnis verurteilt, schlossen sich bis zum 28. Februar 1935 hinter ihm die Gefängnistore. Nach der Verbüßung dieser Strafe stand er unter ständiger Beobachtung der Staatsschützer und erlebte immer wieder ihre Schikanen:

„Unsere Genossen, die viele lange Jahre in den Zuchthäusern und Konzentrationslagern saßen, haben Furchtbares erleiden müssen. Wir, die wieder in ‚Freiheit' lebten, waren gewiß besser dran als sie, aber auch wir hatten im Wohnhaus, im Betrieb, beim Militär unsere Bewacher. Wir saßen in einem ‚offenen Käfig', der täglich wieder zugeschlagen werden konnte. Formell war man frei, aber es war die Freiheit innerhalb des großdeutschen Staatszuchthauses. Immer sah man sich mit dem Regime konfrontiert und mußte Entscheidungen treffen. Gibt man, wie gefordert, etwas bei den Geldsammlungen oder nicht? Hißt man, wie befohlen, die Hakenkreuzfahne oder nicht? Grüßt man, wie erwartet, mit ‚Heil Hitler' oder nicht? Jeder von uns trug unsichtbare Fesseln an den Händen."

In Gestapo-Personalakten wurden bürokratisch genau Notizen der Gestapo und Beurteilungen der NSDAP-Ortsgruppen abgeheftet. Sie lasen sich so oder ähnlich:

Geschäftsstelle der Staatsanwaltschaft
bei dem Oberlandesgericht
in Hamm (Westf.)

gericht

~~Staatsanwaltschaft~~ x —

Geschäftsnummer: O.J. 1024/33.

Kostenrechnung

in der Strafsache gegen Dreiser u.A. wegen Vorbereitung zum Hochverrat

Lfde. Nr.	Gegenstand des Kostenansatzes und Hinweis auf die angewandte Vorschrift	Wert des Gegenstandes RM	Es sind zu zahlen RM	Rpf
1	2	3	4	
1.	Gebühr § 52 DGKG.		100	--
2.	Haftkosten f.d. Zeit vom 4.12.33 bis 28.2.35 - 451 Tage a 1,50 RM =		676	50
3.	1/4 der gemeinschaftlichen Kosten (nebenstehend)		51	26
4.	Rechnungsporto		0	12
	Sa.:		827	88

Etwaige Eingaben sind an die hiesige Gerichtskasse unter Angabe des Kassenzeichens zu richten.

Lfde. Nr.	Gegenstand des Kostenansatzes und Hinweis auf die angewandte Vorschrift	Wert des Gegenstandes RM	Es sind zu zahlen RM	Rpf
1	2	3	4	
	Gemeinschaftliche Kosten.			
1.	Ladungskosten		0	54
2.	Zeugengebühren		8	15
3.	Offizialverteidigergebühren		185	77
4.	Sachverständigengebühren		10	60
	Sa.:		205	06
	Davon zahlen die Verurteilten Mühleib, Riegel, Becker und Kemsies je 1/4 =		51	26
	Die übrigen Verurteilten sind nach den getroffenen Feststellungen zahlungsunfähig.			

Kostenrechnung aus dem Verfahren gegen Richard Riegel, die ihm mit Datum vom 9. November 1938 zugestellt wurde.

„Er spendete mit 10 Pfennig für das Winterhilfswerk."

„An nationalen Feiertagen hißt er keine Fahne."

„Er ist kein Leser der National-Zeitung."

„Einen Antrag auf Wiedererlangung der Wehrwürdigkeit zu stellen, lehnte er ab."

„Im Betrieb verweigert er Überstunden, weil die ihm auferlegten Haftkosten gepfändet werden."

„Dieser Brief flatterte mir im November 1938 ins Haus", erzählte Richard Riegel. Es war eine Kostenrechnung der Gerichtskasse Hamm: „Sie werden ersucht, die untenanstehende berechnete Kostenschuld von 827,88 Reichsmark binnen einer Woche auf eines der oben bezeichneten Konten der Gerichtskasse postgebührenfrei einzuzahlen." Das war zur damaligen Zeit sehr viel Geld. Da es für ihn unmöglich war, binnen einer Woche diesen hohen Betrag zu bezahlen, schritt das Gericht zu Lohnpfändungen, die man erst kurz vor Kriegsbeginn auf „jederzeitigen Widerruf" stundete.

Richard Riegel war nach seiner Entlassung aus dem Gefängnis für längere Zeit unter Polizeiaufsicht gestellt worden. Nachdem die deutsche Waffenschmiede Krupp eine Einstellung des gelernten Drehers abgelehnt hatte, war es ihm zunächst gelungen, bei der Steeler Maschinenfabrik eine Arbeit zu finden. Hier zahlte man ihm einen Anfangslohn von 63 Pfennig für die Arbeitsstunde. Den gültigen Tariflohn von 70 Pfennig erhielt er erst später.

Nach einem Jahr wieder entlassen, fand er für einen Wochenlohn von 8,40 Reichsmark vorübergehend in der Essener Gruga eine Beschäftigung. Im September 1936 stellte ihn dann die Dortmunder „Union" als Dreher ein. Durch fachmännische Arbeit auf ihn aufmerksam geworden, beschäftigte man ihn hier bald mit einem Spitzenlohn von 1,10 Reichsmark in den Rüstungswerkstätten. Das blieb der Gestapo nicht verborgen. Ergebnis: erneute Entlassung. Erst 1937 erhielt er dann im Essener Metallbetrieb Wallram für 70 Pfennige in der Stunde eine neue Arbeitsstelle.

Über den Betriebsalltag eines in „Freiheit" lebenden Antifaschisten erzählte Richard Riegel:

„Unsereins fühlte sich ausgestoßen und als Mensch zweiter Klasse. Der Tagesablauf glich häufig einem Spießrutenlaufen. Wollte man nicht auf der Strecke bleiben oder sinnloses Märtyrertum praktizieren, mußte man manches Mal eine Faust in der Tasche und gute Miene zum bösen Spiel machen. Ich will nur einige Beispiele anführen: So um 1937/38 herum wurde die gesamte Wallram-Belegschaft verpflichtet, anläßlich der Beerdigung des Betriebschefs die Arbeitsfrontmütze zu tragen. Als mir nach anfänglichem Weigern ein bekannter Betriebsingenieur die schlimmen Folgen einer Weigerung vor Augen führte, habe ich die Mütze eine Stunde bei der Beerdigung aufgesetzt. Wie es darunter in meinem Kopf aussah, konnte keiner sehen. Oder nehmen wir die immer wieder stattfindenden Betriebsappelle. Bei einem solchen Appell verweigerten ein Zeuge Jehovas und ich den ‚Deutschen Gruß'. Wir wurden zunächst verwarnt. Einmal auf uns aufmerksam geworden, achteten die Nazigünstlinge des ‚Vertrauensrates' streng über unser Verhalten. Der Zeuge Jehovas wurde fristlos entlassen, als er auch weiterhin den Nazigruß verweigerte. Wegen meiner nazigegnerischen Auffassungen erhielt ich im Betrieb zwei Verwarnungen und eine Geldstrafe von 10 Reichsmark.

Als im neuen Wallram-Betrieb in Essen Süd gegen 1939 erstmalig Akkorde eingeführt wurden und ein neuer Scharfmacher, ein eifriger Nazikalkulator, die Akkordzeiten beschneiden wollte, sagte ich mir als alter Gewerkschafter: ‚Du kannst am besten an deiner Drehbank gegen die Nazimethoden kämpfen.' Wenn es im Betrieb darum ging, höhere Akkordsätze durchzusetzen, habe ich beispielgebend, verbissen und erfolgreich für höhere Akkordlöhne gekämpft. Das fand bei meinen Kollegen lebhafte Zustimmung."

Im August 1942 wurde Richard Riegel von dem Leiter einer Militärkommission im Betrieb aufgefordert, einen Antrag auf Wehrwürdigkeit zu stellen. Dieses Ansinnen wies er mit dem Hinweis zurück, die Wehrwürdigkeit sei ihm von Amts wegen abgesprochen worden. Nach etwa sechs Wochen allerdings mußte er seinen „Ausschließungsschein" abgeben und wurde aufgefordert, sich am 16. Oktober 1942 zu stellen. „Es muß ein Irrtum sein, Sie sitzen im falschen Zug", meinte der Transportfeldwebel, denn alle anderen im Zug gehörten dem Jahrgang 1924 an.

Nach der Ausbildung bei den Sturmpionieren in Modlin/Weichsel als „Pionier untauglich" geschrieben, kam er im Januar 1943 als „Arbeitssoldat" zum Heereszeugamt nach Königsberg. Einen sofortigen Arbeitseinsatz zurück nach Wallram hatten die überwachenden Instanzen verhindert. Erst im Juli 1944 wurde ein „Arbeitsurlaub" nach Essen Wirklichkeit. Bei der Firma Wallram nahm er seine alte Beschäftigung wieder auf.

Frauen und Männer des antifaschistischen Widerstandes, Pioniere beim Wiederaufbau in Essen

Hier erlebte Richard Riegel auch das Ende der faschistischen Ära. Jene, die vor dem Ende das Sagen hatten, wollten nach ihrem Abgang nur Scherben und Trümmer zurücklassen. Darum befahlen sie eine „Lähmungsaktion" der Betriebe und verstanden darunter die planmäßige Zerstörung der Produktionsmaschinen. Wenn ihnen das im Betrieb Wallram nicht gelang, dann dank des Einsatzes solcher Arbeiter wie Richard Riegel, die jede sinnlose Zerstörung erfolgreich sabotierten. Auf diese Weise blieben, trotz der Verluste durch Bombenangriffe, große Werte für die Nachkriegswirtschaft erhalten.

Anschaulich schilderte Richard Riegel auch die Ereignisse nach der Besetzung Essens durch amerikanische Truppen:

„Nach dem großen Bombenangriff am 11. März 1945 kam die Produktion vieler Betriebe ins Stocken. Auch in unserem Betrieb schickte man Ende März den größten Teil der Belegschaft nach Hause. Mit meiner Frau lebte ich in einem primitiven Bunker, denn meine Bleibe war ein Opfer der Bomben geworden. Erst nachdem amerikanische Truppen am 11. April 1945 in Essen einmarschiert waren, konnte ich mir ein Zuhause suchen. Danach fand ich die Zeit, mir mit meinen Genossen und Gewerkschaftskollegen Gedanken über das zu machen, was uns erwartete. Die Hände in den Schoß legen wollten wir nicht, sondern unsere Zukunft mitgestalten. Das war schließlich auch der Sinn unseres Widerstandes gewesen. Gleich in den Tagen nach dem 11. April 1945 habe ich meinen Straßenbahnerkollegen geholfen, in ihren einzelnen Depots Betriebsausschüsse zu bilden.

Am Morgen des 20. April 1945 ging ich, zum Handeln entschlossen, in meinen Betrieb Wallram an die Arbeit. Noch war der Krieg in Europa nicht zu Ende. Im Betrieb angekommen, beauftragte ich einen Lehrling, allen anwesenden Arbeitskollegen zu sagen, daß um 8.00 Uhr eine Belegschaftsversammlung stattfinden würde. ‚Was ist denn eine Belegschaftsversammlung?' fragte der Lehrling und sah mich dabei verständnislos an. ‚Gleich wirst du es erfahren, denn du bist auch eingeladen', antwortete ich. Ein großer Teil der Arbeiter und Angestellten war evakuiert worden, so daß an dieser ersten Versammlung nur 80 bis 100 Kollegen teilnahmen. Kurz und präzise erklärte ich ihnen meine Vorstellungen zur Überwindung der chaotischen Zustände. Mein Vorschlag, einen fünfköpfigen Betriebsausschuß zu wählen, wurde sofort realisiert. Mich wählten die Arbeitskollegen zum Betriebsausschußvorsitzenden. In der gleichen Versammlung haben wir dann den Nazibetriebsleiter abgesetzt und als Vorarbeiter eingestuft. Seine Funktion übernahm ein von uns gewählter Meister. Für ihn sprach sein Verhalten in der Vergangenheit.

Der gewählte Betriebsausschuß begann sofort damit, die Beschlüsse der Belegschaftsversammlung durchzuführen. Jeden weiteren Versuch einer ‚Lähmungsaktion' der Maschinen haben wir verhindert. Alle noch vorhandenen Lebensmittelvorräte wurden kontrolliert und die Werksküche behelfsmäßig weitergeführt. Da noch Bleche und anderes Material vorhanden waren, bildeten wir zwei Baukolonnen. Sie begannen damit, den Betrieb und die Wohnungen der Werksangehörigen wieder instand zu setzen. Mit der Werksleitung wurde vereinbart, die bisher gezahlten durchschnittlichen Akkordlöhne weiterzuzahlen. Im Juni 1945 hat der Werksbesitzer, Heinrich Meutsche, dann öffentlich die Bildung des Betriebsausschusses begrüßt.

Beim Aufbau einer Betriebsgewerkschaftsgruppe gab es allerdings unerwartete Schwierigkeiten durch die Besatzungsmacht. Erst einige Monate nach Bil-

Freier Deutscher Gewerkschaftsbund
Ortsausschuss Essen
Kapuzinergasse 8, V.Stock
Telef.Nr. 4561

Essen, den 15. Mai 1946

B e s c h e i n i g u n g

Es wird hiermit bescheinigt, dass Herr Richard R i e g e l, Angestell-
ter des Gewerkschaftsausschusses in Essen ist und somit berechtigt ist,
mit den Betriebssprechern Verhandlungen zu pflegen.

Freier Deutscher Gewerkschaftsbund
Ortsausschuss Essen

Bescheinigung des FDGB, Ortsausschuß Essen, vom 15. Mai 1946 für Richard Riegel, den Gewerkschaftler in der Stunde Null.

dung der britischen Besatzungszone erhielten die Betriebsausschußvorsitzenden von Krupp und Wallram die Genehmigung zur Gründung von Betriebsgewerkschaftsgruppen.

Noch gut erinnere ich mich an die Gründungsversammlung bei Wallram. In meinen einleitenden Worten versuchte ich den Kollegen zu erklären, daß die kommenden Aufgaben nur mit einer einheitlichen Gewerkschaftsbewegung verwirklicht werden könnten. Als unsere vordringlichste Arbeit bezeichnete ich die Sicherung von Ernährung und Wohnraum, die Lieferung von Brot, Kartoffeln, Heizmaterial und forderte Kontrollfunktionen für die Gewerkschaften. Meine kurzen Ausführungen schlossen mit dem Appell, das Trennende und die Hemmnisse der Vergangenheit beseite zu schieben. Dann sprach ich die Erwartung aus, daß die heutige Bildung einer Einheitsbetriebsgewerkschaft ziel- und zukunftweisend für ein besseres Leben unseres Volkes sein möge. Was ich gesagt hatte, fand den Beifall all derer, die mit mir die neue Gewerkschaft aus der Taufe hoben.

Erst im März 1946 gab die Besatzungsmacht ihre Zustimmung zur Gründung örtlicher Gewerkschaften. Bis dahin haben wir uns unerlaubt darauf vorbereitet. Schon im Juli 1945 waren Vertreter der Essener Metallbetriebe zusammengekommen und besprachen den gewerkschaftlichen Neubeginn. Um die Gewerkschaftsarbeit in allen Betrieben zu entwickeln, konstituierte sich im September 1945 in Essen ein Sechserausschuß für Gewerkschaftsangelegenheiten. Von der Besatzungsmacht genehmigt, wurde er von Delegierten der Betriebsgewerkschaften gewählt. Die Tatsache, daß zwei christliche Kollegen, zwei Sozialdemokraten und zwei Kommunisten dem Ausschuß angehörten, dokumentierte unser aller Wille, eine Gewerkschaftsspaltung von vornherein zu verhindern. Heinrich Strunk und Fritz Horstmann vertraten in ihm die christliche Richtung, Hermann Klewer und Artur Fritsch waren Sozialdemokraten. Josef Neuroth und ich Kommunisten.

Am 7. April 1946 kam es dann in der Bredeneyer Krone zur Gründungsversammlung der Industriegewerkschaft Metall für das Stadtgebiet Essen. Heinrich Strunk vom Gewerkschafts-Sechserausschuß eröffnete die Tagung, begrüßte die Delegierten und als Gäste Oberbürgermeister Heinz Renner, den Kollegen Hans Böckler aus Köln, einige Gewerkschaftsveteranen und Vertreter der politischen Parteien.

Beim Wiederaufbau der Verwaltung und der Wirtschaft müsse den Gewerkschaften ein solches Mitbestimmungsrecht eingeräumt werden, das auch ein Entscheidungsrecht über die Gestaltung der Produktion und die Verteilung des Gewinnes sichere, meinte Oberbürgermeister Heinz Renner in seiner Begrüßungsrede. Unter dem Beifall der Essener Metallarbeiter forderte er die Einschaltung der Gewerkschaften als Kontrollorgan bei der Verteilung der Lebensmittel und endete mit der Aufforderung an alle, die Einheit der Gewerkschaften als eine zwingende Notwendigkeit anzuerkennen.

Auch die Worte des späteren DGB-Vorsitzenden in der Bundesrepublik, Hans Böckler, habe ich bis heute nicht vergessen. Er sprach – wie im Gründungsprotokoll nachzulesen ist – von geistiger Erneuerung, denn viele Herzen und Hirne seien vergiftet worden. Jetzt gelte es, alle Kraft für den friedlichen Wiederaufbau einzusetzen. Was zu tun sei, könne der einzelne nicht schaffen. Dazu brauche man eine Organisation. Die könne aber keine andere sein als die Gewerkschaft, und die wiederum müsse eine Einheitsgewerkschaft sein. Sie umfasse nicht nur alle politischen Richtungen, sondern auch alle Berufsgruppen, alle Arbeiter, Angestellten und Beamten.

Eine Planung der Wirtschaft dürfe man nicht jenen überlassen, die unser Unglück mitverschuldet hätten. Das Großkapital, die Militaristen und die Großgrundbesitzer seien Hitlers Steigbügelhalter gewesen. Darum müsse man diesen Leuten ihre alten Machtpositionen ein für allemal nehmen. Die Gewerkschaften seien berufen, als erste Hand anzulegen am Neuaufbau. Das große Werk sei aber nur in absoluter Einigkeit zu schaffen.

In der ‚Bredeneyer Krone' wurde von den Delegierten aus den Betrieben der Kollege Hermann Klewer zum ersten und ich zum zweiten Bevollmächtigten der Essener Ortsverwaltung gewählt. Nach erfolgter Wahl sprach auch ich das aus, was mich damals bewegte:

Jahrzehnte sind seitdem vergangen, aber die Grundgedanken meiner Ausführungen habe ich bis heute nicht vergessen. Die Gewerkschaften müßten in Zukunft kämpferische, gewerkschaftliche Aktivität entfalten, sagte ich einleitend und machte dann deutlich, daß die Ruhrinudstriellen in der Vergangenheit immer bemüht gewesen seien, die Arbeiterrechte zu beschneiden. Es wäre darum ein Trugschluß, wollte man heute glauben, sie würden von dieser Absicht in Zukunft lassen. Um die Interessen der Schaffenden wahrzunehmen, müsse man die gewerkschaftliche Kraft einheitlich und geschlossen einsetzen. Die politische und wirtschaftliche Demokratie sei ohne Mitbestimmungsrecht der Gewerkschaften von vornherein zur Unfähigkeit verurteilt.

Hans Böckler und ich ernteten damals den Beifall der Kollegen und alle anderen auch, die ähnliches aussprachen. Kurze Zeit später wurde Hermann Klewer der Bezirksleiter unserer Organisation und ich an seiner Stelle Bevollmächtigter der Essener IG-Metall-Ortsverwaltung. Seit dieser Zeit ist viel Wasser die Ruhr heruntergeflossen."

Gleichlaufend mit der gewerkschaftlichen Aktivität engagierte sich der Essener Metallarbeiter Richard Riegel auch auf anderen Ebenen des friedlichen Wiederaufbauwerkes. Er wurde ein Glied in der Kette zahlreicher anderer Antifaschisten, den Schlüsselfiguren der ersten Stunde. Das Chaos des Krieges zu überwinden; einen maximalen Lebensstandard zu garantieren, die absolute betriebliche Mitbestimmung zu sichern; den Rüstungskonzernen für immer die Macht zu entreißen; der Friedensindustrie alle Hindernisse aus dem Wege zu räumen; die Gewerkschaften nicht als Sozialpartner zwischen Kapital und Arbeit zu betrachten; in ihnen künftig den Träger der Sozial- und Wirtschaftspolitik zu sehen; stets und ständig die Einheit der Gewerkschaften auf der Grundlage dieser erstrebenswerten Ziele zu verteidigen: das waren für ihn und andere Gewerkschafter Arbeitsinhalt und Aufgabe.

Richard Riegel schonte sich nicht. Als Mitglied des Essener Gewerkschaftsausschusses führte er zahlreiche Beratungen mit den Betriebssprechern. Im Kampf gegen den Hunger stand er in vorderster Front.

Schon einige Tage bevor die Krupp-Belegschaft am 3. Februar 1947 eine Hungerdemonstration zum Glückaufhaus, dem Sitz der Militärregierung in Essen, durchführte, fuhr er mit Oberbürgermeister Dr. Dr. Gustav Heinemann nach Düsseldorf, um beim britischen Militärgouverneur Asbury eine bessere Brotversorgung für die Bevölkerung der Stadt zu fordern.

Der DGB entsandte ihn als Verbrauchervertreter für den Bezirk Nordrhein-Westfalen in den vom Minister für Ernährung, Landwirtschaft und Forsten berufenen Beirat des Landesernährungsamtes. In dieser Eigenschaft beschlagnahmte er mit dem Essener Ernährungsamt und Vertretern des Krupp-Betriebsrates die rückständige Kartoffellieferung der Ernte 1948 im Kreise Höxter.

Im Verlaufe meiner Unterredung mit Richard Riegel erfuhr ich noch so manches, mit dem zu beweisen ist, daß die Frauen und Männer des antifaschistischen Widerstandes zugleich Pioniere des Wiederaufbaus nach dem Zweiten Weltkrieg waren.

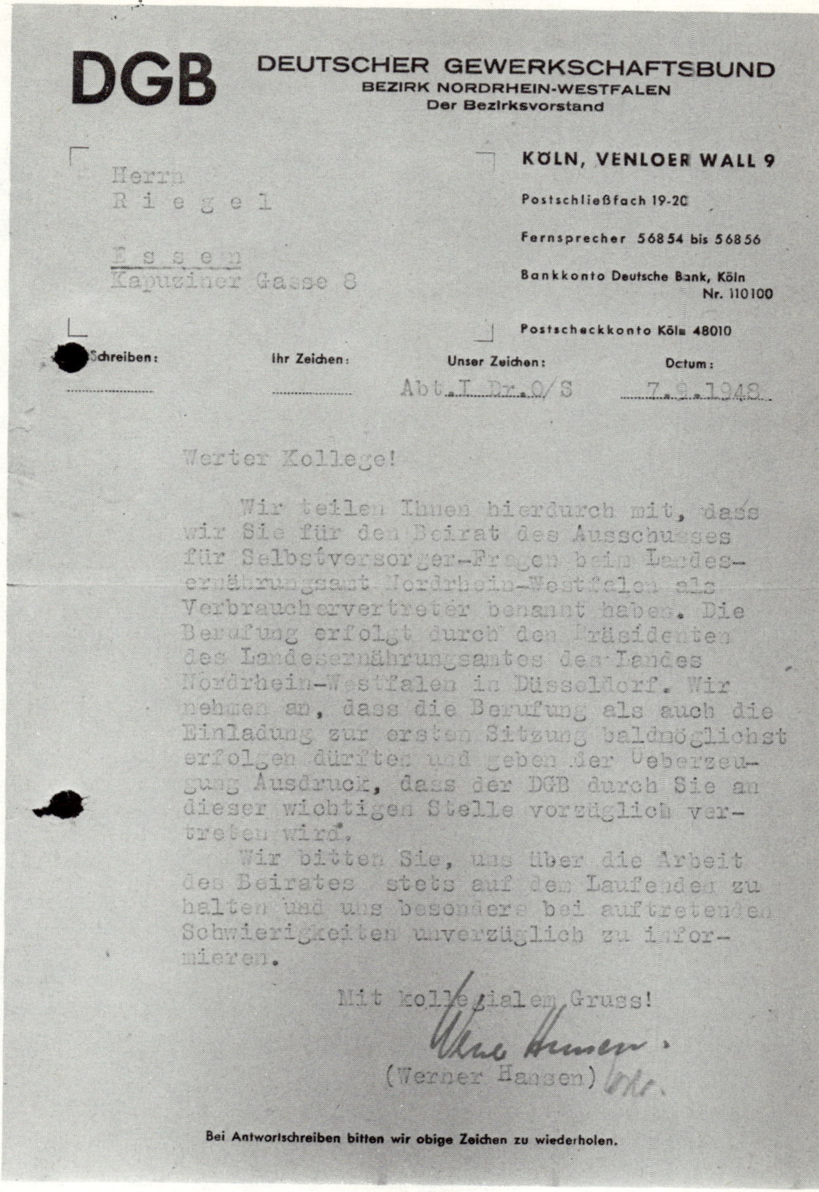

DGB DEUTSCHER GEWERKSCHAFTSBUND
BEZIRK NORDRHEIN-WESTFALEN
Der Bezirksvorstand

KÖLN, VENLOER WALL 9

Postschließfach 19-20

Fernsprecher 56854 bis 56856

Bankkonto Deutsche Bank, Köln
Nr. 110100

Postscheckkonto Köln 48010

Herrn
R i e g e l

E s s e n
Kapuziner Gasse 8

Schreiben:	Ihr Zeichen:	Unser Zeichen:	Datum:
		Abt. I Dr. O/S	7.9.1948

Werter Kollege!

Wir teilen Ihnen hierdurch mit, dass wir Sie für den Beirat des Ausschusses für Selbstversorger-Fragen beim Landesernährungsamt Nordrhein-Westfalen als Verbrauchervertreter benannt haben. Die Berufung erfolgt durch den Präsidenten des Landesernährungsamtes des Landes Nordrhein-Westfalen in Düsseldorf. Wir nehmen an, dass die Berufung als auch die Einladung zur ersten Sitzung baldmöglichst erfolgen dürften und geben der Ueberzeugung Ausdruck, dass der DGB durch Sie an dieser wichtigen Stelle vorzüglich vertreten wird.

Wir bitten Sie, uns über die Arbeit des Beirates stets auf dem Laufenden zu halten und uns besonders bei auftretenden Schwierigkeiten unverzüglich zu informieren.

Mit kollegialem Gruss!

Werner Hansen

(Werner Hansen)

Bei Antwortschreiben bitten wir obige Zeichen zu wiederholen.

Der DGB, Bezirk Nordrhein-Westfalen, benennt im Herbst 1948 Richard Riegel für den Ausschuß für Selbstversorgerfragen beim Landesernährungsamt.

NS-Verbrechen vor dem Richter

Einige Nachkriegsurteile im Spiegel Essener Zeitungen

„NRZ", 2. Juli 1947:
Mißhandlungen im SA-Heim vor Gericht

„Vor der 3. Essener Strafkammer hatten sich die praktischen Ärzte Dr. Rolf Schultebrauks und Dr. Heinz Heiner, beide aus Essen-West, wegen gewisser Vorgänge zu verantworten, die sich 1933 im SA-Heim an der Wickenburg in Frohnhausen zugetragen haben...

Der Vorsitzende hatte zu Beginn der zweitätigen Gerichtsverhandlung klargestellt, daß es sich nicht um ein Verfahren gegen den Ärztestand oder Ärzte schlechthin handele. Es wäre ein Zufall, daß die Angeklagten Ärzte seien... Die Verhandlung ergab eindeutig die Schuld, insbesondere des Angeklagten Heiner, der der Freiheitsberaubung in zwei Fällen und der gefährlichen Körperverletzung in drei Fällen für schuldig befunden wurde. Gegen ihn lautete das Urteil auf drei Jahre sechs Monate Gefängnis.

Heiner, der als SA-Anwärter seinerzeit den für die Wickenburg zuständigen SA-Sturm betreute, scheint in dieser ‚Peitschenburg', wie der Volksmund das Heim nannte, zu Hause gewesen zu sein. Die Mißhandlungen kamen seiner rohen und brutalen Natur sehr zu statten. Schultebrauks wurde in je einem Fall der Freiheitsberaubung und gefährlicher Körperverletzung überführt und zu einem Jahr drei Monaten Gefängnis verurteilt...

Die Mißhandlungen durch Schläge mit Peitschen und Stöcken wurden so brutal ausgeführt, daß der Vorsitzende in seiner Urteilsbegründung meinte, man könnte die Behauptungen über die Art der Mißhandlungen für übertrieben halten, wenn nicht durch die Verhandlung volle Klarheit über die Grausamkeit geschaffen worden wäre..."

„NRZ" 26. Juli 1947:
„Meineidig und total verroht. SA-Truppführer H. Sträter ein Verbrecher gegen die Menschlichkeit.

...Sträter, der ehemalige SA-Sturmführer Rudolf Reiling und der SA-Truppführer Georg Rübel mißhandelten im Frühjahr 1933 in der Frintroper Ziegelei linksstehende Gegner des Naziregimes aus Borbeck, Frintrop, Schönebeck und Dellwig aufs Grausamste.

Auf schwarzen Listen waren durch Spitzel und Denunziationen diejenigen verzeichnet, die als Staatsfeinde galten und einer dementsprechenden ‚Vernehmung' durch die SA unterzogen werden sollten. Die Schläge begannen bereits bei den meist nachts vorgenommenen Verhaftungen in der Wohnung und wurden in der Ziegelei mit Stahlruten und Hundepeitschen fortgesetzt. Die Nacht verbrachten die Mißhandelten in einem drei Meter unter der Erde liegenden Rauchfang zwischen dem Kamin und dem Ofen in stärkster Zugluft. Am anderen Tage wiederholten sich die Schläge, bis man schließlich die grün und blau zugerichteten Opfer entlassen mußte, nicht ohne sie vorher eine schriftliche Bestätigung über die gute Behandlung ausstellen zu lassen...

Die Essener Strafkammer fällte folgendes Urteil: Gegen Sträter drei Jahre sechs Monate Gefängnis, gegen Rübel zwei Jahre neun Monate Gefängnis (das Verfahren, soweit es sich um Meineid handelte, wurde abgetrennt), gegen Reiling ein Jahr fünf Monate Gefängnis."

„NRZ" 20. Oktober 1948:

„Das Geschrei ließ sie nicht schlafen. Zeugen berichten über den ‚Blutkeller' auf ‚Herkules'.

In der zweiten Woche seiner Tätigkeit befaßte sich das Essener Schwurgericht mit Prozessen von Verbrechen gegen die Menschlichkeit. Besonders die Verhandlungen gegen den ehemaligen SS-Untersturmführer Paul Bilecki aus Frillendorf deckten wieder einmal die ganze Brutalität der Machthaber aus dem Jahre 1933 auf...

Ein Zeuge berichtete davon, daß sich einmal die Einwohner der Herkulesstraße schriftlich beschwert hätten, daß sie nachts wegen des Geschreis der Geschlagenen nicht schlafen könnten. In dem ‚Blutkeller' auf ‚Herkules' seien stets etwa 40 Männer aller politischen Richtungen inhaftiert gewesen, von denen mindestens die Hälfte durch Mißhandlungen schwer verletzt wurden...

Das Schwurgericht überführte Bilecki, der seit 1927 der NSDAP und der SA (Ehrenzeichenträger) und seit 1931 der SS angehörte, des Verbrechens gegen die Menschlichkeit und verurteilte ihn zu fünf Monaten Gefängnis."

„NRZ" 11. Dezember 1948:

„SA tobte im Volkshaus Kray. Obersturmführer zu 9 Monaten Gefängnis verurteilt.

Als in den Monaten März bis Mai nach der ‚Machtübernahme' 1933 die Verfolgungsaktionen der Nationalsozialisten gegen ihre politischen Gegner der SPD und KPD begannen, wurde im Stadtteil Kray das Volkshaus zur Folterstätte für die Opfer. Der in Essen bekanntgewordene SA-Standartenführer Schulz und SA-Sturmbannführer Hülsmann ordneten beliebig Verhaftungen an, wozu ihnen im Ortsteil Kray der zuständige SA-Obersturmführer Mathias Minke als willfähriges Werkzeug diente. Minke mußte sich nun zusammen mit dem damaligen SA-Truppenführer Wegner vor dem Schwurgericht in Essen verantworten...

Die damaligen Mißhandlungen mit Fäusten und Gummischläuchen, die Stiefeltritte, die ‚Kaltwasserkuren' zur Auffrischung der Lebensgeister nach den verabreichten Prügeln, die verlorenen Zähne und die Kieferbrüche, alles das war den Zeugen auch heute noch nach 15 und mehr Jahren lebhaft im Gedächtnis haften geblieben...

Aufgrund der eidlichen Aussagen der damaligen Opfer und heutigen Zeugen verurteilte das Schwurgericht Mathias Minke wegen Verbrechens gegen die Menschlichkeit in mehreren Fällen zu neun Monaten und den Mitangeklagten Wegner wegen eines Falles zu zwei Monaten Gefängnis."

„WVE" 25. November 1947:

„6 Jahre Zuchthaus für Gestapo-Bigga. Verbrechen gegen die Menschlichkeit in 12 Fällen.

Gestapo-Vernehmungsmethoden fanden nach 13 Jahren ihre verdiente Strafe.

Faustschläge ins Gesicht, daß Zähne und Gebisse zerstört wurden; Hiebe mit dem Ochsenziemer, daß der Geschlagene bewußtlos zusammenbrach; Tritte ins Kreuz, Kopfstöße gegen die Wand, das ist eine kleine Auslese der Praktiken, die Bigga (und mit ihm natürlich alle Angehörigen der Gestapo überhaupt, von denen der Leiter der Herkules-Kaserne, SS-Sturmführer Schweim und die Beamten Vaupel, Aurich, Weber, Ohligschläger, Steinbach, Heiter, Terforth, Hassel und Beier immer wieder genannt wurden) seinen Opfern gegenüber anwandte, um Geständnisse und Aussagen zu erpressen...

Wegen Verbrechen gegen die Menschlichkeit in 12 Fällen, Aussageerpressung, Körperverletzung im Amt und gefährlicher Körperverletzung verurteilte die Strafkammer den Gestapobeamten Bigga zu sechs Jahren Zuchthaus und fünf Jahren Ehrverlust. Der Staatsanwalt hatte acht Jahre Zuchthaus beantragt..."

„NRZ" 24. Juli 1948:

„Drei Jahre Zuchthaus für Gestapo-Schröder.

...Mit Ohrfeigen und Faustschlägen ins Gesicht begannen die Vernehmungen. Tritte und Schläge mit Ochsenziemern und Gummiknüppeln bildeten die Steigerung. Schließlich fielen gleich mehrere SS-Leute über das Opfer her, bis der Mißhandelte blutüberströmt und bewußtlos in seine Zelle geschafft werden mußte...

Die 3. Essener Strafkammer verurteilte Ernst Schröder wegen Verbrechens gegen die Menschlichkeit in Tateinheit mit Körperverletzung im Amte und Aussageerpressung in acht Fällen zu drei Jahren Zuchthaus und fünf Jahren Ehrverlust."

„NRZ" 21. Mai 1949:

„Gestapo-Vaupel erhielt Zuchthausstrafe.

...Die tagelange eingehende Beweisaufnahme zeichnete ein grausiges Bild unmenschlicher Vernehmungsmethoden und Mißhandlungen in der Nazizeit durch SS-Büttel, die wahl- und ziellos mit Fäusten, Stöcken, Ochsenziemern und dergleichen auf die Polizeihäftlinge einschlugen, um ihnen genehme Aussagen zu erpressen...

Das Schwurgericht verurteilte den Angeklagten wegen Verbrechens gegen die Menschlichkeit und wegen Aussageerpressung in Tateinheit mit Körperverletzung im Amt und schwerer Körperverletzung und Beihilfe in 13 Fällen zu einer Gesamtzuchthausstrafe von fünf Jahren und drei Jahren Ehrverlust..."

„NRZ" 29. Juni 1949:

„Mein Name ist Hase, ich weiß von nichts... Kreisleiter Freytag vor dem Entnazifizierungsausschuß.

Es hat ein wenig gedauert, ehe die Bevölkerung davon Kenntnis nehmen konnte, daß der ehemalige Kreisleiter und Hoheitsträger von Essen und nachmalige Oberbürgermeister der Stadt Duisburg, Hermann Freytag, den Krieg und auch die Nachkriegsjahre im Lipper Ländchen und in der Lüneburger Heide überstanden hat. Erst der Tag der Währungsreform machte aus dem unbekannten Pferdeknecht wieder den Diplom-Volkswirt Hermann Freytag.

Nun in bürgerlichem Gewande, hatte er dem Essener Hauptausschuß Rede und Antwort zu stehen. Seine politische Vergangenheit führte über das Freikorps, den Lippischen Landesschutz, die Strasser-Bewegung und Jungdo 1930 zur NSDAP. Zwei Jahre später Avancement zum Kreisleiter von Essen. Der Oberbürgermeistertausch am 30. April 1937 – Dillgardt wechselte nach Essen, Kreisleiter Freytag wurde sein Nachfolger – kam den Duisburgern wenig gelegen...

Am 26. Mai 1933 bereits wurde die Essener Stadtverordnetenversammlung nach einer ‚Brandrede' Freytags gesprengt und die SPD-Fraktion aus dem Sitzungssaal geprügelt... Stadtrat Verspohl kam seinerzeit in Schutzhaft, weil er Anfang 1933 die schwarz-rot-goldene Fahne gehißt hatte. Um ‚Unfug zu verhüten' wurden drei Wagen der Firma Blum (heute Textilhaus Loosen, d. V.) ‚sichergestellt'. Einen davon nahm Freytag in Benutzung. Anfang Februar 1933 erschien Freytag mit Anhang auf dem Schlacht- und Viehhof, um den ‚Numerus clausus' einzuführen. In einer scharfen Rede wurden die Metzger aufgefordert, Geldschulden an Juden nicht mehr zu bezahlen, was dann auch geschah. ‚Der Sekt floß vorher und nachher in Strömen', sagten die Zeugen...

Die Spruchkammer stufte Freytag als Belasteten in die Gruppe III D (Ausschluß von der Wahlrechtsausübung, Verbot der Bekleidung öffentlicher Ämter, Berufs- und Wohnsitzbeschränkungen und Vermögenssperre) ein. Die Kosten des Verfahrens, mit 200 DM beziffert, wurden ihm auferlegt."

„NRZ" 20. Juli 1950:

„Freytag erhielt 15 Monate Gefängnis. Ehemaliger Kreisleiter für schuldig befunden – Mildernde Umstände.

Das Schwurgericht verurteilte den früheren Essener Kreisleiter und späteren Oberbürgermeister der Stadt Duisburg, Hermann Freytag, wegen Verbrechens gegen die

Menschlichkeit in Tateinheit mit Freiheitsberaubung im Amt und gefährlicher Körperverletzung zu einem Jahr und drei Monaten Gefängnis..."

„NRZ" 20. Januar 1953:

„Ex-Kreisleiter wurde milder bestraft. Revisionsverhandlung gegen Freytag in Essen.

Wegen einfacher Freiheitsberaubung, schwerer Freiheitsberaubung, schwerer Freiheitsberaubung im Amt in Tateinheit mit gefährlicher Körperverletzung sowie eines weiteren Falles gefährlicher Körperverletzung verurteilte die II. Essener Große Strafkammer in einer Revisionsverhandlung unter dem Vorsitz von Landgerichtsrat Dr. Zimmermann jetzt den ehemaligen Kreisleiter von Essen und späteren Duisburger Oberbürgermeister Freytag zu einer Gefängnisstrafe von einem Jahr. Freytag hatte gegen das Urteil des Essener Schwurgerichts, das ihn am 19. Juli 1950 wegen der gleichen Delikte zu einer Gefängnisstrafe von einem Jahr und drei Monaten verurteilte, Revision eingelegt..."

„NRZ" 5. August 1950:

„306 Ausschüsse ‚röntgen' 70000 Pgs. Entnazifizierungs-Archiv wurde nach Düsseldorf verlegt – Spruchkammermitglieder wieder Verfolgte?

In den 15 Räumen des Hochtiefhauses, in denen bis Ende 1949 der Entnazifizierungs-Hauptausschuß öffentlich tagte, arbeiten seit geraumer Zeit wieder Angestellte und Beamte des RWE... 306 Unter- und Sonderausschüsse hatten in den letzten Jahren insgesamt 70000 Essener Pgs politisch ‚durchröntgt' und ihre Fragebogen bearbeitet... Die Mehrzahl der je fünf bis acht Mann starken 306 Entnazifizierungs-Unterausschüsse unserer Stadt ist inzwischen wieder an ihren alten Arbeitsplatz zurückgekehrt. Einige aber, darunter Persönlichkeiten, die während des ‚Dritten Reiches' ihrer politischen Überzeugung wegen zu langjährigen Freiheitsstrafen verurteilt worden waren, stießen nach Abschluß ihrer Ausschußtätigkeit auf Schwierigkeiten und konnten ihren 1945 notwendigerweise aufgegebenen Beruf nicht wiederaufnehmen.

So war zum Beispiel der frühere Prokurist eines Kaufhauses, der nur mit Widerwillen aufgenommen wurde und u. a. wesentliche Gehaltskürzungen in Kauf nehmen sollte, gezwungen, seine Position aufzugeben und sich nach einer anderen Tätigkeit umzuschauen... Ähnlich erging es einer Reihe anderer Ausschußmitglieder, die sich bereits heute wieder als ‚politisch Verfolgte' fühlen...

Bis April 1949 wurden in Essen insgesamt 30104 Entlastungszeugnisse ausgestellt und den Betroffenen zugeleitet. 857 Pgs wurden in die Kategorie III, 5295 in die Kategorie IV und 17390 in die Kategorie V eingereiht. Die Überprüfung ehemaliger Parteimitglieder und ihre Kategorisierung begann aber erst, wenn die Betroffenen noch ‚Stellen von Bedeutung' innehatten. Bei der Stadtverwaltung wurden erst die Stellen vom Inspektor an aufwärts als ‚bedeutend' angesehen und entsprechend überprüft...

Offen stehen noch die Ausschreitungen in der Herkules-Wache und der Synagogenbrand...

Damit hätte dann Essen unter das heftig diskutierte Kapitel der Entnazifizierung endgültig den Schlußstrich gezogen."

Totenliste

Versuch einer Liste der Toten des Essener Widerstandes

Eine Liste der Essener Opfer des Widerstandes gegen das NS-Regime aufzustellen, war keineswegs einfach. Einerseits waren nach der Zerschlagung des Faschismus 34 Jahre vergangen, andererseits galt es bestimmte Gesichtspunkte zu berücksichtigen.

Erfaßt wurden alle Essener Opfer des Faschismus und jene, deren antifaschistische Widerstandstätigkeit nachhaltig in Essen wirksam wurde. Das gilt auch für jene, die bei der Verteidigung der spanischen Republik als Angehörige der Internationalen Brigaden im Kampf gegen den Faschismus gefallen sind.

Die während des Zweiten Weltkrieges aufgestellten Strafbataillone 999, Dirlewanger u. a. waren zwar militärische Einheiten, wurden aber aus den Gefängnissen, Zuchthäusern und Konzentrationslagern rekrutiert und an besonders gefährlichen Abschnitten verheizt. Darum rechnen ihre Toten auch zu den Opfern, die hier genannt werden müssen.

Nach dem „Gesetz über die Erhaltung der Gräber der Opfer von Krieg und Gewaltherrschaft" vom 1. Juli 1965 gibt es auf den Essener Friedhöfen 93 Gräber von Personen, die als Opfer nationalsozialistischer Gewaltmaßnahmen gelten. Nur einige davon konnten als Essener ermittelt werden. Bestimmt sind noch mehr unter ihnen. So gesehen ist die Zahl der umgekommenen Widerstandskämpfer höher als hier aufgeführt.

Die in der Liste angeführte Parteizugehörigkeit soll lediglich deutlich machen, welche Motive die Bürger unserer Stadt zum aktiven Widerstand veranlaßten.

Sie alle starben für die Demokratie, für den Frieden, für die Völkerverständigung.

Adameit, Karl	15. 10. 05	Bergmann	KPD	KZ	– – 44
Aranowski, Johann	4. 1. 96	Bergmann	Pole	KZ	29. 3. 40
Bauernfeind, Josef	– – –	Händler	KPD	SA-Heim	9. 8. 33
Baumert, Karl	7. 8. 92	Schlosser	SPD	hingerichtet	2. 5. 44
Becker, Bernhard	30. 11. 92	Schlosser	KPD	Esterwegen	– – 38
Beckers, Ferdinand	27. 5. 81	Arbeiter	KPD	Freitod	30. 10. 34
Beier, Karl	2. 6. 89	Bergmann	KPD	Gefängnis	6. 5. 37
Bekes, Heinrich	4. 9. 86	Dreher	KPD	KZ	27. 9. 40
Birkenhauer, Erich	– – –	Lehrer	KPD	Emigration	– – –
Bickhofe, Heinrich	6. 2. 99	Schusterm.	Volksopp.	Gefängnis	12. 12. 44
Bietteck, Gustav	12. 6. 79	Arbeiter	KPD	Haftfolgen	26. 5. 45
Bockermann, Kurt	14. 3. 15	Ingenieur	KPD	Emigration	31. 12. 45

Borchers, Heinrich	14. 10. 78	Vertreter	Volksopp.	Gefängnis	4. 2. 42
Bowinkelmann, Heinrich	16. 1. 03	Bergmann	KPD	KZ	17. 2. 42
Burggraf, Peter	27. 8. 87	Bergmann	SPD	ermordet	17. 7. 33
Cretnik, Anton	16. 1. 91	Bergmann	Bibelf.	Zuchthaus	8. 5. 45
Damerow, Karl	15. 4. 03	Arbeiter	KPD	Strafbataillon	27. 3. 45
Deuter, Anton	28. 5. 82	Bergmann	KPD	KZ	– – 39
Dolief, Franz	20. 2. 00	Bergmann	KPD	Zuchthaus	9. 4. 43
Dorra, Wilhelm	23. 12. 91	Anstreicher	KPD	Zuchthaus	7. 11. 44
Dudda, Wilhelm	29. 1. 11	Bergmann	KPD	Strafbataillon	12. 10. 44
Eckhardt, Artur	6. 3. 82	Bauleiter	KPO	KZ	2. 2. 45
Eckhardt, Johann	9. 4. 74	Fliesenleger	KPO	KZ (Frankreich)	21. 2. 41
Eckhardt, Waldemar	26. 9. 86		KPO	Gefängnis	29. 11. 34
Eisenschneider, Paul	5. 5. 01	Steinschleif.	KPD	KZ	19. 4. 44
Ende van 't, Hermann	27. 11. 01	Packer	KPD	„auf der Flucht" erschossen	12. 7. 33
Färber, Franz	19. 6. 82	Elektromont.	KPD	Gefängnis	10. 9. 39
Fichter, Oskar	30. 1. 98	Steindrucker	KPD	hingerichtet	18. 1. 43
Fischer, Anton	10. 3. 76	Kaufmann	Volksopp.	Haftfolgen	1. 2. 42
Fischer, Erich	22. 7. 03	Architekt	KPD	Gefängnis	– – 36
Fleischhauer, P. Karl	14. 9. 96		Volksopp.	KZ	28. 7. 44
Flockenberg, Johann	5. 2. 05	Schlosser	KPD	Zuchthaus	21. 10. 39
Frank, Fritz	16. 7. 85	Bergmann	KPD	Gefängnis	3. 6. 35
Franz, Nikolaus	20. 5. 12	Schlosser	KPD	KZ	17. 6. 40
Fröse, Franz	15. 2. 01	Rammer	KPD	Strafbataillon	8. 1. 45
Funk, Albert	15. 10. 94	Bergmann	KPD	Gefängnis	27. 4. 33
Gärtner, Johann	10. 12. 01	Schlosser	Volksopp.	Gefängnis	12. 12. 44
Gersching, F. Wilhelm	1. 7. 83	Aufseher	Bibelf.	KZ	27. 4. 40
Graja, Wilhelm	6. 12. 03	Bergmann	KPD	Strafbataillon	21. 10. 44
Gross, Hubert	28. 5. 95	Bergmann	KPD	Freitod	15. 9. 41
Grzeschik, Max	17. 2. 02	Werkmeister	KPD	Gefängnis	21. 4. 36
Gutek, Emil	4. 9. 04	Bergmann	KPD	Strafbataillon	25. 5. 44
Gutzmann, Ludwig	12. 1. 02	Arbeiter	KPD	KZ	5. 1. 43
Haas, Gustav	8. 8. 99	Buchdrucker	KPD	Emigration	16. 2. 44
Hamacher, Hermann	28. 1. 86	Redakteur	SPD	Emigration	15. 5. 40
Hammer, Artur	30. 5. 84	Vertreter	SPD	KZ	6. 4. 42
Hartz, Theodor	2. 1. 87	Kath. Geistl.		KZ	23. 8. 42
Hemmersbach, Paul	9. 5. 05	Arbeiter	KPD	Strafbataillon	21. 12. 44

Hilbig, Kurt	22. 11. 02	Arbeiter	KPD	Strafbataillon	13. 2. 44
Hildebrandt, Heinrich	21. 4. 99	Schlosser	SPD	Strafbataillon	1. 3 46
Hildebrandt, Karl	6. 4. 96	Bauarbeiter	KPD	Zuchthaus	2. 9. 43
Hitz, Alfred	21. 6. 08	Bergmann	SPD	Gefängnis	4. 7. 35
Hölter, Theodor	20. 7. 99	Bergmann	Bibelf.	Gefängnis	22. 3. 44
Hoffmann, Karl	7. 1. 03	Bergmann	KPD	Zuchthaus	14. 3. 35
Hoffmann, Martin	18. 1. 01	Redakteur	KPD	Zuchthaus	1. 12. 42
Honnacker, Theodor	7. 11. 04	Former	KPD	Strafbataillon	21. 1. 45
Hunold, Heinrich	15. 11. 98	Arbeiter	KPD	Strafbataillon	19. 12. 44
Idel, Otto	13. 7. 86	Dreher	KPD	KZ	2. 2. 44
Imbusch, Heinrich	1. 9. 78	Gewerksch.-Sekretär		illegal gestorben	16. 1. 45
Jahnen, Ewald	1. 5. 01	Schlosser	KPD	Kolumbia-Haus	– – 34
Josten, Wilhelm	2. 10. 95	Kaufmann	Volksopp.	hingerichtet	27. 11. 44
Jügel, Peter	29. 9. 85	Bohrer	Volksopp.	Gefängnis	12. 12. 44
Jungkurt, Alfred	23. 11. 93	Former	KPD	Zuchthaus	5. 10. 35
Käfer, Heinrich	27. 6. 15	Arbeiter	KPD	„Auf der Flucht“ erschossen	26. 6. 35
Käseberg, Karl	5. 9. 90	Dreher	KPD	KZ	8. 1. 40
Kalbitzer, Wilhelm	6. 12. 81	Schlosser	KPO	KZ	13. 6. 42
Kier, Benno	20. 1. 00	Eisenbahner	KPD	Gefängnis	20. 10. 36
Klein, Johannes	20. 3. 06	Arbeiter	SPD	Strafbataillon	19. 12. 44
Klewitz, Wenzel	17. 9. 94	Bergmann	KPD	Gefängnis	20. 4. 37
Kollek, Heinrich	9. 2. 02	Bergmann	KPD	Strafbataillon	
Konopka, Wilhelm	15. 1. 77	Invalide	KPD	Freitod	18. 6. 37
Kreulich, Bernard	13. 1. 90	Maschinist	Volksopp.	hingerichtet	19. 3. 44
Kreulich, Maria	3. 10. 89	Hausfrau	Volksopp.	hingerichtet	17. 3. 44
Kropp, Leo	1. 12. 85	Sattler	KPD	KZ	8. 5. 45
Kropp, Maria	4. 3. 85	Hausfrau	KPD	Gefängnis	30. 11. 34
Kropp, Otto	7. 3. 07	Arbeiter	KPD	hingerichtet	25. 5. 37
Krügersen, Vincens	11. 3. 95	Arbeiter	Volksopp.	KZ	4. 2. 44
Kunz, Johann	7. 1. 08	Bergmann	KPD	Strafbataillon	18. 7. 43
Kurenbach, Wilhelm	18. 9. 97	Bergmann	KPD	Organis. Todt	28. 8. 44
Langenberg, Wilhelm	25. 11. 75	Stadtinsp.	Volksopp.	Gefängnis	12. 12. 44
Larsch, Käthe	28. 8. 01	Hausfrau	KPD	Gefängnis	29. 5. 35
Lemmert, Johann	19. 2. 12	Arbeiter	Volksopp.	KZ	13. 11. 42
Lenzen, Johann	19. 3. 99	Zementeur	KPD	Zuchthaus	15. 2. 35
Lief, Friedrich	17. 8. 01	Dreher	KPD	Strafbataillon	23. 6. 43
Lief, Heinrich	25. 2. 06	Arbeiter	KPD	In Spanien gef.	– – –

Lösch, Franz	12. 7. 96	Schlosser	KPD	Strafbataillon	27. 3. 44
Lomberg, Karl	16. 1. 91	Schlosser	KPD	hingerichtet	20. 10. 44
Lottes, Karl	– – 12	Arbeiter	KPD	„Auf der Flucht“ erschossen	10. 6. 33
Lyshy, Johann	20. 7. 91	Maurer	KPD	KZ	13. 8. 40
Mambrey, Erich	16. 6. 07	Uhrmacher	Anarch.	hingerichtet	14. 1. 41
Maikämper, Fritz	10. 4. 13	Arbeiter	KPD	Strafbataillon	9. 5. 42
Maslo, Johann	27. 1. 96	Bergmann	KPD	In Spanien gef.	24. 10. 36
Masulewski, Johann	25. 5. 82	Bergmann	KPD	KZ	27. 5. 42
May, Christian	21. 5. 03	Schreiner	KPD	Zuchthaus	7. 9. 40
Metternich, Wilhelm	11. 1. 10	Registrator	KPD	KZ	25. 4. 42
Mewes, Reinhold	6. 9. 01	Steiger	KPD	hingerichtet	13. 12. 44
Mogge, Paul	20. 10. 03	Schlosser	KPD	KZ	27. 10. 43
Mohneck, Karl	10. 5. 09	Bergmann	Volksopp.	Gefängnis	16. 12. 44
Mohr, Erich	7. 3. 01	Arbeiter	KPD	KZ	11. 10. 44
Musebrink, Fritz	– – –	Bergmann	KPD	Zuchthaus	6. 7. 44
Noernheim, Paul	29. 8. 93	Bauarbeiter	Bibelf.	Gefängnis	28. 5. 43
Pfretschner, Jakob	28. 6. 81	Ingenieur	Volksopp.	Gefängnis	11. 1. 44
Pipka, Xaver	18. 1. 98		Volksopp.	KZ	31. 3. 40
Plehn, Hermann	23. 7. 93	Arbeiter	Bibelf.	KZ	4. 4. 38
Plücker, Heinrich	18. 8. 01	Bergmann	KPD	Strafbataillon	29. 6. 44
Popall, Gottfried	6. 8. 82	Schlosserm.	KPO	Gefängnis	12. 12. 44
Pöpping, Friedrich	6. 2. 00	Werkschutz	Volksopp.	KZ	22. 4. 42
Rabbich, Luise	– – –	Hausfrau	KPD	Euthanasie	– – 43
Raschke, Adolf	18. 7. 08	Schlosser	Bibelf.	Haftfolgen	6. 3. 44
Ricken, Wilhelm		RWE-Dir.	Volksopp.	hingerichtet	2. 5. 44
Riemann, Otto	5. 7. 80	Invalide	KPD	Haftfolgen	15. 10. 45
Rundgeburt, August	28. 5. 86	Bohrer	Volksopp.	KZ	8. 5. 45
Scariot, Gurino	12. 12. 05	Kaminbauer	KPD	In Spanien gef.	9. 7. 37
Selbach, Otto	29. 6. 02	Arbeiter	KPD	Strafbataillon	– 7. 45
Siebers, Karl	16. 6. 96	E.-Mont.	KPD	Gefängnis	11. 7. 34
Siebert, Franz	6. 2. 06	Bergmann	KPD	KZ	18. 4. 44
Simon, Friedrich	13. 12. 70	Invalide	KPD	Haftfolgen	9. 12. 37
Schild, Johann	18. 6. 85	Buchhändler	Volksopp.	Gefängnis	11. 9. 33
Schmidt, Albrecht	5. 10. 85	Schlosser	KPD	KZ	8. 5. 45
Schreiber, Franzisk.	19. 1. 08	Bergmann	KPD	In Spanien gef.	– – 38

Schröder, Heinrich	27. 9. 14		Volksopp.	KZ	31. 12. 45
Schröer, Herbert	1. 3. 09	Schlosser	KPD	Gefängnis	7. 7. 34
Schulz, Oskar	12. 12. 06	Bergmann	KPD	Gefängnis	19. 5. 37
Schustermann, Heinr.	13. 8. 99	Reisender	Pole	KZ	8. 5. 40
Schwartmann, Fritz	9. 3. 00	Bergmann	KPD	KZ	7. 2. 45
Staudinger, Hermann	1. 4. 84	Friseur	KPD	Emigration	31. 12. 42
Staudinger, Josef	10. 12. 08	Arbeiter	KPD	Emigration	
Staudinger, Theo	31. 1. 06	Arbeiter	KPD	In Spanien gefallen	7. 1. 37
Stricker, Bernhard	18. 5. 90	Werkmeister	Volksopp.	Haftfolgen	24. 7. 44
Thon, Reinhard	5. 7. 97		Volksopp.	Gefängnis	12. 12. 44
Thonak, Wilhelm			Volksopp.	hingerichtet	– – 44
Tiekenbrock, Erich	5. 11. 06	Schreiner	KPD	Strafbataillon	2. 10. 44
Unterberg, Reinhold	5. 10. 03	Ordens-Pater		KZ	23. 5. 40
Uschkereit, Walter	5. 7. 13	Arbeiter		KZ	11. 2. 40
Verseck, Max	8. 4. 11	Schmied	KPD	„Auf der Flucht" erschossen	7. 11. 35
Voutta, Franz	20. 1. 76	Schreiner	SPD	Gefängnis	17. 7. 36
Waldecker, Karl	17. 3. 85		KPD	KZ	1. 2. 44
Wansing, Theodor	31. 7. 04	Bergmann	KPD	Strafbataillon	11. 7. 45
Wegerhoff, Dr. Karl	8. 10. 01	Wirtschaftspr.		Gefängnis	20. 6. 37
Wenzel, Willi		Bergmann	KPD	Ermordet	19. 3. 33
Wiemer, Otto	24. 1. 00	Anstreicher	KPD	KZ	8. 5. 45
Wienert, Wilhelm	26. 6. 88	Heilprakt.	Volksopp.	Haftfolgen	14. 9. 45
Willamowski, Rudolf	21. 10. 93	Handlanger	KPD	Organis.Todt	17. 1. 45
Wingen, Eveline	14. 10. 18			KZ	2. 10. 42
Wolf, Karl	11. 4. 83	Gewerksch. Sekretär	SPD	KZ	25. 3. 42
Wrba, Robert	27. 4. 83	Rentner	Volksopp.	KZ	15. 7. 43
Zanger, Mendel	28. 7. 94		Pole	In Polen umgekommen	31. 12. 45
Zielasko, Franz	19. 7. 96	Bergmann	KPD	Von Gestapo erschlagen	18. 8. 43
Zingel, Jakob	23. 10. 04	Arbeiter	KPD		
Zinke, Lotte	23. 6. 91	Hausfrau	KPD	KZ	10. 11. 44
Zollikofer, Ludger	29. 10. 93	Eisenbahner	KPD	KZ	11. 10. 44

Anmerkung: KPD steht für kommunistische Widerstandsgruppen; SPD steht für sozialdemokratische Widerstandsgruppen; KPO steht für Widerstandsgruppen der Kommunistischen Partei-Opposition. Als Todesdatum ist bei einigen der Tag der gerichtlichen Todeserklärung festgehalten.

Statistische Angaben

Essener Kriegstote im Ersten Weltkrieg (1914–1918)

(Stand vom 5. Juli 1965)
Die Anzahl der gefallenen Soldaten aus Essen beträgt **14 990**
(Diese Zahl ist ungenau, da die Anzahl der vermißten und später für tot erklärten Soldaten nicht in ihr enthalten ist.)

Essener Kriegstote im Zweiten Weltkrieg (1939–1945)

(Stand vom 5. Juli 1965)
Standesamtlich beurkundete Kriegssterbefälle:

Wehrmachtsangehörige:	**18 537**
Zivilpersonen:	**6 384**
Von Essener Gerichten ausgesprochene Todeserklärungen:	**7 519**
Gesamtzahl der Kriegstoten:	**32 440**

Opfer des Rassenterrors in Essen (1933–1945)

(Stand 5. Juli 1965)
Nach Aktenunterlagen der jüdischen Gemeinde sind in der Vorkriegs- und Kriegszeit mehr als 2500 Juden der Stadt Essen dem nationalsozialistischen Rassenterror zum Opfer gefallen. Das sind über 55 Prozent der 4506 Juden, die 1933 in Essen gewohnt haben.

Ausländische Tote des Zweiten Weltkrieges (1939–1945), die auf Essener Friedhöfen beigesetzt wurden

(Kriegsgefangene, Zivilpersonen, Verschleppte, nach Staatsangehörigkeit gegliedert.)
Stand vom 17. Februar 1972

Friedhof	UdSSR	Polen	Belgier	Franzosen	Holländer	Jugoslawen	Griechen	ČSR	Italiener	Ungarn	Bulgaren	Rumänen	Spanier	Unbekannt	Gesamt
Südwest	114	37	8	7	12	5	11	1	7	4				115	321
Park	233	37	12	22	7	8	8	1				1	1	75	405
Terrassen	1667	7	11		3	6		3			1				1698
Nord	2	1			1			2							6
Karnap			2												2
Kray	2		1		1										4
Stoppenberg	1														1
Heisingen	3														3
Evgl. Katernberg					1										1
Graf Beust	99														99
Kath. Burgaltendorf	9	4													13
Kath. Kupferdreh					1										1
Gesamt	2130	86	34	29	26	19	19	7	7	4	1	1	1	190	2554

Opfer des Zweiten Weltkrieges (1939–1945), die auf Essener Friedhöfen beigesetzt wurden
(Stand vom 17. Februar 1972)

Deutsche Soldaten	:	907
Kriegsgefangene	:	799
Deutsche Zivilisten	:	4257
Ausländische Zivilisten	:	4
Verschleppte	:	1751
KZ-Opfer	:	93
Gesamt	:	7811

Anzahl der Kriegsgefangenen und Verschleppten in Essen
Ermittelt aus der Statistik über die Ausgabe von Lebensmittelkarten in den verschiedenen Versorgungszeiträumen zwischen 1941 und 1945

Kriegsgefangene:
Erstmalig im Versorgungszeitraum vom 16. Dezember 1940 bis 12. Januar 1941 angegeben mit 1000 Personen
Höchststand im Versorgungszeitraum vom 14. Dezember 1942 bis 10. Januar 1943 angegeben mit 23241 Personen

Verschleppte aus Osteuropa:
Erstmalig im Versorgungszeitraum vom 6. April bis 3. Mai 1943 angegeben mit 1000 Personen
Höchststand im Versorgungszeitraum vom 15. November bis 12. Dezember 1943 angegeben mit 13650 Personen

Sonstige Verschleppte:
Erstmalig im Versorgungszeitraum vom 23. September bis 20. Oktober 1940 angegeben mit 3000 Personen
Höchststand im Versorgungszeitraum vom 8. März bis 4. April 1943 angegeben mit 19500 Personen

Im Versorgungszeitraum vom 8. Januar bis 4. Februar 1945 arbeiteten in Essen:
14590 Kriegsgefangene (darunter: 12466 aus der Sowjetunion, 1457 aus Frankreich, 77 aus Italien).
9972 Verschleppte aus Osteuropa (davon 3555 bei Krupp, von denen 2205 männlich und 1350 weiblich waren).
9289 sonstige Verschleppte (darunter: 1214 aus Frankreich, 400 aus Holland, 1516 aus Polen, 2151 aus Italien, 1404 aus anderen Nationen).

Aus: „Statistische Mitteilungen des Ernährungsamtes Abt. B der Stadt Essen", März 1947, Nr. 2.

Einäscherungen von Häftlingen des „SS-Abschnitts Bochumer Verein" in Essen im Oktober und November 1944

Die Friedhofsverwaltung meldete am 1. März 1948, daß vom „SS-Abschnitt Bochumer Verein" in Essen folgende Häftlinge eingeäschert wurden:

3 Häftlinge am 17. Oktober 1944
28 Häftlinge am 12. und 16. November 1944
7 Häftlinge am 14. und 15. November 1944
2 Häftlinge am 16. November 1944
3 Häftlinge am 21. November 1944
4 Häftlinge am 27. November 1944
9 Häftlinge am 28. November 1944

Mord in letzter Stunde

Ende März 1945 wurde auf Anweisung der Essener Gestapo das Polizeigefängnis „geleert". Mit Telefondraht an den Händen gefesselt, transportierte man die Opfer zum Essener Montagsloch, nahe der Gruga.

Hier wurden sie vor einem Bombentrichter erschossen und verscharrt.

Am 28. April 1945 wurden die Leichen entdeckt. Auf Anweisung der amerikanischen Streitkräfte wurden am Sonntag, dem 29. April 1945, Kirchgänger der St.-Ludgerus-Kirche an der Wegenerstraße, später auch Spaziergänger und Angehörige der städtischen Verwaltung an die Mordstätte geführt. 34 Russen wurden am 30. April an gleicher Stelle beigesetzt. Erst später fanden sie auf dem Südwestfriedhof eine letzte Ruhestätte. Obwohl Namen von Kripo- und Gestapobeamten, die an dem Mord beteiligt waren, bekannt wurden, blieb der Mord am Montagsloch ungesühnt.

Bevölkerungsbewegung in Essen 1939–1945

Im Versorgungszeitraum vom 25. September bis 22. Oktober 1939 erhielten in Essen Lebensmittelkarten **647 966 Personen**

Im Versorgungszeitraum vom 11. Januar bis 7. Februar 1942 erhielten in Essen Lebensmittelkarten (Normalstand vor den Luftangriffen) **631 281 Personen**

Im Versorgungszeitraum vom 30. April bis 27. Mai 1945 erhielten in Essen Lebensmittelkarten (Tiefstand nach der Besatzung) **310 434 Personen**

Abgeworfene Bomben auf Essen und Übersicht der Personenschäden 1941–1945

Jahr	Abgeworfene Bomben					Personenschäden		
	Minen	Sprengbomben	Blindgänger	Brandbomben	Phosphorbomben	Tote	Verwundete	Vermißte
1941	–	48	1	118		8	31	–
1942	28	494	28	37 106	2 096	171	605	46
1943	771	4 343	691	532 072	126 230	1 719	5 700	47
1944	881	19 241	2 238	602 100	101 415	3 320	5 247	103
1945	?	8 385	10	820	?	1 584	?	?
Gesamt	1 680	32 511	2 968	1 172 216	229 741	6 802	11 583	196

Aus: „Bevölkerung, Wohnungen und Kriegsschäden in Essen". Herausgegeben im Auftrag des Oberbürgermeisters, Oktober 1945.

Anzahl der Fliegeralarme in Essen und Statistik der Luftangriffe auf die Stadt 1939–1945

Monat	Alarme							Angriffe						davon größere Angriffe				
	1939	1940	1941	1942	1943	1944	1945	1940	1941	1942	1943	1944	1945	1941	1942	1943	1944	1945
Januar		—	4	6	17	9	40	—	1	1	8	4	4	—	—	7	—	—
Februar		—	9	7	29	4	67	—	—	2	8	3	12	—	—	—	—	1
März		—	6	10	22	11	85	—	2	4	8	4	15	—	1	2	1	1
April		--	5	8	17	25	20	—	1	4	3	4	10	—	1	1	1	—
Mai		10	5	3	14	17		3	—	—	6	1		—	—	2	—	
Juni		18	15	13	17	12		5	8	5	2	4		1	3	—	—	
Juli		24	16	28	25	22		1	9	5	2	5		—	1	1	—	
August		22	14	45	20	17		5	7	1	2	3		—	—	—	—	
September	3	6	6	15	16	30		5	3	1	2	5		—	1	—	1	
Oktober	—	21	7	9	20	51		7	4	—	1	10		—	—	—	2	
November	—	27	5	4	35	61		3	1	—	5	15		—	—	—	1	
Dezember	—	13	5	10	18	52		4	1	4	2	7		—	—	—	1	
Zusammen	3	141	97	158	240	311	212	33	37	27	49	55	41	1	7	13	7	2
	1162[1])							242[2])						30[3])				

1) Einschl. Kleinalarme (Voralarme usw.) 2 528.
2) Einschl. örtlich beschränkter Angriffe 272.
3) 13. Juni 1941; 9. März, 13. April, 2., 6., 9., 24. Juli, 16. September 1942; 3., 4., 8., 9., 13. (2×) Januar 1943 und 15 Großangriffe.

Großangriffe der alliierten Luftstreitkräfte auf Essen 1939–1945

Angriff	Minen	Sprengbomben	davon Blindgänger	Stabbrandbomben	Phosphorbrandbomben	Groß-brände[1])	Mittel-brände[1])	Klein-brände[1])	Gefallene	Verwundete	Vermißte
5. März 1943	80	1 050	180	122000	17 000	681	728	1500	461	1 593	21
12. März 1943	16	410	180	45000	8 500	169	162	523	169	351	—
3. April 1943	77	151	12	50400	12 300	200	221	628	118	458	—
1. Mai 1943	39	145	12	47900	10 095	89	86	271	53	218	—
28. Mai 1943	80	600	113	64200	25 000	200	100	300	196	547	1
25. Juli 1943	363	1 577	159	107000	46 650	800	700	1300	500	1 805	12
26. März 1944	123	800	13	161850	30 000	663	1186	1967	550	1 569	49
27. April 1944	250	1 600	24	228000	50 000	519	1223	2450	306	1 224	7
30. September 1944	—	948	185	—	—	.	.	.	68	83	3
23. Oktober 1944	200	3 300	417	60000	10 000	100	300	1200	662	569	—
25. Oktober 1944	137	3 450	520	60000	5 000	284	753	1500	820	643	—
29. November 1944	53	1 529	143	50000	250	.	.	.	135	207	—
12. Dezember 1944	57	4 000	507	60000	5 000	45	121	255	463	196	40
23. Februar 1945	.	.	72	.	.	.	.	.	155	.	.
11. März 1945	.	8 000	620	.	.	.	.	.	897	.	.

Schädenbilanz der Luftangriffe auf Essen 1939–1945

Wohnungen und Gebäude	Gesamtzahl	davon: total	schwer	mittelschwer	leicht	geringfügig oder nicht
		beschädigt				
Wohnungen	184 000	80 000	20 000	30 000	30 000	24 000
Industriegebäude	2 044	571	262	283	700	228
Öffentliche Gebäude	690	180	100	90	250	60
davon						
Katholische Kirchen	61	18	11	8	11	13
Evangelische Kirchen	31	15	5	11		—
Volksschulen	180	52	52	56		20
Hilfsschulen	11	5	2	3		1
Höhere Schulen	14	3	7	4		—
Mittelschulen	8	3	2	3		—
Berufsschulen	23	10	8	2		3

Geschäftsviertel (City): zerstört 90%

Schuttmasse: a) in den Straßen .... 814 000 cbm
b) auf Grundstücken .... 6 000 000 cbm
Zusammen 6 814 000 cbm

Straßen: zerstört .... 400 km

Schäden an Straßendecke und Bürgersteigen: rund 2000 Fälle mit einem Flächeninhalt von .... 1 250 000 qm

Versorgungsleitungen: Schäden beim Gas 1500
„ „ Wasser 1400

Kanalisation: 5 Kläranlagen zerstört
1700 Bombentrichter, davon 1400 = 35 km in wichtigen Straßen,
darunter 60 Schadensstellen mit Kanaldurchmesser von 1,10/1,20 m
darunter 11 Schadensstellen mit Kanaldurchmesser von 1,50/2,20 m
Von 820 km Kanalnetz unbrauchbar geworden .... 325 km
Keller in bewohnten Häusern voll Jauche 3 085

Brücken zerstört: Straßenbrücken 24
Eisenbahnbrücken 9

Fernsprechämter: Hauptamt (mit Bezirks- und Fernamt) und Südamt zerstört. Ämter Steele, Werden und Kupferdreh außer Betrieb gesetzt
Außerhalb der Ämter erhielten Hauptkanäle, in denen bis zu 20 hochpaarige Anschluß-, Bezirks- und Fernkabel verlaufen, rund 400 Bombentreffer.
In einem Umkreis von 2 bis 4 km um die Stadtmitte 30 km Hauptkanäle mit sämtlichen Kabeln unbenutzbar geworden.
Trotz intensivster Arbeit ist vorläufig die Wiederanschließung von rund 20 000 Anschlußteilnehmern unmöglich.

Straßenbahn: Schäden nach dem Markwert:
a) Gebäulichkeiten 77%
b) Wagenpark: Totalschaden (Straßenbahn, Autobusse) 38%
c) Umformerwerke 25%
d) Oberleitung 76%

	Motorwagen	Beiwagen	Zusammen
Bestand an Wagen für Personenverkehr am 1. Juli 1939	350	168	518
Total zerstört	105	50	155

Aus: „Bevölkerung, Wohnungen und Kriegsschäden in Essen". Herausgegeben im Auftrage des Oberbürgermeisters, Oktober 1945

Personenverzeichnis

Quellennachweis

1. **Aus dem Tagebuch des Stadtrechtsrates Hugo Verspohl vom 12. März bis 12. Mai 1933**
VVN - A = 19 - 214, 19 - 226, 19 - 227, 1933 - 150, 1933 - 151, 1933 - 156, Film 155 und 156. FES = Arbeitsunterlagen Steinberg.

2. **Willi Agatz und sein „Zellenbesucher" Hermann Göring**
VVN - A = 19 - 27, 19 - 42, 19 - 44, 19 - 151, 19 - 161, 19 - 176, 1934 - 48, 1934 - 59 - 1, 1943 - 30, FA 280 - 308, Dokumentation Agatz. IML = ST 3/144, Blatt 227. FES = Arbeitsunterlagen Steinberg.

3. **Der Grenzinstrukteur Alfred Richter alias Rubertus van Dregt**
VVN - A = 19 - 128 - 1, 19 - 128 - 2, 1936 - 27, 1937 - 23, FA 205, Tonbandkassette 1, 14, 15, 16, 17, 20, 24. IML = E A 1345. HD = Gestapo-Akte 3965, 4216, 45051, 45067, 47745, 47749.

4. **Peter Burggraf von Hitlers „Werksoldaten" erschlagen**
VVN - A = 1933 - 87, 1933 - 117. FES = Arbeitsunterlagen Steinberg.

5. **Die Beerdigung Karl Hoffmanns, eine Demonstration gegen seine Mörder**
VVN - A = 19 - 45, 19 - 52, 19 - 155, 1934 - 52, 1935 - 35, 1935 - 40, FA 842 - 887, 1418, Film 133 und 134, Tonbandkassette 2, 3, 11. IML =ST 3/774. HD = Gestapo-Akte 12472, 74232.

6. **Erinnerungen an Pater Theodor Hartz**
VVN-A = 19 - 86, 1921 - 3, 1942 - 2. HD = Gestapo-Akte 30422, 40045, 41153.

7. **Schneidermeister Grotenhorst protestiert gegen die Verfolgung katholischer Geistlicher**
HD = Gestapo-Akte 30422, 56092.

8. **Die unfreiwillige Bauchlandung eines Meisters – Ernst van Asselt verteilt Flugblätter**
VVN-A = 19 - 86, 19 - 52, FA 1106 - 1109, Tonbandkassette 10.

9. **Die illegalen Maifeiern der Essener Sozialdemokraten**
Aus dem Bericht von Otto Meister
VVN-A = 19 - 28, 19 - 37, 19 - 38, 19 - 86, 1935 - 36, 1935 - 54, FA 1208 - 1220, FA 1341 - 1361, FA 1384 - 1386, FA 1411-1413. IML = St 3 / 782. FES = Arbeitsunterlagen Steinberg. HD = Gestapo-Akte 46313, 50079.

10. **Drei Essener und ihr Weg über die Grenze**
VVN-A = 19 -37, 19 -42, 19 -52, 19 -128-1, 19 -128-2, 1937-23 Seite 12, 1941-8, 1944-20 1944 -30, Tonbandkassette 1, 14, 15, 20, FA 1579 - 1583. IML = NJ 120. HD = Gestapo-Akte 3869, 10722, 11652, 19019, 23031, 31158, 31181, 45051, 49020.

11. **Heinrich Imbusch, ein christlicher Gewerkschafter und sein Schicksal**
VVN-A = 1933 -87, 1933 -117. FES = Arbeitsunterlagen Steinberg.

12. **Der grausame Mord an Käthe Larsch und das Schicksal ihrer Kinder**
VVN-A = 19 -44, 19 -101, 19 -103, 19 -137, 19 -160, 19 -165, 1935 -4, 1935 -5, 1935 -47-1, FA 63 -167. IML = NJ 14213. HD = Gestapo-Akte 52031.

13. **Pfarrer Dr. Erich Groß und die „Deutschen Christen"**
VVN-A = 1936 -25, 1937-37. FES =Arbeitsunterlagen Steinberg. HD = Gestapo-Akte 6035, 11241, 25673, 46874.

14. **„Es lebe der 1. Mai – Rot Front!"**
Bürohaus West am 1. Mai 1934
VVN-A = 19 -37, 19 -42, 19 -46, 19 -103, 19 -128-1, 1933 -69, 1933 -107, 1934 -27, 1937-10, 1937-23, Tonbandkassette 4, 10, FA 53 -62, 676 - 697, 1573 -1574. IML = NJ 1311, NJ 1626. HD = Gestapo-Akte 3862, 45051, 66111.

15. Gustav Streich, ein Organisator der illegalen SPD in Essen
VVN-A = 19-44, 19-86, 19-100, 19-211, 1937-16-1, 1937-16-2, 1945-52. IML = NJ 5230, = Gestapo-Akte 38522.

16. „Sieh dir das Elend an, dann hast du ‚Heil-Hitler'." Heinrich Bickhofe begehrt auf
VVN-A = 19-165. HD = Gestapo-Akte 5737, 22843.

17. Der Hitlerjunge und der Pfarrerssohn Friedel Bredt
HD = Gestapo-Akte 11241, 26673, 46874.

18. Verfolgte Juden – Tätige Solidarität
VVN-A = 19-86, 19-177, 1938-5, 1941-2, 1941-3, 1941-4, 1941-5, 1942-11, 1942-12, 1943-13, 1943-14, Film 73. FES = Arbeitsunterlagen Steinberg.

19. Verwischte Spuren
Erinnerungen an den Bildhauer Will Lammert
VVN-A = 19-153, 1933-152, FA 1100-1105, 1110-1128, 1132-1145, 1147-1154. HD = Gestapo-Akte 2669, 49768, 64061.

20. Karl Lomberg und die Zielasko-Gruppe
VVN-A = 19-46, 19-86, 1944-1. IML = NJ 1390. HD = Gestapo-Akte 29109, 31129.

21. Borbecker Zeugen Jehovas und ihre Peiniger
VVN-A 19-45, 19-52, FA 652. HD = Gestapo-Akte 13052, 31359, 62029, 66582.

22. Widerstand im KZ Sachsenhausen
VVN-A = 19-45, 19-109, 19-130, 19-134, 19-163, 19-164, 1934-69, 1935-61, 1937-10, 1937-23, 1944-27, FA 676-697, FA 704-706, FA 912-913, Tonbandkassette 10. IML = NJ 1311, NJ 1626, NJ 10377. FES = Arbeitsunterlagen Steinberg. HD = Gestapo-Akte 5139, 7030, 35740, 58888, 63101.

23. Gertrud und Edith Loewenstein
Das Schicksal einer jüdischen Familie und der Widerstand ihrer Töchter
VVN-A = 19-86, 19-149, 19-170, 1941-4.

24. Pfarrer Ernst Gräb und seine Denunzianten
VVN-A = 1937-37. HD = Gestapo-Akte 6035, 6044.

25. Margarete Salz, Instrukteurin des Widerstandes
VVN-A 19-32, 19-33, 19-42, 19-46, 19-103, 19-150, 1934-23, 1934-26, 1938-19, 1939-20, 1944-23, FA 63-167, FA 195-205, FA 213-219, FA 232-256, FA 506-585, Tonbandkassette 20 + 21. IML = NJ 2979/5, NJ 14555, I 2/3/329 Blatt 198–245. HD = Gestapo-Akte 2478, 4171, 31181, 36678, 36680.

26. Die Echternacher Springprozession 1938 und die Emigrantin Anna Fichter
VVN-A = 19-36, 19-44, 19-103, 1942-1, 1942-15, 1942-16, 1944-20, Tonbandkassette 4 + 5. IML = NJ 2558. FES = Arbeitsunterlagen Steinberg. HD = Gestapo-Akte 18189, 51212.

27. Als die Erde bebte, zerbrach die Zwingburg Doftana
Theo Gaudig berichtet
VVN-A = 19-33, 19-152, 19-154, 1942-10, 1943-12, Film 7. HD = Gestapo-Akte 2011.

28. „Wir sind nicht bis zum Kreuz gegangen."
Im Gespräch mit Frau Loh
HD = Gestapo-Akte 12593.

29. „Gesundes Volksempfinden" wider die Menschlichkeit
Aus der Akte des Wilhelm Siebers
VVN-A = 1941-12. HD = Gestapo-Akte 17896.

30. Für Spaniens Freiheit – Der Interbrigadist Robert Weinand berichtet
VVN-A = 19-12, 19-32, 19-103, 19-128-1, 19-146, 19-240, 1945-3, 1945-4, Tonbandkassette 18. HD = Gestapo-Akte 21473.

31. John Bullet überlebte den Absturz
„Borbecker Nachrichten", 30. April 1970.

32. Der Fenstersprung aus dem Essener Polizeipräsidium
Im Gespräch mit Artur Müller
VVN-A = 19-22, 19-52, 1935-10, 1935-43, Tonbanddassette 13 + 19, FA 535-537. HD = Gestapo-Akte 12471, 31031, 31060.

33. Die Evangelische Bekenntnisgemeinde Bergeborbeck
HD= Gestapo-Akte 6035.

34. Der Mord an dem Kupferdreher Rottenarbeiter Benno Kier
VVN-A = 19-31, 19-45, 1936-26, Tonbandkassette 26, FA 947-969. FES = Arbeitsunterlagen Steinberg.

35. Einer, der kein Verräter werden wollte
HD= Gestapo-Akte 53747.

36. „Die SS ist eine Mördertruppe..."
Das Ehepaar Kreulich stirbt für die Wahrheit
VVN-A = 19-91, HD = Gestapo-Akte 18693, 27479.

37. Die Antifaschistin Maria und der Prisonier Georges
VVN = 1942-3, Tonbandkassette 2. HD = Gestapo-Akte 3246, 43654.

38. Wehrkraftzersetzung und Heimtückevergehen
Was war das? Zwei Schicksale geben Antwort
VVN-A = 19-165, 19-185, 19-189, 1944-22. IML = NJ 1140. FES = Arbeitsunterlagen Steinberg. HD = Gestapo-Akte 19704, 61730, 63673.

39. Gewerkschafter in der Stunde Null
Gespräch mit Richard Riegel
VVN-A = 19-52, 19-117, 1933-10, 1933-61, 1934-25, 1938-1, FA 280-308, Dokumentation Riegel.

40. Statistische Angaben
VVN-A = 19-83, 19-136, 1945-39, 1945-12.

Literaturverzeichnis
(verwendete Literatur)

Billstein, Aurel: „Der eine fällt, die andern rücken nach", Dokumente des Widerstandes und der Verfolgung in Krefeld 1933–1945, Röderberg-Verlag, Frankfurt/Main 1973

Becker, Rolf: in: „Jahr und Jahrgang 1928", Hoffmann und Campe Verlag, Hamburg 1968

Koch, Werner: „Heinemann im Dritten Reich", Aussaat-Verlag, Wuppertal 1972

Nansen, Odd: „Von Tag zu Tag", Bei Hans Dulk, Hamburg 1949

Ollesch, Rainer: „Lebenslauf einer Gemeinde", Verlag „Borbecker Nachrichten", Essen 1975

Pech, Karlheinz: „An der Seite der Résistance", Zum Kampf der Bewegung „Freies Deutschland" für den Westen in Frankreich 1943 bis 1945/Main, Röderberg-Verlag, Frankfurt 1974

Peukert, Detlev: „Ruhrarbeiter gegen den Faschismus", Dokumentation über den Widerstand im Ruhrgebiet 1933-1945, Röderberg-Verlag, Frankfurt/Main 1976

Schabrod, Karl: „Widerstand an Rhein und Ruhr", Landesvorstand der VVN Nordrhein-Westfalen 1969

Steinberg, Hans-Josef: „Widerstand und Verfolgung in Essen 1933–1945", Verlag für Literatur und Zeitgeschehen, Hannover 1969

Szinda, Gustav: „Die XI. Brigade", Verlag des Ministeriums für Nationale Verteidigung, Berlin 1956

Brigada Internacional ist unser Ehrenname... Erlebnisse ehemaliger deutscher Spanienkämpfer. Ausgwählt und eingeleitet von Hanns Maaßen. 2 Bände. Röderberg-Verlag, Frankfurt am Main 1976.

„Will Lammert", Katalog zur Gedächtnisausstellung, Deutsche Akademie der Künste, Berlin 1959

„Will Lammert", Veröffentlichung der Deutschen Akademie der Künste. Mit Beiträgen von Fritz Cremer, Peter H. Feist und Marlies Lammert, VEB-Verlag der Kunst, Dresden 1963

„Sozialdemokratische Partei in Essen", Von der Jahrhundertwende bis heute, Essen 1952

„50 Jahre SPD in Borbeck", Essen 1951

„50 Jahre Evangelische Kirchengemeinde Essen-Bergeborbeck", Presbyterium der Evangelischen Kirchengemeinde Essen-Bergeborbeck 1978

„50 Jahre Salesianer Don Boscos in Essen-Borbeck", Redaktion: Johannes Wielgoß SDB unter Mitarbeit von Dr. Baldur Hermanns, St.-Johannes-Stift der Salesianer Don Boscos, Essen-Borbeck 1971

„400 Jahre Reformation in Essen", Festschrift der drei Evangelischen Kirchenkreise in Essen 1963

Ein umfangreiches Literaturverzeichnis ist enthalten in dem Bild/Text-Band Altmann/Brüdigam/Mausbach-Bromberger/Oppenheimer, Der deutsche antifaschistische Widerstand 1933–1945, 2. Auflage 1978, Röderberg-Verlag, Frankfurt am Main.